Gut zu wissen	55
Reisezeit und Ausrüstung	56
Gesundheit und Sicherheit	7
Kommunikation	
Sprachführer	
… in Bahrain	
… in Jemen	
… in Kuwait	
… in Oman	
… in Qatar	85
… in Saudi-Arabien	93
… in den Vereinigten Arabischen Emiraten	104

Unterwegs auf der Arabischen Halbinsel

Kapitel 1 Bahrain

Im Land der zwei Meere — 114
Steckbrief Bahrain — 116

Auf einen Blick: Bahrain — 118
Manama und Umgebung — 120
Manama — 120
Ausflug nach Muharraq — 128
Arad und Hidd — 129

Reisen durch Bahrain — 130
Im Norden — 130
Entlang der Westküste in den Süden — 134
Aktiv unterwegs: Auf der Strecke bleiben — 137

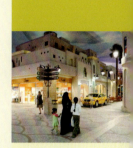

Kapitel 2 Jemen

Ursprüngliches Südarabien — 140
Steckbrief Jemen — 142

Auf einen Blick: Jemen — 144
Sana'a und Umgebung — 146
Sana'a — 146

Inhalt

Aktiv unterwegs: Ein Besuch in Thula	154
Ausflüge in die Umgebung von Sana'a	157
Aktiv unterwegs: Zu Fuß nach Kaukaban	158

Marib und Timna — 161
Altes und neues Marib — 161
Timna — 165

Rotes Meer und Küstenebene Tihama — 166
Von Sana'a nach Hodeida — 166
Tihama — 168

Saada und der Norden — 174
Von Sana'a nach Saada — 174
Saada — 179
Ausflüge in die Umgebung — 180

Nach Taiz und Aden — 181
Von Sana'a nach Taiz — 181
Taiz — 183
Ausflüge in die Umgebung — 186
Aden — 187

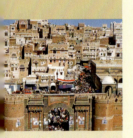

Wadi Hadramaut — 194
Von Aden nach Mukalla — 194
Mukalla — 195
Ausflüge von Mukalla. — 199
Von Mukalla ins Wadi Hadramaut — 199
Shibam — 200
Sayun (Seiyun) — 202
Tarim — 203
Shabwa — 204
Ein Ausflug nach Sokotra — 205

Kapitel 3 Kuwait

Luxus und islamisches Brauchtum — 208
Steckbrief Kuwait — 210

Auf einen Blick: Kuwait — 212
Kuwait Stadt — 214
Zentrum — 214
Außerhalb des Zentrums — 221
Aktiv unterwegs: Mit der Fähre nach Falaika — 222

Rund um Kuwait Stadt	226
In den Norden	226
In den Süden zur saudischen Grenze	227

Kapitel 4 Oman

Mächtige Forts und alte Häfen	232
Steckbrief Oman	234
Auf einen Blick: Oman	236
Muscat und die Capital Area	238
Geschichte	239
Old Muscat	239
Greater Muscat	240
Ausflüge in die nähere Umgebung von Muscat	250
Von Muscat nach Südosten	252
Mudairib	252
Mintarib und Wahiba Sands	252
Sur und Umgebung	253
Von Muscat nach Sohar –	
die Batinah-Ebene	255
Barka	255
Nakhal	255
Rustaq	256
Al Hazm	256
Sohar	257
Buraimi	258

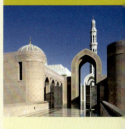

Musandam	259
Entlang der Westküste nach Khasab	259
Khasab	259
In die Berge	261
Nizwa und das Landesinnere	262
Nizwa	263
Aktiv unterwegs: Bahla –	
Rundgang durch Oase und Festung	264
Festung Jabrin	265
Al Hamra	266
Al Hotta Cave	267
Al Misfah	267
Jebel Shams	267

Inhalt

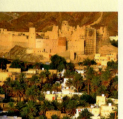

Salalah und der Süden	269
Salalah	269
Ausflüge von Salalah	273
Aktiv unterwegs: Ein Ausflug ins sagenumwobene Ubar	277

Kapitel 5 Qatar

Das edle Morgenland	282
Steckbrief Qatar	284
Auf einen Blick: Qatar	286
Doha	288
Orientierung	288
Zentrum	288
Aktiv unterwegs: Die Corniche erleben	289
Außerhalb des Zentrums	297
Rund um Doha	306
Von Doha in den Süden der Halbinsel	306
Von Doha in den Norden der Halbinsel	309
Aktiv unterwegs: In der Wüste unterwegs	314
Von Doha in den Westen der Halbinsel	315

Kapitel 6 Saudi-Arabien

Ein Staat in Familienbesitz	318
Steckbrief Saudi-Arabien	320
Auf einen Blick: Saudi-Arabien	322
Riyadh und Umgebung	324
Riyadh	324
Ausflüge in den Norden von Riyadh	336
Diriyyah	338
Jeddah und die Zentren am Roten Meer	342
Jeddah	342
Von Jeddah entlang der Küste in den Norden	351
Die Heiligen Stätten Mekka und Medina	354
Von Jeddah durchs Gebirge nach Abha	358
Abha	361
Ausflüge von Abha ins Landesinnere	362
Ausflüge von Abha ans Rote Meer	363

Eastern Province	366
Städtedreieck am Golf	367
Ausflüge in die Umgebung	373
Ausflug ins Landesinnere	374

Kapitel 7 Vereinigte Arabische Emirate

Luxusurlaub am Golf	378
Steckbrief Vereinigte Arabische Emirate	380
Auf einen Blick: Vereinigte Arabische Emirate	382
Abu Dhabi	384
Abu Dhabi Stadt	384
Ausflüge von Abu Dhabi	392
Aktiv unterwegs: Von Al Ain auf den Jebel Hafeet	398
Dubai	400
Dubai Stadt	400
Aktiv unterwegs: The Dubai Creek – entlang der historischen Lebensader des Emirats	403
Ausflug nach Hatta	413
Sharjah	414
Sharjah Stadt	414
Ajman, Umm al Qaiwain, Ras al Khaimah und Fujairah	420
Emirat Ajman	420
Emirat Umm al Qaiwain	421
Emirat Ras al Khaimah	421
Emirat Fujairah	424
Register	426
Abbildungsnachweis/Impressum	432

Inhalt

Themen

Das Kamel	17
Die Entstehung des Erdöls	20
Die Rechtsschulen des Islam	27
Perlenfischerei in Bahrain	125
Die Rettung der Altstadt von Sana'a	152
Deutsche Ausgrabungen in Jemen	163
Qat – die südarabische Volksdroge	176
Juden in Jemen	198
Der Zweite Golfkrieg und seine Folgen	219
Frauen in Oman	251
Omanische Festungen	266
Weihrauch	274
Der wahabitische Islam	340
Die Pilgerfahrt nach Mekka	356
Die Wüste lebt	419

Das Klima im Blick

Reisen verbindet Menschen und Kulturen. Wer reist, erzeugt auch CO_2. Der Flugverkehr trägt mit bis zu 10 % zur globalen Erwärmung bei. Wer das Klima schützen will, sollte sich – wenn möglich – für eine schonendere Reiseform entscheiden. Oder die Projekte von *atmosfair* unterstützen: Flugpassagiere spenden einen kilometerabhängigen Beitrag für die von ihnen verursachten Emissionen und finanzieren damit Projekte zur Verringerung des CO_2-Ausstoßes in Entwicklungsländern (www.atmosfair.de). Auch der DuMont Reiseverlag fliegt mit *atmosfair*!

nachdenken • klimabewusst reisen

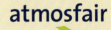

Alle Karten auf einen Blick

Bahrain: Überblick	119
Manama: Cityplan	122
Bahrain	132
Jemen: Überblick	145
Sana'a: Cityplan	148
Thula: Plan	154
Kaukaban: Plan	159
Taiz: Cityplan	184
Aden: Cityplan	189
Von Aden ins Wadi Hadramaut	196
Kuwait: Überblick	213
Kuwait Stadt: Cityplan	216
Insel Falaika	222
Oman: Überblick	237
Old Muscat: Cityplan	241
Greater Muscat: Cityplan	242
Salalah: Cityplan	270
Salalah und der Süden	276
Qatar: Überblick	287
Doha: Cityplan	290
Saudi-Arabien: Überblick	323
Riyadh: Cityplan	326
Großraum Riyadh	337
Diriyyah: Plan	339
Jeddah: Cityplan	344
VAE: Überblick	383
Abu Dhabi Stadt: Cityplan	386
Al Ain: Cityplan	394
Dubai Stadt: Cityplan	404
Großraum Dubai	408
Sharjah Stadt: Cityplan	416

▶ Dieses Symbol im Buch verweist auf die
Extra-Reisekarte Arabische Halbinsel

Atemberaubende Aussicht: Die jeminitische Bergwelt gilt als Wanderparadies

Wissenswertes über die Arabische Halbinsel

Wüsten, Berge und viel Meer

Die sieben Länder der Arabischen Halbinsel verändern sich mit großer Geschwindigkeit. Die Emirate am Golf, allen voran das kleine Dubai, aber auch Bahrain, Qatar und Oman öffnen sich dem internationalen Tourismus. Die Besucher kommen und sind beeindruckt – von den Naturschönheiten und dem grandiosen Nebeneinander von Fortschritt und Tradition.

Die Arabische Halbinsel, das Zentrum des islamischen Arabien, die Geburtsstätte des Islam, liegt fünf bis sieben Flugstunden von Europa entfernt. Ein Gebiet, das trotz seiner Nähe zu den exotischen und weniger besuchten Reisezielen gehört – sieben Staaten, die bis vor 30 Jahren fast nur Geschäfts- und Studienreisenden bekannt waren.

Zwei Dinge weiß man gemeinhin über diese Länder: Sie sind reich, und sie bekennen sich zum Islam. Tatsächlich katapultierte das aus dem Sand sprudelnde schwarze Gold die Länder quasi über Nacht in die Neuzeit. Innerhalb einer Generation verwandelten die Petro-Dollars Beduinen in Geschäftsleute. Der Westen reagierte anfangs hilflos und undifferenziert. Mit polemischen Artikeln über polygame Scheichs, die Milliarden verpulvern, wurde noch in den 1970er- und frühen 1980er-Jahren nicht gespart. Heute werden sie in gleicher Weise nicht differenzierend einer antiwestlichen Terrorismusunterstützung verdächtigt.

Dabei übersieht man oft, dass sie trotz vieler Gemeinsamkeiten sehr unterschiedlich sind: Saudi-Arabien, das flächenmäßig fast zwei Drittel der Arabischen Halbinsel einnimmt, ist ein konservativ ausgerichtetes Königreich, in dem noch heute öffentliche Hinrichtungen praktiziert werden und Frauen das Autofahren untersagt ist; Kuwait hat sich dank der Segnungen des Erdöls nahezu vollständig von den Wunden des Zweiten Golfkrieges erholt; das westlich orientierte Bahrain ist auf Inseln gelegen und sein Nachbar Qatar zählt zu den superreichen Staaten dieser Erde; die weltoffenen Vereinigten Arabischen Emirate (VAE) bestehen aus sieben Fürstentümern, die sich zu einer Föderation zusammengeschlossen haben und von denen Dubai das touristisch bekannteste ist; Oman, das traditionsverhaftete Land der Seefahrer und Handelsleute, befindet sich auf dem Weg in die Moderne; und schließlich Jemen, wo bislang nur wenig Erdöl entdeckt wurde und vielleicht deshalb überall noch viel von der Vergangenheit sichtbar ist.

Unterschiedlich sind auch die politischen Systeme, die von einer absoluten Monarchie über Fürstentümer bis zu einer Republik mit demokratischer Verfassung reichen. Der Zweite Golfkrieg um Kuwait ließ die sechs im Golf Cooperation Council verbündeten Staaten der Arabischen Halbinsel näher zusammenrücken. Nur die Kluft zum siebten Staat, zu Jemen, der sich 1990 nicht der Anti-Irak-Koalition anschloss, vertiefte sich.

Der Angriff von Al Qaida auf das World Trade Center in New York am 11. September 2001 und in seinem Gefolge der Dritte Golfkrieg haben bis heute weltweit große Auswirkungen. Besonders deutlich spürbar sind diese in allen Ländern der Arabischen Halbinsel. Der Tourismus, dem sich mit Beginn des 21. Jh. alle Staaten der Arabischen Halbinsel geöffnet hatten, brach über Nacht zusammen. Auch wenn mittlerweile die Besucherzahlen wieder steigen, geblieben ist –

wenn auch unbegründet – ein Gefühl der Unsicherheit.

Die Länder der Arabischen Halbinsel begleiten den von den USA 2003 initiierten Krieg gegen Irak heute alle mehr zögernd als hoffnungsvoll. Da sie selbst unter den islamistischen Terroranschlägen oder -drohungen leiden, unternehmen sie große Anstrengungen zu ihrer eigenen Sicherheit und der ihrer Touristen.

Erst seit Mitte der 1990er-Jahre öffnen sich die Länder der Arabischen Halbinsel behutsam dem Tourismus. Mit einer Ausnahme: Sharjah, eines der Emirate der VAE, entdeckte bereits vor 30 Jahren den Tourismus. Es versprach Erholung an menschenleeren Sandstränden und in komfortablen Hotels, dazu exotische Shopping- und Wüstentrips. Dubai, das Nachbaremirat, zog nach. Mittlerweile boomt dort der internationale Tourismus wie in keinem anderen Land der Halbinsel.

Noch vergleichsweise wenige Touristen bereisen das benachbarte Sultanat Oman, das man auch auf gut ausgebauten Straßen aus den VAE problemlos ansteuern kann. Wüsten und Oasen, steil aufragende Gebirgsketten, 1700 km Küstenlinie und Hunderte von historischen Forts laden ein, Oman zu erkunden.

Heute erinnern in den Golfstaaten nur mehr alte Schwarz-Weiß-Aufnahmen an die von Stadtmauern aus Lehm umschlossenen Siedlungen des arabischen Mittelalters. Innerhalb von zwei Jahrzehnten entstanden z. B. am Dubai Creek und entlang der Corniche in Abu Dhabi und der von Doha Skylines, die an amerikanische Metropolen erinnern. Dieser Sprung in die Neuzeit war verbunden mit dem Verlust der historischen Bausubstanzen: Häuser werden aus Beton statt aus Lehm erbaut, Klimaanlagen in den Häusern ersetzen die traditionellen Windtürme und Glas die kunstvollen *mashrabyas,* die hölzernen Fenstergitter.

Doch der Einzug der Moderne hinderte die Menschen nicht, ihrer islamischen Tradition und ihren überlieferten Wertvorstellungen verhaftet zu bleiben. Nach wie vor strukturiert der fünfmalige Ruf des Muezzin zum Gebet den Tag, nach wie vor tauschen arabische Geschäftsleute vor dem Flug von Europa nach Hause ihren Maßanzug gegen die *dishdasha.*

Herzlich willkommen in Arabien: Kinder im Innenhof der Festung Barka (Oman)

Natur und Umwelt

Die Stille der Wüste erleben wie das Funkeln der Sterne inmitten der Einsamkeit, die Sinne schärfen für die vielfältigen Lebensformen in einer nur auf den ersten Blick feindlichen Umgebung – auf der Arabischen Halbinsel gewinnt Natur neue Dimensionen. Die Bergwelt von Oman und Jemen ist Heimat für Großkatzen und sogar die gefährdete Oryx-Antilope durchstreift wieder die Wadis.

Wüsten, Oasen, Gebirge

Die Arabische Halbinsel (Djesirat al Arab), ein Subkontinent Asiens, wird im Süden durch den Golf von Aden und das Arabische Meer, im Osten durch den Golf von Oman und den Arabischen (bzw. Persischen) Golf sowie im Westen vom Roten Meer begrenzt. Im Norden stößt sie an Jordanien und Irak, die beide dem Fruchtbaren Halbmond zuzurechnen sind. Zusammen mit Ägypten, Jordanien, Irak, Israel, Libanon und Syrien bildet die Halbinsel den Nahen Osten (Middle East), der wiederum zusammen mit der Türkei, Iran und Afghanistan als Vorderasien bezeichnet wird.

Die Westseite der Arabischen Halbinsel besteht aus der 20 bis 40 km breiten, ebenen Wüstensteppe der Tihama, an die sich landeinwärts ein bis zu 3000 m hoher Gebirgszug – das Asir-Gebirge im Süden, das Bergland des Hedschas im Norden – anschließt. Dieser Gebirgszug geht allmählich in das ca. 1000 m hohe zentralarabische Hochland des Nedsch über, das durch Sandwüsten und Kalkplateaus charakterisiert wird. Nordöstlich und südöstlich des Hochlandes erstrecken sich ebenfalls ausgedehnte Sandwüsten, darunter die Rub al Khali (Leeres Viertel), die größte zusammenhängende Sandwüste der Welt. Auch am Golf von Oman steigt das Land von einer etwa 20 km breiten Küstenebene zu einem Bergland an, das Höhen von 3000 m erreicht.

Größere, ganzjährig Wasser führende Flüsse gibt es auf der Arabischen Halbinsel nicht, die Flussbetten *(wadi)* sind meist ausgetrocknet und werden nur nach Regenfällen kurzfristig zu Bächen, Flüssen und gelegentlich reißenden Strömen. Reiche, aber tief gelegene Grundwasservorkommen führten vereinzelt zur Entstehung von Oasen. Sie erweiterten sich im Laufe der Jahrhunderte zu größeren Siedlungen und bilden heute die Kernbezirke der Großstädte. In den Oasen des inneren Oman wurde das berühmte *falaj*-Bewässerungssystem entwickelt: Über kilometerlange Galerien und eingeschlagene Rinnen wird das Wasser vom Gebirge und den Rändern der Wadis zu den Siedlungen geleitet.

Pflanzen und Tiere

Die Vegetation der Arabischen Halbinsel variiert je nach Niederschlagsmenge, Temperaturverhältnissen und Bodenbeschaffenheit. Generell findet man Trockenpflanzen, die lange Zeit ohne Wasser leben können. Nach Regenfällen gedeihen – besonders in den Wadis – kurzzeitig auch Blumen und Gräser, die aber bald wieder vertrocknen. In den küstennahen Gebirgen findet man allerdings vereinzelt Laubwald und Zederngehölze (z. B. im Asir-Gebirge). In den Bergregionen des Jebel Akhdar (*akhdar* = grün) in Oman gedeihen noch magere Büsche, einzelne Tamarisken und zusammenhängende Grasflächen. Der größte Teil der Pflanzenwelt besteht jedoch aus Dornensträuchern, Kakteen und hartblättrigen Büschen, deren lederartige Haut die Verdunstung verringert.

Vegetationsarme Sandwüste bedeckt den größten Teil der Arabischen Halbinsel; hier können nur kleinere Hartsträucher, Büsche und Steppengräser gedeihen, besonders dort, wo gelegentlich Niederschläge auftreten. Die hohe Versalzung des Bodens infolge der starken Verdunstung schafft Bedingungen, die nur noch wenigen Pflanzenarten das Überleben ermöglichen.

Zu den fruchtbaren Gegenden der Arabischen Halbinsel zählt Bahrain, dessen nördlicher Rand durch Süßwasserquellen, die sich zum Teil unter dem Meeresboden befinden, nahezu vollständig grünt. Hier reihen sich große Plantagen mit Dattelpalmen, zahlreichen Gemüsearten sowie Blumen aneinander. Eine ausgedehnte Agrikulturlandschaft findet sich auch an den Berghängen im Süden von Saudi-Arabien und in Jemen sowie in Al Ain im Emirat Abu Dhabi und in der Batinah-Ebene von Oman. Im Süden der Arabischen Halbinsel wachsen Weihrauch- und Myrrhesträucher, die das Land in der Antike berühmt machten; außerdem gibt es dort Wein, Hirse, Weizen, Mais und Zitrusfrüchte. Weit verbreitet ist in Jemen auch der Qat-Strauch, dessen Blätter gekaut werden und narkotisierende Wirkung haben. Überdies baut man hier Kaffee an. Typische Nutzpflanze aller Oasen der Arabischen Halbinsel ist die Dattelpalme, die nicht nur Früchte liefert, sondern auch Bauholz und Flechtmaterial.

Die reichen Ölländer der Arabischen Halbinsel sind neuerdings dazu übergegangen, mit aufwendigen Bewässerungsvorhaben und enormem Einsatz von ausländischen Arbeitskräften riesige Flächen in und am Rande ihrer Städte künstlich zu begrünen und mit Palmen zu bepflanzen. Auch mehrt sich der Versuch – dank gigantischer Meerwasserentsalzungsanlagen – selbst Gemüse und Obst anzubauen.

Früher muss die Tierwelt der Arabischen Halbinsel reich und vielfältig gewesen sein, wie Illustrationen in Werken aus dem Mittelalter zeigen. Von dieser Pracht ist heute wenig geblieben. Doch auch die Wüste lebt! Wenn man z. B. mit dem Zug von Riyadh, der Hauptstadt Saudi-Arabiens, nach Dammam am Arabischen Golf fährt, sieht man, dass die endlose Sandwüste immer wieder von kleineren Sträucheransammlungen unterbrochen wird, in denen allerlei Tiere Unterschlupf finden. Wenn man Glück hat, erspäht man Springmäuse, Wüstenfüchse (Feneks), Igel und Wüstenhasen. Selten ist allerdings die Oryx-Antilope geworden, die von den Beduinen bedenkenlos gejagt wurde; sie trifft man heute nur noch in geschützten Gehegen oder Reservaten. Zahlreich findet man jedoch Geier. Der einst so häufig vorkommende Vogel Strauß zeigt sich heute nur noch in der Wüste Rub al Khali. Im jemenitischen Hadramaut leben noch Steinböcke und Wildkatzen in freier Wildbahn. In Oman trifft man auf seltene Vögel, z. B. in den Küstenregionen auf Flamingos, im Hochland auf Falken, Adler und Bussarde. Zu diesen gesellen sich große Schwärme von Zugvögeln, die hier jedes Jahr Station machen.

An domestizierten Tieren findet man in allen Ländern der Halbinsel Kamele, Esel, Schafe und Ziegen. Pferde werden von begüterten Arabern als Hobby gehalten.

Im Gegensatz zur Kargheit von Flora und Fauna oberhalb des Meeresspiegels weist die Unterwasserwelt der Küstengewässer der Arabischen Halbinsel eine ungeheure Vielfalt auf. Sowohl im Roten Meer, als auch im Arabischen Golf und im Indischen Ozeans wimmelt es von bunt schillernden Tropenfischen und Korallen.

Klima

Nur wenige Randstreifen der Arabischen Halbinsel werden von Niederschlägen so begünstigt, dass Ackerbau unter Ausnutzung des Regens möglich ist. Dazu zählen im Westen die Tihama, im Süden Teile von Jemen

Natur und Umwelt

Kamele hautnah erleben: zum Beispiel auf dem Kamelmarkt von Al Ain (Abu Dhabi)

und die Nord- und Südküste von Oman. Da die Niederschläge hauptsächlich in den Gebirgen des Südwestens, Südens und Ostens auftreten, legen die Bewohner dort terrassenförmige Felder an. Im zentralen Hochland mit seinem trockenen, subtropischen Höhenklima und krassen Temperaturschwankungen (bis zu 40 °C zwischen Tag und Nacht) reichen die wenigen, aber plötzlich einsetzenden Regenfälle (im Süden der Halbinsel im Sommer, im Norden im Winter) nicht mehr zur Feldbestellung aus. An den Stellen, wo sich Grundwasser sammelt, haben sich Oasen mit überraschendem Vegetationsreichtum gebildet. Im Sommer wehen über der Arabischen Halbinsel von Süden kommende, trocken-heiße Passatwinde; die Temperaturen steigen stark an. Im Winter strömen aus Innerasien Kaltluftmassen ein, gelegentlich auch wärmere Feuchtluft vom Mittelmeer.

Es lassen sich verschiedene Klimazonen der Arabischen Halbinsel unterscheiden: Im zentralen Hochland herrscht meist Hochdruck bei wolkenlosem Himmel. Die Luft ist trocken, gelegentlich gibt es Sandstürme (meist im Winter). Im Sommer liegen die Temperaturen bei 40 °C (manchmal sogar bei 45–50 °C), nachts bei 30 °C. Im Winter zeigt das Thermometer zwischen 5 °C und 20 °C, selten fällt es unter 0 °C. Die Niederschläge erreichen im Jahresdurchschnitt 90 mm. Das Klima im Asir- und Hedschas-Gebirge ist mit dem des Hochlandes vergleichbar.

Die südlichen Regionen der Halbinsel liegen im Einflussbereich des Südwest-Monsuns. Im Sommer ist die Hitze der des zentralen Hochlandes vergleichbar, im Winter liegen die Temperaturen um 25 °C. Die Küstenregion des Roten Meeres ist heiß (im Sommer bis zu 40 °C) und die Luft sehr feucht (50–80 %); im Winter fällt die Temperatur hier nur selten unter 25 °C. Am Arabischen Golf herrschen ebenfalls hohe Luftfeuchtigkeit (etwa 60 %) und von Mai bis September große Hitze, im Juli erreicht das Thermometer öfters 50 °C. Der Winter ist hier mit 20 °C und etwa 170 mm Niederschlägen jährlich angenehm.

Kamel

Das Kamel — Thema

Meist vergeht eine geraume Zeit, bis man heute als Besucher der Arabischen Halbinsel ein freilaufendes Kamel zu Gesicht bekommt. Fährt man aber über Land, trifft man entlang der Straße auf kleine äsende Herden. Hautnah kann man sie auf dem Kamelmarkt in der Oase Al Ain oder im Winter bei den großen Rennen am Rande der Städte erleben.

Auf der Arabischen Halbinsel war vor der Entdeckung des Erdöls menschliches Leben in sozialen Gefügen ohne das Kamel nicht denkbar, besonders in Innerarabien. Für Beduinen galt das Kamel soviel wie Gold, denn es schenkte ihnen Transport- und Bewegungsfreiheit. Zudem versorgte es sie mit Milch und Fleisch, lieferte ihnen das Material sowohl für Sandalen, Gürtel und Wassersäcke (Haut) als auch für Kleidung, Zelte und Teppiche (Haare und Fell). Und sein Kot diente getrocknet als Heizmaterial.

Das langhalsige Kamel der Arabischen Halbinsel, das um 1500 v. Chr. in Innerarabien domestiziert wurde, gehört zur Gruppe der einhöckrigen Dromedare. *El gamal* nennen es die Araber und verehren es in ihrer Literatur als Symbol für Schönheit, Geduld, Ausdauer und Genügsamkeit. Ohne Schwierigkeiten kann es selbst bei großer Hitze 30 bis 50 km am Tage zurücklegen und dabei noch bis zu 250 kg Last tragen. Rennkamele erreichen sogar Geschwindigkeiten von 25 km/h.

Wie kein anderes Tier hat das Kamel im Laufe langer evolutionärer Zeiträume eine Fülle physiologischer Anpassungen an seinen extremen Lebensraum vollzogen, die es zum idealen Wüstentier machen: In seinem Höcker sammelt es Fett an, sodass es mehrere Tage ohne Nahrung leben kann (entgegen weit verbreiteter Meinung ist der Höcker kein Wassertank); seine schwielensohligen, tellerförmig gespreizten Fußballen wirken wie Niederdruckreifen, die nicht in den Sand einsinken können; eine dicke Hornschwiele schützt überdies gegen den heißen Sandboden.

Die Nasenmembrane des Kamels ist vierzigmal größer als die menschliche und hält alle Feuchtigkeit der eingeatmeten Luft im Körper zurück, um sie zur Kühlung von Blut, Augen und Gehirn zu verwenden. Bei extremen Außentemperaturen kann ein durstiges Kamel seine Körpertemperatur auf 42 °C ansteigen lassen; dies verhindert Schwitzen und damit Wasserverlust. Sein Magensystem kann innerhalb kurzer Zeit bis zu 180 l Wasser aufnehmen und in Speicherzellen einlagern; die Kamelniere resorbiert zudem viel Wasser aus dem Harn, und spezialisierte Zellen des Enddarms entziehen dem Kot die letzte Feuchtigkeit; das so gesammelte Wasser wird dem Organismus wieder zugeführt.

Lange, dichte Augenwimpern verhindern das Eindringen von Sand und Staub, sodass das Kamel auch bei Sandstürmen weiterwandern kann. Zudem wird ein Feuchtigkeitssekret abgesondert und bildet einen Tränenflor, der verhindert, dass die Augen durch Sandkörner wund reiben.

Heute spielt das Kamel in wirtschaftlicher Hinsicht nur noch eine geringe Rolle. Es gilt auf der Arabischen Halbinsel traditionell aber noch immer als Statussymbol und ein junges Kamel kostet in den Golfstaaten soviel wie ein gebrauchtes Auto: zwischen 2000 und 6000 €.

Wirtschaft, Soziales, Politik

Auf der Arabischen Halbinsel entstanden aus bettelarmen Beduinengesellschaften binnen weniger Jahrzehnte sehr reiche Sozialstaaten. Der Grund: Unter dem Wüstensand und im flachen Arabischen Golf entdeckte man Erdöl. Für derart rasante gesellschaftliche Entwicklungen gibt es in der Geschichte der Menschheit kein Beispiel.

Die Allmacht des Erdöls

Der an den Arabischen Golf angrenzende Teil des Indischen Ozeans war bis 1989 Aufmarschplatz für amerikanische und sowjetische Kriegsschiffe. Zu wichtig waren beiden Großmächten die Golfregion und die Straße von Hormuz. Denn seit jeher kommen von hier die weltgrößten Rohöllieferungen, und auch in absehbarer Zukunft werden die ergiebigsten Ölquellen der Welt rund um den Arabischen Golf sprudeln. Das meiste Öl unter den Ölreichen besitzen mit Abstand die Saudis. Ihre Ölreserven sind groß genug, um den gesamten Ölbedarf Westeuropas in den nächsten 100 Jahren zu decken. Die größten Gasvorkommen der Region – nicht minder wertvoll – gehören Qatar.

Auch nach dem Ende des Ost-West-Konflikts bleibt die Region im Brennpunkt der Weltpolitik. Entscheidend für die politische Sicherheit der Region ist zunächst deren wirtschaftliche Stabilität. Diese wurde durch den Sieg einer alliierten Armee über den Irak im Zweiten Golfkrieg 1991 vorübergehend wiederhergestellt. Aber die Folgen des Dritten Golfkriegs zur Beseitigung der Herrschaft Saddam Husseins und die problematische proisraelische Nahostpolitik der USA werden wahrscheinlich noch für lange Zeit Faktoren der Ungewissheit darstellen.

Gemessen am Pro-Kopf-Einkommen der Bevölkerung gehören einige der kleinen Golfstaaten zu den ganz Reichen: Kuwait z. B. zählt auch nach dem Zweiten Golfkrieg wieder zu den wohlhabendsten Staaten der Welt, ebenso Qatar und die VAE. Nicht ganz so reich sind Bahrain und Oman. Die meisten Golfstaaten haben mit ihren enormen Kapitalüberschüssen diskret Immobilien und Industrieanteile in den westlichen Industriestaaten erworben. Nach wie vor sind sie auch große Importeure westlicher Industrieprodukte und westlichen Know-hows.

Politische Gliederung

Die Arabische Halbinsel gliedert sich politisch in sieben eigenständige Länder: das Emirat Kuwait (State of Kuwait), die Königreiche Saudi-Arabien (Kingdom of Saudi Arabia) und Bahrain (Kingdom of Bahrain), das Emirat Qatar (State of Qatar), das Sultanat Oman (Sultanate of Oman), die Vereinigten Arabischen Emirate als Zusammenschluss von sieben Scheichtümern (United Arab Emirates, UAE bzw. VAE) sowie die Republik Jemen, die im Jahr 1990 als vereinigter Staat aus den früheren Staaten Nordjemen (Yemen Arab Republic) und Südjemen (People's Democratic Republic of Yemen) hervorgegangen ist. Von diesen sieben Staaten nimmt Jemen historisch und kulturell eine Sonderstellung ein. Der exakte Grenzverlauf zwischen den einzelnen Staaten ist in einigen Fällen noch unklar, aber zurzeit nicht konfliktträchtig.

Politische Gliederung

Die politischen Systeme auf der Arabischen Halbinsel sind sehr unterschiedlich. Wir finden absolute Monarchien (Saudi-Arabien), Fürstentümer (Oman), Feudalsysteme mit vordemokratischen Institutionen (Bahrain, Kuwait, Qatar und VAE) und eine Republik mit demokratischer Verfassung, jedoch von royalistischen Stämmen noch stark beeinflusst (Jemen). Bündnissysteme zwischen den verschiedenen Ländern sind die Arabische Liga, die 1945 gegründet wurde und heute alle arabischen Staaten umfasst, sowie der Golfkooperationsrat (Gulf Cooperation Council, GCC), dem nur die sechs Golfanrainerstaaten angehören (s. u.).

Außer einer gemeinsamen skeptischen bis ablehnenden Haltung gegenüber dem Staat Israel, die sich auf die bisherige israelische Palästina-Politik gründet, hält die sieben Länder der Arabischen Halbinsel relativ wenig zusammen; zu unterschiedlich sind ihre Interessen aufgrund ihrer verschiedenen ökonomischen Strukturen. Allerdings haben der Überfall von Irak auf Kuwait 1990 (Zweiter Golfkrieg) und die ständige Bedrohung aus dem schiitischen Iran die sechs GCC-Staaten näher zusammenrücken lassen. Nur langsam verbessern sich ihre Beziehungen zu Jemen, der sich im Zweiten Golfkrieg nicht der Anti-Irak-Koalition anschloss.

Der Gulf Cooperation Council (GCC)

Die sechs arabischen Anrainerstaaten am Golf – Saudi-Arabien, Kuwait, Qatar, Oman, Bahrain und die Vereinigten Arabischen Emirate (VAE) – reagierten nach dem Ausbruch des irakisch-iranischen Krieges im Jahre 1980 (Erster Golfkrieg) relativ schnell: Sahen die konservativen Regime in der Islamischen Revolution in Iran am gegenüberliegenden Ufer des Golfs schon eine große Gefahr für ihre Herrschaftsgrundlage, so konnte ein Krieg in der Region erst recht Instabilität unvorhersehbaren Ausmaßes auslösen. Am 26. Mai 1981 unterzeichneten die sechs in Abu Dhabi die Gründungscharta des Gulf Cooperation Council, dessen Ziel die enge Koordination der Außen-, Sicherheits- und Wirtschaftspolitik der Unterzeichnerstaaten ist. Iran und Irak sind von diesem Gremium satzungsmäßig ausgeschlossen.

Wichtigstes Organ des GCC ist der Oberste Rat der sechs Staatsoberhäupter. Er tritt einmal jährlich in ordentlicher Sitzung zusammen und ist bei Anwesenheit von zwei Dritteln der Mitglieder beschlussfähig. Der Rat, in dem jeder nur eine Stimme hat, bestimmt die Richtlinien der Politik, entscheidet über alle Empfehlungen und Vorschläge der übrigen Organe, ernennt den Generalsekretär und beschließt dessen Budget. Auch für eventuelle Änderungen der Charta ist er zuständig. Für die Präsidentschaft des Rats gilt das Rotationsverfahren. Sie wird jeweils für ein Jahr in alphabetischer Folge entsprechend den Namen der Mitgliedsländer bestimmt. Das Hauptquartier des GCC befindet sich in Riyadh (Saudi-Arabien).

Im irakisch-iranischen Krieg (Erster Golfkrieg 1980–88) unterstützte der GCC Bagdad mit großzügigen Finanzhilfen. Zehn Jahre später, nach dem Überfall Iraks auf Kuwait 1990 (Zweiter Golfkrieg), brachte der GCC ca. 80 Mrd. US-$ gegen den Irak auf, um sein Mitglied Kuwait mit Hilfe der Uno und den USA wieder zu befreien. – In allen GCC-Ländern werden durchschnittlich 25 % des Staatshaushalts für Militär und Rüstung aufgewendet. So gesehen gehört der Mittlere Osten zu den höchst militarisierten Regionen der Welt.

Seit 1991 ist es das Ziel des GCC, die Zusammenarbeit zwischen den sechs Mitgliedstaaten noch stärker zu institutionalisieren. In verschiedenen Organen wurde seitdem über die Vision eines gemeinsamen Wirtschaftsmarktes, einer EU am Golf, nachgedacht. Ob die Staatsoberhäupter aber bereit sind, auf einen Teil ihrer jeweiligen Herrschaft im Land zu verzichten, darf bezweifelt werden. Trotzdem gibt es kleine Fortschritte für die Untertanen: Sie können ohne Visa mit ihren Autos in GCC-Länder reisen und 2000 trat eine Zollunion in Kraft, die zu einem nicht erwarteten Einkaufstourismus führte.

Die sechs GCC-Länder leisten aufgrund ihrer Ressourcen einen hohen Beitrag zur internationalen Entwicklungszusammenarbeit.

Wirtschaft, Soziales, Politik

Die Entstehung des Erdöls

Thema

Bei den Ländern der Arabischen Halbinsel assoziieren die meisten Menschen als erstes den Begriff Erdöl. Zu Recht, denn Erdöl und Erdgas werden derzeit nirgendwo schneller und billiger gefördert als auf der Arabischen Halbinsel, und hier liegen auch die größten heutzutage bekannten Reserven.

Ein solcher Glücksfall kann nur – so die Gläubigen der Golfstaaten – ein Geschenk Allahs für seine treuesten Anhänger sein. Welche anderen Antworten gäbe es sonst auf die Frage: Wieso sprudeln die Quellen ausgerechnet hier?

Vermutlich gibt es Öl überall auf der Erde, mit Sicherheit jedoch dort, wo Sedimentgestein zu finden ist. Denn Sedimentgestein, das sich unter großem Druck aus Sandformationen bildete, hat Poren, Kavernen und Hohlräume. In den Ur-Meeren entstand vor Tausenden von Millionen Jahren aus den unzähligen winzigen Lebewesen, die abgestorben auf den Meeresboden heruntergesunken waren, ein Faulschlamm. Dieser konnte nicht verwesen, weil es in der Tiefe zu wenig Sauerstoff gab. Statt dessen setzte ein anderer chemischer Prozess ein: Er verwandelte sich mit Hilfe sauerstoffunabhängiger Bakterien in Kohlenwasserstofftropfen.

Das geschah vor 500 Mio. Jahren vor allem in Tonablagerungen. Deckgebirge, die aufgrund tektonischer Verwerfungen im Zuge der Verfestigung der Erdoberfläche entstanden, überlagerten später die Tone und pressten mit ihrem ungeheuren Gewicht die vorwiegend aus Kohlenwasserstoff bestehenden Öltropfen aus den Poren in die Hohlräume der Sedimentgesteine. Die einzelnen Tropfen sammelten sich zu Blasen und bildeten unterirdische Seen. Unter Druckeinwirkung wanderten diese durch das Sedimentgestein, bis sie auf feste, undringliche Gesteinsformationen trafen oder auf Stellen, wo sich das Sedimentgestein selbst verfestigt hatte. An solchen Barrieren, zu denen auch die Erdoberfläche gehört, staute sich das Öl in Becken, die immer voller liefen und unter immer größeren Druck gerieten. Bereits im Altertum trat vereinzelt Erdöl aus geologisch porösen Stellen ans Tageslicht. Damals fand es Verwendung z. B. als Pech.

Aufgrund geologischer Zufälligkeiten sammelte sich vor etwa 100 Mio. Jahren ungeheuer viel Öl auf seiner unterirdischen Wanderung in der Region des Arabischen Golfes und zwar deshalb, weil hier Sedimentgestein vorhanden ist und eine winklig angelegte Gebirgsformation das weitere Versickern bremste.

Bis heute wurde keine Region auf der Welt entdeckt, wo Öl in solchen Mengen und so dicht unter der Erdoberfläche lagert. Als weitere Vorteile kommen – im Gegensatz z. B. zu Alaska oder Sibirien – noch das günstige Klima und das Fehlen von größeren geographischen Hindernissen hinzu. Rund die Hälfte aller nachgewiesenen Ölreserven der Welt befinden sich am Golf.

Auch dass sich die Staaten der Arabischen Halbinsel in der OPEC zusammengeschlossen haben, um den Erdölpreis geschickt mitzugestalten, könnte man übrigens als Verdienst Allahs werten: Denn er hat die Herrscher seiner treuesten Anhänger mit genügend Verstand ausgestattet.

Vom Oasendorf zum Wohlfahrtsstaat

Keiner der reichen Staaten der Arabischen Halbinsel ist eine Demokratie. Aber die herrschenden Familien am Arabischen Golf ermöglichen ihren Bürgern eine Teilhabe am Erdölreichtum und sichern auf diese Weise politische Stabilität. Gerade weil die meisten der Bürger durch den Erdölboom auf diese Weise aus relativer Armut zu großem Wohlstand gelangten, sind tiefgreifende Umwälzungen nicht zu erwarten. Am Beispiel eines Emirats soll dieser Weg nachgezeichnet werden:

Im anspruchsvoll gestalteten Freilichtmuseum Heritage Village von Abu Dhabi, prächtig am Meer gelegen, flanieren Besucher beim weichen Schein von Petroleumlampen durch schmale Gassen. Leises Hämmern dringt aus der Werkstatt eines Silberschmieds, der die traditionellen Krummdolche Südarabiens herstellt. Nebenan dreht sich die Töpferscheibe, entstehen Teller und Tassen aus hellem Ton. Hier lässt man sich nur zu gern in die Vergangenheit entführen, in eine Zeit, als die Sommer heiß und entbehrungsreich waren, die Menschen in Lehmhäusern und Palmhütten lebten, es weder Elektrizität noch Kanalisation gab. Viel hatte sich bis zur Entdeckung des Erdöls nicht verändert, seitdem 1793 der mächtige Beduinenstamm der Nahyan auf einer Sandinsel vor der Küste des Arabischen Golfs eine Süßwasserquelle entdeckte, den Ort Abu Dhabi (Vater der Gazelle) nannte und sich dort niederließ. Noch in den 1960er-Jahren bewohnten die Siedlungsinsel, die man damals nur bei Ebbe erreichen konnte, nur ca. 4000 Menschen.

Vier Jahrzehnte später ist Abu Dhabi auf eine Million Einwohner angewachsen, gehört die Stadt zu den großen Metropolen am Arabischen Golf. Und: Das Scheichtum mit der gleichnamigen Hauptstadt wächst weiter mit atemraubender Geschwindigkeit. Die Wirtschaft boomt, (touristische) Großprojekte rücken Abu Dhabi ins weltweite Interesse der Medien.

Der kometenhafte Aufstieg Abu Dhabis ist beispielhaft für die Länder der Arabischen Halbinsel. In kluger und vorausschauender Weise investierten die Länder am Golf ihre enormen Einnahmen aus Erdöl- und Erdgasverkäufen in den Aufbau einer modernen Infrastruktur. Allen voran verwirklichte der Herrscher von Abu Dhabi, der charismatische Sheikh Zayed bin Sultan al Nahyan, von 1971 bis zu seinem Tod im Jahr 2004 zugleich Präsident der VAE, seine Vision eines prosperierenden modernen Sozialstaates. Hier wie in den Nachbarstaaten, in Kuwait, Bahrain, Qatar, Oman und Saudi-Arabien, holen die Regierenden für den Aufbau preiswerte Arbeitskräfte aus Asien. Diese *expatriates* genannten Ausländer – ihr Anteil liegt in Abu Dhabi bei etwa 80 % – mehren den auf Erdöl basierenden Reichtum in immenser Weise. Bauarbeiter aus Pakistan und Indien, Kindermädchen aus den Philippinen, Hotelmanager aus der Schweiz und Großbritannien – auf der Arabischen Halbinsel arbeiten und leben heute Menschen aus über 100 Nationen.

Herrschaftliche Geschenke

Weise Herrscher, so die Praxis am Golf, lassen die Bevölkerung am Geldsegen teilhaben. Finanzielle Zuwendungen, ein kostenloses Gesundheits- und Bildungswesen sowie zinslose Kredite sorgen beispielsweise dafür, dass man in Abu Dhabi das eigene Wohlergehen mit dem Namen der Herrscherfamilie Al Nahyan verbindet. Weil unter ihm der Wandel aus bescheidenen Lebensverhältnissen zum umfassenden Wohlfahrtsstaat am größten war, bleibt Sheikh Zayed bin Sultan al Nahyan in Abu Dhabi unvergessen. Auch sein Sohn Khalifa bin Zayed al Nahyan, der 2004 die Regentschaft übernahm, setzt die wohlfahrtsstaatlichen Zuwendungen fort. Beim Amtseintritt erhöhte er die Gehälter der im öffentlichen Dienst beschäftigten Einheimischen um 25 %, die der *expatriates* um 15 %. »Als Geschenke an Hochzeitspaare werden 8840 Villen errichtet«, meldete die Gulf News, dazu gab es weitere 17 000 € »für Möbel«.

Geschichte der Arabischen Halbinsel

Auf der Arabischen Halbinsel existierten schon lange vor ihrer Islamisierung im 7. Jh. bedeutende Kulturen. Aber seit dem Wirken des Propheten Mohammed in Mekka und Medina finden wir hier das Zentrum der Weltreligion des Islam. Doch ungeachtet vieler islamischer Gemeinsamkeiten entstanden im Laufe der Jahrhunderte unabhängige Staaten mit eigenen, unterschiedlichen Entwicklungen.

Die Geschichte Arabiens bis zur Islamisierung

Die bisher älteste nachgewiesene Kultur Arabiens, die 6000 Jahre alte Obeid-Kultur, von der viele neuere Funde in Mesopotamien zeugen, hatte in der Küstenregion zwischen Kuwait und Qatar ihren Ursprung. Dort, zwischen Dammam und Ras Tanura, und auf der vorgelagerten Insel Tarut sind noch heute gemauerte unterirdische Bewässerungskanäle dieser frühen Zivilisation zu sehen. Auch die um 3000 v. Chr. die Golfregion beherrschende Dilmun-Kultur hat ebenda ihre Spuren hinterlassen: 200 km südlich von Hofuf, im Oasengebiet von Yabrim, finden wir Hunderte von Grabhügeln. Archäologisches Zentrum dieser Dilmun-Epoche entlang der Küste der Arabischen Halbinsel ist aber die Insel Bahrain. Dort haben Archäologen über 85 000 dieser Erdwallgräber *(burial mounds)* freigelegt (s. S. 131).

Etwa um 1000 v. Chr. verschob sich das Zentrum des historischen Geschehens auf der Arabischen Halbinsel von der östlichen Golfregion zum Roten Meer. Dazu trug unter anderem die zunehmende Bedeutung der Weihrauchstraße bei, eines ausgebauten Handelsweges für Karawanen, der von Jemen, wo sich um diese Zeit das mächtige Sabäer-Reich etabliert hatte, entlang der Ostküste durch die Städte Taif, Mekka und Medina (damals Yathrib) hin nach Gaza am Mittelmeer führte. Um 600 v. Chr. begann im Norden dieser Region der Aufstieg der Nabatäer, die das erste rein arabische Reich auf der Halbinsel gründeten und deren Baudenkmäler im Madain Saleh (200 km nordöstlich von Medina) die wohl bedeutendsten vorislamischen Zeugnisse auf der Arabischen Halbinsel sind (s. S. 352). Bekannt geworden sind die hohen Kulturleistungen der Nabatäer vor allem durch die an dieser Weihrauchroute gelegene Stadt Petra (heute Jordanien).

Insgesamt bleiben unsere Kenntnisse über die vorislamische Geschichte der Arabischen Halbinsel bruchstückhaft. Bekannt sind u. a. die Expedition des römischen Prokurators in Ägypten, Aelius Gallus, der um 25 v. Chr. mit einem 10 000 Mann starken Heer Südarabien erobern wollte, aber erfolglos zurückkehrte. Ihm schreibt man die Konnotation *Arabia felix* – Glückliches Arabien – zu.

Islamisierung der Arabischen Halbinsel

Lange bevor Mekka zu Beginn des 7. Jh. zum zentralen Ort des Islam wurde, war es bereits eine bedeutende Stadt. Es lag in der Mitte jener Handelsstraße, die aus Arabien zum Mittelmeer führte und auf der z. B. Weihrauch, Myrrhe und andere luxuriöse Konsumartikel des antiken Arabiens befördert wurden

Islamisierung der Arabischen Halbinsel

(Weihrauchstraße). In Mekka gabelten sich die Handelskarawanenwege. Die Stadt beherbergte auch einen seit alters her verehrten schwarzen Stein, um den ein quadratischer Schrein, die Kaaba – angeblich vom semitischen Stammvater Abraham – errichtet worden war, der vielen Religionen und Gottheiten als Tempel diente. Zudem verlieh ein großes, jährlich wiederkehrendes Marktfest *(Ukaz)* dem Ort zentrale Bedeutung auf der Arabischen Halbinsel.

Das Leben Mohammeds

In Mekka wurde um 570 Abd al Qasim Mohammed ibn Abdallah ibn Abd al Mutalib geboren, der unter seinem Vornamen Mohammed als Prophet des Islam später große Bedeutung erlangte. Sein Vater starb noch vor seiner Geburt, seine Mutter, als er acht Jahre alt war. Mohammed wuchs zunächst bei seinem Großvater, später bei seinem Onkel auf. Seine Familie gehörte dem angesehenen Stamm der Quraish an, zählte aber eher zu den ärmeren Einwohnern Mekkas. Als Mohammed 25 Jahre alt war, heiratete er die 40-jährige Kaufmannswitwe Khadidsha und kam so zu Wohlstand. Als Karawanenführer unternahm er jetzt selbst weite Reisen.

Seine Offenbarungen, in denen Gott durch den Erzengel Gabriel zu ihm sprach, verkündete er ab 613 in öffentlichen Predigten. Er fühlte sich nach Moses und Jesus als der letzte Prophet (Gesandter Gottes), der Christen und Juden in einem gemeinsamen Glauben an einen einzigen Gott zusammenführen wollte. Seine ersten Anhänger waren seine Frau Khadidsha, sein Vetter Ali (der auch der Ehemann seiner Tochter Fatima war) und sein Freund Abu Bakr, später der erste Kalif. Im Laufe der Zeit schlossen sich immer mehr Bürger Mekkas der neuen Lehre an, die u. a. die Freilassung der Sklaven und eine bessere Behandlung der Frauen forderte, eine Unterstützung der Armen gebot und nur den Glauben an einen einzigen Gott zuließ.

Einige Mekkaner sahen aber in der neuen Lehre eine Gefahr für ihre Geschäfte, weil sie die sich in Mekka aufhaltenden Pilger anderer Religionen ausschloss. Es häuften sich die Drohungen gegen den Propheten und seine Anhänger. Ganz anders reagierten die Kaufleute in der benachbarten Stadt Yathrib, die Mohammed Zuflucht anboten. Am 16. Juli 622 verließ er mit Abu Bakr und wenigen Anhängern seine Geburtsstadt Mekka und ging nach Yathrib. Dieser Tag der Flucht – arabisch *hedschra* – wurde 17 Jahre später vom Kalifen Omar als Beginn der neuen islamischen Zeitrechnung festgelegt. In Yathrib verwirklichte Mohammed jene religiösen Organisationsformen, die Gott ihm in den Offenbarungen mitgeteilt hatte. Von Mohammed zur Heiligen Stätte erklärt, hieß der Ort bald Al Medinat al Nabi – die Stadt des Propheten –, verkürzt Medina, die Stadt.

Von Medina aus überfiel Mohammed die Karawanen von und nach Mekka. 624 besiegten 300 seiner Anhänger aus Medina in der Karawanenstation Badr über 1000 Bürger aus Mekka und im Jahr 630 ergab sich die Stadt schließlich. Mohammed zog in Mekka ein, entfernte alle Götzenbilder und erklärte die Kaaba zum Heiligtum des Islam. Von Mekka aus, der Heiligen Stadt des Islam, regierte Mohammed seit 630 sein Reich. Christliche und jüdische Kaufleute in den großen Handelsstädten konnten an ihren Kulten festhalten, zahlten aber Steuern an Mohammed, das politische und religiöse Oberhaupt der Halbinsel. 632 starb der Prophet ganz unerwartet, nachdem er in nur zwei Jahren alle arabischen Stämme der Halbinsel vereinigt hatte.

Die Lehren des Islam

Sämtliche Verkündigungen Mohammeds sind in den 114 Suren (Versen) des Koran niedergeschrieben. Sie werden von den Muslimen als Gottes gesprochenes Wort angesehen und unterliegen daher keiner Veränderung. Was den Koran neben seinen vereinfachten jüdischen und christlichen Glaubensinhalten auszeichnet, sind seine praxisorientierten, umfassenden Regeln für den Alltag der Gläubigen. Nach der Grundformel »Es gibt keinen Gott außer Allah«, die sich gegen die christliche Vorstellung von der Dreifaltigkeit wendet, enthält der Koran einen verbindlichen

Geschichte

Verhaltenskodex, z. B. für die Pflege der Gesundheit, zum Leben vor und in der Ehe, für Erbangelegenheiten und Scheidung, für Esssitten und Erziehung, zum sozialen Verhalten und zur Gestaltung des Tages- und Jahresablaufs. Diese einheitlichen Regeln prägen von jeher das Leben der Muslime und fördern noch heute das soziale und politische Zusammengehörigkeitsgefühl der islamischen Welt. Inzwischen bekennen sich weltweit 1,3 Milliarden Menschen zur Lehre Mohammeds.

Die streng monotheistische Religion des Islam (Hingabe an Gott) verspricht – genau wie Judentum und Christentum – allen gläubigen Muslimen, die die Gnade Gottes verdienen, ein Fortleben im jenseitigen Paradies. Ein dem Koran gemäßes Leben, insbesondere die Befolgung der fünf Grundpflichten, ist die Voraussetzung dafür; doch Gott allein bestimmt am Jüngsten Tag, wen er auserwählt. Auch liegt das irdische Schicksal jedes Muslim vorbestimmt in Gottes Hand. Die fünf Grundpflichten (*arkan* oder die Fünf Säulen des Islam) sind: das Bekenntnis zum Glauben an den einen Gott, das Gebet fünfmal am Tag, das Fasten im Monat Ramadan, das Almosengeben und die Pilgerfahrt nach Mekka.

Sunna und *schia*

Der plötzliche Tod Mohammeds im Jahre 632 führte unter seinen Anhängern zu großer Unsicherheit über die Frage der Nachfolge, zumal sich in den wenigen Jahren seines Wirkens seine Lehre und das ihr gemäße autokratische Herrschaftssystem auf der Halbinsel gefestigt hatten. Aus zwei unterschiedlichen Auffassungen über die Nachfolge entstanden wenige Jahre später die zwei unterschiedlichen islamischen Glaubensrichtungen: *sunna* und *schia*. Als Omar, der zweite Kalif, starb (Kalif ist die Amtsbezeichnung des Nachfolgers des Propheten), gab es zwei Anwärter, die sich den sechs engsten Gefährten Mohammeds zur Wahl stellten: Ali, der Vetter Mohammeds und Ehemann seiner Tochter Fatima, und Othman, ein Mitglied des Quraish-Stammes, der dem Propheten nach Medina gefolgt war. Die Anhänger Alis stützten sich auf die Rechtsauffassung, dass nur einem Blutsverwandten des Propheten die Führerschaft zuerkannt werden könne. Die Mehrheit vertrat die Auffassung, dass der Anführer zwar aus einer Quraish-Familie stammen solle, aber von der Gemeinde gewählt werden müsse; die Ausschließlichkeit verwandtschaftlicher Nachfolge lehnten sie ab.

Othman wurde gewählt, die Partei *(schia)* Alis spaltete sich ab. Unter Kalif Othman expandierte das islamische Reich nach Nordafrika (648) und Persien (651), aber in Medina kam es zu Streitereien über Qualität und Rechtmäßigkeit seines Kalifats. 656 wurde Othman in Medina ermordet und Ali zum Kalifen ausgerufen. Kaum hatte er die politische und religiöse Führerschaft errungen, verließ er Medina und ging nach Irak. Unter den hier lebenden Muslimen hatte sich die Idee verfestigt, der Kalif müsse als Leitfigur der Gläu-

Islamisierung der Arabischen Halbinsel

Wadi Hadramaut (Jemen): Hier tragen die Frauen noch traditionelle Hüte

bigen nicht nur große politische, sondern auch jene göttliche Führungseigenschaft besitzen, die nur der Familie Mohammeds vorbehalten sei. Als Ali 661 ums Leben kam, wollten seine Anhänger, dass sein Sohn Hasan und nach dessen Tod 669 sein Bruder Hussain an die Macht kommen sollten. Aber die sunnitische Mehrheit sah damals die Einheit aller Gläubigen, die *umma,* am besten in der starken politischen Führung der islamischen Omajaden-Dynastie in Damaskus gewährleistet.

Nur wenige Jahrzehnte nach dem Tod Mohammeds hatte sich somit das politische Machtzentrum des Islam von der Arabischen Halbinsel verlagert; von nun an sollte die Geschichte des Islam andernorts bestimmt werden. Als die »ideale Zeit« des Islam gelten deshalb nur jene 40 Jahre, in denen die *umma* vom Propheten selbst und seinen ersten vier Nachfolgern, den »rechtgeleiteten« Kalifen (Abu Bakr 632–634, Omar 634–644, Othman 644–656 und Ali 656–661) geführt wurde. Für die Schiiten beschränkt sich die »ideale Zeit« nur auf die Staatsführung Mohammeds und seinen vierten Kalifen Ali.

Die beiden großen Glaubensrichtungen des Islam haben sich bis heute erhalten. Ca. 90 % der Muslime gehören den Sunniten an, darunter auch fast alle Gläubigen der Arabischen Halbinsel (Ausnahme: Bahrain mit über 50 % Schiiten). Etwa 8 % aller Muslime sind Schiiten; sie leben heute überwiegend in Iran, Irak und im nördlichen Jemen (größere Minderheiten auch in Syrien und der Türkei); ihre Imame (oder Ayatollas) gelten alle als blutsverwandt mit dem Propheten und haben weitaus größere Machtpositionen als bei den Sunniten.

Geschichte

Machtkämpfe um die Heiligen Stätten

Ungeachtet der Verlagerung der politischen Machtzentren verloren auf der Arabischen Halbinsel Mekka und Medina als religiöse Zentren und als Ziele der jährlichen Pilgerfahrten nicht an Bedeutung. Für die von den Muslimen sehr ernst genommene fünfte Säule des Islam, die Pilgerfahrt nach Mekka, hatten sich von bestimmten Sammelplätzen aus Pilgerrouten herausgebildet, auf denen die Pilger oft länger als einen Monat unterwegs waren, bevor sie die Heilige Stadt erreichten. So führten nach Mekka eine Nordroute von Damaskus (über Maan, Tabuk, Al Ula, Medina), eine Südroute von Sana'a (über Saada, Najran, Taif), eine Westroute von Kairo (über den Sinai und durch die Tihama) und eine Ostroute von Bagdad (über Kufa, Alajfar, Faid, Samira, Nukra, Medina). Letztere, die Darb Zubaida, war die bekannteste; die Frau des Kalifen Harun al Rashid hatte hier im 8. Jh. in regelmäßigen Abständen Brunnen bauen lassen.

Auseinandersetzungen um die Kontrolle dieser Pilgerwege und die Schutzherrschaft über die Heiligen Stätten in Mekka und Medina bestimmten seit der Mitte des 7. Jh. wesentlich die Geschichte der Halbinsel. 930 eroberten die Karmaten, eine früh von den Schiiten abgespaltene egalitär-puritanische Sekte, Mekka und raubten den heiligen schwarzen Meteoriten aus der Kaaba, der erst nach zähen Verhandlungen wieder zurückgelangte.

Dieser Überfall führte den Städten Mekka und Medina deutlich ihre Schutzlosigkeit vor Augen. Sie stellten sich deshalb 969 vorsorglich unter den Schutz der fatimidischen Herrscher in Kairo, die von da an die Herrschaft über den Westteil der Halbinsel ausübten. Unter der Oberhoheit des fatimidischen (später mameluckischen) Ägypten regierten seit dem 11. Jh. die Sherifen von Mekka in den Heiligen Städten und im Norden des Hedschas.

Im Jahre 1507 landete der portugiesische Vizekönig Afonso de Albuquerque an der Ostküste der Arabischen Halbinsel und eroberte die Handelsstädte Muscat und Sohar. Drei Jahre später kreuzte seine Flotte im Roten Meer. Jeddah, der Hafen von Mekka, war in Gefahr; deswegen ließ der ägyptische Statthalter die Stadt mit einer Ringmauer befestigen. Doch die ägyptische Herrschaft neigte sich ihrem Ende zu. 1517 eroberte der türkische Sultan Selim I. Kairo und wenige Jahre später den Hedschas. Die Türken als die neue islamische Großmacht erklärten sich von nun an zu Schutzherren über die Heiligen Stätten, beließen aber die Sherifen von Mekka in ihren Ämtern. 1551 rückten türkische Truppen auch an der Ostküste der Halbinsel vor. In der von ihnen befestigten Garnisonsstadt Hofuf saß seit 1552 ein osmanischer Gouverneur.

Von den Machtkämpfen in den östlichen und westlichen Küstenregionen wurde der größte Teil der Arabischen Halbinsel, insbesondere die große Region des Nedsch, nicht berührt, da weder ägyptische noch türkische Truppen sich in die unwirtlichen Wüstengebiete Zentralarabiens vorwagten. Hier herrschten nomadisierende Stammesverbände, deren Einfluss meist auf ihre Heimatoase beschränkt blieb.

Die Geschichte der Arabischen Halbinsel war immer die Geschichte ihrer Regionen, die sich sehr unterschiedlich entwickelten. Die zentrifugalen Kräfte dieses Großraums wurden zu Beginn der Neuzeit durch die Interessen der europäischen Mächte und der Türkei verstärkt. Obwohl die Türken im Zuge der Ausweitung ihres osmanischen Reiches die Arabische Halbinsel zu ihrem Einflussbereich zählten und diese durch ihre militärische Präsenz teilweise beherrschten, war die Arabische Halbinsel keine Kolonie des Großtürkischen Reiches. Die osmanische Präsenz beschränkte sich auf die östlichen und westlichen Küstenregionen. Aber während der osmanischen Vorherrschaft in der Region begannen im 17. und 18. Jh. in sehr unterschiedlicher Weise nationale Entwicklungen, die zu jenen sieben Staaten führten, die wir heute auf der Landkarte der Arabischen Halbinsel vorfinden (zur weiteren nationalen Geschichte vgl. jeweils die Länderkapitel im Teil »Unterwegs«).

Rechtsschulen

Die Rechtsschulen des Islam

Thema

In den ersten Jahrhunderten nach dem Tod Mohammeds entstanden vier sunnitische Rechtsschulen, die sich zwar in der Interpretation der islamischen Grundlagen partiell unterscheiden, sich aber gegenseitig anerkennen. Sie beschäftigten sich damit, neue, den Koran ergänzende Rechtsnormen abzuleiten.

Die Hanbaliten (nach Ahmed ibn Hanbal, 780–855), streng orthodox, ca. 10 Mio. Anhänger in Saudi-Arabien und Irak; die Hanafiten (nach Abu Hanifa, 699–767), liberale Interpretation, ca. 400 Mio. Anhänger, größte Verbreitung unter nichtarabischen Muslimen in der Türkei, Afghanistan, Pakistan, Indien usw.; die Malikiten (nach Malik ibn Anas, 715–795), gemäßigt, ca. 50 Mio. Anhänger vor allem in Nordafrika; die Schafiiten (nach As Schafi, 767–820), orthodox, ca. 100 Mio. Anhänger vor allem in Ägypten, Südarabien und Südostasien. Jeder Sunnit muss sich für eine dieser Rechtsschulen entscheiden.

Die Schiiten folgen mehrheitlich der Rechtsschule des Imam Dshafar as Shadiq (um 750), aus der später die heute noch in Nordjemen tagende Zwölfer-Schia hervorgehen sollte (der Name rührt von der Verehrung von zwölf Imamen). Dshafar as Shadiqs Auslegungen sind bis heute Grundlage der Staatsreligion in Iran.

Von beiden Glaubensrichtungen spalteten sich im Laufe der Jahrhunderte zahlreiche, oft stark asketisch und/oder mystisch geprägte Sekten ab, die im Gegensatz zu anderen islamischen Ländern auf der Arabischen Halbinsel aber keine bedeutende Rolle spielen, sieht man von der kleinen Gruppe der Ibadhiten in Oman und der Ismaeliten in Jemen ab. Andererseits gab es aber auch immer Reformbewegungen, die eine strenge Rückkehr zu den Grundlagen des Koran forderten, wie die sunnitischen Wahabiten in Saudi-Arabien.

Koranschrift: historisches Dokument aus dem National Museum Bahrain

Zeittafel

4000–2000 v. Chr.	Siedlungen der Dilmun-Kultur an der Ostküste Arabiens kontrollieren den Handel zwischen Mesopotamien und Indien.
1500–1200 v. Chr.	Domestizierung des Kamels.
1000 v. Chr.	Im Südwesten entsteht das sabäische Königreich.
350 v. Chr.–100 n. Chr.	Das arabische Volk der Nabatäer kontrolliert die Handelswege im Nordwesten der Arabischen Halbinsel (Madain Saleh, Petra).
70	Die Zerstörung des Tempels in Jerusalem durch die Römer führt größere Gruppen von Juden nach Jemen.
100–200	Der Stamm Al Asd, die Vorfahren des heutigen omanischen Herrschers, wandert in Oman ein.
226	Das persische Reich verstärkt den Seehandel mit vielen Siedlungen am Arabischen Golf.
356	Christliche Missionare treffen auf der Arabischen Halbinsel ein.
Um 550	In Jemen bricht der Staudamm von Marib. Diese Katastrophe beendet die Periode des Wohlstandes in Südarabien.
Um 570	Geburt des Propheten Mohammed in Mekka in der Provinz Hedschas (heute Saudi-Arabien).
622	Mohammed emigriert mit seinen Anhängern nach Medina; die muslimische Zeitrechnung beginnt.
630	Mohammed kehrt mit einem Heer nach Mekka zurück.
632	Mohammed stirbt, ohne einen Nachfolger bestimmt zu haben.
632–634	Abu Bakr, Mohammeds Schwiegervater, wird Nachfolger des Propheten und Führer des Islam (Kalif), er gewinnt weitere Gebiete und wird 634 ermordet.
634–644	Auf Abu Bakr folgt Omar; während der Regierungszeit des Kalifen Omar rücken islamische Streitkräfte bis nach Syrien, Persien und Ägypten vor. Er wird 644 ermordet.

Othman wird Nachfolger Omars; auf sein Betreiben wird aus den Manuskripten Mohammeds der Koran zusammengestellt. Othman wird 656 ermordet.	**644–656**
Ali, der Schwiegersohn Mohammeds, wird Kalif. Er verlagert das Zentrum des Islam von Medina nach Irak.	**656–661**
Ali wird ermordet, der Islam spaltet sich in Schiiten und Sunniten. Das Kalifat verlagert sich von Arabien nach Damaskus und wird in der Dynastie der Omajaden quasi erblich.	**661**
Ausdehnung des Islam vom Indus bis zu den Pyrenäen. In der Schlacht von Zab (bei Mossul) gegen die Abbasiden verliert der letzte Omajaden-Kalif Marwan II. sein Leben.	**661–750**
Das Kalifat fällt an die Dynastie der Abbasiden. Ihre Hauptstadt ist Bagdad; Wissenschaft und Kultur erreichen einen Höhepunkt.	**750–1258**
Der Hafen Muscat wird zum Handelszentrum am Ausgang des Arabischen Golfs.	**1225**
Die Portugiesen erobern Muscat.	**1507**
Die Osmanen, das spätere Volk der Türken, bringen Jemen in ihre Gewalt.	**1517**
Die Osmanen unterwerfen das nördliche Arabien und die Golfküste bis nach Qatar.	**1550**
Die Britische Ostindien-Kompanie errichtet eine Handelsniederlassung in Mocha an der Küste von Jemen.	**1618**
Perser und Briten verbünden sich, um die Portugiesen aus der Golfregion und der Straße von Hormuz zu vertreiben.	**1622**
Die Holländer richten Handelsposten ein im nördlichen Golfgebiet.	**1680**
Gründung des Scheichtums Abu Dhabi an der Golfküste.	**1761**
Die Holländer geben ihre Siedlungen in der Golfregion auf, die Britische Ostindien-Kompanie gewinnt Einfluss am Golf.	**1765**

1790	Die wahabitischen Al Sauds erobern Mekka und Medina, werden aber im Auftrag des türkischen Sultans 1811 bei Diriyyah vernichtend geschlagen.
1839	Die Briten erobern Aden.
1841	Großbritannien schließt nach dem Dardanellen-Vertrag mit den Scheichtümern am Golf Protektoratsverträge.
1861	Bahrain und Großbritannien unterzeichnen einen Friedens- und Freundschaftsvertrag.
1902	Mit weniger als 50 Mann gelingt Abdul Aziz aus der Familie der Al Saud die Eroberung der Oase Riyadh von Kuwait aus.
1914–18	Großbritannien und Frankreich erklären der Türkei den Krieg; Arabien wird Kriegsschauplatz. England verspricht den Arabern für ihre Unterstützung im Falle eines Sieges ein Großarabisches Reich.
1932	Proklamation des Königreiches Saudi-Arabien. Im Süden von Bahrain beginnt die Ölförderung am Golf. Said ibn Taimur wird Sultan von Oman und treibt sein Land in die Isolation.
1937	Die Hafenstadt Aden wird britische Kronkolonie.
1938	In Kuwait und Saudi-Arabien wird Erdöl gefunden.
1945	Saudi-Arabien, Ägypten und Jemen gründen die Arabische Liga.
1961	Kuwait wird von Großbritannien unabhängig.
1962	Die Armee von Nordjemen stürzt den Imam und errichtet eine Republik.
1964	König Saud wird vom Familienrat der Al Saud wegen Unfähigkeit und Verschwendung abgesetzt; ihm folgt sein Bruder Faisal.
1967	Gründung der Demokratischen Volksrepublik Jemen (Südjemen).
1970	In einem unblutigen Staatsstreich in Oman wird Sultan Said gestürzt; sein Sohn Qaboos übernimmt die Macht.

Aus den Scheichtümern am Golf bilden sich die Kleinstaaten Qatar, Bahrain sowie die Vereinigten Arabischen Emirate (VAE).	1971
Offiziere ergreifen in Nordjemen die Macht; in der Folge bewaffnete Auseinandersetzungen mit Südjemen.	1974
Der saudische König Faisal wird von einem Familienmitglied ermordet; Nachfolger wird sein Bruder Khaled.	1975
Gründung des Gulf Cooperation Council (GCC).	1981
Erster Golfkrieg (zwischen Iran und Irak) endet nach acht Jahren.	1988
Nord- und Südjemen vereinigen sich.	1990
Nach dem Überfall auf Kuwait wird Irak im Einvernehmen mit den UN von einem Militärbündnis aus 28 Staaten zurückgedrängt, darunter alle Staaten der Arabischen Liga mit Ausnahme von Jemen.	1990/91
In Qatar setzt Scheich Hamad bin Khalifa al Thani seinen Vater ab.	1995
Der Grenzstreit zwischen Bahrain und Qatar wird vom internationalen Gerichtshof beigelegt.	2001
Bahrain wird konstitutionelle Monarchie.	2002
Da Saudi-Arabien den USA im Krieg gegen den Irak (Dritter Golfkrieg) die Nutzung ihrer Militärstützpunkte auf saudischem Boden verwehrt, wird das US-Hauptquartier nach Qatar verlegt.	2003
Sheikh Zayed, der Herrscher von Abu Dhabi und Präsident der VAE, stirbt; Nachfolger wird sein Sohn Khalifa.	2004
König Fahd von Saudi-Arabien stirbt; Nachfolger wird sein Halbbruder Abdallah ibn Abdul Aziz.	2005
Mohammed bin Rashid al Maktoum wird nach dem Tod seines Bruders Maktoum Herrscher von Dubai und Vizepräsident der VAE.	2006
Im Mai besucht Angela Merkel mit einer Wirtschaftsdelegation Abu Dhabi, Jeddah (Saudi-Arabien), Qatar und Bahrain.	2010

Gesellschaft und Alltagskultur

Die Religion des Islam und die Vorschriften des Koran bestimmen das private Leben und den gesellschaftlichen Alltag in allen Ländern der Arabischen Halbinsel. Das gilt für die Bedeutung der Familie ebenso wie für die Rechtsprechung, die Rituale des täglichen Lebens, den Kalender und die Feiertage.

Gesellschaftsstrukturen

In allen Staaten der Arabischen Halbinsel stoßen die Bemühungen, quasi über Nacht von traditionellen beduinischen Lebensformen zu einer Industriegesellschaft westlichen Zuschnitts zu gelangen, auf die Schranken von Religion und Konservativismus. Religiöse Kreise bilden die eigentliche Opposition, nicht etwa sozialrevolutionäre.

Minarett und Baukran sind die Rivalen um die Zukunft. Osama bin Laden entstammt der angesehensten Bauunternehmerfamilie Saudi-Arabiens und gegen das saudische Herrscherhaus richteten sich seine ersten Anschläge, lange vor den Ereignissen in New York am 11. September 2001.

Hinzu kommt aber auch, dass die Legitimität der herrschenden Familien von jenen bürgerlichen Eliten in Frage gestellt wird, die für den Wirtschaftsboom der Region verantwortlich sind, aber von der politischen Macht ausgeschlossen bleiben. Noch können diese Probleme in allen Staaten mit Geld friedlich gelöst werden, weil die Herrscher der an Erdöl reichen Staaten nach wie vor – und im Gegensatz etwa zu Iran unter Schah Reza Pahlevi – das Füllhorn der Petro-Dollars auch über ihre Untertanen ausschütten.

Familie

Die Familie ist das Zentrum des arabischen Lebens. Der Zusammenhalt zwischen Geschwistern bleibt auch nach der Heirat groß, ältere Familienmitglieder genießen immer respektvolle Ehrerbietung, ob nun Großvater, Onkel oder Bruder. Generell hat in der arabischen Gesellschaft Alter eine hohe Bedeutung. Ein jüngerer Mann wird einem älteren Mann in der Öffentlichkeit niemals widersprechen. Auch ältere Frauen nehmen eine geachtete Stellung ein. Das Privatleben in der Familie ist nach außen sehr abgeschirmt, nur selten werden ausländische Besucher in eine Familie eingeladen.

Das arabische System der **Familiennamen** unterscheidet sich sehr von unserem, denn es legt die Vater-Sohn-Beziehung und die Zugehörigkeit zu einer Großfamilie zugrunde. Ein Beispiel: Das derzeitige Oberhaupt Dubais heißt Sheikh Mohammed bin Rashid bin Saeed al Maktoum. *Bin* heißt nichts anderes als Sohn von (bei der Transkription findet man statt *bin* auch gleichbedeutend *ibn*). Der Name von Sheikh Mohammed sagt also, dass er der Sohn von Rashid ist, der wiederum der Sohn von Saeed war. Der Familienname Maktoum wird durch den Artikel *al* gekennzeichnet. Al Maktoum bezeichnet also das dynastische Geschlecht, das wiederum Teil eines Stammes ist, in diesem Fall des Stammes der Bani Yas.

Sheikh Rashid bin Saeed al Maktoum, der 1990 nach 32 Jahren Regentschaft verstarb, hatte vier Söhne. Der erste Sohn Maktoum wurde sein Nachfolger. Er regierte von 1990 bis zu seinem Tod im Jahr 2006. Nachfolger wurde sein jüngerer Bruder Mohammed, den

Gastfreundschaft

Gemeinschaft: ein wichtiger Bestandteil der arabischen Kultur

der Familienrat schon lange vorher zum Thronfolger eingesetzt hatte. Er, Sheikh Mohammed bin Rashid bin Saeed al Maktoum, der zugleich Vizepräsident der VAE ist, wird als Regierungsoberhaupt in der Öffentlichkeit mit *His Highness* angesprochen.

Bekleidung

Die orthodoxe Auslegung des Koran verlangt, dass sich Männer und Frauen in der Öffentlichkeit bedecken. Deshalb hat die typische Kleidung der Araber auf der Halbinsel auch den Ölboom überstanden. Männer tragen ein langes, weißes, hemdähnliches Gewand (*dishdasha* oder *thoub*) und auf dem Kopf ein weißes, schwarz-weiß oder rot-weiß kariertes Tuch (*kafiya* oder *gutra*), das von einer schwarzen Kordel (*agal*) gehalten wird. Frauen verhüllen sich mit einem schwarzen, langen Umhang (*abaya*) und einem schwarzen Schleier. In Saudi-Arabien ist die Verschleierung üblich, in Bahrain, Qatar und Kuwait bedecken nicht mehr alle Frauen das Gesicht, in den VAE und in Oman nur noch wenige Araberinnen. Besonders in Saudi-Arabien achten die Religionswächter streng auf die traditionelle Bekleidung.

Gastfreundschaft

Gastfreundschaft wird auf der Arabischen Halbinsel groß geschrieben. Diese entwickelte sich traditionell aus den Notwendigkeiten des Alltags nomadisierender Beduinen, die Durchreisenden Wasser, Nahrung und ein Nachtlager anboten. Auch heute können Besucher, z. B. in Büros, mit einer Einladung zum Tee oder Kaffee rechnen, unter Geschäftsfreunden auch zum Essen oder zu einem gemeinsamen Ausflug in die Wüste. Meist handelt es sich dabei um Einladungen in öffentliche Räumen, falls man jedoch in ein Privathaus oder -wohnung gebeten wird, sollte man dort die Schuhe ausziehen. Denn diese Sitte demonstriert nach beduinischer

Gesellschaft und Alltagskultur

Tradition ehrerbietende Höflichkeit. Sie dient heute weniger den Teppich schonenden Reinlichkeitserwägungen, obwohl ihr – erinnert sei an die Auflage der Fußwaschung vor dem Moscheebesuch – früher durchaus auch zweckorientierte Überlegungen zugrunde lagen. Wird der Eingeladene von seiner Frau in eine traditionell arabische Familie begleitet, erwartet der Gastgeber, dass sie die Zeit getrennt von den Männern mit den Frauen des Hauses in separaten Räumen verbringt.

Besonders eindrucksvoll sind für ausländische Besucher jene Festmahle, die an beduinische Traditionen anknüpfen. Bei diesen Essen sitzt man auf dem Boden und isst mit der Hand; zuvor werden immer die Hände gewaschen. Meistens gibt es dann *kabsa,* sehr schmackhaftes Lamm mit Reis, serviert auf einer großen Platte, die in die Mitte gestellt wird. In solchen Fällen darf man immer nur mit der rechten Hand zugreifen und essen, denn die linke gilt als (und ist) unrein, weil sie zu reinigenden Waschungen, z. B. in der Toilette, benutzt wird. Gewöhnlich legt bei diesem *kabsa*-Essen der Gastgeber dem Gast die besten Bissen vor und es wäre unhöflich, diese abzulehnen. Es wird relativ schnell gegessen, Tischgespräche finden kaum statt, geschäftliche gelten als unhöflich. Diese traditionellen Formen der Geselligkeit werden allerdings immer seltener. Arabische Essen fangen spät an; man wird gegen 20 Uhr eingeladen, aufgetragen wird aber erst gegen 22.30 Uhr. Die Unterhaltung findet im Wesentlichen vor dem Essen statt. Wenn nach dem Essen der Kaffee gereicht wird, ist dies das Zeichen zum Aufbruch.

Die einfachste Form der Gastfreundschaft stellt die Einladung zu einem Kaffee-Zeremoniell dar. Wann immer man irgendwo zu Besuch ist oder beispielsweise auch nur einen Leihwagen abholt, wird Kaffee oder Tee angeboten. Ein Bediensteter serviert ihn meist in einer Kupferkanne. Der Kaffee ist ungesüßt und stark mit Kardamom gewürzt, der Tee stark gesüßt. Die kleine, henkellose Tasse wird nach dem Trinken so lange wieder aufgefüllt, bis man zu erkennen gibt, dass man nichts mehr möchte. Spätestens nach der dritten Tasse sollte man dies seinem Gastgeber dadurch mitteilen, dass man die Tasse leicht mit der Hand schüttelt.

Etikette und Begrüßung

Araber legen großen Wert auf die Einhaltung bestimmter Etikette. Kennt und beachtet man diese, hilft das bei Besuchen und Gesprächen, einen näheren persönlichen Kontakt und ein gutes zwischenmenschliches Klima herzustellen – Vorbedingungen, die für den Erfolg jedes Vorhabens auf der Arabischen Halbinsel von viel größerer Bedeutung sind als z. B. in Europa.

Männliche Araber begrüßen einander mit Handschlag, gute Freunde in der Regel mit Umarmung und Küssen auf die Wange. Die gebräuchlichste Grußformel ist *Salam aleykum* (Friede sei mit Euch), die Antwort lautet *Wa aleykum as salam* (auch mit Euch sei Friede). Gespräche werden immer mit Fragen nach dem Befinden des Gesprächspartners, nach der Familie, nach dem Reiseverlauf etc. eröffnet. Auch Europäer sollten bei einem Besuch hierauf eingehen, sich allerdings nicht in Einzelheiten verlieren oder klagen. Es gilt als unhöflich, Fragen in Bezug auf die Ehefrau zu stellen.

Zwischen Souq und Mall

Auf der Arabischen Halbinsel (ausgenommen Jemen) gibt es praktisch alles zu kaufen, man muss nur wissen, wo bzw. wo am preisgünstigsten. Die großen Städte haben in den letzten Jahren riesige Warenhäuser westlichen Zuschnitts errichtet, die alle Kaufwünsche erfüllen. Beliebt bei Arabern und Europäern gleichermaßen ist aber das Einkaufen im Souq, d. h. in jenen traditionellen Einkaufsvierteln, in denen die gleichen Waren in vielen Geschäften nebeneinander und in gleicher Qualität angeboten werden. Allein der »Wille Allahs« entscheidet, zu welchem Händler sich der Käufer verirrt, wobei allerdings dem Willen etwas nachgeholfen wer-

Zwischen Souq und Mall

Tipp zum Handeln

Handeln lässt sich überall (außer in Kaufhäusern und Supermärkten). Bevor Sie jedoch in den Souq gehen, verteilen Sie genügend Geld in kleinen Scheinen und verschiedenen Summen auf mehrere Hosen- und Jackentaschen. Dabei merken Sie sich exakt die Summe, die in jeder Tasche steckt. Wenn Sie nun eine bestimmte Sache, beispielsweise einen sehr schönen Teppich, im Auge haben, mustern Sie ihn geringschätzig, legen Sie ihn zur Seite und feilschen Sie um einen anderen. Nachdem Ihnen der andere Teppich zu teuer ist (den wollen sie ja nicht), stoßen Sie wie durch Zufall auf den gewünschten, betrachten ihn abwertend und fragen ganz beiläufig nach dem Preis. Der Händler freut sich, zögert aber und sagt schließlich z. B. 1000 Riyal. Jetzt lachen Sie, sagen, das Stück sei nur 200 Riyal wert, aber Sie würden trotzdem 300 Riyal zahlen. Jetzt lacht der Händler und schlägt Ihnen 900 Riyal vor. Sie drehen den Teppich um, fahren prüfend mit der Hand über die Rückseite, finden eine schadhafte Stelle, einen schlechten Faden oder einen Schmutzfleck. Der Händler fordert jetzt 800. Sie nehmen 500 Riyal abgezählt aus der Tasche und geben sie ihm mit der Bemerkung, dass Sie mehr auszugeben nicht in der Lage seien. Der Händler nimmt die 500, verlangt aber 700. Nach einigem Überlegen fingern Sie aus der nächsten Tasche weitere 50 Riyal und zeigen dem Händler mit einer Geste (z. B. durch Umkrempeln der Hosentasche), dass Sie nicht über mehr verfügen. Der Händler empört sich ein wenig, gestikuliert mit wegwerfenden Handbewegungen, gibt Ihnen die 550 Riyal zurück, zieht den Teppich einen Meter von Ihnen weg und wendet sich ab. Sie drücken Ihr Bedauern aus, gehen einige Schritte, bis der Ruf »Mister« oder »Madame« erschallt und der Händler »600« flüstert. Jetzt ziehen Sie die 550 Riyal wieder aus der Tasche und drücken sie ihm in die ausgestreckte Hand. Der Händler schimpft, aber ein Preis von 580 geht dabei über seine Lippen. Sie holen noch 20 Riyal aus der Tasche. Nun ist der Kauf perfekt, Sie erwerben den Teppich für 570 Riyal, und der Händler lädt Sie zum Tee ein.

den kann. In den Souqs ist Aushandeln der Preise üblich, ja Voraussetzung für ein beide Seiten zufriedenstellendes Geschäft. Handeln muss man lernen, doch es gibt dabei Rituale, deren Befolgung die Lehrzeit verkürzt (s. o.).

Souqs

Glitzerndes Geschmeide in Hunderten von kleinen Läden im Gold Souq von Dubai, Krummdolche, Teppiche und Gewürze in den mittelalterlich anmutenden Gassen des Souqs von Sana'a, bunte Plastikschüsseln, Elektronikartikel und Parfumessenzen in Bahrain – nach wie vor sind die Souqs die Zentren urbanen Lebens am Arabischen Golf. Im Laufe der letzten Jahrzehnte veränderte sich die traditionelle Ausgestaltung der Handelsgassen jedoch vielfach. Die Läden sind heute oft in modernen Betonkomplexen untergebracht, neben den typischen, einst in der Region verbreiteten Handelswaren tauchen immer häufiger Billig- und Elektronikartikel aus Asien auf. Dennoch: im Souq, den man in jeder Stadt auf der Arabischen Halbinsel findet, gibt es praktisch alle für das tägliche Leben notwendigen Artikel. In engen und überdachten Gassen hängen Teppich neben Teppich, sind in ungezählten Geschäften die Baumwollstoffe gestapelt, verströmen Kardamom, Zimt und Curry, in Hunderten von geöffneten Jutesäcken dargeboten, ihr betörendes Aroma. Plastiktaschen und Koffer hängen in vielfältiger Ausführung von der Decke, Kinderspielzeug glitzert verführerisch, die schwarzen Umhänge der Frauen werden mit dezenten, immer wieder anders gearbeiteten Verzierungen angeboten.

Shoppingmalls

Bei den Einheimischen steht heute der Einkauf in Shoppingmalls ganz oben auf der

Gesellschaft und Alltagskultur

Einkaufen nach Herzenslust: Ibn Battuta Shoppingmall in Dubai

Liste der beliebtesten Freizeitbeschäftigungen. Malls sind große, klimatisierte Bauwerke, in denen Hunderte von Geschäften versammelt sind. Die Architektur ist auf Repräsentation ausgerichtet: Gewaltige Säulen prägen die Eingangsbereiche, Glas, Chrom und Stahl verraten den westlichen Einfluss. Drinnen rauschen künstliche Wasserfälle, recken sich Palmen bis in die oberen Etagen.

Preise
Nur weniges (z. B. Trinkwasser) ist auf der Arabischen Halbinsel teurer als in Europa. Preiswerter sind Elektronikartikel aus Fernost und Benzin. Goldschmuck ist wegen der geringen Verarbeitungskosten nirgendwo auf der Welt billiger als in Dubai und Kuwait. Preiswerter sind auch Markenwaren in örtlichen Duty-Free-Shops. Textilien und Taxifahrten kosten weniger als zu Hause. In Komfort-Hotels und guten Restaurants sind die Preise ähnlich hoch wie in Mitteleuropa (s. dazu auch Länderkapitel in Wissenswertes für die Reise).

US-amerikanische, europäische und asiatische Designerboutiquen bieten die jüngsten Kollektionen, Juweliergeschäfte verkaufen Schweizer Uhren, Schuhgeschäfte Marken aus Italien, den USA und Deutschland. Arabische Familien kaufen britisches Wedgewood-Porzellan, ordern ein Billy-Regal in den Ikea-Filialen und eine Café Latte Tall bei Starbucks. Denn auch schwedische und britische Konzerne und internationale Restaurant- und Cafeketten sind untergebracht in den Malls. Daneben finden sich häufiger auch Kinos und ein sogenannter Unterhaltungsbereich für Kinder und Jugendliche. Shopping in den Malls gerät zum Erlebnis.

Rechtsprechung

Der Koran bildet im Wesentlichen die Grundlage der Rechtsprechung. Auch moderne Gesetze, die ergänzend erlassen werden mussten, müssen im Einklang mit den Vorschriften des Koran stehen. Der islamische Gerichtshof ist für die gesamte Gerichtsbarkeit, also

Straf- und Zivilrecht zuständig; auch Ausländer unterliegen seinen Vorschriften. Die Justizsysteme sind in den VAE, Oman, Bahrain, Qatar und Kuwait sehr ähnlich, lediglich Saudi-Arabien besteht auf schärferen Bestimmungen, weil es sich streng an den direkten Wortlaut des Koran gebunden fühlt. Mörder werden deshalb in Saudi-Arabien freitags nach dem Mittagsgebet auf dem Platz vor der Moschee im Beisein der Gemeinde mit dem Schwert hingerichtet (2005 wurden 82 zum Tode Verurteilte mit dem Schwert geköpft) und Diebe verlieren in schweren Fällen gemäß der *scharia* ihre Hand. Andererseits sieht der Koran für den Fall einer Tötung einen finanziellen Ausgleich für die Hinterbliebenen vor: Wenn z. B. bei einem Verkehrsunfall einer der Beteiligten zu Tode kommt, hat seine Familie einen Anspruch auf Entschädigung durch den Überlebenden und dessen Familie, vollkommen losgelöst von der Schuldfrage. Ein Dieb, der aus Hunger gestohlen hat, braucht um seine Hand nicht zu fürchten – doch Hunger gibt es nicht in der wohlhabenden Golfregion.

Islamischer Kalender

Monate und Wochentage
Im Koran sind zwölf Mondmonate festgelegt; wegen unterschiedlich langer Mondumlaufzeiten sind die Monate 29/30 Tage lang. Sie heißen:
1. Muharram
2. Safar
3. Rabi al awal
4. Rabi al thani
5. Jumada al ula
6. Jumada al thani
7. Rajab
8. Shaban
9. Ramadan (Fastenmonat)
10. Shawal
11. Dhul qada
12. Dhul hijra (Schaltjahr 30 Tage)

Die Wochentage heißen:
1. Yawm al sabt (Samstag)
2. Yawm al ahad (Sonntag)
3. Yawm al ithnain (Montag)
4. Yawm al thalatha (Dienstag)
5. Yawm al arabia (Mittwoch)
6. Yawm al khamis (Donnerstag)
7. Yawm al dschum'a (Freitag)

Die islamische Zeitrechnung beginnt mit der Wanderung des Mohammed von Mekka nach Medina, die auf den 16. Juli 622 christlicher Zeitrechnung datiert wird. Dieses Ereignis trägt im Arabischen den Namen Hedschra *(hijra)*. Der Auszug aus seiner Geburtsstadt Mekka, um die Botschaft Allahs weiter verbreiten zu können, war der entscheidende Wendepunkt im Leben des Propheten. In Mekka war er religiöser Bürger, in Medina wurde er Oberhaupt einer religiösen Gemeinschaft. Die Hedschra leitete einen neuen Ausschnitt im Islam ein, und kein anders historisches, kulturelles oder politisches Ereignis in der Gründungsgeschichte des Islam kann mit ihr verglichen werden. Deshalb setzte 17 Jahre später der zweite Kalif Omar ibn al Chattab (Omar I.) dieses Datum als Jahr Null der islamischen Zeitrechnung fest, und deshalb wird hinter die Jahreszahlen des islamischen Kalenders der Zusatz A. H. – *Anno Hedschra* – gesetzt.

Der Koran hat die Umlaufzeit des Mondes um die Erde zur Grundlage der Zeitrechnung bestimmt. Da der Mondumlauf nur 354 Tage lang ist und damit Mondjahre durchschnittlich 11 Tage kürzer sind als Sonnenjahre, sind der Hedschra-Kalender und der Gregorianische nicht datumsgleich. Zur annähernden Umrechnung der Hedschra-Jahre auf Jahre des Gregorianischen Kalenders gibt es eine vereinfachende Umrechnungsformel (G = Gregorianisches Jahr, H = Hedschra-Jahr): $G = H - 3H/100 + 622$. So ergibt sich gemäß dieser Umrechnung: Das Jahr 1433 beginnt je nach Stand des Mondes am 26. oder 27. November 2011.

Wöchentlicher Feiertag ist der Freitag. An diesem Tag versammelt sich die islamische Gemeinde zur Mittagszeit in der Moschee

Gesellschaft und Alltagskultur

Festivals und Veranstaltungen

Qurain Cultural Festival (Kuwait): eine Woche Anfang Januar.
Qatar Open Golf Championship: zwei Tage Ende Januar.
Muscat Festival (Oman): Januar. Kunst, Kultur, Sport, Mode, Kulinarisches.
Dubai Shopping Festival: Jan./Feb.
Cultural Festival Janadriyah (Saudi-Arabien): Ende Januar–Mitte Februar.
Hala February Festival (Kuwait): Februar. Kultur und Unterhaltung.
Qatar International Car Racing Rallye: drei Tage Mitte Februar.
PGA Qatar Masters Golf Tournament: zwei Wochen Anfang März.
Doha Cultural Festival (Qatar): zwei Wochen Ende März/Anfang April.
Dubai World Cup: Ende März. Pferderennen.
Bahrain Spring of Culture Festival: vier Wochen im März. Traditionelle Musik, Kunst, Kunsthandwerk sowie Kulinarisches.
Bahrain Grand Prix: drei Tage Anfang April. Autorennen.
Bahrain International Music Festival: sechs Tage Anfang Oktober.

Feiertage und Feste

Staatliche Feiertage
National Day and Liberation Day (Kuwait): 25./26. Feb.
Republic Day (Jemen): 22. Mai.
Independence Day (Qatar) 3. Sept.
National Day (Saudi-Arabien): 23. Sept.
Revolution Day (Jemen): 14. Okt.
Sultan's Birthday und National Day (Oman): 18./19. Nov.
National Day (VAE): 2. Dez.
National Day (Bahrain): 16. Dez.

Die wichtigsten religiösen Feste
Ras al Sana al Hijra: 26. Nov. 2011, 15. Nov 2012, 4. Nov. 2013. Flucht aus Mekka, islamisches Neujahr.
Mahlid al Nabi: 15. Feb. 2011, 4. Feb. 2012, 25. Jan. 2013. Geburtstag des Propheten.
Id al Fitr: 30. Aug.–1. Sept. 2011, 19.–21. Aug. 2012, 8.–10.Aug. 2013. Fest des Fastenbrechens (Ramadanende), drei Feiertage.
Id al Adha: 6.–8. Nov. 2011, 26.–28. Okt. 2012, 15.–17.Okt. 2013. Opferfest am Ende der Pilgerfahrt nach Mekka, drei Feiertage.
Ramadan: 31. Juli 2011, 20. Juli 2012, 9. Juli 2013. Beginn des Fastenmonats.

zum Gebet. Für erwachsene männliche Muslime ist die Teilnahme Pflicht. Der Freitagsgottesdienst darf vom Imam nur mit mindestens 40 Gläubigen eröffnet werden. Was das sogenannte Wochenende betrifft, gibt es Unterschiede: In den VAE und Bahrain ist es Freitag und Samstag, in den anderen fünf der Staaten Donnerstag und Freitag,

Der Koran kennt nicht die Vorschrift, am Freitag die Arbeit ruhen zu lassen. Trotzdem ist heutzutage in allen Ländern der Arabischen Halbinsel der Freitag Ruhetag, Behörden und Geschäfte bleiben geschlossen; letztere öffnen aber im Souq am späten Freitagnachmittag und in den Shoppingmalls kann man – außer in der Zeit des Mittagsgebets – schon am Freitagvormittag einkaufen.

Grundlage zur Festlegung religiöser Feste und Feiertage ist in allen arabischen Ländern der islamische Kalender, auch wenn daneben der Gregorianische Kalender eingeführt ist und sich die Datumsangaben nach letzterem immer mehr durchsetzen.

Der Fastenmonat Ramadan ist der neunte Monat des islamischen Mondjahres. Von Sonnenaufgang bis Sonnenuntergang dürfen die Gläubigen weder essen noch trinken, rauchen oder sich körperlich lieben – von diesen Regelungen ausgenommen sind u. a. chronisch Kranke und Reisende. Hält der Gläubige diese Regeln ein, sind ihm alle Sünden vergeben. Das gesamte öffentliche Leben ist während des Ramadan tagsüber stark eingeschränkt, Restaurants und Geschäfte öffnen erst abends. Nach Sonnenuntergang wird dann alles nachgeholt. Der Prophet nahm – so die Überlieferung – abends nur Datteln und Wasser zu sich und betete danach, seine Anhänger tafeln heute dagegen üppiger und bis weit in die Nacht. Deshalb müssen in allen Ländern der Arabischen Halbinsel während des Ramadan mehr Lebensmittel importiert werden als in den anderen Monaten.

Feiertage

Die hohen islamischen Feste sind in allen Staaten auch staatliche Feiertage. Da Muslime in ihrer Zeitrechnung den Monatsanfang mit dem ersten Erscheinen der Mondsichel *(hilal)* nach Neumond ansetzen und dieser Tag nicht genau vorherbestimmt werden kann, können die Daten der Feiertage nur für eine kurze Zeitspanne im voraus festgelegt werden.

Weltweit werden von allen Muslimen nur zwei Feste gemeinsam gefeiert – die sich dann aber jeweils mindestens über drei Tage erstrecken. *Id al Fitr* ist das große Fest am Ende des Monats Ramadan, das Fest des Fastenbrechens; in Umfang und Bedeutung ist es mit dem christlichen Weihnachtsfest vergleichbar. Wenn die Mondsichel den Beginn des Monats Shawal anzeigt, werden die Moscheen festlich beleuchtet, die Menschen kleiden sich feierlich, man besucht Verwandte und Freunde, Geschenke werden ausgetauscht, Almosen an die Armen verteilt, Feuerwerk und Jahrmärkte sorgen für öffentliche Ausgelassenheit.

Id al Adha ist das Opferfest im letzten Monat des islamischen Jahres, in dem die *Hadsch (Haj)*, die Pilgerfahrt nach Mekka, stattfindet. Am zehnten Tag des Pilgermonats schlachten muslimische Familien, sofern sie es sich leisten können, ein Schaf, ein Rind oder ein Kamel, um es Abraham gleichzutun, dem nach bestandener Gehorsamsprüfung von Gott befohlen wurde, anstelle seines Sohns Isaak (bzw. Ismael) ein Lamm zu opfern. Das Opferfest *Id al Adha* wird in ähnlich aufwendiger Weise begangen wie *Id al Fitr*, wobei zwei Drittel des Fleisches der geopferten Tiere an die Armen verschenkt werden. Neben diesen beiden Anlässen gedenken Muslime des Geburtstags von Mohammed *(Maulid al Nabi)* und feiern auch den ersten Tag ihres islamischen Jahrs, das muslimische Neujahr *(Hijra)*.

Die christlichen Feiertage Weihnachten und Ostern werden nur in den Dekorationen der Schaufenster und auf den Speisekarten der Restaurants gewürdigt. Gleiches gilt für die iranischen und indischen Feste. Meist finden zu Zeiten rund um die nicht-muslimischen Feste große Veranstaltungen mit verschiedenen Künstlern aus diesen Kulturkreisen statt.

Jebel Haraz (Jemen): Regional finden auch kleinere Folkloreabende statt

Kunst und Architektur

Arabische Baukunst fasziniert seit Jahrhunderten. Die berühmtesten Beispiele sind die Lehmhäuser in Jemen. Heute machen von Stararchitekten entworfene Bauwerke von sich reden, die die gängigen Superlative noch übertreffen. In erster Linie der Tradition und dem Glauben verhaftet sind nach wie vor Kunst und Kunsthandwerk.

Islamische Kunst

Kunst in der Arabischen Welt ist untrennbar verbunden mit dem Islam. So kommt Kunst im Kulturkreis der Arabischen Halbinsel in erster Linie die Bedeutung zu, Gott zu erfreuen. Schönheit und herausragende künstlerische Gestaltung sollen den gläubigen Menschen dazu befähigen, sich des Schöpfers bewusst zu werden. Tatsächlich lassen sich die arabischen Wörter für schön und gut auf ähnliche Wurzeln zurückführen. So lautet einer der Ausdrücke für schön *malih* und aus dieser Wurzel wird wiederum das Wort für Salz *(milh)* gebildet: Das Schöne als das Salz, die Essenz des Lebens sozusagen.

Kalligraphie

Die im Heiligen Buch der Muslime, dem Koran, verwendete Sprache gilt als Inbegriff der Schönheit; eine Schönheit, die nicht von Menschen, sondern von Gott stammen soll. Die meist prächtige, überaus aufwendige Gestaltung des Korans betont allgemein die Wertschätzung dieses Buches, hat aber auch Einfluss auf die Art und Weise der Rezitation, da der Koran nicht gelesen, sondern vielmehr in melodiösem Singsang vorgetragen wird.

Überragende Bedeutung in der arabischen Kultur genießt die Kunst der Kalligraphie, die Kunst des Schönschreibens. Kalligraphie, so heißt es bei ihren Meistern, strebt nach Harmonie und Ausgeglichenheit, ist Rhythmus, der die Worte strukturiert, verfremdet, auf Nuancen aufmerksam macht, zum genauen Hinschauen anregt. In kaum einer anderen Kultur der Erde kommt der Gestaltung der Schrift eine solch überragende Bedeutung zu wie im Islam, wo die gewählte Form als Zeichen göttlicher Gegenwart zu deuten ist.

Ornamentik

Das im Islam geäußerte Gebot, in sakralem Zusammenhang auf die Darstellung von Menschen und Tieren zu verzichten, führte zur Entwicklung einer überaus reichen Ornamentik. Diese basiert vorwiegend auf geometrischen Formen sowie auf Blumenmustern und kalligraphischen Darstellungen. Bedeutendes Thema der künstlerischen Gestaltung ist die immer wiederkehrende Variation bestimmter Grundthemen. Die Exaktheit geometrischer Kompositionen, die Darstellung der detailreich aufgebauten Figuren soll quasi das allem Belebten innewohnende göttliche Wesen ausdrücken, soll aufmerksam machen auf die kosmische Wirklichkeit, auf den Ursprung allen Lebens. Künstlerische Ornamentik ist deshalb im Islam niemals Selbstzweck, sondern hat die Funktion, die Einheit und gleichzeitig die Komplexität der Wirklichkeit erfahrbar zu machen. Deutlich wird diese Idee im Prinzip einer künstlerischen Gestaltung, nach der aus einem einfachen Grundelement eine Vielfalt miteinander verbundener Formen erwachsen.

Eine weitere Ausdrucksform islamischer Kunst ist die Arabeske, von Kunsthistorikern als Pendant zur antiken Weinblattranke gedeutet. Das Rankenwerk der Arabeske, häufig als schmückendes Zusatzelement zur Kalligraphie eingesetzt, symbolisiert das fortwährende Werden und Vergehen allen Lebens, führt dem Betrachter erneut einen Ausschnitt aus der Welt und gleichzeitig die Idee der Unendlichkeit vor Augen.

Arabische Architektur

Auf der Arabischen Halbinsel findet man unterschiedliche Architekturformen, unter denen zwar einzelne typisch für bestimmte Regionen sind, die aber dennoch viele Gemeinsamkeiten aufweisen. Dies ist vor allem bedingt durch die zur Verfügung stehenden Baumaterialien: hauptsächlich Lehm, Kalkstein (aus Korallen) und Holz (von Palmen).

Die Architektur der frühen Festungsbauten ist in allen Landesteilen sehr ähnlich. Auch die einstöckigen Wohnhäuser in den ländlichen Regionen gleichen sich sehr. Selbst die alten Stadthäuser in den großen Hafenstädten unterscheiden sich nur unwesentlich: Bei ihnen bestimmten in erster Linie Funktion und islamische Tradition die auffallende Architektur der Balkone und Fensterformen, sowohl im saudischen Jeddah am Roten Meer als auch im omanischen Muscat am Indischen Ozean.

Und insbesondere für die Strukturen der Wohnhäuser gilt: Oberste Priorität hat die Intimsphäre der Familie. Deshalb wird bis heute meist schon vor Baubeginn des Hauses um das Grundstück eine jede Einsicht verwehrende Mauer gezogen und der Eingang zur Straße hin mit mächtigen Eisentoren geschlossen. Die Architektur des Hauses konzentriert sich ebenfalls auf dieses Gebot. Im strengen Zentralarabien werden bis heute die Flügel eines Wohnhauses um einen zentralen Innenhof gebaut, um den eine von Säulen gestützte Galerie verläuft. Nur über den Innenhof erreichen die Familienmitglieder ihre Wohnräume. Jedes Haus verfügt im Eingangsbereich über einen Empfangsraum, in dem der Hausherr männliche Freunde oder Besucher empfängt, ohne dass diese die weiblichen Familienmitglieder zu Gesicht bekommen. Nur in den städtischen, mehrstöckigen Häusern im Jemen befindet sich dieser Empfangsraum im obersten Stockwerk.

Arabische Lehmbauten

Noch heute treffen wir auf Siedlungen aus Lehmhäusern. Ihre Bauweise unterschied sich bis vor wenigen Jahrzehnten nicht grundsätzlich von der in den biblischen Metropolen Ur oder Babylon – urbane Zivilisationstechniken, die sich über Jahrtausende tradiert haben. Die Materialien, die zum Bauen nötig waren, fanden die Bewohner in ihrer Umgebung: Lehm und Kalk. Im südlichen Jemen wurden aus diesen Baustoffen prächtige Paläste und eindrucksvolle Moscheen und in Wadi Hadramaut sogar die Wolkenkratzer-Stadt Shibam errichtet (s. S. 200).

Lehm ist bis heute der Baustoff armer Kulturen; er findet sich meist im Umkreis der Oasen. Jeder Hausbau beginnt mit der Herstellung von Lehmziegeln in unmittelbarer Umgebung der Baustelle. Dafür wird der Lehm mit Wasser und Häcksel zu einem Brei gestampft, der per Hand in Holzschablonen zu flachen rechteckigen Ziegeln *(madar)* gepresst wird. In den Schablonen werden diese Ziegel ca. eine Woche vorgetrocknet, dann werden die Rahmen entfernt und die Ziegel hochkant neben- und übereinander gestapelt, um mehrere Wochen in frischer Luft und praller Sonne vollständig auszutrocknen.

Von Hand werden die Mauern der Häuser hochgezogen, im südjemenitischen Shibam sogar bis zu acht Stockwerke hoch. Die Mauern werden dann innen und außen mit dem gleichen Lehm glatt verputzt. Mündlich überlieferte Traditionen bestimmen den Arbeitsablauf. Immer muss die Arbeit an einer Mauer nach einer gewissen Höhe unterbrochen werden, damit das Mauerwerk, dessen Ziegel mit frischem Lehmbrei verklebt wurden, in der Sonne festgebacken werden kann. Der Rhythmus der Pausen ist von großer Bedeutung, denn leicht könnten nicht genug getrocknete Mauerteile vom Gewicht neuer Ziegel zusammengequetscht werden und zu-

Arabische Architektur

sammenbrechen. Ein Hausbau dauert so lange, so eine jemenitische Handwerkerweisheit, wie Allah und die *madar* es wollen.

In der Zwischenzeit werden in Lehmöfen Kalksteinbrocken tagelang geröstet, bis sie spröde genug sind, um sie mit Knüppeln zu Pulver zu dreschen. Aus dem Kalkstaub wird eine glänzend weiße Anstrichfarbe *(nurah)* hergestellt, um Teile der Fassade, das Dach, Fensterbrüstungen und Innenwände zu imprägnieren und kunstvoll zu verschönern.

Wurde ein Gebäude baufällig und lohnte seine Instandsetzung nicht mehr, wurde es früher abgerissen und in seiner ursprünglichen Form an der gleichen Stelle wiedererrichtet. Der Abrissschutt wurde mit Wasser und Häckseln zu neuem frischem Lehmbrei vermischt und abermals zu Ziegeln geformt. Deshalb ist es schwer, das Alter einzelner Häuser zu bestimmen. Auch eingekerbte Jahreszahlen an den kunstvollen Holztüren oder -fenstern sind keine Garantie genauer Datierungen, denn auch sie wurden in Neubauten immer wieder verwendet.

Heutzutage werden leer stehende Lehmsiedlungen meist nur noch restauriert, wenn sie als Ensemble von historischer Bedeutung sind und der jeweilige Staat die aufwendige Rekonstruktion übernimmt, wie zum Beispiel in der saudischen Oasensiedlung Diriyyah (s. S. 338). Immer häufiger entstehen in den Siedlungen Häuser aus Zement und Stahl. Mit dem Verschwinden der Lehmhäuser wird das Glückliche Arabien aber auch eines seiner einzigartigen Kulturgüter verlieren.

Architektur der Moderne

Als man das Erdöl unter dem kargen Wüstenboden entdeckt hatte, katapultierten sich die ölreichen Staaten schlagartig in eine westliche Zukunft mit all ihren Superlativen und ihren Widersprüchen. Sichtbares Zeichen des Wandels zur neuen Moderne: eine eindrucksvolle Architektur aus Glas, Stahl und Beton.

Modell des architektonischen Superlativs Burj Khalifa

Es begann in den 1970er-Jahren mit gesichtslosen Hochhäusern als Zweckbauten für Ministerien und Verwaltungen. Aber dann kam es am Golf zu einer aufregenden Symbiose. Die Scheichs fanden Gefallen am Prestigewert aufwendiger, moderner Architektur und renommierte Architekten aus aller Welt erkannten die Chancen, welche ihnen die neuen Auftraggeber boten: finanziell nahezu unbegrenzte Möglichkeiten und so gut wie keine bürokratischen und städtebaulichen Auflagen. Hier konnten sie ihre Visionen verwirklichen.

Mit dem Dubai World Trade Centre weihte die britische Königin Elizabeth II. 1979 den ersten über 200 m hohen Wolkenkratzer auf der Arabischen Halbinsel ein. Damals war er das Wahrzeichen des neuen Dubai. Heute übersieht man das Dubai World Trade Centre fast, denn in seiner unmittelbaren Nähe erheben sich die beiden über 350 m hohen Hotel- und Bürotürme der Emirates Towers.

In den 1990er-Jahren erlangte in den Emiraten am Golf auffallende Architektur den Charakter von Staatssymbolen: In Dubai zierte ein Jahrzehnt lang das Clubhaus des renommierten Dubai Creek Golf and Yacht Club die Briefköpfe offizieller Behörden, bis es seit dem Jahre 2000 durch die faszinierende Konstruktion des über 300 m hohen Hotelturms Burj al Arab (s. S. 401) abgelöst wurde. Der nachts illuminierte Hotelturm, der auf einer vorgelagerten künstlichen Insel errichtet wurde und dem Segel einer ausfahrenden arabischen Dhau nachempfunden wurde, zierte bis 2006 sogar als Hoheitszeichen die Autoschilder des Emirats. 2010 wurde in Dubai der Burj Khalifa, das mit 828 m höchste Gebäude der Welt, eingeweiht.

Inzwischen übertreffen sich neue futuristische Hotelbauten von weltweitem Bekanntheitsgrad auf der Arabischen Halbinsel. In Riyadh, der Hauptstadt Saudi-Arabiens z. B., hat der britische Stararchitekt Sir Norman Foster (bei uns bekannt durch den Berliner Reichstag) mit dem über 250 m hohen Al Faisaliah Tower ein Wahrzeichen gesetzt.

Dass man mit moderner Architektur weltweit auch Aufmerksamkeit als internationale

Kunst und Architektur

Dolch oder Datteln

Als Mitbringsel von der Arabischen Halbinsel bietet sich neben Datteln und Gewürzen oder Designerartikeln aus den Duty Free Shops eine Vielfalt schönsten Kunsthandwerks an. Alten Silberschmuck findet man vorwiegend in Jemen, z. T. auch in Oman, in den anderen Ländern dagegen als von dort eingeführte (teurere) Ware. Auch sehr schön sind Kajal-Behälter *(kol)* aus ziseliertem Silber. Krummdolche gibt es in allen Preisklassen, die größte Auswahl hat man in Jemen *(djambia)* und Oman *(khanjar)*. Anderenorts wird der Dolch importiert und heißt (engl.) *dagger*. Weihrauch *(luban)* und andere Duftharze und Duftmischungen *(bokhur)* gibt es in großer Auswahl in Oman, auch in Jemen und den VAE. Die Räuchergefäße *(mubkhar)* erhält man überall, sie werden auch in den VAE getöpfert. Attraktiv (und schwer) sind Steintöpfe (Jemen) und die traditionellen Messing-Kaffeekannen *(dallah)* mit dem typischen Schnabel (alle Länder). Etwas aufwendiger im Transport sind alte Holztruhen *(sanduk)* und Teppiche, von denen allerdings die wenigsten von der Arabischen Halbinsel stammen, sondern aus Iran, Pakistan oder Afghanistan.

seum in Bilbao nicht nur Aufsehen erregte, sondern auch Anerkennung erntete.

Die neuen Bauwerke auf der Arabischen Halbinsel, die in der Welt der Architektur von sich reden machen, zeichnen sich im Zeitalter des Erdöls nicht mehr durch typische, traditionell arabische Stilelemente aus, sondern atmen die Luft der Globalisierung.

Und doch finden wir auch in den Arabischen Emiraten an neuen Bauwerken aus Stahlbeton vereinzelt noch traditionelle Architekturformen. Dabei handelt es sich um die nach allen Seiten hin offenen, quadratischen Windtürme, die vor der Erfindung der Klimaanlage als fester Bestandteil älterer Stadthäuser kühlenden Wind in die Wohnräume leiteten. Solche, wegen ihrer leichten Konstruktion und faszinierenden Form auffallenden Windtürme findet man inzwischen als dekoratives, aber funktionsloses Architekturelement an vielen Hotelanlagen oder Bürokomplexen am Golf. Dutzendfach schmücken sie z. B. in Dubai den Stadtteil Madinat Jumeirah und die rekonstruierten Ladengassen der Souqs.

Kunsthandwerk

Vielfältige Ausdrucksmöglichkeiten zeigt arabischer Silberschmuck. Generell wurde Silber als segensreiches Edelmetall angesehen. Durch Einschmelzen der silberhaltigen Maria-Theresia-Taler, die im 18. Jh. ein weitverbreitetes Zahlungsmittel für Kaffee in Südarabien darstellten, gewann man den Rohstoff für Schmuck. Die positive Bedeutung der silbernen Schmuckstoffe konnte nach Ansicht ihrer Gestalter noch dadurch gesteigert werden, dass bestimmte Formen verwendet wurden, die ebenfalls die Fähigkeit besäßen, böse Kräfte abzuwehren. Amulette in Form einer stilisierten Hand, *khamsa* genannt (nach dem arabischen Wort für fünf), dienten diesem Zwecke. Die Wirkung dieses Amuletts beruht nicht nur auf der im Alltag gemachten Beobachtung, dass zur Abwehr von Angriffen, auch verbaler Art, die Finger der rechten Hand dem Angreifer entgegengestreckt wer-

Kulturdestination erreichen kann, zeigen der Staat Qatar und das Emirat Abu Dhabi. Qatar beauftragte drei internationale Architekten mit dem Bau von drei prestigeträchtigen Kulturbauten in seiner Hauptstadt Doha: Der Japaner Arata Isuzaki konzipierte die neue Qatar National Library (s. S. 296), der Sinoamerikaner Ieoh Ming Pei schuf das Museum of Islamic Art (s. S. 296) und dem Spanier Santiago Calatrava wurde der Bau des Qatar Photography Museum (s. S. 296) übertragen.

Im Nachbaremirat Abu Dhabi überraschten die Herrscher 2006 die Weltöffentlichkeit: In fünf Jahren wird auf der der Hauptstadt vorgelagerten Insel Saadiyat Island ein Guggenheim Museum für Moderne und Zeitgenössische Kunst eröffnet. Mit dem Bau wurde der amerikanische Stararchitekt Frank Gehry beauftragt, der mit dem Guggenheim Mu-

Kunsthandwerk

Ursprüngliches Arabien: Auch die Einheimischen schätzen die traditionellen Handwerksprodukte

den. Vielmehr wird der Zahl selbst abwehrende und schützende Kraft zugesprochen.

Aus diesem Grund sind aus fünf Einzelteilen zusammengesetzte Schmuckstücke im arabischen Kulturraum ebenfalls verbreitet. Hierunter fällt auch die Darstellung der Zahl Fünf in Kreuzform. Zum Silberschmuck gesellen sich Muscheln und Korallen, denen fruchtbarkeitsfördernde Bedeutung beigemessen wird, sowie Bernstein. Eine besonders reizvolle Wirkung zeigt der durch Oxydation dunkel gewordene Silberschmuck, der auch durch Reinigung an den schwer zugänglichen Stellen eine dunkle Verfärbung beibehält.

Besonders vielfältig war die Silberschmiedekunst in Jemen. Auch heute noch kann man im Silber Souq (Souq al fidda) von Sana'a und Taiz antike oder nach historischen Vorlagen gefertigte Ketten, Armspangen, Gürtel und Ohrgehänge erstehen (s. S. 147, 184). Die ältesten und wertvollsten Stücke tragen die Signatur des Künstlers. Bis zur Mitte des 20. Jh., als nach der Gründung des Staates Israel nahezu alle jemenitischen Juden das Land verließen und nach Israel emigrierten, waren die Silberschmiede in Sana'a, Saada und Taiz ausschließlich jüdischer Herkunft. In den vergangenen Jahrzehnten verlor Silber an Bedeutung. Beliebt bei der weiblichen Bevölkerung ist heute Goldschmuck.

Auch in anderen Bereichen traditioneller Handwerkskunst verdrängen die Produkte des Weltmarkts die Waren einheimischer Produktion. Traditionell am Webstuhl gefertigte Stoffe sind heute kaum noch im Handel anzutreffen. Hin und wieder bemühen sich Frauenkooperativen um die Wiederbelebung des alten Handwerks, entstehen Schals und Tücher mit einfachen, geometrischen Formen.

Eine gewisse Verbreitung zeigen hingegen Töpfereien, da der Besitz traditioneller Keramiken auch innerhalb der einheimischen Bevölkerung hoch geschätzt wird. Aus Ton gefertigte Öllampen haben eine jahrhundertealte Tradition, welche auch auf religiösen Zusammenhängen gründet, heißt es doch bereits im Koran (Sure 24, Vers 35): »Allah ist das Licht der Himmel und der Erde. Sein Licht ist gleich einer Nische, in der sich eine Lampe befindet. (...) Es wird angezündet von einem gesegneten Baum, einem Ölbaum, (...) dessen Öl fast leuchtet, auch wenn es kein Feuer berührt – Licht über Licht!«

Essen und Trinken

Die arabische Küche spricht die Sinne an: Die vielen verschiedenen, reichlich verwendeten Gewürze duften köstlich, die zahlreichen Schälchen und Schalen eines Festmahles bilden auf der Tafel eine ästhetisch ansprechende Komposition. Dann darf auch mit den Fingern zugegriffen werden, nur so soll der Geschmack richtig zur Geltung kommen.

Arabische Küche

Kardamom, Kurkuma, Koriander, Safran und Zimt: Gewürze aus Fernost prägen seit jeher die arabische Küche. Jeder Haushalt kennt seine eigenen, individuell zubereiteten Mischungen, die die Speisen würzen, für ihren verführerischen Duft sorgen. Geschätzt werden zudem Knoblauch und die säuerlichen Aromen von getrockneten Limonen und Tamarinden.

Nüsse, Pinien- und Cashewkerne dienen zur Verfeinerung der Speisen. Fladenbrot ergänzt jede arabische Mahlzeit, frisch gebacken im Holzkohlenofen und sofort verzehrt, schmeckt das knusprige und dünne Brot vorzüglich. Manchmal ersetzt es die Gabel, denn man bricht davon kleine Stücke ab und führt damit das Essen mit der rechten Hand zum Munde. Fast immer gibt es zu den Gerichten Reis, der zusammen mit verschiedenen Soßen (Currys), die aus Fleisch und Gemüse zubereitet werden, serviert wird. Lamm und Huhn sind die bevorzugten Fleischsorten, Rindfleisch kommt seltener auf den Tisch, Schwein ist absolut tabu. Gern wird das Fleisch auch vor der Verarbeitung in Joghurt und Gewürzen mariniert und als Spieß über dem Holzkohlengrill zubereitet. Fisch und Krabben sind in großer Vielfalt vorhanden und werden ebenfalls gern gegrillt serviert.

Zum Mittag- oder Abendessen gehört traditionell eine Vorspeise *(mezze)* mit Mixed Pickles, d. h. sauer eingelegtem Gemüse, und Salaten. Kalorienreich, aber köstlich ist das mit Sesamöl und Zitronensaft zubereitete Kichererbsenpüree *(houmus)*. *Tabuleh* heißt die Mischung aus klein geschnittener Petersilie, Minze und Weizenschrot. Beliebt sind auch *foul medames,* weiße Bohnen in würziger Tomatensauce, sowie *moutabel,* gebratene und pürierte Auberginen, kräftig gewürzt.

Arabische Desserts sind zuckersüße Angelegenheiten, oftmals mit Honig, Sirup, Nüssen und Pinien zubereitet, mit Rosenwasser verfeinert. Tropisches Obst ergänzt das Angebot, anschließend trinkt man einen starken Mokka.

Zum Frühstück schätzt man auf der Arabischen Halbinsel Tee und Kaffee, Fladenbrot, schwarze Oliven, Ziegenkäse und Joghurt.

> **Fleischgenuss**
> Auch in Fragen der Ernährung bestimmt der Islam den Alltag. Es gibt im Islam Bräuche, die den jüdischen sehr ähnlich sind. Die Vorschriften des Koran verbieten den Genuss von Tieren, die von selbst gestorben sind; Tiere müssen also getötet werden (und zwar durch Schächten). Auch darf ein Muslim weder Blut noch Schweinefleisch zu sich nehmen.

**Fischmarkt in Nizwa (Oman):
Die Auswahl ist Männersache**

Essen und Trinken

Kaffee aus Arabien
Es gibt viele Geschichten darüber, wie der Kaffee nach Europa gelangte. Angeblich, so erzählt man sich in Jemen, reichte in Mocha am Roten Meer zu Anfang des 16. Jh. Scheich Ali ibn Omar portugiesischen Kaufleuten ein ihnen unbekanntes Getränk, nämlich *qahwa,* von dem er auf wiederholte Nachfragen berichtete, dass er es aus den zuvor gerösteten, dann zerstampften und in Wasser aufgekochten Kaffeebohnen zubereite. Die fremden Männer waren angetan von dem bitter-wohlschmeckenden Aroma, und Mochas Siegeszug zum berühmtesten Kaffeeausfuhrhafen Arabiens war nicht mehr aufzuhalten. Aus dem jemenitischen Hochland landete der Kaffee in Bayt al Faqih, wurde dort von den europäischen Käufern begutachtet und aufgekauft und dann nach Mocha zum Verschiffen transportiert. Die bei uns bekannte Kaffeesorte Mokka verdankt ihren Namen dieser Stadt.

1616 gründete der Holländer Pieter van Broeke die erste ausländische Niederlassung in Mocha, 1660 verließen allein zwölf britische Schiffe mit Kaffee den Hafen. Die Überreste der alten Handelshäuser der Österreicher, Spanier und Holländer sieht man in Mocha in der Nähe des Hafens. Die Österreicher zahlten ab dem 18. Jh. in Maria-Theresia-Talern, die auf diese Weise in Millionen von Exemplaren nach Jemen gelangten.

Lesetipp:
Magdi & Christine Gohary, Brahim Lagunaoui: Arabisch kochen – Gerichte und ihre Geschichte, Edition diá, 2004.

Hotels

In den Hotels ist das Speisenangebot international. Die Gerichte werden zumeist an Buffets in opulenter Art und Weise dargeboten. Neben arabischer Küche gibt es alles, was das Herz begehrt: Salate, Suppen, europäische und asiatische Gerichte, Sandwiches, Käse und Wurst, Süßspeisen aus aller Herren Länder. Morgens ergänzen Eiergerichte, Müsli und Cornflakes, Patisserien und diverse Brotsorten, Quark und Joghurt, Marmeladen und Honig das Angebot, sogar ein gesundheitsförderndes Glas frischer Kamelmilch ist hin und wieder im Angebot.

Beliebt sind die oft mehrmals in der Woche veranstalteten kulinarischen Themenabende. Zur Mexican Night z. B. werden dann Köstlichkeiten aus Mittelamerika gereicht, während sich bei Poseidons Kingdom alles um Fisch und Meeresfrüchte dreht, selbst russische und chinesische Abende werden veranstaltet. Beliebt bei den *expatriates* und den Einheimischen sind die freitags, am arabischen Sonntag, stattfindenden Friday Lunch Buffets, während denen oft auch Musikgruppen für Unterhaltung sorgen.

Restaurants und Cafés

In den Städten der Arabischen Halbinsel kann man nicht nur arabisch, sondern auch hervorragend asiatisch essen. Die – mit Ausnahme von Jemen – weitverbreiteten indischen, pakistanischen, thailändischen und philippinischen Restaurants bieten authentische Küche, da die Inhaber meist aus den jeweiligen Ländern stammen. In Shoppingmalls locken sogenannte *food courts,* in denen man gleich ein halbes Dutzend Selbstbedienungsrestaurants (mit arabischer, italienischer, chinesischer oder indischer Küche) findet.

Coffeeshops, die kleinere Gerichte, Kuchen und Patisserien anbieten, findet man in den Hotels in allen Städten. Zunehmend populär ist Starbucks; die Filialen der US-amerikanischen Cafékette haben nahezu alle Shoppingmalls erobert.

Wasserpfeife

Für männliche Araber gab es schon immer alkoholfreie Kneipen und Cafés als Treffpunkte (*gauwa*), in denen sie Wasserpfeife (*shisha*) rauchten und stark gesüßten Tee tranken. Doch gegenwärtig erleben sogenannte *shisha cafés* einen regelrechten Boom. Neben der traditionellen Wasserpfeife kann man hier zwischen kleineren Gerichten und einer Vielzahl von Getränken wählen. Zwischen hohen Liegen stehen Holzblöcke, auf denen der Tee serviert wird. Die Wasserpfeife, deren Früchtetabak kleine Holzkohlestücke am Glühen halten, hat jeweils mehrere Schläuche, sodass sich eine kleinere Gruppe eine Pfeife teilen kann. Manche Araber bringen dazu ihr eigenes Mundstück mit.

Getränke

Zu den beliebtesten Getränken gehören auf der Arabischen Halbinsel Tee, Wasser und frisch gepresste Fruchtsäfte. Auch in den Sommermonaten verzichtet man traditionell auf die Zugabe von Eiswürfeln, da man weiß, dass diese dem Körper nicht bekommen. Selbst wenn es sehr heiß wird, ist man deshalb nicht abgeneigt, ein Gläschen Tee zu sich zu nehmen. Dieser wird nach alter Sitte in kleinen henkellosen Tassen oder Gläsern serviert, vor und nach den Mahlzeiten, zwischendurch, beim Treffen mit Freunden, die Gelegenheiten sind zahlreich. In den Teestuben, oftmals betrieben von Gastarbeitern aus Asien, schätzt man mit Milch und Gewürzen (Kardamom, Safran, Zimt) aromatisierten Tee.

Alkoholgenuss

Alkoholische Getränke sind auf der Arabischen Halbinsel aus religiösen Gründen verpönt. In einigen Ländern (wie Saudi-Arabien, Kuwait) sind Einfuhr und Genuss gesetzlich strikt untersagt, in anderen (wie Jemen, Oman, Qatar) dürfen lizensierte Hotels und Restaurants alkoholische Getränke anbieten, in Qatar allerdings nur Abgabe an Nicht-Muslime. Relativ freizügig gehandhabt wird der Ausschank in Bahrain und in den VAE (mit Ausnahme des Emirats Sharjah).

Einer eigenen Zeremonie kommt das Zubereiten von Kaffee gleich. Verwendet wird fein gemahlenes Kaffeepulver, da es zusammen mit Zucker und Wasser in einem Kännchen aus Aluminium oder Kupfer erhitzt wird. Auf einem Metalltablett wird der Kaffee anschließend zusammen mit kleinen Tassen oder Gläsern, Wasser und Datteln serviert. Nur mit genügend Übung gelingt es, so einzuschenken, dass der Kaffee gekrönt wird von etwas Schaum und der Kaffeesatz vollständig in der Kanne verbleibt. Zunehmend beliebt werden (vor allem in den Vereinigten Arabischen Emiraten) Cafés, die Cappuccino, Latte Macchiato u. ä. anbieten.

Kaffee: Seine Zubereitung kommt in Arabien einer Zeremonie gleich

Kulinarisches Lexikon

Im Restaurant

Ich würde gerne einen Tisch reservieren.	Ana uridu an ahjiza tawilatan lau samaht.
Die Speisekarte, bitte.	Qa-imatu al ma'kulat, lau samaht.
Ich möchte bezahlen.	Al hisab lau samaht!
Wo sind bitte die Toiletten?	Aina al merhadh lau samaht?
Mittagessen	Ta'amu al gada'a
Abendessen	Ta'amu al ásha'a
(Tages-)Gericht	Wajbatu al yaum
(Trink-)Glas	Koub lil shurb

Frühstück

laban abadi	Joghurt
baid	Eier
chubs muhammar	Toastbrot
murabba	Marmelade
asal	Honig
sudjuq	Wurst
djubne	Käse

Vorspeisen

mezze	Vorspeisen
achar/muqabilat	eingelegtes Gemüse
baba ganoush	Auberginenpüree
houmus	Kichererbsenbrei
labneh	Gurken-Joghurt-Salat
salata khadra	grüner Salat
salata tamtim	Tomatensalat
wara enab	mit Reis gefüllte Weinblätter
zaitun	Salat mit Oliven, Tomaten, Zwiebeln, Paprika und Petersilie
shurbar addas	Linsensuppe
shurbar khudar	Gemüsesuppe

Fleisch/Fisch

lahm	Fleisch
lahm mashwee	gegrilltes Fleisch
lahm muhammar	Fleischbraten
shishlick	Fleischspieß
kifta	Hackfleischbällchen
kharuf	Hammel
shish kabab	Lammfleisch am Spieß
dahrat	gegrillter Lammrücken
dajaj	Hühnerfleisch
dajaj fi-l-furn	Backhähnchen
samak	Fisch
samak harra	gebratenes Fischfilet
samak mashwee	gegrillter Fisch
djambari mashwee	gegrillte Garnelen

Beilagen

aish/arous	Reis
maskoul	Reis mit Zwiebeln
muaddas	Reis mit Linsen
batatis mahile	frittierte Kartoffelscheiben mit Sesamöl
chubs/raghif	Fladenbrot
pitta	gefülltes Fladenbrot
samouni	Baguette
koussa mahsi	gefüllte Zucchini
falafel	frittierte Gemüsebällchen mit Kichererbsen oder Bohnen

Desserts

fakiha	Obst
tamar	Datteln
baklawa	Blätterteig mit Mandeln und Nusssirup
basbousa	Mandel-Grieß-Kuchen
esh asaraya	Käsekuchen
halwa	halb Götterspeise, halb Nusskuchen
harissa	Maisgries mit Nüssen und Sirup
kich al fuqura	Mandel- Reis-Creme
kunafa	Teignudeln mit flüssigem Käse
mehabiya	Pudding mit Rosenwasser, Honig und Pistazien
muhammar	Reis mit Kardamom, Rosinen, Mandeln

Getränke

kawa/qahwa	Kaffee
chai/schai	Tee
halib	Milch
asir	Saft
ma/maq/muya	Wasser

Typische Gerichte und Zutaten

baharat	Gewürzmischung aus Koriander, Pfeffer, Zimt, Kümmel, Nelken, Paprika, Muskat
tahina	Paste aus Sesammehl, Knoblauch und Joghurt
taratur	Knoblauchsoße nach syrischer Art
talal	scharfes Püree aus Tomaten, Zwiebeln, Petersilie, Paprika, Walnuss, Oliven
borek/fattayer	gewürzte Pastete mit Spinat und Quark
tabuleh	gehackte Petersilie, fein gewürfelte Tomaten und Zwiebeln, mit Zitronensaft, Minze und Weizenschrot
moutabel	gegrillte Auberginen mit Sesam-Knoblauch-Joghurt-Soße
sambusa	gefüllte, gebratene Teigtaschen
kubali	panierte Hackfleischbällchen
mashaqiq	gegrillter Spieß mit mariniertem Fleisch
ghuzi	gegrilltes ganzes Lamm auf Reis, mit Nüssen
hareis	Lamm mit gegartem Weizen
kabouli	Fleisch oder Fisch auf Reis mit Pinienkernen und Rosinen
kabsa	ganzes Lamm, gefüllt mit gewürztem Reis und Mandeln
kibde	dünne Streifen von Rindfleisch, Kartoffeln, Zwiebeln und Tomaten
kuba al aish	mit Reis gefüllte Lammfleischbällchen
kubbeh	Bällchen aus gehacktem Lammfleisch und Weizenschrot mit Pinienkernen
machbous	gewürzter Lammeintopf mit Reis
bastila	Huhn mit Mandeln im Teigmantel
quarmah dajaj	Curry aus Hühnerfleisch
samak narjeel	Fisch in Kokosmilchsoße
shawarma	gegrillte Lamm- oder Huhnstreifen mit Salat im Fladenbrot
shish tawouk	mariniertes Hühnerfleisch am Spieß mit Joghurtsoße
yakni	Gulasch mit Bohnen oder Erbsen
makaruna fi-l-furn	Nudelauflauf
foul medames	dicke Bohnen in einer Soße aus Zwiebeln, Tomaten, Karotten
sabaneq	Spinatgericht mit Koriander, Zwiebeln, Knoblauch, Zitrone, Olivenöl
nashab	gebackene Nussrollen
rus bil tamar	Reis mit Datteln
rus ma halib	Milchreispudding
sambusa holwah	Nussdreiecke
tangina	Dessert aus Datteln
umm ali	Brot-Milch-Pudding mit Zimt und Rosinen

Oman: Das Land will sich stärker dem Tourismus öffnen und es gibt viel zu entdecken – Kinder im Wadi Nakhar bei Al Hamrah

Wissenswertes für die Reise

Wissenswertes für die Reise auf der Arabischen Halbinsel

Informationsquellen

Arabische Halbinsel im Internet

www.arabianwildlife.com: Onlineausgabe des gleichnamigen Magazin mit Infos (englisch) zur Tier- und Pflanzenwelt Arabiens.
www.aaco.org: Auskunft (Englisch) der Arab Air Carriers Organization über arabische Fluggesellschaften und -verbindungen.
www.ghorfa.de: Die Arabisch-Deutsche Vereinigung für Handel und Industrie informiert auf der Website und im Wirtschaftsmagazin Souq in deutscher Sprache.
www.middleeastdirectory.com: Englischsprachiges Suchsystem für 13 arabische Länder, mit Führer durch deren Webseiten.
www.eaf-ev.de: Deutschsprachige Website des Euro-Arabischen Freundschaftskreises.

Lesetipps

Thesiger, W.: Wüste, Sumpf & Berge – Reiseberichte, National Geographic Taschenbuch, 2005. Kenntnisreiche Berichte des Arabienforschers, der Mitte des 20. Jh. die Wüsten von Oman und der VAE durchquerte.
Weiss, W. M. (Text); Westermann, K.-M. (Fotos): Der Basar, dtv, 2002. Bildband zu den schönsten Souqs arabischer Altstädte.
Kopp, H. (Hrsg.): Länderkunde Jemen, Reichert, 2005. Sammlung landeskundlicher Beiträge zu zahlreichen Themen.
Niebuhr, C.: Reisebeschreibung nach Arabien und umliegende Länder, Manesse-Verlag, 2001. In der Erstausgabe (1774) auch mit Zeichnungen des Landvermessers Niebuhr.
Freitag, U. (Hrsg.): Saudi-Arabien – ein Königreich im Wandel? Ferdinand Schöningh, 2010. Saudi-Arabien verändert sich: erkenntnisreiche Aufsätze, die den beispiellosen Wandel in diversen Bereichen (Religion, Frauen, Erziehungswesen und Justiz) untersuchen.
Ruete, E.: Leben im Sultanspalast – Memoiren aus dem 19. Jh., Europäische Verlagsanstalt, 2007. Packend zu lesende Erzählung einer omanischen Sultanstochter, die aus ihrer Heimat ins ferne Deutschland nach Hamburg ging.
Al-Fahim, M.: From Rags to Riches, I B Tauris, 1998. Wie aus armen Beduinen in kürzester Zeit Vermögensmillionäre wurden.
Heard-Bey, F.: From Trucial States to United Arab Emirates – A Society in Transition, Longmans, 1997. Die spannende Geschichte der Golfregion aus der Feder einer deutschen Diplomatentochter.
Bin Laden, C.: Der zerrissene Schleier. Mein Leben in Saudi Arabien, Droemer-Knaur, 2005. Eine Verwandte von Osama berichtet über den Alltag in Saudi-Arabien.

Anreise und Verkehr

Einreise- und Zollbestimmungen

Aufgrund der 40 Jahre andauernden, völkerrechtswidrigen Besetzung der Golan-Höhen, Ostjerusalems und des größten Teils der Westbank durch Israel belegen die Staaten der Arabischen Halbinsel alle Personen mit einer **Einreiseverweigerung**, die Passvermerke eines Israelbesuchs aufweisen; gegebenenfalls stellen deutsche Behörden einen zweiten Pass aus (Genaueres zu den **Visabestimmungen:** s. Länderkapitel).

Es gelten bei der Rückkehr in die Heimat die **Einreisezollvorschriften** der EU, beim Erwerb von z. B. Teppichen, Fotoapparaten und teuren Elektronikartikeln. Die Grenze des Einfuhrwertes sind 430 €.

Anreise

Fluggesellschaften auf der Arabischen Halbinsel: **Etihad:** www.etihadairways.com (s. S. 106); **Emirates:** www.emirates.com (s. S. 106); **Gulf Air:** www.gulfairco.com (s. S. 64); **Kuwait Airways:** www.kuwait-airways.com (s. S. 76); **Qatar Airways:** www.qatarairways.com (s. S. 87); **Saudia Airlines:** www.saudi

Ausflüge in die Wüste

Für Besucher in den Ländern der Arabischen Halbinsel zählen Fahrten in die Wüste zu den Höhepunkten ihres Urlaubs. Wer einen solchen Ausflug nicht als organisierte Tour gebucht hat, sondern auf eigene Faust loszieht, sollte sich bewusst sein, dass die Beachtung bestimmter Grundsätze eine lebenswichtige Voraussetzung ist:

– Fahren Sie niemals allein, sondern immer mit mindestens zwei Fahrzeugen!
– Denken Sie an zweckmäßige Ausrüstung. Dazu gehören unbedingt: pro Person 10 l Trinkwasser als Reserve, ein Kanister Benzin, ein Erste-Hilfe-Paket, eine Wolldecke, zwei Ersatzreifen, Abschleppseil, Schaufel, Kompass und Uhr, eventuell Sandbleche oder Bastmatten, ein Keilriemen.
– Fahren Sie nur in geschlossenen Schuhen (nicht in Sandalen) und niemals ohne Handy in die Wüste!
– Informieren Sie vor Ihrer Abreise das Hotel; teilen Sie mit, wohin Sie fahren wollen und wann Sie ungefähr zurückkommen werden. Vereinbaren Sie, dass das Hotel zwölf Stunden später tätig werden soll (z. B. Polizei benachrichtigen). Falls sich eine Panne in der Wüste ereignen sollte, bleiben Sie stets zusammen. Hilfesuchende sollten immer nur zu zweit aufbrechen.

airlines.com (s. S. 97); **Yemenia**: www.yemenia.de (s. S. 71); **Oman Air**: www.omanair.com (s. S. 82); **Air Arabia**: www.airarabia.com (s. S. 106); ; **Bahrain Air**: www.bahrainair.net (s. S. 64); **Jazeera Airways**: www.jazeeraairways.com (s. S. 76).

Gut zu wissen

Drogen

Konsum von und Handel mit Rauschgift sind in allen Staaten der Halbinsel streng verboten. In Saudi-Arabien wird der Besitz selbst kleiner Mengen mit dem Tode bestraft. Auf der ›Entry Card‹ im Antragsformular für das Visum wird der Besucher deutlich auf diese Konsequenz aufmerksam gemacht und unterschreibt, dass er sich dessen bewusst ist.

Elektrizität

In allen Staaten der Arabischen Halbinsel sind 220–240 V Wechselstrom (60 Hertz) zu erwarten. Nur in Saudi-Arabien und Bahrain gibt es auch sehr vereinzelt noch 110–120 V. Häufig finden sich Steckdosen für Dreistift-Stecker.

Fotografieren

Beim Fotografieren und Filmen sollte der Besucher größte Vorsicht und Zurückhaltung walten lassen. Öffentliche Gebäude (z. B. Ministerien und Flughäfen) sowie Soldaten und Polizisten dürfen bzw. wollen nicht fotografiert werden. Empfindlich sind alle Staaten, wenn man solche Motive aufnimmt, die ihr Land als rückständig ausweisen könnten (z. B. zerfallene Lehmhäuser, Autowracks, Abfallhalden).

Personen in Landeskleidung, besonders Frauen, sollte man nur mit deren Zustimmung bzw. der ihres Begleiters fotografieren. Holt man diese nicht ein, können lautes Lamentieren und Steinewerfen, tätliche Angriffe, Beschlagnahmung des Films, ja sogar der Verlust der Kamera und großer Ärger mit der Polizei die Folgen sein. In **Saudi-Arabien** und **Qatar** sollte man einheimische Frauen überhaupt nicht fotografieren.

In **Saudi-Arabien** ist das strenge Fotografierverbot an öffentlichen Orten oder von öffentlichen Gebäuden aufgehoben. König Abdallah hat am 1. Juli 2006 ein Dekret erlassen, das Polizisten und Religionswächtern das Einschreiten untersagt.

Arabische Halbinsel

Frauen allein unterwegs

Einheimische Frauen sind auf der Arabischen Halbinsel nie allein unterwegs, sondern meist in Gruppen oder in Begleitung männlicher Verwandter. Mit der Ausnahme von Bahrain, Abu Dhabi und Dubai ist deshalb eine Touristin ohne männliche Begleitung eine auffällige Erscheinung. Es ist daher ratsam, zurückhaltend aufzutreten und weite, lange Kleider zu tragen, zumindest außerhalb der Städte. Dort empfiehlt sich auch ein Kopftuch, es schützt gegen die Sonne und erleichtert vieles.

In Restaurants sucht eine Frau immer die *family section* auf, im Taxi setzt sie sich auf jeden Fall nach hinten, in Dubai in ein Frauentaxi, im Bus auf die (vorderen) Frauenplätze, und einen eigenen *ladies beach* gibt es auch. Ansonsten ist die Region ein Reiseziel mit hoher Sicherheit.
Vgl. auch die jeweiligen Länderkapitel.

Maße und Gewichte

Überall auf der Arabischen Halbinsel gilt offiziell das **metrische Maßsystem**, gelegentlich werden aber auch noch angelsächsische Maße (z. B. *yard, gallon*) verwendet, vereinzelt auch traditionell arabische.

Sperrung von EC- und Kreditkarten bei Verlust oder Diebstahl*:

0049-116 116

oder 0049-30 4050 4050
(* Gilt nur, wenn das ausstellende Geldinstitut angeschlossen ist,
Übersicht: www.sperr-notruf.de)
Weitere Sperrnummern:
– MasterCard: 0049-69-79 33 19 10
– VISA: 0049-69-79 33 19 10
– American Express: 0049-69-97 97 2000
– Diners Club: 0049-69-66 16 61 23
Bitte halten Sie Ihre Kreditkartennummer, Kontonummer und Bankleitzahl bereit!

Moscheebesuch

Moscheen sind grundsätzlich Muslimen vorbehalten. Für einzelne Moscheen gibt es in manchen Ländern Ausnahmen: In Muscat (Oman), Kuwait, Abu Dhabi sowie Bahrain kann man jeweils die Große Moschee besichtigen. In Dubai (VAE) und Muscat gibt es für Nicht-Muslime an bestimmten Tagen in ausgewählten Moscheen auch Führungen. Angemessene Kleidung ist in jedem Fall erforderlich. Nur in Saudi-Arabien ist der Besuch allen Nicht-Muslimen streng untersagt.

Trinkgeld

Trinkgeld auf der Arabischen Halbinsel hat nicht den Stellenwert wie in Europa; es wird von einheimischen Dienstleistern auch gar nicht erwartet. Da das Personal in Hotels und Restaurants sowie Gepäckträger aber in der Regel aus dem Ausland kommen, sollte man ihnen etwa 10 % Trinkgeld anbieten (bzw. Kofferträger 1 €, Zimmerreinigung 2 € po Tag). Taxifahrer erwarten kein Trinkgeld. Von den Zuschlägen auf alle Hotel- und Restaurantrechnungen (Qatar z. B. 17 %) geht der Serviceteil von 10 % nicht an das Personal. Deshalb denken Sie daran: Die Monatsgehälter der *expatriates* im Servicebereich betragen ca. 300 €.

Reisezeit und Ausrüstung

Bei der Reiseplanung sollte neben dem Klima der **Ramadan** (Termine s. S. 38) berücksichtigt werden, da in dieser Zeit das öffentliche Leben stark eingeschränkt ist. Von April bis Oktober ist es tagsüber heiß (bis 40 °C im Schatten), im Juli/August erreichen die Temperaturen auf der **Arabischen Halbinsel** sogar Werte bis zu 50 °C ; nur in den Bergen von Saudi-Arabien, Jemen und Oman ist es dann kühler. Nachts fällt das Thermometer nicht unter 25 °C. Im Inland ist die Luft dann trocken, in den Küstengebieten herrscht hohe

Luftfeuchtigkeit (bis 90 %). In den Wintermonaten (Dez.–Feb.) fällt ganz selten Regen. Die ideale Reisezeit liegt daher zwischen November und März mit Temperaturen um 20 bis 25 °C.

Nur in **Jemen** gibt es mehrere unterschiedliche Klimazonen: In der Tihama und am Roten Meer (Aden) sind die Sommer unerträglich heiß und schwül, im Winter ist das Klima mit dem des südlichen Mittelmeeres vergleichbar. Im angrenzenden Bergland liegen die Temperaturen am Tage bei 20 bis 25 °C, im Sommer um 30 °C, nachts kühlt es stark ab. Im März/April und Juli/August gehen oft heftige Gewitterregen nieder. In den im Osten angrenzenden Wüstengebieten der Rub al Khali herrschen trocken-heiße Verhältnisse, es gibt fast keine Niederschläge und erhebliche Temperaturschwankungen zwischen Tag und Nacht, besonders im Winter. Im Sommer kommt es zu gewaltigen Sandstürmen.

Kurzärmelige Hemden und leichte (lange) Hosen sind für Männer die beste Kleidung, dazu trägt man Sandalen oder leichte Schuhe. Wer geschäftliche Kontakte anknüpfen will oder bei staatlichen Dienststellen vorspricht, sollte Anzug und Krawatte mitnehmen. Frauen tragen am besten eine Hose (nicht eng) und hüftlange Blusen mit langen Ärmeln oder möglichst lange Kleider, wobei der Körper so weit wie möglich bedeckt sein sollte. In den Wintermonaten ist die Mitnahme eines Pullovers und einer Jacke angebracht. Alle Kleidungsstücke sollten leicht waschbar sein. **Ein Muss:** Sonnenbrille und Sonnenschutzmittel.

Gesundheit und Sicherheit

Gesundheit

Vorgeschriebene Impfungen: Bei Einreise aus Europa keine, bei Einreise aus Infekti-

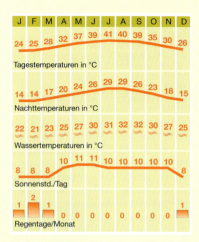

Klimatabelle Dubai

onsgebieten Cholera (Schutzimpfung), Typhus (Tabletten oder Impfung), Polio sowie Tetanus (Impfung); bei einem Besuch der Küstenregionen in Jemen, Oman oder Saudi-Arabien (Jeddah) ist darüber hinaus eine Malariaprophylaxe angebracht. Auch sollte man unbedingt Kohletabletten für den Fall eines eventuell auftretenden Darmkatarrhs mitführen.

Für **Saudi-Arabien** empfiehlt der Gesundheitsdienst des Auswärtigen Amtes einen Impfschutz gegen Tetanus, Diphterie, Polio und Hepatitis A, bei Langzeitaufenthalten über drei Monate auch Hepatitis B. Auch auf die Aktivierung von Polioschutzimpfungen soll geachtet werden. Bei besonderen Vorhaben während des Aufenthaltes (z. B. Projekte in dörflicher Umgebung) kann Impfschutz auch gegen Tollwut und Typhus sinnvoll sein. Bei Einreisen von Muslimen zur Wallfahrt nach Mekka *(Hadsch)* ist eine Impfung gegen Meningitis Pflicht.

Weitere gesundheitliche Vorsorgemaßnahmen sind nicht erforderlich; die ärztliche Versorgung in den Ländern der Arabischen Halb-

Arabische Halbinsel

> **Vokabeln für Ihre Sicherheit**
>
> | | |
> |---|---|
> | Nein | la |
> | Ich bin Deutscher. | Ana Almani. |
> | Krankenhaus | Mustaschfa |
> | Polizei | Schurta |
> | Deutsche Botschaft | Assafara Almania |

insel bewegt sich auf mittlerem Niveau, am besten ist sie in **Qatar, Kuwait, Bahrain,** den **VAE.** In Jemen ist die medizinische Versorgung hingegen desolat. Der Abschluss einer Auslandskrankenversicherung mit Rückholdienst im Notfall ist für die Reisenden generell empfehlenswert.

Man muss mehrere Liter Flüssigkeit pro Tag zu sich nehmen, um bei den hohen Temperaturen in der Region gut durch den Tag zu kommen. Am besten geeignet sind dafür Tee und Wasser. Das Leitungswasser ist in allen Ländern der Arabischen Halbinsel außer Jemen trinkbar.

Sicherheit

Die Länder der Arabischen Halbinsel sind – mit Ausnahme von Entführungen in Jemen – sehr sichere Reiseländer. Es ist praktisch keine Straßenkriminalität zu verzeichnen: Betrug, Gewalttätigkeit oder Raub sind am Golf so gut wie unbekannt. Agressiv bettelnde Kinder gibt es nicht, bisher sind auch Vorfälle wie Taschendiebstahl oder aufdringliche Händler, die die Besucher im Souq unbedingt zum Kauf ihrer Waren nötigen, noch unbekannt.

Allerdings ist die Grenze zwischen Betrug und übertreuerten Preisen schwer zu bestimmen, z. B. im Souq oder im Taxi ohne Taxameter bzw. wenn der Fahrer das Taxameter ›aus Versehen‹ nicht einschaltet. Es empfiehlt sich, den Preis vorher auszuhandeln. Der ›gerechte‹ Preis ist immer der gemeinsam ausgehandelte, ungeachtet seiner Höhe oder seiner Angemessenheit.

Jemen machte in den letzten Jahren Schlagzeilen durch Entführungen. Die Touristen wurden dabei von Stämmen als Faustpfand gegenüber der Zentralregierung in Sana'a genutzt, um diese zur Einhaltung ihrer Versprechen zu bewegen. Auch zu Todesfällen ist es schon gekommen. Nachdem sich Al Qaida-Gruppen in Jemen niedergelassen und Angriffe verübt haben, ist der Tourismus nach Jemen aufgrund der Entführungen und Anschläge nahezu vollständig zum Erliegen gekommen.

Regierungsamtlich informiert das Deutsche **Auswärtige Amt** über den jeweiligen Sicherheitsstand in den Ländern. Bei Reisen in ein Land der Arabischen Halbinsel ist es besonders nach den Ereignissen des 11. September 2001 ratsam, die aktuellen Empfehlungen des Auswärtigen Amtes (AA) zu beachten. Denn bei Nicht-Befolgung und späterer aufwendiger Inanspruchnahme einer Deutschen Botschaft kann es teuer werden. Auf der Homepage des Auswärtigen Amtes findet man auch die aktuellen Einreisebestimmungen der Reiseländer:

Auswärtiges Amt: Bürgerservice Referat 40, D-11013 Berlin, Tel. 030-50 00 20 00, www.auswaertiges-amt.de. Auch die deutschen Botschaften informieren zu dieser Frage (s. Länderkapitel).

Kommunikation

Post

In allen Ländern der Arabischen Halbinsel wird die ankommende Post nicht direkt ausgetragen; Hausbriefkästen sind unbekannt. Alle Empfänger unterhalten ein Postfach in einem Postamt. Daher erfolgt die Angabe der **Post Office Box (P.O.B.)**.

Fernsehen

Der Fernsehsender **Al Jazeera** in Qatar, dessen Programm via Satellit weltweit ausgestrahlt wird, gilt als ›CNN‹ des Mittleren Ostens, seine kritische Berichterstattung bezieht die Regierungen der Länder der Arabischen Halbinsel ein. Er sendet in Arabisch, seit 2006 auch in englischer Sprache und seine Berichte werden auf der gesamten Arabischen Halbinsel gesehen.

Internationale Satelliten-Sender wie **CNN, BBC, Sky News** oder **Deutsche Welle** kann man in der Regel in den meisten Hotels empfangen.

Telefonieren

Hinweise zur Benutzung transkribierter Telefonbücher: Arabische Namen werden nach dem Vornamen alphabetisch geordnet, europäische nach dem Familiennamen. Der Namensteil *bin* bzw. *ibn* wird ausgelassen, außer wenn er am Anfang steht. Namensteile wie *al, de, van, von, la* werden mit dem Namen zusammengezogen.

Vorwahl von allen Ländern der Arabischen Halbinsel:
… nach Deutschland: 00 49
… nach Österreich: 00 43
… in die Schweiz: 00 41
Die Ländervorwahlnummern der Arabischen Halbinsel finden Sie unter den jeweiligen Länderkapiteln.

Sprachführer

Es ist von großem Vorteil, wenn man einige Worte Arabisch beherrscht. In den großen Städten wird zwar Englisch verstanden, und auch Geschäftsleute und Verwaltungsangestellte sprechen Englisch, aber Taxifahrer, Polizisten und Verkäufer im Souq verstehen oft nur Arabisch.

Die arabische Schrift wird von rechts nach links geschrieben. Sie verfügt über 28 Konsonanten und die drei Vokale *a, i* und *u*. Lange und kurze Aussprache der Vokale verändert die Bedeutung des jeweiligen Wortes, außerdem können die Vokale auch hell oder dunkel ausgesprochen werden (wie e oder o), je nachdem, welcher Konsonant sie begleitet.

Entsprechend gibt es sehr unterschiedliche Transkriptionen des Arabischen. Da auf der Arabischen Halbinsel durchweg die Transkription in die englische Aussprache gebraucht wird (Presse, Bücher, Geschäfte sowie Hinweisschilder etc.), geben wir in diesem Buch bei der Wiedergabe arabischer Begriffe im Allgemeinen diese Schreibweise an (es sei denn, es handelt sich um fest eingebürgerte Begriffe).

Das ›klassische‹ Hocharabisch, eine südsemitische Sprache, ist die Sprache des Korans und wird heute vor allem in der Wissenschaft, Literatur sowie in der Presse angewendet.

Im Alltag dominieren die verschiedenen Dialekte, wobei auf der Arabischen Halbinsel der Nord- und der Süddialekt sowie das Omanische zu unterscheiden sind. Das Arabische ist reich an blumigen Umschreibungen, Ausdruck von Höflichkeiten und sprachlichen Ritualen. Dies erscheint dem Europäer manchmal langatmig und umständlich, wenn nicht gar unaufrichtig.

Natürlich lässt sich diese schwierige Sprache nicht über Nacht erlernen. Dennoch sollte man versuchen, sich einige Redewendungen anzueignen.

Die Zahlen

(werden wie bei uns von links nach rechts gelesen)

1	wahed
2	itnin
3	talata
4	arba'a
5	khamsa
6	sitta
7	seb'a
8	tamania
9	tisa'a

Arabische Halbinsel

10	ashra
11	ahadasha
12	itnasha
13	talatasha
14	arbatasha
15	khamsatasha
16	sittatasha
17	sabatasha
18	tamaniatasha
19	tisatasha
20	ishrin
21	wahed wa ishrin
30	talatin
40	arba'in
50	khamsin
60	sittin
70	saba'in
80	tamanin
90	tisa'in
100	mia
200	mia'tin
300	talata mia
1000	alf

Unterwegs

Arzt	tabib
Auto	sayara
Bank	masraf
Boot	safina
Botschaft	sifara
Bus	autobis
Flughafen	matar
Flugschein, Fahrschein	tazkara
Flugzeug	tayara
Geld	flus
geradeaus	dugri
Hafen	mina
Herberge, Hotel	funduk
Krankenhaus	mustashfa
links	yasar
Moschee	jami
Platz	meidan
Polizei	ashurta
Polizei-Station	markaz il buliz
Post	barled
rechts	yamin
Restaurant	matam
Schiff	bakhira
Schlüssel	miftah
Straße	shari
Taxi	taksi

Grußformeln und Redewendungen

hallo	as salam aleykum, marhaba
willkommen	ahlan wa sahlan
auf Wiedersehen	ma'a salama
danke	shukran
bitte	afwan, men fadlak
tut mir leid	muti assif
wie geht es Ihnen?	kaif halak?
macht nichts	maalish
ja	na'am
nein	la
wenn Gott will	in sha'allah
geh fort!	jalla!
wieviel	kam
es gibt	fi
es gibt nicht	ma fi

Zeit

der Morgen	saba
der Abend	masa
die Nacht	layl
morgen	bukra
gestern	ams
sofort	halan

Glossar

Abaya	langer, schwarzer Umhang der Frau
Abra	Wassertaxi
Agal	(meist) schwarze Kordel, die das Kopftuch der Männer hält
Ain (ayn)	Quelle, Brunnen
Amir, Emir	Fürst, Adliger

Bab	Tor	Mafraj	Empfangsraum der Männer im obersten Stockwerk des Hauses
Birka	Speicher, Zisterne		
Burj	Turm		
Burka	Gesichtsmaske der Frau, meist aus Plastik	Mamelucken	ägyptisches Reitervolk, das zwischen 1250 und 1500 den Nahen Osten beherrschte
Bustan	Garten		
Dar (auch bait)	Haus		
Dawlat	königliche Residenz	Midan	Platz, Feld
Dishdasha	langes, hemdähnliches Gewand der Männer	Mirab	Gebetsnische (gen Mekka) in der Moschee
Diwan	Empfangsraum	Qasr	Fort, Burg, befestigter Palast
Djambia	Krummdolch (Jemen)		
Falaj	künstlicher Wasserkanal	Ramadan	islamischer Fastenmonat
Gauwa	arabisches Café	Samsarat	Zollstelle, Handelsstätte, Karawanserei
Ghadir	Teich, Wasserlauf		
Gutra	weißes, schwarz-weißes oder rot-weißes Kopftuch der Männer	Schafiiten	sunnitische Muslime mit eigener Rechtsschule
Hadsch	große Pilgerfahrt nach Mekka	Schiiten	muslimische Minderheit, Anhänger des Khalifen Ali
Hammam	Bad, Badehaus		
Ihram	Gewand, das zur Pilgerfahrt nach Mekka getragen wird	Sheikh	Gemeindeoberhaupt, männliches Mitglied einer Herrscherfamilie
Imam	religiöser (und weltlicher) Führer	Sherif	Nachkomme Mohammeds
Ismaeliten	schiitische Muslime, die den 7. Imam (Ismael) verehren	Souq	Markt, Marktstraße
		Sunniten	muslimische Mehrheit, die nach dem Koran auch die Überlieferungen Mohammeds (Hadith) als Glaubensquelle anerkennt
Jami masjid	Freitagsmoschee, Versammlungsmoschee		
Janad	Garten, Paradies		
Jazirah	Insel, Sandbank		
Jebel	Berg, Hügel, Gebirge		
Kafiya	weißes, schwarz-weißes oder rot-weißes Kopftuch der Männer	Thoub	langes, hemdähnliches Gewand der Männer
		Umra	kleine Pilgerfahrt nach Mekka
Khaleej	(Arabischer) Golf	Wadi	trockenes Flußbett, Tal
Khalif	Herrscher in der Nachfolge des Propheten	Wahabiten	strenggläubige Sunniten, die die Lehren des Abdul Wahab befolgen
Khanjar	Krummdolch (Oman)		
Khor	Bucht, natürlicher Meeresarm	Zayditen	schiitische Muslime, die den Urenkel Alis (Zaid) verehren
Madina	Stadt, Altstadt		

Wissenswertes für die Reise in Bahrain

Informationsquellen

Bahrain im Internet
www.bahraintourism.com: Webseite des bahrainischen Tourismusministeriums.
www.algosaibitravel.com: Lokaler Reiseveranstalter: Ausflüge, Sport, Transport etc.
www.bahraingp.com: Webseite der Grand-Prix-Rennstrecke, auch Kartenbestellung.
www.bahrainguide.org: Private Anbieter aus der Tourismusbranche (mit Werbung).
www.bahrainthismonth.com: Konzentriert sich als Onlineauftritt der gleichnamigen Broschüre auf Veranstaltungen und Restaurants.
www.timeoutbahrain.com: Veranstaltungskalender und aktuelle Tipps für Restaurants, Bars sowie Diskotheken.

Touristeninformation
Bahrain unterhält keine Auskunftsstelle im **Ausland,** zuständig ist die Presseabteilung der Botschaft in Berlin (s. u.).

Bahrain
Ministry of Information: Tourism Dept., P.O.B. 26613, Manama, Tel. 17 20 12 21, Fax 17 22 97 57, www.bahraintourism.com.
Bahrain Promotion and Marketing Board: P.O.B. 11299, Manama, Tel. 17 53 38 86, Fax 17 53 11 17.
Wenn bahrainische Dienststellen nicht auf Mails etc. antworten, wendet man sich an einen lokalen Reiseveranstalter (s. S. 63).

Diplomatische Vertretungen
Deutschland
Botschaft des Königreiches Bahrain: Klingelhöfer Str. 7, D-10785 Berlin, Tel. 030 86 87 77 77, Fax 030 86 87 77 88, www.bahrain-embassy.de

Schweiz
Botschaft des Königreiches Bahrain: 51, Chemin William Barbey, P.O.B. 39, CH-1292 Chambésy, Tel. 022 758 96 40, Fax 022 758 96 50, bahrain-mission@bluewin.ch (auch zuständig für Österreich).

Bahrain
Deutsche Botschaft: Al Hasan Bldg. no. 668, Diplomatic Area 317, Sheikh Hamad Causeway, Manama, Tel. 17 53 02 10, Fax 17 53 62 82, www.manama.diplo.de.
Österreichische Botschaft: zuständig ist die Botschaft Österreichs in Kuwait (s. S. 74).
Generalkonsulat der Schweiz: Bahrain World Trade Centre, West Tower, 28th floor, King Faisal Hwy., Area 316, Tel. 17 13 12 13, Fax 17 53 11 58, manama@honorarvertretung.ch.

Karten
»**The Bahrain Map & Pocket Guide**« bietet eine Straßenkarte, die für Mietwagentouren kaum ausreicht, und einen groben Stadtplan von Manama (1 BD). Die »**Kingdom of Bahrain Map**« des Tourismusministeriums (kostenlos) enthält neben einer Gesamtkarte des Landes eine starke Vergrößerung des nördlichen Teils, die für die Besichtigung der vielen Sehenswürdigkeiten mit dem Leihwagen sehr gut geeignet ist. Brauchbar und gut ist auch die GEOprojects-Karte »**Northern und Central Bahrain**« mit einem Stadtplan von Manama (3 BD). Karten und Pläne erhält man im Souvenirshop im Bab al Bahrain (s. S. 127).

Reise- und Routenplanung

Bahrain als Reiseland
Bisher haben die Reiseveranstalter das Wüstenland nur selten im Programm, doch sind Individualreisen problemlos möglich. Passagiere der nationalen Fluglinie Gulf Air nutzen vor ihrem Weiterflug zu anderen Zielen den Stopp in Bahrain verstärkt zu einem mehrtägigen Aufenthalt, um sich zu entspannen und ein neues arabisches Land kennen zu lernen. Während

des Winterhalbjahres sind deshalb Hotels im 4- und 5-Sterne-Bereich häufiger ausgebucht.

Bade- und Strandurlaub

Noch ist Bahrain kein großartiges Badeziel: Das wird sich mit der Fertigstellung von Durrat al Bahrain, einer künstlichen Inselwelt mit luxuriösen Hotels und Jachthafen, ändern. Der beliebteste öffentliche Strand ist **Jazayer Beach** an der Südwestküste, weil dieser über Strandhütten, Sonnenschirme und Duschen verfügt. Luxuriösen Badeaufenthalt auf höchstem Niveau bietet das Flaggschiff der Bahrainer Hotelerie: Das Ritz Carlton schuf für seine Gäste eine Badelagune mit Privatstrand.

Kulturelle Sehenswürdigkeiten

Das reiche und architektonisch modern erscheinende Manama besitzt ein hervorragend restauriertes Stadtviertel (Awadiya), in dem besonders viele traditionelle arabische Häuser stehen, die gut restauriert wurden.

5000 Jahre alte Relikte menschlicher Siedlungsgeschichte offenbaren sich im Fort Bahrain, der bedeutendsten Ausgrabungsstätte des Landes. Besuchen sollte man die größte Moschee Bahrains (Grand Mosque), in am Abend märchenhaft illuminiert, und auch das großartige Nationalmuseum, eine aufwendig gestaltete moderne Anlage, eine wahre Schatzkammer bahrainischer Artefakte. Nur 10 km außerhalb der Hauptstadt gelangt man in ein Gebiet, in dem etwa 85 000 Grabhügel der Dilmun-Kultur liegen, diese *burial mounds* werden von Experten als weltweit größter prähistorischer Friedhof bezeichnet.

Bahrain für Naturliebhaber

Über ein Dutzend kleine unbewohnte Inseln, die Hawar Islands, sind ausgewiesen als Naturschutzgebiet. Ungestört von menschlichen Eingriffen konnten sich Flora und Fauna hier entwickeln. In den Gewässern um die Inseln leben die seltenen Seekühe und große Meeresschildkröten. Wohnen kann man nur im schönen Hawar Resort, das auch diverse Beobachtungstouren organsisiert.

Vorschläge für Rundreisen

Die bedeutenden Sehenswürdigkeiten des Landes liegen im nördlichen Drittel von Bahrain und sind von der Hauptstadt Manama aus mit dem Leihwagen oder einer von einer örtlichen Reiseagentur organisierten Rundreise während eines Tagesausflugs zu erreichen. Eine zweite Rundreise führt zu den südlich gelegenen Attraktionen, darunter Bahrains neue Formel-1-Rennstrecke (s. S. 136).

Tipps für die Reiseorganisation

Die Besichtigung der Sehenswürdigkeiten in den Zentren von Manama und Muharraq kann zu Fuß erfolgen. Für die Fahrt von Manama nach Muharraq und umgekehrt sowie die Besichtigung der außerhalb des Zentrums gelegenen Sehenswürdigkeiten empfiehlt sich ein Taxi. Für eine Rundreise in Bahrain nimmt man einen Leihwagen oder schließt sich einer organisierten Tour an.

Reiseveranstalter

In Bahrain bieten mehrere Reisebüros Stadtrundfahrten und Tagestouren mit landeskundlich ausgebildeten und englischsprachigen Reisebegleitern an, zuverlässig ist:
Bahraini German International Services: Old Palace Roundabout, Behzad Farmacy Building, 1st floor, office 13, Gudaibiya, Manama, Tel. 17 74 22 82, Fax 17 74 22 87, www.bahrain-germany.com.

Reisen mit Kindern

Die Bahrainis lieben Kinder und in den Hotels werden die Kleinen von dem (vorwiegend asiatischen) Personal auf das Netteste umsorgt. Familienzimmer, Suiten und durch Verbindungstüren verbundene Zimmer sind in allen Hotels vorhanden. Selbst im 5-Sterne-Hotel sind Kinder gern gesehene Gäste. Die hygienischen Bedingungen sind überall einwandfrei

Bahrain

und das trockene Wüstenklima ist (mit Ausnahme der Sommermonate) sehr bekömmlich.

Reisen mit Handicap

Bislang sind es eher die Hotels in den oberen Preiskategorien, die barrierefreie Wege verwirklicht haben. Die Freundlichkeit und Hilfsbereitschaft der Menschen, die großzügige Umgebung ohne viel Hektik, Hast und Eile bietet andererseits eine mögliche Kompensation bei evtl. auftretenden Schwierigkeiten. Zudem ist man immer darauf eingestellt zu improvisieren, um den Gast im Hotel zufrieden zu stellen. Schwierigkeiten treten bislang eher bei Unterkünften der niedrigeren Preiskategorie auf, in denen das Personal gelegentlich auch desinteressiert auftritt.

Anreise und Verkehr

Einreise- und Zollbestimmungen

Allgemeine Informationen s. auch S. 54.
Besuche bis zu zwei Wochen sind mit einem Touristenvisum (Gebühr 5 BD = ca. 9 €) möglich. Dieses Visum *(visa on arrival)* wird bei Vorlage des Passes und des Tickets (mit dem bestätigten Weiter- oder Rückflug) bei Ankunft auf dem Flughafen in Bahrain an der Kontrolle direkt in den Pass gestempelt (man akzeptiert €). Verlängerung im Lande (beim Directorate of Immigration im Gulf Air Tower) ist möglich (Gebühr 5 BD).
Zollvorschriften: Die Einfuhr von 1 l Spirituosen, 250 Zigaretten und Geschenken bis 180 US-$ ist erlaubt, die von Pornografie, Waffen, Drogen und Lebensmitteln verboten. Die Ausfuhr nationaler Kulturgüter ist nicht erlaubt.

Anreise nach Bahrain

Flugzeug
Von Europa aus wird Bahrain von Gulf Air (u. a. täglich von Frankfurt nonstop), Lufthansa (täglich von Frankfurt), Condor (Nov.–März 2x wöchentlich. von Franfurt), Kuwait Airways (3 x wöchentlich von Frankfurt über Kuwait) und zahlreichen weiteren Fluggesellschaften wie Qatar Airways (über Qatar) und Etihad Airways (über Abu Dhabi) angeflogen (Flugdauer ca. 6 Std.). Rückbestätigung des Rückfluges ist bei allen Fluggesellschaften (außer Gulf Air) erforderlich. Flughafengebühr bei Abflug: 3 BD (ca. 7 €).

Die neue Low Budget Airline Bahrain Air (www.bahrainair.net) fliegt zurzeit nach Doha, Dubai, Jeddah und Damman.

Bahrain International Airport (BAH, Tel. 17 33 93 39, www.bahrainairport.com), 7 km von Manama auf der Insel Muharraq gelegen, ist der Heimatflughafen von **Gulf Air:**
– P.O.B. 138, Manama, Bahrain, Tel. 17 33 57 77, www.gulfairco.com.
– Frankfurt Flughafen, Tel. 069-71 91 12 11.
– c/o Airlinecenter, Badenerstr. 15, CH-8004 Zürich, Tel. 044-286 99 23, Fax 044-286 99 24.
– c/o GSA, Odeongasse 2A/1, A-1020 Wien, Tel. 01-512 86 86 11, Fax 01-512 86 86 60.
Taxirichtpreise: Vom Flughafen nach Manama ca. 20 Min. 5 BD; von Manama zum Flughafen 3 BD; hinter dem rechten Flughafenausgang findet man eine Tafel mit den Taxipreisen vom Flughafen zu allen Orten der Insel. Abfahrt vom Flughafen: 1 BD Zuschlag.

Landweg
Die Anfahrt über Land erfolgt durch Saudi-Arabien und über eine Dammstraße (King Fahd Causeway) zur Insel Bahrain.

Verkehrsmittel in Bahrain

Bus
Busfahren ist billig, der Einheitstarif beträgt 100 fils, im **Minibus** auf derselben Route 150 fils. Die Bushaltestellen sind deutlich gekennzeichnet. Vom **zentralen Busbahnhof** in Manama (King Faisal Road an der Küste, westlich des Hafens Mina Manama) werden Orte wie Budaiya, Isa Town, Rifa, Awali stünd-

lich angefahren, andere mehrere Male pro Tag. Es gibt teilweise keine Routen- und Fahrplan, dann man muss nach dem Fahrtziel fragen. Verkehrszeiten: 5.30–21.30 Uhr.

Leihwagen
Voraussetzung: Zwei Jahre Fahrpraxis und ein internationaler oder nationaler Führerschein. Mietwagen sind in Bahrain im Vergleich zu anderen Golfstaaten preiswert. Autos für 15–20 BD pro Tag (unbegrenzte Kilometerzahl) und ab 80 BD pro Woche. Benzin (*jayyid* oder *mumtaz*) kostet ca. 0,20 € pro Liter.

Taxi
Der Fahrpreis wird per Taxameter errechnet und ist sehr niedrig. Doch Vorsicht: bei Ausländern wollen Taxifahrer das Taxameter oftmals nicht einschalten, und verlangen einen überhöhten Fahrpreis. Fahrten innerhalb der Stadt kosten 1,5–2 BD, zwischen 22 und 6 Uhr erhöhen sich die Fahrpreise um 50 %.

Straßenverhältnisse und Verkehrsregeln

Bahrain verfügt über ca. 500 km asphaltierte Straßen. Die großen Avenuen und Highways in und um Manama, die Ringstraße um die Stadt Muharraq sowie die Routen nach Budaiya, Isa Town, Rifa, Awali, Jufair, Sitrah und Zallaq sind vierspurig ausgebaut. In und um Manama herrscht gewöhnlich dichter Verkehr. Im Süden der Insel wird das Straßennetz merklich weitmaschiger, im südlichsten Drittel gibt es dann nur noch Schotterpisten. Für den Besuch der Südspitze der Insel (südlich von Rumaitrah) benötigt man eine spezielle Genehmigung der Polizei; das Befahren ist zudem nur mit Geländewagen möglich.

Unterkunft

In der Zeit von November bis April kann es besonders an islamischen Wochenenden zu Engpässen kommen. Vor allem im oberen Preissegment sollte so früh wie möglich reserviert werden. In wenigen Jahren wird sich allerdings die noch begrenzte Bettenkapazität vervielfachen. So entstehen auf den Inseln Amwaj und Durrat gegenwärtig mehrere außergewöhnliche 5-Sterne-Hotels.

Die Preise in den unteren Preiskategorien liegen unter dem europäischen Durchschnitt, im 4-und 5-Sterne-Bereich entsprechen sie internationalem Standard. Im Sommer fallen die Hotelpreise um bis zu 40 %.

Preisorientierung (DZ)
Luxus (5 Sterne): ab 150 BD
Deluxe (4 Sterne): 70–150 BD
Mittelklasse: bis 70 BD

Sport und Aktivurlaub

Sport aktiv

Eine **Wüstentour** mit einem Geländewagen darf man sich nicht entgehen lassen. Da man umgeben von Sand leicht die Orientierung verliert und im Offroad-Wüstenfahren nicht geübt ist, sollte man nur eine organisierte Tour unternehmen, zu buchen bei einem lokalen Reiseveranstalter (s. S. 63).

Taucher und Schnorchler kommen in Bahrain auf ihre Kosten, da es herrliche Korallenriffe und eine vielfältige Unterwasserwelt zu entdecken gibt.

Golf: Der 2009 fertig gestellte neue Golfplatz The Royal Golf Club, Riffa Views, Riffa, Tel. 17 75 07 77, www.theroyalgolfclub.com, verfügt über zwei Grasplätze (18 und 9 Loch) und ist täglich 7.30–17 Uhr geöffnet; Greenfees 15 BD (9 Loch) und 60 BD (18 Loch). Hunderte Dattelpalmen, mehrere in der Sonne glitzernde Teiche und tropische Vegetation erfreuen in der Wüste.

Strände: Bahrains Strände sind keine karibischen Paradiese, aber für europäische Strandurlauber dennoch lohnenswert. Die größeren öffentlichen Abschnitte liegen ent-

Bahrain

lang der Westküste: der bekannteste, **Subh Beach,** nördlich von Budaiya, der schönste, **Zallaq Beach** (mit Umkleidekabinen), an der Westseite der Insel und der einsamste, **Al Jazayer Beach,** im Süden. Auch die privaten Beach Clubs der Luxus-Hotels sind Tagesgästen zugänglich.

Sport zum Zuschauen

Die **Formel 1** hat zwei arabische Adressen: Auf der Insel Bahrain wurde im April 2004 der erste Rundkurs der Formel 1 im Nahen und Mittleren Osten eröffnet. König Hamad bin Isa al Khalifa investierte 150 Mio. US-$ für die 5,44 km lange Betonpiste südlich der Hauptstadt Manama. Kennzeichen dieser sich inmitten der Wüste ausdehnenden Rennstrecke ist ein weithin sichtbarer neunstöckiger runder VIP-Turm mit umlaufenden Balkonen und luxuriösen Lounges. Zu beiden Seiten des Turms erstrecken sich mehrere Grandstands und die teilweise überdachten Tribünen. 70 000 Fans der Boliden freuen sich auf den jährlich im Frühjahr stattfindenden Grand Prix von Bahrain, wenn sich die Rennfahrerelite dort ein Stelldichein gibt.

Während der Wintermonate können Einheimische und Gäste aus Ländern der Arabischen Halbinsel mit ihren eigenen Autos die Strecke befahren. Preis ganztags 85 BD, halbtags 60 BD (10 BD weniger bei Vorausbuchung), mit Instruktion, Helmpflicht (Helm wird gestellt). Tel. 17 45 00 00, www.bahraingp.com (ohne Versicherung).

Einkaufen

Shopping wird zum Erlebnis in der **Bahrain Mall,** wo über 100 exklusive Boutiquen in einem architektonisch aufwendigen Bauwerk ihre Waren anbieten. Wesentlich größer ist die **Seef Mall,** in der auch viele Cafés und Bistros liegen. Mit Geduld und Muße lassen sich Designerstücke als Schnäppchen ergattern. Koffer, Wasserpfeifen, Elektronikartikel, Gewürze, Stoffe, Kleider aus Indien und Fernost gibt es im riesigen **Manama Souq.** Liebhaber von Schmuck und Edelsteinen werden fündig in einem der Läden des **Gold Souq.**

Ausgehen

Bahrain verfügt nach Dubai über die meisten Bars, Diskotheken und Nachtclubs der Region. Darüber hinaus besitzen nahezu alle Hotels entsprechende Etablissements, in denen man bei Tanz oder Livemusik einen netten Abend verbringen kann. Amüsierviertel der Hauptstadt ist der **Stadtteil Adliya,** hier ist die Auswahl an Kneipen und Pubs besonders groß. Man trifft sich ab 21 Uhr. Aktueller Überblick: **Bahrain this Month** (www.bahrainthismonth.com) und **Time Out Bahrain** (www.timeoutbahrain.com).

Gut zu wissen

Alkohol

Alkoholische Getränke können ohne Restriktionen konsumiert und in lizenzierten Läden gekauft werden. Alkoholmissbrauch (z. B. betrunken Auto fahren) wird hart bestraft.

Feiertage und Events

Alle großen islamischen **Feiertage** (s. S. 38) sowie 16. Dezember (Nationalfeiertag), 1. Januar (Neujahr).
Events: s. S. 38.

Reisekasse und Reisebudget

Währung

Die Währung Bahrains ist der **Bahraini Dinar (BD),** unterteilt in 1000 fils. Der Dinar ist fest an den US-Dollar gebunden im Verhältnis

1 US-$ = 0,377 BD. **Wechselkurs im Dez. 2010:** 1 BD = 2,02 €, 1 € = 0,49 BD.

Geldwechsel und Kreditkarten

Für die Ein- und Ausfuhr von Devisen bestehen keine Einschränkungen. Geldwechsel ist bei Banken und Hotels unkompliziert, aber wegen der zusätzlich anfallenden Gebühren recht teuer. Besser ist es, bei den **Geldwechslern** in der Bab al Bahrain Road im Souq zu wechseln. Hier gibt es ebenfalls den offiziellen Kurs, man kann jedoch bei größeren Summen handeln und ist nicht an die Öffnungszeiten der Banken gebunden.

Kreditkarten werden durchgängig akzeptiert. Bei Verlust: s. S. 56.

Preisbeispiele

Museum: 500 fils–1 BD
Eislaufen: 2,5 BD/2 Std.
Wildlife Park: 1 BD
Camel Ride: 1,5 BD/30 Min.
Mietwagen: ca. 35 €/Tag

Reisezeit und Ausrüstung

Klima s. S. 57.
Beste Reisezeit sind die Monate Oktober bis April. Eine besondere Ausrüstung ist nicht erforderlich.

Gesundheit und Sicherheit

Allgemeine Informationen s. auch S. 57.
Die hygienischen Verhältnisse in Bahrain sind einwandfrei. Die Mehrzahl der niedergelassenen Ärzte hat in England studiert und spricht Englisch. Bei einem Arztbesuch im Hotel muss man mit Kosten von ungefähr 20 BD rechnen.
Notruf: Polizei, Erste Hilfe, Feuerwehr Tel. 999.

Öffnungszeiten
Banken: Sa–Mi 8–12, Do 8–11 Uhr
Behörden: Sa–Mi 7–14.15 Uhr
Firmen: Sa–Mi 8–13, 15–18 Uhr
Geschäfte und Kaufhäuser: So–Do 8.30–12.30, 15.30–19 Uhr
Post: Sa–Do 7–19.30 Uhr
Souq: Sa–Do 8–12, 15.30–19 Uhr

Kommunikation

Internet
Internetcafé: In allen Hotels (ab 2 Sterne aufwärts) und in den Shoppingmalls findet man ein Internetcafé oder eine Internet-Ecke.

Post und Porto
Hauptpost: Manama, Al Khalifa Rd. gegenüber dem Bab al Bahrain.

Porto für Luftpost nach Europa: Brief 350 fils, Postkarte 250 fils. Verkaufsstelle für aktuelle und ältere Briefmarken von Bahrain: **Bahrain Philatelic Bureau:** Flat 44, 2. Etage, Awal Bdg., Government Rd., Manama.

Telefonieren
Ländervorwahl für Bahrain: 00 973.
Innerhalb von Bahrain gibt es keine Ortsvorwahlen.

Öffentliche Telefonkabinen akzeptieren Telefonkarten und Münzen. Von 21 bis 7 Uhr kosten Auslandsgespräche die Hälfte. Europäische Mobiltelefone funktionieren problemlos.

Zeitungen
Die englischsprachigen Tageszeitungen Bahrains sind die **Gulf Daily News** (www.gulfdaily-news.com) und die **Bahrain Tribune** (www.bahraintribune.com), die englischsprachige Zeitung **Gulf Weekly Mirror** (www.gulfweeklyworldwide.com) erscheint wöchentlich.

Wissenswertes für die Reise in Jemen

Informationsquellen

Jemen im Internet
www.yementourism.com: Englischsprachige Webseite des Yemen Tourism Promotion Board mit allgemeinen Informationen.
www.yemenweb.com: Privater Webauftritt zu Land und Kultur (englisch, mit Werbung).
www.djg-ev.de: Auftritt der Deutsch-Jemenitischen Gesellschaft (deutsch).

Touristeninformation
Die Republik Jemen unterhält außerhalb des Landes keine Touristeninformationsbüros; bei Anfragen behilflich sind die Kulturabteilungen der Botschaften sowie die Fluggesellschaft Yemenia.

Deutschland
Deutsch-Jemenitische Gesellschaft e.V.: Wintererstr. 43, 79104 Freiburg, Tel. 0761 707 11 13, Fax 0761 707 11 14, www.djg-ev.de.

Jemen
Jemen Tourism Promotion Board: Hadda St., P.O.B. 5607, Sana'a, Tel. 01 25 10 33, Fax 01 25 10 34, So–Mi 8–12 Uhr, www.yementourism.com.

Diplomatische Vertretungen
Deutschland
Botschaft der Republik Jemen: Budapester Str. 37, D-10787 Berlin, Konsularabteilung, Tel. 030 83 22 59 01, Fax 030 83 22 59 03, www.botschaft-jemen.de.

Österreich
Botschaft der Republik Jemen: Reisnerstr. 18–20, 1. Stock, 1030 Wien, Tel. 01 503 29 30, Fax 01 505 31 59, yemenembassy.vienna@aon.at.

Schweiz
Konsulat der Republik Jemen: 19, Chemin du Jonc, 1216 Cointrin, Tel. 022 799 05 10, Fax 022 798 04 65, mission.yemen@ties.itu.int.

Jemen
Botschaft der Bundesrepublik Deutschland: Hadda St. 22/Outer Ring Rd., Sana'a, gegenüber dem Hadda Cinema Complex, P.O.B. 2562, Tel. 01 41 31 74, Handy für Notfälle 07 11 11 85 58, Fax 01 41 31 79, www.sanaa.diplo.de.
Österreichisches Honorarkonsulat: Bagdad St. 56, Sana'a, Tel. 01 44 54 91, Fax 01 44 54 89.
Schweizerisches Konsulat: 60 Meters Rd., Amran Rd., Sana'a, Tel. 01 33 00 80, Fax 01 32 00 30, hayelabdulhak@y.net.ye.

Karte
Touristenkarte der **Deutsch-Jemenitischen Gesellschaft** (s. S. 157), 1:1 Mio., mit Stadt- und Umgebungsplänen, 8 €.

Reise- und Routenplanung

Jemen als Reiseland
Auf der Arabischen Halbinsel nimmt Jemen in vielfacher Hinsicht eine Sonderstellung ein: Sana'a, die Hauptstadt, ist Unesco-geschütztes Welterbe – ein Freilichtmuseum, das aber höchst lebendig ist. Dörfer, die aus dem arabischen Mittelalter zu kommen scheinen, von einer Lehmmauer umgeben, gibt es zahlreiche in Jemen, für den Besucher öffnen sich auf Schritt und Tritt neue, atemraubende Welten.

Allerdings: Jemen ist ein Land für Reiseerprobte, ein Land, aus dem man vermutlich nicht erholt, aber überreich mit Eindrücken nach Hause kehrt, ein Land, das wie kein zweites im Gedächtnis haften bleibt. Mitunter bedenklich sind die hygienischen Bedingungen, außerhalb der Hauptstadt Sana'a gibt es nur wenige Hotels, die den üblichen internationalen Standard bieten. Im gesamten Land herrscht seit Jahrzehnten ein Müllproblem. Und man muss immer damit rechnen, dass man aufgrund der Sicherheitslage die vorgesehene Reiseroute abändern muss, weil bestimmte Gebiete als *no go areas* ausgewiesen werden.

Bade- und Strandurlaub
Jemen ist kein Land für Bade- oder Strandurlaub. Die Küstenregionen sind weder besonders schön noch sauber und bieten keinen Schatten spendenden Pflanzenbewuchs. Touristische Infrastruktur ist kaum vorhanden und oftmals werden entlang der Uferregion auch noch Müll und Schrott entsorgt. Eine Ausnahme bildet ein Abschnitt zwischen Aden und Sayun: Der Strand von Bir Ali ist breit und feinsandig, darüber hinaus recht gepflegt und bietet sogar Campingmöglichkeiten.

Kulturelle Sehenswürdigkeiten
Jemen ist in der Tat eine einzige Schatzkiste an historisch bedeutsamen Dörfern, Städten und Gebäuden. In den reichen Nachbarländern gibt es mit Millionenaufwand errichtete Museen, in Jemen ist das Land selbst ein einzigartiges Museum. Souqstraßen, die so aussehen wie vor Jahrhunderten, Sehenswürdigkeiten, für die man viele Wochen unterwegs sein müsste, um nur die bedeutendsten zu erkunden.

Jemen für Naturliebhaber
Das Land besitzt unglaubliche Naturschönheiten – majestätische Berge, Pässe in über 3000 m Höhe, Felshänge, an denen Häuser aus Naturstein und Lehm kleben, steil terrassierte Gemüsefelder, die Höhenunterschiede von über 500 m aufweisen, Vulkane und Kraterseen, die in der Sonne leuchten. Fotomotive, wohin man blickt. Naturschutz ist den Jemeniten hingegen ein unbekannter Begriff. Bei den beliebten Picknicks bleiben die Abfälle einfach liegen, Hausmüll wird vielerorts auf die Straße geworfen. Jenseits der Siedlungen, der Städte und Dörfer, inmitten der jemenitischen Natur, in der klaren und reinen Luft der Hochebenen fühlt man sich leicht und jeglichen Ballasts enthoben. Kein Wunder, dass es die Jemeniten seit jeher schätzen, in den einsamsten Gebieten und auf den höchsten Berghängen ein Haus zu errichten.

Vorschläge für Rundreisen
Gegenwärtig wird von Besuchen der Region Saada aus Sicherheitsgründen abgeraten. Die kleine ›klassische Rundreise‹ in Jemen hat daher zurzeit den folgenden Verlauf: Sana'a – Manakha – Hodeida – Bayt al Faqih – Zabid – Mocha – Taiz – Ibb – Jabrin – Sana'a (oder in umgekehrter Reihenfolge). Eine größere Rundreise führt von Sana'a über Marib ins Wadi Hadramaut und über Mukalla, Aden und Taiz zurück nach Sana'a.

Tipps für die Reiseorganisation
Die **Tourist Authority** am Tahrir-Platz in Sana'a ist für Touristen zuständig. Hier beantragt man seine Rundreise, erhält eine schriftliche Genehmigung, die man vielfach kopieren muss, um sie an den Landstraßenkontrollpunkten abzugeben. Für die Strecke Sana'a–Taiz benötigt man z. B. (mit Ibb und Jibla) sieben Kopien.

Aufgrund der angespannten Sicherheitslage des Landes werden Reisen außerhalb Sana'as zurzeit nur mit lokalen Reiseveranstaltern durchgeführt, die diese Formalitäten dann erledigen.

Cameleers Tours (s. S. 70) organisiert Rundreisen mit bequemen Geländewagen für 3 bis 4 Reisende und Übernachtung in Mittelklasse-Hotels und traditionellen Häusern. Angebot: die einwöchige Rundreise ab Sana'a (s. o.) und eine 10- bis 14-tägige Rundreise. Individuelle Rundreisen werden nach eigenen Wünschen zusammengestellt. Auch Wüstentouren, Kamelsafaris, Ausflüge nach Kamaran sowie Sokotra werden durchgeführt.

Jemen

Reiseveranstalter

Bucht man eine Rundreise mit einem jemenitischen Veranstalter, kostet ein Tag mit Transport (Auto, Fahrer), Übernachtung in einfachen Häusern, Frühstück, Abendessen sowie Eintrittsgeldern ca. 100 US-$, bei Unterkunft in besseren Hotels ca. 120–150 US-$/Tag. Rundreisen mit geländegängigen Fahrzeugen und vorgebuchter Unterkunft werden organisiert von jemenitischen Incoming-Agenturen, z. B.:
Cameleers Tours: Sana'a, Nouakchott St. 12, P.O.B. 20373, Tel. 01 46 47 93, Fax 01 46 75 44, www.cameleerstours.com; deutschsprachig, zuverlässig, preiswert.
Abu Taleb Group (früher YATA): Airport Rd., Sana'a, Tel. 01 44 12 60, Fax 01 44 12 59, www.atg-yemen.com.
Bazara Travel & Tourism: Zubairi St., Sana'a, Tel. 01 27 92 35, Fax 01 28 95 68, www.bazaratravel.com.
Al Mamoon Tours: Al Qyiadah Street, Sana'a, Tel. 01 29 99 30, Fax 01 29 99 31, www.al-mamoon-group.com.
Universal Touring Company: Al Bounia St., Sana'a, Tel. 01 27 28 61, Fax 01 27 51 34, www.utcyemen.com.

Reisen mit Kindern

Jemen ist eigentlich kein Land, in das man mit Kindern fahren sollte. Zwar sind die Jemeniten außergewöhnlich kinderfreundlich und Europäer mit blonden Klein- oder Schulkindern geraten schnell in den Mittelpunkt des allgemeinen Interesses, doch gibt es außerhalb von Sana'a bislang kaum Hotels, in denen sich Kinder sonderlich wohlfühlen können. Darüber hinaus sind die in der Regel als Rundreisen konzipierten Aufenthalte in Jemen recht anstrengend und wegen der mangelnden hygienischen Bedingungen auch nicht unproblematisch. Bäder und Toilettenanlagen sind oft in erschreckendem Zustand.

Das Menüangebot in den einfachen jemenitischen Restaurants außerhalb von Sana'a ist für Kinder zumindest gewöhnungsbedürftig. In der Regel sind die Restaurantinhaber aber gern bereit, Speisen nach Wunsch des Gastes zuzubereiten (etwa Fisch und Gemüse sowie Reis bzw. Kartoffeln).

Weniger problematisch stellt sich die Situation dar, wenn man eine Reise mit Jugendlichen nach Jemen plant. Berücksichtigt man die Eigenarten des Landes und stellt sich darauf ein, so kann eine Reise eine große Bereicherung im Erleben und Fühlen des Jugendlichen darstellen.

Reisen mit Handicap

Jemen ist ein Entwicklungsland und deshalb nur bedingt auf Behinderte eingestellt.

Anreise und Verkehr

Einreise- und Zollbestimmungen

Allgemeine Informationen s. auch S. 54.
Für die Einreise nach Jemen benötigt man ein **Visum:** Ein Visum muss (drei Monate bis zwei Wochen) vor Antritt der Reise bei einer jemenitischen Botschaft oder dem Konsulat beantragt werden. Ein visa-on-arrival wird bei Ankunft auf dem Flughafen von Sana'a nicht mehr ausgestellt.

EU-Angehörige und Schweizer benötigen einen noch sechs Monate gültigen Reisepass. Das Visumantragsformular sowie Angaben zu den Einreisebestimmungen verschicken die Konsulate und Botschaften der Republik Jemen bzw. sind auf deren Webseite einzusehen. Das Visum kostet 40 €.

Zollvorschriften: Es gelten für den persönlichen Gebrauch 200 Zigaretten, zwei Flaschen Alkohol, 100 ml Parfum. Verboten ist die Einfuhr von Pornografie und Schweinefleisch. Die Einreise erfolgt zügig und ohne Formalitäten, man heißt ausländische Besucher willkommen. Bei der Ausreise wird das Gepäck am Flughafen Sana'a gelegentlich durchsucht, da die Ausfuhr von Antiquitäten verboten ist.

Anreise nach Jemen
Flugzeug

Man erreicht die Hauptstadt Sana'a täglich, z. B. ab Frankfurt, Wien und Zürich mit **Egypt Air** (über Kairo), **Emirates** (über Dubai), **Royal Jordanian** (über Amman), **Qatar Airways** (über Doha), **Saudia** (über Jeddah), **Lufthansa** und 3 x wöchentlich ab Frankfurt mit der jemenitischen Fluggesellschaft **Yemenia**. Von Sharjah (VAE) verkehrt der Billigflieger **Air Arabia** nach Sana'a. Die Flugzeit aus Europa beträgt *(nonstop)* ca. 7 Std. Eine Bestätigung des Rückfluges am Zielort (telefonisch oder online) ist erforderlich.

Der Flughafen liegt 14 km nördlich des Zentrums von Sana'a (Tel. 34 44 54). Ein Taxi in die Stadt kostet ca. 2000 YR.

Auto

Es existieren nur zwei asphaltierte Straßenverbindungen nach Jemen: eine vom saudischen Gizan ins jemenitische Hodeida, die andere vom omanischen Grenzort Al Maziouna westlich von Salalah zum jemenitischen Grenzort Shehenn, danach führt die Strecke auf jemenitischer Seite bis ins Wadi Hadramaut.

Verkehrsmittel in Jemen
Flugzeug

Inlandflüge in Jemen werden von **Felix Airways** durchgeführt. Sie fliegt Sana'a, Aden, Taiz, Riyan, Sayun, Mukalla und Sokotra an:
- Felix Airways, Airport Road, Al-Hasaba, Sana'a, Tel. 01 56 56 56, www.felixairways.com

Bus

Linienbusse verkehren zwischen den großen Städten.

Zentrale Haltestelle in Sana'a für Busse nach Taiz, Aden und Hodeida ist das Bab al Yemen, nach Marib und Saada das Bab al Shaub. Bustickets sollte man nach Möglichkeit am Vorabend erwerben.

Kleinbusse *(dibab, debab, dabab)* verbinden alle Städte miteinander und sind sehr preiswert.

Taxi

Das beliebteste Reisefahrzeug in Jemen ist das Sammeltaxi, das erst losfährt, wenn alle Plätze belegt sind. Die Sammelplätze *(mahatta taxi)* liegen meist an den Ausfallstraßen der Städte.

Straßenverhältnisse und Verkehrsregeln

Außerhalb der Städte gibt es fast nur zweispurige Straßen und deren Instandhaltung ist mangelhaft. Ein Teil der Ortschaften ist nur mit Vierradantrieb zu erreichen. Im Gebirge gibt es sehr viele schmale und enge Serpentinen. Und überall ist das Verkehrsaufkommen groß.

Unterkunft

Die Hotelsituation ist sehr bescheiden. In Sana'a gibt es mehrere Häuser mit internationalem Standard. Rustikal und stilvoll, sowie besonders preiswert, wohnt man in einem der Unesco-geschützten und restaurierten Altstadthäuser, teilweise im arabischen Stil eingerichtet. Insgesamt entsprechen die Hotels nicht den üblichen Erwartungen, Zimmer sind häufiger staubig und verfügen über wenig gepflegte sanitäre Einrichtungen. Es empfiehlt sich die Mitnahme eines Schlafsacks oder Bettlakens. In Aden sind die wenigen besseren Hotels schnell ausgebucht, in Taiz gibt es bislang nur kleinere, jedoch akzeptable Häuser. Ein besonderes Erlebnis ist die Übernachtung im Camp unter freiem Himmel oder im Zelt. Mehrbettzimmer in *funduks* sind nicht zu empfehlen.

Preisorientierung (DZ)

Luxus (5 Sterne):	ab 130 US-$
Deluxe (4 Sterne):	70–130 US-$
Mittelklasse:	bis 70 US-$

Jemen

Sport und Aktivurlaub

Outdoorliebhaber werden Jemen schätzen: Das gebirgige Land bietet aufregende Möglichkeiten für **Wanderfreunde, Trekker** oder **Bergsteiger**. Eine gute Kondition ist in Jemen erforderlich, um der Höhenlage und den Steigungen gerecht zu werden.

Einkaufen

In Jemen lebt die **traditionelle Handwerkskunst.** Der Souq von Sana'a ist ein Paradies für Antiquitätenliebhaber und Freunde des traditionsreichen, aus Maria-Theresia-Talern gewonnenen Silberschmucks. In Dutzenden von kleinen Läden werden die schweren und aufwendig mit Halbedelsteinen gefertigten Ketten, Amulette, Koranbehälter, Armspangen, Ohrgeschmeide zum Verkauf angeboten. Der Preis richtet sich im Allgemeinen nach dem Gewicht, ist darüber hinaus aber auch aushandelbar. Außerhalb der Hauptstadt ist das Angebot begrenzt. Silber in großer Auswahl und Kunsthandwerk kauft man auch in Taiz, darüber hinaus kann man vielerorts Körbe sowie Keramikarbeiten erstehen, mit etwas Glück auch feine, aus Iran importierte ältere Teppiche.

Ausgehen

Es gibt kein Nachtleben im europäischen Sinne. Die Männer treffen sich im Café und genießen eine Wasserpfeife.

Gut zu wissen

Alkohol

Nur in wenigen teureren Hotels des Landes werden alkoholische Getränke serviert (nicht im Monat Ramadan).

Feiertage und Events

In Jemen werden alle großen islamischen **Feiertage** begangen (s. S. 38) sowie die folgenden Tage: 1. Mai (Tag der Arbeit), 22. Mai (1990, Tag der Vereinigung), 7. Juli (Restoration Day, Wiederherstellung der Vereinigung nach dem Bürgerkrieg 1994), 26. September (1962, Revolutionstag des Nordjemen gegen das Imamat), 14. Oktober (1963, Revolutionstag gegen den britischen Kolonialismus in Südjemen), 30. November (1967, Jahrestag des Abzugs der Briten und Unabhängigkeit von Südjemen).
Events: s. S. 38.

Reisekasse und Reisebudget

Währung

Zahlungsmittel ist der **jemenitische Riyal (YR).**
Wechselkurs im Dezember 2010: 1 € = 279 YR; 100 YR = 0,003 €.

Geldwechsel und Kreditkarten

Geld zu wechseln ist u. a. lizenzierten *money changers* erlaubt; sie bieten einen besseren Kurs als Hotels und Banken. Kreditkarten werden nur in den wenigen internationalen Hotels akzeptiert. Mit Reiseschecks (€ oder US-$) lässt sich auch in Mittelklassehäusern und teureren Geschäften bezahlen. Mehrere Banken (Arab Bank, International Bank of Yemen) betreiben Geldautomaten, die mit der **Kreditkarte** gegen eine Abhebungsgebühr US-$ und YR ausgeben. Bei Verlust: s. S. 56.

Preisbeispiele

0,5 l **Mineralwasser**: 30 YR
Joghurt klein: 50 YR
1 l **Benzin**: 62 YR
Tee: 20 YR
Halbes **Brathähnchen**: 350 YR

Reisezeit und Ausrüstung

Klima s. S. 57.
Aus hygienischen Gründen sollte man einen eigenen Leinenschlafsack oder ersatzweise ein großes Bettlaken mitnehmen, Papiertücher, Feuchttücher (in Jemen gibt es immer etwas abzuwischen) und eine Auswahl an Medikamenten.

Gesundheit und Sicherheit

Allgemeine Informationen s. auch S. 57.
Yemeni-German Hospital: Hadda Rd., Sana'a, Tel. 01-41 80 00.
Modern German Hospital: Taiz Rd., Sana'a, Tel. 01-60 88 88.
Notruf: Polizei: 199; Verkehrsunfall: 194; Feuerwehr: 179; Ambulanz: lokale Telefonnummern.
Toiletten: Öffentliche Toiletten gibt es nur in Sana'a. Bis zur 3-Sterne-Kategorie muss man im Hotel-WC Toilettenpapier in einen Papierkorb werfen, anderenfalls droht sofortige Verstopfung.

Kommunikation

Internet
In Sana'a gibt es 40 Internetcafés, in Taiz und Aden die Hälfte. Selbst kleinere Orte haben eins. Sie entstehen schnell und vergehen oft bald wieder.

Post und Porto
Ein Brief nach Europa kostet 125 YR, eine Postkarte 100 YR. Postsendungen sollte man nach Möglichkeit auf den Postämtern (z. B. in Sana'a: Midan at-Tahrir, in Aden: Stadtteil Tawahi) oder in den Hotels abgeben, da die öffentlichen Briefkästen nur unregelmäßig geleert werden.

Öffnungszeiten
Banken: Sa–Mi 8–13 Uhr
Behörden: Sa–Mi 8–15 Uhr
Geschäfte/Kaufhäuser: Sa–Do 8–12, 16–21 Uhr
Post: Sa–Do 8–13, 16–20 Uhr
Souq: tgl. 8–13, in Sana'a 8–20 Uhr

Telefonieren
Ländervorwahl für Jemen: 00 967.
Alle **Ortsvorwahlen** beginnen mit 0, bei internationalen Gesprächen muss man diese 0 weglassen (wie in Deutschland).
In allen größeren Orten finden sich Telefonkabinen für Telefonkarten. Europäische Mobiltelefone funktionieren landesweit ohne Probleme.

Zeitungen
In englischer Sprache erscheinen montags die regierungskritische **Yemen Times** (www.yementimes.com) und wöchentlich der **Yemen Observer** (www.yobserver.com). Vierteljährlich erscheint die englischsprachige Zeitschrift für Kultur und Tourismus **Arabia Felix** (www.arabia-felix.com).

Hotels ab der 3-Sterne-Kategorie bieten in der Regel einen Platz mit PC und Internet für ihre Gäste, oft in einer Ecke im Bereich der Rezeption. Wer nicht im Hotel wohnt, kann fragen, ob er diesen Internet-Service gegen ein Gebühr in Anspruch nehmen darf – was stets akzeptiert wird. Die Luxushotels (5 Sterne) verfügen meist über einen abgeschlossenen Business-Bereich mit mehreren Internetzugängen (gelegentlich mit deutlichen Gebühren), wo man in komfortabler Atmosphäre online sein kann. Zum anderen schätzen es Gäste, dass sie in den wenigen jemenitischen 5-Sterne-Hotels mit dem eigenen Laptop in der Regel im gesamten Haus freien WLAN-Zugang in Anspruch nehmen können.

Wissenswertes für die Reise in Kuwait

Informationsquellen

Kuwait im Internet
www.kuwait.kw: Webseite der kuwaitischen Regierung mit umfassenden offiziellen Informationen.
www.kuwaittimes.net: Seite der gleichnamigen Tageszeitung mit vornehmlich aktuellen Nachrichten.
www.kuwait-botschaft.de: Die Seite der kuwaitischen Botschaft in Berlin umfasst auch zahlreiche Hinweise für Besucher des Landes.

Touristeninformation
Ministry of Information & Tourism Affairs: Al Shuhada St./Mubarak al Kabir St., P.O.B. 193, Safat, 13002 Kuwait, Tel. 22 43 14 28, Fax 22 40 15 40, tourism-kw@media.gov.kw.

Diplomatische Vertretungen
Deutschland
Botschaft des Staates Kuwait: Griegstr. 5–7, D-14193 Berlin, Tel. 030 897 30 00, Fax 030 89 73 00 10, www.kuwait-botschaft.de.

Österreich
Kuwaitische Botschaft: Strassergasse 32, 1190 Wien, Tel. 01 405 56 46, Fax 01 405 56 46 13, kuwait.embassy.vienna@speed.at.

Schweiz
Kuwaitische Botschaft: Chancellerie, Brunnadernrain 19, 3006 Bern, Tel. 031 356 70 00, Fax 031 356 70 01, www.kuwaitembassy.ch.

Kuwait
Deutsche Botschaft: Abdullah Al Salem Area 1, Block 1, St. 14, Villa 13, Safat, Tel. 22 52 08 57, Fax 22 52 07 63, www.kuwait.diplo.de.
Österreichische Botschaft: Area 3, Shawki St., House No. 10, P.O.B. 15013 Daiyah, 35451 Kuwait, Tel. 22 55 25 32, Fax 22 56 30 52, kuwait-ob@bmeia.gv.at.

Botschaft der Schweiz: Block 2, St. 1, House 122, Qortuba, P.O.B. 23954 Safat, 13100 Kuwait, Tel. 25 34 01 72, Fax 25 34 01 76, kow.vertretung@eda.admin.ch.

Karte
Die Karte von **GEOprojects** zeigt auch die neueren Straßen und ist in Kuwaits Hotel-Bookshops erhältlich.

Reise- und Routenplanung

Kuwait als Reiseland
Das Emirat hat den großen Besucherstrom noch nicht erlebt. Erst in jüngster Zeit versucht man, den Tourismus zu fördern, mehrere Hotels sind im Bau und lokale Reiseveranstalter etablieren sich. Europäische Besucher sind daher gegenwärtig noch unter sich.

Die Altstadt hat einige schöne Souqs, mehrere Museen zeigen die Kunstschätze des Landes, Wassersport wird an der Küste des Arabischen Golfs angeboten, Boots- und Reitausflüge locken ebenfalls. Es ist der Gegensatz zwischen der kargen, flachen Wüste und der modernen architektonischen Gestaltung der Hauptstadt, der eine Reise nach Kuwait reizvoll macht. Auch wegen der vielfältigen Einkaufsmöglichkeiten wählen Touristen auf dem Weg nach Oman oder Fernost Kuwait gern für einen mehrtägigen Stopp.

Bade- und Strandurlaub
Derzeit besitzt Kuwait nur wenige Strand-Hotels, u. a. das **Radisson Blu** und das **Khiran Resort** im Süden des Landes. Strandurlaub steht daher noch ganz am Anfang, jedoch sind weitere Strand-Hotels im Bau und in der Planung. Mehrere Strandabschnitte sind in aufwendiger, fast luxuriöser Weise als öffentliche Badeplätze eingerichtet worden mit Schirmen, Kabinen, Cafés und Wassersportangeboten.

Kulturelle Sehenswürdigkeiten

Neben Resten einer hellenistischen Siedlung und mehreren islamischen Forts besitzt Kuwait einige prächtig restaurierte Stadthäuser und -paläste. Zwei hervorragende Museen präsentieren die islamischen und präislamischen Schätze des Emirats.

Der Wohlstand des Kleinstaates erlaubt die aufwendige Wiederherstellung traditioneller arabischer Bauwerke und die Sammlung bedeutender islamischer Kunstwerke, die mit großer Umsicht betrieben werden.

Kuwait für Naturliebhaber

Ein Ausflug in die karge, flache Wüste Kuwaits gehört zum Reiseprogramm, jedoch fehlt es an Dünen, wie man sie in den VAE, Qatar und Oman findet. Das Khiran Resort im Süden liegt zwischen zwei Lagunen, die besonders bei Ebbe Muscheln suchende Strandläufer anziehen.

Vorschläge für Rundreisen

s. S. 212.

Tipps für die Reiseorganisation

Am einfachsten ist es, ein Stopover-Programm bei Kuwait Airways (s. S. 76) zu buchen, das den Transport vom Flughafen zum Hotel und die Übernachtung einschließt. Die Unterkunft wird auf diese Weise meist preiswerter als bei individueller Buchung. Selbstbucher benötigen in Kuwait ein Transportmittel, da man nur im inneren Stadtzentrum zu Fuß gehen kann, denn Greater Kuwait ist sehr weitläufig. Wer den dichten Verkehr und die rücksichtslose Fahrweise der Kuwaitis nicht scheut, sollte den Mietwagen schon am Flughafen übernehmen. Alle Hotels verfügen über Parkplätze.

Wer die **Grand Mosque** oder **Failaka** besuchen möchte, sollte dies bereits am ersten Tag seines Kuwait-Aufenthaltes versuchen, da man in der Moschee evtl. erst am nächsten Tag Zutritt erhält und die Fähre nach Failaka, u. a. wegen der Gezeiten, nicht täglich verkehrt.

Reiseveranstalter

Alternativ dazu lassen sich eine Besichtigungstour in **Greater Kuwait,** Ausflüge in das Umland und ein Besuch der Insel Failaka sowie Sportangebote auch in einem Reisebüro buchen, zuverlässig und preiswert z. B. bei **Prime One Holidays** (s. S. 221).

Reisen mit Kindern

Kinder sind in Kuwait gern gesehen. Man findet viele auf sie zugeschnittene Freizeit-, Wasser- und Vergnügungsparks sowie kindgerechte Strandabschnitte. Das **Scientific Center** wendet sich thematisch hauptsächlich an Kinder und Jugendliche (s. S. 220).

Reisen mit Behinderung

In Sachen behindertengerechte Ausstattung ist Kuwait vorbildlich und allen anderen Golfstaaten weit voraus. Hotels, Einkaufszentren und öffentliche Gebäude sowie Sehenswürdigkeiten sind mit entsprechenden Rampen, Fahrstühlen und Toiletten ausgestattet. Die **Kuwait Society for the Handicapped** sorgt rührend für eine behindertenfreundliche Gestaltung der Umwelt.

Anreise und Verkehr

Einreise- und Zollbestimmungen

Allgemeine Informationen s. auch S. 54. Touristenvisa für einen Aufenthalt bis vier Wochen erhalten Besucher aus Deutschland, Österreich und der Schweiz bei Ankunft am Flughafen für 3 KD (ca. 7,30 €). Erforderlich ist ein noch sechs Monate gültiger Pass und ein Rück- bzw. Weiterflugticket, empfehlenswert eine Hotelbuchung. Kinderausweise mit Lichtbild werden akzeptiert, besser ist ein eigener Pass.

Kuwait

Moderne Einkaufszentren und traditionelle Souqs: In Kuwait findet man beides

Zollvorschriften: 200 Zigaretten sind erlaubt, die Einfuhr von Schweinefleisch ist untersagt. Film- und Videokameras müssen deklariert werden.

Anreise nach Kuwait

Kuwait Airways fliegt 4 x von Frankfurt und 2 x wöchentlich von München nach Kuwait sowie täglich von London. Weitere Möglichkeiten: 5 x pro Woche mit **Lufthansa** ab Frankfurt, ab Wien mit Kuwait Airways.

Kuwait International Airport (Tel. 24 33 55 99, Fax 24 71 35 04, www.kuwait-airport.com.kw) liegt 16 km südlich der Stadt Kuwait. Vom Flughafen verkehren spezielle Taxis in die Stadt (5 KD).

Verkehrsmittel in Kuwait

Flugzeug

Inlandflüge werden von **Kuwait Airways** durchgeführt:
– P.O.B. 394, Safat, 13004 Kuwait, Tel. 24 34 55 55, www.kuwait-airways.com.
– Baseler Str. 52–60, 60329 Frankfurt, Tel. 069 24 29 29 11, Fax 069 24 29 29 31.
– P.O.B. 469, 1215 Genf, Tel. 022 717 81 60, Fax 022 788 38 52.

Jazeera Airways betreibt als Low Budget Airline den Flugverkehr zu Städten am Arabischen Golf (Bahrain, Dubai, Muscat, Salalah, Riyadh), Tel. 22 24 89 40, www.jazeeraairways.com.

Bus

Die Busse der **Kuwait Transport Company (KTC)** verkehren im Stadtgebiet (Fahrpreis: 150 fils), ihre **30 Buslinien** fahren auch in alle größeren Orte, Fahrpreis je nach Entfernung 200–300 fils. Die vorderen Sitze sind für Frauen reserviert.

Zentraler Bahnhof Mirqab: Al Shuhada St./Abdullah Mubarak St.

Leihwagen

Mietwagen sind sowohl am Flughafen, als auch in Stadtbüros und Hotels (ab 12 KD pro Tag, Vierradantrieb ab 20 KD) erhältlich; Versicherung, Steuern und unbegrenzte Kilometerzahl sind im Mietpreis eingeschlossen. Der internationale Führerschein sowie eine Kreditkarte sind beim Anmieten erforderlich. 1 l Benzin kostet 0,15 €.

Taxi
In Kuwait operieren Sammeltaxis zu den außerhalb des Zentrums gelegenen Stadtteilen. Fahrpreis: 250–700 fils. Eine Fahrt innerhalb der Stadt kostet zwischen 2 und 4 KD.

Straßenverhältnisse und Verkehrsregeln
Kuwait besitzt ein vorzügliches Straßensystem mit breiten Autobahnen und reicher Begrünung. Die übersichtliche Beschilderung in arabischer und englischer Sprache sowie die großzügigen Auf- und Abfahrten sollten den Verkehr erleichtern. Allerdings: Das Land hat die größte Autodichte und die höchste Verkehrsunfallquote der Welt.

Unterkunft

Das Stopover-Programm von Kuwait Airways bietet bei Flügen zum Arabischen Golf, nach Indien oder Fernost 3-Sterne-Hotels für 47 € pro Person und Nacht (5-Sterne: 67 €) inkl. Frühstück und Transfers. Für Touristen stehen Mittelklasse- und Luxus-Hotels zur Verfügung. Wer fünf Sterne außerhalb der Stadt am Meer bevorzugt, ist im **Radisson Blu** gut aufgehoben und in 15 Min. mit dem hoteleigenen Shuttle in der City. Ähnlichen Luxus bietet das **Marriott** im Zentrum, von dort sind viele Sehenswürdigkeiten zu Fuß zu erreichen. Für einen Erholungsurlaub ohne viel Besichtigung eignen sich das **Khiran Resort** (ca. 100 km südlich der Stadt) und das **Safir Heritage Village** auf der Insel Failaka. Preiswertere Hotels liegen im Großstadtbereich. Durch die Vorbereitung auf den internationalen Tourismus sind viele Hotels im Bau.

Öffnungszeiten
Banken: Sa–Do 8–13 Uhr
Behörden: Sa–Mi Sommer 8–13, Winter 7.30–14.30 Uhr
Firmen: Sa–Mi 8.30-12.30, 16.30–20 Uhr
Geschäfte/Malls: Sa–Do 10–13, 17–22 Uhr
Post: Sa–Do 8–13, 16–19 Uhr
Souq: Sa–Do 8–13, 16–22, Fr 16–22 Uhr

Preisorientierung (DZ)
Luxus (5 Sterne):   ab 80 KD
Deluxe (4 Sterne):   40–80 KD
Mittelklasse: bis 40 KD

Sport und Aktivurlaub

Angeltörns in den Gewässern des Arabischen Golfs vermitteln die lokalen Reiseveranstalter. Eigens für Angler wurden drei ins Meer reichende Fishing Piers gebaut.
Der **Hunting & Equestrian Club** an der 6th Ring Road, Tel. 24 73 91 99, www.saharakuwait.com, betreibt einen **Golfplatz** (18 Loch) und bietet **Reitausflüge**. Das **Radisson Blu Hotel** unterhält ein großes **Sportzentrum** mit Fitnessclub und Schwimmhalle. **Eislaufbahn** (1st Ring Rd./Sour St.).

Einkaufen

Die **Souqs** im Zentrum der Hauptstadt bieten vorwiegend exotische Gewürze, zunehmend aber auch arabische Souvenirs wie Kaffeekannen, Weihrauchverbrenner und Silberschmuck. Traditionelle Webarbeiten gibt es in großer Schönheit und Auswahl im **Sadu House** innerhalb des National-Museum-Geländes. Zahlreiche **moderne Einkaufskomplexe** bieten u. a. Designerwaren und Elektronik aus aller Welt, oft preiswerter als in Europa.

Kuwait

Ausgehen

Ein Nachtleben existiert im islamisch-konservativen Kuwait nicht. Die Einheimischen treffen sich im *shisha*-Café zur Wasserpfeife, die Gastarbeiter schauen sich einen Film an. Hotelrestaurants bieten in der Regel Themenabende wie z. B. »Mediterrane Nacht«. Viel Zulauf haben die zahlreichen Vergnügungsparks.

Gut zu wissen

Alkohol
In Kuwait herrscht überall striktes Alkoholverbot, die Einfuhr ist – auch Nicht-Muslimen – untersagt. Am Zoll wird bei der Einreise jede Flasche Alkohol konfisziert und bei der Ausreise wieder ausgehändigt.

Feiertage und Events
Alle großen islamischen **Feiertage** (s. S. 38) sowie 1. Januar (Neujahr), 25. Februar (National Day), 26. Februar (Liberation Day). **Events:** s. S. 38.

Reisekasse und Reisebudget

Währung
1 **Kuwaiti Dinar (KD)** teilt sich in 1000 fils. **Wechselkurs Dezember 2010:** 1 € = 0,37 KD, 1 KD = 2,69 €.

Geldwechsel und Kreditkarten
Geldwechsel ist auch im Hotel und beim Geldwechsler im Souq möglich. Alle Banken betreiben 24-Stunden-Geldautomaten, an denen man mit Maestro- und Kreditkarten Dinar ziehen kann.

Kreditkarten sind weit verbreitet und außer in Imbissbuden überall einsetzbar. Bei Verlust: s. S. 56.

Preisbeispiele
Postkarte nach Europa: 300 fils; **Busfahrt** in der Stadt: 150 fils; **Leihwagen:** ab 12 KD/Tag; 1 l **Benzin:** 0,15 €; **Taxi** City–Flughafen: 5 KD; ganztägige **Angeltour:** 40 KD; Greenfee auf dem **Golfplatz:** 8 KD; **Schlittschuhlaufen:** 1,5 KD; **Entertainment City:** 3,50 KD.

Reisezeit und Ausrüstung

s. S. 56.

Gesundheit und Sicherheit

Allgemeine Informationen s. S. 57.
Notruf: allgemein Tel. 777; Ambulanz Tel. 24 72 20 00; Feuerwehr Tel. 100; Polizei Tel. 199.

Kommunikation

Internet
Internetcafé: In allen Hotels (ab 2 Sterne aufwärts) und in den Shoppingmalls findet man ein Internetcafé oder eine Internet-Ecke.

Post und Porto
Hauptpost an der Fahd al Salam Street. Portokosten: Postkarte per Luftpost 300 fils, Luftpostbrief 400 fils.

Telefonieren
Keine Vorwahlen innerhalb Kuwaits; kostenlose Inlandsgespräche. Auslandsgespräche mit Telefonkarte von Automaten aus. Europäische Mobiltelefone funktionieren problemlos **Ländervorwahl** für Kuwait: 00 965.

Zeitungen
Erhältlich sind die englischsprachigen **Arab Times** (www.arabtimes.com) und **Kuwait Times** (www.kuwaittimes.net).

Wissenswertes für die Reise in Oman

Informationsquellen

Oman im Internet

www.omantourism.de: Deutsche Webseite des Ministeriums für Tourismus.
www.omantourism.gov.om: Englische Webseite des omanischen Ministeriums für Tourismus.
www.omannet.om: Webseite des omanischen Ministeriums für Information mit umfassenden Beiträgen.
www.oman.org: Dokumentation des Oman Studies Center (auch auf Deutsch) zu allen Aspekten des Landes (auch Tourismus).
www.rop.gov.om: Neuste Visabestimmungen der Royal Oman Police.
www.deutschoman.de: Webseite der Deutsch-Omanischen Gesellschaft e.V., die 1992 von Persönlichkeiten aus Wirtschaft, Wissenschaft, Politik und Diplomatie gegründet wurde.
www.oman.de: Webseite der Arabia Felix-Informations- (und Reise-)agentur; Oman-Kenner Georg Popp informiert über die Regionen Omans, die Geschichte, Religion und Kultur.
www.newsbriefsoman.info: Webseite der Journalistin Sue Hutton, die viele Jahre im Oman gelebt und gearbeitet hat.
www.auswaertiges-amt.de: Infos zu Oman unter »Länder- und Reiseinformationen«.
www.omannews.com: Englischsprachige Webseite der Presseagentur Oman News Agenca (ONA) mit tagesaktuellen (!) Veranstaltungshinweisen und Links zu allen überregionalen Zeitungen am Golf.

Touristeninformation

Sultanat von Oman: c/o Interface International, Petersburger Str. 94, 10247 Berlin, Tel.: 030 242 25 62 85, Fax: 030 42 25 62 86, www.omantourism.de
Ministry of Tourism: P.O.B. 200, P.C. 115 Muscat, Oman, Tel. 24 58 87 00, Fax 24 58 88 19.

Diplomatische Vertretungen
Deutschland
Botschaft des Sultanats Oman: Clayallee 82, D-14195 Berlin, Tel. 030 810 05 00, Fax 030 81 00 51 97, botschaft-oman@t-online.de.

Österreich
Botschaft des Sultanats Oman: Währinger Str. 2–4, A-1090 Wien, Tel. 01 310 86 43, Fax 01 310 72 68, embassy.oman@chello.at.

Schweiz
Botschaft des Sultanats Oman: Chemin de Roilbot 3a, CH-1292 Chambésy, Tel. 022 758 90 60, Fax 022 758 90 66.

Oman
Deutsche Botschaft: neben Al Nahda Hospital, Ruwi (Muscat), Tel. 24 83 24 82, Fax 24 83 56 90, www.maskat.diplo.de.
Österreichische Botschaft: Al Baladiya St., Way no. 3109, Moosa Abdul Rahman Hassan Complex, Bdg. 477, 2. Stock, Büro 203–204, Ruwi (Muscat), Tel. 24 79 31 35, Fax 24 78 35 48, maskat-ob@bmaa.gv.at.
Schweizer Generalkonsulat: Al Asfoor Plaza Bdg., 1. Stock 104, Qurum (Muscat), Tel. 24 56 82 05, Fax 24 56 82 06, consulch@omantel.net.om.

Karten
GEOprojects Map und **Oxford Map Sultanate of Oman** (1:1,32 Mio.), mit Stadtplänen von Muscat und Salalah; Straßenkarte der **National Survey Authority** (1:1,3 Mio.).

Reise- und Routenplanung

Oman als Reiseland
Oman gehört mit Jemen zu den historisch attraktiven Ländern der Arabischen Halbinsel. Zahlreiche perfekt restaurierte Forts und Festungen verteilen sich über das Land. Die

Oman

lange Küste am Indischen Ozean wird von Felsbuchten und Stränden gesäumt. Sandwüsten mit herrlichen Dünen, grüne Täler und hohe Berge prägen das Landesinnere. Die Einheimischen sind freundlich, die Straßen sind gut und die Autofahrer rücksichtsvoll.

Bade- und Strandurlaub

1700 km Küstenlinie am Indischen Ozean bieten unbeschwerten Strandurlaub mit Baden und Wassersport. Einige Hotels, wie z. B. das **Shangri-La** und das **Al Bustan,** besitzen eigene Meeresbuchten, andere, wie das Grand Hyatt und das Intercontinental, einen eigenen Strandabschnitt. Und zu den Forts, in den Souq, in ein Wadi oder in die Berge ist es von der Hauptstadt Muscat nicht weit.

Kulturelle Sehenswürdigkeiten

Von den Staaten der Arabischen Halbinsel besitzt Oman die meisten Museen; viele davon liegen in der Capital Area und oft sind sie in traditionellen oder architektonisch herausragenden Gebäuden untergebracht. Rund 500 Festungen und Burgen liegen an der Küste und in den Bergen, viele originalgetreu restauriert. Am schönsten sind jedoch die omanischen Dörfer an den Wadis, in Oasen und in den Bergen in ihrer ursprünglichen Lehm- und Steinbauweise.

Oman für Naturliebhaber

Die Sandwüsten des inneren Oman sind mit ihren Dünen von ganz besonderem Reiz; die lokalen Reiseverstalter bieten eintägige Ausflüge sowie mehrtägige Touren mit Übernachtung im Zelt. Die lange Küste zwischen Muscat und Salalah wird durch zahlreiche Wadis, Felsbuchten und Strände gegliedert. Insbesondere die Küstenstraße zwischen Muscat und Sur erlaubt Zugang zu mehreren, Wadis. Die Gebirge Omans erreichen Höhen bis 3000 m. In der Umgebung von Nizwa führen mehrere Straßen in die Höhen des Jebel Akhdar und zu abgelegenen Bergdörfern.

Die omanische Exklave Musandam wird von einem fast unberührten Gebirge geprägt, das man nur mit Geländewagen erkunden kann. Tiefe Fjordeinschnitte bis zu 17 km Länge erlauben Bootsausflüge in diese Bergwelt. Beide Touren kann man in den Hotels von Khasab buchen.

Vorschläge für Rundreisen

Die vierspurige Strecke von Muscat nach Sohar verläuft mehrere Kilometer vom Meer entfernt. Mit einer kleinen Rundreise lässt sich diese Tour für die Besichtigung von vier unterschiedlichen und reizvollen Festungen unterbrechen: In Barka liegt ein einfaches Fort, früher Teil der Stadtbefestigung, unweit des Strandes. Ist man frühmorgens unterwegs, sollte man den lokalen Fischmarkt nicht verpassen. Zurück auf der Autobahn zweigt man ab ins Landesinnere nach Nakhal. Das dortige große Fort liegt auf einem Felsen am Rande des Jebel Akhdar und erlaubt einen Blick auf die umliegende Oase, deren heiße Quelle man anschließend für eine Rast aufsucht.

Wenige Kilometer weiter liegt die gewaltige Festungsanlage von Rustaq auf einem Hügel, nahezu perfekt restauriert. Vom Dach sieht man auf umliegende Palmenhaine. Auf dem Weg zurück zur Küstenstraße passiert man dann das eindrucksvolle Fort Al Hazm, dessen eigene Wasserversorgung *(falaj)* noch intakt ist. Anschließend erreicht man kurz danach wieder die Autobahn nach Sohar.

Tipps für die Reiseorganisation

Oman eignet sich gut für eine Rundreise mit dem Mietwagen. Dieser ist preiswert, die Straßen sind gut und Verkehrsstaus gibt es nur in der Capital Area. Vierradantrieb ist nur in der Wüste und im Gebirge der Musandam-Halbinsel erforderlich.

Reisen mit Kindern

Wie in den anderen Ländern der Arabischen Halbinsel sind Kinder im Oman überall gern gesehen und man ist auf sie in Hotels und Restaurants vorbereitet. Da bei Überlandtouren Restaurants und Läden seltener sind, sollten immer ein paar Flaschen Wasser im Gepäck sein.

Reiseveranstalter

Viele der großen deutschen Reiseunternehmen führen Oman-Reisen in ihren Programmen. Darüber hinaus gibt es Spezialveranstalter wie **Arabia Felix** (www.oman.de), **Nomad Reisen** (www.nomad-reisen.de), **Profi Team Reisen** (www.arabienspezialist.de) und **Mark Tours** (www.marktoursoman.com). Alle arbeiten in Oman mit omanischen Incoming-Agenturen zusammen, deren Personal die Qualität der Reisen in Oman bestimmt.

Reisen mit Handicap

Die 5-Sterne-Hotels sind behindertenfreundlich ausgestattet. Bei der Restaurierung der Forts bemühte man sich in vielen Fällen um die Installierung von Rampen. Sofern die Museen in modernen Gebäuden liegen, sind sie behindertengerecht.

Anreise und Verkehr

Einreise- und Zollbestimmungen

Allgemeine Informationen s. auch S. 54.
Flugreisende aus Deutschland, Österreich und der Schweiz erhalten bei der Ankunft in Seeb, dem Flughafen von Muscat, ein Visum (*visa on arrival*), das einen Monat gültig ist (Preis: 6 OR = ca.13 €).

Für die Einreise nach Oman auf dem Landweg **von Dubai** (bei Hatta) benötigt man kein gesondertes Visum für Oman, falls man ein Visum mit einem Einreisestempel von Dubai besitzt. Dies gilt auch umgekehrt: Die Einreisen zwischen Oman und Dubai sind kostenlos, jedoch zahlt man beim Übergang von Oman nach Hatta (Dubai, VAE) 2 OR oder 20 Dh *vehicle fee*.

Für die Einreise nach Oman auf dem Landweg **von den übrigen Emiraten der VAE** benötigt man ein omanisches Visum, das am Grenzübergang (6 OR oder 60 Dh) ausgestellt wird. Zuvor muss man eine Ausreisesteuer (*exit tax*) der VAE-Grenzstelle bezahlen (20 Dh). Bei Ausflügen von Oman in die VAE benötigt man für die Rückkehr kein neues Visum.

Fährt man mit dem **Mietwagen von den VAE** nach Oman, benötigt man eine Zusatzversicherung (70–90 Dh pro Tag) und eine Erlaubnis des Autovermieters. Die Versicherungsbüros an den Grenzen können zwar versichern, aber die Erlaubnis nicht ausstellen.

Wer von **Ras al Khaimah** aus über den omanischen Grenzort Tibat (Westküste) in die omanische Exklave Musandam einreist und über den omanischen/VAE-Grenzort Dibba (Ostküste) wieder ausreisen will, muss dies zuvor in Tibat angeben und in ein *road permit* eintragen lassen. Diese Bestimmung gilt auch in umgekehrter Richtung.

Beim Übergang von **Al Ain** (Abu Dhabi, VAE) nach Buraimi (Oman) liegt die VAE-Grenzstelle (für *exit tax*) am östlichen Stadtrand von Al Ain, die omanische Grenzstelle (für das Visum) 27 km weiter Richtung Ibri.

Zollvorschriften: 400 Zigaretten und 1 l alkoholische Getränke darf man mitbringen. Zeitschriften und Videofilme können auf unzüchtigen Inhalt hin kontrolliert werden.

Anreise nach Oman

Flugzeug

Seit 2009 wird Muscat direkt von der nationalen Fluggesellschaft **Oman Air** (www.omanair.com) aus Deutschland 7 x pro Woche aus Frankfurt/Main und München angeflogen. Muscat ist von Europa aus auch mit **Gulf Air**

Oman

(über Bahrain), **Emirates** (über Dubai), **Kuwait Airways** (über Kuwait), **Qatar Airways** (über Doha) und **Lufthansa** (3 x wöchentl. über Bahrain oder Doha/Qatar) zu erreichen. Die Kosten für einen Hin- und Rückflug von Frankfurt aus betragen rund 800 €, Flugzeit 7,5 Std.

Flüge zwischen den VAE und Muscat bieten **Air Arabia** (ab Sharjah), **Etihad** (ab Abu Dhabi), **Emirates** (ab Dubai), **Gulf Air** (ab Dubai) und **Oman Air** (ab Dubai, Abu Dhabi).

Der **Muscat International Airport** liegt in **Seeb**, 40 km westlich der Hauptstadt. Vor der Ankunfthalle des Flughafengebäudes gibt es ein Kiosk der Taxis (Dispatchers), an dem Fahrpreise vom Flughafen zu den jeweiligen Hotels ausgewiesen werden (in Qurum 8 OR, in Mutrah 12 OR, in Al Bustan 18 OR).

Auto
Die Einreise nach Oman von den VAE ist an allen Grenzübergängen möglich.

Verkehrsmittel in Oman
Flugzeug
Oman Air fliegt von Muscat aus tgl nach Khasab und Salalah. Preise und Flugpläne sind zu finden bei: www.omanair.com, Stadtbüro Muscat: Ruwi, CBD Area, Tel. 24 51 81 77, Fax 24 51 05 50.

Fähre
Seit 2009 verkehrt 4 x wöchentl. eine Fähre der National Ferries Company (NFC) von Muscat nach Khasab, Abfahrt in beiden Häfen 15 Uhr, Fahrtzeit: ca 5 Std. Buchungen in Muscat: Tel. 24 71 33 66 oder 98 11 11 62; in Khasab: Tel. 27 31 18 02, www.nfcoman.com.

Bus
Die **Oman National Transport Company (ONTC)** unterhält Busverkehr von Muscat (Stadtteil Ruwi) über Nizwa nach Salalah, über Sohar nach Buraimi und Dubai; Auskunft in Muscat: Zentraler Busbahnhof im Stadtteil Ruwi, Tel.: 24 70 85 22, www.ontcoman.com.

Organisierte Touren (Wüste, Angeln, Camping, Trekking, Tauchen, Segeln, Vogelbeobachtung) werden angeboten von:
National Travel & Tourism: Al Romelah St., Wattayah, Muscat, Tel. 24 56 60 46, Fax 24 56 61 25, www.nttoman.com.
NET Tours: Al Muntaza St., Al Garam Beach Area, Capital Area, Tel. 24 60 73 69, nettours@omantel.net.com.

Leihwagen
Ein japanischer Mittelklassewagen kostet inkl. Versicherung und Steuern bei unbegrenzter Kilometerzahl ca. 130 OR pro Woche. In den großen Hotels findet man Niederlassungen von Mietwagenfirmen, die Pkw ab 16 OR und Geländewagen ab 25 OR pro Tag anbieten (alle klimatisiert). Erforderlich ist ein internationaler Führerschein. 1 l Diesel kostet 100 baiza, 1 l Super 120 baiza (nur Barzahlung). Für Ausflüge in die VAE ist eine Zusatzversicherung abzuschließen (7–9 OR pro Tag).

Es ist bequemer, den Leihwagen schon zuhause über einen internationalen Anbieter zu mieten, am besten mit allen Zusatzwünschen wie unbegrenzte Kilometer, Vollkasko-Versicherung (ohne Selbstbeteiligung), zusätzlicher Fahrer, Übernahme und Rückgabe am Flughafen sowie inkl. Steuern. Dies erspart dem Besucher vor Ort eine Menge Diskussionen um zusätzliche Gebühren. Preiswerter und zuverlässiger Anbieter ist **www.holiday-**

Öffnungszeiten
Banken: Sa–Mi 8–13, Do 8–12 Uhr
Behörden: Sa–Mi 7.30–14.30 Uhr
Firmen: Sa–Mi 8–13, 16–19
Geschäfte und Malls: Sa–Do 8–13, Sa–Mi 16–19 Uhr
Post: Sa–Mi 8–18 Uhr
Souq: Sa–Do 8–13, tgl. 16–19 Uhr

autos.ae, er offeriert seinen Kunden vor allem Einwegmiete.

Taxi
Taxis haben kein Taxameter. Eine Fahrt innerhalb von Muscat kostet 3–5 OR.

Straßenverhältnisse und Verkehrsregeln

In der Capital Area, zwischen Buraimi und Ibri sowie nach Nizwa und nach Sohar und weiter nach Norden zur VAE-Grenze sind die Straßen vierspurig ausgebaut. Die übrigen Hauptstraßen sind zweispurige, gute Landstraßen. Die Verkehrsregeln entsprechen weitgehend denen in Europa; wer im Kreisverkehr ist, hat Vorfahrt.

Unterkunft

Das Angebot an Unterkünften ist begrenzt und nur in der Capital Area ausreichend, weil sich hier die Hotellerie seit Jahren auf Geschäftsreisende konzentriert. In Greater Muscat findet man daher die meisten Luxus-Hotels des Landes, aber auch Unterkünfte aller Preisklassen. Doch seit Ende der 1990er-Jahre hat der Tourismus als Wirtschaftsfaktor an Bedeutung gewonnen, es werden Hotels im ganzen Land, besonders im Großraum Muscat gebaut. 2007 gab es in ganz Oman ca. 8000 Hotelzimmer, 2010 waren es bereits um die 10 000 Zimmer.

In kleineren Orten gibt es einfachere Hotels und Rasthäuser. Camping in der Wüste und in Wadis ist überall möglich und auch üblich. Allerdings sollte man sich in den Flusstälern unbedingt vor den periodisch auftretenden, z. T. starken Überschwemmungen hüten.

Preisorientierung (DZ)
Luxus (5 Sterne): ab 150 OR
Deluxe (4 Sterne): 70–120 OR
Mittelklasse: bis 50 OR

Jugendherbergen
2007 eröffneten zwei Jugendherbergen (in Salalah und in Küstenlage am Rande der Wahiba Wüste in Al Ashkharah). Sie verfügen jeweils über 50 Zimmer mit angenehmem Komfort. Da im traditionellen Oman Jugendliche nur in Begleitung ihrer Eltern reisen, handelt es sich bei den Häusern eigentlich um Familienhotels. Betrieben werden die Herbergen von der Golden Tulip-Hotelkette.

Sport und Aktivurlaub

Das Angebot ist umfangreich und vielfältig: **Bergsteigen** und **-wandern** im Jebel Akhdar und in Musandam, **Wassersport, Schnorcheln, Tauchen** und **Angeln** im Indischen Ozean, **Wüstentouren** in den Wahiba Sands, Wanderungen entlang von Wadis zu abgelegenen Dörfern und Oasen (s. auch Reiseveranstalter S. 81).

Einkaufen

Oman besitzt einige ursprüngliche **Souqs**, z. B. in Mutrah, Nizwa, Salalah, Sur, aber auch in kleineren Orten wie Rustaq oder Ibri. Dort kann man Weihrauch und dazugehörige Verbrenner, Kaffeekannen, Silberschmuck, Gewürze oder auch Webarbeiten erstehen. Wie in anderen Golfstaaten entstehen viele **Shoppingmalls** mit Waren aus aller Welt. Das bekannte Parfum Amouage stammt aus Oman.

Ausgehen

Die 5- und 4-Sterne-Hotels besitzen Diskotheken, z. T. mit asiatischen Livemusikern. 3-Sterne-Hotels verfügen meist nur über eine Bar. Ansonsten spielt sich das Nachtleben in den Restaurants ab.

Oman

Gut zu wissen

Alkohol
Alkohol ist nur in Hotels ab der Kategorie vier Sterne und in ausgewählten Restaurants erhältlich.

Feiertage und Events
Alle großen islamischen **Feiertage** (s. S. 38) sowie 1. Januar (Neujahr), 18. November (Geburtstag des Sultans) und 19. November (Nationalfeiertag).
Events: s. S. 38.

Reisekasse und Reisebudget

Währung
1 Omani Rial (OR) hat 1000 baiza.
Es besteht eine feste Wechselkursanbindung an den US-$ (1 US-$ = 0,380 OR, 1 OR = 2,58 US-$). **Wechselkurs Dez. 2010:** 1 OR = 1,98 €, 1 € = 0,51 OR.

Geldwechsel und Kreditkarten
Geldwechsel im Flughafen, bei Geldwechslern *(money exchange)*, in Banken und Hotels. Bankautomaten für die Abhebung von Bargeld mittels Maestro- und Kreditkarten stehen ausreichend zur Verfügung.

Kreditkarten sind weit verbreitet; man erhält einen günstigeren Kurs, wenn man mit Kreditkarten bezahlt. Bei Verlust: s. S. 56.

Preisbeispiele
Menü im Restaurant ab 3 OR;
Tellergericht ab 2 OR;
Menü im gehobenen Hotelrestaurant ab 6 OR;
Bier ab 2 OR; **Softdrink** ab 0,500 OR.

Reisezeit und Ausrüstung

s. S. 56.

Gesundheit und Sicherheit

Allgemeine Informationen s. S. 57.
Notruf: Feuerwehr, Polizei Tel. 99 99.

Kommunikation

Internet
Internetcafés entstehen zurzeit in vielen Orten. Hotels ab drei Sterne aufwärts bieten ihren Gästen meist kostenlosen Internetservice.

Post und Porto
Eine Postkarte nach Europa kostet 200 baiza, der Postweg ist schnell und zuverlässig.

Telefonieren
In Oman existieren keine Vorwahlen, nur achtstellige Telefonnummern; die ersten beiden Ziffern kennzeichnen die Region. Überall im Land gibt es Kartentelefone, von denen man Auslandsgespräche führen kann. Telefonkarten ab 2 OR (in Geschäften und Supermärkten), 1 Minute nach Europa ca. 0,5 OR; beträgt der Restbetrag auf der Karte weniger als 1 OR, wird keine EU-Verbindung mehr hergestellt. Europäische TriBard-Mobiltelefone funktionieren problemlos landesweit. Wer innerhalb des Oman preisgünstig mobil telefonieren möchte, kann an jedem Kiosk eine prepaid-Simkarte eines omanischen Telefonanbieters (z.B. Niwas) erwerben. Die Karten beginnen mit 3 OR Startkapital. Empfehlenswert ist dafür ein zweites Handy.

Ländervorwahl für Oman: 00 968.

Zeitungen
Englischsprachige Tageszeitungen: **Times of Oman** (www.timesofoman.com) und **Oman Daily Observer** (www.omanobserver.com).
Aus den VAE: **Gulf News, Emirates News** und **Khaleej Times.**

Wissenswertes für die Reise in Qatar

Informationsquellen

Qatar im Internet
www.experienceqatar.com: Webseite der Fremdenverkehrsbehörde mit vielen Informationen.
www.qatarairways.com: Neben vielen Informationen über die Fluglinie auch ausführliche Landesinformationen.
www.qatartourism.gov.qa: Webseite der Tourismusbehörde.
www.moi.gov.qa: Die Webseite des Innenministeriums informiert über Visabestimmungen, Fahrlaubnis und Ähnliches.

Touristeninformationen
Qatar Tourism Authority (QTA): c/o Qatar National Museum, Al Corniche (beim Museum Roundabout), Doha, Tel. 44 41 15 55, Fax 44 31 02 74, www.experienceqatar.com.
Qatar National Hotels Company: Tel. 44 85 77 88, Fax 44 83 89 35, www.qnhc.com.

Informationsbroschüren
Marhaba, *Qatar's premier information guide,* erscheint vierteljährlich. Die Broschüre (ca. 300 Seiten, 20 QR) enthält viel Werbung, aber auch zahlreiche Informationen und nützliche Adressen für Besucher (www.qatarmarhaba.com).
Qatar Happening, *Qatar's First Events Guide,* erscheint monatlich (ca. 60 Seiten), wird in Hotels kostenlos ausgelegt (www.qatarhappening.com).

Diplomatische Vertretungen
Deutschland
Botschaft des Emirats Qatar: Hagenstr. 56, D-14193 Berlin, Tel. 030 86 20 60, www.embassy-qatar.de, Mo–Fr 9–15 Uhr.

Schweiz
(für Österreich und die Schweiz)
Generalkonsulat des Staates Qatar: Ave. du Bouchet 27–29, 1209 Genf, Tel. 022 798 85 00, Fax 022 791 04 85, Mission.qatar@ties.itu.int.

Qatar
Botschaft der Bundesrepublik Deutschland: Al-Jazira al Arabiya St. 6, Fareej Khohib Area, P.O.B. 3064, Doha, Tel. 408 23 00, Fax 408 23 33, germany@qatar.net.qa.

Österreich und die **Schweiz** werden diplomatisch durch ihre Botschaften in Kuwait vertreten: s. S. 74.

Karten
Map of Qatar von **GEOprojects.** In der Informationsbroschüre **Marhaba** befindet sich ebenfalls eine Karte.

Reise- und Routenplanung

Qatar als Reiseland
Qatar, das sind 360 Tage Sonnengarantie pro Jahr, hohe Sicherheit, sehr schöne Hotels und lange Sandstrände, arabische Basare und moderne Shoppingmalls, eine perfekte touristische Infrastruktur und vor allem: Wüste. In der Hauptstadt Doha gibt es mehrere Museen und im Land eindrucksvolle alte Forts.

Der Unterschied zu Dubai: Qatar ist kleiner, ruhiger, überschaubarer, kurzum: erholsamer.

Qatar für Naturliebhaber
Qatar besitzt wunderschöne **Sandwüsten,** die man als Besucher nur auf dem Rücken von Kamelen oder in klimatisierten vierradgetriebenen Geländewagen kennen lernen kann. Die schönsten und größten mit bis zu 30 m hohen rötlichen Sanddünen befinden sich im Süden beim **Khor Al Udaid** oder – bekannt als **Singing Sand Dunes** – ca. 40 km südwestlich von Doha an der Straße nach

Qatar

Mesaieed. Wüstenexkursionen gehören zum Angebot der Reiseveranstalter (Tour Operator s. u.); auf Kamelen auch vom Sealine Beach Resort (s. S. 307).

Tipps für die Reiseorganisation

Für den touristischen Besucher gilt, dass er aller Wahrscheinlichkeit nach günstiger fährt, wenn er ein Pauschalarrangement (Flug und Hotel) in Deutschland bucht. Allerdings kann man auch per Internet manchmal einen Schnäppchen-Tarif für Flug und Hotel ergattern.

Vorschläge für Rundreisen

Qatar besitzt keine Eisenbahn und nur bescheidene Busverbindungen für Überlandreisen. Für eine Rundreise muss man deshalb auf das Angebot der Tour Operator zurückgreifen oder sie selbst mit dem Leihwagen organisieren. Alle Ausflüge auf der Halbinsel beginnen und enden in Doha. Von hier unternimmt man jeweils Tagesausflüge nach Norden, nach Westen oder in den Süden, die man aber nicht in einer Rundreise verbinden kann.

Reiseveranstalter

Qatar kann man sehr gut mit dem Leihwagen selbst erkunden. Aber für einige Ziele braucht man eine Genehmigung (z. B. beim Al Maha Sanctuary Oryx Reserve), andere sind schwer zu finden (z. B. der Jebel Jassasiya mit Felsmalereien). Auch das große Naturphänomen des Khor Al Udaid kann man nur mit einem vierradgetriebenen Fahrzeug und Erfahrungen im Dünen- und Sandfahren erreichen. Deshalb sollte man prüfen, ob man sich nicht für die organisierten Angebote der Tour Operator in Doha entscheidet (**Preisorientierung:** Halbtagstour zum Khor Al Udaid ca. 200 QR, Ganztagstour ca. 300 QR).

Ein zuverlässiger Anbieter ist **Gulf Adventures**, Tel. 44 22 18 21, Fax 422 18 99, Aspire Zone Street, Aspire Zone, Al Rayyan (neben dem Khalifa-Stadion), www.gulf-adventures.com, der per Email auch maßgeschneiderte Stadt-, Land- und Wüstentouren entwirft sowie – z. B. bei längerem Zwischenstopp in Qatar – Flughafenabholung anbietet.

Reisen mit Kindern

Wer mit Kindern reist, sollte nach Möglichkeit ein Hotel mit Schwimmbad, besser eins mit Schwimmbad am Strand, buchen; denn am Wasser finden Kinder (auch ohne Englischkenntnisse) schnell Kontakt zu ihresgleichen und haben so auch etwas vom Urlaub.

In Qatar ist in der Stadt Doha das Unterhaltungsangebot für Kinder am größten: Hier gibt es am südwestlichen Stadtausgang einen **Zoo,** der für die kleine Kinder einen Streichelpark unterhält. Direkt an der Corniche erstreckt sich der **Al Bidda Park.** In diesem Erholungspark fährt eine Kleineisenbahn und es gibt einem Teich, auf dem man Boot fahren kann.

Ein ganzjähriges Unterhaltungsangebot bieten in Form einer Schlittschuhbahn das **Winter Wonderland** in der Shoppingmall City Centre und der **Ton Park** im Le Villaggio mit einer Achterbahn *(roller coaster)*.

Die große Attraktion für Kinder ist der flächenmäßig größte Vergnügungspark Dohas, **Aladdin's Kingdom** mit insgesamt 18 Karussells, Motorscootern, verschiedenen Eisenbahnen einschließlich eines sehr attraktiven *roller coaster*.

Wenige der großen Hotels unterhalten eigene Kinderclubs. Vorbildlich das Angebot im Ritz Kids, der Spielanlage des Ritz Carlton Hotels (s. S. 298).

Reisen mit Handicap

Qatar ist nur bedingt auf Behinderte und Rollstuhlfahrer vorbereitet, das gilt nicht für Museen und die neueren Hotels der gehobenen Preisklasse, aber in der Innenstadt und vor allem im Souq brauchen Behinderte Unterstützung.

Anreise und Verkehr

Einreise- und Zollbestimmungen

Allgemeine Informationen s. auch S. 54.
Zur Einreise benötigt man ein Visum, das man am Flughafen Doha bei der Passkontrolle in seinen noch mindestens sechs Monate gültigen Pass gestempelt bekommt. Auch Kinder benötigen einen Reisepass, ein Kinderausweis genügt nicht. Das vier Wochen gültige **Touristenvisum** kostet 100 QR (ca. 22 €), bezahlen muss man mit einer **Kreditkarte** (außer American Express). Wer keine besitzt, muss an einem gegenüber liegenden Schalter der Qatar National Bank (QNB) eine **ecash Card** erwerben, die er mit Qatar Riyal (QR) aufladen lässt und mit der er in Qatar bargeldlos bezahlen kann (Gebühr für Karte 20 QR). Man kann das Visum auch online als sog. **E-Visum** vor Reiseantritt unter www.e.gov.qa erwerben. Das vierwöchige Visum kann um weitere sieben Tage verlängert werden; die Verlängerung (nur beim Immigration Office am Doha Airport möglich, So–Do 6–13 Uhr, Tel. 465 66 15) kostet 50 QR. Informationen: www.gov.qa.

Der Doha Airport und Qatar Airways bieten den **Al Maha-Service** (Tel. 465 66 72, Fax 462 26 12, almahaservice@qatarairways.com.qa), der all dies neben persönlicher Abholung und Getränk in der Lounge für den ankommenden Gast erledigt. Der Preis: 70 QR für die erste, 45 QR für jede weitere Person. Das ist vielleicht ein interessantes Angebot, da nur wenige Hotels von sich aus für ihre Gäste diesen Service übernehmen.

Zollvorschriften: Nicht eingeführt werden dürfen Alkohol, Drogen, Pornografisches und Waffen; christliche Devotionalien nur zum Eigenbedarf (d. h. Bibeln und Kreuze dürfen nicht zum Verkauf oder als Geschenk mitgebracht werden). Alles andere unterliegt keiner Beschränkung. Auf dem Flughafen Doha untersuchen die Zollbeamten gründlich, aber korrekt. An den Landesübergängen gelten die stichprobenhaften Untersuchungen in erster Linie dem Waffenschmuggel.

Anreise nach Qatar

Flugzeug

Qatar Airways ist die nationale Fluggesellschaft des Staates Qatar. Als jüngste Flotte der Golfregion versteht sie sich als nationaler Beitrag zum Ausbau des Tourismus. Von Deutschland aus fliegt sie 21 x pro Woche direkt nach Doha von den Flughäfen Berlin, Frankfurt und München. Auch von Zürich und Wien gibt es Direktflüge in die Hauptstadt Doha.

– P.O.B. 22550, Qatar, Tel. 44 49 66 13, Fax 44 62 01 32.
– Schillerhaus, Schillerstr. 18–20, 60313 Frankfurt, Tel. 069-50 50 570, Ticketschalter: Große Eschenheimer Str. 13–15 (im selben Gebäude), Flughafen: 069-690 207 44, Fax 069-505 057 220.
– Claridenstr. 36, CH-8002 Zürich, Tel. 044-442 89 80 20, Fax 044-442 89 80 30.

Lufthansa fliegt 13 x in der Woche von Deutschland direkt nach Qatar, davon 8 x von Frankfurt und 5 x von München. **Emirates** tgl. von Frankfurt, München, Düsseldorf und Hamburg via Dubai; **Gulf Air** fliegt tgl. von Frankfurt via Bahrain, **Kuwait Airways** 3 x wöchentlich von Frankfurt via Kuwait.

Die Flugdauer beträgt von Frankfurt nach Qatar 6 Std. Qatar Airways bietet den besten Service. Den Rückflug sollte man zur eigenen Sicherheit rückbestätigen.

Ankunftsflughafen ist immer der stadtnahe **Doha International Airport** (Tel. 44 62 22 22, Fax 44 62 20 44), zugleich Heimatflughafen der Qatar Airways. Zur Zeit wird er durch große Landaufschüttungen im Arabischen Golf erweitert; der Neubau des Großflughafens soll 2011 eröffnet werden. Taxi zum Hotel in der Stadt ca. 15–30 QR.

Qatar

Landweg

Qatar ist (nur!) über Saudi-Arabien auf zwei Routen erreichbar. Im Südwesten von Saudi-Arabien über die Grenzorte Salwa (saudische) und Abu Samra (qatarische Abfertigung) nach Doha und im Süden von den VAE über den Grenzort Sila (VAE) durch den jetzt zu Saudi-Arabien gehörenden ehemaligen VAE-Landkorridor ebenfalls nach Doha.

Für die Einreise mit dem Pkw benötigen Europäer ein **Carnet de Passage,** das unbedingt an der Grenze abgestempelt werden muss, um die legale Einfuhr des Autos zu dokumentieren.

Verkehrsmittel in Qatar

Bus

Das Bussystem, insbesondere das der **Überlandbusse,** befindet sich erst im Aufbau. Seit einigen Jahren existiert eine Buslinie nach Al Khor (Linie Nr. 102, Abfahrt: Al Ghanim Central Bus Station, Preis: 7 QR) Nur in Doha gibt es mehrere innerstädtische Buslinien (s. S. 305).

Leihwagen

Leihwagen sind die beste (und zusammen mit Taxis auch die einzige) Möglichkeit, das Land verlässlich außerhalb von Doha kennen zu lernen. Alle internationalen Leihwagenunternehmen unterhalten in Qatar Niederlassungen, u. a. auch direkt am Flughafen (s. S. 87). Pro Tag muss man für einen Mittelklassewagen mit ca. 150 QR rechnen, bei Geländewagen liegt der Preis bei ca. 300 QR und mehr (inkl. Versicherung).

Erforderlich für das Ausleihen: Mindestalter 21 (bei Geländewagen: 25) Jahre, ein nationaler Führerschein (besser ein internationaler), der Pass und eine Kreditkarte. Mit dem nationalen Führerschein darf man max. zwei Wochen einen Wagen ausleihen. Wer länger fahren möchte, braucht einen internationalen oder (vorläufigen) qatarischen Führerschein (**Driving License Section** im Madinat Khalifa: Traffic Department, So–Do 6.30–12, 13.30–19 Uhr, Frauen nur vormittags, Tel. 44 89 06 66, Preis: 150 QR).

Straßenverhältnisse und Verkehrsregeln

In Doha herrscht Rechtsverkehr. Die Straßen sind durchweg in gutem Zustand. Gefahren bringen Kamele, die die Straße überqueren, bzw. nachts auf dem warmen Asphalt gerne ruhen. Überholt werden darf bei mehreren Fahrbahnen auf allen Seiten.

Sitzgurte anzuschnallen ist Pflicht auf den Vordersitzen (Strafmaß: 100 QR), Geschwindigkeitsüberschreitungen (50 km/h in Städten, 100 km auf Landstraßen) werden mit 300–500 QR bestraft. **Vorsicht: Viele Radarkontrollen!** Parkende Autos in Verbotszonen werden abgeschleppt (300–1000 QR). Bei Unfällen immer die Polizei hinzuziehen; der Polizeibericht ist Pflicht für die Versicherung. Das Auto muss nach einem Unfall an Ort und Stelle stehen bleiben, bis die Polizei kommt, auch wenn der Verkehr blockiert wird. Beim Fahren sind immer der Führerschein und die Papiere mitzuführen (Strafe: 200 QR).

Unterkunft

Zu Beginn der 1980er-Jahre gab es in Doha nur vier internationale Luxus-Hotels. Sie beherbergten ausländische Geschäftsleute in gehobenen Positionen, die den gewohnten heimatlichen Komfort nicht vermissen wollten. Diese Hotels wurden schnell zu *landmarks* innerhalb der Stadt.

Mehr als 25 Jahre später hat sich Doha total gewandelt. Seit 2002 setzt die Stadt auf hochpreisigen Tourismus und verfügt heute über 15 Hotels der 4- und 5-Sterne-Kategorie mit insgesamt ca. 5000 Betten. Alle großen internationalen Hotelketten sind in Doha vertreten (s. S. 297). Bei allen Preisen sind 10 % Service und 7 % Steuer zu addieren. Preisgünstig sind in Qatar die Monate Juli bis September.

Preisorientierung (DZ)
Luxus (5 Sterne): ab 1200 QR
Deluxe (4 Sterne): 700–1200 QR
Mittelklasse: bis 700 QR

Vom Übernachten in einfachen einheimischen Hotels *(funduk)* ist abzuraten.

Camping

Zelten in der Wüste ist an Wochenenden unter den Qataris und *expatriates* ein sehr beliebter Zeitvertreib, insbesondere am Khor Al Udaid. Genügend Platz gibt es, aber keine organisierten Campingplätze, wie man sie aus Europa kennt. Alles was man braucht, muss selbst mitgebracht werden. Wer als Besucher eine Übernachtung in der Wüste zeltend erleben möchte, kann eine solche Tour auch über einen Tour Operator (s. S. 86) buchen.

Sport und Aktivurlaub

Das **Khalifa-Stadion** in Doha mit 40 000 Sitzplätzen wurde anlässlich der 15. Asienspiele 2006 komplett renoviert und auch viele andere Sportstätten wurden großartig umgebaut. Qatar ist damit in den Kreis der großen Sportnationen eingetreten und konkurriert als *Sports Capital of the Region* mit Dubai.

In Qatars Hauptstadt können Besucher für nahezu jede Sportart eine geeignete Sportstätte finden, auf der sie sich als Gäste aktiv betätigen können. Besonders beliebt bei Besuchern sind **Golfen, Reiten** und **Wassersportarten** (s. S. 304).

Aber auch als sportlicher Zuschauer kommt man in Qatar auf seine Kosten, z. B. bei **Golfturnieren, Kamel- oder Pferderennen** (s. S. 304, 305).

Öffnungszeiten
Banken: So–Do 7–14, Ramadan 8–12 Uhr
Behörden: So–Mi 7.30–12, Ramadan 8–11, Do 7.30–11.30 Uhr
Geschäfte: Sa–Do 8.30–12.30, 16–20, Fr 16–20, Ramadan 8–11 Uhr
Malls: Sa–Do 10–22, Fr 15–22 Uhr
General Post Office: So–Do 7–20, Sa 8–11, 17–20 Uhr
Doha Airport Post Office: tgl. 24 Std.
Souq: tgl. 8–14, 16–22 Uhr
In Qatar werden alle Öffnungszeiten nach angelsächsischer Zeit angegeben: 0–12 Uhr = 0–12 a.m.; 13–23 Uhr = 1–11 p.m.

Einkaufen

In Doha wurde der **Souq Al Waqif** aufwendig und originalgetreu restauriert. Dass beide Einkaufsplätze – **Souq** und **Shoppingmall** – nebeneinander existieren und ein blühendes Auskommen haben, zeigt, wie sehr die Bewohner Qatars selbst beim Einkaufen noch an ihren arabischen Traditionen festhalten.

Auch einen Besuch einzelner Märkte, z. B. des **Fischmarkts** oder des **Livestock Market,** auf dem lebende Tiere vom Kanarienvogel bis zum Kamel verkauft werden, sollte man sich nicht entgehen lassen (s. S. 298 ff.).

Als Souvenirs eignen sich Gewebtes und Besticktes aus dem Souq Al Waqif, Maßgeschneidertes (in nur zwei Tagen werden perfekte Kopien eines Anzugs erstellt), Teppiche u. a. aus dem Iran **(Achtung: EU-Zollvorschriften!),** Gold vom Gold Souq, Arabische Düfte von Weihrauch bis Parfüms, Gewürze oder eine *shisha* (Wasserpfeife).

Ausgehen

Das abendliche Unterhaltungsangebot findet in den großen Hotels statt. **Kulturelle Groß-**

Qatar

ereignisse (z. B. Konzerte europäischer Künstler) werden Tage vorher in den Zeitungen angekündigt. Bars und Diskotheken mit Möglichkeiten zum Tanzen außerhalb von Hotels gibt es zurzeit noch nicht.

Für viele Gäste reduziert sich die Abendgestaltung daher auf ein **schönes Abendessen,** z. B. hoch über Doha (s. S. 298) oder auf einen Besuch in einer der **Hotelbars.**

Wer Filme aus **Hollywood** oder **Bollywood** im Originalton (arabisch untertitelt) sehen möchte: In den Shoppingmalls City Centre und *landmark* gibt es mehrere Kinos.

In allen öffentlichen Restaurants, Cafés, Kinos und bei Sportveranstaltungen gibt es eigene Bereiche, die für Frauen und Frauen in Begleitung reserviert sind. Männer ohne weibliche Begleitung dürfen in diesen *family sections* nicht Platz nehmen. Das gilt nicht für die Hotels. Während des Ramadan wird in den Hotels kein Alkohol ausgeschenkt, und Musikdarbietungen sind nicht zugelassen.

Gut zu wissen

Alkohol

Alkoholische Getränke werden nur an Nicht-Muslime auf ihren Zimmern, in den Restaurants und den Barräumen der dafür lizensierten Luxus-Hotels angeboten. Autofahrer in trunkenem Zustand und das ›Weitergeben‹ von Alkohol an Muslime werden bestraft. Während des Ramadan wird überhaupt kein Alkohol ausgeschenkt. Weil Muslimen der Alkoholgenuss in Qatar untersagt ist, kann es als Beleidigung ausgelegt werden, einen Qatari zu einem alkoholischen Getränk einzuladen.

Feiertage und Events

Alle großen islamischen **Feiertage** (s. S. 38) sowie 27. Juni (Thronbesteigung des Emirs), 3. September (Unabhängigkeitstag).

Events: Qatar im Sommer
Die **Tourismusbehörde QTA** (s. S. 85) veranstaltet seit 2002 die **Qatar Summer Wonders (QSW),** die jeweils im Monat Juli in Doha mit einem umfangreichen Kulturprogramm verbunden sind. In den großen klimatisierten Shoppingmalls und den Empfangshallen der Hotels treten bekannte europäische und asiatische Künstler und Musikgruppen auf und die Tourismusbehörde selbst nutzt die Gelegenheit für folkloristische Darbietungen, Verlosungen, Wettbewerbe und Discounts.

Qatar Knigge

Zum Verständnis des Alltags in Qatar sollte man sich in Erinnerung rufen: Qatar ist ein streng islamisches Land, wenn auch nicht so streng wie Saudi-Arabien. Der lange britische Einfluss hat nur bedingt zu westlicher Liberalisierung geführt. Kleidung und Verhalten in der Öffentlichkeit sollten immer auf die konservative Grundhaltung der Qatari Rücksicht nehmen.

Die Bewohner von Qatar sind sehr stolz auf ihren Staat und seine beachtenswerte Entwicklung. Deshalb freuen sie sich besonders über Besucher, die diese Leistung anerkennen. Die Behörden schreiben den Namen des Staates mit ›Q‹. Wer ihn in Briefwechseln oder Formularen mit ›K‹ beginnen lässt, ruft in Qatar Zweifel an seiner Lern- und Anpassungsfähigkeit hervor.

Reisekasse und Reisebudget

Währung

Landeswährung und Zahlungsmittel ist der **Qatar Riyal (QR),** unterteilt in 100 Dirham. Es gibt Geldscheine von 1, 5, 10, 50, 100 und 500 QR, Münzen im Wert von 1, 5, 10, 25 und 50 Dirham. Eine feste Kursrelation zum US-$ (1 US-$ = 3,65 QR, 1 QR = 0,28

US-$) besteht seit 1980. Es gibt keinerlei Devisenauflagen. Mit gängigen Kreditkarten kann man an Geldautomaten auch QR erhalten. **Wechselkurs Dezember 2010:** 1 QR = 0,21 €, 1 € = 4,78 QR.

Geldwechsel und Kreditkarten

Geld wechselt man bei Banken, in Hotels und besonders günstig bei den offiziellen Currency Exchange Houses (Sa–Do 8–12, 16–20, Fr 16–20 Uhr), z. B. in zentraler Lage **Almana Exchange** (Tel. 44 42 42 26) und **National Exchange** (Tel. 44 41 64 03).

Internationale **Kreditkarten** sind im Land bekannt und im Umlauf. Bei Verlust: s. S. 56.

Preisniveau

Qatar ist kein billiges Reiseland; die Preise liegen auf europäischem Niveau. Ausnahmen sind: Taxifahren, Leihwagen, Zigaretten und Benzin. Bei Hotels erfolgen immer 17 % Steuer- und Bedienungszuschlag. Bei den historischen Sehenswürdigkeiten ist der Eintritt frei.

Wenn Sie Taxi fahren, achten Sie darauf, dass der Fahrer das Taxameter anstellt. Benutzen Sie nur in Ausnahmefällen die teuren Limousinentaxis.

Ein Grund, das Abendessen im Hotel einmal ausfallen zu lassen, sind die *shawarma*-Stände im alten Zentrum um den Souq Al Waqif. Für 10 QR erhalten Sie dort ein schmackhaftes *shawarma* und ein Glas frisch gepressten Orangensaft.

Reisezeit und Ausrüstung

Klima s. S. 57.

Für Europäer empfiehlt sich wegen der Hitze leichte und (wegen der Landessitten) formelle Kleidung. Qatarische Frauen bewegen sich in der Öffentlichkeit nur in einem bodenlangen schwarzen Umhang; qatarische Männer nur in langen weißen *dishdashas*. Immer sind Kopf und Haare bedeckt. Andererseits begegnet man durchaus vielen Inderinnen in ihrer Landestracht (leichter Sari, bauchfrei). Knappe Strandkleidung ist nur innerhalb der Hotels angemessen. In Doha gibt es viele Wäschereien und Reinigungen, die binnen weniger Stunden perfekten Service bieten.

Gesundheit und Sicherheit

Allgemeine Informationen s. S. 57.

Die Behandlungskosten für ausländische Besucher sind in Qatar relativ teuer. Deshalb unbedingt eine Auslandskrankenversicherung abschließen.

Krankenhäuser

Rumailah Hospital: Ahmed bin Ali St., Doha, Tel. 44 32 17 70 (24 Std. dienstbereit). Zentrales staatliches Krankenhaus mit 24-Std.-Notaufnahme. Das älteste Krankenhaus des Landes (1997 total umgebaut), aber auch das erfahrenste.

Hamad General Hospital: Al Rayyan Rd., Tel. 44 39 44 44. Fünfstöckiger weißer Betonbau, gehört zu den älteren der Stadt (eröffnet 1982), ist aber sehr gut ausgestattet.

The Apollo Clinic: Al Muntaza Street (nähe B Ring Road), Tel. 44 41 84 41, www.apolloqatar.com, geöffnet tgl. 6–23, Fr ab 13 Uhr; 30 Fachärzte, auch HNO, Gynäkologie, Pädiatrie, Zahnheilkunde.

Zahnärzte

The Queen Dental Center: Conference Center Street, Tel. 44 93 28 88, www.queendent.com

Dr. Tamim Dental Polyclinic: Al Kindy St., Ecke Salwa Rd., Doha, Tel. 44 43 59 59, www.drtamimclinic.com.

Die Bereitschaftsdienste der **Apotheken** erfährt man aus der Gulf Times.

Notruf: Polizei, Feuerwehr, Rettungsdienst Tel. 999.

Qatar

Kommunikation

Internet
Es gibt keine öffentlichen Internetcafés. Allerdings verfügen alle großen Hotels über sogenannte Business Center, deren Service man jederzeit auch als Nicht-Hotelgast in Anspruch nehmen kann.

Alle großen Hotels bieten Laptopanschlüsse mit freiem Internetzugang auf den Zimmern an.

Post und Porto
Porto: Postkarte (Luftpost) nach Europa und in die USA 2 QR, Luftpost in arabische Ländern kostet je 10 g 50 Dirham.
Postämter: General Post Office, West Bay, Rückseite der Corniche, Oryx R/A, Tel. 446 40 00.
Internationale Kurierdienste (z. B. für Pakete): DHL, Tel. 44 58 78 88; FedEx, Tel. 44 66 17 22; UPS, Tel. 44 32 24 44.

Telefonieren
Qatar besitzt ein gut funktionierendes Telefonnetz. Telefonieren ist innerhalb des Festnetzes im Land kostenlos (dies ist Teil der sozialstaatlichen Dienstleistungen), doch die Hotels verlangen eine Gebühr auch für Inlandsgespräche. Selbstwahlmöglichkeit ins Ausland von allen öffentlichen, blau-weißen Telefonkabinen der Qatar Telecom (Q-Tel); ausschließlich Kartenfernsprecher. Telefonkarten zu 20, 50 und 100 QR in Läden und Kaufhäusern.

Deutsche Mobiltelefone (Tri-Band) funktionieren via Provider Q-Tel. Informationen: www.qtel.com.qa.
Auskunft: Tel. 190.
Ländervorwahl für Qatar: 00 974.

Fernsehen
Qatar-TV sendet auf zwei Kanälen. Auf Channel Two laufen auch englischsprachige Filme.

Zeitungen
In Doha erscheinen sechs Tageszeitungen; darunter in arabischer Sprache: **Al Watan, Al-rayah** und **Al Shark;** in englischer Sprache: **Gulf Times** (www.gulf-times.com), **The Peninsula** (www.thepeninsulaqatar.com) und **Qatar Tribune** (www.qatar-tribune.com). Das Ausgabedatum der Zeitungen wird sowohl nach gregorianischer als auch nach islamischer Zeitrechnung angegeben.

Aladdin's Kingdom: Am Abend öffnen die Rummelplätze in Qatar

Wissenswertes für die Reise in Saudi-Arabien

Informationsquellen

Saudi-Arabien im Internet
www.saudinf.com: Webseite des Ministry of Culture & Information.
www.the-saudi.net: Seite des Technologieanbieters Nova Star mit Informationen über das Land.
www.dammam.com: Nachrichtenseite über den Mittleren Osten.
www.riad.diplo.de: Webseite der Deutschen Botschaft in Riyadh mit Reiseinformationen über Saudi-Arabien.

Touristeninformation
Saudi-Arabien unterhält weder im In- noch im Ausland Büros zur Touristeninformation.

Einmal im Jahr erscheinen im Auftrag der Chambers of Commerce and Industry der Städte Jeddah, Riyadh und der Eastern Province jeweils die **Informationsbroschüren Today in ...**, die in Buchläden für 20 SR erhältlich sind und viele nützliche Informationen und Adressen enthalten.

Bescheidene Auskünfte erteilen die Wirtschafts- und Konsularabteilungen der Botschaften und der Fluggesellschaft Saudia (s. S. 97). Die Saudi Commission of Tourism & Antiquities (SCTA) kümmert sich um den innersaudischen Tourismus, www.scta.gov.sa, Ryadh 11568, Tel. 880 88 55, Fax 880 88 44.

Diplomatische Vertretungen und Behörden
Deutschland
Botschaft des Königreichs Saudi-Arabien: Tiergartenstraße 33, D-10785 Berlin, Tel. 030 88 92 50, Fax 030 88 92 51 79, Konsularabteilung: Tel. 030 889 21 76, Fax 030 88 92 51 03, Mo–Fr 10–13 Uhr, www.mofa.gov.sa.

Österreich
Botschaft des Königreichs Saudi-Arabien: Formanekgasse 38, A-1190 Wien, Tel. 01 367 25 31, Fax 01 367 25 40.

Schweiz
Botschaft des Königreichs Saudi-Arabien: Kramburgstr. 12, CH-3006 Bern, Tel. 031 352 15 55, Fax 031 351 45 81.
Generalkonsulat: Route de Lausanne 263, CH-1292 Chambesy, Tel. 022 758 97 97, Fax 022 758 97 37.

Saudi-Arabien
Botschaft der Bundesrepublik Deutschland: Diplomatic Quarter, Riyadh 11693, Tel. 01 488 07 00, Fax 01 488 02 79, www.riad.diplo.de, Sa–Mi 8.30–12.30 Uhr.
Generalkonsulat der Bundesrepublik Deutschland: P.O.B. 126, Telefon 02 699 64 36, Fax 02 699 63 89, www.djidda.diplo.de.
Botschaft der Republik Österreich: P.O.B. 94373, Diplomatic Quarter, Riyadh 11693, Tel. 01 480 12 17, Fax 01 480 15 26, www.aussenministerium.at/riyadh, Sa–Mi 9–12 Uhr.
Schweizer Botschaft: P.O.B. 94311, Diplomatic Quarter, Riyadh 11693, Tel. 01 488 12 91, Fax 01 488 06 32, www.eda.admin.ch/riad, Sa–Mi 8–11 Uhr.
Schweizer Generalkonsulat: P.O.B. 1016, Medina Rd., Alireza-Tower, Jeddah, Tel. 02 651 07 72, Fax 02 651 91 05.

Saudische Behörden
Alle Ministerien sind in Riyadh angesiedelt. Für Geschäftsleute wichtig ist die Industrie- und Handelskammer:
Riyadh Chamber of Commerce and Industry: Dahab St., Riyahd, Tel. 01 404 00 44, Fax 01 402 11 03, www.riyadhchamber.org.sa.

Ausländische Behörden
German-Saudi-Arabian Liaison Office for Economic Affairs (GESALO): P.O.B. 61695, Meezan Tower (Olaya Main St./Makkah Rd.), Riyadh, Tel. 01 462 38 00, Fax 01 462 87 30.
Deutsche Gesellschaft für Technische Zusammenarbeit (GTZ): P.O.B. 2730, Malaz, Riyadh 11461, Tel. 01 478 36 21, Fax 01 479 02 29, www.gtz.de.

Saudi-Arabien

Karten
Aktuelle Karten und Stadtpläne des Herstellers **Farsi Map** erhält man in Bücherläden in großen Städten. Ihnen liegen Satellitenfotos zugrunde. Preis: Stadtpläne ab 20 SR. In den Informationsbroschüren **Today in…** befinden sich Stadtpläne.

Reise- und Routenplanung

Saudi-Arabien als Reiseland
Die Mehrzahl der Besucher des wahabitischen Königreiches kommt nicht mit der Absicht, Saudi-Arabien touristisch zu entdecken; das wollen nur wenige Gruppenreisende. Die meisten arbeiten als Geschäftsleute in einer der drei großen Wirtschaftszentren: der Hauptstadt Riyadh in der Mitte des Landes, der Handelsmetropole Jeddah am Roten Meer oder dem Erdöl- und Technologiezentrum um Dammam am Arabischen Golf. In diesen drei Zentren und ihrer näheren Umgebung gibt es viel zu sehen. Und wenn man als männlicher Besucher in einer dieser Städte arbeitet und allein oder zusammen mit der mitreisenden Ehefrau bzw. der Familie lebt, lohnt auch ein Besuch der anderen beiden Städte und ihrer Umgebung. Wegen der großen Distanzen – Saudi-Arabien ist sechsmal größer als Deutschland – benutzt man meist das Flugzeug und für die Ausflüge in die jeweilige Umgebung das Auto. Klassische Rundreiserouten durch das Land gibt es deshalb nicht, aber einzelne sehenswerte Ziele.

Bade- und Strandurlaub
Saudi-Arabien besitzt traumhaft schöne Strände, aber bisher nahezu alle ohne jede touristische Infrastruktur. Noch sind für den wahabitischen Islam Badeurlaube keine Normalität. Bescheidene Ausnahmen: Jeddah und seine nördlichen Strandabschnitte und die Halfmoon Bay bei Dammam.

Kulturelle Sehenswürdigkeiten
Höhepunkt touristischer Besuche sind unter historischem Aspekt z. B. Madain Saleh, Dirriyah und die Altstadt von Jeddah. Gilt das Hauptaugenmerk der Gegenwart, ist die rasante Entwicklung z. B. von Riyadh besonders interessant. Unter politischem Aspekt kann man das alltägliche Leben einer Gesellschaft beobachten, in der Religion wesentlich das politische Machtgefüge bestimmt.

Tipps für die Reiseorganisation
Am besten und einfachsten ist es, sich den Ausflugsangeboten der Hotels anzuschließen. Bei längeren selbst organisierten Ausflügen sollte man das Hotel oder Kollegen informieren und vereinbaren, dass ggf. nach Ablauf einer Frist die Polizei eingeschaltet wird.

Reiseveranstalter
Wenige deutsche Reiseveranstalter (z. B. **Windrose,** Neue Grünstr. 28, D-10179 Berlin, Tel. 030 20 17 21-0, Fax 030 20 17 21-17, www.windrose.de oder **Studiosus,** www.studiosus.com, Tel. 00 800 24 02 24 02 (kostenlos), Mo–Fr 9 – 18 Uhr bieten Pauschalreisen an. Für einen touristischen Besuch sind sie sehr geeignet. Dagegen ist Geschäftsleuten von auf sie zugeschnittenen Arrangements deutscher Reisebüros abzuraten. Sie lassen sich im Land selbst zuverlässiger und preiswerter organisieren. Telefonische Reservierungen und Buchungen sind jederzeit von jedem Ort aus möglich. Will man trotzdem bereits von Deutschland aus die Buchungen machen, so empfiehlt es sich, die Dienste der Fluggesellschaft, mit der man anreist, zu bemühen.

Reisen mit Kindern
Da saudische Familien selbst viele Kinder haben, gibt es im ganzen Land viele Kinderspielplätze und Vergnügungsparks. Kinder sind auch in Hotels willkommen. In Restau-

rants und Verkehrsmitteln genießen Mütter mit Kindern in den sog. *family sections* Vorzüge. Für Kinder gibt es alles zu kaufen: von der Windel bis zum Ferrari-Kinderauto.

Reisen mit Handicap
Behinderte haben es nicht leicht in Saudi-Arabien. Nur wenige Hotels und nur die neugebauten Museen verfügen über Rampen. Aber man kann mit Hilfe der Hotels geschultes Personal zur Unterstützung beauftragen.

Anreise und Verkehr

Einreisebestimmungen
Allgemeine Informationen s. auch S. 54.
Ein Visum braucht jeder, der einreisen möchte; bereits an den Abflughäfen kontrollieren die Fluggesellschaften dessen Gültigkeit. An den Grenzen werden keine Visa ausgestellt. Es gibt vier verschiedene Visa:

Geschäftsvisum
Geschäftsleute *(business visitors)* erhalten ein Visum, das bis zu drei Monate gilt; es wird nur für Männer ausgestellt. Dazu sind der Botschaft folgende Unterlagen einzureichen:

1. Ein Schreiben der deutschen Firma, von der Industrie- und Handelskammer beglaubigt, das den Antrag des Reisenden bestätigt, unter Angabe des Berufes des Reisenden und des Namens des saudischen Geschäftspartners bzw. der zu besuchenden Firma in Saudi-Arabien.

2. Ein vollständig ausgefülltes und unterschriebenes Visumantragsformular (s. www.saudibotschaft.de) mit Lichtbild (Größe 4 x 6 cm, Hintergrund: weiß). Bei Herren: Lichtbild ohne Ohrring.

3. Die Visumgebühr beträgt 65 € (bei einmaliger Einreise) oder 160 € (bei mehrmaligen Einreisen). Sie ist bar einzuzahlen auf das Konto der Botschaft des Königreichs Saudi-Arabien, Visa-Abteilung (Deutsche Bank Berlin, BLZ 100 700 00, Nr. 06 15 955). Der Original-Einzahlungsbeleg mit dem Bankstempel ist den Antragsunterlagen beizufügen. Fotokopien der Belege, Schecks sowie Bargeld werden nicht angenommen.

4. Ein deutscher Reisepass (bei der Einreise noch mindestens sechs Monate gültig), ausländische Reisepässe müssen eine Aufenthaltserlaubnis mit mindestens sechs Monaten Gültigkeit für die Bundesrepublik Deutschland aufweisen.

5. Ein von der Saudischen IHK beglaubigtes Einladungsschreiben des saudischen Geschäftspartners bzw. eine Genehmigung des saudi-arabischen Außenministeriums.

6. Ein mit Briefmarken frankierter und adressierter Rückumschlag (per Einschreiben) für die Rücksendung des Passes.
Geschäftsleute müssen ihre Visumsanträge online ausfüllen, die entsprechende URL des Außenministeriums des Königreichs Saudi-Arabien lautet: http://195.47.234.19 und kann ausschließlich mit einem gewährten Passwort und individuellen User-Namen besucht werden. Diese können bei der Botschaft beantragt werden. Als Alternative können Visumsanträge durch Visa-Agenturen eingereicht werden. Auf der Webseite der saudischen Botschaft erhält man eine Liste der Visa-Agenturen. Empfehlenswert ist:
Ghorfa e.V.: Garnisonkirchplatz 1, D-10178 Berlin, Tel. 030 278 90 70, Fax 030 278 90 749, www.ghorfa.de.

Besuchervisum
Generell erhält man dieses Visum nur aufgrund einer Einladung aus Saudi-Arabien.
Diese Einladung muss persönlicher Natur sein. So können z. B. Verwandte ihren in Saudi-Arabien arbeitenden Angehörigen besuchen. Zunächst muss dieser über seinen saudischen Arbeitgeber einen Antrag beim Außenministerium in Riyadh *(immigration office)* stellen und erhält dann eine Genehmigung, die er seinen Verwandten schickt. Diese muss jetzt

Saudi-Arabien

mit den Unterlagen 2, 3, 4, 6 und einem Verwandtschaftsnachweis (bei Ehefrauen die Heirats-, bei Kindern die Geburtsurkunde) bei der saudischen Vertretung eingereicht werden. Die Visumsgebühr beträgt 18 € (siehe Ziffer 3).

Für touristische Besuche, die zur Zeit nur als Gruppenreisen von wenigen deutschen Veranstaltern angeboten werden, organisieren die Veranstalter das Visum (s. Reiseveranstalter S. 94). Wer als Praktikant nach Saudi-Arabien gehen möchte, kann dies auch. Für einen Visumsantrag sind dann die in Ziffer 1, 2, 4, 5, 6 aufgeführten Unterlagen sowie eine Immatrikulationsbescheinigung erforderlich. Die Visumgebühr beträgt 65 € (siehe Ziffer 3.)

Transitvisum
Dieses gilt nur für drei Tage und für eine Durchreise mit dem Flugzeug, z. B. bei einem nachzuweisenden Zwischenaufenthalt mangels passender Verbindung. Im Grunde ist man damit auf einen Aufenthalt in einer Stadt zwischen Ankunft und Weiterflug beschränkt. Man kann den Flughafen aber verlassen und eine Stadtbesichtigung mit Übernachtung unternehmen. Man bekommt das Visum bei den saudischen Botschaften in Europa oder in den Botschaften der Nachbarländer Saudi-Arabiens, dort allerdings nur mit einem Empfehlungsschreiben der eigenen Botschaft in diesen Städten. Eine Verlängerung des Transitvisums ist ausgeschlossen! Voraussetzung für ein Transitvisum ist der Beweis für einen befristeten Aufenthalt in Form eines bestätigten Anschlussfluges und die Vorlage des Visums für das Bestimmungsland. Wenn man ein Transitvisum in Deutschland beantragt, sind der Botschaft außerdem die Unterlagen 2, 4 und 6 vorzulegen. Das Visum ist gebührenfrei. Die Bearbeitungszeit ist relativ kurz (2–3 Tage), die Konsularabteilung ist hilfsbereit und freundlich.

Sobald Sie im Besitz des Reisepasses mit dem Visum sind, fotokopieren Sie beides mehrmals. Dies wird Ihnen nicht nur bei Verlust die Wiederbeschaffung erleichtern, sie werden auch in Saudi-Arabien (z. B. bei Behörden) sehr oft nach Kopien gefragt.

Arbeitsvisum
Ein Arbeitsvisum wird für mehrere Jahre erteilt. Die Unterlagen gemäß den Ziffern 2, 4 und 6 sind vorzulegen. Außerdem sind beizufügen: ein Schreiben des saudi-arabischen Arbeitgebers mit der Genehmigung des saudi-arabischen Außenministeriums, ein Gesundheitszeugnis inkl. HIV-Test, das vom Gesundheitsamt abgestempelt wurde, Fotokopien des Arbeitsvertrags und der Qualifikationszeugnisse. Sofern es sich dabei um Studienabschlüsse (z. B. Ingenieur) handelt, müssen sie vom Bundesverwaltungsamt in Köln, bei Berufsabschlüssen von der zuständigen IHK beglaubigt sein. Die Visumgebühr beträgt 18 €; sie ist entsprechend Ziffer 3 einzuzahlen.

Entry Card
Im Flugzeug oder am Flughafen erhält der Besucher eine *entry card* mit zahlreichen Fragen zur Person, darunter auch der nach der Religionszugehörigkeit. Diese Spalte unbedingt mit einer Angabe (z. B. *christian*) ausfüllen. Mit der Unterschrift nimmt man zur Kenntnis, dass man im Falle einer Verwicklung in Drogendelikte mit der Todesstrafe rechnen muss. Passkontrolle und Zollabwicklung sind in Saudi-Arabien sehr zeitraubend. Ruhe und Gelassenheit sind Tugenden, die im Königreich großgeschrieben werden, diese können Sie bereits hier einüben.

Zollformalitäten

Auf Artikel, die man im Reisegepäck mitführt, wird kein Zoll erhoben. Nicht eingeführt werden dürfen Alkohol, Drogen, Schweinefleisch, Waffen, nicht-islamische religiöse Schriften, Devotionalien, Malz, pornografische Schriften und Bilder. Insbesondere bei den letztgenannten gelten sehr strenge Maßstäbe. Drogenhandel wird mit dem Tode bestraft. Selbst der kleinste Versuch, Alkohol ins Land zu schmuggeln (etwa in Form eines Flachmanns im Jackett) kann Gefängnis oder sofortige Ausweisung zur Folge haben. Videokassetten und Spielfilme müssen abgegeben werden; man kann sie zwei Tage später (nach Begutachtung durch die Zensoren, die Schnitte oder Konfiskation vornehmen können) am Flughafen abholen.

Grundsätzlich werden auf den Flughäfen alle Gepäckstücke, auch Handtaschen sowie weiteres Handgepäck, sorgfältig durchsucht. Die Zollbeamten sind höflich, aber gründlich.

Anreise nach Saudi-Arabien
Flugzeug
Saudi-Arabien besitzt drei internationale Flughäfen: den **King Abdullah Aziz Airport** in Jeddah, den **King Khaled Airport** in Riyadh und den **King Fahd Airport** in Dammam. **Lufthansa** und **Saudia Airlines** fliegen mehrmals pro Woche von Frankfurt (Saudia auch von Genf) diese Flughäfen in Saudi-Arabien an und zwar direkt nach Jeddah (JED) und Riyadh (RHU) und mit Zwischenlandung auch nach Dammam (DMM).

Andere europäische Fluggesellschaften steuern ebenfalls mehrmals in der Woche von ihren Heimatflughäfen (z. B. Paris, London, Amsterdam, Rom, Wien), z. T. via Frankfurt Jeddah, Riyadh oder Dammam an. Auch mit Zwischenaufenthalten im Nahen Osten kann man das Königreich gut erreichen: tgl. verkehren Maschinen von Amman, Bahrain, Dubai, Kairo, zweimal in der Woche von Damaskus in die Großstädte Saudi-Arabiens.

Saudia Airlines:
– Flughafen, Riyahd, zentrale Reservierung landesweit: Tel. 920 02 22 22, www.saudiairlines.com.
– Friedensstr. 6–9, D-60311 Frankfurt, Tel. 069 698 18 81, Fax 069 69 84 87 71.
– Opernring 1, A-1010 Wien, Tel. 01 586 91 91, Fax 01 587 89 00.
– 12 Rue Bonivard, CH-1201 Genf, Tel. 022 716 30 90, Fax 022 716 30 95.

Tipp
Lernen Sie ein wenig Arabisch, zumindest die Zahlen. Denn die Nummernschilder der Autos werden in arabischen Ziffern angegeben. Bei Reklamation im Taxi oder bei Unfällen kann dies sehr nützlich sein.

Landweg
Die Anreise von Europa nach Saudi-Arabien ist mit dem Auto (notwendig: *Carnet de Passage*) auf durchgehend asphaltierten Routen möglich: über Griechenland – Türkei – Syrien bis Jordanien; ab Jordanien über Tabuk nach Jeddah am Roten Meer und weiter nach Riyadh. Ist die Küste des Roten Meeres mit Städten wie Jeddah oder Yanbu das Ziel, reist man am besten über Al Bir oder Haql (18 km südlich von Aqaba) ein. In beiden Fällen führt die Straße dann weiter über Tabuk gen Süden. Wer nur bis Tabuk reist, kann vom Flughafen Aqaba aus für ca. 800 SR (Einheitspreis für bis zu vier Personen) ein Taxi nehmen.

Von Saudi-Arabien in den nördlichen Jemen gibt es zur Zeit nur eine asphaltierte Straße, die 180 km lange Strecke von Gizan (Saudi-Arabien) nach Hodeida (im Norden des Jemen). Mit vierradgetriebenen Fahrzeugen ist die ca. 260 km lange, nicht asphaltierte Strecke von Najran (Saudi-Arabien) nach Saada (Jemen) in ca. 24 Stunden zu schaffen. Der Grenzübergang an dieser Strecke ist nur Sa–Do 10–14 Uhr geöffnet, manchmal wird er willkürlich geschlossen.

Verkehrsmittel in Saudi-Arabien
Flugzeug
Wegen der großen Entfernungen innerhalb Saudi-Arabiens ist der Reisende weitgehend auf das Fliegen angewiesen. 25 größere Orte des Königreiches besitzen einen Flughafen. Besonders gut sind die Verbindungen zwischen den drei großen Zentren Riyadh, Jeddah und Dhahran, zwischen denen bis 2007

Saudi-Arabien

ausschließlich Maschinen der **Saudia Airlines** (s. S. 97) verkehrten. Seit dieser Zeit gibt es die erfolgreiche, saudische Low Cost Fluggesellschaft: Nasair (www.flynas.com), die 13 Städte innerhalb des Königreiches und mehrere andere auf der Arabischen Halbinsel anfliegt.

Bus
Für Personentransport per Bus in Saudi-Arabien ist die **Saudi-Arabian Public Transport Company (SAPTCO)** zuständig.

Zur Entlastung des Flugverkehrs zwischen einzelnen Städten verkehren die Busse der SAPTCO, z. B. zwischen Riyadh und Dammam, zwischen Jeddah und Mekka, Medina, Taif und Yanbu. Fahrpläne und Routenbeschreibungen kann man bei der SAPTCO (Tel. 80 01 24 99 99, www.saptco.com.sa) erfragen.

Eisenbahn
Es gibt nur eine Eisenbahnlinie in Saudi-Arabien. Sie verbindet seit 1953 Riyadh mit dem Hafen Dammam und führt durch Dhahran, Hofuf und Al Kharj. 1985 wurde – mehr oder weniger parallel zur alten – eine neue, kürzere Trasse eröffnet. Für die ca. 500 km lange Strecke quer durch die Wüste benötigt der komfortable Zug mit seinen neuen, amerikanischen Salonwagen 4 Std.; er verkehrt 6 x pro Tag (s. S. 336). **Preis:** einfache Fahrt 1. Klasse 60 SR, 2. Klasse 40 SR, Tel. 03 871 22 22.

Leihwagen
In allen größeren Städten gibt es Leihwagenfirmen. Neben den Zweigniederlassungen internationaler Gesellschaften wie **Europcar, Budget** und **Avis** bieten auch nationale Firmen wie **Arabian Hala, Abu Diyab** und **Al Sahary** ihre Dienste an. Die Bestimmungen für das Mieten eines Wagens unterscheiden sich offiziell nach dem Aufenthaltsstatus des Mieters. Haben Sie ein Besuchervisum, müssen Sie mindestens 25 Jahre alt sein und einen nationalen oder internationalen Führerschein vorlegen, der bereits ein Jahr gültig ist. Haben Sie ein Aufenthaltsvisum aufgrund einer Arbeitserlaubnis, brauchen Sie einen saudischen Führerschein und müssen mindestens 21 Jahre alt sein. Meist fragen die Mitarbeiter der Leihwagenfirmen aber nicht danach. Die Leihwagenfirmen unterscheiden sich erheblich in Preis und Service.

Taxi
Die saudischen Taxis verfügen alle über einen funktionierenden Taxameter, aber die Fahrer sprechen nur unzureichend Englisch. Richtpreise: innerhalb von Jeddah 30–50 SR, vom Flughafen 100 SR, innerhalb von Riyadh 15–50 SR, vom Flughafen 100 SR. Taxifahrer in Saudi-Arabien haben oft erstaunlich wenige Ortskenntnisse, sodass man die Route häufig selbst beschreiben muss.

Sehr guten Taxiservice bieten die **Limousinentaxis,** wie z. B. **Hala-Limousine** und **Saudi Limousine,** deren weiße Chevrolets zu festgesetzten Preisen fahren (Flughafen – Innenstadt: in Jeddah 100 SR, in Riyadh 100 SR; Innenstadt – Flughafen jeweils 40 SR mehr). Die Bezahlung erfolgt sonst nach Taxameter. In den großen Hotels bieten auch die dort vertretenen Leihwagenfirmen ihre Wagen stundenweise als Taxis an.

Innerstädtische Busse
Träger der öffentlichen innerstädtischen Buslinien in den Großstädten ist die **SAPTCO.** Die Busse, z. B. in Jeddah sind billig (2 SR pro Strecke), komfortabel, fahren relativ schnell, halten alle 200 m, verkehren von 6 bis 23 Uhr und besitzen ein eigenes Abteil für Frauen. In Riyadh sind es japanische Kleinbusse, dort gibt es allerdings kein Frauenabteil.

Straßenverhältnisse und Verkehrsregeln
Die großen Überlandstraßen sind mehrspurige Autobahnen in sehr gutem Zustand; allerdings ist der Mittelstreifen nicht immer durch Leitplanken gesichert.

Saudi-Arabien gehört zu den Ländern, in denen sehr viele Verkehrsunfälle (2008: knapp 280 000) und sehr viele Verkehrstote (2008: über 6000) zu verzeichnen sind. Fast immer ist es menschliches Versagen *(human error)*. An den Kreuzungen in den Großstädten weisen Tafeln auf diese hohe Zahl hin und ermahnen die Verkehrsteilnehmer, sich an die Verkehrsregeln zu halten.

Bei Unfällen muss immer die Polizei gerufen werden. Sie fertigt ein Protokoll an, das für die Versicherung und zur anschließenden Reparatur des Wagens erforderlich ist. Auch wenn der Verkehr rundherum zusammenbricht: Das Auto muss am Unfallort unbedingt stehen bleiben, bis die Polizei kommt!

Unterkunft

Saudi-Arabien verfügt in allen Städten über Hotels. Allerdings entsprechen nur ca. 20 % gehobenen europäischen Ansprüchen. In den beiden Großstädten Riyadh und Jeddah ist die Auswahl – auch im gehobenen Peis- und Ausstattungssektor – am größten.

Preisorientierung (DZ)
Luxus (5 Sterne): ab 1000 SR
Deluxe (4 Sterne): 600–800 SR
Mittelklasse: 400–600 SR

Jugendherbergen

Saudi-Arabien gehört zu den wenigen arabischen Ländern mit Jugendherbergen. Information: **c/o Central Saudi-Arabian Youth Hostels Association:** Al-Shihab Al-Ghassani St., Al-Namoutajia Quarter, P.O.B. 2359, Riyadh 11451, Tel. 01-405 55 52, Fax 01-402 10 79, www.the-saudi.net. Insgesamt gibt es 21 Häuser, u. a. in Riyadh, Jeddah, Dammam, Taif, Abha, Hail, Jazan, Najran. Sie sind alle sehr gepflegt und werden gerne von Jugendgruppen besucht. Alle vermieten gegen Vorlage eines internationalen JH-Ausweises auch Doppelzimmer.

Sport und Aktivurlaub

Aktiv
Bei allen Sportarten sind grundsätzlich Männer und Frauen jeweils unter sich, d. h. die Öffnungszeitungen der *health clubs* (so firmieren z. B. die Fitnesscenter in den Hotels) werden entsprechend ausgewiesen.

Sport zum Zuschauen
Der Besuch von **Fußballspielen** ist Männern vorbehalten. Nur das königliche **Kamelrennen** (s. S. 335) können Frauen und Männer gemeinsam besuchen.

Einkaufen

Einkaufen ist in Saudi-Arabien das für europäische Verhältnisse einzige öffentliche Unterhaltungsvergnügen, zumal in den Läden, Souqs und Shoppingmalls die Besucher nicht nach Geschlechtern getrennt werden. Deshalb trifft man in den neuen, klimatisierten Shoppingmalls der großen Städte immer auf sehr viele Saudis, auch wenn sie nicht gerade einkaufen. Auf allen Etagen haben viele Cafés eröffnet, die gerne als alltägliche Ausflugsziele genutzt werden.

Die **ältesten Souqs** liegen immer im Zentrum der Städte. Hier gibt es vor allem noch arabische Alltags-Antiquitäten, aber auch

Öffnungszeiten
Banken: Sa–Mi 9.30–12, 13–16 Uhr.
Geschäfte, Souqs und Büros: Sa–Do 9–12, 16–20, teils bis 22 Uhr
Malls: Sa–Do 9–23, Fr 16–23 Uhr
Ministerien: Sa–Mi 7.30–14.30 Uhr
Post: Sa–Do 8–12, 16–20 Uhr
Supermärkte: 9–22 Uhr, teils auch rund um die Uhr
Die täglichen **Gebetszeiten** berücksichtigen!

Saudi-Arabien

Wasserpfeifen, Tongefäße zum Verbrennen von Weihrauch und viele handgefertigte Produkte. Vereinzelt findet man sogar Beduinenteppiche, Kameldecken und ausgediente Kamelsättel. Alles, was Sie in Saudi-Arabien käuflich erworben haben, dürfen Sie ausführen, auch Antiquarisches, z. B. alte, geschnitzte und bemalte Holzfenster und -türen sowie Silberschmuck, der überwiegend aus Jemen stammt. Beliebt sind auch Wasserpfeifen, Datteln, Bildbände, Gewürze.

Ausgehen

Die abendliche Unterhaltung beschränkt sich in der Regel auf einen Besuch in einem Restaurant. Denn Theater und Kino gibt es nicht und Alkohol, Tanzen sowie organisierte öffentliche Begegnungen zwischen den Geschlechtern sind nicht gestattet.

Gut zu wissen

Alkohol
Jede Form von Alkohol ist in Saudi-Arabien **streng verboten!** Kein Land der Arabischen Halbinsel setzt dieses Verbot so rigoros durch: Bei öffentlichem Genuss von und Handel mit Alkohol werden auch Nicht-Muslime mit Gefängnis und Stockhieben bestraft und danach des Landes verwiesen.

Öffnungszeiten
Die Öffnungszeiten werden vom arabischen Tagesrhythmus und den Gebetszeiten bestimmt, ggf. auch von den Gebetszeiten unterbrochen. Die Arbeitswoche dauert von Samstag früh bis Donnerstag mittag. Die meisten Geschäfte arbeiten in zwei Schichten: Von Morgens bis zum Zuhr, dem Mittagsgebet, und von 15 bzw. 16 Uhr bis ca. 19 Uhr. Immer müssen die Kunden während der Gebetszeiten die Geschäfte verlassen, die dann für ca. 30 Min. schließen. Die Gebetszeiten werden in den Tageszeitungen bekanntgegeben.

Feiertage und Events
Saudi-Arabien gehört zu den Ländern mit den wenigsten **Feiertagen,** denn gefeiert werden nur die beiden großen islamischen Feste (*Id al Fitr* und *Id al Adha*), diese dafür aber relativ lang (zwischen drei und zehn Tagen). Während dieser Feste verwandeln sich die großen Städte, besonders Jeddah, in Lichterparadiese mit vielen Kulturveranstaltungen. Allerdings erliegt während des Ramadan, während des *Hadsch (Dhul al hijra)* nahezu das gesamte öffentliche Leben im Königreich; Nationalfeiertag ist der 23. September.
Events: s. S. 38.

Rauchen
Zigaretten sind in Saudi Arabien sehr billig und fast jedermann raucht. Es gibt keinerlei Restriktionen. Nur im Fastenmonat Ramadan gilt tagsüber absolutes Rauchverbot.

Verhaltensregeln für Frauen
Der Alltag der Frau im privaten und öffentlichen Leben und der ihr auferlegte Verhaltenskodex wird durch die wahabitische Auslegung des sunnitischen Islam bestimmt, d. h. von allen muslimischen Frauen wird eine strikte Befolgung der rigiden Kleidungs- und gesellschaftlichen Umgangsregeln erwartet. Nicht-muslimischen westlichen Frauen wird mehr Freiheit zugestanden. Doch auch von ihnen wird die Einhaltung einer Reihe von Regeln erwartet.

Das **Tragen der** *abaya* ist auch für europäische Frauen obligatorisch. Angesichts der schwarzen Totalverschleierung der saudischen Frau und dem hohen öffentlichen Aufmerksamkeitswertes, den jede davon abweichende Kleidung erfährt, empfiehlt es sich als Frau, dem unbedingt Folge zu leisten. Ein Kopftuch ist nicht vorgeschrieben. Zwar wird das Tragen eines Kopftuches von der *Ulema* und ihrem ›Komitee zur Förderung des Guten und Verhinderung des Bösen‹ regelmäßig gefordert und Frauen ohne Kopftuch von den *Mutaween* (Religionswächtern) manchmal beschimpft, aber es ist nicht gesetzlich vorgeschrieben (wie z. B. im Iran) und deshalb letztlich nicht zwingend erforderlich.

In den **Hotelschwimmbädern** ist **nur Männern** das Baden gestattet. Für Frauen besteht ein **absolutes Autofahrverbot**. Bei der Benutzung von Taxis und Autos mit einem nicht-blutsverwandten Fahrer sollten Frauen keinesfalls auf dem Beifahrersitz, sondern immer auf dem Rücksitz Platz nehmen.

In **Restaurants** herrscht strikte **Geschlechtertrennung.** Die Mehrzahl der Lokale ist nur Männern zugänglich. Viele Restaurants verfügen allerdings über sog. *family sections,* in denen Frauen alleine oder Frauen und Männer als Paare gemeinsam speisen können, sofern die Frauen mit einem der sie begleitenden Männern verheiratet oder verwandt sind. Eine Überprüfung des Familienstatus findet im Regelfall allerdings nicht statt.

In **Modegeschäften** werden Frauen oft von Männern bedient. Anprobieren ist im allgemeinen nicht gestattet. Die Rückgaberegelung wird allerdings großzügig gehandhabt. Wenige Bekleidungsgeschäfte verfügen über abgeschlossene Damenabteilungen, in denen Männern der Zugang untersagt ist.

Auch einige **Banken** verfügen über getrennte Damenabteilungen, zu denen Männer keinen Zutritt haben.

Im gesellschaftlichen Leben ist die gemeinsame Einladung von Männern und Frauen außerhalb des Familienkreises unüblich.

Die **Berufstätigkeit** von Frauen ist in Saudi-Arabien auf wenige Bereiche (z. B. in Lehrberufen und im medizinischen Sektor) beschränkt. Seit dem Regierungsantritt von König Abdallah ibn Abdul Aziz im Jahre 2005 wurden die Berufsmöglichkeiten für Frauen auf andere Sektoren ausgeweitet. So dürfen Frauen jetzt auch als Verkäuferinnen in den Frauenabteilungen großer Shoppingmalls arbeiten. Mit Ausnahme des Außenministeriums werden Frauen – auch westliche Ausländerinnen – in den Ministerien nicht zu Gesprächen empfangen. Von Frauen, die in offizieller Funktion unterwegs sind, wird große Zurückhaltung erwartet.

Reisekasse und Reisebudget

Währung

In Saudi-Arabien bezahlt man mit **saudi-arabischen Riyal (SR);** im Umlauf sind Noten zu 500, 200, 100, 50, 20, 10, 5 und 1 SR. Ein Riyal ist unterteilt in 100 Hallalah.

Der SR ist frei konvertierbar und an den US-$ gebunden (1 US-$ = 3,75 SR, 1 SR = 0,27 US-$); man kann jede Währung in jeder Höhe ein- und ausführen.

Wechselkurs Dezember 2010:
1 SR = 0,2 €, 1 € = 4,93 SR

Geldwechsel und Kreditkarten

In allen Städten gibt es außer den Banken Wechselstuben, die zu besseren Kursen tauschen. Es empfiehlt sich, einen kleinen Betrag an SR für Taxi oder Kofferträger unmittelbar nach der Ankunft zu tauschen. Der US-$ ist als Fremdwährung wesentlich weiter verbreitet als der €. Bargeldlose Zahlungsweisen (z. B. mit Schecks) sind unüblich, viele Geschäfte werden bar abgewickelt. Kreditkarten (Amex, Diner's, Mastercard, Visa, Eurocard) werden fast überall akzeptiert.

Preisbeispiele

Lebensmittel und Obst in Supermärkten sind preiswert; machen Sie öfter ein Picknick, am Strand, im Park oder im Hotelzimmer. Alle großen Shoppingmalls unterhalten eigene *food courts.* Das sind eigene Abteilungen mit Dutzenden von kleinen Selbstbedienungsrestaurants. Hier speist man gut, schnell und preiswert (z. B. Tellergericht 12 SR, Cola 4 SR).

Saudi-Arabien

Bei Restaurantbesuchen, insbesondere der gehobenen Kategorie, muss man sich auf heimatliche Preise einstellen.

Reisezeit und Ausrüstung

s. S. 57.

Gesundheit und Sicherheit

Allgemeine Informationen s. auch S. 57.

Gesundheit
Die medizinische Versorgung ist nur bedingt mit der in Europa vergleichbar. Besonders auf dem Land fehlen europäisch ausgebildete, englisch- oder französischsprechende Ärzte. Nur in Riyadh und Jeddah gibt es deutschsprachige Ärzte. Die großen prächtigen Krankenhäuser in **Riyadh** sind nicht nur Saudis vorbehalten, z. B.:
Green Crescent Hospital: Bin Marwan St., Olaya, hinter dem Intercontinental Hotel, Tel. 01 464 44 34, Fax 01 464 55 59, www.gch.com.sa.

In **Jeddah** gibt es mehrere Privatkrankenhäuser mit englischsprachigen Ärzten, z. B.:
Ghassan Pharaon Hospital: Prince Sultan St., Tel. 02-682 32 00, www.gnp.med.sa.
Saudi German Hospital: Batterjee St., Al Zahra Bezirk, Tel. 02 682 90 00, www.sghgroup.com; 302-Betten-Krankenhaus, auch mit in Deutschland ausgebildeten Ärzten.
In Dhahran
Procare Riaya Hospital: am Khobar-Dhahran Highway (unweit Aramco) Tel 03 895 59 00, Fax 03 895 59 10, www.procare.com.sa. Neues, privates großes Krankenhaus mit einer eigenen neuen Unfallabteilung.
Apotheken
Jede Stadt hat Dutzende großer Apotheken (*pharmacy* oder *drug store*); sehr gut sortiert sind auch die Drogerieabteilungen in den Shoppingmalls.
Notruf: Polizei Tel. 999; Feuerwehr Tel. 998; Rettungswache Tel. 997; Verkehrspolizei Tel. 996; Verkehrsunfall Tel. 993.

Sicherheit
Allgemeine Informationen s. auch S. 58.
Religionspolizei
Religionspolizisten heißen bei den westlichen Ausländern jene *mutaween* (›Wächter‹, Singular: *mutawah*), die tagsüber und abends zu den Gebetszeiten durch die Geschäftsstraßen gehen, mit langen Rohrstöcken an die Scheiben und Gitter der Läden schlagen und die Besitzer auffordern, den Laden zu schließen und zum Beten in die nahe Moschee zu gehen. Tatsächlich kommen die Ladenbesitzer der Aufforderung nach, bitten die Kunden vor die Tür und schließen das Geschäft für etwa 30 Min. Während der Gebetszeiten, besonders am Abend, sieht man dann große Ansammlungen nichtmuslimischer Ausländer vor den Geschäften warten. Auch die öffentlichen Büros (z. B. Fluggesellschaften, Banken) sind von diesen Schließungen während der Gebetszeiten betroffen.

Die *mutaween,* die durch Kleidung und Aussehen (keine *agal*-Kordel, meist lange, hennarot getönte Bärte) und ihren langen Rohrstock auffallen, genießen unter der muslimischen Bevölkerung großen Respekt. Sie werden vom Staat bezahlt und bekommen außerdem von den Läden, die sie an die Gebetszeiten ›erinnern‹, regelmäßige Zuwendungen. ›Unzüchtig‹ gekleidete Frauen (z. B. ohne *abaya*) werden von ihnen zurechtgewiesen und voller Empörung verjagt. Da die Religionswächter nur arabisch sprechen, gestaltet sich eine Verständigung schwierig! Vor den Mädchenschulen stehen jeweils mehrere *mutaween,* die darauf achten, dass das Abholen der Schülerinnen durch Verwandte auch seine ›Ordnung‹ hat. Während des Ramadan achten sie besonders darauf, dass niemand öffentlich (auch Nicht-Muslime) vor Sonnenuntergang etwas zu sich nimmt.

Kommunikation

Internet
Öffentliche Zugänge zum Internet in Internetcafés oder Internetläden sind nicht weit verbreitet, denn fast alle Haushalte verfügen über Internet und alle Hotels unterhalten *business offices,* in denen Hotelgäste problemlos das Internet benutzen können. Alle Hotels der höheren Preisklasse sind mit Laptopanschlüssen inkl. Internetzugang ausgestattet.

Post und Porto
Post nach Europa: ca. vier Tage; jede Stadt verfügt über mehrere Postämter. Porto: Standard-Luftpostbrief nach Europa (10 g), 5 SR (pro weitere 10 g 1 SR mehr), Postkarte 3 SR.

Post nach Saudi-Arabien ist etwa eine Woche unterwegs; sie wird nicht zugestellt, sondern erreicht nur ›postlagernd‹ (z. B. via P.O.B. des Hotels) den Adressaten. Einfuhrbestimmungen des Landes sollten genau eingehalten werden! Schon der Versuch des Imports von z. B. Sexmagazinen kann empfindliche Geldstrafen für den Empfänger (!) nach sich ziehen.

Telefonieren
Telefonieren in öffentlichen Telefonkabinen ist nur mit Telefonkarten (erhältlich in Läden zu 10, 20, 50 SR) möglich und relativ billig (Inlandsferngespräche 1 SR pro Minute). Gespräche nach Deutschland, Österreich und in die Schweiz kosten ca. 4 SR pro Minute.

Auch mit den nationalen Mobilfunkprovidern Mobily und Jawat kostet eine Minute nur 1 SR innerhalb Saudi-Arabiens. Handys nach Deutschland funktionieren je nach Region über Mobily oder Jawat.

Mobil-Vorwahl im Land: 050.
Ländervorwahl für Saudi-Arabien: 00 966.

Alle **Ortsvorwahlen** beginnen mit 0, bei internationalen Gesprächen muss man diese 0 weglassen (wie in Deutschland).

Fernsehen, Radio
In Saudi-Arabien werden zwei Fernsehprogramme ausgestrahlt: Das Erste in arabischer Sprache, dessen Hauptziel religiöse Unterweisung ist, und das Zweite in englischer Sprache, das leichte Unterhaltung bietet. Privater Satellitenempfang via Antennenschüssel war früher verboten und wird auch heute offiziell nicht gerne gesehen, ist aber mittlerweile erlaubt. Bei dem überwiegenden Teil der Meldungen des saudischen Fernsehens handelt es sich um zensierte Hofberichterstattung, Berichte aus dem Ausland sind meist Agenturberichte.

Radio: Mit Kurzwellengeräten kann man gut die Weltsendungen des BBC, der Voice of America und der Deutschen Welle empfangen. Die Sendezeiten der BBC werden in der Arab News abgedruckt.

Zeitungen
Es gibt zwei englischsprachige Tageszeitungen: **Arab News** (www.arabnews.com) und **The Saudi Gazette** (www.saudigazette.com.sa), die in Jeddah erscheinen und im ganzen Land ausgeliefert werden (Preis 2 SR).

Deutschsprachige Zeitungen sind nur in wenigen Geschäften, zudem mit dreitägiger Verzögerung und mit gelegentlichen Zensurschwärzungen in den Buchläden der größeren Hotels zu erwerben. Jede Darstellung männlicher oder weiblicher Körper mit geringsten Blößen wird selbst bei den wenigen erlaubten ausländischen Zeitschriften (aus dem deutschsprachigen Raum z. B. Der Spiegel und Burda Moden) von den königlichen Zensoren geschwärzt. Das Pornografieverbot geht so weit, dass auch bei den Blößen antiker Statuen (z. B. beim David von Michelangelo) regelmäßig der Schwarzstift angesetzt wird.

Wissenswertes für die Reise in den Vereinigten Arabischen Emiraten

Informationsquellen

Vereinigte Arabische Emirate im Internet
www.abudhabi.com: Informationen über Hotels, Kino, Gastronomie und Events.
www.uaeinteract.com: Ministry of Information and Culture
www.gia.gov.ae: General Information Authority der VAE
www.adach.ae: Abu Dhabi Culture and Heritage. Kulturaktivitäten.
www.adias-uae.com: Abu Dhabi Islands Archaeological Survey. Infos über Natur und Archäologie.
www.ead.ae: Environment Agency, Abu Dhabi
www.ncth.com: National Corporation for Tourism & Hotels in Abu Dhabi.
www.dubai.ae: Dubai e-Government Portal
www.dm.gov.ae: Dubai Municipality
www.dubaitourism.co.ae: Dubai Government, Department of Tourism & Commerce Marketing
www.godubai.com: Portal für aktuelle Infos
www.sharjahtourism.ae: Sharjah Commerce & Tourism Development Authority
www.raktourism.com: Ras al Khaimah Tourism Department
www.fujairahmunc.gov.ae: Fujairah Municipality

Touristeninformation
Jedes der sieben Emirate hat eine eigene Tourismusbehörde. Zweigstellen in Europa unterhalten nur die Emirate Abu Dhabi und Dubai.

Deutschland
Abu Dhabi Tourism Authority (ADTA): Sonnenstr. 9, D-80331 München, Tel. 089 23 66 21 39, 23 66 21 25, Fax 089 23 66 21 99, www.abudhabitourism.ae; auch zuständig für Österreich und die Schweiz.
Dubai Department of Tourism & Commerce Marketing (DTCM): Bockenheimer Landstr. 23, D-60325 Frankfurt, Tel. 069 710 00 20, Fax 069 710 00 234, www.dubaitourism.ae.

Schweiz (auch zuständig für Österreich)
Dubai Department of Tourism & Commerce Marketing (DTCM): Hinterer Schemen 29, CH-3063 Kloten, Tel. 01 03 19 24 75 99, Fax 01 03 19 21 90 08, www.dubaitourism.ae.

Vereinigte Arabische Emirate
Abu Dhabi (ADTA)
- P.O.B. 94000, Abu Dhabi, Tel. 02 444 04 44, Fax 02 444 04 00, www.abudhabitourism.ae.
- P.O.B. 59333, Al Ain, Tel. 03 765 54 44, Fax 03 765 50 55, info@alain.ae.

Dubai (DTCM)
- National Bank of Dubai, 12th floor, Baniyas Rd., neben Sheraton Hotel, P.O.B. 594, Dubai, Tel. 04 223 00 00, Fax 04 223 00 22, www.dubaitourism.ae.

Diplomatische Vertretungen
Deutschland
Botschaft der VAE: Hiroshimastr. 18, D-10785 Berlin, Tel. 030 51 65 16, Fax 030 51 65 19 00, www.vae-botschaft.de.
Generalkonsulat der VAE: Lohengrinstr. 21, D-81925 München, Tel. 089 4120010, Fax 089 470 77 020.

Österreich
Botschaft der VAE: Mattiellistr. 2-4, A-1040 Wien, Tel. 01 50 67 40, Fax 01 504 11 78, www.austria.embassy.gov.au.

Schweiz
Konsulat der VAE: 56, Rue de Moillebeau, CH-1209 Genf, Tel. 022 918 00 00, Fax 022 734 55 62, mission.uae@ties.itu.int.

VAE
Deutsche Botschaft: Abu Dhabi Mall, Towers at the Trade Centre, West Tower 14 F,

Abu Dhabi, Tel. 02 644 66 93, Fax 02 644 69 492, www.abu-dhabi.diplo.de.
Generalkonsulat der BRD: Islamic Bank Bdg., Khalid bin Waleed St., Bur Dubai, Tel. 04 397 23 33, Fax 04 397 22 25, www.dubai.diplo.de.
Botschaft der Republik Österreich: Al Khazna Tower, Sheikh Khalifa St., Abu Dhabi, Tel. 02 676 66 11, Fax 02 671 55 51, www.austrianembassy.ae.
Schweizer Botschaft: Abu Dhabi Tower, 4. Stock, Sheikh Hamdan St., Abu Dhabi, P.O.B. 46116, Tel. 02 627 46 36, Fax 02 626 96 27, www.eda.admin.ch/uae.
Generalkonsulat der Schweiz: Dubai World Trade Center, Dubai, Tel. 04 329 09 99, Fax 04 331 36 79, vertretung@dai.rep.admin.ch.

Karten
Wegen der großen Bautätigkeit in den Emiraten der VAE sind die meisten der in Europa erhältlichen Karten nicht aktuell. Vor Ort sind aber die **Bücherläden** in den **Hotels** und in den **Shoppingmalls** gut sortiert. Empfehlenswert sind Stadtpläne und Karten von **GEOprojects** und von **Fairey/Falcon**.

Reise- und Routenplanung

Die VAE als Reiseland
Die Mehrzahl aller Besucher aus Europa bleibt eine Woche, bucht pauschal ein Hotel im Emirat Dubai oder Abu Dhabi und macht gelegentlich Tagesausflüge. Erholen und Einkaufen sind die Motive – sagen die Tourismusforscher – und das bei Sonnenscheingarantie in einem sehr sicheren, sich rasant verändernden Land mit aufregender, moderner Architektur.

Bade- und Strandurlaub
In allen sieben Emiraten ist das ganze Jahr über an allen Sandstränden des Golfs Badesaison. Die Strände gehen sehr flach ins Meer, sind an der Golfküste weiß und an der Küste jenseits der Straße von Hormuz am Indischen Ozean dunkel. Das Wasser ist sauber und das ganze Jahr über angenehm warm (Dez. 18 °C). Im Sommer erreicht es nicht selten Temperaturen um die 25 °C.

Die Hotelstrände besitzen eine vorbildliche Infrastruktur; außerhalb der Hotelanlagen ist das Baden genauso schön und sicher, aber es fehlen sanitäre Anlagen und Sonnenschirme.

Im Winter werden die Schwimmbäder der Hotels geheizt, im Sommer gekühlt.

Kulturelle Sehenswürdigkeiten
Alle Emirate besitzen Museen, die über ihre Geschichte informieren. Archäologische Stätten sind selten, die bekannteste ist ein 5000 Jahre altes Rundgrab in Al Ain.

Vorschläge für Rundreisen
Für Rundreisen und Ausflüge in der VAE sollte man sich einer örtlichen Reiseagentur (Tour Operator) anvertrauen. In Abu Dhabi und Dubai gibt es Dutzende solcher Tour Operators. Zu ihrem Standardprogramm gehören Stadtrundfahrten, Wüstensafaris und Ausflüge in Oasen (z. B. Al Ain) und in die Nachbaremirate.

Reisen mit Kindern
Dank der kinderreichen einheimischen Familien sind das Land, die Hotels und die touristische Infrastruktur auf Kinder und deren Bedürfnisse vorbereitet. In den Hotels der oberen Preisklasse organisiert die Hotelrezeption stets einen Sitter, in einigen Strand-Hotels gibt es Kinderclubs mit kompletten Tagesprogrammen inklusive einem Mittagessen (z. B. der **Peaco Club** im Jebel Ali Golf Resort & Spa in Dubai). Viele der großen Hotels haben besonders sichere Kinderpools. Zu den großen Shoppingmalls gehört selbstverständlich immer ein *kindergarden* mit US-amerikanischem Computerspielzeug. Besonders kinderfreundlich sind die Stadtparks mit ihren großen Spielanlagen und vielen Spielgeräten.

Vereinigte Arabische Emirate

In einigen Museen kann man eine eigene Führung (allerdings nur in englischer Sprache) für Kinder erbitten, in der die Erklärungen zu den Exponaten altersgemäß erfolgen.

Wer mit Kindern reist, sollte wegen des Freizeitwertes immer ein Strand-Hotel wählen. Den größten Gefallen tut man wasserbegeisterten Kindern, wenn man einen ganzen Tag im **Wild Wadi Water Park** im Emirat Dubai verbringt (s. S. 407) oder eine Tauchfahrt mit dem **U-Boot Sam1** unternimmt. Dieses geschlossene Boot – eine Mischung aus Glasbodenboot und U-Boot – legt am Heritage and Diving Village ab und fährt unter Wasser vom Creek ins Meer und zurück.

Reisen mit Handicap

Behinderte werden in den VAE mit unterschiedlichen Standards konfrontiert. Die Flughäfen, die großen Museen und alle teuren Hotels verfügen über barrierefreie Zugänge. Schwieriger wird es in den östlichen, kleineren Emiraten. Beim **DTCM von Dubai** (s. S. 104) erhält man die Informationsbroschüre Simply Accessible mit behindertenspezifischen Hinweisen (s. auch www.dubaitourism.ae/disabled).

Anreise und Verkehr

Einreise- und Zollbestimmungen

Allgemeine Informationen s. auch S. 54 f. Die VAE erleichtern die Einreise für Flugpassagiere aus Deutschland, Österreich und der Schweiz. Diese erhalten ihr Visum kostenlos in Form eines **Visa on Arrival** an der Passkontrolle bei der Ankunft auf den Flughäfen. Es berechtigt zu einem Aufenthalt von bis zu 30 Tagen. Eine Verlängerung um einen Monat ist bei den Immigration Offices vor Ort für 500 Dh möglich.

Einreisende über Dubai können mit dem Visa on Arrival die VAE z. B. für Ausflüge nach Oman und Qatar verlassen und wieder einreisen.

Kinder unter 14 Jahren müssen im Pass der Eltern eingetragen sein; Kinderausweise werden nicht akzeptiert. Kinder ab 15 Jahren müssen einen eigenen Pass besitzen. Es empfiehlt sich, die aktuellen Vorschriften bei der Botschaft der VAE (s. S. 104) zu erfragen.

Zollvorschriften: Bei der Einreise: 2000 (!) Zigaretten, 400 Zigarren, 2 kg Tabak und insgesamt 4 l Alkohol (allerdings nur von Nichtmuslimen!) dürfen zollfrei in die Vereinigten Arabischen Emirate eingeführt werden.

Anreise in die VAE
Flugzeug

Die Emirate Dubai und Abu Dhabi besitzen sehr große internationale Flughäfen, die sie zudem ständig erweitern. Auch das Emirat Sharjah betreibt einen internationalen Flughafen; er ist aber wesentlich kleiner. Sharjah ist Heimatflughafen des arabischen Billigfliegers **Air Arabia** (www.airarabia.com).

Zwei Emirate der VAE unterhalten eigene Fluglinien: Das Emirat Dubai die Fluglinie **Emirates Airlines** und das Emirat Abu Dhabi die Fluggesellschaft **Etihad**. Sie fliegen die Hauptstädte ihrer Emirate mehrmals täglich direkt von deutschen Großstädten an (z. B. Emirates Airlines 52 x pro Woche nach Dubai). Auch von Zürich, Genf und Wien bieten sie mehrmals wöchentlich Direktflüge an. Die Flugzeit von Frankfurt in die VAE beträgt 6–7 Std. Für einen Flug zahlt man 500–750 €. Beide VAE-Fluglinien sind besonders komfortabel und zuverlässig.

Emirates Airlines:
- Dubai: Dubai Airport, Terminal 1, Dubai, Tel. 04 216 27 45, Call Center: Tel. 04 214 44 44, www.emirates.com.
- Deutschland: Eschersheimer Landstraße 55, D-60322 Frankfurt, Tel. 069 95 96 88 20, Fax 069 95 96 88 55.
- Schweiz: Gerbergasse 5, 8001 Zürich, Tel. 044 809 28 28.

– Österreich: Malergasse 12, 1010 Wien, Tel. 01 53 26 02 81 02.

Etihad Airways:
– P.O.B. 35566, New Airport Rd., Abu Dhabi, Tel. 02 505 80 00, Fax 02 505 81 11, Call Center Tel. 800 22 77 (innerhalb der VAE), 00 971-2-693 97 11 (international).
– Palais am Jakobsplatz, Oberanger 34, D-80331 München, Tel. 089 44 23 88 88, Fax 089 44 23 88 89, Reservierung: 0180 50 54 00, www.etihadairways.com.
– 6, rue Kleeberg, CH-1201 Genf, Tel. 022 906 90 40, Fax 022-906 90 49.

Schiff

Nur das Emirat Dubai besitzt einen Terminal für Kreuzfahrtschiffe. Hier legen auch die großen europäischen **Kreuzfahrtschiffe** (z. B. die QE 2, MS Europa und MS Deutschland) an.

Wer ein Frachtschiff von Hamburg bevorzugt: **Frachtschiff-Touristik Kapitän Zylmann GmbH,** Exhöft 12, D-24404 Maasholm, Tel. 04642 965 50, www.zylmann.de.

Verkehrsmittel in den VAE
Bus

Innerhalb der VAE reist man mit dem Pkw, ob mit Leihwagen oder Taxi. Verlässliche Busverbindungen gibt es nur zwischen Abu Dhabi und Dubai bzw. von beiden nach Al Ain und von Dubai nach Sharjah.

Leihwagen

In der VAE ist der internationale Führerschein Pflicht; nur in Dubai genügt (seit 2008) für Deutsche, Österreicher und Schweizer der nationale Führerschein.

Mietwagen sind auf Flughäfen und in Hotels erhältlich. Tagesmietpreis ab 100 Dh, Vierradantrieb ab 400 Dh. 1 l Diesel kostet 82 fils, 1 l Benzin 1,20 Dh. Preisgünstiger mietet man ein Auto bereits zu Hause an, z. B. bei: **Holiday autos:** Brunhildenstr. 25, D-80639 München, Tel. 089-17 91 92 93, Fax 089-17 91 92 31 (Partner vor Ort: **Thrifty**).

Taxi

Taxi fahren ist in der VAE sehr billig, aber es gelten unterschiedliche Tarife in den einzelnen Emiraten. Richtpreise: Grundgebühr 3–6 Dh, pro Kilometer 1,5 Dh). Allein in Abu Dhabi City gibt es 5000 zugelassene Taxis, in Dubai sind es ca. 10 000.

Innerstädtische Busse

Dubai und Abu Dhabi verfügen über Buslinien innerhalb der Stadt und zu allen größeren Orten im eigenen Emirat. 2009 eröffnete in Dubai die erste Metro der VAE.

Verkehrsregeln und Straßenverhältnisse

Die Straßenverhältnisse sind hervorragend, sowohl zu den angrenzenden Staaten Saudi-Arabien und Oman als auch innerhalb der Großstädte der VAE. Trotz der vielen mehrspurigen Straßen kommt es in den *rush hours* insbesondere in Dubai zu langen Staus.

Die Verkehrsregeln unterscheiden sich nicht von denen in Europa, aber es gibt strengere Überwachungen und Radarkontrollen (Überschreiten des Tempolimits pro 5 km/h 100 Dh; überschreitet man ein Tempolimit um 100 %, wird der Führerschein an Ort und Stelle eingezogen).

Unterkunft

In keinem Land der Arabischen Halbinsel gibt es so viele Luxus-Hotels wie in der VAE (mehrheitlich in Abu Dhabi und Dubai). Unter allen sieben Emiraten ist Dubai das teuerste.

Vom Übernachten in einfachen Unterkünften, die es ebenfalls in großer Anzahl für nachreisende Gastarbeiter gibt, ist Europäern abzuraten.

Preisorientierung (DZ)

Luxus (5 Sterne):	ab 5000 Dh
Deluxe (4 Sterne):	1500–2500 Dh
Mittelklasse:	bis 1500 Dh

Vereinigte Arabische Emirate

Jugendherbergen

In den Hauptstädten von vier Emiraten der VAE gibt es Jugendherbergen *(bait al shabab)*: in Dubai, Sharjah, Fujairah und Ras al Khaimah. Übernachtung mit JH-Ausweis ab 85 Dh inkl. Frühstück. Alle Schlafsäle und Zimmer sind klimatisiert, die Jugendherberge in Dubai besitzt ein Schwimmbad. Alle Jugendherbergen bieten Doppelzimmer für Nicht-Mitglieder zum Preis von 220 Dh an (Mitglieder 170 Dh). Auskünfte:
UAE Youth Hostel Association: Al Nahda Rd. 39, Dubai, Al Qusais, Tel. 04-298 81 61, Fax 04-298 81 41, www.uaeyha.com.

Sport und Aktivurlaub

Für sportliche Aktivitäten unter freiem Himmel sind die klimatischen Bedingungen in den VAE während der Monate Oktober bis April ideal. Danach wird es heiß, was aber für Wassersport angenehm sein kann.

Es gibt nur ganz wenige Sportarten, die man in der VAE nicht praktizieren kann (Abu Dhabi besitzt eine **Eishockey-Mannschaft** und Dubai eine **Skipiste!**). Besonders beliebt sind neben vielen Wassersportarten **Golfen** und **Reiten**. Allein Dubai verfügt über sechs herausragende Golfplätze, Abu Dhabi über drei und es kommen ständig neue hinzu. Ähnliches gilt für die Reitanlagen.

Die VAE bietet auch spannenden Sport zum Zuschauen, allen voran **Pferde- und Kamelrennen, Polo-Spiele, Golf- und Tennisturniere**. Bei all diesen Ereignissen nehmen immer Spitzensportler aus der ganzen Welt teil. Besuche sind oft kostenlos bzw. die Eintrittspreise sehr niedrig.

Einkaufen

Zwischen Souqs und Shoppingmalls erstreckt sich die Bandbreite fürs Einkaufen, wobei die beiden Emirate Abu Dhabi und Dubai alles übertreffen. Dubai allein besitzt bereits ca. 40 Shoppingmalls und natürlich auch mit 400 Läden den größten Gold Souq.

Ausgehen

Kein anderes Land der Arabischen Halbinsel kann mit dem Nightlife-Angebot in Dubai mithalten: In einem Dutzend Diskotheken (alle in Hotelanlagen) kann man sechs Nächte in der Woche zu den Top Hits der US-Charts (ab 22 Uhr, Mindestalter 21 Jahre) tanzen.

Gut zu wissen

Alkohol
In allen Emiraten – außer Sharjah – erhält man alkoholische Getränke in Hotels und lizenzierten Restaurants.

Feiertage und Events
Die VAE haben das **islamische Wochenende neu** geregelt: Fr und Sa (nicht mehr Do und Fr) gelten jetzt als offizielle Wochenendtage (z. B. für Behörden und Schulen). Alle islamischen Feiertage sind offizielle Feiertage (s. S. 38). Darüber hinaus: 1. Januar: Neujahr; 2. Dezember: National Day (Tag des Zusammenschlusses der sieben Scheichtümer zum Staat der Vereinigten Arabischen Emirate). **Events** s. S. 38.

Reisekasse und Reisebudget

Währung
Die Währung der VAE ist der **Dirham (Dh, AED)**. Unterteilt in 100 Fils. Er ist seit 1980 fest an dem US-$ gekoppelt (1 US-$ = 3,67 Dh, 1 Dh = 0,27 US-$). **Wechselkurs Dezember 2010:** 1 Dh = 0,21 €, 1 € = 4,83 Dh.

Geldwechsel und Kreditkarten

Euronoten werden in Banken und Wechselstuben (meist ohne Gebühr) getauscht. Mit Kredit- oder Maestro-Karten kann man an Bankautomaten auch in Hotels und Shoppingmalls Dirham abheben. In der Regel fallen bei der eigenen Bank Gebühren von ca. 4,50 € an, bei Kreditkarten mehr.

Preisbeispiele

Die VAE sind kein billiges Reiseland, aber das Preis-Leistungs-Verhältnis stimmt. Besucher aus Europa bewegen sich bei der Unterkunft und in den Restaurants in aller Regel auf 4- bis 5-Sterne-Niveau. Im Vergleich zu den Preisen dieses Standards in Deutschland oder in der Schweiz sind die Emirate allerdings eine günstige Destination. Hinzu kommt das gute Wechselkursverhältnis des derzeit starken Euro zum US-Dollar.

Ein DZ in einem Luxus-Hotel kostet ca. 150 €, ein 4-Gänge-Menü dort ca. 40 €, ein *shawarma* an der Straßenecke 1 € und eine Tasse Kaffee in einer Shoppingmall 1,50 €.

Reisezeit und Ausrüstung

s. S. 57.

Gesundheit und Sicherheit

Allgemeine Informationen s. auch S. 57.
Notruf: Polizei- und ärztlicher Notruf Tel. 999; Feuerwehr Tel. 997.

Kommunikation

Internet

Alle Hotels bieten Internetzugänge, sei es in zentralen Räumen (z. B. *business center* oder Lobby) oder auf den Zimmern.

Öffnungszeiten
Banken: So–Do 8–12 Uhr
Behörden: So–Do 8–14 Uhr
Geschäfte: Sa–Do 9–13, 16–20/22 Uhr
Malls: Sa–Do 10–22/23, Fr 12–22 Uhr
Post: So–Do 8–18, Sa 8–12 Uhr
Souq: Sa–Do 8–13, 16–20/22 Uhr

In den größeren Städten besitzt jede Shoppingmall eine eigene *internet corner* mit vielen PCs (5–10 Dh/1 Std.). Auch in den Einkaufsstraßen der Innenstädte wimmelt es von Internetcafés.

Post und Porto

Die Post der VAE arbeitet zuverlässig und schnell. Postämter gibt es in allen Stadtteilen.
Gebühren: 1 Postkarte nach Europa kostet 1,50 Dh, 1 Luftpostbrief (20 g) 3,25 Dh.

Telefonieren

Für die reichlich vorhandenen öffentlichen Fernsprecher benötigt man für In- und Auslandsgespräche Telefonkarten (ab 20 Dh in Kiosken und Geschäften erhältlich). Die Verbindungen ins Ausland sind sehr gut (1 Min. nach Europa ca. 2,5 Dh.).

Tri-Band-Handys deutscher Netzanbieter funktionieren. Die Anrufe zu Ihrem Handy – in der VAE spricht man nur von *mobile* – werden vom Provider Etisalat weitervermittelt.

Ländervorwahlen
VAE: 00 971 + eine Ziffer je nach Emirat, Abu Dhabi: 2, Dubai: 4, Ajman, Sharjah und Umm Al Qawain: 6, Ras Al Khaimah: 7, Khor Fakkan und Fujairah: 9

Zeitungen

Englischsprachige Zeitungen in der VAE sind **Gulf Times, Khaleej Times** (www.khaleejtimes.com) und **The Gulf Today** (www.godubai.com/gulftoday).

Spannend und vielschichtig: die Begegnung mit der Arabischen Welt

Unterwegs auf der Arabischen Halbinsel

Symbol von Schönheit und Reinheit: Kenner behaupten, dass die feinsten Perlen der Welt in den Gewässern vor Bahrain gefunden wurden

Kapitel 1
Bahrain

In den Clubs ertönt die gleiche Musik wie auf Ibiza, junge, stolz aussehende Männer in weißen Gewändern bestellen ein Guinness vom Fass, und modisch gekleidete Frauen treffen sich mit ihren Freundinnen zum *shisha*-Abend im Café. Der erste Eindruck von Bahrain kann schon verwirren: Statt des erwarteten orientalischen Märchenlandes, statt traditioneller Bausubstanz und altertümlicher Souqs erwarten den Besucher ultramoderne Shoppingmalls, spiegelnde Hochhäuser. Dem schnellen Wandel unterworfen ist sogar das Land selbst: Beständig vergrößert Bahrain seine Fläche. Durch Aufschüttung von Sand, der aus dem Meer gewonnen wird, schafft man neues Festland, das rasch urbanisiert wird.

Doch auch das liberalste Land der Golfstaaten bewahrt nach wie vor seine islamischen Traditionen und Wertvorstellungen. Augenfällig wird dies entlang der breiten Straßen, an denen überdimensionale Plakate prangen, jedoch nicht mit Konsumprodukten, sondern mit der lokalen Herrscherelite. Huldvoll lächelnd wacht der König, umgeben vom Familienclan und Ministern, über den stetig dahinfließenden Verkehr. Neben modisch gekleideten und geschminkten Bahrainerinnen begegnet man vollständig verhüllten Frauen, das Gesicht hinter einer Maske verborgen, beim Bestellen eines Hamburgers im Drive-in eines US-amerikanischen Schnellrestaurants. Im Souq verkaufen bahrainische Händler wie seit Jahrhunderten Gewürze, Parfumöle und Dinge des täglichen Konsums. Trotz der vielen Boutiquen, die die Waren einer globalisierten Ökonomie zur Schau stellen, haben die Schneider, die die traditionellen weißen und schwarzen Umhänge für Männer und Frauen fertigen, Hochkonjunktur.

Im Land der zwei Meere

Nicht Erdöl, sondern in erster Linie vorausschauender Geschäftssinn ist für Bahrains Wohlstand verantwortlich. Das Königreich etablierte sich als Bankenzentrum des Mittleren Ostens sowie als Wochenenddestination für die Nachbarn aus Saudi-Arabien, die Shopping und westliche Unterhaltung schätzen. Drei Million Autos rollen pro Jahr von Saudi-Arabien über den Damm King Fahd Causeway nach Bahrain.

Mamlakat al Bahrain, das Königreich Bahrain, besteht aus 33 kleinen und kleinsten Inseln, die zusammen die Fläche Hamburgs erreichen. Die Natur hat es gut gemeint mit Bahrain: aus zahlreichen Süßwasserquellen sprudelt das kostbare Nass. Sie gaben dem Land auch seinen Namen, Bahrain bedeutet Land der zwei Wasser oder Land der zwei Meere.

Das im europäischen Ausland relativ unbekannte Land, bislang höchstens als Stopover-Ziel nach Asien besucht, nimmt in der arabischen Welt einen geachteten Platz ein und gilt beispielsweise bei seinen Nachbarn in Saudi-Arabien als Top-Wochenendziel. Aus gutem Grund: Bahrain bietet den Besuchern Unterhaltung im westlichen Stil. Die traditionelle Anlehnung an Großbritannien trägt darüber hinaus wesentlich zur liberalen Form des muslimischen Lebens bei. So ist Alkohol erlaubt – und sichert einen ungebrochenen Strom von Besuchern aus den ›trockenen‹ Nachbarländern Saudi-Arabien und Qatar. Insgesamt lebt das 1971 unabhängig gewordene Emirat Bahrain, seit 2002 Königreich, sehr gut vom Erfindungsreichtum seiner Bewohner. Hervorgegangen aus dem legendären Dilmun, einer Jahrtausende alten Handelsmacht, zelebriert man die ungebrochene Freude am Geschäftemachen in Bahrain noch heute. Die Zucht hochwertiger Rennkamele für Dubai, die dort ihren schnellen Gewinn bringen, gehört noch zu den traditionsreichen Jobs am Golf. Als internationales Finanzzentrum etabliert wurde die Hauptstadt Manama: eine Art Wallstreet am Golf, mit mehr als 200 Offshore-Banken, und noch immer ist ein Ende des Booms nicht absehbar. Die Nase vorn hatten die Barainis auch, als es darum ging, den Zuschlag zum Bau einer Formel-1-Rennstrecke zu erhalten. Und seit Fertigstellung der nach Abu Dhabi teuersten Rennmeile der Welt 2004 tritt im Bahrain International Circuit die Rennfahrer-Elite gegeneinander an, zur Freude der Einheimischen, die gerne im eigens dafür errichteten neunstöckigen VIP-Tower Platz nehmen.

Auch in touristischer Hinsicht wird der Newcomer Bahrain bald einen herausragenden Platz im hochpreisigen Segment des internationalen Fremdenverkehrs einnehmen. So werden gegenwärtig die beiden unbewohnten Inseln Amwaj und Durrat durch Investionen in Milliardenhöhe zu Touristenzentren mit Luxus-Hotels und Freizeitanlagen ausgebaut. Nach dem Vorbild der Landegewinnung in Dubai und Qatar entsteht Durrat al Bahrain mit Hotels, Apartments, Jachthafen, Golfplatz, Sportanlagen und Shoppingkomplexen. Das 3 Mrd. US-Dollar teure Projekt umfasst auf 20 km^2 13 künstliche und durch Brücken miteinander verbundene Inseln unterschiedlicher Form und Größe mit einer Küstenlänge von 55 km und 16 km

Sandstrand. Es ist für 45 000 Einheimische und 4000 Gäste geplant.

Übrigens: Bahrains bislang einzige Fünf-Sterne-Hotels sind das bereits seit einigen Jahren bestehende Ritz Carlton an einem Sandstrand drei Kilometer vom Zentrum sowie das 2007 eröffnete Banyan Tree Desert Resort im südlich gelegenen Al Areen. Mit diesen Hotelpretiosen, die zu den exklusivsten Häusern ihres Segments gehören, weist Bahrain seinen Weg in die touristische Zukunft: lieber klein und fein.

Kulturell kann Bahrain mit einem absoluten Highlight trumpfen: 5000 Jahre alte Gräber der Dilmun-Kultur, die zudem beweisen, dass das Land zu den ältesten Siedlungszentren der Arabischen Halbinsel gehört.

Etwa 85 000 sogenannte *burial mounds,* in Zuckerhutform angelegte Gräber, bilden den größten Friedhof der Erde – Grabhügel, die rund 30 m in den Himmel reichen und die an einigen Orten die Landschaft prägen soweit das Auge reicht. Eine einmalige Szenerie, die an eine Mondlandschaft denken lässt. Bereits im 19. Jh. verweisen Altertumsforscher auf die herausragende Bedeutung der kleinen Insel Bahrain in frühen Zeiten. Schon im legendären Gilgamesch-Epos, einem der ältesten literarischen Werke der Menschheitsgeschichte, war Bahrain wesentlicher Schauplatz der Erzählungen. Hier, so hieß es, lag das sagenhafte Dilmun, eben jenes Paradies, dessen Bewohner mit unsterblicher Jugend gesegnet sind.

Doch auch dem Alterungsprozess unterworfene Bahrainis leben heute ein sorgenfreies, durch Wohlstand gesichertes Leben. Dank weitreichender Reformen und wirtschaftlicher Programme wird das erst seit 1971 unabhängige Bahrain, das heute bereits Erdöl importieren muss, auch im 21. Jh. nicht darben.

Ali Abdulemam, Gründer von Bahrainonline.com, in Manama: Vorausschauender Geschäftssinn ist verantwortlich für den Reichtum des Königreichs Bahrain

Steckbrief Bahrain

Daten und Fakten

Name: Königreich Bahrain, Kingdom of Bahrain, Mamlakat al Bahrain
Fläche: 711 km^2
Hauptstadt: Manama
Amtssprache: Arabisch
Einwohner: 800 000,
davon 370 000 *expatriates*
Bevölkerungswachstum: 2,3 %
Lebenserwartung: Männer 71,
Frauen 76 Jahre
Alphabetisierung: Männer 92 %,
Frauen 85 %
Währung: Bahrain-Dinar (BD)
Zeitzone: MEZ + 2 Std., im Sommer + 1 Std.
Landesvorwahl: 00973
Internetkennung: .bh

Landesflagge: Ein Drittel ist weiß, zwei Drittel sind rot, der Übergang besteht aus fünf weißen Zacken, die nach rechts zeigen. Rot (Blut des Feindes) und Weiß (Reinheit, Frieden) sind traditionelle Farben des Arabischen Golfs.

Geografie

Der Staat Bahrain besteht aus 33 Inseln, die in einer Bucht des Arabischen Golfs, dem Golf von Bahrain, liegen. Von den Inseln sind zwölf bewohnt, davon nur sieben ständig und in nennenswertem Umfang: die Hauptinsel Bahrain (offiziell Awal, 586 km^2 und 160 km Küstenlänge) und Muharraq, Sitrah, Nabih Salih sowie die Inseln Umm Nasan und Jiddah. Im Südosten der Hauptinsel liegt die Gruppe der Hawar-Inseln mit Hawar.

Dank reichhaltiger Süßwasserquellen existieren auf den flachen Inseln relativ große, zusammenhängende Palmenhaine und wird intensive Landwirtschaft betrieben. Wüste dominiert den Süden der Hauptinsel Awal; hier liegt auch die höchste Erhebung Bahrains, der Jebel Dukhan (134 m).

Geschichte

Bahrain ist vermutlich das legendäre Dilmun, ein bedeutsamer Handelsposten, von dem babylonische und sumerische Schriften berichten. Schon früh hielt der Islam Einzug auf Bahrain. Die Insel unterstand zunächst den Statthaltern der Khalifen, die jedoch 899 von den schiitischen Karmaten, die sich auf dem gegenüberliegenden Festland der Arabischen Halbinsel niedergelassen hatten, vertrieben wurden. Diese wiederum mussten 1058 den Persern weichen. Bis zum 16. Jh. wechselten persischer und arabischer Einfluss einander ab. 1521 eroberten die Portugiesen Bahrain und errichteten dort ein Fort, das erfolgreich allen türkischen Angriffen widerstand. 1602 unterlagen die Portugiesen den Persern, bald darauf wurde Bahrain von den Omani erobert, 1720 aber gegen einen hohen Preis wieder an die Perser verkauft. Im Jahre 1782 gelang es der Al Khalifa-Familie, die sich aus Kuwait kommend im Norden Qatars (Zubarah) niedergelassen hatte, sich der Insel zu bemächtigen und seit 1820 ihre Herrschaft durch Verträge mit Großbritannien abzusichern.

Das Aufkommen japanischer Zuchtperlen führte um 1930 zum Niedergang der Perlenfischerei, zur gleichen Zeit wurde auf der Insel Erdöl entdeckt. Mit dem Rückzug der Briten aus allen Besitzungen östlich von Suez gab es für kurze Zeit Pläne, Bahrain und Qatar in die Vereinigten Arabischen Emirate zu integrieren. Das aber scheiterte an den Differenzen zwischen Bahrain und Qatar. Am 15. August 1971 wurde Bahrain unabhängig.

Staat und Politik

Seit 2002 ist Bahrain eine konstitutionelle Monarchie, davor war es ein Emirat (Fürstentum), dessen Erbfolge an die Familiendynastie der Al Khalifa gebunden ist. Seit 1999 regiert Sheikh Hamad bin Isa al Khalifa den Staat. Die Hälfte der 17 Kabinettsminister gehört ebenfalls zur Khalifa-Familie. Seit 2002 betreibt die Regierung demokratische Reformen und eine gewisse Liberalisierung, denen in einer Wahl 95 % der Bahrainis (auch Frauen) zustimmten. Bahrain ist seit 1971 Mitglied der UN und der Arabischen Liga. Wegen der vergleichsweise geringen Ölförderung gehört es nicht der OPEC an.

Ein enges Verhältnis besteht mit dem Nachbarn Saudi-Arabien, von dem die Insel nicht nur wirtschaftliche Unterstützung, sondern auch politischen Schutz gegenüber Iran erhält. Seit dem Zweiten Golfkrieg 1991 hat Bahrain als logistischer Stützpunkt für die Truppen der USA und Großbritanniens eine neue Einkommensquelle.

Wirtschaft und Tourismus

Bahrains Ölproduktion ist vergleichsweise gering. Der Beitrag des Öls zum Bruttoinlandsprodukt (BIP) liegt bei 14 %, zum Staatseinkommen aber bei 50 %. Von Anfang an hat Bahrain sich bemüht, seine gesamte Ölfördermenge selbst zu raffinieren. Heute verarbeitet es darüber hinaus zu 70 % saudisches Öl. Die Gasvorräte reichen noch bis etwa 2015. Bahrain gehört seit 1971 zu den großen Aluminiumproduzenten der Welt.

Heute ist Bahrain ein internationales Finanzzentrum mit Offshore Banking Units (OBU). Diese Banken können außerhalb des Landes ungehindert handeln, dürfen jedoch mit Inländern (außer Regierung und Banken) keine Geschäfte machen.

Von den etwa 220 000 Erwerbstätigen Bahrains sind 50 % Ausländer, vor allem Pakistani und Inder, sowie 15 % einheimische Frauen.

Bahrain bemüht sich zunehmend um Tourismusförderung. Den größten Teil der Besucher stellen gegenwärtig die umliegenden Golfstaaten mit jährlich einer Million Touristen. Um auch europäische Besucher anzuziehen, werden derzeit zwei unbewohnte Inseln, Durrat und Amwaj, zu Touristenzentren ausgebaut.

Bevölkerung und Religion

In Bahrain leben ca. 800 000 Menschen, davon 430 000 Bahraini. Nahezu vier Fünftel der Gesamtbevölkerung siedelt auf den drei Hauptinseln, fast ein Drittel wohnt allein in der Hauptstadt Manama (220 000). 80 % der Bevölkerung sind jünger als 40 Jahre.

Religion: 95 % Muslime, wenige Christen und Hindus. Dreiviertel der muslimischen Bevölkerung gehören der schiitischen, nur ein Viertel in der Region dominierenden sunnitischen Richtung an; die Mitglieder der Herrscherfamilie Al Khalifa sind Sunniten. Aus gesellschaftspolitischer Sicht ist dies delikat, und der schiitische Iran nutzt dieses Phänomen politisch.

Auf einen Blick
Bahrain

Sehenswert

1 Manama: In der Hauptstadt des Landes sollte man auf keinen Fall das National Museum Bahrain verpassen. Ausstellungsstücke vom Dilmun-Grab bis zum traditionellen arabischen Souq – arabische Kulturgeschichte zum Anfassen (s. S. 120).

Kunst in Manama: Bahrain Craft Centre: Die alten Techniken geraten in Vergessenheit, es gibt immer weniger einheimische Kunsthandwerker. Eine rühmliche Ausnahme ist das Bahrain Craft Centre. Mittels traditioneller Handwerkstechniken entstehen Teppiche, Schmuck, Stoffe und Keramiken (s. S.121, 128).

2 Erdwallgräber Saar und Al Aali *(burial mounds):* Der größte prähistorische Friedhof der Welt – 85 000 Grabhügel in der Wüste, angelegt zur Blütezeit der Dilmun-Kultur (s. S. 131).

Schöne Routen

Awadiya Conservation Area: Fenster, die verziert sind mit buntem Glas, Dächer, die kunstvolle Windtürme tragen, gewaltige, mit Eisennägeln dekorierte Eingangsportale: Ein Bummel durch das Viertel Awadiya zeigt, wie es noch vor wenigen Jahrzehnten in Manama aussah. Im reichen Bahrain wurden die Gebäude aufwendig restauriert, viele beherbergen Restaurants, Cafés und Boutiquen – ein junges, trendiges Viertel mit historischem Ambiente (s. S. 120).

Souq al Qayserayah: Ein Bummel durch den alten arabischen Souq führt durch die historischen Verkaufsgassen der Altstadt der Insel Muharraq (s. S. 129).

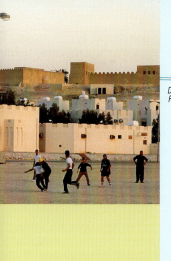

Unsere Tipps

Bab al Bahrain: Nach dem Besuch des Wahrzeichens von Bahrain lockt ein Spaziergang zu dem neuen Stadtteil am Meer oder durch den Souq von Manama (s. S. 120).

The Lost Paradise of Dilmun Water Park: Das größte Wellenschwimmbad der Arabischen Halbinsel ist umgeben von einem weitläufigen aufwendigen Wasserpark mit zahlreichen Attraktionen (s. S. 135).

Ölquelle mit Museum: Wo sonst als in Bahrain kann man eine echte Ölquelle besichtigen – dazu noch die erste, die Bahrains Reichtum sicherte, die berühmte **Quelle Nummer 1** (Oil Well No. 1), jahrzehntelang ergiebig. Anschließend besucht man das von der Bahrain Petroleum Company (Babco genannt) unterhaltene Museum, treffenderweise Dar An Naft, nämlich Haus des Erdöls genannt (s. S. 136).

aktiv unterwegs

Auf der Strecke bleiben: Mit einem Rennwagen auf der Formel-1-Rennstrecke (Bahrain International Circuit) oder dem Kart auf der angeschlossenen Kart Zone – hier kann man seine Fahrkünste zeigen (s. S. 137).

Manama und Umgebung

Manama, die Hauptstadt Bahrains, liegt im äußersten Nordosten der Hauptinsel. Zwei Dämme verbinden die lebhafte Metropole mit den unmittelbar vorgelagerten Inseln Muharraq im Nordosten und Sitrah im Süden. Hochhäuser und Shoppingcenter, internationale Banken und immer weniger historische Bauwerke bestimmen das Bild der Stadt.

Manama zählt 220 000 Einwohner und ist Sitz der Regierung und aller Ministerien; die bedeutenden Hotels und Firmen befinden sich ebenfalls hier. Da im Hafen die Marinesoldaten der 5. US-Flotte stationiert sind, hört man in Shoppingmalls und Restaurants häufig US-amerikanische Konversationen.

Am westlichen Stadtrand liegt das alte Zentrum Bahrains, Bilad al Qadim, das um 900 gegründet wurde. In portugiesischen Schriften des 15. Jh. wird der neue Name der Stadt – Manama bedeutet Platz der Ruhe – erstmals erwähnt. Manama war die erste moderne Großstadt am Golf, und hat trotz der Konkurrenz der anderen Metropolen seine Stellung als Handels- und Finanzzentrum bis heute behaupten können. Die Zahl der Sehenswürdigkeiten in Manama ist eher gering.

Muharraq liegt nur wenige Kilometer von Manama entfernt. Dort lohnen der Souq und einige historische Gebäude den Besuch. Arad und Hidd erinnern mit kleinen Handwerksbetrieben und dem Hafen an vergangene Zeiten, als die Perlenfischerei florierte.

1 Manama ▶ 3, D 2

Cityplan: S. 122/123

Vom Bab al Bahrain in den Souq

Bab al Bahrain 1 – das Tor Bahrain – ist ein eindrucksvolles Gebäude, hinter dem der Souq beginnt. Das Bauwerk an der Grenze zwischen dem älteren Teil Manamas und der ›Neustadt‹ wurde 1945 von Gouverneur Sir Charles Belgrave als Regierungssitz errrichtet und erhielt seine heutige Form 1986. Es beherbergt derzeit Büros des Tourismusministeriums, eine Touristeninformation, ein Souvenirgeschäft und einen kleinen Polizeiposten. Neben dem Gebäude liegt ein Taxiplatz.

Der **Souq von Manama 1** ist mit denen der übrigen Hauptstädte am Arabischen Golf nicht zu vergleichen. Er besteht überwiegend aus modernen Betonbauten und wird durch Neonlicht erhellt, nur vereinzelt entdeckt man ältere arabische Kaufmannshäuser. Angeboten werden überwiegend Elektronik, Haushaltswaren und Textilien, hier und da Gewürze und Souvenirs. Gold- und Schmuckgeschäfte liegen in der Bab al Bahrain Avenue, ein weiteres Gebäude mit Goldläden (Gold City) in der Khalifa Street.

Folgt man vom Bab al Bahrain der Government Road in Richtung Nordosten, steht unübersehbar in Küstennähe das **Regierungsgebäude (Government House).** Seine Wabenform lockt häufig fotobegeisterte Besucher an.

Historisches Manama

Bei Besuchern beliebt ist der Stadtteil **Awadiya 2,** in dem man zahlreiche alte und vorbildlich restaurierte Häuser im arabischen Stil findet sowie hervorragende Restaurants, stimmungsvolle Cafés und interessante Geschäfte. Nach Einbruch der Dunkelheit wird die Gegend zur Flaniermeile der Stadt. Bei ei-

Manama

nem ersten Rundgang entdeckt man eine Reihe von älteren Kaufmannshäusern mit aufgesetzten Windtürmen sowie den typischen hölzernen Balkonen, Galerien und Türen. Die Straßenzüge werden von den Einheimischen auch *Windtower Area* genannt, seitdem die Stadtverwaltung eine Reihe der alten Häuser restaurieren ließ. Besonders schön sind die geschnitzten und reich dekorierten Holzerker *(mashrabiya)*, aus denen die Frauen des Hauses das Straßenleben beobachten konnten, ohne selbst gesehen zu werden. Einen prächtigen Erker dieser Art erblickt man an der Ecke der Straßen 639 und 640. Ein hervorragendes Ansehen auch innerhalb der einheimischen Bevölkerung genießt das **Bahrain Craft Centre** 3, untergebracht in einer ehemaligen Schule in der Isa al Kabeer Avenue 263. Das Kunsthandwerkszentrum wird – ungewöhnlich für die Arabische Halbinsel, vielleicht aber typisch für Bahrain – von einer Frauenkooperative betrieben. Etwa 80 Kunsthandwerker arbeiten in einem Dutzend Werkstätten: Hergestellt werden feine Stickereien und handgewebte Teppiche, Wandbehänge und Stoffe ebenso wie Keramikwaren, Bleiverglasungen und aus Palmblättern hergestelltes Papier, das zu Tagebüchern, Kalendern und Lesezeichen verarbeitet wird. In einigen Studios kann man den Künstlern bei der Entstehung ihrer Produkte zuschauen und die handgefertigten Waren auch erwerben. In der ansprechend gestalteten Galerie sind weitere Arbeiten ausgestellt (s. S. 128).

National Museum Bahrain 4

An der äußersten Nordostspitze Manamas steht auf neu gewonnenem Land an der Kreuzung des Al Fateh Highway mit dem Sheikh Hamad Causeway nach Muharraq ein echtes Highlight; das **National Museum.** Das für arabische Verhältnisse kompromisslos moderne und schnörkellose Bauwerk beherbergt in neun Hallen historische, ethnologische und kulturelle Ausstellungsstücke. Die ersten vier Säle zeigen herausragende Exponate der 5000 Jahre alten Dilmun-Kultur, historische Dokumente und Manuskripte aus Bahrain. In der Halle der Gräber machen Schautafeln mit vorislamischen Grabanlagen vertraut und zeigen u. a. einen Grabhügel von 330 v. Chr. im Querschnitt. Folkloristische Atmospäre in etwas sterilem Rahmen zeigen die den traditionellen Handwerken und den Bräuchen und Traditionen gewidmeten Säle, u. a. auch eine traditionelle Souqgasse. Nach dem Besuch der Caféteria und des Museumsshops (u. a. Bücher in englischer Sprache zur Dilmun-Kultur sowie Kinderbücher, die mit der arabischen Welt vertraut machen) schlendern Besucher zum Bereich Natural History, in dem man mit der Flora und Fauna des Wüstenstaates bekannt gemacht wird. Zum Schluss lohnt ein Besuch der Art Gallery, mit einem Einblick ins zeitgenössische bahrainische Kunstschaffen. Außerhalb des Museumsgebäudes zeigt eine Heritage Village traditionelle Souqläden mit Kunsthandwerk und einige Dhaus (www.moci.gov.bh, Sa–Do 8–18, So 16–20 Uhr, Eintritt 500 fils).

Haus des Korans und Münzmuseum

Das in der Nähe der Diplomatic Area (Government Ave.) liegende **Bait al Quran** 5 beherbergt hinter einer modernen Fassade einige der bedeutendsten Schätze der islamischen Welt. Aus einer privaten Sammlung des bahrainischen Wissenschaftlers Abdul Latif Jassim Kanoon ist das Haus des Korans hervorgegangen. Dank großzügiger Spenden der Bevölkerung sowie des Gulf Cooperation Council wurde es 1990 eröffnet. Zum Museum gehören eine Moschee, die von einer bleiverglasten Kuppel geschmückt wird und Platz bietet für 150 Gläubige, eine Schule für Koranstudien und eine umfangreiche Bibliothek von 40 000 Büchern zur islamischen Welt. Das Museum beherbergt seltene und wertvolle Exponate zum islamischen Kulturkreis aus unterschiedlichen Ländern, die im Osten von China bis im Westen nach Spanien reichen (Sa–Do 9–12, 16–18 Uhr, Eintritt frei).

Als Bankenzentrum des Mittleren Ostens besitzt Manama auch ein Münzmuseum, in dem neben ausgestellten historischen Münzen auch die Entwicklung der Stadt zur Fi-

Manama

Sehenswert
1. Bab al Bahrain
2. Awadiya
3. Bahrain Craft Centre
4. National Museum
5. Bait al Quran
6. Currency Museum
7. Al Gudaybiya
8. Ahmed-al-Fateh-Moschee

Übernachten
1. The Ritz Carlton
2. Delmon
3. Gulf
4. Regency Intercontinental
5. Crowne Plaza
6. Novotel (Accor Hotels)
7. Bahrain International
8. Awal
9. Aradous
10. Bab al Bahrain

Essen & Trinken
1. Mezzaluna
2. Copper Chimney
3. Fish Market (Seafood Market)
4. Casa Blu
5. Al Rawazin
6. Anand Bhavan

Einkaufen
1. Souq
2. Schmuckläden
3. Seef Mall
4. Al Aali Mall
5. Bahrain Mall
6. Dana Mall
7. Yateem-Centre
8. Bahrain Commercial Centre
9. Fischmarkt

Abends & Nachts
1. La Fontaine Centre of Contemporary Art

nanzmetropole skizziert wird. Das **Currency Museum** 6 liegt im Gebäude der Bahrain Monetary Agency (Central Bank of Bahrain, CBB) in der Diplomatic Area (King Faisal Highway). Es zeigt den ersten arabischen Golddinar aus dem 7. Jh., zahlreiche weitere historische islamische Münzen, alle bahrainischen Münzen sowie die meisten der Arabischen Halbinsel, darunter auch den noch bis zur Mitte des 20. Jh. in Jemen als Zahlungs-

mittel verbreiteten Maria-Theresia-Taler mit dem Bildnis der österreichischen Kaiserin (Sa–Do 8–14 Uhr, Eintritt frei).

Al Gudaybiya 7

Das lebendigste Viertel von Manama ist **Al Gudaybiya** im Osten der Stadt. Hier liegen große Parks und Sportstätten. Der parallel zur Küste verlaufende Al Fateh Highway wird zu Recht Corniche genannt, auch wenn diese Uferstraße nicht ganz so attraktiv ist wie jene im saudischen Jeddah oder in Abu Dhabi. Hier stehen auch der **Gudaybiya Palace,** das 1950 erbaute Gästehaus der Regierung, und der **Sheikh Hamad Palace,** der Old Palace genannt wird. Dieser an der Old Palace Avenue gelegene Palast (1930 erbaut) ist öffentlich nicht zugänglich. Besonders schön ist die Kupferkuppel über dem Eingangsgebäude. Der Palast trägt den Namen des Urgroßvaters des Regenten und diente der Familie des Emirs bis zum Umzug nach Rifa als Wohnsitz.

Manama und Umgebung

Ahmed-al-Fateh-Moschee 8

Die honiggelb leuchtende **Ahmed-al-Fateh-Moschee** am Al Fateh Highway wird nicht ohne Grund Große Moschee genannt. Das kulturelle Wahrzeichen Bahrains dominiert mit den beiden 70 m hohen Minaretten und der gewaltigen Kuppel den gesamten Bezirk. Architektonisch anspruchsvoll und nach modernen Konstruktionsprinzipien entworfen, wurde das Bauwerk ab 1983 auf neu gewonnenem Land errichtet und nach fünfjähriger Bauzeit fertiggestellt. Die Kuppel, 16 m hoch und 22 m weit, wird von 12 aufwendig verzierten Fenstern erhellt. Ein riesiger Kronleuchter spendet Licht, das Innere der Kuppel sowie die Wände sind mit kalligrafischen Darstellungen von Koranversen geschmückt. Die Gebäudefläche der Moschee beträgt 6000 m² und bietet etwa 7000 Gläubigen Platz. Verwaltungsräume und ein Islamisches Zentrum mit Bibliothek befinden sich über dem Gebetsraum, den Vorhof des Bauwerks umschließen Arkadengängen. Ein mit Palmen gestalteter Landschaftspark umgibt die Moschee. Die Al Fateh Moschee darf auch von Nicht-Muslimen besichtigt werden: Führungen Sa–Mi 9–17 Uhr (außer Gebetszeiten), Besuchereingang Südseite, man zieht die Schuhe aus und Frauen erhalten einen dunklen Umhang sowie ein Kopftuch.

Infos

Tourist Department: Bab al Bahrain, Tel. 17 23 13 75, Fax 17 21 32 42, Sa–Do 8–12 u. 16–18 Uhr.

Übernachten

Apartments und Villen für einen längeren Aufenthalt können über www.bahrain-rent.com angemietet werden. Für die Zeit des Formel-1-Rennens (März) müssen Hotels Monate im Voraus gebucht werden.

Luxus am Meer ▶ **The Ritz Carlton** 1: Seef, King Abdullah Second bin al Hassan Ave., Ecke Ave. 40, Rd. 1703, 3 km westlich von Manama, Tel. 17 58 00 00, Fax 17 58 03 33, www.ritzcarlton.com/resorts/bahrain. Das Luxus-Hotel ist bislang die Nr. 1 des Landes und liegt an einem weißen (künstlich aufgeschütteten) Sandstrand, eingebettet in eine üppige Landschaft. Ausländischen Geschäftsleuten und Touristen auf Zwischenstopp nach Asien vermittelt es die Illusion eines tropischen Paradieses mit internationalem Designerschick. Dank vieler bestens geschulter Angestellter ist die Anlage perfekt gewartet, wird der Gast sensibel umsorgt. Von der Business-Lounge in einem der oberen Stockwerke, in der rund um die Uhr köstliche Snacks und internationale Zeitschriften angeboten werden, ergibt sich ein wunderbarer Panoramablick auf das Meer und die Hotelgärten. 265 Zimmer, DZ ab 235 BD.

Alt & ehrwürdig ▶ **Delmon** 2: Government Rd., Tel. 17 22 40 00, Fax 17 22 41 07, www.delmonhotel.com. In der Stadt und gleichzeitig in Küstennähe, zweistöckiges Haus der ersten Stunde mit Tradition. Treffpunkt der einheimischen Gesellschaft, gehobener Komfort in den Gästezimmern. 120 Zimmer, DZ ab 90 BD.

Mit Pool im grünen Garten ▶ **Gulf** 3: New Palace Rd., Tel. 17 71 30 00, Fax 17 71 30 40, www.gulfhotelbahrain.com. Das 1968 auf neu gewonnenem Land an der Gudaybiya Bay im Stadtteil Adliya gelegene, 16-stöckige Luxus-Hotel gehörte zu den ersten *landmarks* der Stadt. Zimmer und Suiten im orientalischen Stil, 12 hervorragenden Restaurants und Bars, z. B. das Royal Thai Restaurant, eines der besten asiatischen Restaurants der Stadt, mit Blick in den tropischen Garten und zum Pool. 366 Zimmer, DZ ab 83 BD.

Zwischen Bab al Bahrain und Meer ▶ **Regency Intercontinental** 4: King Faisal Hwy., Tel. 17 22 77 77, Fax 17 22 99 29, www.intercontinental.com/manama. Zentrale Lage gegenüber dem Hafen. Komfortable Luxuszimmer auf der Etage des Executive Club mit 24-Stunden-Snack- und Drinkservice. Tgl. außer freitags wechselnde Themenabende im Selbstbedienungsrestaurant Le Bistro, dazu ein libanesisches Restaurant Al Berdaouni, ein französisches Lokal sowie nachmittäglicher *high tea* in der Al Noor Lounge. 359 Zimmer, DZ ab 75 BD.

Komfort & Vergnügen ▶ **Crowne Plaza** 5: King Faisal Hwy., Tel. 17 53 11 22, Fax 17 53

Manama

Perlenfischerei in Bahrain Thema

Seit alters her sind Perlen ein begehrter Schmuck, Symbol von Schönheit und Reinheit. Die feinsten Perlen der Welt – so sagen Kenner – wurden in den flachen Gewässern vor der Küste Bahrains gefunden. Das Geheimnis ihres schimmernden Glanzes liegt in der einzigartigen Mischung aus süßem und salzigem Wasser, in dem die Muscheln hier lebten.

Vor nicht allzu langer Zeit sprudelten am Meeresboden vor Bahrain noch Süßwasserquellen, und die Muschelbänke gediehen unter diesen Bedingungen besonders gut. Heute sind Naturperlen aus Bahrain ein Luxus weniger Gutbetuchter, denn Zuchtperlen aus Japan und China überschwemmen den Weltmarkt.

Perlen entstehen als Abwehrreaktion der Muscheln auf eingedrungene Sandkörner oder Würmer. Die Muschel sondert dann verstärkt Perlmutt ab, das sich wie eine Blase um die Störenfriede legt und sie so unschädlich macht. Diesen Mechanismus macht man sich bei der Zucht zunutze: Den Muscheln werden künstlich Fremdkörper injiziert. Mit bloßem Auge ist kein Unterschied zu Naturperlen zu erkennen. Der Echtheit von Naturperlen kann man sich nur im Labor mit Hilfe von Röntgenstrahlen versichern.

Jahrhundertelang war Bahrain ein Zentrum der Perlenfischerei, die die Haupteinnahmequelle der Insel bildete. Perlen aus Bahrain gelangten nach Indien, Afrika und Europa. Die Perlenfischer verbrachten auf ihren großen bauchigen Holzbooten, den Dhaus, im Sommer bis zu vier Monate auf dem Meer. Bei ihren vielen Tauchgängen pro Tag waren die Männer lediglich mit Messern, einer Nasenklammer, einem Korb und Handwickeln ausgerüstet; letztere sollten sie vor Schnitten beim Lösen scharfkantiger Muscheln von den Riffen schützen. Ging ihnen die Luft aus, wurden sie mit einer Leine wieder an die Oberfläche gezogen.

Als man auf Bahrain in den 1930er-Jahren Erdöl entdeckte, boten sich für viele Perlenfischer über Nacht saisonunabhängige, lukrative Arbeitsplätze, zumal zur gleichen Zeit die Nachfrage nach Bahrain-Perlen zurückging, weil die ersten Zuchtperlen aus Japan auf den Weltmarkt gelangten.

Die zunehmende Verschmutzung des Golfes, schonungslose Fischfangmethoden und nicht zuletzt das Versiegen der Süßwasserquellen infolge der Landgewinnung führten in den darauf folgenden Jahrzehnten zum Absterben der Muschelbänke.

Doch dank alter Bestände und des 1989 eingesetzten Pearl Testing Laboratory of Bahrain ist die Insel noch immer das bedeutendste Handelszentrum für Naturperlen auf dem gesamten Globus. Alle importierten Perlen werden geprüft, nur Naturperlen passieren die Röntgenkontrollen. Bahrain ist der einzige Staat der Welt, in dem der Verkauf von Zuchtperlen verboten ist.

Ein gewaltiges Pearl Momument erhebt sich heute auf einem Roundabout am Nordwestrand der Stadt Manama, wo der King Faisal und der Sheik Khalifa Highway zusammentreffen. Das Denkmal steht auf sechs Dhau-Segeln, die die Mitglieder des Gulf Cooperation Council (GCC) repräsentieren, seine Spitze wird von einer gewaltigen (Beton-) Perle gekrönt.

Manama und Umgebung

Hier beginnt der Souq von Manama: Marktverkäufer am Bab al Bahrain

01 54, www.cp-bahrain.com. Großzügiges Anwesen in der Diplomatic Area, an der Muharraq gegenüberliegenden Spitze der Insel. Moderne, auf Geschäftsleute zugeschnittene Zimmer. Das beliebte Restaurant Waves, serviert Fisch sowie Meeresfrüchte in asiatischer und arabischer Zubereitung. Tracks Sports Bar mit Großbildschirmen zum Beobachten aktueller Sportereignisse. 263 Zimmer, DZ ab 65 BD.

Altarabische Architektur ▶ Novotel (Accor Hotels) 6: Sheikh Hamad Causeway (nahe National Museum), Tel. 17 29 80 08, Fax 17 29 83 38, www.novotel-bahrain.com. Am Meer gelegenes Hotel, ideal auch für Familien (max. zwei Kinder bis 16 Jahre sind kostenfrei bzw. zahlen im eigenen Zimmer die Hälfte), schöne arabische Architektur, Antiquitäten und viel tropisches Grün, herrliche Zimmer und Suiten, mit Meer- oder Poolblick, im neoklassischen arabischen Stil und zeitgenössischen Luxus, Restaurants mit viel Ambiente und bester Küche, Verleih von Kajaks, Windsurfboards und Jetskis. 174 Zimmer, DZ ab 65 BD.

Zentral & preiswert ▶ Bahrain International 7: Al Khalifa St., Stadtzentrum, Tel. 17 21 13 13, Fax 17 21 19 47. Bei Geschäftsleuten aus Asien beliebtes Hotel mit zahlreichen Service-Einrichtungen und vielfältigem Unterhaltungsangebot (Diskothek, Nachtclub, Live-Bands und Bauchtanzvorführungen). 110 Zimmer, DZ ab 45 BD.

In der Nähe des Souqs ▶ Awal 8: Al Khalifa St., Tel. 17 21 13 21, Fax 17 21 13 91. Sechsstöckiges, renoviertes Haus mit modern aus-

Adressen

Essen & Trinken

The Bahrain Hotel and Restaurant Guide heißt ein Führer, der viele Restaurants der Insel alphabetisch und nach Küchentypus auflistet (1 BD in Buchläden).

Cooles Ambiente ▶ **Mezzaluna 1**: Osama bin Zaid Ave., Adliya, Tel. 17 74 29 99, tgl. 12–15 u. 19–24 Uhr. Filetsteak 8 BD, komplettes Menü ab 12 BD.

Feine indische Küche ▶ **Copper Chimney 2**: Dachrestaurant des Al-Hamra-Hotels, Umm al Hassam, Tel. 17 72 86 99, tgl. 12–15 u. 19–24 Uhr. Indische Küche auf hohem Niveau, mehrmals mit dem Bahrain Best Restaurant Award ausgezeichnet. Menü ab 8 BD.

Wie auf dem Fischmarkt ▶ **Seafood Market 3**: Sheza Tower Hotel, Diplomatic Area, Tel. 17 53 33 36, tgl. 12.30–23 Uhr. Imitierte Markthallenatmosphäre, diverse köstliche Fischsorten, Garnelen und Hummer, in unterschiedlichen Zubereitungsarten, auch asiatischer Prägung. Hauptgericht um 7 BD.

Arabische Küche mit Ausblick ▶ **Cloud Nine 9**: im Aradous Hotel, Tel. 17 22 43 43, tgl. 20–2 Uhr. Erlesene arabische Küche im Dachrestaurant mit Blick auf den Souq. Menü ab 6 BD.

Traditionelles Haus ▶ **Casa Blu 4**: Adliya (neben Al Jazeera Supermarket beim Ferrari Centre), Tel. 17 71 77 97, tgl. 9.30–22 Uhr. Dekoriert im Beduinenstil und mit *shisha*-Service bietet das Blaue Haus arabische Fleischgerichte, köstliche Vorspeisen und traditionelle Desserts, jedoch keinen Alkohol. Hauptgericht um 5 BD.

Typisch Arabisch ▶ **Al Rawazin 5**: Municipality Ave., Tel. 17 22 72 27, tgl. 12–24 Uhr. Die Küche wird als ›international‹ bezeichnet, besteht jedoch hauptsächlich aus schmackhaft zubereiteten arabischen Gerichten. Traditionelle Ausstattung mit Bänken, Wandteppichen, *shisha*-Bereich. *Houmus, tabouleh*, Olivensalat und gegrilltes Lammfleisch, Fladenbrot und frisch gepresste Säfte. Ab 4 BD.

Gut & günstig ▶ **Anand Bhavan 6**: Shop 207, Rd. 343, tgl. 8–23 Uhr. Die *family section* liegt im 1. Stock, serviert werden indische Köstlichkeiten, preiswert und authentisch, *Manchurian rice* (Gemüsebällchen aus Blu-

gestatteten Zimmern. Das Hotel ist zentral gelegen und es sind zwei Bars und eine Diskothek angeschlossen, daher sollte man ein Zimmer in oberen Stockwerken wählen, damit man nachts seine Ruhe hat. 45 Zimmer, DZ ab 35 BD.

Pool auf dem Dach ▶ **Aradous 9**: Wali al Adh Rd. (ab Khalifa St.), Tel. 17 22 43 43, Fax 17 21 05 35. Zentral zwischen Bab al Bahrain und Gold Souq, ideal für Unternehmungslustige, mit Pool in der 10. Etage. 67 Zimmer, DZ ab 35 BD.

Einfach & billig ▶ **Bab al Bahrain 10**: Government Ave. 137, Tel. 17 21 16 22, Fax 17 21 36 61. Das Haus steht in bester Lage für Fußwege. Sauber und günstig, mit viel Lokalkolorit und kaum europäischen Touristen. 15 Zimmer, DZ ab 15 BD.

Manama und Umgebung

menkohl, würzige Soße und gebratener Reis) 1–2 BD.

Einkaufen

Alles an einem Ort ▶ **Souq 1:** Links und rechts der Bab al Bahrain Rd., zwischen Al Khalifa St. und Sheikh Abdullah Rd., findet man Kunsthandwerk (auch aus Indien, Pakistan und Iran), Elektronikartikel, Schmuck und Parfumöle, Teppiche und Töpferwaren ebenso wie die Dinge des täglichen Bedarfs. Es gibt im Souq auch Gemüse, Fleisch und Kleidung.

Alles, was glänzt ▶ **Schmuck und Gold 2:** in vielen Geschäften entlang der Bab al Bahrain Ave., jener Straße, die vom Bahrain-Tor quer durch den Souq läuft. Dort liegt auch der Gold Souq mit Dutzenden Juwelierläden in einem zweistöckigen Bauwerk. Große Auswahl bietet weiterhin Gold City in der Khalifa St., ebenfalls mit zahlreichen Gold Shops.

Shopping unter einem Dach ▶ Entlang des Sheikh Khalifa bin Salman Hwy. im Stadtteil Seef liegen luxuriöse Mega-Malls. Bei der bahrainischen Gesellschaft besonders geschätzt wird die mit viel Glas, stimmungsvoller abendlicher Beleuchtung und künstlichen Palmen gestylte **Seef Mall 3**. Europäer kaufen britischen Senf und Schweizer Schokolade im dortigen Mark's and Spencer, junge Leute verabreden sich im Kinozentrum. Zahlreiche Cafés und Restaurants. Die gleich nebenan liegende **Al Aali Mall 4**, ein Komplex mit sternförmigem Grundriss, besitzt einen traditionell arabisch gestylten Bereich, den sogenannten Souq al Tawaweesh. Neben Boutiquen gibt es dort auch ein traditionelles Café, in dem Wasserpfeifen *(shishas)* gereicht werden. 120 Boutiquen bietet die **Bahrain Mall 5**, die Assoziationen an arabische Festungsarchitektur weckt. Der dortige Giant Hypermarket bietet niedrige Preise und große Auswahl bei Lebensmitteln und Elektroartikeln. **Dana Mall 6** wiederum hat einen gewaltigen *food court,* in dem auch Veranstaltungen und Musikdarbietungen organisiert werden. Etwas bescheidener daher kommt das **Yateem-Centre 7**, Al Khalifa St., Ecke Al Muthana Ave., im Bereich des Souqs gelegen. Das **Bahrain Commercial Centre 8** liegt neben dem Sheraton-Hotel.

Frisch aus dem Meer ▶ **Fischmarkt 9:** im Central Market, Pearl Roundabout.

Kunsthandwerk ▶ **Bahrain Crafts Centre 3:** Isa al Kabeer Ave. 263 (gegenüber Polizeistation), Kunsthandwerkszentrum, Sa–Do 8–14 Uhr, s. S. 121.

Lektüre ▶ **Souvenirshop im Bab al Bahrain 1:** Bücher über Bahrain, Landkarten.

Abends & Nachts

Manama bietet neben Dubai das westlichste Unterhaltungsangebot am Golf, nämlich Clubs, Bars und Diskos. Die Hotels ab drei Sterne aufwärts besitzen Nachtclubs, in denen ägyptische und asiatische Bands für Livemusik sorgen. Eine eher landestypische Unterhaltung bietet der Besuch eines Cafés mit Wasserpfeifen-Service *(shisha)*.

Kultur & Wellness ▶ **La Fontaine Centre of Contemporary Art 1:** Hoora Ave. 92, Al Raja, Manama 306, Tel. 17 23 01 23, Sa–Do 9–15, So–Fr 19–23 Uhr. Das Stadthaus aus dem 19. Jh. enthält außer einer Galerie, einem Konzertsaal und einem Theater auch ein französisches Restaurant, einen Wellnessbereich und einen Pool.

Termine

Pferderennen: auf der Grasrennbahn an der Zallaq Rd. (Equestrian & Horseracing Club, Tel. 17 44 03 30).

Ausflug nach Muharraq
▶ 3, D 2

Karte: S. 132

Die zweitgrößte Stadt Bahrains (110 000 Einw.) liegt auf der gleichnamigen Insel 4 km nordöstlich von Manama. Mit der Hauptstadt ist **Muharraq 1** durch den 2 km langen Damm Sheikh Hamad Causeway und den 3 km langen Sheikh Isa Causeway verbunden. Von der vierspurigen Ringstraße um Muharraq geht es entlang der Westküste zum Internationalen Flughafen bzw. weiter zum Stadtteil Arad und zur Halbinsel Hidd.

Bait Siyadi und Sheikh Isa bin Ali Haus

Muharraq hat seinen arabischen Charakter teilweise erhalten: Viele enge Gassen, kleine Moscheen, alte arabische Häuser, mehrere kleine Souqs und mittendrin ein alter Friedhof. Zu den großen Sehenswürdigkeiten zählt das **Bait Siyadi,** das von der Regierung erworbene und unter Denkmalschutz gestellte Haus eines wohlhabenden Perlenhändlers aus dem 19. Jh., dessen Restaurierung gelungen ist. Es liegt in der Lane 910 Nr. 79 nahe der Sheikh Abdullah bin Isa Avenue. In der Empfangshalle beeindruckt die bemalte und geschnitzte Decke sowie eine mit Arabesken reich verzierte Täfelung. Das Gebäude entdeckt man etwas versteckt neben der gleichnamigen kleinen Moschee (Sa–Di 8–14, Mi u. Do 9–18, Fr 15–18 Uhr, Eintritt 200 fils).

In unmittelbarer Nähe liegt in der Road 916 Nr. 219 unweit der Sheikh Abdullah bin Isa Avenue das im 19. Jh. erbaute und 1995 restaurierte **Sheikh-Isa-bin-Ali-Haus.** Der mehrstöckige Komplex mit drei Innenhöfen und zahllosen Räumen diente lange Zeit Sheikh Isa bin Ali al Khalifa, dem Ururgroßvater des heutigen Regenten, als Residenz. Der Bau wirkt fast festungsartig. Eindrucksvoll zeigt das Haus die Privaträume des Herrschers und seiner Familie. Zu sehen ist auch ein gut erhaltener Windturm und seine Funktionsweise (Sa–Mi 8–14, Do u. Fr 15–18 Uhr, Eintritt 300 fils).

Rashid al Oraifi Museum

Einen Einblick in das bahrainische Kunstschaffen erhält man im **Rashid al Oraifi Museum** in der Road 214 Nr. 374, die man von der Airport Avenue über die Avenue 1 erreicht. Es ist das private Museum des gleichnamigen bekannten Künstlers. In dem ehemaligen Wohnhaus werden rund 100 Keramiken, Bilder und Skulpturen ausgestellt, deren Motive überwiegend aus präislamischer (Dilmun-)Zeit stammen. Die Sammlung wird ergänzt durch historische arabische Möbelstücke (Sa–Do 8–13 u. 16–20 Uhr, Eintritt 1 BD).

Im Souq

Der **Souq al Qayserayah** in der Altstadt von Muharraq (am Ende des Sheikh Hamad Causeway von Manama) hat sich seinen traditionellen Stil bewahren können und entspricht den europäischen Vorstellungen von einem orientalischen Basar mehr als der von Manama. In den nach Waren geordneten Gassen findet man Dinge des täglichen Gebrauchs sowie einige Läden mit Webwaren, Kunsthandwerk und Souvenirs.

Einkaufen

Souq ▶ **Souq al Qayserayah:** Sa–Do 8–21, Fr 15–22 Uhr.

Arad und Hidd ▶ 3, D 2

Karte: S. 132

Nur drei Kilometer östlich der Stadt Muharraq liegt auf der Insel Muharraq (Bus ab Manama) das Dorf **Arad** 2. Man erreicht es über die westliche Ringstraße. In dem durch Palmenhaine geschützten Ort sind die Frauen immer noch schwarz gekleidet und verschleiert. Eine Reihe kleinerer Handwerksbetriebe säumt die Straße. Durchquert man Arad in Richtung Küste, gelangt man vorbei an Palmenhainen und Gemüsebeeten zum Fort Arad, dessen Türme und Umfassungsmauern 1987 restauriert wurden. Erbaut im Jahre 1800 von Sultan bin Achmed aus Muscat, wurde es wenige Jahre danach von den saudischen Wahabiten eingenommen. Seit deren Abzug 1812 zerfiel es. Am Strand vor dem Fort haben sich Handwerksbetriebe niedergelassen, die kleinere Fischerboote zimmern.

Im Osten der Insel Muharraq liegt auf einer nach Süden ins Meer ragenden schmalen Landzunge der Fischereihafen **Hidd** 3 (mit dem Bus ca. 12 km von Manama). Die Häuser dieses einst wohlhabenden Perlenfischerortes stehen dicht beieinander in engen Straßen. Denn die Halbinsel ist äußerst schmal. Viele liegen am Wasser und sind zugleich Werkstätten für Dhaus und Fischerboote.

Reisen durch Bahrain

Die Wege sind kurz, die Straßen in bestem Zustand und die Beschilderungen auf Englisch: am Steuer eines Mietwagens ist man mobil. Im Hotel lässt man sich einen Picknickkorb packen, um unabhängig zu sein von der mitunter bescheidenen Gastronomie im Land. Zu sehen gibt es Historisches, Naturschönheiten und landestypische Besonderheiten – wie eine Ölquelle oder die legendäre Formel-1-Strecke.

Im Norden ▶ 3, D 2

Karte: S. 132

Die bedeutenden archäologischen und kulturhistorischen Stätten Bahrains liegen im nördlichen Drittel der Insel. Wenn man Manama auf dem Sheikh Salman Highway verlässt, vorbei an der Parkanlage Qasari Garden mit Teichen voller großer Schildkröten, erreicht man das Delmun Roundabout und wenige Kilometer später das Dorf Bilad al Qadim.

Souq-al-Khamis-Moschee 4

Am Ende des einst bedeutenden Dorfes **Bilad al Quadim** steht zur Rechten (nördlich) die **Souq-al-Khamis-Moschee,** die älteste Moschee Bahrains, die den Namen des Souq al Khamis (Donnerstags-Markt) trägt. Man erkennt sie schon von weitem an ihren beiden Minaretten. Teile der heutigen Mauern der Moschee lassen sich ins 11. Jh. datieren (eine Inschrift nennt das Jahr 1051). Größere, ihre jetzige Form bestimmende Umbauten erfolgten im 14. und 15. Jh. Vermutlich wurde bereits 692 der Grundstein für das Gotteshaus gelegt. Die Moschee ist restauriert, von einer Mauer umgeben und wird als archäologische Stätte und Museum verstanden (Sa–Do 8–12 Uhr, Eintritt frei).

Ain Adhari 5

Kurz vor der Souq al Khamis-Moschee zweigt vom Sheikh Salman Highway eine Straße nach Süden zur Quelle **Ain Adhari** (Jungfrauenbrunnen) ab. Dieser große Süßwasserteich, zu einem Betonbecken mit Treppen ausgebaut, ist von Palmen umgeben und Teil des Adhari National Parks, einer waldähnlichen Erholungsanlage, die an Wochenenden wegen ihrer Spiel- und Unterhaltungseinrichtungen (Miniatureisenbahn) von Familien aufgesucht wird.

Fort Bahrain 6

Zurück auf dem Sheikh Salman Highway biegt man an der nächsten Kreuzung hinter Souq al Khamis nach Norden ab, um an einem Verkehrskreisel den Budaiya Highway zu erreichen. Hier zeigt ein Schild bereits den Weg Richtung Nordküste, an der sich das **Fort Bahrain** (Qalat al Bahrain) auf einem Hügel erhebt. Seine Ursprünge gehen zurück auf die Bronze- und Kupferzeit. Ausgrabungsfunde lassen vermuten, dass hier die alte Stadt Dilmun lag. Das Fort wurde zum Schutz vor portugiesischer Eroberung 1521 auf den Ruinen mehrerer übereinander liegender Festungen erbaut und im 17. Jh. zweimal erweitert. 2009 wurde 300 m abseits des Forts ein neues Bahrain Fort Museum eröffnet, das einen großen Teil der Fundstücke der archäologischen Stätte enthält (Fort: Sa–Di 8–14, Mi, Do 9–18, Fr 15–18 Uhr, Museum: Sa–Do 8–14, Fr 15–18 Uhr, Eintritt 500 fils). Vom Fort führt ein Spaziergang hinunter zu den Ruinen eines antiken Hafens.

Im Norden

Tipp: Sundowner mit Blick nach Saudi-Arabien

Den 25 km langen autobahnähnlichen Damm **King Fahd Causeway** nach Saudi-Arabien kann man bis zur saudischen Grenze auf einer achtförmigen Plattform (Grenze in der Mitte) mit Wende- und Parkplatz, Restaurant und Aussichtsturm (besonders schön bei Sonnenuntergang) befahren (Mautgebühr 2 BD). Die Weiterfahrt ist nur mit einem saudischen Visum möglich. Man verlässt die Insel im Nordwesten bei Al Jasrah, der Damm führt zunächst zu einer kleinen Privatinsel des Königs mit dem Palast seiner vierten und jüngsten Frau und dann, über zwei große und drei kleinere Brücken, gen Westen.

Barbar Temple

Vom Fort Bahrain führt eine schmale Landstraße, teils parallel zur Küste, teils auch landeinwärts in Richtung Wüste durch die Dörfer Abd Salim, Karanah und Janusan nach **Barbar** 7. Hier stehen die Überreste von **Barbar Temple,** eines sumerischen Heiligtums. Nach Ansicht von Archäologen handelt es sich dabei um die bedeutendste archäologische Stätte des Landes neben dem Fort Bahrain, die gemeinsam mit den Grabfeldern um Al Aali in die Unesco-Liste Erbe der Menschheit aufgenommen werden sollten. Erst ein Teil des offenbar mehrere Male zerstörten und wieder aufgebauten Tempels aus Kalkstein ist freigelegt. Die Grabungs- und Restaurierungsarbeiten gestalten sich schwierig, weil die Einwohner von Barbar die Anlage lange Zeit als Steinbruch für den Bau ihrer Häuser nutzten. Entdeckt wurde das Heiligtum 1954 von einem dänischen Archäologenteam unter Leitung von Geoffrey Bibby. Bibby, der die Stätte über 30 Mal besuchte und dessen Buch »Looking for Dilmun« in Bahrain in vielen Buchhandlungen liegt, verifizierte mit den Ausgrabungen seine Vermutung, dass die älteste Hochkultur der Welt in Bahrain ansässig war. Der Tempel ist schwer zu datieren. Sicher ist man, dass er 2000–3000 v. Chr. entstanden ist. Geweiht wurde das Bauwerk Enki, dem sumerischen Gott der Weisheit und des Wassers. Quellwasser, welches die frühen Siedler in der Tiefe entdeckten, war der Anlass zum Bau des Tempels. Heute ist der Brunnen, der im Westen des Tempels liegt, ausgetrocknet. Einige der in Barbar gemachten Funde sind im Nationalmuseum von Manama ausgestellt (tgl. 7–17 Uhr, Eintritt frei).

Budaiya 8

Weiter am Strand entlang gelangt man nach **Budaiya,** einem kleinen Fischerhafen an der Nordwestseite der Insel mit 4000 Einwohnern (man kann ihn auch direkt von Manama über den vierspurigen Budaiya Highway oder per Bus erreichen). Einst war Budaiya ein bedeutender Perlenfischerort, aber 1924 wurde die Stadt verlassen, da der hier ansässige Stamm der wahabitischen Dawasir nach Auseinandersetzungen mit dem damaligen Herrscher, Sheikh Hamad al Khalifa, nach Saudi-Arabien emigrierte. Seitdem erholt sich der Ort nur langsam. Dazu beigetragen haben die Budaiya Experimental Gardens am Budaiya Highway vor der Stadt, eine Versuchsfarm, in der Gemüseanbau und Haustierzucht betrieben werden mit kleinem Zoo und botanischem Garten. Vom alten Glanz Budaiyas zeugen noch wenige alte Patrizierhäuser. Nördlich der Stadt liegt der Subh Beach, ein bevorzugter Badeplatz der Bahraini.

2 Erdwallgräber (burial mounds)

Von Budaiya führt die Straße vierspurig nach Süden, und bald erblickt man links zum ersten Mal ein riesiges Feld mit Erdwallgräbern (Burial Mounds) aus der Dilmun-Ära. Dieser gewaltige Friedhof, der den Namen des nahe gelegenen Ortes Saar trägt, erstreckt sich über 2 km längs des King Fahd Causeway und beherbergt insgesamt etwa 85 000 Gräber aus dem 3. Jt. v. Chr., die sich hier sowie weiter südlich in Aali und an weiteren Plätzen im Norden der Insel befinden. Leider sind die meisten Gräber geplündert worden, sodass nur noch wenige der Grabbeigaben (z. B. El-

Bahrain

Im Norden

fenbeinfiguren, Töpferwaren, Siegel, Kupfergegenstände, goldene Ringe und Gefäße) im Nationalmuseum von Manama besichtigt werden können. In den **Gräberanlagen von Saar** wurde 1983 beim Bau des Highway eine um 1900 v. Chr. entstandene unterirdische Dilmun-Siedlung entdeckt, die seit 1988 von einer britisch-bahrainischen Archäologengruppe ausgegraben wird. Vom Tempel, auf einem Hügel gelegen, erstrecken sich die freigelegten Straßen dieser Siedlung im rechten Winkel zueinander; die freigelegte Hauptstraße der antiken Ortschaft ist 150 m lang. Heute durchschneidet der King Fahd Causeway (s. S. 131) dieses einst zusammenhängende Gebiet mit Dilmun-Gräbern (Sa–Do 8–12 Uhr, Eintritt 200 fils).

Südlich des Causeway befinden sich in Al Aali die **Aali Burial Mounds,** der zweite bedeutende Ausgrabungsort mit mehr als 50 000 Grabhügeln der Dilmun-Zeit. Der Ort, 13 km südwestlich von Manama und 3 km westlich von Isa Town, ist heute das Zentrum des bahrainischen Töpferhandwerks. Hinter der Aali Health Clinic biegt man vom Highway 71, der als Hauptstraße das Dorf durchquert, nach Süden ab und erreicht nach wenigen hundert Metern die ersten der um 4000 Jahre alten Erdwallgräber. In diesem Gebiet sind sie bis zu 12 m hoch und werden deshalb als Königsgräber bezeichnet. Ungewöhnlich ist auch ihre neue Funktion als Brennofen durch Töpfer der Region. Die Werkstätten der Handwerker sind über das ganze Gebiet verteilt. Sie stellen Krüge, Schalen, Wasserpfeifen, Teller und Tassen her. Um neue Absatzmärkte zu erschließen, werden zunehmend auch folkloristische Gegenstände als Souvenirs für Touristen angefertigt. Beachtung verdient auch die Moschee von Aali mit ihren farbigen Zwiebeltürmen.

Rifa [9]

Die Stadt **Rifa**, mit 55 000 Einwohnern die viertgrößte Stadt Bahrains, besteht aus zwei Teilstädten: Ost-Rifa (Rifa ash Sharqi) und West-Rifa (Rifa al Gharbi). West-Rifa wurde in den Jahren 1936–40 vom Großvater des jetzigen Herrschers, Sheikh Sulman, erbaut.

Aufgrund dessen Vorliebe für Pflanzen verfügt die Stadt über sehr viele Grünanlagen. Hier wohnt ein großer Teil der herrschenden Familie Al Khalifa, hier steht auch der Palast des 1999 verstorbenen Emirs (im Westen der Stadt am Ende der Sheihk Khalifa Rd.). In Ost-Rifa befindet sich die ehemalige Residenz der Herrscherfamilie, strategisch günstig auf einer Anhöhe gelegen. Das 1812 von Sheikh Sulman bin Ahmed al Fateh erbaute **Fort Rifa** gleicht heute nach seiner Restaurierung dem von Arad. Von seinen hohen Mauern sieht man die Stadt Awali, die Inseln Sitrah und Nabih Salih, die Stadt Manama sowie die sich vor dem Fort ausdehnende Oase Ain Hunayni (Sa–Mi 8–14, Do 10–16, Fr 15–18 Uhr, Eintritt 300 fils).

Wer es eilig hat, kann von Rifa über Isa Town direkt nach Manama zurückkehren.

Termine

Pferderennen: Von Okt. bis März an Freitagen auf der Rennbahn von Safra zwischen Rifa und Awali an der Awali Rd. südlich des Emir-Palastes. Gelegentlich finden hier zum Abschluss auch Kamelrennen statt.

Isa Town [10]

Gegründet 1967 auf Initiative des damals regierenden Emirs Sheikh Isa, ist **Isa Town** mit 60 000 Einwohnern die drittgrößte Stadt Bahrains. Sie wird vorwiegend von Bahrainis bewohnt, denen die in Fertigbauweise errichteten Häuser im Rahmen eines großen Wohnungsbauprogramms preisgünstig übereignet wurden. Die Hauptstraßen der Stadt sind absolut ›autofreundlich‹; es sind breite, ausschließlich für den Autoverkehr konzipierte Avenuen ohne Fußwege. Das Stadtzentrum, zwischen zwei modernen Moscheen, ist jedoch eine reine Fußgängerzone mit Springbrunnen und Grünanlagen. Beachtenswert: Das attraktive Sportstadion (Bahrain National Sports Stadium) im Südosten der Stadt mit 20 000 Sitzplätzen, das moderne Stadttor (Bab Isa) am Stadteingang und der neue Bau des Ministry of Information. Von Isa Town erreicht man Manama auf einer Schnellstraße in 30 Minuten. Man kann aber

Reisen durch Bahrain

Kicken vor historischer Kulisse: 1812 wurde das Fort von Rifa erbaut

auch den Weg nach Manama durch Ost-Rifa und weiter nach Osten über einen Damm zur Insel Sitrah nehmen.

Sitrah 11

Auf der südlichen Hälfte der Insel **Sitrah** stehen vorwiegend Raffinerien, Industrieanlagen und riesige Öltanks, die nördliche Hälfte ist dagegen mit Palmen bewachsen. Hier lohnt es, einen kleinen Abstecher durch die Oasen Marquban, Wadiyan, Sufala, Muhaza und Jalad zu machen. Im Norden verbindet dann ein weiterer Damm die Insel Sitrah mit der Hauptstadt Manama. Auf halber Strecke dieses Damms kann man nach links auf einen weiteren Damm zur Insel Nabih Salih, einst die schönste der bahrainischen Inseln, abbiegen. Heute locken die Insel und ihre Buchten wegen der ökologischen Folgen des absinkenden Grundwasserspiegels kaum noch Besucher an. Über den Sitrah-Manama-Damm erreicht man die südlichen Stadtteile der Hauptstadt.

Entlang der Westküste in den Süden ▶ 3, D 2–3

Karte: S. 132

Wendet man sich von Budaiya gen Süden, sieht man nahe der Küste die Inseln Umm as-Saban, dahinter Jiddah und dann, viel größer, Umm Nasan, über die der Causeway nach Saudi-Arabien führt. Nach Überquerung des Causeway und einer Pipeline gelangt man ins gepflegte Dörfchen Al Jasrah.

Al Jasrah 12

Für das bahrainische Herrscherhaus ist **Al Jasrah** als Geburtsort von Sheikh Isa bin Sal-

Entlang der Westküste in den Süden

man al Khalifa, dem Vater des heutigen Herrschers, von Bedeutung. Das Geburtshaus, nämlich der aus natürlichen Baumaterialien der Gegend (Korallenstein und Palmholz) erbaute **Palast** steht heute interessierten Besuchern zur Besichtigung offen. Rund um den großen Innenhof gruppieren sich ein Versammlungsraum und Wohnräume, eine Küche und ein sogenannter Frauenraum. Das Gebäude ist mit dem Originalmobiliar jener Epoche ausgestattet (Sa–Do 8–14, Fr 15–18 Uhr, Rd. 437, Al Mazareah Hwy., Eintritt 500 fils).

Einen Besuch lohnt auch das staatliche **Handicraft Centre,** eine Schatzkiste voller traditioneller Handarbeiten wie Webarbeiten und geflochtene Körbe sowie Tonwaren. Während einige Produkte vor Ort verkauft werden und man auch bei deren Entstehung in den angeschlossenen Werkstätten zusehen kann, werden in einem Verkaufsraum auch die aus dem bekannten bahrainischen Töpferzentrum Al Aali stammenden Produkte angeboten ebenso wie Webarbeiten aus Bani Hamrah (Sa–Do 8–17 Uhr, Al Mazareah Hwy.).

Zallaq [13]

Über Dumistan geht es weiter ins 6 km entfernte **Zallaq,** der größte ›Badeort‹ an der Westküste. Nördlich von Zallaq gibt es mehrere Grünanlagen; wohlhabende Bahraini ließen hier, nahe den Liegeplätzen ihrer Jachten im Babco Club, ihre Villen erbauen. Der (vormals private) Strand des Emirs darf von Gästen benutzt werden.

Jazayer Beach [14]

Südlich von Zallaq wurde der 4 km lange Strandabschnitt **Jazayer Beach** zu einem öffentlichen Erholungsgebiet ausgebaut. Zuvor gibt es eine Abzweigung zur nahe gelegenen **Pferderennbahn** (Schild: Zallaq Race Course) und zum **Naturschutzpark Al Areen** (Schild: Wild Life Sanctuary) ins Landesinnere. Mit etwa 8 km² ist das Wildreservat nicht sehr groß, verfolgt aber hohe Ziele, nämlich u. a. den Schutz und die Zucht bedrohter Wüstentiere. In einem Kleinbus durchquert man das Gehege und bekommt u. a. persische Gazellen und weiße **Oryx-Antilopen** zu sehen, das vom Aussterben gerettete arabische ›Einhorn‹ – so genannt, weil vor zwei Jahrtausenden bei den Ägyptern angeblich die beiden Hörner junger Tiere zu einem Horn zusammen gebunden wurden (Sa–Mi 11–16, Do/Fr 8–12 und 13–16 Uhr, Eintritt 1 BD).

The Lost Paradise of Dilmun Water Park [15]

Im Südwesten von Bahrain ist mitten in der Wüste zwischen der Formel-1-Strecke Bahrain International Circuit (BIC) und dem Al Areen Wildlife Park eine große Wohn-, Urlaubs- und Freizeitanlage mit einem weitläufigen und aufwendigen Wasserpark entstanden. 14 Rutschen aller Art, auch für große Gummireifen, spezielle Attraktionen für Kleinkinder, Kinder und Jugendliche, und ein langer ›Fluss‹, auf dem man mit Plastikreifen durch Tunnel und Ruinen gleitet, gehören zu den Freizeitvergnügen. Dazu laden Restaurants und Cafés zu einer Erfrischung.

Donnerstags und freitags herrscht besonders viel Betrieb (The Lost Paradise of Dilmun Water Park, Al Areen, Tel. 17 84 51 00, Fax 17 84 51 99, www.ipodwaterpark.com, geöffnet tgl. außer Di 10–17 Uhr, Eintritt 13 BD ab 1,20 m Körpergröße, 5 BD darunter).

Tipp: Al Areen Palace & Spa – Luxus in der Wüste

Im Südwesten von Bahrain, zwischen dem Al Areen Wildlife Park und der Formel-1-Rennstrecke, dem Bahrain International Circuit (BIC), entstand 2007 die Hotelanlage **Al Areen Palace & Spa** mit 56 Pool-Villen und 22 Presidential Villas. Sie wurde zunächst von der asiatischen Hotelkette Banyan Tree geführt. Ein vorzüglicher Wellnessbereich, das exzellente Saffron-Restaurant sowie die anderen Hoteleinrichtungen stehen auch Nicht-Hotelgästen zur Verfügung (Al Areen Palace & Spa, Al Areen, Tel. 17 84 50 00, Fax 17 55 06 38, www.alareenresort.com).

Reisen durch Bahrain

Tipp: Qanats

Auf dem Zallaq Highway gen Osten sind es noch 9 km bis Awali. Auf dem Weg trifft man auf *qanats*, künstliche unterirdische Wassertunnel, zu denen in Abständen Brunnen hinunterführen. Auf diese Weise konnten die Felder von den Wasserquellen der nahen Hügel aus bewässert werden, wobei die unterirdische Verlegung der Wasserkanäle vor allzu schnellem Verdunsten des kostbaren Wassers schützte. Die zum Teil aus dem 4. Jh. stammenden Kanäle stehen unter dem Schutz des Erziehungsministeriums, das mit Restaurierungsarbeiten befasst ist. Ähnliche *qanats* befinden sich entlang der Straße von Budaiya nach Qurayah.

Awali 16

20 km südlich von Manama liegt in einer Wüstensenke in der Nähe der Ölfelder **Awali**. Die kleine Stadt mit 2800 Einwohnern bot einst ausschließlich den amerikanischen und europäischen Angestellten der BAPCO Unterkunft. Denn von hier sind es nur gerade mal 8 km bis zu den südlich gelegenen Ölfeldern am Jebel Dukhan. Heute bewohnen Bahrainis die Stadt mit ihren Häusern in europäischem Stil. Von der vierspurigen Hauptstraße zweigen kleinere Wege ab, an denen von Gärten umsäumte Bungalows liegen. Auch die alte Infrastruktur existiert noch: üppige Grünanlagen, zwei Schwimmbäder, Tennisplätze, eine Kricket-Anlage, eine Klinik und eine Schule.

Oil Well No. 1 17

Kurz vor Awali zweigt im Dorf Sakhir rechts ein Weg zu einem verlassenen Flugfeld ab, das an Freitagen jungen Bahraini als Treffpunkt für private Autorennen dient. Jetzt sieht man im Süden schon den 75 m über die umliegenden Hügel hinausragenden Jebel Dukhan, die höchste Erhebung Bahrains (134 m über NN). Von seinem Gipfel überblickt man die gesamte Insel. Am Jebel Dukhan liegen die Ölfelder Bahrains mit einer Vielzahl von Förderpumpen, die heute außer Betrieb und mittlerweile bunt angemalt sind. Die berühmteste unter ihnen ist **Oil Well No. 1**, der erste Bohrturm, der 1931 in Betrieb gesetzt wurde und 1932 auf Öl stieß. An der Oil Well No. 1, 2 km südlich des Jebel Dukhan neben dem nicht zu übersehenden Gebäude der Bahrain National Gas Company, befindet sich ein **Erdöl-Museum** (Do/Fr 9–18 Uhr, Eintritt frei).

Nur wenige Kilometer weiter östlich, mitten in der Wüste, steht der große ›**Lebensbaum‹ (Tree of Life)**, ein Akazienbaum, von dem bis heute niemand weiß, woher er das für sein Überleben benötigte Wasser bezieht. Der Baumstamm ist umgeben von einem schmiedeeisernen Gitter und unter den weit ausladenden Zweigen treffen sich Einheimische sowie indische Gastarbeiter gern zum Picknick. Das etwa 400 Jahre alte und als Naturwunder angesehene Gewächs gilt in Bahrain als Symbol für die Stärke und Vitalität des Staates. Waagerecht wachsende, kräftige Äste reichen bis dicht zum Boden hinunter und laden Kinder zum Klettern und Spielen ein.

Bahrain International Circuit 18

Folgt man dem Al Muaskar Highway weiter Richtung Westen und biegt drei Kilometer vor dem Küstenort Zallaq nach Süden ab, gelangt man zu Bahrains **Formel-1-Rennstrecke** – Symbol des nationalen Selbstbewusstseins. Mehrere arabische Länder bewarben sich als Standort für den internationalen Rennzirkus, – dass Bahrain vor dem bekannteren und reicheren Nachbarn Dubai den Zuschlag bekam, erfüllte vor allem die männliche Bevölkerung mit Freude. Der vom deutschen Formel-1-Architekten Hermann Tilke für 150 Mio. Euro errichtete Bahrain International Circuit verfügt auf einer Strecke von 5,44 km über fünf Links- und sieben Rechtskurven. Etwa 55 000 Zuschauer finden Platz auf diversen Tribünen sowie im neunstöckigen Sakhir-Tower. Die imposante Bauwerk bietet einen 360-Grad-Blick auf die Rennbahn und die Wüste. Die oberen vier Stockwerke sind VIP-Lounges, in denen dem Gast ein umfangreicheres Service-Angebot offeriert wird. Den ersten in Bahrain ausgerichteten Grand Prix gewann Michael Schumacher im April 2004 nach 57 Runden

Entlang der Westküste in den Süden

aktiv unterwegs

Auf der Strecke bleiben

Tour-Infos
Ort: Bahrain International Circuit (BIC)
Dauer: halber Tag
Wichtige Hinweise: Risikobereitschaft ist erforderlich, die angebotenen Versicherungen sind unvermeidlich.
Infos: Tel. 17 45 00 00, www.bahraingp.com

Nur an drei Tagen im März fahren die Rennwagen um die Formel-1-Rennstrecke, die übrigen Tage des Jahres ist der Bahrain International Circuit (BIC) geöffnet für Rennsportbegeisterte, die sich hier so manchen Traum erfüllen dürfen. Es stehen folgende Angebote zur Auswahl:

Kart Racing Experience: Nirgendwo fühlt man so unvermittelt die Freisetzung des Adrenalins wie beim Kart-Fahren, heißt es unter Rennfahrern, die – wie einst Michael Schuhmacher – in jungen Jahren mit diesem Sport in den Rennzirkus eingeführt wurden. Zunächst wird man mit den Feinheiten des Karts vertraut gemacht, dann geht es – ausgestattet mit einem Sicherheitshelm – in die 1054 m langen Kart Zone; Erwachsene sind mit 9-PS-Fahrzeugen, Jugendliche mit 4 PS-Motoren unterwegs. Kart Zone, tgl. 15.30–22.30 Uhr, 10–60 Min. 5–25 BD, Jugendliche (mind. 1,4 m, max. 15 Jahre) 4–22 BD.

Caterham Extreme: Der von dem Formel-Eins-Designer Colin Chapman 1957 für die britische Sportwagenschmiede Caterham entworfene Kit-Car-Rennwagen ist lebende Legende. Sie fahren einen G7-Rennwagen aus der Serie Seven (Höchstgeschwindigkeit 220 km/h) auf der Formel-1-Strecke. Besonnene Instruktoren erteilen Hinweise und geben Tipps, bevor man so richtig Gas gibt. Zweimal im Monat, 115 BD ohne Versicherung.

Hummer Driving Experience: Offroad durch die Wüste von Sakhir, auf einer Teststrecke mit mehreren Dutzend Hindernissen. Als Abschluss gibt es ein Zertifikat über das erfolgreiche Bestehen des Erlebnisses. 16 Hummer-Geländewagen (H2 und H3) bilden die Flotte der einzigartigen ›Hummer Fahrschule‹. Zweimal im Monat, 65 BD.

bei 30 °C im Schatten, böigem Wind und – untypisch für Bahrain – heftigen Regenschauern. Bei der Siegerehrung reicht man statt Champagner ein *ward* genanntes Fruchtgetränk, bestehend aus Orangen, Granatäpfeln und einer Prise Rosenwasser, orientalisch im Geschmack (s. auch oben).

Ras al Barr 19
Südlich von Awali und des Jebel Dukhan wird Bahrain karg und braun. Zwei Pisten führen entlang der West- und Ostküste. Wegen des weichen Sandes neben der Fahrspur benötigt man ein vierradgetriebenes Fahrzeug. Hinweisschilder in dieser abgelegenen Gegend sagen dem Besucher, dass er sich hier auf eigene Gefahr bewegt. Die Wüstenpisten führen zum **Ras al Barr,** dem südlichsten Punkt der Insel. Wegen der schönen Strände, allerdings ohne Infrastruktur, und einiger Korallenriffs ist er ein beliebtes Ausflugsziel der Bahraini. Zurück nach Manama geht es über Awali, Rifa-West (Rifa al Gharbi) und Isa Town bzw. über Rifa-Ost (Rifa ash Sharqi) und die Insel Sitrah.

Termine
Großer Preis von Bahrain: Das von Fernsehteams in alle Welt übertragene Formel-1-Rennen wird jährlich im März ausgetragen. Hotels müssen dann Monate vorher gebucht werden. Karten über www.bah raingp.com.

Im Reich der Königin von Saba begegnet man Fremden traditionell sehr freundlich

Kapitel 2
Jemen

Unzählige Schattierungen in Braun und Grau, steinerne Häuser, die wie Adlerhorste an Felsvorsprüngen kleben, Terrassen, die sich in scheinbar endlosen Wiederholungen die Berghänge hinabziehen: Jede Ansicht ist ein Gemälde von unendlicher Schönheit. Jemens jahrhundertalte Architektur ist in Arabien unübertroffen. Die Baumaterialien entstammen der Natur: gestampfter Lehm, zu Ziegeln oder Wülsten verarbeitet, Steinquader, exakt behauen. Über Jahrhunderte hinweg wurde nach dem gleichen Muster gebaut: Ställe und Speicher im Erdgeschoss, auf den Ebenen darüber angeordnet die Wohnräume. Das oberste Stockwerk trägt zumeist den *mafraj*, das Gäste- und Empfangszimmer des Hausherrn. Jemenitische Häuser haben keinen Innenhof und ihre Außenwände sind oftmals reich verziert. Bis in die jüngste Zeit typisch sind die im Land verstreuten kleinen Dörfer, oftmals nur aus wenigen Häusern bestehende Weiler, in denen kleine Gemeinschaften siedeln. Dies hat seinen Grund u. a. in der naturräumlichen Gliederung von Jemen: Gebirgstäler, Bergketten und Hochplateaus ließen nur wenig Platz für größere zusammenhängende Siedlungen, zudem nutzt man ebenes Terrain lieber landwirtschaftlich.

Erst seit einigen Jahren vergrößern sich jemenitische Städte sprunghaft, weisen schnell wachsende Peripherien auf, entstehen neue, aus Beton und Wellblech errichtete einstöckige Häuser.

Die Jemeniten gelten als begnadete Baumeister: Höhepunkt einer Reise sind die mehrstöckigen, aus behauenen Steinen zusammengefügten Altstadthäuser von Sana'a, deren Stukkaturen wie Zuckerguss aussehen, und die aus rohen Lehmziegeln erbauten ›Wolkenkratzer‹ von Shibam im Wadi Hadramaut.

Ursprüngliches Südarabien

Das Reich der Königin von Saba, Jahrhundertelang gerühmt als Weihrauchland, liegt im äußersten Südwesten der Arabischen Halbinsel, grenzt an Saudi-Arabien und Oman und besitzt wundervolle Küsten am Roten Meer und Indischen Ozean. Die landschaftliche Schönheit des jemenitischen Hochgebirges, die großartige Architektur der Hauptstadt Sana'a, die vorislamischen Bauwerke von Marib und die Lehmstädte des Wadi Hadramaut zogen seit jeher Reisende an.

Glückliches Jemen: Die Landesbezeichnung leitet sich ab vom arabischen *Yaman* und bedeutet rechts, rechter Hand, womit im übertragenen Sinne die geografische Lage im Südwesten, das heißt rechts von Mekka gemeint ist. Weiterhin bedeutet das Wort *Yaman* auch glücksbringend, glücksverheißend – ein Hinweis auf das *Arabia Felix* der Römer, das glückliche Arabien, nämlich jene Region, aus der Gewürze und Kaffee sowie Weihrauch stammen – ein wohlhabendes und vom Glück verwöhntes Land. Noch heute weckt der Name beim Besucher starke Bilder: eine Hochgebirgsregion, in der man sich ins arabische Mittelalter zurückversetzt fühlt, Dörfer und Städte, von Lehmmauern umgeben, bunte Souqs, in denen rege gehandelt wird. Das Klima lässt inmitten der Wüste üppig grünende Obst- und Gemüsefelder gedeihen, terrassierte Felder ziehen sich Hunderte von Metern die Steilhänge hoch, jahrhundertealte und einzigartige Bauwerke zeigen auch heute noch ihre architektonische Schönheit.

Sana'a, die inmitten einer Hochebene liegende Hauptstadt, ist Unesco-Welterbe und die schönste und aufregendste Stadt der Arabischen Halbinsel. Seit Jahrhunderten liegen hinter der Stadtmauer die prachtvollen, aus Stein erbauten und mit Ziegeln und weißen stuckartigen Verzierungen versehenen Hochhäuser und Paläste, einem Märchen gleich.

Dazwischen erstrecken sich Palmenhaine und Gemüsegärten.

Im Südosten des Landes, noch bis 1990 als Sozialistische Volksrepublik Südjemen unabhängig, findet sich ein weiterer Höhepunkt der Städtebaukunst: das ebenfalls unter Denkmalschutz stehende Shibam, das Manhattan der Wüste. Vor der Felswand des Wadi Hadramaut inmitten eines Wüstenlandstriches ragen die Wohntürme aus Lehm in die Höhe. Zahlreiche weitere Städte und Dörfer zeigen, wie es die Jemeniten seit Jahrhunderten verstehen, selbst inmitten einer unzugänglich erscheinenden Gebirgswelt ihre Häuser, Paläste und Moscheen zu errichten. Meint man sich bisweilen auf einer Reise ins arabische Mittelalter, wird man jedoch immer wieder unsanft aus diesem Traum geweckt. Abfallberge türmen sich in den Straßen, Mülltüten in allen Farben des Regenbogens liegen vor acht Meter hohen, aus Steinquadern und Lehm errichteten Wohnhäusern. Aus den Fenstern schauen schwarz gekleidete Frauen, hin und wieder öffnen sich die Fenster in den kunstvoll gestalteten Holz- und Steinerkern, weiterer Abfall wird auf dem einfachsten Weg auf die Straße entsorgt. Doch Besserung ist in Sicht: Mit ausländischer Hilfe wurde bereits in einigen Orten eine moderne Infrastruktur zur Müllentsorgung aufgebaut.

Immer schneller dehnen sich mittlerweile auch die Städte entlang der Ausfallstraßen aus, Werkstätten und Garagen sowie einfache Flachbauten säumen in Sana'a, Taiz und auch in Saada zum Teil kilometerlang die Straßen.

Unverändert majestätisch ist die jemenitische Bergwelt mit Gebirgszügen, die Höhen bis zu 3500 m erreichen. In den schwer zugängliche Bergdörfern, in den altertümliche Häuser, die wie Schwalbennester an den Hängen kleben, zeigt sich, entfernt von den Städten, die volle Pracht von Jemen. Das Land erinnert an eine mittelalterliche Festung: stolz, uneinnehmbar, verschlossen.

Wie auch in den Nachbarländern strukturiert bis heute der Ruf des Muezzin vom hohen Minarett den Tag: Im ganzen Land finden sich die Jemeniten fünf Mal täglich zum Gebet zusammen. Nach wie vor geblieben ist die Begeisterung der Männer für Qat – die Blätter werden bündelweise in Plastiktüten auf dem Qat-Markt gekauft, sodann über mehrere Stunden hinweg und stets im Kreise von Freunden ausgiebig gekaut und hamsterartig in einer Wangentasche gesammelt. Die Blätter sollen leicht aufputschende, euphorisierende Wirkung haben, ebenso wichtig ist vermutlich ihre soziale, kommunikative Bedeutung.

Jeder selbstbewusste Jemenite trägt als traditionelles Männlichkeitssymbol einen Krummdolch *(djambia)* vor dem Bauch. Dieser Dolch ist umso wertvoller, je angesehener sein Besitzer. Bereits jugendliche Jemeniten tragen als Symbol des Eintritts ins Erwachsenenalter eine *djambia*. Das Tragen des Dolches geht offensichtlich auf vorislamische Zeiten zurück, sieht man doch im Nationalmuseum von Sana'a altarabische Königs- und Priesterfiguren aus Alabaster mit einem Dolch im Gürtel.

Fremden begegnet man traditionell sehr freundlich: die Männer lächelnd, Frauen gewöhnlich zurückhaltend, Kinder neugierig und interessiert.

Märchenhaft: der Sonnenuntergang am Indischen Ozean

Steckbrief Jemen

Daten und Fakten

Name: Republik Jemen, Al Djumhuriya al Jamaniya
Fläche: ca. 537 000 km^2
Hauptstadt: Sana'a
Amtssprache: Arabisch
Einwohner: ca. 24 Mio.
Bevölkerungswachstum: 3,45 %
Lebenserwartung: Männer 60 Jahre, Frauen 64 Jahre
Alphabetisierung: Männer 71 %, Frauen 50 %
Währung: Yemen-Riyal (YR)
Zeitzone: MEZ + 2 Std. , im Sommer + 1 Std.
Landesvorwahl: 00967
Internetkennung: .ye

Landesflagge: Drei horizontale Streifen in traditionellen arabischen Farben: Rot (Blut des Feindes), Weiß (Reinheit, Frieden), Schwarz (Bereitschaft zum Kampf).

Geografie

Die Oberflächenform geht auf den vor ca. 70 Mio. Jahren erfolgten Einbruch des Rote Meer-Grabens zurück, bei dem sich das jemenitische Bergland als breiter, durchschnittlich 1500 m hoher Gebirgsstock hob. Vor dem Bergland liegt parallel zum Roten Meer der Küstenstreifen der Tihama (Heiße Erde); hier gleicht die Vegetation der einer Savanne. Die nordöstlich hinter dem Bergland angrenzenden Regionen sind riesige Sand- und Steinwüsten. Nur sehr selten – z. B. in den Wadis von Hadramaut – stößt man dort auf Oasen. Jemen besitzt knapp 2000 km Küstenlinie. Sie reicht von Midi an der saudischen Grenze bis zum Ausgang des Roten Meeres (Bab al Mandab) und weiter von Aden über Mukalla bis zur omanischen Grenze. Seit der Vereinigung der beiden Landesteile 1990 ist das Land das zweitgrößte der Arabischen Halbinsel. Zu Jemen gehören auch die Inseln Perim und Kamaran im Roten Meer sowie Sokotra (700 km östlich von Aden) im Arabischen Meer.

Geschichte

Die bereits vor 3000 Jahren bestehenden südarabischen Königreiche der Sabäer und Minäer verdankten Macht und Reichtum ihren geschickten Bewässerungsanlagen (z. B. Staudamm von Marib) und der berühmten Weihrauchstraße. Mit der Islamisierung verlor das Land an Bedeutung, weil es sich unter seinen Imamen abkapselte. Daran änderten auch jene europäischen Kolonialmächte nichts, die im 17. Jh. in der Küstenstadt Mocha Faktoreien für den Kaffeehandel gründeten. Nach einem Militärputsch 1962 im Norden und dem Rückzug der Briten 1967 aus dem Süden spaltete sich das Land in eine Arabische Republik (Nordjemen) und eine Demokratische Volksrepublik (Südjemen). Im Zuge globaler Entspannung folgte 1990 eine Vereinigung, die 1994 durch Bürgerkriegshandlungen in Frage gestellt wurde. Nach dem militärischen Sieg des Nordens herrscht in der Republik Jemen seit 1995 eine Periode innenpolitisch ruhiger Entwicklung.

Staat und Politik

1990 schlossen sich nach langen Verhandlungen die beiden Landesteile zur Republik Jemen zusammen. Allerdings hatten sich die beiden Staaten in den letzten Jahrzehnten sehr unterschiedlich entwickelt: Während sich im Norden traditionelle und islamische Strukturen hielten, gab es im Süden Frauenwahlrecht und Mädchenschulen. Ein Volkskongress verabschiedete 1992 eine neue republikanische Verfassung. Bei den Wahlen 1993 errang die PGC (People's General Congress) des nordjemenitischen Präsidenten Ali Abdullah Saleh eine relative Mehrheit vor der sozialistischen YSP (Yemen Socialist Party) und der religiösen Islampartei Al Islah. Eine Koalition aus PGC und YSP wählte Ali Abdullah Saleh zum Präsidenten der neuen Republik. Nach dem Sieg im Bürgerkrieg wurde er 1994 von einer neuen Koalition aus PGC und Al Islah im Amt bestätigt. Seit 1997 ist die PGC an der Regierung. Das Staatsoberhaupt wird seit 1999 alle sieben Jahre direkt gewählt. Mit seinem Sieg bei der Wahlen 2006 bleibt Saleh auch nach 28 Jahren weiter im Amt.

Wirtschaft und Tourismus

Jemen besitzt die fruchtbarsten Landstriche der Arabischen Halbinsel und die Landwirtschaft ist Haupterwerbsquelle der Jemeniten. Zwei Drittel der Bevölkerung sind in diesem Bereich tätig; er trägt etwa ein Drittel zum Bruttosozialprodukt bei. Aber die Landwirtschaft blüht nicht mehr, sieht man vom Anbau des Narkotikums Qat ab. Seit Jahren liegt das Pro-Kopf-Einkommen bei ca. 550 US-$ im Jahr. Das Land gehört damit zu den ärmsten der Welt. Industrie gibt es kaum. Etwa die Hälfte der Bevölkerung lebt unterhalb der Armutsgrenze. Doch geben die Erdölfunde dem Land Hoffnung auf wirtschaftliches Wachstum. Eine Ölpipeline bringt das Erdöl zum Terminal bei Mukalla, Jemen fördert etwa ein Fünftel der Menge Kuwaits. Der gesamte Erlös fließt in den Staatshaushalt. Die Ausweisung der 1,5 Mio. jemenitischen Gastarbeiter aus Saudi-Arabien und den Golfstaaten im Zuge des Zweiten Golfkrieges verschärfte die wirtschaftliche Lage. Die Arbeitslosenquote liegt zwischen 25 und 40 %. Seit Jahrzehnten erhält Jemen sehr viel ausländische Entwicklungshilfe. Im Staatshaushalt 2008 sind 33 % der Ausgaben für das Militär ausgewiesen, obwohl der Gesundheitsbereich und das Erziehungswesen, Elektrizität und Wasserversorgung unterfinanziert sind.

Jemen ist Ziel der klassischen Bildungsreise. Obwohl die touristische Infrastruktur unterentwickelt ist (Ausnahme: Sana'a), zog das Land jährlich etwa 30 000 europäische Besucher an. Trotz vereinzelter Entführungen ging die Zahl der Besucher erst wesentlich nach dem 11. September 2001 zurück. Nach Entführungen mit Todesfolge und Al Qaida-Anschlägen 2009 und 2010 kam der Tourismus zum Erliegen. Ein Tourismusministerium fördert nun die Errichtung von Hotels und eines Tauchzentrums an der Westküste sowie den Neubau eines Flughafens in Sana'a.

Bevölkerung und Religion

Mit über 24 Mio. Einwohnern ist das wiedervereinigte Jemen heute nach Saudi-Arabien das bevölkerungsreichste Land der Arabischen Halbinsel. Der Islam ist offizielle Staatsreligion, historisch bedingt sind die meisten Jemeniten sunnitische Schafiiten und schiitische Zayditen. Zu den Minderheiten zählen die verbliebenen jüdischen Familien in der Nähe von Saada und die Ismaeliten, Anhänger des 7. schiitischen Imams Ismael, in und um Manakha.

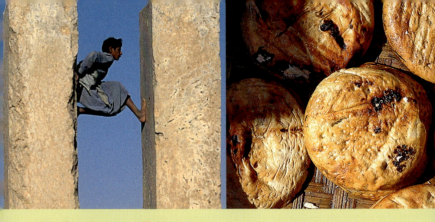

Auf einen Blick
Jemen

Sehenswert

3 Sana'a: Die vielen mehrstöckigen Wohntürme und Minarette der Altstadt von Sana'a sind eingebettet in ein Tal auf 2300 m Höhe (s. S. 146).

4 Damm von Marib: Das 2000 Jahre alte Bewässerungssystem ermöglichte einst intensiven Ackerbau (s. S. 161).

Taiz: Eine der schönsten Städte des Landes bildet mit ihren alten Moscheen, dem Imamspalast, der Zitadelle, dem traditionellen Souq und ihrem Hausberg eine Einheit (s. S. 183).

5 Shibam im Wadi Hadramaut: ›Wolkenkratzer‹ aus Lehm – ein mittelalterliches Manhattan der Wüste (s. S. 200).

Schöne Routen

Von Sana'a in die Hafenstadt Hodeida: Die Straße führt durch eine der beeindruckendsten Landschaften in Jemen (s. S. 166).

Von Sana'a nach Shihara: Bei der Anfahrt passiert man eine einzigartige Bergwelt (s. S. 175).

Unsere Tipps

Ein Bummel im Souk: Mitten in Sana'a streift man durchs arabische Mittelalter (s. S. 147).

Wadi Dar: Obst- und Gemüsegärten durchziehen das Tal. Der Ausblick auf den Felspalast Dar al Hajar ist wunderbar (s. S. 157).

Spurensuche in Mocha: Es ist schon ein besonderes Gefühl, die wunderschönen, im Verfall begriffenen Moscheen und Kaufmannshäuser zu sehen, die inmitten des Wüstensandes thronen – eine einmalige Lektion in Sachen Vergänglichkeit (s. S. 172)!

aktiv unterwegs

Ein Besuch in Thula: Ein prächtiges Tor führt in die noch vollständig von einer Mauer umgebene Kleinstadt, die durch herrliche Altstadthäuser geprägt wird (s. S. 154).

Zu Fuß nach Kaukaban: 400 m über Shibam thront in fast 3000 m Höhe auf einem Felsplateau das steinerne Dorf Kaukaban. Der Aufstieg über jahrhundertealte steinerne Trittstufen ist gleichermaßen anstrengend wie beeindruckend (s. S. 158).

Sana'a und Umgebung

Einem natürlichen Amphitheater gleich thront die Hauptstadt von Jemen in einer Hochebene. Die große Dichte jemenitisch-arabischer Architektur, das Ensemble aus Moscheen und 30 m hohen Steinhäusern, das pulsierende Leben machen Sana'a zur schönsten Stadt der Arabischen Halbinsel. Grandiose Landschaften und Städte wie aus altarabischen Märchenbüchern liegen in der Umgebung.

Durch ein gewaltiges Stadttor betritt man den Souq von Sana'a, es riecht nach Kardamom, man hört das Klopfen der Silberschmiede und Esel schleppen schwere Säcke mit Gewürzen. In der Umgebung der Stadt locken die Wochenmärkte von Shibam und die beeindruckende Festungsarchitektur des hochgelegenen Wehrdorfes Kaukaban.

 Sana'a ▶ 4, E 5

Cityplan: S. 148/149
Sana'a zählt zu den ältesten Städten der Welt, laut arabischen Handschriften soll es sogar die älteste überhaupt sein. Der Legende nach soll ein Sohn Noahs – Sem – die Stadt gegründet haben. Archäologische Ausgrabungen datieren Fundstücke ins 2. Jh. v. Chr., als die Himjaren ihr Königreich in Südarabien ausdehnten und festigten. Sie erkoren Sana'a zur Hauptstadt ihres Reiches. Alten arabischen Berichten zufolge muss die Stadt schon damals eine überaus reiche Siedlung mit prachtvollen Bauwerken gewesen sein. Der sagenumwobene Königspalast Ghamdan, so die Aufzeichnungen, umfasste gar zwölf Stockwerke und trug ein Dach aus Alabaster. Keines der Bauwerke aus dieser Zeit ist indes erhalten, aber in zahlreichen der Altstadthäuser und auch in der Großen Moschee findet man als Baumaterial verwendete Säulenteile und Inschriftensteine aus jener Zeit.

Zwei Drittel der 5 km langen, aus dem 16. Jh. stammenden Stadtmauer sind noch gut erhalten und vermitteln einen Eindruck von der Wehrhaftigkeit der Stadt. Die meisten Bauwerke der Altstadt, besonders die stuckverzierten Wohnhäuser, sind in den letzten 400 Jahren entstanden. Das Zentrum Sana'as besteht aus zwei Teilen: der von einer Mauer umgebenen Altstadt und der im 19. Jh. westlich davon entstandenen ›grünen‹ Neustadt, in der wohlhabende Bürger und die Imame ihre Paläste bauten. In diesem neuen Teil Sana'as liegen die Regierungsgebäude, die Botschaften und einige Hotels mit westlichem Standard. Auch dieser Stadtteil war ursprünglich von einer Mauer umgeben. Beide Stadtteile grenzten dort aneinander, wo heute – nachdem die Mauer hier abgerissen wurde – die Ali Abdul Mughni Street als breite Nord-Süd-Achse quer durch Sana'a verläuft.

Ungewiss ist die Einwohnerzahl von Sana'a, sie wird auf 1 bis 2 Mio. geschätzt. Eine Schätzung von 1,8 Mio. ist wohl realistisch, weil eine große Zahl von Jemeniten, die in Kuwait und Saudi-Arabien arbeiteten, infolge des Golfkrieges wieder in ihre Heimat zurückkehren mussten.

Altstadt
Die Altstadt ist als Unesco-Welterbe umfassend saniert worden, die Arbeiten sind allerdings noch im Gang. Am Westrand wurde das Wadi Saila gepflastert und mit Begrenzungsmauern versehen; es dient in der Tro-

Sana'a

ckenzeit als Straße. Die Gassen der Altstadt wurden gepflastert, Mauern repariert, Fenstergitter in die Mauern, die auch Gärten umgeben, eingesetzt. Ein Teil der Gärten ist wieder hergerichtet. Viele Häuser sind restauriert, renoviert und mit Wasser-, Abwasser- und Elektroleitungen versorgt.

In die Altstadt, deren **Stadtmauer** 1 man entlang der Zubeiri Street bewundern kann, führten ehemals acht Stadttore, von denen heute noch das Haupttor, das **Bab al Yemen** 2 (Tor von Jemen), trotz leichter Beschädigungen aus dem Bürgerkrieg nahezu vollständig erhalten ist. Es wurde 1870 errichtet und 25 Jahre später von den Türken in seine heutige Form gebracht. Am Bab al Yemen beginnen die Gassen der Souqs, hier eröffnet sich dem Besucher das nahezu intakte Bild einer mittelalterlichen arabischen Stadt.

Einst gehörten zu jedem der Altstadtviertel eine eigene Moschee, ein türkisches Bad sowie ein weitläufiger Gemüse- und Obstgarten *(mekshamat),* der die Versorgung der Bewohner sicherstellte. So sieht man heute noch neben einigen der Altstadthäuser einen kleinen Gemüsegarten mit Brunnen, grüne Oasen in der grau-weißen Häuserfront. Ein Spaziergang führt vorbei an den Wohntürmen aus Lehmziegeln und Naturstein, deren weiß gekalkte Stuckverzierungen an Fenstern und Türen das Gesicht der Altstadt prägen. Häufig sieht man noch hölzerne, durchbrochene Fensterkästen *(shubbaq),* die durch den Wind gekühlt werden und der Aufbewahrung von gesalzenem Fleisch und Gemüse dienten. Mit Wasser gefüllte Tonkrüge sorgen außerdem für Kühlung. Es sind diese Bürgerhäuser mit ihren buntverglasten Halbbögen, die Sana'a den Ruf der »schönsten Stadt der Arabischen Halbinsel« einbrachten.

Altstadt-Souq

Alle Wege führen zum **Altstadt-Souq** 3, dem Herzen Sana'as: Einkaufsgassen, die sich labyrinthähnlich zwischen dem Bab al Yemen und dem **Bab al Shaub** 4 verzweigen, den Reisenden in eine vergangene Epoche versetzen. Jedes Handwerk und jede Handelszunft hat ihr eigenes Viertel. 1700 Läden sollen hier zu finden sein, früher in 49 Spezialgassen, heute im Souq al Melha (Salz), Souq al Fidha (Silber), Souq al Nahas (Kupfer), Souq al Biharat (Gewürze), Souq al Zabib (Rosinen) und vielen anderen. Berge von Kardamom und Henna türmen sich bei den Gewürzhändlern, verschleierte Frauen bieten duftende Essenzen feil. Nach dem Textilien- und dem Gewürz Souq gelangt man schließlich in die Gasse, in der die Krummdolche *(djambia)* hergestellt werden, die einheimische Männer tragen. Besonders beliebt sind bei ausländischen Besuchern die Gassen mit Silberarbeiten, Beduinenschmuck, alten Gewehren und antiken Haushaltswaren. Allerdings beherrschen auch zunehmend Billigwaren aus Fernost die Läden. Im Souq befinden sich Teestuben; es macht Spaß, sich hier für eine Weile auszuruhen und dem Treiben zuzuschauen.

Dschumurq el bonn 5 heißt das ehemalige Zolllager für Kaffee, heute ein Umschlagplatz für Datteln, Kaffee und Kaffeeschalen, aus denen das beliebte Getränk *qisr* gekocht wird. Zwischen den Säulen und Nischen einer frühchristlichen Kirche hängen schwere Waagen mit Kanonenkugeln als Gewichten. Stimmengewirr der Verkäufer und Ersteigerer und Gerüche der Waren sind faszinierend.

Große Moschee 6

Sana'a besitzt etwa vier Dutzend Moscheen. Die älteste ist die um 630, noch zu Lebzeiten Mohammeds, erbaute **Große Moschee,** in der Altstadt unweit des Bab al Yemen gelegen (Nicht-Muslime dürfen den Hof und die Moschee nicht betreten). Ursprünglich stand an dieser Stelle ein Tempel aus sabäischer Zeit, später eine Synagoge und dann möglicherweise eine christliche Kirche. Die Moschee, für deren Bau Steine und Dekorationselemente der vorherigen Bauwerke benutzt wurden, hat einen weiten Innenhof mit einem kleinen, quadratischen Steinheiligtum, das der Kaaba von Mekka ähnlich ist. Einige der Säulen im Inneren der Moschee tragen sabäische Kapitelle. 1984 wurden bei Reparaturen im Dachstuhl der Großen Moschee sehr alte Koranhandschriften entdeckt, einer

Sana'a

Sehenswert
1. Stadtmauer
2. Bab al Yemen
3. Altstadt Souq
4. Bab al Shaub
5. Dschumurq el bonn
6. Große Moschee
7. Tahrir-Platz
8. Militärmuseum
9. Dar ash Shukran
10. Judenviertel
11. Friedhof

Übernachten
1. Mövenpick
2. Sheraton
3. Burj al Salam
4. Hadda Hotel
5. Hilltown (Bostan)
6. Al Shamiri Plaza
7. Golden Daar
8. Arabia Felix
9. Sultan Palace
10. Al Batool

Essen & Trinken
1. Bilquis
2. Al Fakher
3. Al Shaibani

Einkaufen
1. Gallery No. 1

Abends & Nachts
1. Deutsches Haus

Aktiv
1. Al Mamoon

---

der größten Kulturschätze der islamischen Welt: 15 000 Blätter von über 1000 Koranfragmenten. Darunter eine Handschrift, die aus einem 8. Jh. entstandenen Koranexemplar stammt – knapp ein Jahrhundert nach dem Tode des Propheten Mohammed – auf 51 x 47 cm große Pergamentblätter geschrieben. Die Restaurierungsarbeiten starteten Mitte der 1980er-Jahre mit deutscher Unterstützung; eingerichtet wurde eigens das Haus der Handschriften, in dem deutsche und jemenitische Restauratoren und Wissenschaftler sich der detailreichen Arbeit widmeten.

Am Tahrir-Platz

Zentrum der Neustadt ist der **Tahrir-Platz** 7, der im Osten von der Ali Abdul Mughni Street

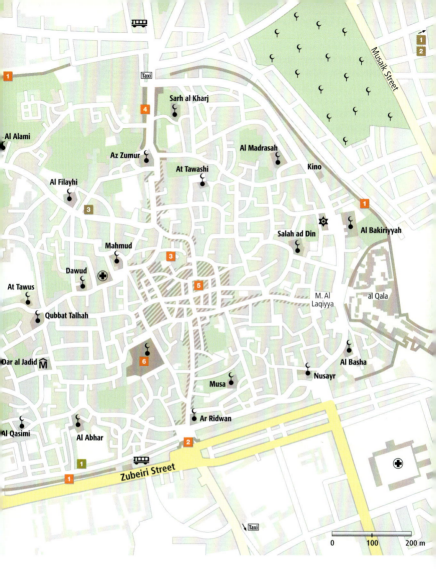

begrenzt wird. Hier liegen das Hauptpostamt und das **Militärmuseum** 8 . Dort gibt es eine Mischung aus neueren Waffen, Fahnen und Uniformen zu sehen, in arabischer Sprache erläutert. Sehenswert sind allenfalls zwei im Hof stehende Autos des Imams aus den 1950er-Jahren (Sa–Do 9–12, 15–18 Uhr, Eintritt 500 YR). Der Tahrir-Platz ist von Geschäften, Restaurants, Straßenverkäufern sowie Saftläden umgeben, es herrscht rundherum viel Betriebsamkeit. Ein kleiner Park in der Mitte des Platzes bietet Spaziergängern Bänke zum Ausruhen. Freitags wird flaniert, und man kann sich mit Blumen oder auf dem Pferd fotografieren lassen. Auf einer kleinen Bahn werden Fahrräder rundenweise verliehen, an Schießständen übt man mit dem Luftgewehr.

Sana'a und Umgebung

Am nördlichen Ende des Tahrir-Platzes befindet sich das **Dar ash Shukran** 9 (Haus des Dankes), ein 1938 erbauter Palast von Imam Yahya, in dem heute das Nationalmuseum untergebracht ist. Auf vier Etagen werden vorislamische und islamische Funde, Ausgrabungsstücke, Objekte aus der Zeit der Imame und folkloristische Gegenstände präsentiert, in historischer Umgebung ansprechend dargestellt. Schautafeln und zahlreiche Modelle tragen zur Erklärung bei. Im Erdgeschoss stehen zwei eindrucksvolle, in Mainz restaurierte Bronzestatuen südarabischer Herrscher (270–310), die 1931 im Norden des Landes entdeckt wurden. Ihre Namen finden sich auf der Brust, der Name des römischen Künstlers in Griechisch auf einem Knie. Inschriftenplatten aus vorislamischer Zeit dokumentieren den künstlerischen Reichtum der jemenitischen Kultur. Volkskundliche Ausstellungsstücke und ein rekonstruierter Empfangsraum des Imams mit zahlreichen Staatsgeschenken befinden sich im zweiten Stock. Sehenswert ist auch eine Sammlung alter Fotografien, die Sana'a und andere Orte des Landes um das Jahr 1950 zeigen. Von den Fenstern des vierten Stocks genießt man einen umfassenden Blick auf die Altstadt. Ein Besuch im Museumshof beschließt den Rundgang. Dort wartet die wieder hergerichtete Prunk-Kalesche des Imams auf den Besucher, die aus dem 19. Jh. stammt (Sa–Mi 9–12, 15–18 Uhr, Eintritt 500 YR).

Judenviertel und Friedhof

Ein Spaziergang lohnt sich vom Tahrir-Platz entlang der 26th September Street (etwa 500 m) bis zur Nr. 88 an der Ecke zur Street No. 18. Dort findet man am Gebäude der ehemaligen DDR-Botschaft einen der schönsten türkischen Balkone der Stadt, einen kunstvoll geschnitzten hölzernen Erker, der noch aus dem Jahre 1880 stammt.

Das im traditionellen jemenitischen Baustil errichtete Regierungsgebäude von 1973 liegt im neuen Teil Sana'as westlich des Tahrir-Platzes. Man kommt an dem Palast vorbei, wenn man auf der Abdul Nasr Street bis zum Platz al Ghar geht, um das dahinter dem Platz gelegene ehemalige **Judenviertel** 10 (Gaal Jahud) zu besuchen. Der Stadtteil wurde seit 1679, als die Juden die Altstadt verlassen mussten, nur von ihnen bewohnt. Seine schmucklosen Häuser sind nicht höher als neun Meter – so die Auflage des Imams, einige Fenster ziert wertvolles Alabasterglas. Die alte Synagoge ist heute die Moschee al Gala (der Verbannung). Bis 1948 lebten hier ca. 8000 Juden. Nachdem das Viertel mit der Auswanderung der Juden nach Israel (Aktion Fliegender Teppich, s. S. 198) zunächst verwaiste und die Gebäude verfielen, werden die Bauwerke heute wieder (von Ausländern und Jemeniten) bewohnt.

An der Ecke Ali Abdul Mughni Street/Zubeiri Street liegt der größte **Friedhof** 11 der Stadt. Der Einfachheit des Begräbnisses – die Toten werden ohne Sarg und ohne Trauerfeier beigesetzt – entspricht die Schlichtheit der Anlage.

Am nordwestlichen Stadtrand von Sana'a liegt **Bait Baws,** eine himjarische Siedlung auf einem Berg, die im 19. und 20. Jh. von jüdischen Handwerkern bewohnt war. Heute stehen die meisten Häuser leer.

Infos
Vorwahl Sana'a: 01
Yemen Tourism Promotion Board: Hadda St., P.O.B. 5607, Sana'a, Tel. 51 07 94-6, Fax 51 04 47, www.yementourism.com, So–Mi 8–12 Uhr.

Ein Informationsbüro befindet sich am Midan at-Tahrir.

Übernachten
Null Prozent Umsatzsteuer ▶ **Mövenpick** 1**:** Berlin St., Dar Himyar, Tel. 54 66 66, Fax 54 60 53, www.moevenpick-sanaa.com. Jüngstes der drei Luxus-Hotels der Stadt mit Spa und 394 Zimmern. Im Haus sorgt ein marokkanisches Restaurant fürs leibliche Wohl. DZ ab 140 US-$.

Abseits hoch im Grünen ▶ **Sheraton** 2**:** Nashwan al Himyari St. (Green Hill, Ring Rd.), Tel. 23 75 00, Fax 25 15 21, www.sheraton.com/sanaa. Achtstöckiges Haus mit jemenitischer Dekoration in großem Garten auf ei-

Sana'a

Tipp: Speisen auf dem Dach

Den schönsten Blick bieten die Restaurants auf den Dachterrassen der Hotels in der Altstadt. Im Zuge der von der Unesco geförderten Restaurierung der Altstadt von Sana'a wurden einige der traditionellen fünf- bis siebenstöckigen Häuser in Hotels mit 15 bis 25 Zimmern umgewandelt, zum Beispiel **Golden Dar, Arabia Felix** und **Sultan Palace** (s. unten). Dabei wurde meist das Restaurant auf der Dachterrasse und/oder im ehemaligen *mafraj* im obersten Stockwerk eingerichtet. Denn hier, im schönsten Zimmer des Hauses, versammelten sich traditionell der Hausherr und seine Freunde, um gemeinsam Qat zu kauen und Tee zu trinken.

In einigen Hotels können die Gäste bereits das Frühstück in luftiger Höhe einnehmen. Dutzende von Steinstufen führen hinauf, man genießt den Blick auf die Häuser und deren wunderbare Verzierungen, auf Moscheen und Dachgärten. Am stimmungsvollsten ist ein Besuch in den Abendstunden, wenn die alten Hochhäuser in sanftes Licht getaucht sind, ein in der Welt einmaliger Anblick.

---

nem Hügel am Stadtrand Sana'as gelegen. Das Sheraton verfügt über zwei Swimmingpools und Tennisplätze. Es ist ruhig gelegen, die Altstadt (4 km) ist allerdings nur per Taxi zu erreichen. 247 Zimmer, 18 Suiten, DZ ab 120 US-$.

Tradition mit Ausblick ▶ **Burj al-Salam** [3]: Harat Al Fulayhi, Tel. 48 33 33, Fax 48 33 30, www.burjalsalam.com. Das Burj al-Salam ist das beste (und höchste) der traditionellen Hotels in der Altstadt, mit 47 Zimmern und Suiten, italienisches Management, (Frühstücks-)Dachterrasse mit Panoramablick, DZ 99 US-$.

Komfortabel & ruhig ▶ **Hadda Hotel** [4]: Hadda St., im Stadtteil Hadda (5 km zum Zentrum), Tel. 41 52 14, Fax 41 25 43. Zweistöckige Anlage mit *shisha*-Zelt, Garten sowie Schwimmbad. 70 Zimmer, DZ ab 85 US-$.

Arabischer Stil ▶ **Hilltown (Bostan)** [5]: Tahrir St./26th September St., Tel. 27 84 26, Fax 27 84 27. Das Mittelklassehaus liegt nördlich des Tahrir, unweit des Nationalmuseums und verfügt über 75 komfortable Zimmer (Kühlschrank, TV) mit großem Bad sowie je 5 kleine und große Familiensuiten; sehr gut und günstig. DZ 37 US-$.

Panoramablick über die Altstadt ▶ **Al Shamiri Plaza** [6]: Ali Abdul Mughni St. neben Yemen Central Bank, Tel. 27 91 00, Fax 27 26 04, shmiryplaza@y.net.ye. 48 komfortable Zimmer mit Bad, teilweise mit Altstadtsicht. Das Hotel ist besser als fast alle (teureren) Mittelklassehäuser der Stadt. Das Restaurant im 8. Stock bietet den besten Ausblick auf sowohl Alt- als auch Neustadt. DZ 35 US-$.

Schönes Altstadthaus ▶ **Golden Dar (Dar al Dahab)** [7]: Harat (Quarter) Talha in der Altstadt nahe des Wadi Saila, Tel. 28 72 20, Fax 28 72 93, www.goldendarhotel.com. Restauriertes traditionelles Haus mit Restaurant und schöner Außenterrasse im 5. Stock, *mafraj* (6. Stock) und Blick über die Altstadt. 18 Zimmer, DZ ab 26 US-$.

Glückliches Arabien ▶ **Arabia Felix** [8]: Harta al Saila, Ecke 73 St., Al Jala Quarter, Tel. 28 73 30, Fax 28 74 26, www.al-bab.com/arabiafelix. Das Arabia Felix liegt zwischen Saila und Altstadt, besitzt eine Dachterrasse und einen schönen Garten. 32 einfache Zimmer, DZ ab 25 US-$.

Tradition in der Altstadt ▶ **Sultan Palace** [9]: Golden St., Bustan as-Sultan (zwischen Tahrir-Platz und Saila), Altstadt, Tel. 27 37 66, Fax 27 61 75, www.al-bab.com/sultanpalace. Schönes kleines Altstadthaus mit Gartenrestaurant sowie Dachterrasse, guter Service, freundliches Personal. 9 Zimmer, DZ ab 18 US-$.

Mitten im Geschehen ▶ **Al Batool** [10]: Al Nozily St. ab Ali Abdul Mughni St. (hinter dem Postamt nahe Tahrir), Tel. 49 49 67, Fax 28 52 53. Mittelklasseausstattung, 39 Zimmer mit Bad, kein Restaurant. DZ 12 US-$.

Sana'a und Umgebung

Die Rettung der Altstadt von Sana'a

Zwischen rund 6000 oft fünfstöckigen Wohntürmen ragen etwa 100 Minarette in den Himmel, dazwischen leuchtet das satte Grün von vielen Gemüsegärten. Seitdem die Altstadt zum Unesco-Welterbe zählt, ist neues Leben in die Gassen eingekehrt und viele Gebäude erstrahlen in alter Schönheit.

Die schön Gebaute lautet eine Deutung des Namens Sana'a, und nach einer altarabischen Verszeile muss man die »Perle Arabiens« einmal gesehen haben! Wie ein Guss aus Puderzucker wirken die weißen Verzierungen den Wohntürmen aus dunkelbraun leuchtendem Naturstein. Das intakte historische Stadtensemble ist einzigartig auf der Arabischen Halbinsel.

Sana'as Probleme begannen mit dem Wachstum. 1962 lebten hier 50 000, 20 Jahre später waren es schon 250 000 Menschen, und heute sind es möglicherweise 2 Mio. Neue Wohnviertel, neue Einkaufsstraßen entstanden. Denn mit der Modernisierung des Lebensstils veränderten sich die Wohnanforderungen. Die in der Altstadt verbliebenen Menschen renovierten: mit billigen PVC-Wasserleitungen, die bald platzten und die Mauern zerstörten, und mit Zement, der wegen der großen Temperaturschwankungen schon nach kurzer Zeit riss.

1980 dann wurde von der Unesco die erste Hilfskampagne für Sana'a beschlossen, vier Jahre später die Altstadt als Welterbe unter ihren Schutz gestellt. Italien spendete sechs Millionen Dollar für die Restaurierung einer der schönsten Viertel mit mehreren 400-jährigen Häusern. Mit Mitteln aus Japan wurde das trockene Flussbett des Saila ausgepflastert, der die Altstadt begrenzt, um die Anwohner im Sommer vor dem Staub der Trockenzeit und im Winter vor den Schlammmassen der Regenfluten zu schützen. Andere Länder entsandten Architekten und Stadtplaner, Restauratoren und Entwicklungshelfer. Neben der architektonischen Wiederbelebung der Häuser galt es, die Altstadt auch sozial und wirtschaftlich zu revitalisieren. Wohntürme wurden restauriert, ein umlaufender Steinsockel verstärkt die alte, abbröckelnde Lehmmauer der Altstadt. Von den insgesamt 28 historischen Wirtschafts- und Zollhäusern *(samsarat)* wurden mehrere restauriert und einer neuen Funktion zugeführt: So zog in den mit norwegischer Hilfe restaurierten Samsarat al-Nahas ein Ausbildungszentrum für traditionelle Handwerksberufe ein, und der von Deutschen finanzierte Samsarat al-Mansurah beherbergt Ateliers und Ausstellungsräume für Künstler. Und in der Samsarat al Halaqah etablierte sich das Women Handicraft Centre zur Förderung des Kunsthandwerks von Frauen. In vielen Wohnhäusern wurde ein modernes Kanalisationssystem installiert, Gassen und Plätze nach altem Vorbild gepflastert.

Willkommener Nebeneffekt der weltweiten Aufmerksamkeit: Bei der Bevölkerung gilt eine Altstadtadresse wieder als schick, und inzwischen wohnen hier 50 000 Jemeniten. Viele der alten Handwerker schätzen die engen Gassen der Altstadt als Verkaufsort. Selbst einige Hotels der Mittelklasse haben sich mittlerweile in traditionellen jemenitischen Hochhäusern der Altstadt etabliert.

Sana'a: »Perle Arabiens«

Rettung der Altstadt von Sana'a

Thema

Sana'a und Umgebung

aktiv unterwegs

Ein Besuch in Thula

Tour-Infos
Start: Zentrum von Thula, 46 km nordwestlich von Sana'a
Länge: 3 km (mit Stadtrundgang)
Dauer: 2–3 Std.
Schwierigkeitsgrad: mehrere Hundert unregelmäßige Stufen bergan
Anfahrt: mit dem Sammeltaxi von Sana'a (nördlich des Tahrir-Platzes)
Wichtiger Hinweis: Thula liegt in 2630 m Höhe. Wasser gehört in den Rucksack.

10 km nördlich von Shibam lockt ein weiteres Juwel jemenitischer Architektur. Ein Besuch in der von einer vollständigen Festungsmauer umgebenen Stadt Thula (4000 Einw.) gleicht einer Reise in das jemenitische Mittelalter. Besonders eindrucksvoll sind die herrlichen **Steinhochhäuser** überall in Thula, von denen einige bis zu fünf Stockwerke hoch sind und aus fein behauenen, dunklen Felssteinen ohne Mörtel erbaut wurden. Wände, Türen und Fensterumrahmungen tragen kunstvolle Verzierungen. Sehr beeindruckend sind die in die Wände eingefügten runden Fenster. Die steinerne Stadtmauer ist komplett erhalten, die in S-Form angelegten Stadttore verfügen sogar noch über ihre alten Holztore. In Thula stehen über zwei Dutzend Moscheen, darunter die Große Moschee, eine der ältesten des Landes.

Durch das **Südtor** gelangt man nach 100 m zur Zisterne, deren Ursprung in die himjaritische Epoche zurückreicht; von hier hat man einen schönen Blick auf die Moschee (12. Jh.) nebenan und die Stadt, ihre prachtvollen Häuser und Wehranlagen. Die

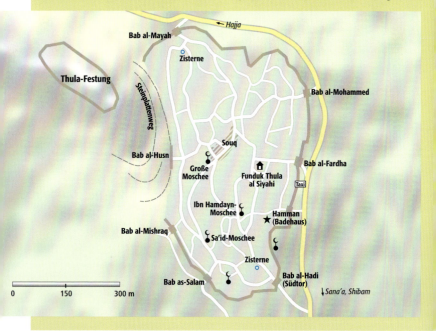

Sana'a

engen Gassen mit ihren teils abenteuerlichen Windungen führen zu einem kleinen Handwerkersouq und geben immer wieder den Blick frei auf steil in den Himmel ragende Felsformationen. Die über der 2400 m hoch gelegenen Stadt thronende Festung aus dem 16. Jh. geht ebenfalls auf die himjaritische Epoche zurück und ist das Wahrzeichen Thulas. Die Fluchtburg der Imame diente auch als Ausgangspunkt für Feldzüge. Im Zentrum von Thula führt ein Steinplattenweg durch ein Haus hindurch steil hinauf zur **Festung** (Sa–Do 9–18, Fr 14–18 Uhr, Eintritt 500 YR).

Der Aufstieg überwindet mehrere Hundert Höhenmeter und ist selbst in den kühleren Morgen- und Abendstunden eine schweißtreibende Betätigung. Unregelmäßig behauene, in Jahrhunderten verwitterte Steinstufen führen hinauf. Wer allein unterwegs ist, muss in Kauf nehmen, von Kindern und selbst ernannten *tour guides* begleitet zu werden. Wer die Dienste eines jungen Mannes in Anspruch nimmt, wird dann nicht mehr angesprochen und kann interessante, orientalisch ausgeschmückte Geschichten über Thula und dessen frühere Bewohner hören. Oben wird man mit einem fantastischen Blick auf Thula und in die Umgebung bis Kaukaban belohnt. Zu besichtigen sind die alten Wehrmauern und Verteidigungstürme sowie Wasserzisternen und Brunnen. Ein großes Wasserbecken erweitert sich nach unten; auf steinernen Stufen kann man hinabklettern.

Wer in Thula übernachten möchte: Das **Funduq Thula al Siyahi** (Zentrum, Tel. 01/276 00, DZ 4000 YR inkl. Abendessen) ist ein wunderschönes, ehemaliges Adelshaus mit erhaltenem *mafraj*, von dem aus man einen hervorragenden Blick auf die Häuser der Stadt genießt. Allerdings hat das Hotel schon bessere Tage gesehen. Über eine stimmungsvolle, rustikale jemenitische Atmosphäre verfügt das hoteleigene Restaurant.

Essen & Trinken

Preiswerte arabische (jemenitische und palästinensische) Restaurants reihen sich in der Ali Abdul Mughni Street und der Zubeiri Street aneinander.

Köstlich vegetarisch ▶ **Tandoor** 2: im Sheraton-Hotel, Tel. 23 75 00, Mo–Sa 19–23 Uhr. Das feine Restaurant liegt zum Teil im Garten des Hotels und bietet gehobene indische Küche – ganz ohne Fleisch. Menü ab 20 US-$.

Asiatische Küche ▶ **Bilquis** 1: im Sheba Hotel, Ali Abdul Mughni St., Tel. 27 23 72, tgl. 24 Stunden geöffnet. Eine Variation von mongolischen über indische bis hin zu arabischen Gerichten sowie Fischspezialitäten werden hier serviert. Menü ab 15 US-$.

Feine arabische Gerichte ▶ **Al Fakher** 2: Hadda St., (neben Al Waleema Restaurant), Tel. 42 78 88, tgl. 12–23 Uhr (Reservierung ratsam, da sehr beliebt!) Bestes Restaurant der Stadt mit der ganzen Palette gehobener arabischer Küche in traditionellem jemenitischen Dekor. Hier treffen sich Politiker, Botschafter und Geschäftsleute. Vorspeise: arabischer Pfannkuchen *(shaffout)*, Hauptgericht: *chicken zurbian* im Steintopf oder jemenitischer Eintopf *(fahssa)* mit lokalem Brot *(soussi)*, Dessert: Süßspeise auf Kaffeebasis *(qishr, gish-er)*; Spezialität: Lamm. Menü ab 14 US-$.

Authentisch jemenitisch ▶ **Al Shaibani** 3: Hadda St., neben Al Ashtal Bldg., Tel. 44 09 20, Sa–Do 8–23, Fr 16–24 Uhr. Das große Restaurant mit langen Tischen ist sehr beliebt. Und obwohl es immer gut besucht ist, findet die Bedienung doch meist einen Platz für neue Gäste. Ausgezeichnete arabisch-jemenitische Küche, *akta abiaf* (Rindfleisch- und Kartoffelstreifen mit Gemüse und Beilagen) 6 US-$.

Einkaufen

Was man so braucht ▶ **Souq der Altstadt** 3: Der Markt ist nach einzelnen Gewerben gegliedert: Krummdolche, Kupfer, Gewürze, Silber, Antiquitäten u. a.

Kunstgalerie ▶ **No 1 Gallery** 1: Mogahed St., Tel. 21 64 60, Sa–Do 9.30–12 und 16–

18.30 Uhr. Moderne arabische und jemenitische Kunst von Fuad al Futaih.

Abends & Nachts
Kulturaustausch ▶ **Das Deutsche Haus** 1 : 37 Algiers St., Tel. 44 24 86, Sa–Mi 15–19 Uhr, www.dasdeutschehaus-Jemen.org. Veranstaltungen und anspruchsvolle deutsch-jemenitische Kulturprogramme. Es gibt Ausstellungen und Filmabende sowie -festivals, Workshops und Sprachkurse. Die Mediathek besitzt eine Sammlung deutschsprachiger Literatur über arabische Länder.

Kulturprogramm ▶ Kulturelle Veranstaltungen werden auch in den Hotels **Mövenpick** 1 , **Sheba** 2 sowie im **Sheraton** 2 durchgeführt. Die Tanz- oder Gesangsdarbietungen finden in der Regel abends statt, auch Nicht-Hotelgäste können daran teilnehmen, Informationen zu Terminen erhält man an der Rezeption.

Aktiv
Ab in die Wüste und in die Natur ▶ **Al Mamoon** 1 : Zubeiri St., Tel. 24 20 08, www.al-mamoon-group.com. Das Unternehmen veranstaltet und organisiert Wüstentouren sowie Vogelbeobachtungstrips, Kamelritte und -safaris in die Umgebung von Sana'a.

Verkehr
Flughafen: 14 km nördlich der Altstadt, Tel. 34 44 54, Verbindungen s. S. 71.
Busbahnhof: gegenüber dem Nationalmuseum, Tel. 26 21 09. Kleinbusse nach Norden (Linie und Kollektivbusse).
Busse tgl. nach Hodeida, Taiz (ab Bab al Yemen), Marib, Hajjah, Saada (ab Bab al Shaub).
Städtische Taxis: im Stadtgebiet um 500 YR, zum Flughafen 2000 YR. Taxis findet man vor Hotels oder hält sie an der Straße an; Raha Taxi, Tel. 44 88 88.
Sammeltaxis: nach Hodeida, Taiz (ab Bab al Yemen), Amran, Hajjah, Saada, Marib (ab Bab al Shaub). Sammeltaxis fahren los, wenn sie voll besetzt sind. Damit es im Auto nicht zu eng wird, kann man auch für zwei Plätze bezahlen.

Ausflüge in die Umgebung von Sana'a

Rawdah ▶ 4, E 5
13 km nördlich von Sana'a liegt in **Rawdah** (der Garten) die **Achmed-ibn-al-Qasim-Moschee** aus dem 17. Jh., deren Wände außerordentlich kunstvoll mit Stuckornamenten verziert sind. Gegenüber der Moschee steht der **Rawdah-Palast**, eine ehemalige Sommerresidenz der Imame, die lange als Rawdah Palace Hotel diente und gegenwärtig restauriert wird. Vom Dach hat man einen Rundumblick auf die Gärten der Stadt, die Moschee, ein ehemaliges türkisches Badehaus mit acht Kuppeln und die Lehmbauten der Ortschaft. In Rawdah trifft man bei einem Spaziergang auf ein altes türkisches Bad, das in die Erde gebaut wurde. Es wird immer noch genutzt, und wenn Badetag der Jungen ist, dürfen männliche Besucher durchaus einen Blick in die unterirdischen Räume mit ihren verschiedenen Badeabteilungen werfen. Einige hohe Lehmhäuser, fein verziert, sind die Juwele der Ortschaft, ausgestattet mit großzügigen Innenhöfen, in denen man gelegentlich sogar Pferde sieht.

Wadi Dar ▶ 4, E 5
Von den zahlreichen Imam-Burgen, die man überall im Land findet, ist die **Felsenburg im Wadi Dar** die bekannteste. Sie avancierte zum Symbol jemenitischer Architektur und ist auf vielen Postkarten und Titelbildern von Jemen-Büchern abgebildet.

In weniger als einer halben Stunde erreicht man mit dem Auto die ca. 15 km nordwestlich von Sana'a in einem Wadi gelegene Oase **Souq al Wadi**. Im Mittelpunkt des ganzjährig grünen Tals erhebt sich auf einem 60 m hohen Felskegel die Sommerresidenz des Imam Yahya (1904–48), das fünfstöckige **Dar al Hajar** (Felspalast). Das um 1930 errichtete Bau-

Felsenburg im Wadi Dar: Sommerresidenz in 60 m Höhe

Sana'a und Umgebung

aktiv unterwegs

Zu Fuß nach Kaukaban

Tour-Infos
Start: Ortsrand von Shibam, 34 km nordwestlich von Sana'a
Länge: 9 km Straße, 2 km Berghang (350 m Höhenunterschied)
Dauer: ein halber Tag
Schwierigkeitsgrad: mehrere Hundert unregelmäßige Steinplattenstufen bergan
Anfahrt: Sammeltaxi von Sana'a (nördlich des Tahrir-Platzes), Fußweg von Shibam nach Kaukaban

Einer der Höhepunkte jeder Jemenreise ist ein Besuch von **Kaukaban**, einer festungsähnlichen Fluchtburg, die den Bewohnern von Shibam im 16. Jh. während der ersten Ottomanischen Eroberung als sicherer Zufluchtsort diente. Eindrucksvoll ist bereits der Weg, über den man das Wahrzeichen erreicht: Am oberen Ende von Shibam, vorbei an der **Moschee** und hinter dem Wasserwerk, führt ein Steinstufenweg auf das Bergplateau und nach Kaukaban (2870 m, ▶ 4, D 5) – ein gewundener Weg an der Bergwand, der einen Höhenunterschied von rund 350 m überwindet. Wem der Weg hinauf zu beschwerlich ist, der lässt sich von einem Taxi oder als Anhalter auf der Ladefläche eines Pick-up auf der asphaltierten Straße entlang des Jebel Shibam mit nach oben nehmen. Die Fahrt führt in zahlreichen Serpentinen um den Berg. Unterwegs sieht man grüne Terrassenfelder und eine Kolonie Geier.

Ein herrlicher Blick auf Shibam und die Umgebung bis in die Hochebene von Sana'a entschädigt für den ein- bis zweistündigen, gelegentlich mühsamen Aufstieg. Früher bestand der Weg aus kunstvoll aneinander gefügten Steinen, heute ist er stark beschädigt. Unterhalb der Klippenkante erspäht man **Höhlen,** die früher zu Wohnzwecken, einige auch zur Bestattung dienten. Kaukaban war sozusagen unbesiegbar: Zu keiner Zeit wurde die Stätte von Feinden eingenommen. Erst im Bürgerkrieg 1960 erlitt es bei Luftangriffen Beschädigungen und die dort siedelnden Menschen flüchteten in das am Fuß des Berges liegende Shibam.

Man betritt Kaukaban durch das mächtige, doch enge **Stadttor.** Die alte Fluchtburg der Bewohner von Shibam, deren Wehranlagen noch gut erhalten sind, verfügt schon lange über Elektrizität und Wasseranschluss und auch in anderer Hinsicht ist die Neuzeit eingezogen. Dennoch verlassen immer mehr Bewohner ihr Dorf und siedeln um in die Städte. Die Häuser bestehen aus roh behauenen Steinen mit Ornamenten und Dekorationen in grauem und grünem Stein. Gelegentlich sind in die Häuser Überreste alter Säulen, kunstvoll behauener Friese und Schriftsteine aus sabäischer und himjaritischer Zeit integriert. Einige moderne Häuser aus Beton und Wellblech stören das Erscheinungsbild.

Einheimische weisen den Weg zum **Funduk,** dem früheren Haus des Imams, in dem heute ein Restaurant (Sa–Do 12–22 Uhr, jemenitisches Essen um 800 YR) untergebracht ist. Hier werden die Gerichte nach jemenitischer Tradition serviert und in separaten Speisezimmern auf dem Boden sitzend mit Blick über das Tal verzehrt. Ein Spaziergang in der Ortschaft lohnt sich, gewinnt man von ihren Rändern unvergleichliche Ausblicke über Berge und Felder bis zur Festung von Thula in der Ferne. Lastwagen laden Bruchsteine aus den umliegenden Felsmassiven ab, die von den Bewohnern fein behauen und – wie in früherer Zeit – ohne Mörtel zum Häuserbau verwendet werden.

Seitdem es die Straße von Shibam nach Kaukaban gibt, bevorzugen viele Besucher statt des Aufstiegs einen Abstieg von Kaukaban nach Shibam über den Steinstufenweg.

Ausflüge in die Umgebung von Sana'a

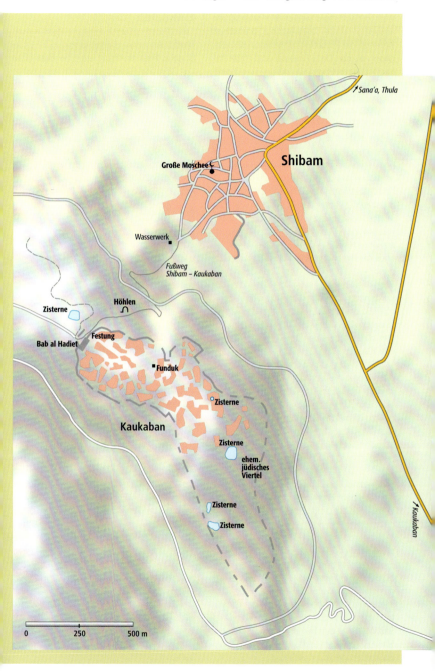

Sana'a und Umgebung

werk, mit auffälligen weißen Gipsornamenten verziert, rettete zahlreichen Menschen während der Flutkatastrophe von 1975 das Leben, als das Wadi von einer acht Meter hohen Flutwelle überspült wurde. Das Innere des Palastes wurde sorgfältig restauriert, die unterschiedlichen Räume beschriftet, doch sind sie weitgehend weiß gekalkt und nur spärlich möbliert, sodass innen nicht viel zu sehen ist. Man steigt Etage über Etage nach oben – der Palast windet sich um den Fels – und passiert dabei drei tiefe Brunnenschächte, die durch den gesamten Fels in den Grund gebohrt wurden. Von jeder Etage ergeben sich neue, interessante Aussichten in das Wadi und seine Umgebung. Ganz oben liegt der *mafraj* des Imams, größter Anziehungspunkt für die jemenitischen Besucher, die besonders freitags im Familienverband hierher kommen. Vom Dach des mächtigen Palastes, das alle Gebäude der Umgebung überragt, hat man einen herrlichen Blick über das Wadi und seine Gärten, in denen überwiegend Qat sowie Weintrauben angebaut werden (tgl. 9–18 Uhr, Eintritt 500 YR).

Das Felsplateau oberhalb des Wadi Dar, der sogenannte Hochzeitsfelsen, ist ein beliebter Treffpunkt für die Bewohner der Hauptstadt: Hier findet man sich an Freitagen zu Musik, Tanz und ausgiebigem Picknick ein. Oft kommen auch Hochzeitsgesellschaften hierher, um in fröhlich-ausgelassener Stimmung zu feiern. Manchmal hat man Glück, und die Männer tanzen den al Bar, den traditionellen jemenitischen Tanz mit der *djambia*, dem Krummdolch. An Schießständen wird in der Umgang mit dem Luftgewehr geübt.

Anschließend empfiehlt sich ein Spaziergang nördlich, entlang den Felswänden des Wadi, da hier **Höhlenwohnungen** und Kulthöhlen aus prähistorischer Zeit sowie himjaritische Felsgravuren liegen. Auf einer 30 m langen und 3 m hohen Felswand sind Steinböcke und Jäger zu erkennen. Überragt wird das Wadi von den Ruinen einer Festung der Himjaren aus dem 2. Jh., die von den Türken als Fort ausgebaut wurden.

Einkaufen
Von Obst und Gemüse bis zu Tonwaren ▶
Markt: An jedem Freitagvormittag findet in Souq al Wadi ein Markt statt, bei dem nicht nur Obst und Gemüse, sondern auch bunte Korbflecht- und Töpferarbeiten zum Verkauf stehen.

Shibam ▶ 4, D 5
Ein weiterer beliebter Ausflug führt nach **Shibam** (9000 Einw.; nicht zu verwechseln mit dem Ort gleichen Namens im Wadi Hadramaut, s. S. 200), 48 km nordwestlich von Sana'a am Rande einer steilen Felswand gelegen. Von der Fernstraße Sana'a – Saada in Shamlan, kurz vor Wadi Dar, führt eine Abzweigung nach Westen). Die Reise geht durch wohlhabende Dörfer und landwirtschaftlich genutzte Gebiete, vorbei an zahlreichen Qat-Plantagen, später über karge Basaltflächen.

Shibam liegt 2500 m hoch am Fuße eines Hochplateaus. Durch das Dorf führt eine von Geschäften und Teestuben gesäumte Straße in das Herz der Siedlung: die Altstadt mit ihrem traditionellen Souq, Treffpunkt ehrwürdiger Männer, die hier Ziegen verkaufen oder mit Gewürzen handeln. Beim Passieren des alten Stadttores und anschließend der Großen Moschee wird man bei genauem Betrachten an die vorislamische Zeit erinnert. Vor rund 1000 Jahren verwendeten ihre Baumeister die behauenen Steine eines himjarischen Tempels, auf dessen Überresten sie die Moschee – nach denen von Sana'a und Janad die drittälteste von Jemen – erbauten. Erbauer war ein Prinz der Yafuriden, eines himyaritischen Adelsgeschlechts, das im 9. Jh. nach dem Sieg über den abbasidischen Statthalter Al Harith als islamische Dynastie die Region beherrschte.

Am Freitagvormittag findet an der Straße vor dem alten Stadttor ein landwirtschaftlicher **Wochenmarkt** statt, zu dem die Bauern ihre Erzeugnisse in die Stadt bringen. Hinter dem Tor findet man den Qat-Markt und unter Arkaden sowie zwischen dem Tor und der Großen Moschee den täglichen Souq Shibams.

Marib und Timna

800 Jahre lang war Marib Hauptstadt des ehemaligen sabäischen Königreiches, es liegt 140 km östlich von Sana'a. Die bedeutendste Stadt des antiken Jemen, in der etwa 40 000 Menschen auf einer Fläche von 100 ha lebten, besitzt mehrere Architekturdenkmäler aus vorislamischer Zeit. Weiter südlich liegt Timna, einst wie Marib Station auf der Karawanenenroute entlang der Weihrauchstraße.

Vor der Tour nach Marib (15 000 Einw.) empfiehlt sich ein Gang ins Nationalmuseum in Sana'a (s. S. 150). Dort stimmen Funde, Berichte und Fotos auf den Besuch ein.

Altes und neues Marib
▶ 4, H 5

Die Asphaltstraße von Sana'a nach Marib führt durch die Berge hinunter auf das 1500 m hoch gelegene Plateau von Marib. Die Stadt liegt auf einem Hügel inmitten des Plateaus. Kamele drehen noch die alten Sesammühlen, doch mehr und mehr werden sie durch Dieselmotoren ersetzt. Das **neue Marib** profitiert vom Ölboom, den nahe gelegenen Ölfeldern. Beton und Asphalt prägen das Bild der Stadt, die auf die Zukunft setzt.

Bereits um 1200 v. Chr. gegründet, war Marib seit dem 5. Jh. v. Chr. stark befestigt. Denn mit dem Entstehen des qatabanischen Reiches im Süden und der minäischen Stadtstaaten im Nordosten war die Vormacht Sabas in Südarabien bedroht. 24 v. Chr. belagerte der römische Feldherr Aelius Gallus Marib erfolglos; nach sechs Tagen zog er ab.

Um das Jahr 100 erhoben die Herrscher der Himjaren-Dynastie Anspruch auf Marib und nannten sich fortan Könige von Saba und Raidan (Name der Festung in Zafar). Mit der Verlegung des Machtzentrums nach Zafar und dem Ausbau der Schifffahrtswege im Roten Meer verlor Marib als Handelsstadt an der Weihrauchstraße an Bedeutung, ohne dass der Niedergang jedoch abrupt erfolgte.

Das **alte Marib** liegt braun-grau auf einem Hügel, nur wenige Menschen leben noch in der antiken Stadt. Die Gebäude sind zerstört, aus ihren Steinen bauten die Bewohner neue Häuser. Auch sieht man in den Hauswänden allenthalben Steine mit sabäischen Inschriften. Aller Wahrscheinlichkeit nach stand unter dem Hügel des heutigen Marib die Burg und Residenz der Könige von Saba, in der die biblische Königin Bilqis wohnte.

Während des Bürgerkrieges 1962–69 wurde die Ortschaft stark zerstört. Am Rande des Stadthügels haben deutsche Archäologen im Jahre 2000 eine Totenstadt entdeckt, in der vor ca. 3000 Jahren bis zu 20 000 Tote bestattet wurden. Nach den Grabbeigaben handelt es sich um Mitglieder der Oberschicht. Die Mausoleen sind bis zu 10 m hoch, die Verstorbenen wurden in mit Harz getränkten Tüchern auf vier Etagen abgelegt. Jedes Grab fasste etwa 50 Tote; nach Vollbelegung wurde es verschlossen.

4 Damm von Marib

Den in der Antike viel zitierten Reichtum des Königreiches Saba bedingten der Handel mit Weihrauch, Handelskarawanen aus Indien, China und Afrika ans Mittelmeer und intensiver Ackerbau, zu dem der **Staudamm von Marib** beitrug.

Das Wasser der sporadischen Regenfälle im östlichen Hochland sammelt sich im Wadi

Marib und Timna

Adhana, bevor es sich in die ca. 300 km² große Ebene von Marib ergießt. Hier lag der antike Staudamm, von der alten Stadt etwa 10 km entfernt. Besonders gut erhalten sind die beiden Schleusen (Nord- und Südschleuse), das Verteilerbecken, die Überlaufanlagen und vereinzelte Ruinen der Dammanlage. Die Mauersteine sind so kunstvoll behauen, dass sie ohne Mörtel zusammenhalten und wasserundurchlässig waren. Der ca. 500 v. Chr. erbaute Damm erstreckt sich in nord-südlicher Richtung und war 600 m lang, ca. 80 m breit und 15 m hoch.

An jeder Seite des Damms befanden sich großartig erbaute Schleusen und Staubecken; mit Hilfe von Holzbalken wurde in den Schleusen die Ablaufmenge des Wassers verringert oder erhöht. Die **Nordschleuse** war die größere der beiden. Überlaufendes Wasser wurde zu einem 1 km entfernten Becken geleitet. Unterhalb der Überlaufmauer berichten in Stein geschlagene himjarische Texte von Reparaturen am Damm. Die **Südschleuse** befindet sich in einem besseren Zustand. Hier sind die Verankerungen aus Stein und der Schleusenzulauf sehr gut zu erkennen. Die Staumauer wurde immer wieder erhöht, erweitert, repariert und ausgebaut, wie Inschriften belegen.

Der Damm von Marib brach mehrmals. Überliefert sind Dammbrüche um 100 v. Chr., im Jahr 370 und zweimal kurz hintereinander in den Jahren 449 und 450. Als Jemen 525 von den christlichen Abessiniern aus dem afrikanischen Königreich Axum erobert wurde, ließ Negus Kaleb in Marib eine große Siegesinschrift anbringen, und sein Nachfolger, der abessinische König Abraha, ließ sogar eine Kirche in Marib bauen. Unter Negus Abraha brach der Damm von Marib im Jahre 542 erneut, doch ließ der Herrscher ihn unter großen Anstrengungen noch im selben Jahr wieder aufbauen. Die endgültige Katastrophe ereignete sich dann um 570, ein Dammbruch, der den Niedergang des südarabischen Königreichs besiegelte. Auch Mohammed machte den Dammbruch zum Thema einer seiner Verkündigungen. Die hochmütigen und gierigen Sabäer seien einer gerechten Strafe unterworfen worden. So heißt es in der 34. Sure des Koran: »Jedoch sie kehrten sich ab; da sandten wir gegen sie eine reißende Flut. Und wir gaben ihnen, an Stelle ihrer Gärten, zwei Gärten, zwei Gärten mit bitterer Frucht und Tamarisken und wenigen Lotosbäumen.«

Die Ebene von Marib, die durch künstliche Bewässerung über Jahrhunderte in einen grünenden Garten verwandelt war, verödete nach dem Dammbruch zusehens und die Wüste nahm von dem ihr abgerungenen Gebiet wieder Besitz.

Der Mondtempel Awam

Die Kalkstein-Monolithpfeiler, 4 km südöstlich von Marib, wurden 400 v. Chr. von den Sabäern errichtet und gehörten zu einem Tempel – damals einer der bedeutendsten Wallfahrtsorte des südarabischen Reiches, wie Inschriften bestätigen. Acht viereckige Säulen stehen dicht nebeneinander im Sand, auf einigen ist oben noch die Nut aufnehmende Feder zu sehen, in der ein Dach befestigt war. Kinder zeigen lachend, wie man behende hinauf klettert, sie springen oben auf dem Tempel von Säule zu Säule. Die wichtigste Kultstätte der Mondgottheit Almaqah war im alten Marib der **Awam-Tempel** (Zufluchtstätte), der heute auch den Namen **Mahram Bilqis** (Tempel der Bilqis) trägt, weil die Legende der Königin von Saba in ihrer Stadt auch einen eigenen Tempel zuschreiben wollte.

Amerikanische Archäologen unter der Leitung von Wendell Phillips gruben seit 1950 an diesem Tempel, ohne ihre Ausgrabungen zu Ende führen zu können. Bei der Anlage handelt es sich um einen ovalen, offenen Hof von mehr als 300 m Umfang, von einer 9 m hohen und 4 m dicken Mauer umgeben, dem sich ein ehemals gedeckter Vorraum anschloss. Im Bereich der Eingangshalle des Tempels sind bei den Grabungen über nun schon sehr umfangreiche Inschriften entdeckt worden, aus denen hervorgeht, dass die Anlage Almaqah, dem Mondgott (erkennbar an den Steinbock-Zeichnungen), gewidmet war. Von dem Säulengang der Vorhalle sind heute

Die Erforschung des alten Marib

Deutsche Ausgrabungen in Jemen — Thema

Die fast drei Jahrtausende alte Hauptstadt des Sabäerreiches liegt unter der zerfallenen Altstadt von Marib, unter 200 Jahre alten Ruinen von Lehmhäusern. Die Lizenz für Grabungen hat seit 2001 das Deutsche Archäologische Institut (DAI).

Im Dezember 2005 machten Wissenschaftler des Deutschen Archäologischen Instituts eine Ausgrabung, die einer Sensation gleichkam: Im Ruinenfeld der antiken Siedlung von Sirwah, 15 km westlich von Marib, gruben sie einen bearbeiteten 7 m langen und etwa 6 t schweren Kalksteinfelsen aus, der auf einer Seite mit sabäischen Inschriften bedeckt war. Es handelte sich um die bislang größte bei einer wissenschaftlichen Grabung in Jemen entdeckte Inschrift. Auch das Alter ist ungewöhnlich. Nachdem die Inschrift übersetzt wurde, konnte die Entstehungszeit auf das Jahr 715 v. Chr. datiert werden. Bei den sieben jeweils 7 m langen Zeilen, deren einzelne Buchstaben um die 8 cm groß sind, handelt es sich um die bislang älteste datierbare Inschrift der gesamten Arabischen Halbinsel.

Nur durch glückliche Umstände blieb die Schrift über die Jahrtausende so gut erhalten. Es wird angenommen, dass nach einem Erdbeben der Steinblock von seinem Platz im Haupttheiligtum des sabäischen Gottes Almaqah vom Podest stürzte und anschließend umgedreht liegen blieb und dadurch vor Verwitterung geschützt war. Der steinerne Text handelt von Eroberungszügen eines bislang unbekannten sabäischen Herrschers mit Namen Yitha'amar Watar, die dieser in südlichen Gebieten des heutigen Jemen unternahm, um dadurch die Weihrauchstraße über Marib zu sichern, die den sagenhaften Wohlstand der Oasenmetropole festigte. Mittlerweile thront der monumentale Felsblock wieder auf einem Sockel im Almaqah-Tempel. Weitere Ausgrabungen in Marib sind vom Deutschen Archäologischen Institut geplant.

Die Stadt soll durch Weihrauchhandel sehr wohlhabend gewesen sein, die Bibel und der Koran berichten von einer weisen Königin. Unter einer 20 m hohen Schuttschicht vermutet man ein 100 ha großes Areal mit Stadttoren, Tempeln, Palästen und Wohnhäusern, von einer 4 km langen Mauer umgeben.

Das Deutsche Archäologische Institut hat in der Umgebung von Marib seit 1976 schon zahlreiche Ausgrabungen durchgeführt, nur für das Zentrum ist man sich mit den lokalen Scheichs noch nicht einig geworden. Der Stamm der Aschraf fordert nämlich unter anderem die Einstellung von 100 Wächtern ihres Stammes – auf Lebenszeit, aber ohne Verpflichtung zum Dienst. Die jahrelangen Verhandlungen nutzten sie, um einen Großteil der sabäischen Inschriften- und Bausteine, die in Alt-Marib verbaut waren, abzutransportieren. Die Regierung in Sana'a ist gegen die Plünderungen machtlos. Auch die Grabungsarbeiten am Damm von Marib mussten die Deutschen abbrechen. Der örtliche Scheich akzeptierte nicht, dass deren jemenitischer Radlagerfahrer nicht aus seinem Stamm kam. Nach Einschätzung der Archäologen fehlt den örtlichen Stammesführern die Einsicht, welches Einnahme-Potenzial sich aus der Restaurierung der Ruinen für die regionale Wirtschaft ergeben wird, wenn Hotels, Restaurants, Fremdenführer und Eintrittsgelder für größeren Wohlstand sorgen.

Marib und Timna

Mondtempel Awam: wichtigste Kultstätte der Mondgottheit Almaqah im alten Marib

die rechteckigen, glatten, monolithischen (4 m hohen) Pfeiler zu sehen.

Arsh Bilqis

Fünf rechteckige Pfeiler, 9 m hohe monolithische Säulen, die aus Sand und Mauerresten ragen, werden als **Arsh Bilqis** (Thron der Bilqis) bezeichnet. Diese Ruinen eines weiteren Tempels, 4 km südlich von Alt-Marib, wurden in den 1990er-Jahren von deutschen Archäologen untersucht, die historische Tempelanlagen ausgruben. Sie war ebenfalls dem Mondgott Almaqah geweiht. Die Stätte wird von den Einheimischen *al Ameid* (die Säulen) genannt. Nach dem gegenwärtigen Grabungsstand lässt sich die Anlage nicht auf die Zeit der Königin Bilqis (965–926 v. Chr.) datieren, sondern mindestens 500 Jahre später.

Der neue Staudamm

Die Vision des 2004 verstorbenen Sheikh Zayed von Abu Dhabi, den weniger wohlhabenden arabischen Brüdern in Jemen einen neuen Damm zu bauen, das Land wieder ergrünen zu lassen und Arbeitsplätze zu schaf-

Timna

Übernachten, Essen & Trinken

Entspannen am Pool ▶ Bilquis: New Marib, Main St., Tel. 30 23 72, Fax 30 23 71, www.universalyemen.com/hotels/bilquis.htm. 66 Zimmer, 4 Suiten. Der moderne große Rundbau, 3 km von Alt-Marib beherbergt die meisten Reisegruppen; mit Pool und Internetzugang. DZ 108 US-$.

Angenehm und lecker ▶ Ardh al Janatain (Two Paradise): Mujama, New Marib, Tel. 30 23 10, Fax 30 23 11. Modernes und komfortables Haus von Al Mamoon, mit gutem Restaurant, 1 km von Alt-Marib. 28 Zimmer mit Bad und Klimaanlage ab 7500 YR.

Timna ▶ 4, J 6

Die ehemalige Hauptstadt des qatabanischen Reiches liegt 70 km südlich von Marib bzw. 400 km (Straße) nördlich von Aden. Das große Ruinenfeld, das von den Touristen so gut wie nie besucht wird, ist nur mit dem Auto zu erreichen. Die Strecke Marib–Timna ist Teil der alten Karawanenroute entlang der Weihrauchstraße.

Timna wurde von den Sabäern um 400 v. Chr. auf halbem Wege zwischen Marib und Shabwa, der Hauptstadt des antiken Hadramaut, gegründet. Als Hauptstadt des Königreiches Qataban gelangte es zu Macht und Ansehen. Nach dem Bruch des Staudamms von Marib verlor Timna jedoch an Bedeutung. 1950 begannen unter der Leitung des US-Archäologen Wendell Phillips die Ausgrabungen. Freigelegt wurden das südliche Stadttor mit seinen gewaltigen Säulen, eine auf dem alten Marktplatz stehende, fast 80 m hohe Säule, deren Inschrift das antike Marktrecht wiedergibt und Reste eines qatabanischen Tempels im Stadtzentrum mit einem Säulen-Vorhof, die Bastionen des Südwesttores und mehrere antike Häuser mit qatabanischen Inschriften im Westen der Anlage. Da wenig zum Erhalt der Ruinen getan wird, hat der Sand große Teile dieser Bauwerke mittlerweile wieder zugedeckt. Nur auf ein paar Fotografien im kleinen Museum im nahen Bayhan sind diese Gebäude noch zu sehen.

fen, hat sich nicht erfüllt. Heute enthält der See hinter dem **neuen Staudamm** (1986 mit 100 Mio. US-$ erbaut und 3 km flussaufwärts gelegen) nur wenig Wasser. Allerdings: Tamarisken und Akazien wachsen wieder, einige Gemüsefelder sind ergrünt. Man kann auf dem 40 m hohen, 6 m breiten und 760 m langen Damm hinaufklettern, dessen Zementwand noch 60 m unter den Boden des Stausees reicht.

Infos
Vorwahl Marib: 06

Rotes Meer und Küstenebene Tihama

Am Roten Meer erstreckt sich die landschaftlich abwechslungsreiche Tihama, ein Küstenstreifen, der auch von Mangrovensümpfen und Salzpisten geprägt ist. In den Sommermonaten wird es hier unerträglich heiß und schwül. Rundhütten und die dunkle Hautfarbe der Menschen erinnern an Afrika. In Mocha drehte sich einst alles um Kaffee.

Von Sana'a nach Hodeida

Möchte man von Sana'a zum Roten Meer, verlässt man die Stadt gen Westen und überquert den Pass am Jebel Nabi Shueib. Vom Pass kann man den 3760 m hohen Nabi Shueib sehen, den höchsten Berg der Arabischen Halbinsel. Auf der relativ steilen Straße erreicht man den Abzweig nach Manakha.

Manakha und Hajjara ▶ 4, D 6

Manakha, die Stadt im ›Grünen Jemen‹ (8000 Einw.), liegt 84 km von Sana'a entfernt in 2250 m Höhe auf einem Bergsattel des Haraz-Gebirges, von dem man einen herrlichen Blick auf die Landschaft mit ihren Terrassenhängen (Qat-, Mandel-, Kaffeeanbau) und auf die verstreuten Dörfer hat. Als ein strategisch wichtiger Punkt zwischen Meer und Hochland am ehemaligen Handelsweg zwischen Hodeida und Sana'a wurde Manakha im 19. Jh. von den Türken befestigt, erhielt jedoch keine Stadtmauer. Der Souq mit seinen Steinplattenwegen und Rundsäulen erinnert an die Blüte des Handelsplatzes. Heute ist Manakha mit vier einfachen Hotels auf Touristen vorbereitet und Ausgangspunkt für Wanderungen zu einsam gelegenen Bergdörfern in 2500 bis 3000 m Höhe.

Die 4 km lange Straße von Manakha nach **Hajjara** ist 2006 mit Mitteln der Europäischen Kommission geteert worden. In einer Stunde ist Hajjara zu Fuß zu erreichen, ein Bergnest, geprägt von einzigartigen, bis zu sieben Stockwerken hohen Wohntürmen: Sie gehören zu den schönsten Beispielen jemenitischer Architektur. Rund 30 Häuser bilden eine geschlossene Mauer um die Siedlung. Ein Weg führt vom neuen Hajjara zum gepflasterten Vorplatz (Parkplatz), von dort ein Stufenweg hinauf zur Altstadt. Nachdem man durch das enge mittelalterliche Tor eingegangen ist, erhält man bei einem Rundgang Einblicke in die traditionelle Lebensweise, die hier Jahrhunderte überdauerte. Vor und in der Stadt liegen Verkaufsstände für Silberschmuck, Antiquitäten und Souvenirs. Kleine Esel schleppen jeweils zwei 20 l-Kanister mit Wasser die steilen Treppen hinauf in die Stadt, da das Wasser zuvor (zwischen Manakha und Hajjara) aus der durchaus vorhandenen Wasserleitung für Qat-Anpflanzungen abgezapft wird.

In Hajjara findet man seit dem 13. Jh. eine starke Ismaeliten-Gemeinde. Auch die Bewohner der umliegenden Bergdörfer (z. B. Hoteip) gehören zu dieser Sekte, deren Anhänger (insgesamt etwa 80 000) hauptsächlich in Indien wohnen (und die nichts mit den Anhängern des Aga Khan zu tun haben). Obwohl die männlichen Bewohner als Händler und Kaufleute das Jahr über – außer im Ramadan – in den großen Städten oder außer Landes arbeiten, sind die Terrassenäcker der Ismaeliten-Dörfer sehr gepflegt und tragen üppige Früchte. In **Hoteip,** 5 km südlich und 2450 m hoch, findet man in einer weißen Moschee, unter dichten Bäumen, zwei Grabkästen der Ismaeliten, die als Heiligtum und Wallfahrtsziel gelten.

Von Sana'a nach Hodeida

Infos
Vorwahl Manakha und **Hajjara:** 01

Übernachten
Unterkünfte in Manakha und Hajjara, die Zimmer sind gewöhnlich nur mit einer Matratze ausgestattet, ein leichter Schlafsack ist daher empfehlenswert. Preise pro Person inkl. Abendessen und Frühstück, da es außerhalb der Hotels keine Restaurants gibt.

... in Manakha:

Einfache Zimmer & Folklore ▶ Al Hajjara: Straße vor dem Sportplatz rechts hinunter, Tel./Fax 46 01 24. Inhaber Abdullah Mohammed al Aqel veranstaltet abends mit seinen Söhnen und Enkeln im *mafraj* eine einzigartige Musik- und Tanzdarbietung für seine Gäste. Auch Zimmer mit Bad. DZ 3000 YR.

Zimmer mit Ausblick ▶ Manakha Tourist Hotel: Main St. (rechts), Tel. 46 00 49, Fax 46 03 65. Großes Haus mit 18 Zimmern, Station der Abu Taleb Group. DZ 3000 YR.

Kleines Gästehaus ▶ Al Tawfiq: Main St. (Ortseingang links), Tel. 46 00 85. Großer *mafraj* mit Ausblick auf die Berge als Speisesaal, 9 Zimmer, eines davon mit Bad, gelegentlich Tanzdarbietungen. DZ 2500 YR.

... in Hajjara:

Junge Traveller ▶ Husn al Hajjara: Ortseingang, Tel. 46 02 10, Fax 46 05 59. Die einzige Unterkunft der Ortschaft liegt außerhalb der Stadtmauern an der Auffahrt zum Parkplatz rechts. 14 einfache Zimmer ohne Bad, *mafraj* (Speisesaal) mit Ausblick im Erdgeschoss. DZ 2500 YR.

Hodeida ▶ 4, B 6

Entlang enger Täler führt die kurvenreiche Strecke von Manakha weiter bergab, an einem Wasserfall vorbei, hinunter in die Tihama, die bei Bajil beginnt. 10 km vor Bajil passiert man ein Wadi, das ganzjährig Wasser führt. Obstbäume erstrecken sich an den Rändern, deren Früchte an der Straße angeboten werden.

In Marawiya nimmt die Tihama Wüstencharakter an; der Kontrast der Landschaften wird auf dieser Strecke besonders deutlich. Kurz nach Marawiya zweigt von der Straßenverbindung Sana'a–Hodeida die Straße nach Taiz gen Süden ab. Ein russisches Denkmal an der Kreuzung weist auf die Hilfeleistungen der Sowjets beim Bau dieser Straße hin; 25 km weiter auf der nun vierspurigen, aufwendig beleuchteten Straße, die ohne Kurven geradeaus führt, liegt **Hodeida.**

Die Lage am Roten Meer bestimmt das nur schwer erträgliche Klima der Hafenstadt: Schon am Morgen gleicht Hodeida einer heißen Waschküche, durch die jedoch oft ein frischer Windzug weht. Die Stadt zählt etwa 450 000 Einwohner. Wegen ihres rasanten wirtschaftlichen Aufstiegs, der neu gebauten, breiten Straßen und mehrstöckigen Häuser ist Hodeida zum Symbol des Aufschwungs für die junge Republik geworden. Dazu beigetragen hat auch der (vor der Wiedervereinigung) einzige Überseehafen des Landes, der 1961 mit Hilfe der damaligen Sowjetunion gebaut wurde. Jedoch war Hodeida schon während der türkischen Herrschaft und der Regentschaft von Imam Yahya (1904–48) der bedeutendste Hafen des Landes.

Glanz und Elend liegen in Hodeida dicht beieinander: Hässlich-monotone Hochhaus-Architektur und Einfachsiedlungen am Stadtrand prägen das Bild der modernen Stadt. Längs der kilometerlangen Hafen- und Küstenstraße, Al Kornish genannt, erstrecken sich an der Meerseite neu gebaute Restaurants, Pavillons, Parks, Spielplätze und Freizeiteinrichtungen. Dazwischen stehen an der Landseite noch einige verfallene Paläste der türkischen Gouverneure und der ausländischen Konsuln aus dem 19. Jh. mit schönen holzgeschnitzten Gittern vor den Erkern.

Gegenüber dem **Volkspark** im Zentrum, nach Sonnenuntergang Treffpunkt der Bevölkerung, liegen mehrere Touristen-Hotels. Deren Restaurants, teilweise in luftiger Höhe auf der Dachterrasse untergebracht, sind abends Anlaufstelle für Besucher der Stadt. Zahlreiche einfache Lokale bieten fangfrische Fisch- und Meeresspezialitäten. Hier findet man auch Hakeem's Internetcafé.

Im **Souq as Samak,** dem morgendlichen Fischmarkt, bekommt man einen guten Ein-

Rotes Meer und Küstenebene Tihama

druck vom Reichtum des Roten Meeres. Es herrscht geschäftiges Treiben, Boote bringen Fisch an Land, Eselskarren transportieren Eis, in den Hallen wird verkauft und versteigert. Dazwischen repariert man an Land die Fischerboote und baut sie zum Teil neu auf.

Um die Altstadt herum liegen geschäftige Souqstraßen mit Neuwaren aus aller Welt. Das schönste Haus ist hier eine Militärstation. Handwerker stehen mit ihren Geräten und Werkzeugen am Straßenrand und bieten ihre Arbeitskraft an. Das ehemalige **osmanische Fort** mit seinen runden Ecktürmen wird gegenwärtig restauriert.

Infos
Vorwahl Hodeida: 03
General Tourism Corporation: Al Mina St., Tel. 24 58 49.

Übernachten
Komfort vor der Stadt ▶ **Taj Awsan:** Sana'a St., Tel. 23 52 70, Fax 23 52 77, TajAwsan_Hotel@yahoo.com. Bestes Haus der Stadt, 3 km vom Zentrum, neu und komfortabel, mit Coffeeshop und Restaurant. 66 DZ ab 60 US-$.

Blick auf das Rote Meer ▶ **Al Fakhama:** Al Kornish St., Tel. 21 30 09, Fax 21 30 08. Komfortable und preiswerte Zimmer mit Klimaanlage, Ventilator, TV und Kühlschrank, die vorderen oberen Zimmer bieten den besten Meerblick. 77 Zimmer, DZ 40–45 US-$).

Restaurant im obersten Stock ▶ **Ambassador:** Sana'a St., Tel. 23 08 50, Fax 23 08 08. Mittelklassehaus mit arabischem Restaurant östlich des Zentrums, etwas ramponiert, daher werden nur noch 40 der 68 Zimmer an Touristen vermietet. Komfortable Zimmer mit Bad. DZ 40 US-$.

Zentrale Lage und preiswert ▶ **Al Burg (Borj):** Sana'a St., Tel. 20 97 70. Haus der unteren Mittelklasse am zentralen Park, gutes Restaurant mit jemenitischer Küche. DZ ab 3500 YR.

Viel Betrieb ▶ **Red Sea:** Sana'a St., Tel. 23 90 90, Fax 23 94 30. Einfaches Haus am Volkspark, lebhaft und laut. 27 Zimmer, mit Bad 2800 YR.

Jemenitischer Funduk ▶ **Al Ikhwa:** Sana'a St., am Volkspark. Sollte man nur aufsuchen, wenn man auf den niedrigen Preis angewiesen ist! DZ 2500 YR.

Essen & Trinken
Am Volkspark liegt neben dem Hotel Al Ikhwa das **Al-Sultan-Restaurant,** in der Sana'a St., Richtung Sana'a das **De-Luxe-Restaurant.** Beide servieren einfache und preiswerte Gerichte (ca. 600 YR pro Menü). In Hodeida empfehlen sich außerdem die Restaurants der Hotels.

Genuin arabische Gerichte ▶ **Al Khayam:** Mina St., Tel. 21 72 79, tgl. 7–23 Uhr. Beliebtes Haus am Volkspark, einfache jemenitische Küche, Gerichte ab 600 YR.

Gegenüber dem Hotel Al Fakhama liegt ein kleiner Park (Munzayer) mit einem **Café,** das Säfte, Eis, Snacks und Wasserpfeifen anbietet. Es ist auch für einen Snack bei Sonnenuntergang geeignet.

Einkaufen
Buntes Treiben ▶ **Souq:** am Ostrand der Altstadt, 1 km nördl. des Fischmarktes. In dem lebhaften Souq herrschen Textilien und moderne Elektronik vor.

Verkehr
Sammeltaxi: nach Sana'a und Taiz, Abfahrt ab Sana'a Street.

Tihama

Tihama, das bedeutet Heißes Land, ein Stück Afrika auf arabischem Boden. Das Klima – nicht selten 50 °C Hitze und hohe Luftfeuchtigkeit – macht Besuchern zu schaffen, die aus dem milden oder kühlen Klima der jemenitischen Berge in die Küstenebene kommen. Die Landschaft ist flach, nur einige Dünen versperren den Blick, im Nordosten sieht man immer – trotz rund 30 km Entfernung – die Berge steil aufragen. Die Architektur zeigt deutlich afrikanischen Einschlag. Palmen lösen die in der jemenitischen Bergwelt vorherrschenden Büsche und Sträucher

Tihama

ab. Die Menschen haben eine dunklere Hautfarbe, einige Nachfahren afrikanischer Siedler bevorzugen noch immer die bunten Gewänder ihrer Heimat.

Ausflug nach Kamaran
▶ 4, A 4–5

Am Rande der jemenitischen Westküste liegt im Roten Meer nordwestlich von Hodeida die **Insel Kamaran**. Sie war im 16. Jh. Stützpunkt der Portugiesen, im 19. Jh. Teil des Ottomanischen Reiches und gehörte ab 1967 zum Südjemen, bis sie schließlich 1972 von Nordjemen einverleibt wurde. Kamaran besitzt eine Flugpiste und ist vom Hafen Al Salif (15 km nördlich von Hodeida) erreichbar.

Die rund 7 x 18 km große Insel wird an drei Seiten von Korallenriffen umgeben, im Norden erstrecken sich Lagunen, von Mangrovenwäldern umgeben. Die teils sandige, teils felsige Insel ähnelt landschaftlich der Tihama, ist jedoch durch Müll verschmutzt. Dennoch ist der Ausflug ein seltenes Erlebnis: Badeurlaub in Jemen, authentisch und naturbelassen.

Übernachten
Inselhütten mit Ausflug ▶ **Kamaran Tourist Village:** Tel. 07777 117 42, www.kamaran.net. Das Kamaran Tourist Village wird von einem deutsch-jemenitischen Paar betrieben und bietet Unterkunft in einfachen Rundhütten mit Gemeinschaftsbad, Verpflegung, Autotouren über die Insel, Bootsausflüge um die Insel und in die Mangrovenlagunen, Angeltörns und Tauchgänge. 50 US-$ pro Person und Tag inkl. Vollpension.

Aktiv
Nach Kamaran ▶ **Reisen nach Kamaran** organisiert Future Tours Industries (FTI), Al Qiada St., Sana'a, Tel. 01/25 32 16, Fax 28 29 01, www.ftiyemen.com, 50 US-$ pro Person und Tag inkl. Vollpension.

Verkehr
Personenfähre: ab As Salif (nördlich von Hodeida) in 20 Min. zum Hafen Ras Hadi bin Musa an der Nordostküste der Insel.

Bayt al Faqih   ▶ 4, B 7

60 km südlich von Hodeida liegt an der Fernstraße nach Taiz der historische Handelsplatz (ca. 41 000 Ew). **Bayt al Faqih** wurde zu Beginn des frühen 18. Jh. von dem Gelehrten *(faqih)* Ahmed ibn Musa gegründet, der von der lokalen Bevölkerung als Heiliger verehrt wurde, und trägt den Namen Haus des Gelehrten. Neben Zabid ist Bayt al Faqih die größte Stadt der Tihama. Die Stadt, wegen ihrer zentralen Lage wichtigster Umschlagplatz des Binnenhandels, entwickelte sich ab 1703 schnell zum großen Handelsplatz des jemenitischen Kaffees.

Heute gehört der Wochenmarkt zu den größten und farbenfrohen der Region. Er findet jeden Freitagvormittag statt. Dann reisen bei Sonnenaufgang die Händler aus allen Himmelsrichtungen an – noch vor wenigen Jahrzehnten mit ihren Lastkamelen, heute mit dem Kleinlastwagen. Gehandelt werden Ziegen, Tierfutter, Obst, Gemüse, Haushaltswaren, Parfumöle und Flechtwaren. Entdeckt man auf dem Markt handgewebte Schulter- und Wickeltücher *(futah)* in den typischen Streifen und leuchtenden Farben, sollte man zugreifen: Die noch vor kurzer Zeit aktive Webergemeinde, Männer, die an den traditionellen Handwebstühlen arbeiteten, ist auf wenige Personen zusammengeschrumpft. Noch immer gelten deren Produkte als von herausragender Qualität.

Sehenswerte bauliche Relikte finden sich kaum in der Stadt, abgesehen von mehreren Häusern mit detailreichen Stuckfassaden. Am Ostrand erhebt sich auf einem Hügel ein **osmanisches Fort (Al Qasr Imam),** das die Stadt zu Zeiten des Kaffeehandels sichern sollte. Heute ist es allerdings stark zerfallen und gibt kaum mehr Zeugnis aus jener regen Zeit.

In manchen Gassen ist an einigen Tagen kein rechtes Vorankommen. Neben Essensresten, Plastiktüten und leeren Wasserflaschen häufen sich ausrangierte Möbel, Schrott sowie Bauschutt auf den Straßen. Angesichts dessen lohnt es sich für Besucher nur, am Markttag, von der Hauptstraße in die Stadt abzuzweigen.

Rotes Meer und Küstenebene Tihama

Bayt al Faqih: Der Wochenmarkt am Freitag gehört zu den farbenfrohsten in der Region

Einkaufen

Allwöchentlich ▶ **Markt**: jeden Freitag, nordwestl. der Stadt, zwischen Fernstraße und Ortschaft.

Von Hand gemacht ▶ Im überdachten **Souq** im Zentrum befinden sich kleine Handwerkerbuden, an denen Textilien, Lederarbeiten und Teppichen feilgeboten werden.

Zabid ▶ 4, B 8

37 km südlich von Bayt al Faqih und 100 km südlich von Hodeida stößt man auf das Juwel der Tihama, die alte Gelehrtenstadt **Zabid** (43 000 Einw.), noch heute ein überaus lohnenswertes Ziel für Besucher, das einen mehrtägigen Aufenthalt rechtfertigt. 2000 wurde die Stadt in die Unesco-World-Heritage-Liste gefährdeter Städte aufgenommen. Nach Schätzungen von Experten waren zu diesem Zeitpunkt bereits 40 % der historischen Lehmhäuser durch neue Betonbauten ersetzt worden. Im Rahmen der Unesco-Arbeiten sollen von Verfall bedrohte Bauwerke restauriert werden. Internationale Teams schufen bereits die Grundlage für ein funktionierendes Abwassersystem.

Zabid, eine der ältesten Städte in Jemen, wurde im Jahre 819 von Mohammed ibn Ziyad, dem abassidischen Statthalter Bagdads, gegründet. Dieser legte auch den Grundstein zur Entstehung der Universität, die wegen ihrer herausragenden akademischen Leistungen auf dem Gebiet der Algebra im arabischen Raum bekannt wurde. Noch heute ist Zabid Sitz der religiösen Hochschule der Schafiiten, einer der vier sunnitischen Rechtsschulen. Zudem gilt die historische Universitätsstadt als Zentrum sunnitischer Jemeniten. Bis ins 12. Jh. war Zabid Hauptstadt der sunnitischen Tihama, von 819 bis 1018 herrschten von hier aus die Zayditen. Mit den zayditischen Imamen von Saada lag die Stadt (und die ganze Tihama) oft wegen religiöser Gegensätze im Streit.

Man zweigt von der Fernstraße – hier liegt die türkische **Mustafa-Pascha-Moschee** aus dem Jahre 1540 mit zwölf Kuppeln – ab und gelangt auf einen großen Platz, dessen

Tihama

gegenüberliegende Seite von einer **Festung** (Zabid Citadel) flankiert wird. Sie wurde 1410 aus gebrannten Ziegeln errichtet und unter türkischer Herrschaft stark befestigt, da sie als Sitz der osmanischen Gouverneure fungierte. Durch das Tor mit s-förmigem Grundriss gelangt man in den weitläufigen Fort-Bereich. Der Brunnen stammt aus dem Jahre 1890. Kanadische Archäologen haben Fundstücke ihrer Grabungen (prähistorische Monolithen, Steine mit Inschriften, Keramik, Mahlsteine, Pfeifen, Weihrauchbrenner) in dem kleinen **Granary Museum** (tgl. 9–18 Uhr, Eintritt 200 YR) ausgestellt. Ein Teil der Objekte stammt auch aus zufälligen Entdeckungen der deutschen Firma, die das Abwassersystem der Stadt installiert. Das 200 Jahre alte Bauwerk diente ursprünglich der Lagerung von Getreide, das die Bezirksverwaltung als Steuern von den umliegenden Landbesitzern eingenommen hatte. Das Getreide wurde von Soldaten des Imams bewacht. Nach der Auflösung der Imam-Truppen 1962 verfiel die Zitadelle zusehens und wird seit 1987 von Kanadiern restauriert. Im Hauptgebäude, einem Turm, der heute als Rathaus dient, lässt man Besucher gelegentlich das schöne Treppenhaus besichtigen.

Am Rande des Forts steht die Freitagsmoschee namens **Iskandariya,** 1550 von den Türken erbaut und mit einem 60 m hohen Minarett versehen. Eine **Stadtmauer** aus Lehmziegeln, aus türkischer Zeit, jedoch auf älteren Grundmauern, umgibt die Altstadt, von vier Toren unterbrochen. In der aus gebrannten Ziegeln erbauten Altstadt findet man einen traditionellen **Souq,** schwarz gefärbt von Rauch aus der Indigo-Färbung. In der Nähe des Westtores (Bab al Asharbariq) liegt die älteste und berühmteste der vielen Moscheen Zabids. Die Große Moschee oder **(al Djami al) Asharia-Moschee,** einst bekannt unter der Bezeichnung Asharia-Universität, gilt als historischer Beleg und als Symbol für die religiöse Stärke und wissenschaftliche Position von Zabid. Die Moschee wurde vermutlich im 10. Jh. errichtet, und zwar an Stelle einer älteren, bereits im Jahre 10 nach Hidrah (nämlich 632) gebauten Moschee. Das heutige Aussehen des Bauwerkes geht auf das 15. Jh. zurück. 70 mit Inschriften versehene Säulen tragen das Dach, das Minarett gilt als das älteste Jemens. Trotz der großen Bedeutung der Moschee für die Gläubigen darf das Bauwerk auch von Nicht-Muslimen besichtigt werden (Besichtigung abhängig von der Zustimmung des Imams, gewöhnlich tgl. außer Fr zwischen den Gebetzeiten).

Infos
Vorwahl Zabid: 03

Übernachten, Aktiv
Typisch jemenitisches Gästehaus ▶ **Zabid Tourist Resthouse:** gegenüber dem Fort Al Qasr, Tel. 34 12 70, Fax 34 09 20. Schlichtes Haus mit sechs einfachen Zimmern (mit AC). Besonderheit ist das mit Palmblättern gedeckte Café-Restaurant: Sandfußboden, Sitzkissen, *shisha*-Service erwarten den Besucher. Serviert werden Lamm, Geflügel, *kebab* sowie Fisch. Verkauf hübscher Souvenirs wie Weihrauchbrenner und alte Kaffeekannen gibt es außerdem. Angeboten werden auch Pferde-, Kamel- und Eseltouren zum Roten Meer und ins Gebirge (je 20 km). Preiswert, freundlich, empfehlenswert. DZ inkl. Frühstück 4000 YR.

Cocha ▶ 4, B 9
Die am Roten Meer gelegene Kleinstadt **Cocha** (8500 Einw.), 60 km nördlich von Mocha, ist auch über eine Piste entlang der Küste von dort aus zu erreichen, eine Strecke, die erst die ganzen Schönheiten dieses Landstriches offenbart. Die Anreise von der Fernstraße Hodeida–Taiz über die Abzweigung im Ort Hays erfolgt von dort über 30 km geteerte Piste.

Cocha ist ein typischer Ort der Tihama, in dem sich afrikanische und islamische (meist türkische) Baustilelemente treffen. Touristen finden einfache Funduks und Fischrestaurants, dazu besteht Bademöglichkeit. Der einzige geschlossene Palmwald an der Küste des Roten Meeres beginnt hier und zieht sich ca. 15 km in Richtung Mocha.

Rotes Meer und Küstenebene Tihama

Infos
Vorwahl Cocha: 03

Übernachten
Nördlich von Cocha liegen mehrere Camps am Strand.
Zimmer mit Meerblick ▶ **Tourist Village:** 4 km nördl. der Ortschaft, Tel. 23 12 74, 30 27 79. Die neuere Hotelanlage wird oft von Gruppen belegt, 30 günstige Zimmer. DZ ab 6000 YR.

Verkehr
Wegen der spärlichen Übernachtungsmöglichkeiten in Cocha und Mocha reisen die meisten Besucher am frühen Morgen von Taiz nach Mocha, mieten sich dort einen Geländewagen für die Fahrt am Strand entlang nach Cocha (60 km, 2–3 Stunden, ca. 50 US-$) und verlassen Cocha später am Tag mit einem der vielen Pick-ups, die dort eine Passage nach Hays anbieten.

Mocha ▶ 4, B 10
Die 2000 Jahre alte Hafenstadt im Süden von Jemen erreicht man, wenn man von der Fernstraße Taiz–Hodeida in Mafrak auf eine neue Teerstraße abzweigt. Von dort sind es noch 40 km bis Mocha.

Vom 17. bis 19. Jh. war Mocha ein berühmter Ausfuhrhafen für Kaffee. Noch heute zeugen die Ruinen der Handelshäuser und die zerfallenen Paläste reicher Kaufleute vom einstigen Reichtum. 1763 beendete der Forschungsreisende Carsten Niebuhr hier seine Expedition und ging an Bord eines britischen Schiffes. 1839 begann der Verfall: In diesem Jahr besetzten die Briten Aden und bauten dessen Hafen zu einem Umschlagplatz für Handelswaren aus. Zehn Jahre später eroberten die Türken die Hafenstadt Mocha, die seitdem kontinuierlich wegen der zunehmenden Versandung des Hafens und der rückläufigen Entwicklung des Kaffeehandels an Bedeutung verlor und regelrecht verkam.

Heute ist Mocha ein verfallendes Fischerdorf mit ca. 2000 Einwohnern, an dessen große Vergangenheit kaum noch etwas erinnert. Zwischen Bretterbuden und afrikanischen Strohhütten überleben noch die Ruinen aus vergangenen Jahrhunderten – so auch die Al Shadli-Moschee mit ihrem 500 Jahre alten Stufenminarett.

Der einst weltbekannte Hafen von Mocha hat nur noch Bedeutung für Schmuggler, die ihre Konterbande (meist Alkohol) aus den afrikanischen Ländern jenseits des Roten Meeres hier an Land bringen. In dieser Hinsicht allerdings ist seine Bedeutung sehr groß.

Tihama

Infos
Vorwahl Mocha: 04

Übernachten
Beste Unterkunft im Ort ▶ **Funduq al Rasheed:** Main St. (Straße nach Taiz vor der Stadt), Tel. 36 23 57, 19 EZ, DZ und 3er-Zimmer. Einfache und sehr preiswerte Unterkunft, die auch ein Restaurant angeschlossen hat. DZ mit Bad 3000 YR.

Essen & Trinken
Typisch jemenitisch ▶ **Arda Nile:** Main St. Hier serviert man nur einfachste Gerichte ab 300 YR.

Mocha besitzt keinen Souq, Verpflegung kann man jedoch in kleineren Geschäften kaufen.

Verkehr
s. Cocha, S. 70.

Kaffeeplantagen zeugen vom einstigen Reichtum: Vom 17. bis zum 19. Jh. war Kaffee der Exportschlager der Hafenstadt Mocha

Saada und der Norden

Heiliges Zentrum, Mittelpunkt der gläubigen Muslime: Saada, bedeutendster Ort des jemenitischen Nordens und letzte städtische Siedlung vor der Grenze zum Nachbarland Saudi-Arabien, besitzt neben der modernen Peripherie eine von Wachtürmen und Stadttoren geprägte Altstadt aus Lehmhäusern. Entlang der landschaftlich reizvollen Strecke von Sana'a nach Saada liegen weitere sehenswerte Orte.

Über mehrere Pässe in über 2500 m Höhe windet sich die Straße von Sana'a gen Norden. Die interessante Route, die bei Reiseunternehmen seltener im Programm ist, führt in Jemens heilige Stadt, ein bedeutendes Zentrum gläubiger Muslime. Zwar ist die Al Hadi-Moschee, in der zwölf Imame begraben sind, darunter auch Al Hadi Yahya ibn al Hussain, Jemens erster Imam, für Nicht-Muslime nicht zugänglich, doch entschädigt dafür die aus Lehm erbaute Altstadt den Besucher.

Auf der Fahrt lohnen einige Orte einen Stopp. Neben Amran, dem landwirtschaftlichen Zentrum einer an Obst- und Gemüsefeldern reichen Umgebung, lockt ein etwa 70 km langer Abstecher gen Westen nach Hajjah, eine atemraubende Route, auf der eindrucksvolle Pässe überquert werden. Die Kleinstadt Kuhlan, 35 km westlich von Amran und 1 km abseits der Straße, liegt auf dem Weg und erstreckt sich über einen Felsvorsprung. Stufen führen hinab in die Unterstadt mit wunderbaren jemenitischen Steinhäusern. Ein wahrhaftes Abenteuer ist der Besuch von Shihara.

Von Sana'a nach Saada

Chinesen bauten die über 200 km lange Asphaltstraße durch das bergige Hochland nach Saada, der bedeutendsten und größten Stadt des Nordens. Man verlässt Sana'a im Norden (Richtung Flugplatz) und gelangt über den Dain-Pass (2600 m) in das Hochbecken von Amran.

Amran ▶ 4, D 4

50 km nördlich von Sana'a liegt die Stadt **Amran** (38 000 Einw.), von einer steinernen Stadtmauer aus dem Jahre 1720 umgeben. Die Gründung des Ortes fällt in die himjarische Epoche; viele der prächtigen Häuser in typisch jemenitischer Lehm- und Steinbauweise enthalten behauene Steine dieser Zeit. Besonders gut erhaltene Inschriftensteine sieht man im westlichen Stadttor. Seit die Straße von Hodeida nach Amran 1997 vorbildlich ausgebaut wurde (sie gehört zu den schönsten Straßen in Jemen), hat sich der Ort weit über die alte Stadtmauer ausgedehnt.

Von Amran geht es über den Kamir-Pass in das Becken von Huth. Wer nach Shihara will, muss in **Huth** (▶ 4, D 3, 124 km von Sana'a) nach Westen abbiegen. In Huth hat man ungefähr die Hälfte der Strecke von Sana'a nach Saada bewältigt. Von hier geht es weiter nach Norden. Während eines großen Teils der Reise sieht man den Jebel Mafluq aus der Ebene aufragen, die Lavakammer eines ehemals dreimal so hohen Vulkans. Rund 10 km vor Saada erblickt man die auffällige Form des Jebel Barrash (Zuckerhut).

Übernachten

Stopover ▶ Jazirah al Arabiya: Hajjah St. ›Die arabische Insel‹ bietet eine einfache Unterkunft. DZ 2000 YR.

Von Sana'a nach Saada

Einkaufen

Auf dem Souq ▶ Besonders beeindruckend ist ein Besuch in Amran am Samstag. Dann ist Markttag und es herrscht großer Betrieb um die fest installierten Souqstände am großen Stadttor.

Abstecher nach Hajjah ▶ 4, C 4

77 km westlich von Amran liegt nach Durchqueren eines Wadis in 2000 m Höhe **Hajjah** (39 000 Einw.), dessen Altstadt mit einigen schönen Steinhäusern und dem Souq teilweise gut erhalten ist; der ehemalige Imampalast beherbergt heute die Verwaltung der Provinzhauptstadt. Über der Stadt liegt die ehemalige osmanische Festung, die später den Imamen diente.

Infos
Vorwahl Hajjah: 07

Übernachten

Weit oben ▶ **Hotel Ghamdan:** am Westrand der Stadt, Tel. 22 04 21, Fax 22 04 23. 1 km von der Altstadt auf einem Felsplateau gelegen und mit prächtiger Aussicht. 52 Zimmer, DZ 8000 YR.

Shihara ▶ 4, D 3

Eine der beeindruckendsten Besichtigungstouren, die sich in Jemen unternehmen lässt, ist sicherlich ein Besuch der nördlich von Sana'a auf etwa 2500 m Höhe gelegenen Felsenfestung **Shihara**. Bereits die Anreise gerät zur sportlichen Herausforderung und lässt den Adrenalinspiegel steigen.

Shihara, das einst Zufluchtsort zayditischer Imame vor türkischen Angreifern war, wurde im 16. Jh. wie eine Festung ausgebaut. Aus jener Epoche stammen das Zisternensystem mit 20 wie ein Amphitheater angelegten Wasserreservoirs sowie die alte Imambrücke, – das bekannteste Fotomotiv von Jemen. Diese ist eine meisterhafte steinerne Konstruktion, die sich über eine 500 m tiefe Felsschlucht spannt und von nervenstarken Besuchern noch heute betreten werden kann.

Etwa 124 km nördlich von Sana'a biegt man von dem an der Hauptstraße liegenden Ort Huth aus auf eine Straße nach Westen ab und fährt weiter durch das Wadi Lissan, in dem dank häufiger Regenfälle die Vegetation recht üppig ist. Weit entfernt sieht man bereits hoch oben auf dem steil ansteigenden Felssockel Shihara mit der Imambrücke (Huth–Shihara 50 km).

Der Talort **El Gabeih** (Al Qabei, 40 km von Huth) ist Augangspunkt für den abenteuerlichen Weg hinauf auf das von grünen Gemüse- und Qat-Feldern überzogene Gebirgsmassiv. Auf halbem Weg von Huth nach El Gabeih liegt der Ort **Aisha**; zwischen Aisha und El Gabeih findet sonntags ein Markt statt. Über enge und steil gewundene Serpentinen schraubt sich der Weg hinauf nach Shihara, über 1400 Höhenmeter werden auf diese Weise in kurzer Zeit überwunden. Die Tour unternimmt man mit einem der vielen Pickups, deren Fahrer sich in El Gabeih nach teilweise zähen Preisverhandlungen zur Verfügung stellen. Nur wer schwindelfrei ist und blindes Vertrauen in die häufig Qat-gedopten jemenitischen Fahrer aufbringen kann, sollte in einen der Wagen steigen und sich hinauffahren lassen.

Eine sportliche Alternative wäre ein etwa sechs- bis siebenstündiger Fußmarsch hinauf nach Shihara, deren ca. 1500 Einwohner heute im Wesentlichen vom Anbau der Qat-Pflanzen leben.

In Shihara fühlt man sich in die Vergangenheit zurückversetzt, aber der Ort ist keine Ruinenstadt. Die alten Zisternen, die ehemaligen Paläste, die traditionellen fünfstöckigen Steinhäuser, die Imambrücke, alles wird von den heutigen Bewohnern genutzt. Der Ort hat einen besonderen Reiz am Morgen, wenn die Sonne aufgeht: Dann holen die schwarz verschleierten Frauen in den Zisternen Wasser – ein Bild wie aus einem alten orientalischen Märchen. Von allen Seiten des Ortes hat man einen wunderschönen Ausblick auf die tiefer gelegene Umgebung mit Terrassen, auf denen Qat angebaut wird.

Die Imambrücke ist nach wie vor der einzige Weg zum Nachbarfelsen und dessen Dorf. Es lohnt sich, über die alte Brücke durch das Nachbardorf zum steil abfallenden Fels-

Saada und der Norden

Qat – die südarabische Volksdroge

Jeder Reisende wird tagtäglich und unweigerlich mit dem Kraut konfrontiert. Spätestens ab 14 Uhr ist nämlich ›Qat-Time‹, d. h. von dieser Zeit an kauen ca. 90 % aller jemenitischen Männer die jungen Blätter und Triebe des Strauchs *Catha edulis*, die narkotisierende Wirkung haben. Das ganze Land fällt am Nachmittag in einen dämmrigen Halbschlaf.

Was man bis zur ›Qat-Time‹ nicht hat erledigen können, muss auf den nächsten Tag verschoben werden. Das gilt für Geschäfte, für Behörden und für den Souq, dessen sonst sehr geschäftstüchtige Händler am Nachmittag mit ihrer geschwollenen ›Qat-Backe‹ und glasigen Augen vor sich hin dösen.

Die hellgrünen Triebe und jungen Blätter des zwei bis drei Meter hohen Strauches werden kauend in der Backentasche zu einem großen Kloß gesammelt, der dann im Mund sehr langsam gewendet, gedreht, hin und her geschoben und dabei ausgesaugt und ausgelaugt wird. Wenn sich sein Volumen dabei vermindert, werden neue Qat-Blätter nachgeschoben. Nur der Saft wird geschluckt, meistens zusammen mit Wasser.

Euphorie, Wohlbehagen, Erregung oder wohltuende Müdigkeit stellen sich ein, jegliches Hungergefühl schwindet. Jemenitischer Whisky wird das Kraut deshalb scherzhaft von den muslimischen Jemeniten genannt, denen der Koran jeden Alkoholgenuss verbietet. Die Augen werden müde, die Bewegungen des Körpers zeitlupenhaft, aber das Gehirn wird von schönen Träumen munter.

Eigentlich wird Qat überall gekaut, z. B. hinterm Ladentisch, in der Werkstatt, im Büro, am Straßenrand – aber am häufigsten im *mafraj*, dem schönsten Zimmer eines Hauses. Die Teilnehmer der Runde ruhen auf Kissen oder Teppichen entlang der Wänden oder auf bettähnlichen, mit Schaumstoff belegten Gestellen, verzehren die Blätter, werfen die übrig gebliebenen Strünke in die Mitte, unterhalten sich, erzählen, dösen und trinken viel Tee oder Mineralwasser dazu. So machen sie es Tag für Tag. Erst am späten Nachmittag gegen 17 Uhr geht die Gesellschaft auseinander.

Wegen der kommunikativen Begleiterscheinungen kommt dem gemeinsamen Qat-Genuss in Jemen eine hohe soziale Funktion zu. In einem Land ohne nennenswertes Freizeitangebot, mit nur wenigen Cafés oder Kneipen, ganz wenigen Kinos und ohne Bars, ist das nachmittägliche Qat-Kauen die nahezu einzige und deshalb um so beliebtere Möglichkeit geselligen Beisammenseins. Beim Qat-Kauen lösen sich viele Probleme von selbst, erscheinen unüberbrückbare Gegensätze als kleine Missverständnisse, und für viele Analphabeten unter den Erwachsenen ersetzt das Schwatzen beim Qat-Kauen die tägliche Zeitungslektüre. Qat löst die Zunge, aber es vernebelt nicht den Verstand.

Der Qat-Genuss ist nicht billig. Ein Bündel des besten Qat kostet 3 bis 8 €, und zwei Bündel braucht man schon für einen richtigen Trip. Für viele verschlingt die Droge den Tageslohn. Mit keinem anderen Produkt erzielt man in Jemen privatwirtschaftlich derart hohe Gewinne. Ein Strauch braucht nur 15 Monate, bis die Blätter sprießen, und bringt bis zu drei Ernten im Jahr. Lagerkos-

Auszeit am Nachmittag

Thema

ten entfallen, weil Qat noch am Tage der Ernte verzehrt wird.

Gesamtwirtschaftlich gesehen ist Qat für das unterentwickelte Land von größtem Übel: Der Qat-Konsum verschlingt Millionen von Riyal, die als Kapitalbildung für dringend erforderliche Investitionen benötigt werden. Außerdem gehen Milliarden von Arbeitsstunden pro Jahr verloren, ganz zu schweigen von den hochwertigen terrassierten Böden, auf denen früher Kaffee oder Getreide reifte. Als Devisenbringer scheidet Qat aus, weil sein Genuss im angrenzenden Saudi-Arabien verboten ist, und nach Djibouti, wo auch gekaut wird, ist der Weg zu weit. Nicht zuletzt, weil inzwischen ganze Wirtschaftszweige an der Produktion und Distribution des Genussmittels beteiligt sind, verlaufen die halbherzigen Kampagnen der Regierung gegen das Qat, die sie ohnehin nur auf Drängen der Entwicklungshilfe-Geldgeber in die Wege leiten, im Sande.

Biologisch-chemisch betrachtet enthalten die Qat-Blätter Gerbsäure, Zucker, Wachs, ätherische Öle und das Alkaloid Cathin, dem die aufputschende Wirkung zuzuschreiben ist. Gegenüber vielen anderen Drogen hat Qat einen kleinen ›Vorteil‹: Die relativ geringe Konzentration der Wirkstoffe in den Blättern und die Volumenbegrenztheit der Backentasche verhindern ein gefährliches Zuviel und eine ständige Steigerung. Persönlichkeitszerstörung oder psychotoxische Wirkungen bleiben deshalb wohl aus. Zu den unerwünschten Nebenwirkungen starken Qat-Kauens gehören jedoch ein Ansteigen des Blutdrucks, Magenentzündungen (selten) sowie eine zunehmende Antriebslosigkeit gegenüber den Verpflichtungen des Alltags.

Auch Ausländer, besonders Geschäftspartner, werden oft zum nachmittäglichen Qat-Kauen eingeladen, zumal sich in Qat-Stimmung oft vieles angenehmer besprechen lässt. Die jemenitische Etikette gebietet es, dass man eine solche Einladung zur Kau-Stunde annimmt, zumal sie einer Ehrung gleichkommt.

Für Außenstehende ist es eine absurde Situation: Während Jemen zu den ärmsten Ländern der Welt zählt, geben seine Bürger ein Vermögen für die Droge aus. Könnte die jemenitische Gesellschaft ohne Qat funktionieren? Kenner behaupten: Qat hält Jemen zusammen, verstärkt Gruppengefühle und Freundschaften, verhindert viele Streitigkeiten. Jemen ohne Qat ist für Jemeniten nicht vorstellbar. Als Südjemen noch ein eigener sozialistischer Staat war, scheuten sich seine Machthaber, den Qat-Genuss ganz zu verbieten. Am Freitag, dem islamischen Sonntag, war dort Qat erlaubt. Seit der Wiedervereinigung gilt: »Freier Qat-Genuss für freie Bürger!« Ob Qat zu den im Koran verbotenen Drogen gehört, darüber gibt es seit 500 Jahren einen Auslegungsstreit. Damals ordnete der islamische Rechtsgelehrte ibn Hadshar al Haythami Qat den Dingen zu, die in den islamischen Quellen nicht zustimmend oder ablehnend behandelt werden *(shubahat).* Er riet den Bewohnern von Sana'a allerdings, sich von der Droge fernzuhalten, aber diese Forderung hat sich nicht durchgesetzt. Auch gegenüber den neuen Technologien sind Qat-Sitzungen resistent: In Sana'a erzählt man sich die Geschichte von einer Qat-Runde hoher Politiker, von denen jeder sein tragbares Telefon in der Tasche hatte. Das ständige Piepen der Apparate bei Anrufen ließ kein so rechtes Gespräch aufkommen. Nach wenigen Minuten einigte man sich darauf, die Telefone einzusammeln, außerhalb des *mafraj* zu deponieren und einfach in den nächsten Stunden ungestört zu kauen.

Saada

rand des Gebirgsstocks zu gehen, Nistplatz für zahlreiche Gänsegeier.

Übernachten, Einkaufen

Funduk ▶ Unterkunft findet man in zwei Funduks, einer beim Friedhof, der andere bei der Freitagsmoschee gelegen. Dank des neu angelegten Weges von Souq al Khamis ist Shihara heute relativ gut versorgt (eigener **Souq** mit ca. 20 Verkaufsnischen), sodass der Besucher keine Verpflegung mitbringen muss.

Saada ▶ 4, D 1

Saada (58 000 Einw.) liegt 240 km nördlich von Sana'a in einer Höhe von 1800 m. Es ist das Zentrum des nördlichen Jemen und Handelsplatz für den Warenverkehr auf dem Landweg ins saudi-arabische Najran (s. S. 363). Bereits in früharabischer Zeit machte Saada als Durchgangsstation für die Karawanen der berühmten Weihrauchstraße von sich reden. Hier pausierten die Kaufleute mit ihren Kamelen vor der Reise durch die Wüste Rub al Khali.

Die Stadt mit alten Lehmhäusern und einer Stadtmauer aus Stampflehm hat ihren mittelalterlichen Charakter bewahrt. Außerhalb wächst ein neues, modernes Saada, lange Straßen mit garagenähnlichen Werkstätten und Läden für die Dinge des täglichen Bedarfs.

Als Wiege der in Jemen 1000 Jahre herrschenden Dynastie der Zayditen ist Saada noch heute das geistliche Zentrum dieser Religionsgruppe. Gegen Ende des 9. Jh. kam Al Hadi Yahya ibn al Hussain aus dem mesopotamischen Asra in die Stadt. Er brachte eine neue Interpretation des schiitischen Islam mit, die sich auf Zaid ibn Ali, den Urenkel des Schwiegersohns des Propheten, stützt. Al Hadi Yahya ibn al Hussain organisierte eine Vereinigung der Stämme um Saada, als deren geistlicher und weltlicher Führer er sich ausrufen ließ. Hussain, der erste Imam der Zayditen, regierte bis 912, seine Nachkommen bis 1962.

Auf den Besucher wirkt das Zentrum von Saada wie ein einziges Freilichtmuseum. So ist die Stadt vollständig von einer 5 km langen, bis zu 10 m hohen und 3 m breiten Lehmmauer aus dem 16. Jh. umgeben, nur von Wachtürmen und Stadttoren unterbrochen. Abends werden kaum Autos durch die Tore eingelassen. Hier in der Altstadt, deren Häuser sehr dicht aneinander gebaut sind, findet man bis heute noch die mit aufwendigen Schnitzarbeiten und wuchtigen Eisenbeschlägen versehenen Türen und Fenster. Die Häuser sind bis zu vier Stockwerke hoch. Sie stammen vom Anfang des 20. Jh. und wurden – wie in allen Orten des Nordens – nicht aus Stein, sondern aus Lehm gebaut, wobei nicht Lehmziegel übereinander gesetzt, sondern Lehmschichten in Verschalungen hochgezogen wurden. Jede Schicht (Wulst) musste zuerst trocknen, bevor die nächste darüber gelegt wurde. Aus Stabilitätsgründen werden die Hauswände leicht nach innen geneigt, sodass sich die Häuser nach oben hin etwas verjüngen. Diese Methode zu Bauen bezeichnet man als Stampflehm-Bauweise.

Ein Rundgang auf der Stadtmauer, Startpunkt beim Bab al Yemen, ermöglicht Einblicke in die Gassen und Straßen, aber auch in die Höfe und Wohnungen. Garküchen (gelegentlich ziemlich düster und wenig vertrauenserweckend aussehend) im Zentrum nahe dem Souq bereiten schmackhafte, häufiger etwas scharfe Speisen zu. In Teestuben treffen sich die einheimischen Männer auf einen Plausch.

Jeden Sonntag ist **Wochenmarkt:** Waffen und Radios, Fernseher und Bekleidung werden gehandelt. Die Scheichs der Umgebung, begleitet von ihren Leibgarden und Kriegern, decken sich dann mit den aus Saudi-Arabien kommenden Waren ein. Besucher schätzen die Silberschmuckläden. Amulette und Armspangen sowie fein ziselierte Kajalbehälter: Das Angebot ist groß, die Preise sind oftmals

---

Nervenstärke braucht man, wenn man die Steinbrücke von Shihara überquert

Saada und der Norden

niedriger als in Sana'a und Taiz. Händler vertreiben Teppiche und Nomaden-Tücher.

Besondere Beachtung verdient das **Bab Najran** im Norden der Stadtmauer – das schönste Tor der alten Wehranlage. Von hier aus sieht man bereits den **alt-zayditischen Friedhof.** Die Kargheit der Anlage ist beeindruckend, unter Staub verborgen die Inschriften und Kalligrafien.

Saada ist einer der heiligsten und bedeutendsten Orte von Jemen: Neben der auf das 9. Jh. zurückgehenden **Hadi-Moschee** liegen die Gräber der ersten zwölf zayditischen Imame, überwölbt von Kuppeln, von denen jede eine andere Form aufweist. Das berühmteste Grab befindet sich unter der grün schimmernden Hauptkuppel der Moschee, hier fand Imam Hussain seine letzte Ruhestätte. Das Betreten der Moschee ist nur Muslimen gestattet, doch hin und wieder lässt sich ein Blick in das Innere des Gebetsraumes werfen.

Höchster Punkt der Stadt ist das im nördlichen Teil gelegene **Qasr al Imam.** Schon von weitem ragt aus dem Lehmbraun der Umgebung ein Hügel aus schwarzer Schlacke hervor, Abfallprodukt der in früheren Jahrhunderten in Saada betriebenen Eisenerzgewinnung.

Aus dem hier gewonnenen Metall fertigen Schmiede die für die jemenitischen Krummdolche *(djambia)* notwendigen Klingen, einst einer der bedeutendsten Handwerkszweige der Stadt. Auf den Hügel setzte man die Festung, die bis in jüngste Zeit als Gefängnis diente und jetzt eine Militäreinheit beherbergt. Von hier reicht der Blick über die Stadtmauer hinweg.

Infos
Vorwahl Saada: 07

Übernachten
Der Geschichte ganz nah ▶ **Rahban:** Bab al Yemen St., Tel. 51 28 48, Fax 51 28 56. An der Stadtmauer unweit der Altstadt mit Blick auf die historischen Gebäude, Zimmer im jemenitischen Stil, auch mit Bad, gutes Restaurant. 50 Zimmer, DZ ab 5000 YR.

Einkaufen
Silber ▶ Nach Betreten der Stadt durch das Bab al Yemen gelangt man auf einen Platz mit **Silbergeschäften.** Händler aus der Umgebung bieten Silberschmuck auch auf der Straße an.

Souq ▶ unmittelbar westlich des Bab al Yemen in der ummauerten Altstadt. Beites Angebot an Duftharzen. In den Gassen werden auch die hübschen Steintöpfe *(maqla saadim)* zum Kauf angeboten.

Souvenirs ▶ **Wochenmarkt:** So, im Souq, s. oben.

Ausflüge in die Umgebung ▶ 6, C 5

2 km östlich von Saada, über einen Fußweg erreichbar, befinden sich bei **Araqiya** einige Felsgravuren aus prähistorischer Zeit. 15 km nordwestlich von Saada stößt man in **Al Khazain** ebenfalls auf Felszeichnungen und Felsengräber.

Im Norden von Saada (25 km), an der Piste Richtung Saudi-Arabien, erreicht man die Sandstein-Erosionsschluchten von **Umm Lailah** (Mutter der Nacht). Hier warten bizarre Canyons und Grotten, 250 m hohe Überhänge und mehrere Bäche auf den Reisenden. Inschriften und Zeichnungen auf einigen der Felsen lassen vermuten, dass die Weihrauchstraße zum Mittelmeer hier einst durchzog. Die Gegend ist menschenleer und äußerst beeindruckend.

In Saada und Umgebung waren über Jahrhunderte jüdische Jemeniten ansässig. Seitdem Extremisten Stimmung gegen Nicht-Moslems machten, leben in Saada heute praktisch keine Juden mehr. Die jemenitische Regierung und Polizei vermittelten ihnen Alternativunterkünfte in Sana'a und im zentralen Hochland, wo heute etwa 400 Juden leben (und u. a. anderem auch ihre Talmud-Schulen betreiben können). Wegen der immer wieder aufflackernden, teilweise blutigen Kämpfe zwischen Regierungstruppen und Extremisten muss von einem Besuch von Saada abgeraten werden.

Nach Taiz und Aden

Vom Hausberg Jebel Sabir aus erkennt man die enorme Ausdehnung von Taiz, eine der größten Städte von Jemen. Zu besichtigen gibt es viel – anders als in Aden, wo während der sozialistischen Epoche trostlose Einheitsbauten errichtet wurden. Doch die Lage dieser Stadt auf einer Vulkaninsel ist beeindruckend, ebenso wie Adens Vergangenheit.

Im Süden des Landes liegen nur zwei größere Städte, nämlich Taiz und Aden. Ohne Zweifel ist das weiter nördlich gelegene Taiz die schönere der beiden: Die weit ausgedehnte Altstadt, die man noch wie zu Zeiten des berühmten Arabien-Forschers Carsten Niebuhr durch das Bab al Kabir, das Große Tor betritt, verfügt über sehenswerte, gut erhaltene Häuser und zahlreiche historisch bedeutsame Moscheen.

Auch landschaftlich hat die Stadt einiges zu bieten: Malerische Terrassenhänge, an denen sich kleine Dörfer angesiedelt haben, Obst- und Gemüseanbau betrieben werden. Das Klima ist ausgeglichen und die Vegetation dank häufiger Regenfälle ausgesprochen grün.

In der Umgebung von Taiz liegen weitere landschaftliche und kulturelle Sehenswürdigkeiten: neben dem Sumarah-Pass, den der Reisende in einer Höhe von 2800 m auf seinem Weg von Sana'a nach Taiz passiert, liegt wenige Kilometer südwestlich der Stadt das fruchtbare Wadi Dhabab, dessen Dörfer und Märkte einen lebendigen Eindruck jemenitischen Lebens vermitteln. Die rund 70 km nördlich von Taiz gelegene Stadt Jibla wiederum gehört mit ihren aufwendig aus Natursteinen errichteten Häusern und der Grabmoschee der jemenitischen Königin Arwa bint Ahmed zu den schönsten und berühmtesten Orten des Landes.

Einer anderen Welt begegnet man in Aden: Die einstige Hauptstadt der Volksrepublik Jemen liegt auf einer mit dem Festland verbundenen Vulkaninsel, ca. 170 km östlich des Bab al Mandab, am Fuße des Wadi Tiban. Beim Anflug über dem Golf von Aden kann man die besondere, schöne Lage der Stadt, umgeben von bizarren Erhebungen des erloschenen Vulkans, deutlich erkennen. Das Klima ist feucht-heiß, die Bauwerke sind allesamt neueren Datums, dennoch zeigen sich überall Spuren der Vernachlässigung und des Verfalls.

Von Sana'a nach Taiz

Die von Besuchern in Jemen am häufigsten befahrene Strecke ist auch historisch bedeutsam: Von Taiz nach Sana'a reisten nahezu alle frühen Jemen-Entdecker, nach der Landung mit dem Schiff in Mocha oder Aden. Heute verbindet eine gut ausgebaute Straße (ca. 250 km) die beiden Städte. Man verlässt das Hochbecken von Sana'a Richtung Süden, überquert den Jislah-Pass auf knapp 2775 m Höhe, vorbei an großen Gebieten mit Terrassenanbau und Wehrtürmen der Türkenzeit, und erreicht die Provinzhauptstadt Damar (2300 m). Von hier geht es hinab in das Yarim-Becken, Zentrum des antiken Himjarenstaates mit seiner Hauptstadt Zafar.

Zafar ▶ 4, E 8

20 km südlich von Yarim liegen östlich der Fernstraße von Sana'a nach Taiz die Ruinen von **Zafar,** ab Kitab 12 km Piste. Die auf einem Hügel gelegene Siedlung war einst die

Nach Taiz und Aden

Hauptstadt des Himjarenreiches, in der Antike wegen ihrer Pracht viel gerühmt.

Die Himjaren von Zafar herrschten nach den Sabäern und Minäern zuletzt und am längsten über das südarabische Reich (ca. 100 v. Chr.–ca. 500 n. Chr.) und trugen ebenfalls den Titel Könige von Saba. Unter ihrem Herrscher Abukarib Asaad, einer der bedeutendsten Herrschergestalten der jemenitischen Geschichte, hatte das sabäisch-himjarische Königreich im 5. Jh. seine größte Ausdehnung und reichte bis zu den Häfen am Roten Meer.

Beschreibungen mehrten den Ruhm des königlichen Forts (Raidan) und der acht gewaltigen Stadttore von Zafar. Nach der christlichen Invasion aus Äthiopien im Jahre 525 löste sich das Himjarenreich auf, der Abstieg Zafars begann.

Die Stadt verfiel im Laufe der Jahrhunderte vollständig, weil mit dem Islam Sana'a das Zentrum von Jemen wurde. Heute steht ein ärmliches Dorf gleichen Namens an der geschichtsträchtigen Stelle, an der nur noch die ausgedehnten Ruinenfelder und zahlreiche Architekturelemente an prachtvolle Zeiten erinnern. So stammen viele der als Fenster- und Türstürze, als Ecksteine oder auch nur als Dekoration für die Häuser des Dorfes Zafar verwendeten Inschriftensteine und Reliefteile aus der himjarischen Epoche. Im lokalen **Museum** ausgestellt sind ebenfalls einige himjarische Steine und Ausgrabungsfunde (Sa–Mi 9–12 Uhr, Eintritt 500 YR).

Beachtung verdienen auch die an den Hängen des Zafar-Hügels befindlichen **Höhlen**. Während der Epoche der Himjaren dienten diese als Wohnungen und Gräber, einige werden noch heute zur Vorratshaltung benutzt. Aus der Nähe betrachtet (Einheimische bieten Führungen an), werden in den Stein gehauene Stufen und Wege sichtbar, die Verbindungen der Höhlen untereinander.

Ibb ▶ 4, D/E 8–9

Den **Sumarah-Pass**, mit 2800 m der höchste Punkt der Route, überquert man 15 km hinter Yarim: eine landschaftlich großartige Strecke mit atemberaubenden Aussichten. Mehrere Aussichtsplattformen über Berghängen laden zu Pausen ein, und auch Sammeltaxis verweilen an besonders schönen Stellen.

Schließlich wird **Ibb** erreicht, das 1850 m hoch gelegene Zentrum des ›Grünen Jemen‹, des regenreichsten und fruchtbarsten Landstrichs Südarabiens. Die Stadt (110 000 Einw.) zeigt einige auffallend schöne Steinhochhäuser in der Altstadt, ansonsten wirkt die schnell wachsende Provinzhauptstadt mit ihrer regen Bautätigkeit nicht sonderlich anziehend.

Infos
Vorwahl Ibb: 04

Übernachten
Wunderbare Aussicht ▶ **Taj Ibb Hotel:** Badan St. (auf einem Berg oberhalb der Stadt), Tel. 45 54 55, Fax 45 63 33, tagibbhotel@y.net.ye. Das beste Haus am Platz, dennoch günstig, mit fantastischer Aussicht über die Stadt. Das Hotel besitzt insgesamt 44 Zimmer und ein lang gestrecktes Restaurant, auch mit Freisitz (und Familienkabinen) und Ausblick. DZ 6000 YR.

Jibla ▶ 4, D 9

Etwa 6 km südwestlich (9 km Straße) von Ibb liegt malerisch an den Hängen eines Basaltkegels in 1850 bis 1900 m Höhe **Jibla** (13 000 Einw.). Um dieses Städtchen, das als eines der schönsten im Hochland gilt, zu erreichen, biegt man 3 km südlich von Ibb (in Richtung Taiz) vor der Brücke nach rechts (Südwesten) auf eine 5 km lange, kurvenreiche Straße ab, die bis zum Ortseingang führt. Man stellt am besten das Auto am unteren Dorfeingang ab und geht zu Fuß hinauf in das Städtchen und zur Arwa-Moschee.

Jibla wird von zwei Flüssen eingegrenzt, die hier zusammentreffen, über diese spannen sich drei steinerne Brücken aus dem 15. Jh. Die Stadt war einst Hauptstadt des südlichen Jemen und ist kunsthistorisch bedeutsam wegen ihrer Großen Moschee. Diese wurde im 11. Jh. von der in Jibla residierenden Königin Arwa (1091–1138), Führerin des ismaelitischen Herrscherhauses der

Sulaihi-Dynastie, als Grabmoschee erbaut. Die **Arwa-Bint-Achmed-Moschee** mit zwei beeindruckenden Ziegelsteinminaretten kann von Nicht-Muslimen nur von außen besichtigt werden. Sie wird zur Zeit umfassend restauriert. Über den großen, von Wandelgängen umgebenen Hof gelangt man in die Gebetshalle. An der Westseite des Nordflügels steht neben dem Mirab der Grabstein der legendären Herrscherin, die nach dem Tod ihres Mannes zur geschätzten Führerin der Sulaihiden aufstieg. Die Herrscherin verwandte ein ganzes Jahresbudget für die Anlage von Terrassen zum Anbau von Gemüse. Diese ziehen sich noch heute um den Berg herum, auf dessen Spitze Jibla liegt. Erst ein Spaziergang durch die sehr engen und steilen Gässchen des Städtchens offenbart die bravouröse architektonische Umsetzung von Unter- und Oberstadt. Zudem passiert man belebte Souqstraßen und weitere, jahrhundertealte Moscheen. Stattliche, bis zu fünf Stockwerke hohe, steinerne Wohnhäuser im jemenitischen Baustil ragen empor. Steigt man hinauf zum Religious Institute, wird man dort mit einem herrlichen Blick über Jibla belohnt. Der alte Palast der Königin ist zerfallen, von den ehemals vier Stockwerken sind nur zwei Räume erhalten. Das daneben liegenden **Museum der Queen Arwa,** ein helles, großes Haus auf dem Berghang, ist meist geschlossen; es enthält Schwarz-Weiß-Fotos aus Jiblas Geschichte.

Taiz ▶ 4, D 9/10

Cityplan: S. 184

Am Ausgang des ›Grünen Jemen‹ und am Fuße des Jebel Sabir (3006 m) in 1350 m Höhe erstreckt sich eine der schönsten und daher auch meistbesuchten Städte des Landes. Von Sana'a aus sind es bis hierher 250 km. Das Klima ist ideal: im Sommer durchschnittlich 27 °C, im Winter 19 °C; damit avancierte **Taiz** zum bevorzugten Aufenthaltsort für wohlhabende Jemeniten, die ihre Residenzen an den Hängen des Jebel Sabir errichteten.

Taiz wurde im 11. Jh. gegründet und war mehrfach Hauptstadt des Landes, zuletzt bis 1962 unter Imam Achmed. Heute ist es mit ca. 550 000 Einwohnern die drittgrößte Stadt von Jemen.

Stadtrundgang

Besuchen sollte man das im alten **Imam-Palast** 1 eingerichtete Museum in der 26th September Street. Man betritt das Qasr al Imam durch einen Raum, in dem Schwarz-Weiß-Fotos die Politik des Imam Achmed bis zur Revolution von 1962 dokumentieren: Enthauptungen und Erschießungen, dazu viele Porträts von ›Märtyrern‹, die sich gegen die Politik des Imam gewandt hatten und dies mit dem Leben büßten. Die übrigen Räume sind vollgestopft mit Plunder und Kuriositäten und bekunden in Dutzenden von Glasvitrinen die Sammelleidenschaft des Imams – Hunderte von Uhren, Literflaschen erlesener Parfumes, wertvolle Federhalter – und die unterschiedlichen Hobbys des ehemaligen Herrschers, darunter allerlei technisches Gerät der 1950er-Jahre wie Tonbänder und Filmprojektoren. Höhepunkt der kuriosen Sammlung ist ein Bett, dessen Gestell durch einen Elektromotor ins Schaukeln versetzt werden konnte. Sehr einfallsreich: der Handlauf, an dem man sich die vielen, steilen Stufen in die oberen Räume hinaufzieht, verbirgt die Wasserleitung (Sa–Do 8–12.30 Uhr, Eintritt 500 YR).

Die Moscheen der Stadt können von Nicht-Muslimen nicht mehr betreten werden, aber auch von außen sind sie sehr eindrucksvoll. Wahrzeichen von Taiz ist die **Ashrafiya-Moschee** 2, Ende des 13. Jh. begonnen und im 14. Jh. durch Erweiterungen in ihre jetzige Form gebracht. Im Innenhof liegen steinerne Gräber der Rasuliden-Herrscher, die den Bau der Moschee veranlassten. Die Gebetshalle zeigt wertvolle Stuckornamente und Wandmalereien, auf dem Dach befindet sich die Hauptkuppel und mehrere kleine Kuppeln. Die zwei Minarette werden nachts effektvoll angestrahlt.

Die älteste Moschee der Stadt, mit deren Bau man schon im 11. Jh. begann (die jetzige Form stammt aus dem 16. Jh.), ist die **Muta-**

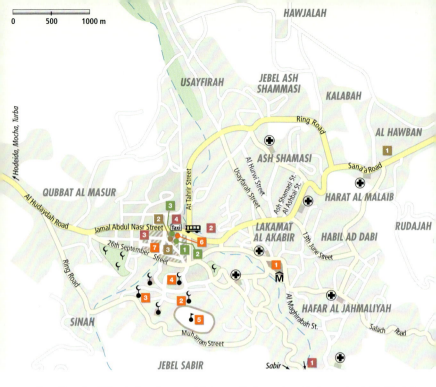

biya-Moschee 3 zwischen Souq und Ashrafiya, die 20 Kuppeln aufweist, jedoch kein Minarett. Zu beiden Seiten des Eingangs findet man Koranschulen, an der linken Seite einen Ruheraum, auf der rechten Seite des Hofes liegen die Waschräume. Besonders eindrucksvoll ist das Deckenmosaik der Gebetshalle im türkisch-ägyptischen Stil.

Die **Mudafar-Moschee** 4 mit einem modernen (1986) Ziegelminarett stammt aus dem 14. Jh. Drei große und zahlreiche kleinere Kuppeln überragen das Bauwerk, dessen Inneres besonders reichhaltig verziert ist. Ein Spaziergang an der Nordseite erlaubt Blicke auf die aus Schmuckbändern bestehende Außendekoration der Moschee. Im Hof sieht man zahlreiche historische (Grab-)Steine. Der Kuppelbau neben dem Gebäude beherbergt das Frauenbad mit einer Quelle.

Ca. 150 m über der Altstadt am Abhang des Jebel Sabir steht die **Zitadelle** 5, genannt Qasr Kairo; dieser Teil der ehemaligen Stadtbefestigung wurde von den Türken im 19. Jh. zu einem Fort ausgebaut. Die Zitadelle wird heute vom Militär genutzt und ist deshalb für Besucher nicht zugänglich.

Der **Souq** 1, der sich zwischen den alten Stadttoren **Bab Kabir** 6 und **Bab Musa** 7 erstreckt, bietet ein ähnliches Angebot wie der Souq von Sana'a. Auch findet man hier (neben der Hauptstadt) eines der größten Angebote an jemenitischem Silberschmuck. Eine hiesige Spezialität stellt der aus Ziegenmilch hergestellte Räucherkäse dar, verkauft in flachen, runden Scheiben am Eingang des Marktes. Von der Terrasse des **Restaurants Qasr al Ikhwa** 2 in der Ikhwa Street ergibt sich ein herrlicher Blick auf die Stadt mit der Ashrafiya-Moschee und den Jebel Sabir, besonders schön in der Dämmerung.

Ein empfehlenswerter Ausflug führt per Sammeltaxi (Abfahrt am Bab Kabir) zum Gipfel des 3006 m hohen **Jebel Sabir.** Eine 6 km lange kurvenreiche Straße windet sich hinauf. Je höher man vordringt, desto einfacher und karger werden die Häuser. Zu Fuß schlendert

Taiz

Sehenswert
1. Imam-Palast
2. Ashrafiya-Moschee
3. Mutabiya-Moschee
4. Mudafar-Moschee
5. Zitadelle
6. Bab Kabir
7. Bab Musa

Übernachten
1. Sofitel al Saeed
2. Al Shareef
3. Dubai Tourist Hotel

Essen & Trinken
1. Namer
2. Qasr al Ikhwa
3. Abu Khaled
4. Modern Yemen Restaurant

Einkaufen
1. Souq
2. Ahmed Ali al Samai
3. Markt

man durch Wohngebiete und vorbei an Berghängen. Von oben genießt man eine freie Aussicht auf das in einem Tal liegende Taiz und seine vielen Moscheen, ein Anblick, der zu jeder Tageszeit beeindruckt. Da es an wolkigen Tagen recht kühl sein kann, empfiehlt sich die Mitnahme einer leichten Jacke. Für den Rückweg sollte man schon ein paar Stunden einplanen. Es gibt viel zu sehen: Auf terrassierten Feldern gedeiht Gemüse und Obst, gleich nebenan liegen kleine im Bungalowstil erbaute Häuser. Deren Bewohner sind recht aufgeschlossen und erwidern den Gruß fremder Besucher mitunter mit einer Einladung zum Tee. Unverschleierte Frauen, die Augen mit Kajal umrandet, gekleidet in farbenfrohe Kleider und mit üppigem Goldschmuck behangen, arbeiten auf den Feldern. Unübersehbar thront in der Bergwand ein Palast des ehemaligen Präsidenten der VAE, Sheikh Zayed, den dieser bei seinem Tod der Stadt Taiz vermachte.

Infos
Vorwahl Taiz: 04

Übernachten
Luxus in großartiger Lage ▶ Sofitel al Saeed 1: Al Domaleh, Al Hawban, Tel. 20 03 11, Fax 20 03 12, www.accoryemen.com. 5 km nordöstl. der Stadt (Richtung Ibb) auf einem Hügel, mit Pool, Gärten, Terrassen, Fitnesscenter und Blick auf den Berg Sabir. 136 Zimmer, DZ ab 120 US-$.
Zentral und preiswert ▶ Al Shareef 2: Al Tharir al Asfal St. (ab Jamal Abdulnasser St.), Tel. 25 29 58, Fax 25 43 64. Zentrale Lage und doch ruhig, Restaurant im 8. Stock. 28 Zimmer mit Bad und 9 Suiten, DZ 20 US-$.
Mittendrin ▶ Dubai Tourist Hotel 3: Al Tahrir al Asfal St., Tel. 26 38 78. 24 einfache, aber akzeptable Zimmer nahe der Jamal Abdulnasser St. in einer kleinen Gasse gegenüber dem Al Shareef-Hotel. DZ 9 US-$.

Essen & Trinken
Im Garten mit Ausblick ▶ Namer 1: Saelat al Namer, Jebel Sabir Rd., Tel. 77 54 39 09, tgl. 9–22 Uhr. Auf halber Strecker zur Bergspitze mit fantastischer Aussicht auf die Zitadelle und Taiz, zwei schattige Gärten mit Café und Restaurant. Menü 1500 YR.
Terrasse zur Altstadt ▶ Qasr al Ikhwa 2: Al Ikhwa St. (ab Jamal Abdulnasser St.), Tel. 733 15 56 55, tgl. 9–23 Uhr. Café und Restaurant mit überdachter und Freiterrasse sowie Blick auf die Altstadt, angeboten werden Sandwiches mit Muscheln, *kebab* und Krabben sowie verschiedene arabische Gerichte, *shisha*-Service. Menü 1300 YR.
Authentisch jemenitisch ▶ Abu Khaled 3: Jamal Abdulnasser St., Tel. 25 24 87. Das Restaurant ist 24 Stunden geöffnet. Es geht sehr lebhaft zu. Das Haus ist beliebt mit jemenitischer Küche aus Fisch, Rind- und Lammfleisch sowie Geflügel. Spezialität: ein Fruchtsaftstand und diverse arabische Süßigkeiten. Menü 1100 YR.
Lokale Spezialitäten ▶ Modern Yemen Restaurant 4: Jamal Abdulnasser St., Tel. 23 00 04, Sa–Do 7–22, Fr 15–23 Uhr. Das Restaurant liegt im 1. Stock und bietet authentische jemenitische Spezialitäten an. Menü ab 900 YR.

Nach Taiz und Aden

Köstlicher Proviant auf einer Jemen-Reise: Ziegenkäse aus Taiz

Einkaufen
Marktgassen ▶ **Souq 1**: zwischen Bab Musa und Bab al Kabir. Silber, Antiquitäten. Besonders schmackhaft ist der lokale, stark gesalzene Käse.
Alter Silberschmuck ▶ **Ahmed Ali al Samai 2**: Al Modhafer St. am Bab al Kabir im Souq.
Wochenmarkt ▶ **Markt 3**: tgl. außer Freitagvormittag in der Altstadt.

Verkehr
Sammeltaxi nach Sana'a und Hodeida (ab Al Hawban).

Ausflüge in die Umgebung

Janad ▶ 4, D 9
Der Ort (13 000 Einw.) liegt 18 km nordöstlich (5 km abseits der Straße zum Flughafen) und ist in einem Tagesausflug von Taiz aus zu erreichen. **Janad** besitzt die älteste und bedeutendste Moschee von Jemen, über deren Gründungsgeschichte es unterschiedliche Überlieferungen gibt. Bereits im Jahre 615 – also sechs Jahre nach der Aufforderung des Erzengels Gabriel an Mohammed zur Übernahme des Prophetenamtes und sieben Jahre vor Beginn der islamischen Zeitrechnung – soll die **Al-Janadiya-Moschee** in Janad von einem Gefährten Mohammeds, Muadh ibn Dschabal, gebaut worden sein. Ihre heutige Form erhielt sie um 800. Nach abweichender Auffassung soll das Bauwerk Miraj-Moschee (Himmelfahrtsmoschee) heißen, weil Mohammed von hier aus, der damals am weitesten von Mekka entfernten Moschee (und damit auch nicht vom Felsendom in Jerusalem aus), seinen Himmelsritt unternommen haben soll. Nach dieser Interpretation (es gibt viele unterschiedliche Auslegungen der 17. Sure des Koran) hätte Janad nach Mekka und Medina Anspruch, als drittes Heiligtum aller Muslime zu gelten.

Durch Erd- und Schuttablagerungen in der unmittelbaren Umgebung der Moschee, die heute wie ein Teil der natürlichen Umwelt wirken, entsteht der Eindruck, sie sei unter das heutige Bodenniveau gebaut worden. In einem großen ummauerten Hof mit schönen

Säulengängen steht die relativ kleine Moschee, deren niedrige Decke von Holzbalken getragen wird. Die Holztüren sind mit Schnitzwerk versehen, besonders eindrucksvoll an der Koranschule. Die Kuppeln über der Waschanlage sind nur von innen zu entdecken, da sie ebenfalls unter dem Niveau der Umgebung liegen. Die Anlage besitzt ein Minarett, das ca. 70 m hoch ist. Die Janadiya-Moschee gilt als historisches Monument und kann daher mit etwas Glück auch von Nicht-Muslimen besichtigt werden (Sa–Do 9–11.30 Uhr, Eintritt frei).

Jafrus und Turba ▶ 4, D 10/11

Südlich von Taiz (Straße nach Mocha) zweigt eine Straße nach Turba ab und führt zunächst durch das **Wadi Dhabab** (des Nebels). In dem fruchtbaren Tal finden sich einfache Siedlungen – zum Teil Zeltlager und Palmhütten – von afrikanisch gekleideten Tihama-Bewohnern. Hier wachsen Bananen, Kaffee und tropische Früchte. Kurz vor **Misrah** (▶ 4, D 10, mit einem großen Gemüsemarkt) zweigt eine Piste nach **Jafrus** (30 km von Taiz) ab. Die dortige Moschee aus dem 16. Jh. erstrahlt in Weiß und zeigt Festungscharakter. Sie enthält in ihrem Untergeschoss zahlreiche Gewölberäume und wird gegenwärtig restauriert. Eine Quelle speist zwei Wasserbecken, die von den Einheimischen zum Baden genutzt werden.

Turba liegt 68 km südöstlich von Taiz auf einem 1800 m hohen Bergplateau, das am Südrand des Dorfes ca. 600 m fast senkrecht abfällt. An klaren Tagen reicht die Sicht bis zum Bab al Mandab und dem Golf von Aden.

Will man von Taiz aus in die Tihama, den Küstenstreifen am Roten Meer, fahren, verlässt man die Stadt auf der Ausfallstraße nach Süden; die Straße windet sich gen Westen über rund 40 km hinunter in die Tihama, teilweise durch Täler, in denen Bananen angebaut werden. Die Straße führt dann in westlicher Richtung nach Mocha, dem ehemaligen Ausfuhrhafen für Kaffee (s. S. 172). In Mafrak zweigt die Hauptstraße der Tihama nach Norden ab und verläuft im Abstand von rund 30 km parallel zur Küste des Roten Meeres nach Hays, Zabid und Bayt al Faqih (s. S. 169, 170) und trifft kurz vor Hodeida bei Marawiya auf die Straße von Hodeida nach Sana'a. Nur die Vegetation ändert sich, wenn man hinunter zum Meer fährt, das Klima wird heiß und die Luftfeuchtigkeit steigt. Jedoch weht zwischen Mocha und Hodeida immer ein frischer Wind.

Aden ▶ 4, F/G 11–12

Cityplan: S. 189

Vom kosmopolitischen Flair der britischen Kronkolonie ist in **Aden** kaum noch etwas zu spüren, und auch das sozialistische Ordnungsgefüge hat im Stadtbild keine größeren Spuren hinterlassen. Die Stadt (700 000 Einw.) hat erst in jüngster Zeit mit einem Verschönerungsprogramm und im Stadtteil Crater mit den Bau einer Meerespromenade (Corniche) begonnen.

Aden gliedert sich heute in mehrere Stadtteile. Die bedeutendsten liegen auf einer Halbinsel, die südlich in den Golf von Aden ragt. Sie heißen **Crater, Ma'ala** und **Tawahi.** Drei Straßen führen am Flughafen vorbei und durch den Stadtteil **Khor Maksar** auf die Halbinsel.

> **Tipp: Käse aus Taiz**
>
> Ein ungewöhnliches Mitbringsel ebenso wie köstlicher Proviant auf der Reise selbst: Erfahrene Jemen-Reisende schätzen den in Taiz auf dem Markt verkauften **Ziegenkäse** als besten des Landes. Dabei ist der Geschmack durchaus ungewöhnlich (und nicht jedermanns Sache): Die nur wenige Zentimeter dicken und etwa 20 cm messenden kreisförmigen Käselaibe sind stark gesalzen und werden in zwei Varianten – nämlich stark und weniger stark geräuchert angeboten. Der Käse kann, eingewickelt in ein Tuch (nicht aber luftdicht verpackt) mehrere Wochen aufbewahrt werden. Allerdings sollte man aus Gründen der Hygiene die braune Rinde vor dem Verzehr entfernen.

Aden

Sehenswert
1. Tawila-Zisternen
2. Volkskundemuseum
3. Militärmuseum
4. Minarett
5. Al Aidroos-Moschee
6. Nationalmuseum (Mathaf al Watani)
7. Befestigungsanlagen
8. Heiligengrab
9. Präsidentenvilla
10. Clock Tower
11. Gold-Mohur-Bucht

Übernachten
1. Al Amer Hotel
2. Sheraton Gold Mohur
3. Mercure Aden
4. Crescent
5. Elephant Bay Beach Resort

Essen & Trinken
1. Ching Sing

Einkaufen
1. Souq

Stadtgeschichte

Aden mit seinem einzigartigen Naturhafen hat seit der Antike eine wechselvolle Geschichte erlebt. Ob die Stadt etwas mit dem in der Bibel erwähnten Eden zu tun hat oder ob hier das *Eudaimon Arabia* der Griechen lag, ist nicht überliefert. Um 450 v. Chr. berichtete Aristophanes, dass an dieser Stelle der Hafen der Sabäer gewesen sei. Nach dem Zerfall des Sabäerreiches beherrschten bis ca. 115 v. Chr. die Qatabaner Aden, die dann von den Himjaren abgelöst wurden. Im Jahr 525 eroberten christliche Äthiopier die Stadt. Im Zuge der frühen Islamisierung erhielt sie um 650 den Namen Adan, was soviel wie Paradies bedeutet. Riesige Befestigungsanlagen schützten im 12. Jh. die Stadt, von der Marco Polo 1276 berichtete, sie habe sehr viele Moscheen; in dieser Zeit sollen 80 000 Menschen in Aden gelebt haben.

Zu Beginn des 16. Jh. versuchten die Portugiesen zweimal vergeblich, die Stadt zu erobern. Dies gelang den Türken 1539; sie nahmen Aden vom Meer her ein, wurden aber schon 100 Jahre später von den nordjemenitischen Zayditen vertrieben. 1728 erhoben sich die Stammesfürsten der Abdali gegen die Zayditen und eroberten die Stadt. Von nun an fiel Aden in Bedeutungslosigkeit und glich ca. 100 Jahre später einem trostlosen Ort, wo nichts mehr an die einstige Blütezeit erinnerte. Als die Briten 1839 Aden besetzten, lebten dort nur noch etwa 1000 Menschen, darunter 300 Juden.

Der vorzügliche Naturhafen diente von nun an den Briten als Flottenstützpunkt zur Sicherung des Seewegs nach Indien sowie als Versorgungsstation für Fahrten um das Kap der Guten Hoffnung. Verwaltet wurde Aden damals vom indischen Bombay aus. 1850 machten die Briten Aden zu einem Freihafen. Mit der Eröffnung des Suezkanals 1869 und der damit verbundenen Verkürzung des Handelsweges nach Indien stieg Adens Bedeutung als Tor zum Roten Meer sprunghaft. 1937 wurde Aden einschließlich der angrenzenden Gebiete eigenständige Kronkolonie.

Die Jahre nach 1957 wurden bestimmt von Auseinandersetzungen zwischen Großbritannien und den verschiedenen Stammesführern. 1967 zog sich Großbritannien zurück. Aden wurde Hauptstadt von Südjemen, bis es 1990 zur Vereinigung der beiden jemenitischen Staaten kam und Aden seine Hauptstadtfunktion an Sana'a abtreten musste. Der Versuch, Aden und Südjemen wieder vom Norden zu trennen, führte 1994 zuerst zu einer verheerenden Belagerung und anschließend zur Zerstörung der Stadt. Nach der Eroberung wurde Aden zehn Tage zur Plünderung durch die nordjemenitische Armee freigegeben.

Crater

Der älteste Stadtteil liegt an der Ostseite und heißt **Crater** – und tatsächlich haben die Briten 1835 hier inmitten eines erloschenen Vulkans von 5 km Durchmesser die ersten Behörden ihrer Kolonialverwaltung errichtet. Crater ist an drei Seiten von Felsen umgeben. In diesem Stadtteil befinden sich der alte Souq – genannt Ma'in Bazaar – sowie viele alte

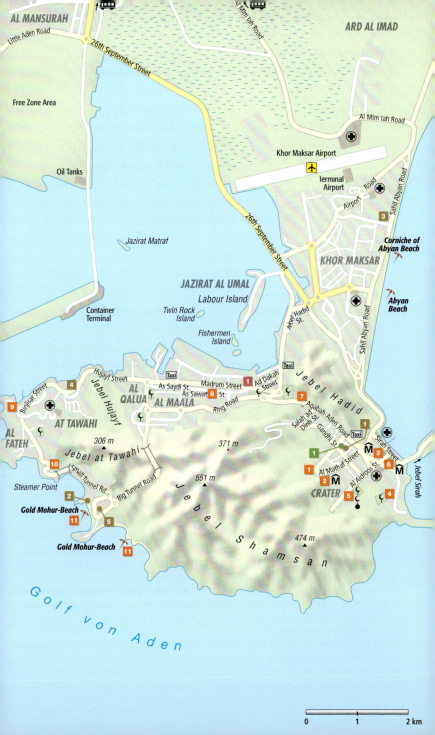

Nach Taiz und Aden

Tipp: Fort mit Aussicht

An der Ostseite von Crater ragt die kleine Insel Sirah aus dem Meer; sie ist durch einen Damm mit dem Festland verbunden. Auf der schwer zugänglichen höchsten Stelle der Insel stand ein türkisches Fort. Von den Festungsruinen hat man einen besonders schönen Blick auf Altstadt und Hafenanlage.

Wohnhäuser mit Holzbalkonen. In den engen Gassen pulsiert das Leben. Hier findet man eine Anzahl von kleinen Teestuben. Sie erfüllen die Funktion von Kommunikationsstätten für die männliche Bevölkerung. Man trifft sich zum Plauschen.

In Crater, der Altstadt von Aden, liegen die meisten Sehenswürdigkeiten. Herausragend sind die **Tawila-Zisternen** 1 – in Aden verkürzt *The Tanks* (arabisch: *As Saharidj*) genannt –, die in vorislamischer Zeit von den Himjaren erbaut wurden. Allerdings verfielen große Teile bzw. füllten sich mit Schutt und Abfällen, bis sie 1854 von dem britischen Kolonialbeamten Playfair entdeckt und restauriert wurden. Heute sind die 17 Überlauf- und Sammelbecken Teil einer wunderschönen Gartenanlage, die in der Tawila-Schlucht am Hang des Jebel Shamson angelegt wurde. Die Zisternen sammeln immer noch maximal ca. 100 000 m³ Regenwasser für die Versorgung der Stadt. Unweit des Ausgangs der Zisternen liegt in einem hübschen Garten das **Volkskundemuseum (Ethnographical Museum)** 2, in dem eine Sammlung alter Musikinstrumente, geschnitzte Holzläden aus dem Hadramaut sowie Haushaltsgegenstände, Kleidungsstücke, Silberschmuck und *djambias* zu sehen sind. Das Museum soll mit ausländischer Hilfe zu einem Besucherzentrum für die Tawila-Zisternen ausgebaut werden (tgl. 8–13 Uhr, Eintritt 200 YR).

Gegenüber dem Ma'in Bazaar, dem zentralen Markt der Stadt, befindet sich in der Sayla Road das **Militärmuseum** 3. Wegen seiner schon von weitem sichtbaren Kanonen und Fahnen kann man es nicht verfehlen. Ausgestellt werden Dokumente und Waffen aus der Zeit des Unabhängigkeitskampfes gegen die Briten sowie der Revolutionstruppen. Im Innenhof thront eine Statue der britischen Königin Victoria (tgl. Fr–Mi 9–13 u. 15–17 Uhr, Eintritt 200 YR).

In der Nähe des Hauptpostamtes ragt ein allein stehendes weißes **Minarett** 4 aus dem Häusermeer. Dieser Rest der im 8. Jh. erbauten Salama-Moschee ist die älteste Sehenswürdigkeit Adens. Das Minarett wurde 1770 erbaut und später restauriert. Die Hauptmoschee der Stadt ist die unweit westlich davon in der Aidroos Road liegende **Al Aidroos-Moschee** 5. Erbaut wurde sie um 1500; nach einem Einsturz im Jahre 1859 wurde sie wieder errichtet. Benannt wird die Moschee nach dem Stadtheiligen Saijid Abubakr Bin Abdullah al Aidroos. Alljährlich ist sie das Ziel einer großen Wallfahrt (das Gelände darf betreten werden, die Bethalle nicht).

Im Sultanspalast von Crater, einem prächtigen Gebäude mit schöner Fassade, zahlreichen Veranden und Türmen, ist heute das **Nationalmuseum (Mathaf al Watani)** 6 untergebracht, das die bedeutendste Sammlung südarabischer Altertümer, darunter kleine Alabaster- und Bronzefiguren sowie wunderschöne alte Schmuckstücke und Münzen, umfasst. Das Museum bemüht sich, die altarabischen Königreiche chronologisch entsprechend ihrer Bedeutung und ihrer Ausdehnung besuchergerecht vorzustellen. Englisch sprechende Studentinnen der Universität Aden begleiten Besucher bei ihrem Rundgang (tgl. 8–13 Uhr, Eintritt 500 YR).

Ma'ala

Wer Crater in nordwestlicher Richtung über den Ma'in Pass in Richtung Ma'ala verlässt, kann einen Stopp bei den gut erhaltenen **Befestigungsanlagen** 7 auf der Passhöhe einlegen. Die ältesten stammen aus dem 12. Jh. Nordwestlich von Crater liegt der Stadtteil **Ma'ala**. Er besteht hauptsächlich aus Wohnblocks entlang der Madram Street und den Docks am Hafen sowie einigen neueren Industrieanlagen. In Ma'ala dominiert die Eintönigkeit des sozialistischen Wohnungsbaus: Sechsstöckige Häuserreihen entlang recht-

Aden

Die Aidroos-Moschee in Aden steht Wallfahrern offen

winklig kreuzender Straßen. Nur die arabischen Straßennamen erinnern daran, dass man sich nicht in einem Ostberliner Stadtteil aufhält.

An der Hauptstraße des Stadtteils Ma'ala, der Madram Street, liegt ein Wali, ein schafiitisches **Heiligengrab** 8 . Die Stoffreste, die an das Grab geheftet werden, sind Opfergaben von Frauen, die sich an den Heiligen Sheikh Achmed ash Sheddali wenden, um Hilfe bei Krankheiten und Unfruchtbarkeit zu erbitten. In der Nähe liegt der große ehemalige jüdische Friedhof.

Tawahi

Fährt man von Ma'ala nach Westen, gelangt man nach **Tawahi.** Zur Zeit der Briten war es das Nobelviertel von Aden. Dazu gehört auch **Steamer Point,** die von den Briten gebaute Hafenanlage für Passagierschiffe und Tanker. Im Stadtteil Tawahi stehen die meisten Touristen-Hotels. Die **Villa** des südjemenitischen **Präsidenten Abd al Fattah Ismail** 9 , die 1986 von einem Kanonenboot beschossen wurde, befindet sich ebenfalls in diesem Stadtteil. Die Ruine der Villa ist heute ein Museum, denn der ermordete Präsident war nicht nur ein Revolutionsheld, sondern auch ein anerkannter Dichter. Ein Teil der Räume wurde bewusst im Zustand der Zerstörung belassen, in anderen Räumen wird das Leben des Präsidenten anhand von Fotos dokumentiert. In einem großen, von Brandspuren gezeichneten Raum steht einsam in der Mitte ein aufwendig dekoriertes Doppelbett: Dies war das Schlafzimmer des Präsidenten.

Der koloniale Glanz des Stadtteils der Zeit um 1900 ist verblasst, nur wenig wurde restauriert wie z. B. das ehemalige Luxus-Hotel **Crescent** 4 , das 1912 errichtet wurde. In diesem ältesten Hotel der Arabischen Halbinsel residierte 1954 Queen Elizabeth II. Der große Speisesaal im Parterre besitzt eine großartige viktorianische Atmosphäre.

Auf einem kleinen Hügel mit Blick auf den Hafen Steamer Point steht der 8 m hohe **Clock Tower** 10, der an den Londoner Big Ben erinnert. Er wurde von den Briten 1870–

Nach Taiz und Aden

90 aus Ziegelsteinen errichtet. Im Inneren führt eine eiserne Treppe bis in die Spitze mit Aussichtsluken. Nachts ist der Turm erleuchtet und von weitem zu sehen. Die Uhr blieb 1960 stehen, doch im Jahre 2002 wurde das Werk der 1 m Durchmesser großen Uhr von einem britischen Ingenieur repariert.

Von Tawahi führt die Straße südlich zur **Gold-Mohur-Bucht** 11 mit dem schönsten Badestrand der Stadt. Hier bieten zwei Strandclubs die nötige Infrastruktur.

Khor Maksar

Nördlich und außerhalb der vulkanischen Halbinsel, auf einer flachen sandigen Brücke zum Festland, liegt **Khor Maksar,** der Stadtteil der Villen, aber auch vieler eintöniger Wohnhäuser. Durch Khor Maksar führt die vierspurige Prachtstraße Abyan Beach Road zum Flughafen. In diesem Stadtteil befanden sich bis 1990 die meisten Botschaften.

Nördlich von Khor Maksar, in der sandigen Küstenzone, liegen die Vororte Sheikh Othman, Al Mansura und Madinat ash Shaab. Sheikh Othman und Al Mansura sind aus Siedlungen entstanden, die in den 1950er- und 60er-Jahren für die Hafenarbeiter erbaut wurden. In Madinat ash Shaab liegen die Universität von Aden und eine Raffinerie.

Infos
Vorwahl Aden: 02

Übernachten
Mitten im Krater ▶ Al Amer 1: Midan Street, Crater, Tel. 25 00 00, www.alamer-hotel.com. Das fünfstöckige Mittelklassehotel mit 36 Zimmern und sechs Suiten liegt mitten im Stadtteil Crater. Das Haus bietet große Zimmer mit Komfort, DZ 6000 YR mit Frühstück.

Feines Strandresort ▶ Sheraton Gold Mohur 2: Hai al Thawra, Gold Mohur St., Tawahi, Tel. 20 40 10, Fax 20 51 58, www.goldmohurhotel.com. Moderne fünfstöckige Anlage mit großem Pool. Aus den Komfortzimmern hat man einen schönen Blick aufs Meer oder Aussicht auf die Berge. 130 DZ ab 140 US-$.

Blick zur Insel Sitrah ▶ Mercure Aden 3: Khor Maksar, Tel. 23 86 66, Fax 23 86 60, www.mercure.com. Moderne Anlage am Meer mit zwei Pools, Tennisplatz, 114 Zimmer mit Meerblick, davon 50 Suiten mit Wohnraum, Balkon, Küchenzeile, gut geeignet für Familien. DZ ab 120 US-$.

Vergangene Pracht ▶ Crescent 4: Midan as Shuhada, Steamer Point, Tawahi, Tel. 20 34 71, Fax 20 45 97, crescent@y.net.ye. Koloniales Haus am Hafen, in altem Glanz restauriert. Mit Coffeeshop und viktorianischem Restaurant. 48 große Zimmer, DZ ab 70 US-$.

Komfortabel und für Sportler ▶ Elephant Bay Beach Resort 5: Elephant Bay, Gold Mohur Beach, Tawahi, Tel. 20 15 90-5, Fax 20 10 82, www.elephantbaybeachresort.com. Ferienanlage 5 km zum Zentrum mit 1 ha Privatstrand und Strandservice, Fitnessraum, Tennisplatz, Squash, Beachvolleyball. 31 Zimmer mit Veranda oder Balkon, zur Hälfte mit Meerblick, ab 70 US-$.

Aden

Essen & Trinken

Frisch aus dem Golf von Aden ▶ **Fish Market 2:** im Gold Mohur Hotel, Tel. 20 40 10, 11–23.30 Uhr. Das Restaurant bietet seinen Gästen Fischspezialitäten und Schalentiere in gehobenem Rahmen. Menü ab 18 US-$.

Schöne Aussicht ▶ **Sira 3:** im Mercure Aden-Hotel, Tel. 23 86 66, tgl. 6.30–22.30 Uhr. Arabische und europäische Küche mit Meerblick, meist wird ein Buffet angeboten, ab 17 US-$.

Hier gibt's Bier ▶ **Ching Sing 1:** Madrum Street, Ma'alla, Tel. 24 30 16. Das chinesische Restaurant serviert seit den 1960er-Jahren Fisch- und Huhngerichte, dazu preiswert und gut, unter 10 US-$.

Fischgerichte am Strand ▶ **Sahareej 5:** im Hotel Elephant Bay Beach Resort, Tel. 20 15 90, tgl. 7–23 Uhr. Südarabische Küche mit Fischspezialitäten und Schalentieren. Gerichte ab 7 US-$.

Einkaufen

Souq ▶ **Ma'in Bazaar 1:** im Stadtteil Crater. Vielzahl kleiner Geschäfte, in denen Gewürze, gewebte Hirtenteppiche aus Baihan und Sokotra, Honig aus Hadramaut und schöne Muscheln aus Sokotra und dem Indischen Ozean angeboten werden.

Verkehr

Flughafen: in Khor Maksar, tgl. Verbindung nach Sana'a, mehrmals wöchentl. Mukalla, 1 x wöchentl.

Kleinbusse und Sammeltaxis kosten im Stadtteil 100 YR, in andere Stadtteile 200 YR, Halteplatz z. B. Queen Arwa Road in Crater.

Taxi im Stadtteil 500 YR, in anderen Stadtteile 700–1000 YR.

Busbahnhof Farza al Ghahira, Sheik Othman, 2 x tgl. nach Sana'a, Hodeida, Taiz und Mukalla.

Minibusse *(dihab)* verbinden alle Stadtteile miteinander.

Unerwartete Badefreuden: die Gold Mohur-Bucht im Golf von Aden

Wadi Hadramaut

Mitten in der Wüste des Wadi Hadramaut, zwischen Sand und Palmenhainen, erheben sich die aus Lehm erbauten, kunstvoll ineinander verschachtelten Hochhäuser von Shibam, gelegen in einer landschaftlich dramatischen Umgebung und Höhepunkt jeder Jemen-Reise. Weitere Wadis erstrecken sich bis zur Küste. Dort liegt Mukalla – neben Aden die größte Stadt des Südens.

Karte: S. 196/197

Hadramaut – für Araber ist diese Region das Synonym für Arabiens äußersten Süden. Ihr Name bedeutet soviel wie äußerst hohe, menschenfeindliche Temperaturen. Gen Norden begrenzt die Rub al Khali, das ›leere Viertel‹, eine der größten Wüsten der Erde, die Region. Nach Süden ist das nahezu parallel zum Indischen Ozean verlaufende Tal des Wadi Hadramaut nur durch die Hochebene Djol vom Meer getrennt. Die Besiedlung der Region wurde möglich durch das lebensspendende Wasser eines Flusses, der sich zwischen teilweise steil aufragenden Felswänden durch das Tal windet. Dattelpalmen, Gemüse- und Obstgärten lieferten seit frühen Zeiten das, was die sesshaft gewordenen Nomaden zum Leben benötigten. Der Fluss hielt das Material bereit, aus dem die Häuser errichtet werden konnten, nämlich Schlamm, der getrocknet und zu Ziegeln verarbeitet wurde. In Shibam erreichte die Baukunst der Hadramiten ihren Höhepunkt: Eng ineinander verschränkte Wohnburgen aus Lehm, die ersten Vorläufer der Wolkenkratzer. Doch diese Kunstwerke sind vergänglich: Die jährlichen Regenfälle stellen seit jeher eine Bedrohung für die Bauwerke dar, deshalb trachtete man danach, den Elementen möglichst wenig Angriffsfläche zu bieten. Terrassenflächen wurden bewusst klein gehalten, die Häuser ineinander verschränkt und verstärkt in die Höhe gebaut. Nur regelmäßige Wartungsarbeiten sichern die Substanz der Bauten. Die in jüngster Zeit immer wieder mit Zement ausgebesserten Häuser zeigten die Unvereinbarkeit beider Baumaterialien. Mit der Ernennung von Shibam zum Unesco-Welterbe konnte sichergestellt werden, dass die jahrhundertealten Lehmhochhäuser auch weiterhin in traditioneller Handwerkstechnik restauriert werden.

Mit den Gegebenheiten des 21. Jh. hat sich auch Mukalla auseinanderzusetzen: Die Hafenstadt, an den Ausläufern des Jebel el Quara malerisch an einer Landenge im Golf von Aden gelegen, war für viele Jahrhunderte das Zentrum des Seehandels und der Schifffahrt, Drehscheibe für den Handel mit Weihrauch, Kaffee und Gewürzen vor dem Transport ins Wadi Hadramaut. Wer sich vom Wasser aus nähert, lernt Mukalla von seiner schönsten Seite kennen. Die an Sehenswürdigkeiten arme Hafenstadt ist heute ohne wirtschaftliche Bedeutung und für Reisende eher ein Zwischenstopp.

Von Aden nach Mukalla
▶ 6, C 7–E 6

Chinesische Entwicklungshilfe im Jahre 1978: Arbeiter und Ingenieure der Volksrepublik bauen Seite an Seite mit Kollegen des in kommunistische Unabhängigkeit getretenen Südjemen die wichtigste Straße im Land. Noch heute verbinden 620 km Asphalt die beiden größten Städte in Südjemen – eine

Straße von enormer Bedeutung für die Wirtschaft des Landes. Von Aden aus führt sie etwa 60 km in Sichtweite des Meeres durch die sandige Küstenregion, bis sie im Küstenstädtchen Zinjibar (auf manchen Karten Abyan) auf die Ausläufer des **Wadi Bana** 1 stößt. Im fruchtbaren Wadi Bana befinden sich eine Reihe kleiner Dörfer, umgeben von Dattelhainen und Baumwollfeldern. In der Antike wurde das Wadi als alter Handelsweg zwischen Shabwa und Aden genutzt.

Anschließend führt die Strecke längere Zeit durch trostlose Steppenformationen. Nach ca. 125 km erreicht man den Ort Shuqra. Am Ortsende befindet sich eine große Fischkonservenfabrik, die mit japanischer Hilfe errichtet wurde. Kurz nach Shuqra steigt die Straße an und führt durch ausgedehnte Lavafelder, die keinerlei Vegetation zeigen, aber aufgrund ihrer dunklen Formation ein einzigartiges, faszinierendes Bild hinterlassen. Am Ende dieser Lavafelder steigt die Straße bis zu 800 m an und führt in eine atemraubende Landschaft, geprägt von Tafelbergen, die durch die Winderosion bizarre Formen angenommen haben.

340 km von Aden entfernt liegt die Stadt **Habban** 2. Bei einer Stadtbesichtigung fallen sofort die schönen sechs- bis siebenstöckigen Lehmhäuser mit ihren Holzfenstern und dekorativen Holztüren auf. In Habban lebten vor ihrem Weggang nach Palästina viele Juden, die den Ort durch ihr Silberhandwerk bekannt machten (s. S. 198). Die ehemaligen Wohnhäuser der Juden und zwei Synagogen sind nur noch den älteren Bewohnern bekannt.

Hinter Habban führt die Straße ca. 30 km durch Gebirge und biegt dann in südliche Richtung ab, dem Wadi Mayfaah folgend. 50 km hinter Habban liegt bei der Ortschaft Nagab al Hadjar die ummauerte antike **Mayfaah** 3, einst Provinzhauptstadt im Königreich des südlichen Hadramaut. Gut erhalten sind in der Ruinenstadt noch große Teile der Stadtmauer aus riesigen Quadern sowie die in Abständen eingebauten Bastionen. Innerhalb der Stadtmauer kann man heute noch die alten Grundmauern vieler Wohnhäuser

Tipp: Architektur im Wadi

Es lohnt sich, die über 600 km lange Strecke von Aden nach Mukalla nicht mit dem Flugzeug, sondern mit dem Geländewagen zurückzulegen. So werden u. a. zwei Wadis passiert, deren karge und wilde Landschaft und die in vielfältigen Farben schimmernden Tafelberge landschaftlich überaus eindrucksvoll sind. Auch kulturhistorisch gibt es manches zu entdecken: gewaltige, vielstöckige Lehmbauten in Habban im Wadi Habban. Mitten im Wadi Mayfaah wiederum liegt die gleichnamige, über zwei Jahrtausende alte Ruinenstätte, eine der wenigen erhalten gebliebenen des Südjemen (s. links).

erkennen. Ihre Blütezeit erlebte die Stadt um 250 v. Chr. als zentraler Umschlagplatz entlang der Karawanenstraße von Süden zur Hauptstadt des Reiches Qataban Timna. Mayfaah wurde erst Mitte des 19. Jh. wiederentdeckt.

Die Straße folgt der Küste, vorbei an hohen Sanddünen, bis zum Fischerdorf **Bir Ali.** Kurz vor Bir Ali liegt auf einer 600 m ins Meer hinausragenden Halbinsel ein Rastplatz mit einem zum Baden einladenden Sandstrand. Am Rande der Halbinsel erhebt sich ein ca. 100 m hoher Vulkanfels, von dessen Gipfel aus die Ruinen des alten Qana in den Sandverwehungen deutlich erkennbar sind. Qana war einst Hafenstadt im antiken Hadramaut und wurde bis ins 7. Jh. angelaufen.

Bis zum Wadi Hadjar führt die Straße entlang der Küste erneut durch große Lavafelder. Kurz hinter diesem Wadi tritt das Randgebirge direkt ans Meer heran. Nach einer 600 km langen Reise liegt nun in einer wunderschönen Bucht vor der dunklen Felsformation des Jebel el Qara die Stadt Mukalla.

Mukalla ▶ 6, E 6

Die Hafenstadt mit ca. 320 000 Einwohnern liegt auf einem schmalen Küstenstreifen vor dem Jebel el Qara. Vor der Vereinigung

Wadi Hadramaut

war **Mukalla** 4 im unabhängigen Südjemen Hauptstadt der Provinz Hadramaut (5. Gouvernement). In dieser Zeit entstanden die neuen Stadtteile Omar und Oktober jenseits des Mukalla abschirmenden Gebirges und östlich der Stadt die neue Hafenanlage sowie ein Industriegebiet.

Erwähnt wird die Stadt als *Macalla* bereits in der Karte des Ptolemäus, später im 7. Jh. dann zusammen mit dem benachbarten Shihr beide als Hafenstädte. Im 18. Jh. fiel Mukalla in den Besitz der Qaiti-Familie. Von nun an gewann die Stadt als Handelsmetropole an Bedeutung, da sämtliche Güter, die für das Hinterland im Wadi Hadramaut bestimmt waren, über Mukalla eingeführt wurden. 1888 schloss Sultan Ahwad al Qaiti einen Schutzvertrag mit Großbritannien, unter dessen Protektorat er von nun an regierte. Der letzte Herrscher im Sultanat von Hadramaut und Qaiti war Sultan Ghalib. Er emigrierte 1967 nach Saudi-Arabien – nach Jeddah.

Heute hat sich die Stadt nach Osten und Westen ausgedehnt, sie lebt vom Fischfang und dessen Verarbeitung, vom Bootsbau und dem Hafen. Das Zentrum wird geprägt von einer Mischung aus jemenitischer und indischer Architektur. Ein 1,5 km langer schmaler Meeresarm (Khor al Mukalla) zieht sich in die Stadt hinein und wird gegenwärtig restauriert sowie im Uferbereich befestigt und verschönert.

Frühe Jemen-Reisende schildern Mukalla als »weiße Stadt« und schwärmen von ihrer Schönheit. Davon ist heute so gut wie nichts mehr geblieben. Im ehemaligen **Sultanspalast** an der Corniche, 1928 von Omar bin Awadh al Qaiti im Stil eines indischen Maharaja-Palastes errichtet, ist das **Archäologische und Historische Museum** untergebracht. Während des Krieges kam es zu Plünderungen, aber ein Teil der Ausstellungsstücke konnte wiederbeschafft werden: darunter Dokumente der Sultanatsgeschichte sowie Fotos, Möbel, Urkunden und – in den unteren Nebenräumen zu sehen – ebenfalls Funde aus der antiken Stadt Shabwa. Vom Balkon des Palastes kann man einen wun-

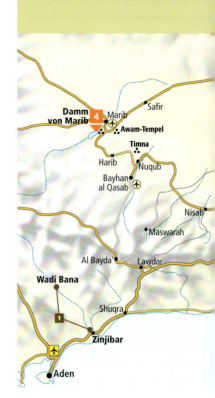

derschönen Ausblick auf die gesamte Bucht von Mukalla genießen (Sa–Do 9–12 Uhr, Eintritt 500 YR).

Ebenfalls an der Hauptstraße befinden sich die große **Omar-Moschee** sowie der **Grabpalast,** eine Gräberanlage der Sultansfamilie. Bei einem Rundgang durch die Altstadt trifft man immer wieder auf alte geschnitzte Holztüren und Balkone.

An der Straße von Mukalla nach Rayun steht rechter Hand auf einem Felsen am Rand der Straße ein Festungsturm. Es ist die 1884 erbaute Zollstation **Hosn al Ghuwaizat,** die den Zugang nach Mukalla von der Landseite her sicherte. In der Nähe erhebt sich auf einem überhängenden Felsen die Festung **Qasr al Gufl,** die den nordöstlichen Stadteingang bewachte.

Infos
Vorwahl Mukalla: 05

Von Aden ins Wadi Hadramaut

Übernachten

Für Taucher & Angler ▶ **Hadramaut Hotel:** östl. Corniche, Riyan St., Tel. 30 20 60, Fax 30 31 34, www.hadmothtl.com.ye. Mittelklassehaus am Meer, mit Service speziell für das Klientel der Angler und Taucher. Zimmer im Haupthaus und in 13 Bungalows, großer Pool. 71 Zimmer, DZ ab 85 US-$.

Eigener Strand ▶ **Holiday Inn Mukalla:** Khalf St., Tel. 30 61 60, Fax 30 61 50, www.holidayinn.de. Fünfstöckige Anlage, 8 km östlich des Zentrums am Meer, mit großem Pool. 112 Zimmer mit Meerblick, DZ ab 70 US-$.

Essen & Trinken

Fast schon elegant ▶ **Granada:** im Holiday Inn, Tel. 30 61 60, tgl. 6–24 Uhr. Serviert wird im Granada arabische sowie europäische Küche mit Schwerpunkt Fischspezialitäten. Menü ab 11 US-$.

Barbecue am Pool ▶ **Shibam:** im Hotel Hadramaut, Tel. 30 31 34, tgl. 7–23 Uhr. Feine arabische Küche wird hier serviert. Sie ist jedoch auf den Geschmack der europäischen Angler und Taucher abgestimmt. Menü ab 8 US-$.

Einkaufen

Honig ▶ Der köstlich-schmackhafte **Honig** aus dem Wadi Doan lässt sich in Mukalla zu günstigen Preisen erstehen.

Silber ▶ Die Stadt Mukalla ist außerdem Zentrum des **Silberschmiedehandwerks** und es befinden sich mehrere kleine Betriebe in den Straßen hinter der Omar-Moschee.

Aktiv

Auf hoher See ▶ **Hochseeangeln:** im Hotel Hadramaut, Tel. 30 20 60, Okt.–Mai. Tauchtouren. Tauchgruppen werden von der Abu Taleb Group (s. S. 70) betreut.

Wadi Hadramaut

Juden in Jemen — Thema

Im Jahre 70 begannen mit der Zerstörung des Tempels in Jerusalem Auswanderung und Flucht der meisten Juden aus dem damals zum römischen Imperium gehörenden Palästina. Viele von ihnen ließen sich in benachbarten Ländern nieder. Hier gewannen sie bald Einfluss, und in Jemen regierte sogar von 518 bis 528 der zum Judentum übergetretene Dhu Nuwas.

Mit der Ausbreitung des Islam änderte sich für die jemenitischen Juden zunächst wenig. Man zwang sie nicht zum Konvertieren, weil sie als »Volk des Buches«, als Angehörige einer älteren, ebenfalls schriftlich offenbarten Religion, vom Islam toleriert wurden. Aber sie hatten einen den Muslimen untergeordneten Rechtsstatus: Sie durften keine Muslime heiraten, keine politischen Ämter bekleiden, keine prunkvollen Synagogen bauen und kein Land erwerben. Vor Gericht wurden Aussagen jüdischer Zeugen nicht zugelassen, und viele Berufe waren ihnen verwehrt; aber Steuern – und zwar höhere als die Muslime – mussten sie zahlen.

Viele von ihnen brachten es trotz dieser Einschränkungen zu Wohlstand, und über Jahrhunderte lebten Juden und Muslime – wenn auch getrennt, so doch friedlich – nebeneinander in Jemen. Vor allem als Silberschmiede erreichten die Juden eine Kunstfertigkeit, die Jemen zu einer Art Monopolstellung auf der Arabischen Halbinsel verhalf. Bis ins 19. Jh. waren sie deshalb eine ökonomisch und auch zahlenmäßig durchaus bedeutsame Bevölkerungsgruppe im Land. Nach dem Ersten Weltkrieg veranlassten die Ideen des Zionismus und das Einverständnis der Briten Juden aus aller Welt, ins Gelobte Land zurückzukehren. Zwar gab es noch keinen Staat Israel, Palästina war britisches Mandatsgebiet, aber zionistische Organisationen sammelten Geld, um Rückkehrwilligen die Einwanderung zu ermöglichen. Der große Exodus erfolgte nach der Gründung des Staates Israel und als Folge der damit einhergehenden Auseinandersetzungen mit den arabischen Nachbarstaaten. Weil Hunderttausende von arabischen Palästinensern aus dem neuen Staat der Juden vertrieben wurden, vertrieben mehrere arabische Staaten ihre jüdischen Bürger nach Israel. In Jemen erfolgte das relativ geordnet. Der Oberrabbiner erbat von Imam Yahya für sich und alle ausreisewilligen Juden die Erlaubnis zur Rückkehr in die biblische Heimat. Großbritannien unterstützte den Wunsch und fungierte als Verhandlungspartner. In der Aktion Fliegender Teppich verließen 1950 binnen zwei Wochen ca. 50 000 Juden das Land. Nur das, was sie in Händen tragen konnten, durften sie mitnehmen.

Wenige Juden blieben auf eigenen Wunsch zurück, vornehmlich im Raum Saada. Sie gehören der sephardischen Richtung des mosaischen Glaubens an und sprechen nur wenig Hebräisch. In ihrer Sozialstruktur, Kleidung und Lebensstil sind sie jemenitisch; nur an den Schläfenlocken erkennt man sie. Nach der Vereinigung der beiden jemenitischen Staaten gab es von seiten Israels einen Versuch, auch diese Juden zur Auswanderung nach Israel zu bewegen. Vorausgegangen waren Spannungen im Golfkrieg.

Verkehr

Flughafen: in Rayun, 30 km östlich von Mukalla, Tel. 30 34 44. Tgl. nach Sana'a, mehrmals wöchentl. nach Aden, 2 x wöchentl. nach Sokotra.

Busse (tgl. Sayun, Aden) und **Sammeltaxis** verkehren ab Aden Street (Stadtausgang nach Aden).

Ausflüge von Mukalla
▶ 6, E 6

Die Hafenstadt **Shihr** 5, 62 km östlich entlang der Küste, ist mit Mukalla durch eine Straße verbunden. Den heute weniger bedeutende Ort erwähnt Marco Polo als wichtigsten Hafen auf der Handelsroute nach Indien. Es erinnern nur noch wenige Sehenswürdigkeiten an die einstige Blütezeit, darunter die alte Hafenanlage, die beiden recht gut erhaltenen Stadttore sowie der Sultanspalast und eine Festung. Noch heute gibt es in Shihr auffallend viele Silberläden, in denen schöner Schmuck angeboten wird. Die Große Moschee von Shihr ist eine der ältesten in Südjemen. Sie liegt direkt am Strand. Dort lassen sich die Fischer von Shihr bei der Arbeit beobachten. Sie breiten ihren Fang zum Trocknen am Strand aus, bevor sie ihn ins Hinterland bringen.

Ca. 35 km östlich von Mukalla zweigt eine Schotterstraße nach **Ghail Bawazir** 6 ab. In diesem Dorf steht der Sommerpalast des früheren Sultans Ghalib inmitten eines wunderschön angelegten Parks, umgeben von Kokos- und Dattelpalmen. Ein artesischer Brunnen ermöglicht diese grüne Oase, und noch heute führt von hier eine alte Wasserleitung nach Mukalla. Ghail Bawazir ist das größte Anbaugebiet für Tabak in Jemen.

Von Mukalla ins Wadi Hadramaut

Früher benötigte man mindestens drei Tage vom Arabischen Meer über das Hochplateau des Djol bis ins 180 km von der Küste entfernte (320 km Straße) Wadi Hadramaut. Die beschwerliche Reise führte entweder von Shihr ins Wadi Adim oder über Khoraybah zum Wadi Doan. Diesen Wadis folgend, erreicht man den zentralen Abschnitt des bedeutendsten Wadis in Südarabien, des Wadi Hadramaut. Heute fliegen die meisten Besucher nach Sayun, der größten Stadt im Wadi Hadramaut – oder sie benutzen die neue Asphaltstraße von Mukalla nach Sayun.

Das Wadi Hadramaut hat sich in die Hochebene des Djol von West nach Ost eingegraben und prägt mit seinen vielen Seitenwadis das Gesicht dieser Landschaft. In Jahrmillionen entstand durch Erosion ein Netz von Tälern, die besonders fruchtbar sind.

Neben dem Wadi Rum in Jordanien ist das Wadi Hadramaut (300 000 Einw.) das größte der Halbinsel. Von Ost nach West ca. 200 km lang, im Oberlauf bei Qatn 10 km breit, verengt es sich gen Osten, z. B. bei Qabr Nabi Huth, auf knapp 2 km, bevor es weiter östlich über das Wadi Masilah während der Regenzeit das gesammelte Wasser ins Arabische Meer abführt. An vielen Stellen haben sich die Ränder der Wadis bis zu 300 m senkrecht in das Kalkgestein des Djol eingefressen.

Die bedeutenden Ortschaften des Wadi Hadramaut liegen im mittleren Abschnitt, so auch die drei Städte Shibam, Sayun und Tarim. Der Talboden des Wadi Hadramaut und seiner einmündenden Nebentäler Doan und Adim ist äußerst fruchtbar. Deshalb wird hier seit alters her intensiv Landwirtschaft betrieben. Grundlage hierfür ist das in Millionen von Jahren entstandene Grundwasser, welches besonders in der Gegend um Sayun reichlich vorhanden ist. Ein in 150 m Tiefe liegender, unterirdischer See sicherte so die Fruchtbarkeit des Tales bereits in vorislamischer Zeit.

Die Hadramiten bezeichnen sich selbst als die ›arabischsten Araber‹, weil ihre Abstammung nach einer Legende bis weit in biblische Zeiten – auf Hazarmaveth, einen Sohn Noahs – reiche. Danach hätten sie ältere genealogische Wurzeln als ihre nördlichen islamischen Brüder. Tatsächlich entstand das ehemalige Königreich um 400 v. Chr. und umfasste etwa das Gebiet zwischen dem oma-

Wadi Hadramaut

nischen Dhofar im Osten und dem Wadi Mayfaah im Westen. Rund 700 Jahre später, im 3. Jh., folgten die Städtegründungen im Wadi Hadramaut. Im 15. Jh. begann mit einwandernden Militärs aus Sana'a die Herrschaft der Kathiri. Später stand ihr Sultan in tiefer Feindschaft zu dem der benachbarten Qaiti in Mukalla. Erst die Briten erzwangen 1918 einen Friedensvertrag zwischen den beiden Hauptkontrahenten. Von nun an teilten sich beide die Herrschaft im Hadramaut, bis sie 1967 von der sozialistischen Einheitspartei der Volksrepublik Jemen vertrieben wurden.

5 Shibam ▶ 6, E 6

20 km westlich von Sayun liegt die Stadt Shibam; sie ist über eine gute Asphaltstraße zu erreichen. Beim Anflug auf Sayun kann man die herausragende Lage dieser größten Sehenswürdigkeit im Wadi Hadramaut am besten erkennen: Die Stadt **Shibam** liegt inmitten eines Tales, ohne jeden natürlichen Schutz, aber die dicht aneinander gebauten 500 Hochhäuser aus Lehm vermitteln den Eindruck einer geschlossenen Festung. Nähert man sich Shibam von der Straße her, ist der Anblick nicht minder beeindruckend: Auf einem niedrigen Plateau in der Mitte des Wadi erheben sich hinter einer Stadtmauer dicht gedrängt die 30 m hohen Lehm-›Wolkenkratzer‹ zu einem uneinnehmbaren Bollwerk. »Es sah aus«, schreibt Freya Stark, die 1934 als eine der ersten Europäerinnen allein Jemen bereiste, »als ob eine niedrigere Felswand mitten ins Tal hinausgewandert wäre: Zerfurcht und durchlöchert, wie die Talflanken von senkrechten Rissen durchzogen, oben wie mit einem Riesenpinsel weiß getüncht, ragte da eine alte, verrunzelte Stadt empor.« Und Günter Grass nannte die Stadt »Poesie in Lehm«.

Shibam wird wegen seiner Architektur gern als Manhattan in der Wüste bezeichnet. Doch die ›Wolkenkratzer‹ im Wadi Hadramaut sind nicht nur schöner, sondern auch wesentlich älter. Vermutlich gründete man die Stadt im 3. Jh., als das Königreich Hadramaut und seine Hauptstadt Shabwa von den Himjaren zerstört wurden und Teile der Bevölkerung nach Osten flüchteten. Schon bald entwickelte sich die Neugründung zu einer der bedeutendsten Handelsstädte der Weihrauchstraße. Im 16. Jh. gehörte Shibam dann zum Herrschaftsbereich der Kathiri-Dynastie, während deren Regentschaft die hohen Lehmhäuser gebaut wurden. Als der Baugrund auf dem Plateau-Rechteck von 500 x 400 m im Wadi für neue Häuser nicht ausreichte und mehrere Bewohner Shibams aus ihren alten Lehmhäusern auszogen, entstand in den letzten Jahrzehnten am Fuße der dem Wadi gegenüber liegenden Berge ein neues Shibam. 1984 zeichnete die Unesco das alte Shibam als schützenswertes Welterbe aus; seitdem werden einzelne Häuser mit UN-Mitteln restauriert. Trotzdem ging die Bevölkerung von 10 000 (1990) auf 3500 (2009) zurück.

Die geteerte Straße führt bis zum Stadttor, dem einzigen Zugang zur Stadt. Die zwei Flügel des großen Holztores vermitteln einen Eindruck davon, wie man sich früher zu schützen wusste. Hinter dem Tor beginnen die engen, sandigen Straßen, auf denen sich nur noch für Fußgänger (und Tiere) bewegen dürfen.

Blickt man aus den engen Straßen die Häuserfront hinauf, wirken die sieben- und achtstöckigen Gebäude außergewöhnlich hoch. Tatsächlich sind sie aber alle ›nur‹ durchweg 30 m hoch. Damit kein Bewohner auf das Dach des anderen hinab sehen konnte, durfte kein Haus diese Höhe überschreiten, erklären die Fremdenführer. Als Baumaterial dienten luftgetrocknete Lehmziegel, nicht gestampfter Lehm wie im nördlichen Jemen. Die Herstellung solcher Ziegel ist im Wadi Hadramaut heute noch verbreitet: In eine rechteckige Holzform werden feuchter Lehm und gehäckseltes Stroh gepresst und nach Entfernen der Form an der Luft im Freien getrocknet. Braune Farben beherrschen deshalb das Stadtbild von Shibam; nur die Außenwände der oberen Geschosse sind manchmal weiß getüncht. Dieser Anstrich aus Gips und Kalk schützt Wände und Dächer vor Sturm und Regenschauern. Die Türen der Häuser sind aus schwerem Holz,

Shibam

›Manhattan in der Wüste‹: Eine Umwanderung von Shibam bietet viele interessante Eindrücke

manchmal mit Eisen beschlagen, die Türbögen mit Stuck verziert. Als wahre Kunstwerke der Holzschnitzerei entpuppen sich die Fensterläden. Hölzerne Erker findet man dagegen selten. Im Inneren besitzen die meisten Häuser einen quadratischen Lichtschacht. Viele sind durch Galerien oder Verbindungswege auf den Dächern miteinander verbunden, um Besuche beim Nachbarn nicht durch endlos langes Treppensteigen zu erschweren.

Alle Häuser in Shibam haben einen ähnlichen Aufbau: Das Erdgeschoss, ein hoher Raum, wird als Stall und Vorratskammer genutzt. Eine steile Treppe führt zu den darüber liegenden Räumen. Im oberen Bereich des Erdgeschosses befinden sich oft Schießscharten, die über eine Galerie im Inneren erreicht werden können. Fenster finden sich erst vom zweiten oder dritten Stock an. Im ersten Stock liegen weitere Vorratsräume sowie die Küche. Vom zweiten Stockwerk an beginnen die Frauenräume; die Männerräume und Gästezimmer liegen in den oberen Etagen. Das Dach des Hauses wird in manchen Fällen von verzierten Zinnen umsäumt. Gelegentlich werden ausländische Touristen von den Bewohnern zur Besichtigung eines Hauses eingeladen, die den Besuch des Daches einschließt. Hier oben befindet sich nämlich ebenso wie in den Steinhäusern des Nordjemen der *mafraj;* allerdings fehlen die vielen Glasfenster.

Am Hauptplatz steht der restaurierte Palast des Sultans, gegenüber eine kleine Moschee. Das älteste Bauwerk der Stadt ist die Freitagsmoschee (Al Djamiq al Kabir), der Überlieferung nach von Harun al Rashid um 900 gestiftet. Ihr historisches Arkadenviereck ist noch erhalten. Im Inneren finden sich an den Säulen Stuckornamente. Selbst der Brunnen an der Außenmauer führt noch Wasser.

Auf der Rückseite des Ortes im Westen liegt ein Palmenhain, an die Vorderseite im Osten grenzt eine Sandebene, das Trockenbett des Wadi. Bei starken Regenfällen wandelt sich das Wadi zu einem Fluss.

Von Shibam führt die asphaltierte Straße durch Palmenhaine und landwirtschaftliche

Wadi Hadramaut

Nutzflächen ins 20 km entfernte Sayun. Dazwischen liegt die kleine Ortschaft **Al Hazm**. Mitten durch den Ort verlief bis 1967 die Grenze zwischen den Sultanaten Qaiti und Kathiri, und noch heute stehen hier die beiden alten Zollhäuser, zuerst das des Sultanats Qaiti und etwa 100 m weiter das des Sultanats Kathiri. Außerdem fallen entlang der Straße die großen Grabdenkmäler mit ihren leuchtend weißen Kuppeln auf, die für lokale Heilige bzw. für bedeutende Religionsführer der hadramitischen Gemeinden errichtet wurden.

Übernachten
Mit gutem Restaurant ▶ Shibam Guesthouse: Tel. 05/42 04 25, Fax 42 50 13, www.universalyemen.com/hotels/shibam.htm. Villa mit Garten, im ersten Stock des Hauses Veranda mit Ausblick auf die Lehmhochhäuser. 7 Zimmer, DZ 40 US-$.

Sayun (Seiyun) ▶ 6, E 6

Das 20 km östlich von Shibam gelegene **Sayun** 7 ist Kreishauptstadt der Provinz Hadramaut und mit ca. 65 000 Einwohnern die größte Stadt im Wadi; hier befindet sich auch der Flughafen und endet die Straße aus dem 320 km entfernten Mukalla.

Vermutlich war Sayun in vorislamischer Zeit ein Kamelmarkt, der sich im Laufe der Zeit zu einem Handelsplatz entwickelte, um den sich dann in islamischer Zeit nach und nach Wohnhäuser und Moscheen gruppierten. Um 1490 drangen nordjemenitische Soldatenstämme unter Führung des Generals Badr ibn Tufariq nach Hadramaut ein und besetzten die Stadt. Sayun wurde später, im 16. Jh., Stammsitz der neuen, auf dieser von der Soldateska gegründeten Dynastie der Kathiri. Deren Sultane legten in Sayun den Grundstein zu einem Palast, der 1873 von ihren Nachfolgern zum größten Palast in ganz Jemen erweitert wurde und 110 Zimmer besaß. Mehr als 100 Jahre (bis 1967) war Sayun die Hauptstadt des Sultanats Kathiri.

Der prunkvolle, aus Lehmziegeln erbaute **Sultanspalast** liegt heute im Zentrum der Stadt auf einem Hügel; der weiße, stellenweise grüne Kalkanstrich lässt vergessen, dass seine Mauern aus Lehm sind. Die schwarzen Fensterläden in ihren hellen, blau leuchtenden Mauereinlassungen heben sich von dem blendend weißen Putz aus Gips kontrastiv ab. Im fünfstöckigen Palast sind heute eine Bibliothek, ein Teil der öffentlichen Verwaltung und zwei Museen untergebracht. Zu den Exponaten des ethnologischen Museums gehört auch eine Sonderausstellung jener historischen Kleider aus dem Hadramaut, die früher von Frauen zu besonderen Anlässen getragen wurden. Die archäologische Abteilung beherbergt eine Reihe von Funden aus sabäischer und himjarischer Zeit. Vom Dach des Palastes hat man den schönsten Blick über die Stadt (Museum Al Mathaf im Sultanspalast; Sa–Do 8.30–13 Uhr, Eintritt 500 YR).

Am Fuße des Palastes befinden sich einige kleine Teestuben. Südlich liegt auch der Souq von Sayun mit seinen Silberschmieden. Bei einem Rundgang durch die Stadt beeindrucken die Lehmhäuser auf Steinfundamenten mit ihren kunstvoll geschnitzten Fensterläden, deren Öffnungen an die Form von Kuppeln erinnern. Auch heute noch werden viele Neubauten in Sayun aus Lehm errichtet, so auch das Flughafengebäude, das wegen seines Lackanstriches als Lehmbau nicht zu erkennen ist; nur die angenehme Kühle im Inneren erinnert daran.

In Sayun kann man sich leicht verständigen, denn hier trifft man am ehesten Hadramiten, die Englisch sprechen können, weil viele von ihnen längere Zeit im Ausland verbracht haben.

Infos
Vorwahl Sayun: 05

Übernachten, Essen & Trinken
Einmaliges Ambiente ▶ Al Hawta Palace Hotel (Qasr al Huta): Al Howda (zwischen Sayun und Shibam), Tel. 42 50 10, Fax 42 50 13, www.universalyemen.com/hotels/hawta.

htm. Ehemaliger Sultanspalast zwischen Palmen und Bougainvillea, wunderschön restauriert, 50 moderne A/C-Zimmer in neuen Gebäuden, nur 8 im alten Palast, Pool im Garten, schönstes und bestes Hotel im Wadi Hadramaut. DZ 145 US-$.

Palast in der Wüste ▶ Al Salam Hotel: Tarim Rd., am östlichen Ortsrand, Tel. 40 32 08, Fax 40 31 81. Alter Palast und 23 klimatisierte Bungalows. Inmitten einer alten Oase gelegen, ist das Hotel von Bäumen und blühenden Sträuchern umgeben, Schwimmbad. DZ 72 US-$.

Preiswerter Komfort ▶ Samah Hotel: Rifad Rd. (2 km zur Altstadt), Tel. 40 27 77, Fax 40 36 23, www.bazaratravel.com. Zweistöckige Anlage in palastartiger Architektur, einfache, doch komfortable Einrichtung, mit Swimmingpool im Innenhof; das Restaurant Nariman serviert von 7 bis 22 Uhr arabische Küche sowie einige ausgewählte europäische Gerichte. 42 Zimmer inkl. 12 Suiten, DZ ab 40 US-$ inkl. Frühstück.

Einkaufen

Souq ▶ am Fuß des Sultanspalastes in südlicher Richtung. Einheimischer Weihrauch und Myrrhe, aber auch Gold- und Silberarbeiten der ansässigen Schmiede bzw. aus dem Wadi Doan. Fr ist im Souq **Wochenmarkt**.

Verkehr

Flughafen: nördlich der Stadt, Tel. 40 35 65, mehrmals wöchentl. Verbindung von Sana'a.
Sammeltaxis und **Busse** am nordöstlichen Stadtrand in der Nähe des Stadttores Siddat Kalibah, tgl. nach Mukalla, Marib, Sana'a.
Taxi: Sammelstelle ist der große Platz neben dem Souq und – nach Ankunft eines Flugzeuges – der Flughafen.

Tarim ▶ 6, E 6

Die zweitgrößte Stadt im Wadi Hadramaut, das 35 km nordöstlich von Sayun gelegene **Tarim** 8, lässt sich seit 1980 bequem auf der von dänischen sowie russischen Entwicklungshelfern erbauten Asphaltstraße erreichen.

Tarim liegt am Rande eines Tafelberges. Heute zählt die Stadt ca. 40 000 Einwohner. Während der islamischen Blütezeit im 17. Jh. war Tarim das religiöse Zentrum des Wadi Hadramaut. Aus diesem Grunde entstanden hier viele Moscheen und Koranschulen, die das Stadtbild bis heute nachhaltig prägen. Insgesamt 365 Minarette schmücken die Stadt. Im 19. Jh. wanderte eine Reihe junger Einwohner ins heutige Indonesien aus. Im Alter kamen sie mit ihren im Ausland gegründeten Familien und dem dort erworbenen Reichtum in die Heimatstadt zurück. Besonders erfolgreich waren während des vorübergehenden Auslandsaufenthalts die Mitglieder der hadramitischen Familie Al Kaf. Sie bauten zahlreiche der palastartigen, prunkvollen Häuser, die sich als architektonische Mixtur aus arabischen und südostasiatischen – in erster Linie javanischen – Stilelementen darstellen.

Das fast 40 m hohe **Minarett der Al-Mohdhar-Moschee** ist das Wahrzeichen von Tarim. 1915 wurde es entgegen der sonst üblichen traditionellen Bauweise eines Minaretts in Form eines schlanken, rechteckigen Turmes errichtet und an die alte, ins 9. Jh. zurückgehende Moschee herangesetzt. Auffallendes Kennzeichen dieses Minaretts sind seine vielen Fenster. Auch die Al Mohdhar-Moschee zeigt nach ihrer Restaurierung starke südostasiatische Elemente. Von der Turmspitze des Minaretts hat man einen herrlichen Blick über die Stadt. Beim Rundgang durch die Stadt trifft man auf die schon erwähnten palastartigen Häuser, von denen die meisten im 20. Jh. entstanden sind, aber trotzdem an der Tradition der geschnitzten Fenster und alten Holztüren festhalten.

Das Zentrum Tarims bildet die **Große Moschee** mit der angeschlossenen Zentralbibliothek. In der Bibliothek lagern ungefähr 14 000 Bände, darunter sehr viele alte Handschriften, von denen die schönsten auf Wunsch dem Besucher vorgeführt werden.

Etwas außerhalb von Tarim, vorbei am Friedhof der Stadt, befindet sich eine Oase.

Wadi Hadramaut

Tausendundeine Nacht: Die alten Fenster versprühen orientalischen Charme

Hier steht inmitten von Palmen der alte **Sommerpalast** der Al Kaf-Familie; er wird heute als Gästehaus genutzt und beherbergt ein Restaurant. Bis das schmackhafte Menü serviert wird, kann man sich im Schwimmbad von der Hitze erholen.

20 km hinter Tarim endet die Asphaltstraße im Wadi Hadramaut. Nun muss man mit staubiger Piste vorlieb nehmen, will man weiter ins 70 km entfernte **Qabr Nabi Huth** mit seinen Kuppelgräbern. Besonders im Monat Ramadan zieht dieser Wallfahrtsort viele muslimische Besucher an.

Infos
Vorwahl Tarim: 05

Übernachten, Essen & Trinken
Palast im Grünen ▶ **Al Gubba Palace Hotel** (Qasr al Qubbah): 1,5 km südwestl. des Zentrums von Tarim, Tel. 041 52 21, Fax 41 54 88. Nach erfolgreicher Restaurierung des Sommerpalastes steht er mit Restaurant, schönen Gärten und einem Poolwieder zu Verfügung.

Shabwa ▶ 6, D 6

In den 1960er- und 1970er-Jahren legten britische und französische Archäologen in den altarabischen Hauptstädten Shabwa und Timna (s. S. 165) größere Ruinenfelder frei. Da aber die Orte abseits touristischer Routen liegen und die jemenitische Regierung wenig zur Erhaltung der freigelegten Ruinen beiträgt, sind die Fundstätten heute leider wieder in großen Teilen von Sanddünen zugeweht.

Shabwa 9, die Hauptstadt des antiken Hadramaut, liegt ca. 500 km nordöstlich von Aden am westlichen Ende des Wadi Hadramaut. Im heutigen Shabwa sind nur wenige Häuser noch bewohnt.

Shabwa existierte vermutlich seit dem 5. Jh. v. Chr. Im 2. Jh. wurde die Stadt von dem Reitervolk der Kinda aus Zentralarabien eingenommen. Die Bevölkerung floh in den Ostteil des Wadi Hadramaut und gründete dort die Stadt Shibam. Shabwa verfiel, wurde unter Sand begraben, bis französische Archäologen 1975 die 2000 Jahre alten Ruinen der Stadtmauer, des Stadttores sowie einen Königspalast freilegten. Der römische Geschichtsschreiber Plinius d. Ä. hielt in seinen Schriften fest, wie reich damals dieser Umschlagplatz des Weihrauchhandels war und wie kunstvoll die Bauwerke sich entlang der Hauptstraße aneinander reihten. Die Ruinen unterstützen seine Beschreibung.

Ein Ausflug nach Sokotra

▶ 6, F 7

Die **Insel Sokotra** 10 liegt 450 km südöstlich von Mukalla und 240 km von der Ostspitze Afrikas im Arabischen Meer (Indischen Ozean); sie ist damit näher an Afrika als an Arabien. Bei einer Ausdehnung von ca. 135 x 35 km umfasst sie rund 3600 km² und hat ca. 65 000 Einwohner, davon 30 000 in der Hauptstadt **Hadibou** und Umgebung. Die Sokotri sprechen teilweise eine eigene Sprache (Socrit), teilweise eine Mischung aus Arabisch und Socrit mit portugiesischen Wörtern. Das felsige Eiland besteht im Wesentlichen aus einer unfruchtbaren Hochebene, die bis zu einer Höhe von 1530 m reicht. Die Insel ist umgeben von Korallenriffen.

Zur Römerzeit wurde auf Sokotra Weihrauch produziert, das auf der Weihrauchstraße zum Mittelmeer gelangte. Im 16. Jh. von den Portugiesen und im 17. Jh. von den Holländern besetzt, gelangte die Insel mit der Kolonisierung von Aden durch die Briten ebenfalls unter deren Herrschaft. Anschließend gehörte Sokotra zum sozialistischen Südjemen, seit 1990 zur Republik Jemen.

Drei Viertel der Insel sind wegen ihrer seltenen Flora (750 verschiedene Arten, davon 150 endemisch) und rund 100 Vogelarten unter Naturschutz. Es gibt allein sieben Arten von Weihrauchbäumen und vor allem den berühmten Drachenbaum, das Wahrzeichen der Insel. An den dicht bewachsenen tiefer liegenden Küstenstreifen im Norden und im Süden und in den Berghängen lebt die Bevölkerung überwiegend von Fischfang, auch von ein wenig Ackerbau (Weihrauch, Aloe) und vor allem Viehzucht (Rinder und Ziegen). Das Leben ist schwer, die Infrastruktur unterentwickelt, im Inselinneren gibt es keine Straßen, die Unterkünfte sind sehr einfach, der Transport erfolgt vornehmlich mit Lastkamelen.

Ausflüge führen zum Strandort **Deleesha** mit Töpfer- und Handwerksläden und einem sehenswerten botanischen Garten. Auf einer weiteren Tour gelangt man durch das **Wadi Deneghen** in das Hajhir-Gebirge im östlichen Teil der Insel entlang der Bucht von Arida bis auf 1400 m Höhe mit Blick bis zur Hauptstadt und hinab in die **Palmenoase Deresmoiten**. An der Nordküste führt eine Fahrt von Hadibou in westlicher Richtung nach **Qalansiyah** entlang der naturgeschützten **Lagune Detwah**. Sie wird von einem feinen Strand gesäumt. Für einen Badeurlaub ist Sokotra indes nicht geeignet. Die Strände sind weit weg von der Unterkunft, und der kräftige Sog des Indischen Ozeans ist für Schwimmer gefährlich. Kein Sokotri badet im Meer!

Übernachten, Verkehr
Reiseveranstalter in Sana'a und Aden bieten **Ausflüge nach Sokotra** mit Flug von Sana'a, Aden oder Mukalla (2 x wöchentl.) und Übernachtung in einem einfachen Hotel in Hadibou im Nordosten der Insel oder in Zelten.

Essen & Trinken
Nur in Hadibou gibt es einige kleinere Restaurants.

Aktiv
Auf dem Wüstenschiff ▶ **Kameltrekking:** mehrtägige Wanderungen mit Kamelen, die das Gepäck und die Ausrüstung tragen, gehören zum Angebot der Reiseveranstalter.
Auf Wasserschiffen ▶ **Bootsfahrten:** zum Teil begleitet von Delfinen, z. B. von Hadibou in den Mangrovenwald von Shaub (2 Std.).

Gigantisches Wasserreservoir: Jeder der Kuwait Towers speichert 4,5 Mio. Liter des kostbaren Nass

Kapitel 3
Kuwait

Sanftes Grün überzieht die weiten Ebenen. Nach den winterlichen Regenfällen sprießt Gras in der kuwaitischen Wüstenlandschaft. Hochspannungsmasten ziehen sich bis zum Horizont, darunter sind Dutzende von gewaltigen Zelten aufgebaut: Die Kuwaitis sind begeisterte Wochenendcamper, eine moderne Fortführung ihres beduinischen Erbes. Mit dem Geländewagen geht es an freien Tagen in die Wüste. Wenn es Abend wird, tönt aus einer der über 800 Moscheen von Kuwait Stadt der Sprechgesang des Muezzin ins Camp. Zeit zum Innehalten und Beten für die gläubigen Kuwaitis, erst anschließend widmet man sich weltlichen Genüssen. In den komfortablen Zelten, ausgestattet mit Klimaanlage und luxuriösen Bädern, verbringt man seine Abende bei Wasserpfeife und Musik sowie üppigem Essen.

Bereits wenige Kilometer außerhalb des Stadtzentrums beginnt die Wüste. Von den Kuwait Towers, den Wahrzeichen des Landes, hat man einen grandiosen Blick über die Metropole. Die beiden Wassertürme, die die Form eines traditionellen Rosenwasser-Sprenklers haben, gewannen bereits den prestigeträchtigen Aga-Khan-Preis für Architektur. Nicht ungewöhnlich – zahlreiche der kuwaitischen Regierungsgebäude wie beispielsweise das Parlament und der Bayan Palace zeigen eine aufsehenerregende Formensprache, die moderne und islamische Elemente verknüpft und international Beachtung finden. Historische Bausubstanz hingegen ist kaum noch anzutreffen, mit Ausnahme einiger weniger, aufwendig restaurierter Gebäude, die heute für Besucher geöffnet sind und Einblicke in das noch vor wenigen Jahrzehnten in Kuwait verbreitete Leben geben.

Luxus und islamisches Brauchtum

Das nach Qatar reichste Land der Region schätzt diskreten Luxus: Seinen Bewohnern bietet das kleine Kuwait, das halb so groß ist wie die Schweiz, ein Leben in Wohlstand und in Einklang mit den religiösen Traditionen. Kuwait Stadt ist eine lebenssprühende Metropole, die bislang noch nicht vom Tourismus vereinnahmt wurde.

Kuwait besteht größtenteils aus Wüste, im Sommer steigen die Temperaturen auf über 50 °C, Süßwasserquellen sind unbekannt. Trotz dieser lebensfeindlichen Umgebung belegen archäologische Funde, dass die Region bereits vor über 10 000 Jahren besiedelt war. Während Kuwait erst mit der Entdeckung gewaltiger Erdölvorkommen ins Bewusstsein der Weltöffentlichkeit rückte, war das heutige Kuwait Stadt, strategisch günstig zwischen zwei natürlichen Buchten gelegen, bereits vor vielen Jahrhunderten Drehscheibe des Handels mit Weihrauch und Myrrhe, Perlen und Edelsteinen, Gewürzen und Datteln.

Die Geburt des modernen Kuwait wird ins 18. Jh. datiert: 1756 wurde die aus dem Inneren der Arabischen Halbinsel stammende Beduinenfamilie Sabah von den übrigen Clans als Herrscher anerkannt. Zum ersten Emir wählten die Sheikhs der Familien Sabah ibn Jaber, alle Folgenden stammen aus dieser Familie.

Mit der Entdeckung von Erdöl begann seit 1934 ein unaufhaltsamer Aufstieg des Landes. 20 Jahre später verabschiedete man sich auch symbolisch von der Vergangenheit: die Lehmmauer, die die Siedlung Kuwait umgab, wurde abgerissen. Die beduinischen Bewohner wurden dank der neu errichteten und von der Regierung kostenfrei zur Verfügung gestellten Häuser in der Stadt zur Sesshaftigkeit bewegt. Man importierte Waren aus allen Erdteilen und begann, eine völlig neue Stadt auf dem Wüstensand zu errichten. Die gegenwärtigen Bauwerke sind bereits die dritte oder vierte Generation der damals entstandenen: heute sind es vor allem große, international operierende Architekturbüros, die in Kuwait tätig sind, Unternehmen, die es verstehen, islamische Bautraditionen mit der modernen Architekturentwicklung zu kombinieren, lichte Glaspaläste zu bauen, deren Interieur aus Marmor, Granit und Chrom stets beeindruckend, jedoch nicht mehr überladen oder – nach westlichem Maßstab – protzig wirkt. Nach dem Überfall durch die irakische Armee in den Jahren 1990/91, der Zerstörung eines Großteils der Bausubstanz und der anschließenden Befreiung Kuwaits durch westliche und arabische Truppen, lag das Land in Schutt und Asche. Unvorstellbar: In nur wenigen Jahren entstand abermals eine komplett neue Stadt mit neuer Infrastruktur; Gärten und Stadtparks wurden wieder angelegt – alle viel schöner, großartiger und reicher als zuvor. Die Kuwaitis wollten sich selbst und der Welt beweisen, wozu sie fähig sind, wollten die traumatisierte Bevölkerung möglichst schnell den Krieg vergessen lassen. Besonders prächtig ist die Große Moschee, eine der bedeutendsten der Region. Wer durch die 15 m hohen Arkadengänge geht, die mit hellem Marmor bedeckten Böden, die in zurückhaltender Formensprache gestalteten Bögen, Stuckdecken und Pfeiler sieht, vom Glanz der nach Sonnenuntergang erhellten riesigen nordindischen Kupferlampen verzaubert wird, spürt die neue Dimension kuwaitischen Bauens.

Bislang bleibt man in Kuwait noch unter sich. Die im Land lebenden Fremden sind zumeist *expatriates,* Gastarbeiter aus Asien und anderen arabischen Staaten, die das System am Laufen halten. Eine Partizipation am internationalen Tourismus ist für die Kuwaitis noch eine ferne Entwicklung, die zudem kontrovers diskutiert wird. Man schaut kritisch nach Dubai, wo der Ausbau zum Top-Touristenziel auch einherging mit vielen unangenehmen Nebenerscheinungen: verstopfte Stadtautobahnen und Tausende von Baukränen, die heute statt Moscheen die Silhouette der Stadt prägen. Auch bedingt durch den Überfall des Nachbarn und einer noch heute latent vorhandenen Unsicherheit entschied man sich für eine zurückhaltende Öffnung des Landes. Eine Freihandelszone wurde errichtet. Nach langen parlamentarischen Auseinandersetzungen ist das aktive und passive Wahlrecht für Frauen gegenwärtig garantiert. In modischer Hinsicht hingegen sind die Kuwaiterinnen schon seit Jahren emanzipiert. Unter der schwarzen *abaya,* die vielfach in der Öffentlichkeit eher ein Understatement darstellt, trägt frau die Mode von Chanel, Dior und Gucci. Die Herren folgen ihren Gattinnen bei der Shoppingtour, passen auf die Kinder auf, wenn deren Mutter in den Boutiquen der großen Shoppingmalls in der Umkleidekabine verschwindet.

Quelle des Wohlstands: Das Burgan Field von Kuwait zählt zu den reichsten Ölfeldern der Welt

Steckbrief Kuwait

Daten und Fakten
Name: Kuwait, State of Kuwait, Dawlat al Kuwayt)
Fläche: 17 818 km^2
Hauptstadt: Kuwait Stadt
Amtssprache: Arabisch
Einwohner: 3,4 Mio., davon 65 % ausländische Arbeitskräfte
Bevölkerungswachstum: 3,5 %
Lebenserwartung: Männer 76, Frauen 78 Jahre
Alphabetisierung: Männer 85 %, Frauen 83 %
Währung: Kuwait-Dinar (KD)
Zeitzone: MEZ + 2 Std., im Sommer + 1 Std.
Landesvorwahl: 00965
Internetkennung: .kw
Landesflagge: Drei gleich große horizontale Streifen in den traditionellen arabischen Farben: (von oben) Grün (Farbe des Islam, auch: fruchtbares Land), Weiß (Reinheit, Frieden), Rot (Blut des Feindes) mit einem schwarzen (Bereitschaft zum Kampf) Trapez an der Fahnenmastseite.

Geografie

Kuwait ist ein flaches Wüstenland, die höchsten Erhebungen (im Südosten) liegen zwischen 200 und 300 m. Gelegentlich lockern Täler und kleine Hügel die Landschaft auf. Entlang der Nordwestseite der Bucht von Kuwait (Kuwait Bay) erhebt sich die charakteristische ›Bergkette‹ Jal al Zor 145 m hoch. Flüsse und Seen gibt es nicht, die Vegetation ist spärlich, nur wenige grüne Oasen liegen an Wasserquellen (z. B. Jahra). Der nördliche Teil des zu Kuwait gehörenden Arabischen Golfs ist flach (5 m Tiefe), die Öltanker laden im südlichen, tieferen Teil.

Kuwait liegt an der Nordwestseite des Golfs und ist etwa so groß wie Schleswig-Holstein. Im Norden und Westen ist die Grenze mit Irak 240 km lang, im Südwesten und Westen die mit Saudi-Arabien 250 km; letztere Grenzlinie liegt nicht genau fest, man einigte sich 1965 auf eine Neutrale Zone, die im Norden von Kuwait, im Süden von Saudi-Arabien verwaltet wird, die Ölausbeute in dieser Zone wird geteilt. Über 290 km erstreckt sich Kuwaits Küste. Zum Staatsgebiet gehören auch neun Inseln, von denen einzig Failaka bewohnt ist.

Geschichte

Schon vor 5000 Jahren gab es auf der Kuwait vorgelagerten Insel Failaka einen Hafen für den Handel mit Indien, den die Griechen 325 v. Chr. erreichten und dort einen Artemis-Tempel errichteten. Die Portugiesen bauten im 16. Jh. in der Bucht von Kuwait ein Fort. 1672 ließen sich Einwanderer aus Saudi-Arabien an der Bucht nieder, deren Führung von den Al Sabah übernommen wurde. Carsten Niebuhr gibt die Einwohnerzahl der Siedlung im Jahre 1765 mit 10 000 an. 1793 errichtete die Britische Ostindien-Kompanie in Kuwait eine Handelsniederlassung, 1899 schlossen die Al Sabah mit den Briten einen Schutzvertrag gegen die Bedrohung durch das Türkische Reich. Seit 1946 fördert Kuwait Erdöl. Zum unabhängigen State of Kuwait wird es 1961. 1990 überfällt der irakische Diktator Saddam Hussein Kuwait (Zweiter Golfkrieg), 1991 wird es im Einvernehmen mit der UN von einem Militärbündnis von 36 Staaten unter Führung der USA befreit. Im Dritten Golfkrieg 2003 diente Kuwait als US-Stützpunkt.

Staat und Politik

Staatsoberhaupt war von 1978 bis Januar 2006 Scheich Jaber al Ahmed al Jaber al Sabah. Neuer Emir wurde der bisherige Ministerpräsident, Scheich Sabah al Ahmed al Jaber al Sabah. Die Verfassung von 1962 sieht die Bildung einer Nationalversammlung *(Majlis al Umma)* in freier und geheimer Wahl vor. Wählen dürfen über 21 Jahre alte Männer, die seit mindestens 20 Jahren die kuwaitische Staatsbürgerschaft besitzen, und seit 2006 auch Frauen. Unter den 50 Parlamentsangehörigen sind vier Abgeordnete weiblichen Geschlechts, und von den Kabinettsmitgliedern sind zwei Frauen Ministerinnen. In diesem alle vier Jahre gewählten Parlament bilden die islamischen Fundamentalisten die größte Gruppe. Das Parlament hat das Recht, von der Regierung erlassene Gesetze abzulehnen.

Wirtschaft und Tourismus

Kuwaits Volkswirtschaft basiert auf dem Export von Rohöl und Erdölprodukten. Der Transport erfolgt auf kuwaitischen Schiffen. Die gesamte Ölindustrie ist in Staatsbesitz. Auch die Erdgasreserven sind groß, jedoch tritt das Gas in assoziierter (mit Öl und Wasser vermischt) Form auf. Da die Trennung aufwendig und teuer ist, verzichtete man bisher darauf. Nahezu alle Lebensmittel müssen importiert werden. Für Bewässerung, Landwirtschaft und industrielle Zwecke wird unterirdisches Brackwasser, gemischt mit entsalztem, verwendet. Zahlreichen Meerwasserentsalzungsanlagen produzieren darüber hinaus eine Milliarde Liter Wasser täglich. 90 % der erwerbstätigen 300 000 Kuwaitis sind im öffentlichen Dienst und in staatlichen Firmen beschäftigt. Den jährlichen Haushaltsüberschuss von ca. 30 Mrd. US-Dollar legt Kuwait als Reserve für die Zeit ohne Öl an und hält z. B. 6,9 % der Aktien der Daimler AG. Erst seit 1994 fördert Kuwait den Tourismus durch eine Vereinbarung zwischen Kuwait Airways, der Hotellerie des Landes und europäischen Reiseveranstaltern. Der Bau von Strand- und Touristen-Hotels schreitet voran. Zunächst spezialisiert sich Kuwait als Stoppover-Ziel auf dem Weg zu den Arabischen Emiraten oder gen Asien.

Bevölkerung und Religion

Die Einwohnerzahl wurde Ende 2009 auf 3,4 Mio. geschätzt, davon sind 65 % Ausländer. Von ihnen stammt der größte Teil aus dem arabischen Ausland sowie Indien, Pakistan, Bangladesh, Sri Lanka und den Philippinen; insgesamt sind Angehörige von 120 Nationen in Kuwait vertreten. Hinzu kommen 120 000 Beduinen, die als staatenlose Araber betrachtet werden. Der Bevölkerungszuwachs beträgt bei Kuwaitis jährlich 3,5 %, bei der ausländischen Bevölkerung 5,1 %; der höhere Anteil ist auf den steigenden Bedarf an ausländischen Arbeitskräften zurückzuführen. Seit dem Dritten Golfkrieg plant der Staat, den kuwaitischen Anteil der Bevölkerung zu verdoppeln. So sollen nur noch Techniker und hoch qualifizierte Arbeitskräfte eine Greencard erhalten.

Auf einen Blick
Kuwait

Sehenswert

Grand Mosque: Die Große Moschee in Kuwait Stadt gehört zu den prächtigsten Sakralbauten der Arabischen Halbinsel (s. S. 218).

Scientific Center und Tarek Rajab Museum: Als hypermoderner Museumskomplex von interaktivem Discovery Place zu historischen Dhaus fasziniert das Scientific Center in Kuwait Stadt die gesamte Familie. Eine der reichsten Sammlungen islamischen Kunstschaffens mit großer Abteilung arabischen Silberschmucks in Kuwait Stadt ist im Tarek Rajab Museum zu sehen (s. S. 220).

6 Kuwait Towers: Ein Abendessen in luftiger Höhe im Restaurant der Kuwait Towers, den Wahrzeichen Kuwaits, bleibt unvergessen (s. S. 221).

Schöne Routen

Spaziergang an der Arabian Gulf Street: Von der Nationalversammlung über das Nationalmuseum bis zum Sief-Palast passiert man die architektonischen Höhepunkte der Hauptstadt (s. S. 215).

Ausflug in den Süden: An der Bucht von Kuwait entlang führt die Fahrt zu Al Hashemi II, der größten Dhau der Arabischen Halbinsel mit ihrem Marinemuseum, durch die hübsche grüne Öl-Stadt Ahmadi bis zur Erholungsanlage Al Khiran (s. S. 227).

Unsere Tipps

Fischmarkt – so groß wie ein Palast: Auf nahezu 1000 m² Fläche werden Meerestiere und Fisch kiloweise verkauft oder kübelweise versteigert. Anschließend trifft man sich auf ein Glas Tee in der Cafeteria, *expatriates* beim Shopping in der gleich nebenan liegenden Sharq Mall (s. S. 218).

Bayt Lohtan: Das Haus in Kuwait Stadt, von einer gemeinnützigen Organisation betrieben, widmet sich dem Erhalt traditionellen Kunsthandwerks. Man schaut den Handwerkern in den Werkstätten zu, nimmt einen Fruchtsaft im Café (s. S. 221, 225).

Das Rote Fort: Symbol der geschichtsträchtigen Vergangenheit Kuwaits ist das Rote Fort in Jahra, heute prächtig restauriert. Besonders eindrucksvoll gestaltet sich ein Besuch, wenn eine kulturelle Veranstaltung stattfindet und sich die Kuwaitis im Innenhof zu Musik und Tanz treffen (s. S. 228).

aktiv unterwegs

Mit der Fähre nach Failaka: Das über vier Jahrtausende besiedelte Falaika war Stützpunkt der Dilum-Kultur. Ein Ritt auf einem Araber oder die Suche nach hellenistischen Spuren – auf der Insel geht die Zeit zu schnell vorbei (s. S. 222).

Kuwait Stadt ▶ 2, D/E 2/3

Die Stadt am Arabischen Golf atmet Reichtum und Geschmack, selbst intensive Begrünung ist dank der Petrodollars möglich. In den Souqs und auf den Märkten brodelt das Leben, trifft man Händler aus Indien und Pakistan. Glitzernde Shoppingmalls mit edlen Boutiquen und der Gold Souq laden zum Bummeln und Kaufen ein.

Abenddämmerung in Kuwait Stadt: Entlang der Stadtautobahn wiegen sich die Palmen im Wüstenwind. Die Sonne schickt ihre letzten Strahlen auf die futuristisch in den Himmel ragenden Kuwait Towers. Dann ertönt aus den Moscheen der Ruf zum Gebet. Während die in weiße Umhänge gekleideten Einheimischen zu ihren Gotteshäusern gehen, füllen sich die Plätze und Straßen mit Tausenden von Männern, ausländischen Arbeitskräften aus Asien, ohne die in Kuwait nichts läuft. Touristen begegnet man nur selten, den stolzen und zurückhaltenden Kuwaitis am ehesten im Luxus-Hotel oder im Shoppingkomplex. In den glitzernden Malls sind zunehmend auch einheimische Frauen in westlichen Outfits unterwegs.

Die Hauptstadt (Kuwait Stadt oder Central Kuwait) liegt auf einer Halbinsel an der Südküste der Kuwait Bay. Sie wird durch die First Ring Road von den Vorstädten abgegrenzt, die sich von der 2nd bis zur 6th Ring Road erstrecken. Diese außerhalb der 1st Ring Road gelegenen und damit nicht zur Hauptstadt gehörenden Ortschaften sind selbstständige Gemeinden, bilden jedoch aufgrund der Entwicklung und Ausdehnung der Stadt mit ihr eine zusammenhängende, bebaute Fläche, praktisch eine einzige Großstadt, das sogenannte Greater Kuwait. Es hat eine Ausdehnung von rund 20 mal 10 km, und in Greater Kuwait wohnt nahezu die gesamte Bevölkerung des Scheichtums.

Kuwait Stadt wird im Nordwesten von der Kuwait Bay und im Osten vom Arabischen Golf begrenzt. Hier lohnt sich die Erkundung zu Fuß, während man außerhalb ein Auto benötigt. Quer durch das Zentrum zieht sich die Fahd al Salem Street vom Jahra Gate zum Safat Square, von dort die Ahmad al Jaber Street bis zum Dasman Palast bei den Kuwait Towers.

Zentrum

Cityplan: S. 216/217

Jahra Gate und Dar al Funoon

Die alten Stadttore wurden 1957 im Zuge des ersten Ölbooms und der Stadterneuerung abgerissen. Einige wurden später rekonstruiert und an der 1st Ring Road wieder aufgebaut. In der Mitte des Jahra Gate Roundabout zum Beispiel steht wieder das **Jahra Gate** 1. Die Touristenbusse halten allerdings außen, und kaum einer der Besucher erreicht im unablässig dichten Kreisverkehr die Mitte des Kreises. Seit 1991 steht hinter dem Tor ein irakischer Panzer mit einer Gedenktafel.

Vom Jahra Gate führt die Sour Street am südlichen Rand des Stadtteils Wattiya zur Arabian Gulf Street am Meer. Am Sheraton Hotel vorbei geht man die zweite Straße rechts (nach Nordosten) hinein (an der Ecke steht eine katholische Kirche) und trifft dann links (nordwestlich) im Behbehani Compound auf einige ältere Häuser: ein Restaurant, daneben (in Nr. 28) das **Dar al Funoon** 2. Dort lohnt sich ein Blick in das Geschäft: Kunst-

Zentrum

Sharq Mall: Hier kann man sich von den Anstrengungen einer Fischauktion im benachbarten Fischmarkt erholen

handwerk, Antiquitäten und schöne Mitbringsel, eine Mischung aus Museum und Kunstgeschäft. Die sich um einen Innenhof gruppierenden Räume mit alten Holzbalkendecken bieten Einblick in das Innere eines traditionellen, vorbildlich restaurierten Hauses. Im nebenan liegenden Shatea al Wattiya (s. S. 225), einem genuin arabischen Restaurant, probiert man in traditionellem Ambiente althergebrachte Rezepte. Nach wie vor in Betrieb ist der alte Steinbackofen, der die Gäste mit köstlichem Fladenbrot versorgt.

Entlang der Arabian Gulf Street

Folgt man der Arabian Gulf Street nach Norden, liegt rechter Hand das weiße, an ein Zelt erinnernde Gebäude der **Nationalversammlung (National Assembly)** 3. Der moderne Monumentalbau wurde von einem dänischen Architekten entworfen. Auf der dem Meer zugewandten Seite liegt anschließend ein kleiner **Dhau-Hafen** 4. Einige alte Boote dümpeln im Wasser oder liegen am Ufer. Viele haben die letzte Fahrt hinter sich, es findet sich niemand, der die schönen Boote repariert.

Nördlich der National Assembly erstreckt sich der älteste und für Besucher interessanteste Teil der Stadt. Zunächst trifft man auf das **Sadu House** 5, vom nebenan liegenden National Museum zu erreichen. Das Gebäude gehörte einer angesehenen iranischen Händlerfamilie und zählt mit einem Alter von über 100 Jahren zu den historischen Bauwerken der Stadt. Es wird von einer Frauenkooperative unterhalten, die sich der traditionellen arabischen Webkunst verschrieben hat. Ein 30-minütiger Film erläutert Besuchern die Technik. In zahlreichen Räumen schmücken antike Arbeiten die weiß gekalkten Wände. Webteppiche und Satteltaschen in den Farben Rot, Schwarz und Beige werden zum Kauf angeboten.

Gleich daneben steht das zwischen 1838 und 1848 erbaute und damit älteste Haus des Landes, das sich um einen Innenhof gruppierende **Bait al Badr** 6, ebenfalls durch das Museum zu erreichen. Die Restaurierungsarbeiten an dem Lehmbau (mit schönen Holzbalkendecken) sind noch nicht abgeschlossen. Die erste Sammlung von Schwarz-Weiß-Fotos aus Kuwaits Geschichte ist hier jedoch schon ausgestellt worden. Das **Nationalmuseum** 7 besteht aus vier Gebäuden und dem Planetarium; ein Teil des ehemaligen

Kuwait Stadt

Sehenswert
1. Jahra Gate
2. Dar al Funoon
3. Nationalversammlung
4. Dhau-Hafen
5. Sadu House
6. Bait al Badr
7. Nationalmuseum
8. Sief-Palast
9. Dickson House
10. Fishing Harbour (Dhow Harbour)
11. Fischmarkt
12. Museum of Modern Art (MOMA)
13. Grand Mosque (Al Masjid al Khabeer)
14. Safat Square
15. Fernsehturm (Liberation Tower)
16. Science and Natural History Museum
17. Bayt Lothan
18. Bayan Palace
19. Scientfic Center
20. Tarek Rajab Museum

Übernachten
1. JW Marriott
2. Sheraton
3. Radisson Blu
4. Crowne Plaza
5. Safir International
6. Oasis
7. Safir Heritage Village

Essen & Trinken
1. Al-Boom-Dhau-Restaurant
2. Caesars
3. S. S. Danah
4. Apple Bees
5. Horizon
6. Shatea al Wattiya

Dasman-Palastes gehört ebenfalls dazu. Zentrum des Museumkomplexes ist das Heritage Museum, in dessen Erdgeschoss ein Modell des historischen Kuwait gezeigt wird. Nachgebaut wurden ein traditioneller Souq mit Werkstätten (Kunsthandwerk, Bootsbau, Gebrauchsgegenstände), Läden, Wohnhäusern und arabischem Café. In den oberen Etagen werden kunstvoll archäologische Fundstücke der griechischen, vorislamischen und islamischen Epochen präsentiert, darunter befinden sich Inschriftensteine, Skulpturen und Keramik.

Das neben dem Planetarium liegende Schiff Muhallab II ist eine Replika der von Irakern in Brand gesetzten historischen Dhau

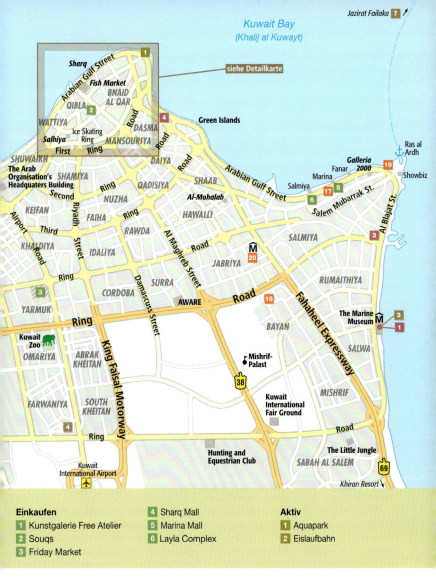

Einkaufen
1. Kunstgalerie Free Atelier
2. Souqs
3. Friday Market
4. Sharq Mall
5. Marina Mall
6. Layla Complex

Aktiv
1. Aquapark
2. Eislaufbahn

(Museum tgl. 8.30–12.30 und 16.30–19.30 Uhr, Fr nur nachmittags, Eintritt frei).

Ein kleines Stück weiter liegt am Ufer des Arabischen Golfs der **Sief-Palast** 8, der im Zweiten Golfkrieg schwer getroffen, originalgetreu wiederaufgebaut und erweitert wurde. Der berühmte Palast dient heute wieder der Regierung und der Unterbringung von Staatsgästen. Historisch bedeutsam ist dieser Ort: Hier rief sich Sheikh Mubarak al Kabir (Der Große) im Jahre 1896 selbst zum Staatsoberhaupt aus. Er ordnete den Bau des westlichen Palast-Teils an, der mit seinem hellen Sandstein einen außerordentlich ästhetischen Anblick bietet. In den 1960er-Jahren und nach dem Zweiten Golfkrieg erhielt der Palast seine

Kuwait Stadt

heutige Form. Der festungsartige Komplex ist schon von weitem an seinem quadratischen Turm zu erkennen, dessen Spitze eine goldene Kuppel ziert. Der Palastbereich wurde durch zahlreiche Bauwerke für Ministerien erweitert, an denen entlang man vom Nationalmuseum aus kommt.

Folgt man der Küstenstraße (Arabian Gulf Street), liegt rechter Hand das **Dickson House** 9. Das zweistöckige, in traditioneller arabischer Architektur gestaltete Bauwerk stammt aus dem Jahr 1870 und diente ab 1929 Colonel Dickson, dem Vertreter der britischen Krone, als Wohnhaus. Es wurde bis 1990 von dessen Witwe genutzt, die in Kuwait hohes Ansehen genoss, und nach ihrem Tod zu einem Museum umgestaltet. Heute werden dort Schwarz-Weiß-Fotos aus Kuwaits Geschichte gezeigt sowie eine Sammlung von kuwaitischen Banknoten und ein großer Teil des Dickson-Mobiliars (Schlafzimmer, Esszimmer u. a.). Außerdem dient es als Kulturzentrum für Ausstellungen und Lesungen (tgl. 8.30–12.30 und 16.30–19.30 Uhr, Fr nur nachmittags, Eintritt frei).

Gegenüber dem Dickson House sieht man den großen **Fishing Harbour (Dhow Harbour)** 10. Hier herrscht von samstags bis donnerstags große Betriebsamkeit. Boote laufen unablässig aus und ein, auf den Kais wimmelt es von Kleinlastwagen, überall stapelt sich Eis zum Kühlen des frischen Fangs. Von hier führen mehrere Zugänge in den mit 1000 m^2 recht großen **Fischmarkt** 11, der von Privatkäufern, Restaurantbesitzern, Supermarktvertretern und Wiederverkäufern gleichermaßen besucht wird. Die Halle gliedert sich in drei Abteilungen für *local fish*, *imported fish* und den Auktionsbereich. Im letzteren bietet man den Fisch in großen Plastikkübeln an. Es wird wortreich beschrieben, angepriesen und dann versteigert. Der Fischmarkt besitzt ein Café für die Angestellten und Händler, das ursprünglich und recht malerisch ist. Doch bevorzugen die meisten Touristen für die fällige Erfrischung die modischen Cafés der nebenan liegenden Sharq Mall. Dieses große, neue Einkaufszentrum liegt ebenfalls am Meer, auf der Landseite wird es durch einen Hafen für Sportboote begrenzt.

Diesem gegenüber liegt in der zweiten Reihe der Arabian Gulf Street das **Museum of Modern Art (MOMA)** 12 in der ehemaligen Schule des Stadtteils Sharq. Diese Al Sharqia School stammt aus den 1930er-Jahren und diente zunächst als Grundschule für Jungen; hier gingen der 2006 verstorbene Emir Sheikh Jaber und der gegenwärtige Emir Sheikh Sabah zur Schule. Dann wandelte man das Gebäude in eine Sekundarstufe für Mädchen. 1953 gab es zum Beispiel 22 Klassen mit 777 Schülern. 2005 wurden die ehemaligen Klassenzimmer, die sich auf zwei Etagen um zwei große Innenhöfe gruppieren, originalgetreu restauriert, die Decken bestehen aus Holzbalken, und alle Fenster und Türen sind ebenfalls aus Holz. Einer der beiden Höfe wurde mit einer Glaskuppel versehen. Die ehemaligen Klassenzimmer bergen heute zeitgenössische Kunst aus Kuwait, Bahrain, Palästina und Marokko. Man sieht Zeichnungen, Ölbilder, Gemälde, Skulpturen, Kalligrafien (Sa–Mi 9–13 und 17–21 Uhr, Eintritt frei).

Gegenüber dem Sief Palace liegt die **Grand Mosque (Al Masjid al Khabeer)** 13, die Große Moschee des Staates, die mit den Großen Moscheen von Manama, Muscat, Abu Dhabi und Sana'a zu den prächtigsten sakralen Bauwerken der Arabischen Halbinsel gehört. Die Innenräume fassen 10 000 Gläubige, für den Emir ebenso wie für Frauen existieren eigene Zugänge (von insgesamt 21), Innenhöfe und Betbereiche. Stille und Prachtentfaltung umfangen die Besucher im Inneren des Bauwerkes: Die Ausstattung mit architektonisch reich verzierten Fenstern, Toren und Nischen ist überwältigend und versetzt den Gläubigen in eine demutsvolle Haltung. Eine gewaltige Kuppel von 26 m Durchmesser überspannt den Innenraum der Moschee, Arkadengänge umgeben das Gebäude. Auch Nicht-Muslime dürfen die Moschee besichtigen, doch die dafür zuständigen Bediensteten machen dieses Unterfangen nicht immer einfach. Man meldet sich beim Pförtner (an der Abdullah al Ahmed Street, der Landseite des Gebäudes) an und

Der Zweite Golfkrieg und seine Folgen — Thema

Am 2. August 1990 besetzte Irak unter Führung seines Präsidenten Saddam Hussein Kuwait. Die Begründung: Das Land gehöre historisch zu Irak, seine Grenzen seien von den Briten willkürlich festgesetzt worden, und zudem gelte es, ein autoritäres, monarchistisches und nicht demokratisch legitimiertes Herrschaftssystem zu beseitigen.

Der UNO-Sicherheitsrat setzte Irak eine Frist zum Verlassen des Landes. Nach deren Ablauf griffen im Januar 1991 Truppen einer von den USA angeführten Allianz aus 36 Staaten ein *(Desert Storm)* und befreiten das Land bis zum 26. Februar mit militärischer Gewalt. Kuwaits Infrastruktur wurde weitgehend zerstört, wichtige Gebäude verwüstet oder abgebrannt, wertvolle Güter (von Autos bis zu Rennpferden) nach Irak geschafft. Über 700 Ölquellen wurden in Brand gesetzt, 6 Mio. Barrel Öl ließen die irakischen Soldaten in den Golf strömen, die Sprengung der Kuwait Towers, der zentralen Wasserversorgung des Landes, misslang.

Die Kosten der Kriegführung in Höhe von 70 Mrd. US-$, an denen sich Kuwait beteiligte, das Löschen der brennenden Ölquellen (2 Mrd. US-$) und der Wiederaufbau (geschätzte Kosten 40 Mrd. US-$) brachten das reiche Land an die Grenze seiner finanziellen Möglichkeiten. Der Fonds für zukünftige Generationen, mit dem Kuwait für die Ära nach dem Erdöl vorsorgte und der schon 100 Mrd. US-$ umfasste, wurde fast aufgebraucht. 60 Staatsbetriebe wurden verkauft, um an Geld zu gelangen. Ende 1995 summierten sich die Schadenersatzforderungen Kuwaits an Irak auf 102 Mrd. US-$.

Nach der Befreiung des Landes verlängerte der UNO-Sicherheitsrat das während der Besetzung verhängte Handelsembargo gegen Irak, um Reparationen zu erwirken und die Beseitigung von Kriegswaffen zu erzwingen. Im Oktober 1994 zog Irak wieder Truppen im Grenzgebiet zu Kuwait zusammen, sodass die Golfkriegs-Koalition von 1991 erneut Truppen nach Kuwait brachte. Im November erkannte das irakische Regime den Staat Kuwait und seine nach dem Golfkrieg zu Iraks Ungunsten veränderte Grenze (ein wenige Kilometer breiter Streifen, heute entmilitarisierte Zone) offiziell an, um die Bedingungen für die Aufhebung des Handelsembargos zu erfüllen.

Nach Ende des Krieges wurden zunächst die brennenden Ölquellen gelöscht. Dann begann der Wiederaufbau des Landes. Sechsspurige neue Autobahnen wurden durch die Wüste gezogen und repräsentative Bauwerke errichtet. Heute ist von den Schäden nur noch das zu sehen, was die Kuwaitis so beließen, um das Ausmaß der Zerstörung zu dokumentieren – z. B. Teile des ausgebrannten Nationalmuseums, einige zerstörte Autos und Panzer, das zerschossene Hotelschiff Al Salam (Frieden), eine Anzahl zerbombter Häuser und das irakische Folterzentrum in Rabiah. Nach dem Zweiten Golfkrieg diktierte Kuwait den Frieden: Die Grenze wurde zugunsten Kuwaits verändert, das Land beutet an der Nordostgrenze irakische Ölquellen aus, Iraks Zugang zum Meer wurde eingeengt.

An die Besatzungszeit erinnert das Beit-al Watani (Haus meiner Heimat), das Kuwait National Memorial Museum in North Shuwaikh, neben Shuwaikh Port Building, tgl. 9–12, 16–19 Uhr, Eintritt 1 KD.

Kuwait Stadt

Tipp: Scientific Center Kuwait und Tareq Rajab Museum

Außerhalb des Zentrums liegt an der Arabian Gulf Street, Ras al Ardh, in Salmiya **The Scientific Center Kuwait** [19]. Der großzügig gestaltete Museumskomplex bietet auch diverse Unterhaltungs- und Freizeiteinrichtungen. Hier befindet sich das größte Aquarium des Mittleren Ostens, ein IMAX-Kino sowie ein für Kinder und Jugendliche konzipierter interaktiver Technikbereich, Discovery Place genannt. Ein Café, ein Museumsshop und eine Ausstellungspassage komplettieren das Angebot. Im Freien liegen im Dhauhafen traditionelle Boote vor Anker – beliebte Foto-Objekte für Einheimische (Sa–Mi 9–21.30, Do 9–21.30, Fr 14–21.30 Uhr; Ausstellungshalle und Dhauhafen Eintritt frei, sonst je 2–3,5 KD, verbilligte Kombitickets; www.tsck.org.kw).

Im Stadtteil Al Jabriya zeigt das in der arabischen Welt hoch geachtete **Tareq Rajab Museum** [20] einzigartige Kunstwerke der Arabischen Halbinsel. In Jahrzehnten wurden sie von Tareq Rajab zusammengetragen, einem Kuwaiti, der seine Exponate öffentlich zugänglich machte und auch stimmungsvolle Ausstellungsräume zur Verfügung stellte. Zu sehen sind jahrhundertealte Kalligrafien, Keramiken und Metallarbeiten, Glasobjekte, Schnitzereien aus Elfenbein und Jade sowie Trachten und Silberschmuck des arabischen Kulturkreises. Besonders umfangreich ist die über 2000 Exponate umfassende Ausstellung von Keramiken, die die Zeitspanne der präislamischen Periode bis ins frühe 20. Jh. repräsentiert. Eine kleine Abteilung zeigt den Besuchern traditionelle Musikinstrumente, u. a. Trommeln, arabische Zithern und Lauten (Block 12, Street 5, Fahaheel Expressway/5th Ring Road, Sa–Do 9–12 und 16–19, Fr 9–12 Uhr, Eintritt frei, www.trmkt.com).

---

lässt sich die Öffnungszeit am nächsten Vormittag noch einmal telefonisch (Tel. 22 98 08 00) bestätigen. Dies am besten gleich am ersten Tag des Aufenthaltes in Kuwait, denn eventuell muss man den Vorgang mehrmals wiederholen. Weibliche Besucher müssen weite, Knie und Arme bedeckende Bekleidung sowie ein Kopftuch tragen.

In die Altstadt

Vom Sief Roundabout führt die Mubarak al Kabir Street an der Großen Moschee vorbei zum Abdul Razzaq Square, von dort die Ahmad al Jaber Street zum Safat Square. In diesem Viertel liegt die Altstadt von Kuwait mit ihren vielen Souqs (Mubarakiya). Bei einem Bummel lohnt sich der Gang zum **Central Market,** einem riesigen, mehrstöckigen Komplex mit großen Abteilungen für Fleisch und Fisch, Gemüse, Obst und Bekleidung.

Im **neuen Gold Souq** liegen unzählige Reihen von Geschäften; Schmuck in 22 oder 24 Karat wird hier meist nach Gewicht bezahlt, unabhängig von Form und Gestaltung des Schmuckstücks. Nur bei sehr leichtem Schmuck bezahlt man das *piece*. Gegenüber der ›alte‹ **Gold Souq** mit zahllosen kleinen Geschäften.

Obwohl die Gebäude der Altstadt überwiegend abgerissen und durch neue ersetzt wurden, spürt man einen Hauch des alten Gewerbes. Von Sonnenaufgang bis lange nach Sonnenuntergang werden Gewürze, Kleidung, Teppiche, Haushaltswaren und Antiquitäten gehandelt. Eine neu gestaltete Passage am Exchange Square, dem Beginn der Palestine Street, nennt sich **Heritage Souq.** Deren Gestaltung wurde einem traditionellen Souq nachempfunden, das Angebot auf Touristen abgestimmt: Antiquitäten, Kunsthandwerk, Souvenirs.

Abendlicher Treffpunkt indischer und pakistanischer Gastarbeiter ist der mit poliertem Granit bedeckte **Safat Square** [14]. Man bummelt entlang der Fußgängerzone, lauscht dem Plätschern der zahlreichen Brunnen oder döst auf einer der Rasenflächen. Menschentrauben bilden sich regelmäßig vor den umliegenden Kinos, wenn ein neuer indischer Spielfilm gezeigt wird.

Eines der höchsten Gebäude Kuwaits ist der 1995 erbaute **Fernsehturm (Liberation Tower)** 15, unweit des Safat Square, mit 372 m Höhe ein Monument der Superlative (geöffnet nur zum islamischen Fest Id al Fitr, s. S. 39).

Ist man nachmittags unterwegs, lässt sich ein Blick in das **Science and Natural History Museum** 16 werfen, das ca. 100 m vom Safat Square in der Abdullah al Mubarak Street liegt. Schwerpunkte der Ausstellung: Erdöl, Weltraum, Luftfahrt, Elektronik, Zoologie (Mi–Sa 16.30–19.30 Uhr, Eintritt frei).

6 Kuwait Towers

Wahrzeichen der Stadt sind seit jeher die an der Nordspitze der Halbinsel (Arabian Gulf Street) liegenden **Kuwait Towers**, drei architektonisch ansprechende Türme, die meistfotografierten Objekte Kuwaits. Der kleinste (113 m) fungiert als Energiereservoir und von ihm aus werden die beiden anderen nachts angestrahlt. Der mittlere (147 m) und der mit 187 m höchste Turm enthalten ein gigantisches Wasserreservoir: jeweils 4,5 Mio. Liter des kostbaren Nass, genug, um in Notzeiten die Wasserversorgung der gesamten Stadt einige Tage aufrechtzuerhalten. Besuchen lässt sich der höchste der drei Türme: Auf 123 m dreht sich eine Aussichtsplattform in 30 Minuten um 360 Grad, ein Café bietet Sandwiches, Tee und Wasser. Auf 82 m Höhe findet man ein Restaurant und ein weiteres Café. Nach Sonnenuntergang trifft man sich hier mit Geschäftsfreunden und genießt den faszinierenden Ausblick auf das Lichtermeer von Kuwait (Turm tgl. 9–23 Uhr, Eintritt 1 KD). Gleich vor den Kuwait Towers wurde am Meer der Aquapark, ein großer Wasser- und Vergnügungspark, errichtet.

Außerhalb des Zentrums

Cityplan: S. 216/217

An der Arabian Gulf Street (Ecke Qatar Street neben der Marina Mall) liegt im Stadtteil Salmiya das **Bayt Lothan** 17, ein 4000 m² gro-

Außerhalb des Zentrums

ßes ehemaliges Wohnhaus einer einheimischen Familie, das heute ein Kunstzentrum beherbergt. In Werkstätten wird Kunsthandwerk her- und ausgestellt, ein Café liegt im Innenhof (Tel. 575 58 66, tgl. 9–13 u. 16.30–21 Uhr, Eintritt frei, www.baytlothan.org).

In Salmiya thront an der Salem Mubarak Street eine der größten Einkaufsattraktionen des Landes, die **Layla Complex** 6 (s. S. 225), ein ultramodernes Einkaufszentrum, das sich bei den Kuwaitis großer Beliebtheit erfreut. Unter einer Glaskuppel findet man neben Cafés und edlen Shops Palmen, plätschernde Brunnen und tropische Gewächse.

An der 5th Ring Road erhebt sich 15 km südöstlich des Zentrums der **Bayan Palace** 18, 1987 für die Islamische Gipfelkonferenz errichtet, heute für internationale Konferenzen genutzt. Auf 150 000 m² steht ein rechteckiger Palast im islamischen Design mit einer 135 m langen Front. »Zwei Millionen Arbeitstage«, so die offizielle Verlautbarung, verschlang das Symbol des Fortschritts.

Ebenfalls im Stadtteil Salmiya befindet sich das **Scientific Center** (s. S. 220) sowie im benachbarten Stadtteil Al Jabriya das **Tareq Rajab Museum** (s. S. 220).

Infos

In Kuwait gibt es keine Informationsstelle für Touristen. Man erhält **Auskünfte** im Nationalmuseum und bei Reiseveranstaltern. Ein hilfsbereiter nicht-staatlicher Reiseveranstalter ist **Prime One Holidays,** Central Plaza

Tipp: Green Island

Südlich der Kuwait Towers erstreckt sich im Stadtteil Daiyah im Meer vor der Arabian Gulf Street eine runde künstliche Insel von 3 km Durchmesser, vom Parkplatz aus über eine 134 m lange und überdachte Brücke zu erreichen. Green Island wurde als Erholungspark konzipiert und bietet Besuchern eine Badelagune, Restaurant, ein Amphitheater, einen großen Pool, einen Beobachtungsturm, Spazierwege und Spieleinrichtungen für Kinder (tgl. 9–24 Uhr, Eintritt 250 fils).

Kuwait Stadt

aktiv unterwegs

Mit der Fähre nach Falaika

Tour-Infos
Start: Ras-al-Ardh-Fährhafen, Salmiya, Arabian Gulf Street
Länge: 25 km mit der Fähre, 5 km auf der Insel
Dauer: 1 Tag
Wichtiger Hinweis: Die Abfahrtszeiten der Fähre sind abhängig von den Gezeiten.

25 km nordöstlich Kuwait Stadt liegt die Insel **Failaka** (gesprochen Falaicha, ▶ 2, F 2), vom Fährhafen Ras al Ardh (Salmiya) in ca. 90 Minuten zu erreichen. Die Insel ist 14 km lang, 2 bis 8 km breit, 24 km² groß und hat etwa 500 Einwohner. Ankunftshafen ist **As-Zor** an der Westseite. Unter Kuwaits neun Inseln, die der Küste vorgelagert sind, ist Falaika nicht die größte, sicherlich aber die schönste und geheimnisvollste. So besitzt das Eiland mit seinen schönen Stränden und klarem Wasser eine auf Tagesbesucher eingestellte Infrastruktur mit Restaurants, Sport- und Freizeitplätzen sowie kleinen, tage- und stundenweise buchbaren ›Chalets‹, in die man sich vor der Mittagshitze zurückziehen kann.

Spirituell ausgerichtete Besucher schätzen die Tatsache, dass die Geschichte der Besie-

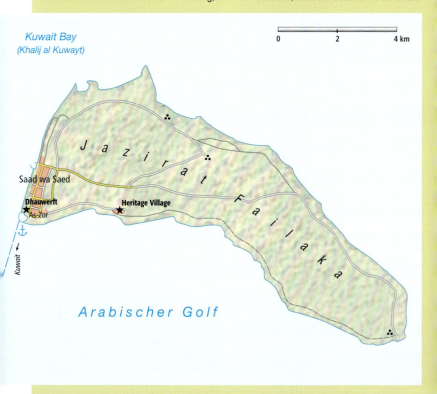

Außerhalb des Zentrums

delung von Falaika bis auf die frühe Steinzeit zurückgeht und dass die Insel als besonderer Kraftort gilt. Während der Befreiung Kuwaits wurde Failaka mit seinen historischen Stätten schwer beschädigt, da die Iraker es zum Marinehauptquartier bestimmten und sich in den Ausgrabungsstätten verschanzt hatten.

Besichtigen lässt sich die **Dhauwerft** von Qurainiyah, das hübsche Fischerstädtchen **Saad wa Saed** an der Südwestspitze (mit Siedlungsresten der Dilmun-Kultur, einer Tel Saad genannten bronzezeitlichen Siedlung und einer hellenistischen Festung mit Artemis-Tempel) sowie prähistorische Gräber an der Nordspitze. Auf einem zehn Meter hohen Hügel der westlichen Halbinsel steht der geheimnisvolle Schrein **Al Khader**, der früher von vielen allein reisenden Frauen aufgesucht wurde, denn ein Besuch an diesem heiligen Ort sollte unfruchtbaren Frauen zur Schwangerschaft verhelfen.

Im Süden der Insel liegt ein Komplex für Touristen (**Heritage Village** 7, s. S. 224) mit Hotel, Restaurants, Schwimmbecken, Sportstätten. Das Museum **Palace of Sheikh Abdullah** (Do,Fr 14–16 Uhr) zeigt Räume, die im traditionellen Stil eingerichtet sind, und ein kleiner See lädt zu Fahrten mit dem Tretboot.

Empfehlenswert ist auch die halbstündige Bootsfahrt mit dem 36-sitzigen Katamaran Walad al Khair vom **Marina Crescent** in Kuwait Stadt und der anschließende Besuch im Falaika Heritage Village, dem Freilichtmuseum mit Nachbauten traditioneller Häuser, einem kleinen Zoo, Werkstätten, in denen traditionelle Handwerkskünste vorgeführt werden, sowie die angeschlossenen Falaika Riding Stables. Für Kinder stehen Ponys zur Auswahl, erfahrene Reiter sind glücklich über die wunderschönen reinrassigen Araberpferde, die mit Grazie und viel Temperament über die Ebenen der Insel galoppieren (www.failakaheritagevillage.com).

Mall, Salem al Mubarak Street (gegenüber der American University), 2. Etage, Office No. 2, Tel. 25 75 50 38; www.primeoneholidays.com.

Für 2 KD gibt es den jährlich aktualisierten **Kuwait Pocket Guide** mit allem Wissenswerten zu Kuwait. Monatlich erscheint **Kuwait Zoom,** eine Broschüre mit Veranstaltungshinweisen (kostenlos). Der private Verein **AWARE** (Advocates for Western Arab Relations & Exchange) unterhält ein **Informationsbüro** in der Surra Street, Block 3, Villa 84, Surra (5th Ring Road), Tel. 25 33 52 60, Fax 25 33 52 30. Mit Bistro und Internetzugang. Es werden auch Besichtigungen der Großen Moschee, Besuche einer Diwaniya und Bootsfahrten um Kuwait angeboten. www.aware.com.kw

Fast alle **Sehenswürdigkeiten** sind über Mittag (ca. 12–16 Uhr) geschlossen und freitags nicht oder erst ab Nachmittag geöffnet.

Übernachten

Zu den Preisen kommen 15 % Service hinzu. Alle Hotels in Kuwait (außer Khiran Resort, S. 229, und Safir Heritage Village, S. 224) bieten kostenlosen Transfer zum Flughafen und in die City.

Zentral & luxuriös ▶ **JW Marriott** 1: Al Shuhada St., City, Tel. 22 45 55 50, Fax 22 43 83 91, www.marriott.com. Zentral, direkter Zugang zu einem Shoppingkomplex, ein weiterer liegt gegenüber, Luxusausstattung. 315 Zimmer, DZ ab 85 KD.

Marmor-Lobby ▶ **Sheraton** 2: Sour St./ Fahd al Salem St. (am Jahra Gate), Tel. 138 55 55, Fax 22 44 80 32, www.sheratonkuwait.com. In günstiger Lage unweit des Meeres und zentrumsnah, mit Health Club, Pool und Squashhalle. 310 Zimmer, DZ ab 85 KD.

Am Arabischen Golf ▶ **Radisson Blu** 3: s. S. 229.

Komfortnähe Flughafen ▶ **Crowne Plaza** 4: Airport Rd./6th Ring Rd., Farwaniya, zwischen Flughafen und Stadt, 10 km vom Zentrum, Tel. 184 81 11, Fax 24 73 20 20, www.kuwait.crowneplaza.com; Fitnesszentrum, Pool, vorzügliches Fischrestaurant. 330 Zimmer und Suiten, DZ ab 65 KD.

Kuwait Stadt

Vorbereitung aufs Sightseeing: In der Lounge des Luxushotels JW Marriott

Schöner Meerblick ▶ **Safir International** **5**: 1st Ring Rd. zwischen Arabian Gulf St.und Istiqlal St., Bneid al Gar, Tel. 22 53 30 00, Fax 22 56 37 97, www.safirhotels.com. Modernes Komfort-Hotel mit Fitnessraum und Pool. Aus den oberen Zimmern und vom Restaurant Sea Breeze im 19. Stock genießt man einen fantastischen Meerblick. 146 Zimmer, DZ ab 60 KD.

Zentrale Mittelklasse ▶ **Oasis** **6**: Ahmed al Jaber St./Mubarak al Kabir St., Tel. 22 46 54 89, Fax 22 46 54 90, www.oasis.com.kw. Mittelklasse-Hotel im Zentrum mit dem Restaurant Tipu Sultan in der 11. Etage. 63 Zimmer, DZ ab 35 KD.

Auf der Insel ▶ **Safir Heritage Village** **7**: Failaka, Tel. 22 52 06 00, www.failakaheritagevillage.com. Großzügig gestaltete Anlage mit Museum (tgl. 16–18 Uhr, Eintritt 0,5 KD), Reitstall, Bootsausflügen, Pool, mehreren Restaurants. 48 Bungalows mit 1–3 Zimmern 36–100 KD, DZ im Ikaros Hotel 36 KD.

Essen & Trinken

Achterdeck ▶ **Al-Boom-Dhau-Restaurant** **1**: s. S. 229.

Chinesisch vom Inder ▶ **Caesars** **2**: Al Wattiya (hinter dem Sheraton Hotel), Tel. 22 43 11 00, tgl. 12–24 Uhr. Chinesisch-kontinentale Küche, authentisch von Indern zubereitet, Spezialität: *Mandarin fish* (ganzer *hammour*) ab 9 KD.

Köstlicher Fisch ▶ **S. S. Danah** **3**: Al Bilijat St., Al Bidaa R/A (Ecke Arabian Gulf St./5th Ring Rd.), Salmiya, Tel. 25 71 51 22, tgl. 12.30–23 Uhr. Hell und freundlich, Blick über den Golf, Buffet sowie á la carte. Fischgerichte ab 7 KD.

US-Ambiente ▶ **Apple Bees** **4**: Bneid al Gar, Arabian Gulf St., Tel. 22 40 75 36, tgl. 9–24 Uhr. Treffpunkt junger, trendiger *expatriates*, europäische und US-Küche ab 6 KD.

Steak mit Ausblick ▶ **Horizon** **5**: Kuwait Towers, Arabian Gulf St., Tel. 22 44 40 38, tgl. 12.30–15 und 19.30–24 Uhr. In 82 m Höhe ei-

Adressen

nes der Kuwait Towers mit Superblick über den Golf und die Stadt serviert man internationale Gerichte ab 5 KD.

Authentisch kuwaitisch ▶ Shatea al Wattiya 6 : Behbehani Compound House 23, Al Wattiya, Tel. 22 42 20 88, tgl. 12–15 und 18–23 Uhr. Das Lokal ist untergebracht in einem der wenigen noch existierenden historischen Häuser Kuwaits. Authentische Atmosphäre, hervorragende arabische Küche. Verzeichnet sind die typischen Fleisch- und Fischgerichte des Nahen Ostens, dazu *houmus* und würzige Vorspeisen. Zum selbst gebackenen Fladenbrot lässt man sich Joghurt mit Gurken servieren. Menü ab 4 KD.

Einkaufen

Kunst & Antikes ▶ Dar al Funoon 2 : Behbehani Compound House 28, Al Wattiya, So–Mi 10–13, 16–18, Do 10–13, Sa 16–20 Uhr, www.daralfunoon.net. Kunsthandwerk und Einblicke in das Innere eines traditionellen Hauses (s. S. 214). Wechselnde Ausstellungen.

Gewebtes ▶ Sadu House 5 : Das vom Nationalmuseum zugängliche traditionelle Haus bietet zahlreiche Webarbeiten wie Taschen und (Klein-)Teppiche (s. S. 215).

Kunst vom Ort ▶ Kunstgalerie Free Atelier 1 : Arabian Gulf St. (zwischen Sief-Palast und Britischer Botschaft), Nov.–Juni Sa–Mi 8–20 Uhr. Schon seit 1960 zeigt die Galerie Arbeiten lokaler Künstler.

Kunsthandwerk ▶ Bayt Lohtan 17 : Arabian Gulf St./Qatar St., Salmiya, 25 75 58 66, tgl. 9–13, 16.30–21 Uhr, www.baytlothan.org. Eine vorzügliche Ausstellung lokalen Kunst(gewerbe)schaffens.

Souqs & Märkte ▶ Central Market, New Souq, Old Souq, Gold Souq, Gewürzmarkt 2 im Zentrum. Der Gewürzmarkt hat ein riesiges Angebot exotischer Gewürze. Preiswert kauft man hier Curry, Kardamom, Koriander, Zimt und andere Köstlichkeiten. Alle diese Souqs sind neueren Datums; einen traditionellen Souq findet man in Abbasiya südlich der 6th Ring Road. Der **Friday Market** 3 in Al Rai an der 4th Ring Road (Fr 8–20 Uhr) bietet auf einem riesigen Gelände Textilien, Kosmetika und Dinge des täglichen Bedarfs. Indische Angestellte transportieren die Einkaufswaren zu den Autos. Kleintiermarkt an einem Ende des Geländes.

Einkaufstempel ▶ Prunkstück der mit viel Glas und Stahl errichteten Konsumtempel ist die **Sharq Mall** 4 im gleichnamigen Stadtteil in der Arabian Gulf Street. Daneben locken die exklusiven Geschäfte mit Markenartikeln aus Ost und West in der **Marina Mall** 5 und im **Layla Complex** 6 , Arabian Gulf St./Salem Mubarak St., zu einem Bummel. Neben hochpreisigen Designermarken finden sich auch preislich moderate Boutiquen von GAP und Zara, interessant besonders für jüngere Kunden.

Aktiv

Organisierte Ausflüge entlang der Küste und in die Wüste bieten Reisebüros und -veranstalter (s. S. 221). Eine Halbtagestour zu den Ölfeldern und Bohrtürmen mit Besuch der neuen KOC-Ausstellungsräume (bei Ahmadi) buchen die meisten Hotels.

In und auf dem Wasser ▶ Aquapark 1 : vor den Kuwait Towers, Arabian Gulf St. April–Okt. Sa–Mi 10–22, Do/Fr 10–23, Di ab 14.30 Uhr *ladies only*, Eintritt 3,5 KD, www.aquaparkkuwait.com. Großer Wasser- und Vergnügungspark am Meer mit diversen Wasserrutschen und Pools, Beachvolleyball, Tauchschule sowie ein mit Palmen gestalteter Beach Park am Meer. Cafés und Restaurants im Foodcourt.

Schlittschuhlaufen ▶ Eislaufbahn 2 : 1st Ring Rd./Sour St. (Green Belt am Shamiya Gate, gegenüber Ministerien), Tel. 22 41 11 52, So–Fr 9–20 Uhr, Eintritt 1,5 KD.

Fit halten ▶ Sportzentrum 3 : s. S. 229.

Verkehr

Stadtbusse verbinden das Zentrum mit den Vororten (150–250 fils).
Taxis: Für Stadtfahrten zahlt man 1–2 KD, zu den Vororten 2–3 KD, zur 6th Ring Road 4 KD.
Fähre Ikarus Failaka: ab Ras al Ardh, Salmiya, Arabian Gulf Street, Tel. 25 71 35 44, tgl. außer Di ab 8.15 Uhr, Fahrtzeit 90 Min., Rückkehr 12.30 Uhr, 2,50 KD retour, 20 KD einfache Überfahrt mit dem Mietwagen.

Rund um Kuwait Stadt

Ein lohnender Ausflug, bei dem man Einblick in die kuwaitische Seefahrergeschichte erhält, führt von der Hauptstadt auf die Halbinsel Doha; anschließend besucht man in der Oase Jahra das geschichtsträchtige Fort Qasr al Achmar. Die Fahrt entlang der Südküste führt vorbei an prächtig hergerichteten Strandabschnitten und endet beim beliebten Khiran Resort.

In den Norden ▶ 2, D/E 2

Eine Tour in den Norden und eine in den Süden von Kuwait, die jeweils gut an einem Tag zu bewältigen sind, machen den Besucher mit den unterschiedlichsten Facetten des Wüstenstaats vertraut. Unterwegs werden gepflegte Villen und Parks passiert. Die immer wieder ins Blickfeld rückende Geröll- und Sandwüste wird oft von Pipelines durchzogen. Bei den zahlreichen in der Landschaft aufgebauten Zelten handelt es sich meist um solche wohlhabender Kuwaitis, die alte Beduinentradition fortleben lassen und die Zelte am Wochenende bewohnen.

Verlässt man die Stadt in westlicher Richtung, begegnet man oft zahlreichen ausländischen Landarbeitern. Mit Lastwagen wird importierter Humusboden auf den Geröllgrund verteilt, zum Schutz gegen Winderosion festgewalzt und mit einer Hecke aus Nadelbäumen umgeben. Diese Zäune sollen Ziegen abhalten, die man außerhalb der Großstadt überall antrifft und die jedes Grün vernichten. Dann folgt rechts ein Nadelwald, in dem immer wieder Zelte im Beduinenstil auftauchen. Von der neuen Autobahn aus, die nach Abzug der Iraker großzügig gebaut wurde, kann man an vielen Stellen einen Blick auf den Fortgang der Aufforstungsprogramme werfen.

Bald taucht rechter Hand **Entertainment City** auf, ein weitläufig gestaltetes, ansprechendes Freizeitgelände, am Ufer der Bucht von Kuwait gelegen, mit Jahrmarkt sowie zahlreichen Unterhaltungsangeboten.

Vor dem Dorfeingang von **Doha** (30 km westlich von Kuwait Stadt) passiert man rechts Doha Jail, das ehemalige Gefängnis des Landes. Die Fahrt führt auf eine Landzunge, diese wird zusehends enger, und bald tauchen auf der linken Seite die ersten Dhauwerften auf, kleine Handwerksbetriebe mit zwei bis drei der arabischen Holzboote in Arbeit. Zusätzliches Einkommen erwirtschaften die Männer mit dem Bau von Modellen, zwischen 20 cm Größe für Touristen und 2 m Länge für die Eingangshallen von Hotels und Häuser wohlhabender Kuwaitis – eine gute Gelegenheit, ein reizvolles Geschenk zu erwerben. Durch Aufschüttung wurde dem flachen Wasser eine vor der Landzunge liegende Insel abgerungen. Auch ein neuer kleiner Hafen für Fischer- und Freizeitboote wurde gebaut. Eine malerisch erscheinende Atmosphäre, doch: Fotografieren ist nicht erlaubt, da nach der irakischen Invasion – die Berge Iraks ragen zum Greifen nahe jenseits

Tipp: Unterwegs nach Nord und Süd

Auch wenn es entlang der Strecken einige Cafés und Restaurants gibt, empfiehlt es sich doch, besonders in den wärmeren Monaten, genügend Wasser mit sich zu führen. Auch ein Picknickkorb (eventuell vom Hotel) für die Rast am Meer ist eine gute Idee.

der Insel Bubiyan und der Bucht auf – hier militärische Einrichtungen erbaut wurden.

Schon in vorislamischen Zeiten muss **Jahra** (35 km westlich, 50 000 Einw.) eine blühende Oase gewesen sein, wie Ausgrabungsfunde nahe legen. Die reichen Grundwasservorkommen begünstigten die Landwirtschaft, und bis in die 1990er-Jahre lieferte Jahra Früchte und Gemüse nach Kuwait Stadt. In den letzten Jahren wurden Neubauten errichtet, sodass viel vom Oasen-Charme verloren ging. Beschaulich ist noch der östliche Teil der Ortschaft. Das **Lehmfort Qasr al Achmar** (Roter Palast) ist historisches Monument und kulturelle Stätte (s. S. 228). Die Weiterfahrt in nördlicher Richtung an der Westseite der Bucht von Kuwait entlang nach **Subiya** lohnt nicht. Vom vorislamischen Subiya ist nichts erhalten geblieben. Eine 2,5 km lange Betonbrücke zieht sich vom südlichen Ende des modernen Subiya hinüber zur Insel Bubiyan.

Einkaufen

Flohmarkt ▶ jeden Freitag in Jahra.

Aktiv

Freizeitpark ▶ **Kuwait Entertainment City:** Westseite der Bucht von Kuwait (Straße nach Doha), 20 km von Kuwait Stadt entfernt, Tel. 24 87 94 55, So–Mi 14.30–22.30, Do/Fr 10–21 Uhr, im Sommer So–Fr 16–24 Uhr, Mo nur Frauen, Eintritt 3,5 KD. Aufwendige Vergnügungs- und Freizeitanlage mit Jahrmarkt, Restaurants, Cafés, Teichen, Spiel- und Sportmöglichkeiten.

Rennen mit Höckern ▶ **Kamelrennbahn:** bei Jahra (7th Ring Road), Rennen März/April donnerstagmorgens und spätnachmittags.

In den Süden zur saudischen Grenze

▶ 2, E/F 3/4

Cityplan: S. 216/217
Entlang der Küstenstraße (Fahaheel Expressway) fährt man an zahlreichen am Meer

Tipp: Vergnügen mit Aussicht

Arab World, International World und **Future World** heißen die drei kuwaitischen Versionen von Disney World. Hier trifft man einheimische Familien und die aus aller Welt stammenden *expatriates*. Grandios: Ein Aussichtsturm erlaubt einen Blick auf die gegenüberliegende Skyline von Kuwait Stadt, die nachts aufwendig illuminiert wird (s. S. 226).

gelegenen Grünflächen und Spielplätzen vorbei, alle großzügig angelegt, und passiert weitläufige und schattige Picknickareale für Familien. Während der Woche sind die Rastplätze verwaist, am Donnerstag und Freitag trifft man auf Ausländer wie Einheimische, die zusammenkommen und sich von ihren Hausangestellten das Essen servieren lassen.

Kommt man auf der Küstenstraße am Hotel **Radisson Blu** 3 vorbei, kann man in der Lobby die 4770 kg schwere Granitkugel besichtigen, die dort dank einer genialen Konstruktion auf einem dünnen Wasserbett rotierend schwimmt. Da sie aus Deutschland stammt, nennt man sie ›our Kugel‹.

Jeder Staatsgast und jeder prominente Besucher wird in das Radisson Blu geführt, weil sich dort ein einzigartiges Denkmal altarabischer Schiffsbaukunst befindet: Die arabische **Dhau Al Hashemi II,** die gleich neben der Hotelanlage liegt, ist mit 84 m Länge und 18 m Breite das größte hölzerne Boot Arabiens, der Hauptmast ragt 54 m in die Höhe. Das 2500 t schwere Teakholz-Schiff entstand im Auftrag des kuwaitischen Hotelbesitzers und ist im Guinness-Buch der Rekorde verzeichnet. Das Schiff beherbergt ein Konferenzzentrum und einen Ballraum sowie ein Restaurant. Im Erdgeschoss liegt das **Marinemuseum,** in dem Besucher zwölf Modelle unterschiedlicher arabischer Holzboote für Fischfang, Perlentaucherei, Handel/Transport bestaunen können (tgl. 9–18 Uhr, Eintritt frei).

Fahaheel liegt 40 km südlich der Hauptstadt an der Küste. Gelegentlich wird der Ort als Little India bezeichnete. Kein Wunder, ist

Rund um Kuwait Stadt

Tipp: Das Rote Fort

Eines der wenigen historischen Monumente im modernen Kuwait: Das geschichtsträchtige **Fort Qasr al Achmar** in Jahra schimmert in sanftem Rot und wird in Ehren gehalten. Es wurde restauriert und gilt als historisches Monument der Schlacht von 1920, als der entscheidende Kampf gegen immer wieder aus Saudi-Arabien kommende Angreifer gewonnen wurde. Das niedrige und lang gestreckte Bauwerk mit seinen zahlreichen Räumen gruppiert sich um einen großen Platz. Nur wenige Besucher finden den Weg hierher, Man bummelt fast allein durch die originalgetreu restaurierten Räume. Zu der Anlage gehört auch eine kleine Moschee, die mit ihrer niedrigen Eingangtür und der einfachen Ausstattung einen bescheidenen, und aufgrund der Stille im Inneren, meditativen Eindruck vermittelt – anrührender Kontrast zur sonstigen reichen Ausstattung der Gotteshäuser auf der Arabischen Halbinsel. An einigen Stellen des Forts sind alte Holzbalken als Türsturz sichtbar. Eine mit Lehm verputzte Treppe führt hinauf auf das Dach des Baus. Von dort hat man einen Blick auf die umliegenden Gebäude. Weiter entfernt sieht man landwirtschaftliche Felder und Dattelpalmenhaine. In den frühen Morgenstunden und zur Zeit der Dämmerung ist die Atmosphäre besonders schön, und für Fotografen ergeben sich dann reizvolle Motive.

Häufig ist das Fort auch Schauplatz kultureller Veranstaltungen sowie von Vernissagen und festlichen Events, die nach einem besonderen Austragungsort verlangen. Zu solchen Ereignissen sind die alten Mauern bis tief in die Nacht von Leben erfüllt (Sa–Do 8–13 Uhr, Eintritt frei).

---

die Stadt doch Heimat einer großen indischen Gemeinde. Die Männer finden als Angestellte der Erdölgesellschaft ihr Auskommen. Südlich der Stadt liegt der Hafen Mina al Ahmadi. Fahaheel hat einen hübschen Souq, Attraktion des Städtchens ist jedoch sein Fischmarkt am Südrand, der von Händlern mit ihren Pick-ups aufgesucht wird. Viele Privatleute kaufen hier fangfrischen Fisch direkt nach der Anlandung. Ein Schwimmbad (Manqaf Beach) findet man nördlich der Stadt.

Von Kuwait Stadt führt auch eine direkte Autobahn nach Ahmadi. Auf dem Weg dorthin bietet sich ein Abstecher zur Ortschaft **Al Qourain** an, eine Ansammlung von kuwaitischen Einfamilien- und Reihenhäusern. Dort (Block 4, Street 3, House 59) wird das Haus von Badr al Eedam, ein zweistöckiges Gebäude aus gelben Ziegeln (gegenüber der Moschee), als **Märtyrerhaus** und Gedenkstätte in dem Zustand belassen, in dem es nach der irakischen Besatzung vorgefunden wurde. Es wurde von 19 Bewohnern heldenhaft verteidigt, fast alle der Verteidiger kamen bei dem Panzerbeschuss und der Erstürmung ums Leben. Nur zwei Bewohner konnten sich in eine versteckte Dachkammer retten und später von dem Ereignis berichten. Das Haus ist innen vollständig verwüstet, davor liegen zerschossene Limousinen, der irakische Panzer steht auf der gegenüberliegenden Seite. Eine Fotodokumentation im Nachbarhaus illustriert das kriegerische Geschehen. Vermutlich griffen die Iraker so hartnäckig an, weil die umliegenden Häuser verlassen waren und sie annahmen, mit dem Gebäude hätte es eine besondere (Widerstands-)Bewandtnis. Das Haus beherbergt ein Museum, das eindrucksvoll die Grauen des Überfalls dokumentiert (Sa–Do 9–12 Uhr, Eintritt frei).

Obwohl auch **Ahmadi** (50 000 Einw.) unter dem Zweiten Golfkrieg gelitten hat, fällt es durch seine Gärten und Parks, schönen Villen und gepflegten Grundstücke auf. 1948 als Kuwaits Ölstadt gegründet, entwickelte sich hier das Zentrum der staatlichen Ölindustrie. Für die vielen ausländischen Bediensteten schuf man eine angenehme und großzügige Infrastruktur. Die Stadt liegt nicht weit vom Ahmadi Oil Field in 135 m Höhe. Am Stadtrand sieht man Erdöllager, von denen das

In den Süden zur saudischen Grenze

schwarze Gold ohne Pumpen durch Pipelines in die Tanker im Hafen von Ahmadi fließt. Mina al Ahmadi ist einer der größten Ölhäfen des Nahen Ostens. Zwei Molen reichen anderthalb Kilometer weit in das Meer hinaus, auf ihnen verlaufen Öl-, Gas- und Wasserleitungen. Bis zu zehn Supertanker werden gleichzeitig abgefertigt. Südlich der Stadt gelangt man zu dem seit 1946 produktiven Burgan Oil Field.

Am Stadteingang steht ein großes Zelt von feinster Machart, die Diwaniya von Sheikh Mohammed für die wenigen kuwaitischen Bewohner der Stadt. »Smile, you're in Ahmadi«, lautet dort die Aufforderung an die Fremden, vielleicht wegen des für Kuwait ungewöhnlich dichten Grüns der Ortschaft. Die Oil Exhibition im Display Centre der Kuwait Oil Company ist für Besucher geöffnet; dort wird ein Film über die Löschung der brennenden Ölquellen nach besonderer Einladung gezeigt.

100 km südlich von Kuwait Stadt entstand **Al Khiran** um der Konzentrierung der Bevölkerung in der Hauptstadt entgegenzuwirken. Auf einer sandigen Halbinsel wurde das Khiran Resort erbaut, ein für Touristen vorgesehener Komplex, der Chalets, Restaurants, Liegeplätzen für Boote und Wassersporteinrichtungen sowie Spiel- und Sportplätzen umfasst.

Übernachten

Sporthotel ▶ **Radisson Blu** 3 : Al Bedea al Taween St., Salwa, südlich von Kuwait Stadt zwischen 5th und 6th Ring Road am Meer, Tel. 25 67 30 00, Fax 25 75 01 55, www.radissonblu.com/hotel-kuwait. Wahlweise orientalisch oder puristisch im nordischen Stil eingerichtete Zimmer. Das Restaurant Al Boom zieht viele Prominente an. Fitnesscenter und Sportclub, Shuttlebus ins Zentrum. 200 Zimmer, DZ ab 96 KD.

Strand- und Sporthotel ▶ **Khiran Resort:** Al Zour, Fahaheel Expressway Exit 278 (100 km südlich von Kuwait Stadt), Tel. 23 95 11 22, Fax 23 95 13 18. Die große Hotelanlage liegt zwischen zwei Wasserläufen am Meer, am Wochenende (Do/Fr) wird es sehr voll. 200 Zimmer und Apartments, DZ ab 50 KD.

Essen & Trinken

Fisch auf der Dhau ▶ **Al-Boom-Dhau-Restaurant** 1 : hinter dem Radisson Blu, Al Bedea al Taween St., Salwa, tgl. 19.30–23.30 Uhr. Das Boot (Muhammadi II) ist die letzte der historischen, hochseegängigen großen Al Boom-Dhaus in Kuwait – besonders romantisch ist ein Abend auf dem Achterdeck. Steak & Seafood mit Blick auf die erleuchtete Bucht. Zunächst bedient man sich vom üppigen Vorspeisen- und Salatbüfett, als Dessert gibt es opulente arabische Süßspeisen, Datteln und heißen Mokka. Menü ab 10 KD.

Aktiv

Verwöhnadresse ▶ **Sportzentrum** 3 : im Radisson Blu. Kuwaits bester Sportclub vereint luxuriöse Atmosphäre und Strandfeeling und bietet genug Möglichkeiten, einen ganzen Tag stilvoll mit Fitness und Wellness zu verbringen. Zu dem, gegen eine Gebühr für Nicht-Hotelgäste zugänglichen Viking Club gehören ein modern ausgestatteter Fitnessraum. Es finden Pilates- und Yogakurse statt, und anschließend entspannt man im Dampfbad des Wellnessbereiches. In schöner Lage am Meer mit Privatstrand und zwei großzügigen Pools treffen sich am islamischen Wochenende viele *expatriates* im Sportclub des Hotels.

Tipp: ›Our Kugel‹

Zwei Gründe gibt es, auf dem Weg nach Süden bei dem am Meer gelegenen **Radisson Blu** einen Stopp einzulegen. In der Lobby bewundert man eine gewaltige Granitkugel, die auf einem Wasserbett rotierend ›schwimmt‹. Bei einer Tasse Tee versucht man anschließend herauszufinden, wieso das scheinbar Unmögliche möglich ist. Dann schlendert man durch das Hotelgelände zur nebenan im Wasser liegenden Dhau, der größten der arabischen Welt, und besucht das Marinemuseum.

Kein Mensch, keine Vegetation: Über 800 km Länge ziehen sich die Dünen des Zentraloman vom Hajar- bis zum Dhofar-Gebirge

Kapitel 4
Oman

Autobahnen, Landstraßen, manchmal auch nur Schotterpisten führen durch das dünn besiedelte Land, das als die Heimat Sindbad des Seefahrers gilt und dessen Dörfer noch immer einen Hauch orientalischer Märchenatmosphäre verkörpern. Fast alle Oman-Besucher beginnen ihren Aufenthalt im historischen Muscat und seiner neuen Capital Area, zumal im Umkreis von Muscat zahlreiche bedeutsame Dörfer und Städte liegen. Allen voran Nizwa, einst Zentrum des Silberhandwerks und berühmt für sein gewaltiges Fort und seinen traditionellen Souq. Unweit von Nizwa stehen die von der Unesco in die Liste des Weltkulturerbes aufgenommene Lehmfestung Bahla und das Fort von Jabrin, eine kunstvolle Märchenburg mit bemalten hölzernen Decken.

Omans Süden ist die Weihrauchregion Dhofar mit ihrer Hauptstadt Salalah, die während des jährlichen Sommermonsuns ergrünt. In ihrer Umgebung liegen viele Ausflugsziele, deren Bedeutung dem Weihrauch zu danken ist: etwa Mirbat, an einer Bucht gelegen, mit einem historischen Fort und alten Kaufmannshäusern. Aufwendig und anstrengend, aber faszinierend ist ein Besuch der antiken Oase Shisr. Dort vermuten Archäologen die in Bibel und Koran erwähnte Weihrauchhandelsstätte Ubar: Omans Pendant zum mythischen Atlantis.

Der Norden Omans, die Halbinsel Musandam, ragt weit in die Straße von Hormuz, d. h. in die bedeutendste Tankerroute der Welt hinein und ist als Exklave durch die östliche Vereinigten Arabischen Emirate vom Rest Omans getrennt. Musandam bietet faszinierende Bergregionen und bizarre Landschaften mit fjordähnlichen Khors entlang 1000 m steil abfallenden Felswänden.

Mächtige Forts und alte Häfen

Oman ist von atemraubender landschaftlicher Schönheit und besitzt jahrhundertealte Forts, Burgen und Schlösser. Bislang ist das Sultanat nur wenigen bekannt, denn Oman setzt auf Luxus und Qualitätstourismus. Geschichte und kulturelles Erbe, moderne Infrastruktur und arabische Lebensweise verbinden sich hier auf sehr angenehme Art.

Großzügig, modern und pieksauber: wer in Muscat, der Hauptstadt von Oman, zum ersten Mal landet, ist erstaunt über die so wenig orientalisch wirkende Atmosphäre. 80 km/h kann man auf der zentralen Autobahn der Capital Area fahren, zweisprachige Hinweisschilder machen auf die wenigen Sehenswürdigkeiten aufmerksam. Hin und wieder erblickt man Verkehrskreisel, auf denen kunstvolle Baudenkmäler – in Form von meterhohen arabischen Kaffeekannen, Falken oder Dromedaren – stehen. In Weiß leuchten die im modernen arabischen Stil gehaltenen Villen links und rechts der Stadtautobahn. Deren Randstreifen sind wie Gärten und Parks gestaltet, abgegrenzt von schmiedeeisernen Zäunen und mit sattgrün leuchtendem englischem Rasen. An den islamischen Wochenenden picknicken indische Großfamilien auf den Rasenflächen, Kinder spielen Fußball. Dattelpalmen, Bougainvilleen, Trompetenbäume, selbst Rosen, Hortensien und Geranien erblühen dank reichlicher Wasserzufuhr und vermitteln den Eindruck, sich in einer wirklichen Umgebung, in einer Art Traumlandschaft zu bewegen, zusammengesetzt aus unterschiedlichsten kulturellen Fragmenten.

Einen ersten Eindruck von der kargen Schönheit der omanischen Bergwelt erhält, wer am Ostrand von Muscat der Al Bustan Road zum Shangri-La Hotel folgt, Omans offensiver Einstieg in den internationalen Strand- und Badetourismus. Eine neu erbaute Panoramastraße führt in abenteuerlichen Windungen durch eine bizarre, kahle Bergszenerie, dabei ergeben sich immer wieder fantastische Ausblicke auf herrliche Buchten und das tiefblaue Meer.

Oman, nach Saudi-Arabien und Jemen das drittgrößte Land der Arabischen Halbinsel, ist nur dünn besiedelt: fast ein Drittel der etwa drei Millionen Einwohner lebt in der Capital Area um Muscat, ein weiterer dichter besiedelter Landstrich ist die Nordostküste mit der Batinah-Ebene. Nahezu unbewohnt ist die über 500 km lange, durch Kieswüste und Schotterflächen gekennzeichnete Region zwischen dem Hajar-Gebirge und dem fast subtropischen Dhofar im Süden. Im Südwesten, zur Grenze nach Saudi-Arabien hin, erstreckt sich die Sandwüste Rub al Khali, das ›leere Viertel‹, ein mit über 500 000 km^2 riesiges Gebiet.

»Am Morgen tränkten wir unsere Kamele und füllten unsere Lederschläuche. Muhammad betete um den Schutz Gottes, dann brachen wir auf ... Zuerst war der Himmel grau, und es blies ein kalter Wind aus Nordost. Die Sandwüste war flach, düster und trostlos ... Vom Wind geschliffene Fragmente von Ryolith, Porphyr, Jaspis und Granit formten eine Art Mosaik im harten Sand über dem darunter liegenden Sedimentgestein ... Als ich in der Morgendämmerung erwachte, hatten sich in den Tälern Strudel aus Dunst gebildet, über denen sich die Silhouetten der Dünen nach Osten hin wie fantastische Berge in

Richtung der aufgehenden Sonne erhoben. Kein Geräusch war zu hören, und die Welt lag wie in einem Kelch aus Stille. Ich befand mich an einer der letzten Schwellen der Sandwüste und sah beinahe bedauernd auf den Weg zurück, den wir gekommen waren. Ich hatte das ›Leere Viertel‹ ein zweites Mal durchquert, eine Reise, die beinahe so hart war wie das erste Mal«, schreibt Sir Wilfred Thesiger in seinem Buch Wüste, Sumpf & Berge (s. S. 54). Faszinierend zu lesen sind die Erinnerungen des 1910 in Addis Abeba geborenen, in Eton und Oxford erzogenen britischen Forschungsreisenden, der zur Mitte des 20. Jh. als einer der ersten Europäer mit Beduinen die Rub al Khali durchquerte.

Heute wie damals kennzeichnen Einsamkeit und Stille auch die Wahiba Sands, ein Ozean aus bis zu 100 m hohen, rötlich schimmernden Dünenbergen, im Osten Omans parallel zur Küste verlaufend. Neben den Gewässern des Indischen Ozeans und den Sandformationen der omanischen Wüsten ist es Fels, der das Anlitz des Landes bestimmt. Die omanischen Bergregionen gehören neben Jemen zu den beeindruckendsten der gesamten Arabischen Halbinsel. Vor grünenden Palmenhainen erhebt sich unvermittelt die fast senkrecht ansteigende Hajar-Gebirgskette im Norden des Landes. Gipfel, die bis zu 3000 m Höhe in den Himmel ragen, kahle Felswände, die sich vor dem tiefblauen Himmel klar abzeichnen. Den Süden Omans, die Region Dhofar, dominiert der Gebirgzug des Jebel Qara, der sich wie ein Riegel zwischen die Küstenebene von Salalah und das wüstenhafte Hinterland schiebt. Dhofar ist die Region des historischen Weihrauchlandes.

Die Farben des Meeres: Kristallklares Wasser kontrastiert mit der honigfarbenen Felslandschaft

Steckbrief Oman

Daten und Fakten

Name: Sultanat Oman, Sultanate of Oman, Saltana Uman
Fläche: 309 500 km²
Hauptstadt: Muscat
Amtssprache: Arabisch
Einwohner: ca. 3 Mio.
Bevölkerungswachstum: 3,32 %
Lebenserwartung: Männer 72 Jahre, Frauen 75,5 Jahre
Alphabetisierung: Männer 95 %, Frauen 72 %
Währung: Omani Rial (OR)
Zeitzone: MEZ + 3 Std., im Sommer + 2 Std.
Landesvorwahl: 00968
Internetkennung: .om
Landesflagge: Ein vertikaler roter Streifen an der Fahnenmastseite mit dem Staatsemblem

(zwei gekreuzte Schwerter und ein Krummdolch) im oberen Drittel und drei horizontale Streifen in den panarabischen Farben (von oben) Weiß (Reinheit, Frieden), Rot (Blut des Feindes), Grün (Farbe des Islam, fruchtbares Land).

Geografie

Das Sultanat Oman ist der drittgrößte Staat der Arabischen Halbinsel. Seine Exklave Musandam im Norden der gleichnamigen Halbinsel, die in die Straße von Hormuz ragt, hat Oman seit der Ausrufung der islamischen Republik Iran für den Westen zum ›Wächter‹ der wichtigsten Öltransportroute der Welt gemacht. Oman besitzt gemeinsame Grenzen mit den VAE, Jemen und Saudi-Arabien.

Die 30 km breite Küstenebene der Batinah am Golf von Oman ist der fruchtbarste und landwirtschaftlich intensiv genutzte Teil Omans. Dahinter erhebt sich das Hajar-Gebirge, geografisch bildet einen Riegel zwischen der Rub al Khali und der Küstenebene. Höchste Erhebung ist der Jebel Shams (3018 m). Die Wadis sind zur Küstenebene hin steile Einkerbungen, zur Rub al Khali hin flache, breite Täler. Jenseits des Hajar-Gebirges erstreckt sich gen Westen und Südwesten ein über 600 km breiter Wüstenstreifen. Hier liegen die großen Ölfelder Omans. An dieses Gebiet schließt sich die südliche Provinz Dhofar an. In dem kleinen fruchtbaren Küstenstreifen um den Hauptort Salalah konzentriert sich die Bevölkerung; dahinter erstreckt sich das Hochland des Qara-Gebirges, eine vegetationsarme Kalk-Hochebene, die dank des Monsunregens von Juli bis September als Weideland nutzbar ist. Oman besitzt 1700 (mit Inseln 3165) km Küstenlinie.

Geschichte

Südarabien gehörte zu den schon früh besiedelten Gebieten der Arabischen Halbinsel, davon zeugen die Turmgräber im Hajar aus dem 3. Jt. v. Chr. In der Antike waren es Kupfer und Weihrauch, die Oman zu Reichtum verhalfen. Ab 1507 etablierten die Portugiesen ihre Herrschaft in Oman. Erst 1659 konnte Sultan bin Saif sie vertreiben. Er war der zweite Imam der Yaruba-Dynastie, die Oman zu neuer Größe führte. Ihre Flotte eroberte viele ehemalige portugiesische Besitzungen in Afrika, darunter Sansibar (1652) und Mombasa (1698). Nachfolger des letzten Yaruba-Imam wurde 1744 Ahmed bin Said aus der Al Bu Said-Dynastie, die Oman bis heute regiert. 1807–1856 gelangte Oman zu seiner größten Ausdehnung: Die ostafrikanische Küste vom Horn von Afrika bis zum 500 km südlich von Sansibar gelegenen Kap Delgado gehörte zum Herrschaftsbereich. Deutschland brachte Sansibar ab 1885 unter seinen Einfluss, trat seine Ansprüche aber 1890 im Helgoland-Sansibar-Vertrag an England ab. Um die politische Abhängigkeit von England zu verringern, verfolgte Sultan Said bin Taimur (ab 1932) eine betont isolationistische Politik. Er wurde 1970 von seinem Sohn Qaboos gestürzt. Qaboos hatte in England studiert; sein Regierungsantritt erfolgte im Einvernehmen mit Großbritannien, das dem entmachteten Vater Exil gewährte.

Staat und Politik

Seit 1996 besitzt Oman eine geschriebene Verfassung; Sultan Qaboos bin Taimur regiert absolut als achter direkter Nachfahre der Al Bu Said-Dynastie. Er ist Staatsoberhaupt und Regierungschef. Er ernennt die Kabinettsmitglieder. Gesetze werden im Sultanat als Dekrete des Sultans *(Royal decrees)* erlassen. Die Verfassung schreibt als beratendes Gremium die Majlis Oman vor, ein Zwei-Kammer-System aus der Majlis Al Dawala (Oberhaus, Mitglieder werden vom Sultan ernannt) und der Majlis As Shurah (Unterhaus, Mitglieder werden in den Wilayaten gewählt; Frauen haben aktives und passives Wahlrecht). An der Spitze jedes der 59 *wilayats* steht ein vom Sultan ernannter Gouverneur *(wali)*.

Wirtschaft und Tourismus

Oman zählt nicht zu den bedeutenden Ölförderländern (nur 0,5 % der Welterdölproduktion), auch nicht zu den ›Großen‹ Ölstaaten der Golfregion (nur 2 % der Golfstaatenproduktion). Trotz bedeutender Gasvorkommen ist Oman nach Jemen der ›ärmste‹ Staat unter den reichen Ländern der Arabischen Halbinsel. Doch in seiner Infrastruktur steht das Land heute keinem der Golfstaaten nach. Sultan Qaboos versucht die Entwicklung durch Fünfjahrespläne zu lenken. Landwirtschaft und Fischerei beschäftigen etwa ein Viertel aller Erwerbstätigen, erwirtschaften aber nur 3 % des Bruttosozialprodukts. Getreide, Obst und Fleisch müssen in großen Mengen importiert werden.

Im Interesse von Natur- und Kulturerhaltung geht der Sultan in Sachen Tourismus behutsam vor. Im Auge hat man Tourismus der gehobenen Art. Gegenwärtig kommen die meisten Besucher aus den Ländern der Arabischen Halbinsel, aus Großbritannien sowie Deutschland.

Bevölkerung und Religion

Der Oman gibt seine Bevölkerung mit 3 Mio. an; von ihnen besitzen ca. 2 Mio einen omanischen Pass (2008). Letztere unterteilt sich in zwei große Stammesgruppen, Ghafiri und Hinawi. Hinzu kommen eingewanderte Händlerfamilien aus Indien, Pakistan und Persien sowie die Nachkommen der schwarzen Omani (›Sansibari‹). Die Bevölkerung Omans ist sehr jung: 50 % sind unter 15 Jahre alt. Frauen besitzen Wahlrecht, sind berufstätig, bekleiden Regierungs- (auch drei Minister-)Posten und sind an den Universitäten in der Mehrheit. In Oman gehören die meisten Bewohner der ibadhitischen Richtung des Islam (s. S. 27) an.

Auf einen Blick
Oman

Sehenswert

7 Muscat: Die Altstadt und der Souq von Mutrah sind Highlights jeder Omanreise. Die Sultan-Qaboos-Moschee ist die einzige im Land, die auch Nicht-Muslime betreten dürfen (s. S. 238).

Nizwa: Keinesfalls darf man die ehemalige Hauptstadt Nizwa auslassen. Sie ist bis heute das religiöse Zentrum Omans, war öfter in Kriege verwickelt und besitzt daher die mächtigste und größte Festung des Landes (s. S. 263).

8 Festung Jabrin: Der Festungspalast aus dem 17. Jh. mit seinen hölzernen Windgittern birgt zahlreiche Stuckarbeiten sowie geschnitzte und bunt bemalte Holzdecken in vielen Räumen. In den Innenhöfen findet man ethnografische Exponate (s. S. 265).

Schöne Routen

Rundreise zu drei Festungen: Von Muskat aus in einem Tagesausflug kann man drei der schönsten Befestigungsanlagen Omans, die Burgen von Nakhal, Rustaq und Al Hazm besuchen (s. S. 255).

Auf den Spuren des Weihrauchs: Von Salalah gen Osten entlang der Küste des Dhofar spielte sich seit der Antike ein reger Handel ab, von dem heute noch Orte wie Taqah, Sumhuram oder Mirbat Zeugnis ablegen (s. S. 273).

Unsere Tipps

Im Souq von Nizwa: Der weitläufige neue Souq, erbaut im traditionellen Stil, ist eine Fundgrube für Antiquitäten, Souvenirs und traditionellen arabischen Silberschmuck (s. S. 263).

Al Misfah: Das kleine Dorf an den Hängen des Jebel Ahkdar besitzt jahrhundertealte Lehmhäuser und eine beeindruckende historische Wasserversorgung (s.S. 267)
.

aktiv unterwegs

Bahla – Rundgang durch Oase und Festung: Mitten in der Oase Bahla steht seit mehr als 400 Jahren die mächtigste Lehmfestung des Omans (s. S. 264).

Ein Ausflug ins sagenumwobene Ubar: Die versunkene Stadt in der Wüste, in den 1990er-Jahren ausgegraben, wurde in der Bibel und im Koran als Stadt des Weihrauchs erwähnt. Mit Hilfe von Infrarotbildern wurde sie aus der Luft gefunden. 25 m unter dem Wüstensand fand man eine Quelle und Siedlungsreste. In der Umgebung liegen Felder mit neolithischen Werkzeugen (s. S. 277).

7 Muscat und die Capital Area

Die Hauptstadt des Sultanats Oman, einst historische Hafenstadt inmitten einer vulkanisch geprägten Küste und durch die umliegenden steilen Berge in ihrer Ausdehnung begrenzt, erstreckt sich heute als Capital Area mit Vororten, neuen Stadtteilen und Nachbarstädten entlang der Küste und Täler in der Umgebung.

In der Hauptstadt des riesigen und dünn besiedelten Wüstenreiches leben 800 000 Einwohner, mehr als ein Viertel der Bevölkerung des Landes. Doch besitzt die Kapitale eine wohlhabende, großzügige Atmosphäre. Stille umfängt die Besucher: Gärten, tiefgrüne, von der stetigen Berieselung glänzende Rasenanlagen, prächtige Moscheen, weiße, moderne Villen im neoislamischen Stil. Die breiten Stadtautobahnen werden durch zahlreiche, jeweils individuell mit Denkmälern gestaltete Verkehrskreisel unterbrochen.

Das **historische Zentrum** des alten Muscat erscheint wie ausgestorben, hier präsentiert sich das Leben in Form einer fast meditativen Stille. Mit dem wirtschaftlichen Aufschwung wurde ein Großteil der alten Lehmhäuser abgerissen, die verbliebenen aufwendig restauriert. Heute sind einige Museen. In der hufeisenförmigen Bucht verlau-

Grand Mosque: schlichte Formensprache gepaart mit islamischen Stilelementen

fen mehrere Einbahnstraßen, sodass man in der Altstadt besser zu Fuß unterwegs ist. Wahrzeichen der Hauptstadt sind die beiden die Hafeneinfahrt bewachenden Festungen Mirani und Jalali.

Wenige Kilometer entfernt liegt **Mutrah.** Die ehemalige historische Hafenstadt versprüht dank ihres Souqs und des Fischmarkts eine lebhafte Atmosphäre. Das landeinwärts gelegen **Ruwi** beherbergt den Central Business District und das interessante Militärhistorische Museum. Im Stadtteil **Qurum** liegen mehrere große Strandhotels. Das gleichnamige Nature Reserve wird von einem natürlichen, immergrünen Sumpfgebiet gebildet. Über Stadtautobahnen und das Viertel Medinat Sultan Qaboos, vorbei an den Ministerien und Botschaften von Al Khuwair, geht es in Richtung **Seeb,** das gekennzeichnet ist durch Villen, einen Palast des Sultans sowie den internationalen Flughafen. Fährt man von der Altstadt Muscats aus nach Süden, gelangt man zum ehemaligen Fischerdorf **Al Bustan,** heute Sitz des gleichnamigen (Intercontinental-)Palasthotels, und weiter über eine landschaftlich außerordentlich beeindruckende Gebirgsstraße zum Hotel Shangri-La Barr Al Jissah.

Geschichte

Der Name der Stadt (sinngemäße Übersetzung: Ankerplatz) drückt ihre Bedeutung aus. Immer wieder in der 3000-jährigen Geschichte wird die Qualität des natürlichen Hafens in der Literatur gelobt. Die Neuzeit der Stadt beginnt mit ihrer Eroberung durch die Portugiesen im Jahre 1507, die zuerst das Fort Mirani und später das Fort Jalali zu beiden Seiten des Hafens errichteten (Fertigstellung 1588). Jalali wurde lange Zeit als Gefängnis, Mirani als Unterkunft für die Garnison genutzt. 1626 bauten die Portugiesen die große Stadtmauer; sie bot ihnen nur wenige Jahre Schutz, denn bereits 1650 wurden die Eroberer wieder vertrieben.

Die strategisch günstige Lage Muscats und seines Nachbarhafens Mutrah am Eingang des Golfs brachte Reichtum, weckte

Tipp: Bait Zubair

Ein omanischer Stadtpalast, einst Wohnsitz der wohlhabenden Familie Zubair, wurde nach deren Wunsch in ein Museum umgewandelt. Heute beherbergen die Räume ihre private Sammlung ethnologischer Objekte und archäologischer Fundstücke, u. a. auch eine einzigartige Ausstellung von altem Silberschmuck (s. S. 240).

aber auch die Begehrlichkeit fremder Mächte. Immer wieder war die Stadt Schauplatz von Eroberungsversuchen, z. B. durch die Perser, Franzosen, Engländer, Holländer, die wahabitischen Saudis und die inneromanischen Stämme. Großbritannien gelang es schließlich, sich durch Verträge eine Vormachtstellung zu sichern. Politisches Zentrum Omans wurde Muscat erst unter den Imamen der Al Bu Said-Dynastie gegen Ende des 18. Jh. Lange blieb es flächenmäßig auf den Kern der heutigen Altstadt beschränkt.

Old Muscat ▶ 1, R 7

Cityplan: S. 241

Eindrucksvolle alte Häuser gibt es nur wenige. Die ehemalige Altstadt vor dem Sultanspalast mit ihren indischen Kaufmannshäusern und Palästen wurde abgerissen, um Platz zu schaffen für repräsentative Regierungsgebäude. Doch versteckt zwischen neuen Bauten liegen einige der alten Residenzen, Botschaften und Handelshäuser.

Im Osten der Bucht von Muscat liegt das **Fort Jalali.** Von der Uferstraße hat man einen herrlichen Blick über die Bucht, auf den Sultanspalast und das hoch oben thronende Fort. Unterhalb des Forts lag **Bayt Zawawi,** ein im 19. Jh. erbautes Kaufmannshaus (Bait = Haus), an einer kleinen Bucht namens Chinaman's Cove. Nachdem 1833 der Sultan von Oman Wirtschaftsverträge mit den USA geschlossen hatte, wurde das elegante Bauwerk 50 Jahre später als Sitz der US-Vertretung erbaut. Rundbogenfenster, breite, höl-

Old Muscat

Sehenswert
[1] Palast Qasr al Alam
[2] Bayt Graiza
[3] Bayt Nadir
[4] Muscat City Gate Museum
[5] Bayt Zubair
[6] Bayt Fransa
[7] Bab al Kabir
[8]–[20] s. S. 242

Einkaufen
[1]–[3] s. S. 242
[4] Bayt Munza Gallery

zerne Balkone und mit Schnitzwerk im Mashrabiya-Stil versehene Fenster charakterisierten das repräsentative Bauwerk, das seit 1971 (nachdem durch den Vater von Sultan Qaboos fast alle diplomatischen Verbindungen abgebrochen waren) wieder dem ursprünglichen Zweck diente. 1994 wurde die US-Botschaft verlegt, 2002 musste Bayt Zawawi neuen Verwaltungsgebäuden weichen und wurde abgerissen.

Für den Bau seines **Palastes Qasr al Alam** [1] am Ende der gleichnamigen Straße ließ Sultan Qaboos 1971 einen Teil der Altstadt (nahezu ein Drittel, darunter das Inderviertel mit der indischen Botschaft und dem alten Hindutempel) einebnen. Der riesige, blau-golden schimmernde Palast (der nicht besichtigt werden kann) wurde 1974 feierlich eingeweiht. Links vom Hauptportal ermöglicht eine kleine Gittertür öffentlichen Zugang zu einem Teil der herrlichen **Gartenanlage** (tgl. 8–18 Uhr, Eintritt frei).

Auf der zwischen Sultanspalast und **Fort Mirani** zum Bab al Kabir verlaufenden Straße passiert man weitere alte Handelshäuser. Zunächst **Bayt Graiza** [2] zwischen Qasr al Alam Street und Bab al Mathaib Street; das Haus wurde im 18. Jh. an jener Stelle errichtet, an der einst ein unter den Portugiesen erbautes Augustinerkloster stand (nicht zu besichtigen).

Das ebenfalls im 18. Jh. im Muscat-Stil errichtete **Bayt Nadir** [3] birgt einen schattigen Innenhof. Wie für ein Kaufmannshaus jener Zeit üblich, beherbergt es im Erdgeschoss fensterlose Lagerräume, Repräsentations- und Wohnzimmer im ersten Stock.

Im großen neuen Stadttor, das die Küstenstraße von Mutrah am Stadteingang von Muscat überspannt, ist das **Muscat City Gate Museum** [4] untergebracht. Dokumentiert werden die Stadtgeschichte sowie die Wassergewinnung. Das Gebäude ist jedoch interessanter als seine Ausstellung (Sa–Do 9.30–12.30 und 16.30–19 Uhr, Eintritt frei).

Das **Bayt Zubair** [5] (jenseits der Altstadt, an der Af Fadiyah Street) beherbergt heute ein archäologisches und ethnografisches Museum. Das Haus diente der wohlhabenden Familie Al Zubair (dem heute das Shangri-La Hotel gehört), einst als Stadtpalast. Die Zubairs waren große Sammler osmanischen Kunsthandwerks und haben ihre wertvollsten Stücke dem Museum gestiftet. Herausragend sind die Abteilungen für Silberschmuck und die größe Ausstellung omanischer Jambias (Sa–Do 9.30–13 und 16–19 Uhr, Eintritt 1 OR).

Eines der wenigen erhaltenen alten Häuser ist auch **Bayt Fransa** [6] (Lane 9310, ab Qasr al Alam Street), das heute das **Omani-French Museum** beherbergt. Das Gebäude ist der ehemalige Sitz des französischen Konsuls (bis 1920), ein Prachtwerk des 19. Jh. im indisch-arabischen Stil und sensibel restauriert. Um einen luftigen Innenhof gruppieren sich die Treppengänge und hohen Zimmer. Neben Dokumenten der omanisch-französischen Beziehungen, Kunsthandwerk und Modellen altarabischer Segelboote beherbergt das Haus noch zahlreiche alte Einrichtungsgegenstände. Im kühlsten Raum des Gebäudes lag das Arbeitszimmer des Konsuls. Es wurde, mit Antiquitäten ausgestattet, im Originalzustand belassen (Sa–Do 9–13 Uhr, Eintritt 0,500 OR, Kinder 0,200 OR).

Das **Bab al Kabir** [7], das ehemalige Große Stadttor an der As Saidiyah Street, wurde nach dem Abriss teils rekonstruiert.

Greater Muscat ▶ 1, R 7

Cityplan: S. 242/243
Unmittelbar nach der Machtübernahme durch Sultan Qaboos 1970 begann der Aus-

bau Muscats zur **Capital Area,** die sich heute in einer Länge von ca. 50 km von Seeb bis Al Bustan erstreckt. In diesem Raum sind die Funktionen der Kapitale differenziert: **Alt-Muscat** mit dem Sultanspalast sowie mehreren Ministerien ist Verwaltungs- und Repräsentationszentrum. **Mutrah,** durch die Corniche mit Muscat verbunden und traditioneller Umschlagplatz für den Handel mit dem Hinterland, wurde 1974 durch den neuen Hafen Mina Qaboos zum internationalen Seehafen der Hauptstadt mit Handels- und Geschäftsviertel. **Ruwi,** hinter der Bergkette des Jebel Bardah gelegen, der Muscat und teilweise auch Mutrah vom Hinterland abtrennt, ist heute Handels- und Geschäftszentrum, das sich ständig ausdehnt. Durch das enge Ruwi Gate erreicht man gen Westen weitere, ebenfalls in die Capital Area funktional integrierte Stadtteile: **Mina al Fahal,** Sitz und Hafen der omanischen Erdölgesellschaft PDO, **Wutayah,** das große Wohnviertel mit Fußballstadion, Schulen und Krankenhäusern, **Qurum,** ein zweites Verwaltungs- und Geschäftszentrum mit großen Wohnbezirken, und **Medinat Qaboos,** eine Reißbrettstadt mit hervorragendem Einkaufszentrum und ausgezeichneten Lokalen.

Westlich von Medinat Qaboos bis zum Flughafen in Seeb ist die Küstenebene entlang der Sultan Qaboos Road gekennzeichnet durch das ungeordnete Nebeneinander von Regierungsgästehäusern, Büro- und Versicherungsgebäuden, Moscheen, Elektrizitätswerken und Meerwasser-Entsalzungsanlagen.

Nordwestlich der Capital Area begann man am Meer bei Barka mit dem Bau von Madinat al Zarqa (Blaue Stadt), einem Touristenzentrum, das in zehn Jahren 200 000 Einwohner beherbergen soll. Fünf Luxus-Hotels und zehn weitere Hotels mit 2000 Zimmern, ein Golfplatz und ein Aquarium sind geplant. Ausländer können auf dem 35 km^2 großen und 9 Mrd. Euro teuren Areal Grundbesitz erwerben und haben damit eine Aufenthaltserlaubnis. Westlich von Muscat entsteht mit 800 Mio. Euro Aufwand The Wave, ein etwa 2,5 km^2 großes Touristenresort mit einer 6 km langen (Strand-)Corniche und vier Luxus-Hotels, Parks, Villen, Apartments und Restaurants, Jachthafen und Golfplatz. Größere touristische Bauprojekte sind auch in Sohar, entlang an der Batinah-Küste und in Ras al Hadd bei Sur geplant.

Mutrah

Im Westen Muscats verläuft direkt im Halbkreis um die Bucht von Mutrah die Küstenstraße der Corniche. Eine schöne Szenerie offenbart sich dem Besucher: auf der einen Seite liegt das Meer, auf der anderen Seite er-

Greater Muscat

Sehenswert
1 – 7 s. S. 241
8 Lawatiyah
9 Fischmarkt
10 Mutrah Souq
11 Bayt al Baranda
12 Sultan-Qaboos-Moschee
13 Nationalmuseum
14 Oman Museum
15 Children's Museum
16 Natural History Museum
17 Oil Exhibition Centre
18 Oman Aquarium
19 Currency Museum
20 Bayt al Falaj

Übernachten
1 The Chedi
2 Grand Hyatt Muscat
3 Intercontinental
4 Shangri-La
5 Radisson Blu
6 Crowne Plaza
7 Al Bustan Palace Intercontinental

strecken sich große, weiß glänzende Handelshäuser aus dem 19. Jh. mit filigranen hölzernen Balkonen, Spitzbogenfenstern und Dachterrassen. Diese Handelshäuser im Stadtbezirk **Lawatiyah** 8 wurden 2004 aufwendig restauriert und sind noch bewohnt. Sie erinnern an Gebäude in Indien und Pakistan. Ihre Besitzer sind pakistanische Händler, die zur Glaubensrichtung der schiitischen Khodjas gehören. Entlang der Corniche stehen heute einige Hotels der einfachen und mittleren Preiskategorie. Unmittelbar am Hafen Mina Qaboos liegt der **Fischmarkt** 9, dessen Besuch sich am frühen Morgen empfiehlt. Dann herrscht viel Betrieb, lautstark werden die Preise ausgerufen, es wird gewogen, gehandelt, gestikuliert. Allerdings mehren sich die Gerüchte, dass der Fischmarkt verlegt werden soll.

Auf der gegenüberliegenden Seite der Mutrah Corniche liegt der **Mutrah Souq** 10, besonders schön durch das Haupteingangstor an der Corniche zu betreten. Er ist der größte und schönste des Landes. Von der breiteren Hauptgasse, Khor Bamba genannt, zweigen enge, schattige Gassen ab und führen durch

8 Al Qurum Resort	
9 Sheraton Muscat	
10 The Beach Hotel	
11 Marina	
12 Corniche Hotel	
13 Mina	
14 Naseem	

Essen & Trinken
1. Blue Marlin
2. Copper Chimney
3. Mumtaz Mahal
4. Khana Khazana
5. Woodlands
6. Second Cup

Einkaufen
1. Al Harthy
2. Sabco
3. Friday Market
4. s. S. 241

Aktiv
1. Oman Dive Centre
2. Badestrände
3. Ice Skating Rink

---

ein Labyrinth von Verkaufsständen. Im Zuge der Ausbreitung des Tourismus haben sich viele Händler auf Antiquitäten und Silberschmuck spezialisiert. Die Atmosphäre ist freundlich und entspannt, wenn einträgliche Geschäfte in Aussicht stehen, offeriert man den Kunden ein Glas Tee.

Schräg gegenüber dem Fischmarkt hat 2007 in einem alten omanischen Händlerhaus mit mehreren Balkonen das neue Museum **Bayt Al Baranda** 11 eröffnet. Es widmet sich der Geschichte Omans, insbesondere der Stadt Muscat. Nach einem Besuch versteht man dank der museumspädagogisch hervorragend aufbereiteten Exponate mehr vom Sultanat und dem Verhältnis seiner Bewohner zu ihrer Geschichte (So–Do 9–13 und 16–18 Uhr, Eintritt 1 OR).

Sultan Qaboos Grand Mosque 12

Die **Große Moschee** der Hauptstadt und größte Moschee des Landes liegt an der Sultan Qaboos Road im Stadtteil Al Udhaybah. Sie wurde 2001 erbaut und bietet Platz für 15 000 Gläubige. Das Gebäude wird überragt

Muscat und die Capital Area

von einer großen Kuppel und einem hohen Minarett, vier weitere Minarette umgeben den Bau; die fünf Minarette symbolisieren die fünf Säulen des Islam. Ein mit Marmor ausgelegter Hof wird von Säulengängen umgeben. Anziehungspunkt des reich dekorierten Inneren ist ein prächtiger Kronleuchter von Swarovski. Den Fußboden bedeckt der größte Teppich der Welt (Sa–Do 8–11 Uhr, Eintritt frei, Frauen nur mit Schal).

Museen

Weitere Museen der Hauptstadt findet man in den anderer, z. T. doch weit auseinander liegenden Stadtteilen der Capital Area.

Interessant und anregend ist das **Nationalmuseum** 13, das in einer Halle (im obersten Stockwerk) Kleidung, Silberarbeiten und Keramik aus unterschiedlichen Epochen ausstellt, ebenso wie Schiffsmodelle aus verschiedenen Regionen des Landes. Der Omani Traditional Room zeigt Möbel und Gebrauchsgegenstände aus dem 19. Jh. An das ungewöhnliche Leben der 1844 geborenen Prinzessin Seyyida Salme, einer Tochter von Sultan Said von Oman und Sansibar (1807–56), erinnert eine Vitrine mit brokatdurchwirkten Kleidern und Hosen sowie goldenen Schminkutensilien. Sie verliebte sich als 20-jährige in den Vertreter des Hamburger Sansibar-Hauses, ließ sich auf den Namen Emily taufen, heiratete und zog in die deutsche Hansestadt. Dort veröffentlichte sie ihre Memoiren über ein »Leben im Sultanspalast« (Way 3123, Al Noor St. nahe Al Burj R/A in Ruwi, Sa–Do 9–13, April–Sept. auch 16–18 Uhr, Eintritt 0,500 OR, Kinder 0,200 OR).

Eine umfassendere Dokumentation von prähistorischer Zeit bis zum Oman der Gegenwart bietet das **Oman Museum** 14 auf dem Hügel hinter dem Informationsministerium in Qurum anhand von Modellen, Fotos, Möbeln, Waffen, Kunsthandwerk und Schmuck (Way 1566, Ab Ilam St., Medinat al Ilam, Sa–Mi 8.30–13, Okt.–März auch 16–18, Do 9.30–12.30 und 17–19 Uhr, Eintritt 0,500 OR, Kinder 0,200 OR).

Das **Children's Museum** 15 ist in einem modernen Kuppelbau beim Qurum Natural Park untergebracht: Technik und Naturwissenschaft zum Anfassen, dazu Anleitungen und Demonstrationen von Lehrkräften (Way 2601, Al Karijiyah Street, Al Sarooj, Shatti al Qurum, Sa–Do 9–13, Okt.–März auch 16–18 Uhr, Eintritt 0,500 OR, Kinder 0,100 OR).

Stolz des **Natural History Museum** 16 im Stadtteil Al Khuwair ist die Walhalle mit einem riesigen Skelett des Säugetiers. Eine Sammlung präsentiert einheimische Muscheln und Schnecken, daneben Schauvitrinen mit präparierten und vom Aussterben bedrohten Tieren der Wüste, Einführung in die Umweltschutz-Bemühungen des Sultanats (Al Wazarat Street, Ministries Area, Sa–Do 9–13 Uhr, Eintritt 0,500 OR, Kinder 0,200 OR).

Wie in den Golfstaaten üblich, zeigt das **Oil Exhibition Centre** 17 am Ostrand von Qurum eine didaktisch sorgfältig aufbereitete Dokumentation zum Erdöl: seine Entstehung, Ent-

Greater Muscat

Erinnerungen ans ferne Indien und Pakistan:
die weiß glänzenden Handelshäuser an der Corniche von Mutrah

deckung, Gewinnung und Verarbeitung (Say al Malih Street, Industrial Area, Gate 2, Sa–Mi 7–12 und 13–15.45, Do 8–12 Uhr, Eintritt frei).

Einen schönen Eindruck vom Artenreichtum der omanischen Unterwasserwelt bietet das **Oman Aquarium** [18]: Ausstellungen zur Fauna und Flora des Indischen Ozeans, mit Meeresschildkröten-Abteilung (an der Straße nach Al Bustan, Sidab Road, Sa–Mi 8–14, Do 8–13 Uhr, Eintritt frei).

Das **Currency Museum** [19] der Central Bank of Oman zeigt alle omanischen Münzen aus Vergangenheit und Gegenwart, besondere Münzen der Arabischen Halbinsel sowie historische Banknoten (Al Bank al Markazi Street, MBD, Mutrah Business District, Sa–Mi 8.30–15 Uhr, Eintritt 0,25 OR).

Das 1845 unter Sultan Said bin Sultan erbaute **Bait al Falaj** [20] am Nordrand von Ruwi wurde umfassend restauriert. 1915 waren hier die englischen und indischen Truppen stationiert, die Muscat und den Sultan vor zentralomanischen Aufständischen retteten. Als **Sultan's Armed Forces Museum** ist die Festung für Besucher geöffnet. Neben historischen Waffen sind die Einzelheiten des Gebäudes (Holzdecken) und die Foto-Dokumentation der kriegerischen Auseinandersetzungen im Süden des Landes sehenswert. Das Fort ist umgeben von Blumengärten. Aus den umliegenden Bergen wird das Wasser wie einst in *falaj*-Kanälen herangeführt. (Al Mujammah Street, Sa–Mi 7.30–14, Do und Fr 9–11 und 15.30–18 Uhr, Eintritt 1 OR).

Infos

In Muscat gibt es kein Informationsbüro für Touristen, **Auskünfte** erteilt man hauptsächlich in den Museen des Hauptstadtbezirks. Wenn Besucher im **Ministry of Tourism,** Sul-

Muscat und die Capital Area

Tipp: Al Bustan und Barr Al Jissah – Hotelpaläste zum Träumen

Ein Besuch des Al Bustan gehört zu jedem Muscat-Aufenthalt – und wenn es nur zum Nachmittagstee ist. Das **Al Bustan Palace Intercontinental** [7] ist ein Palasthotel in einem riesigen Areal an der gleichnamigen Bucht, etwa 10 km südlich von Muscat. Das mehrmals als Best Hotel in the Middle East gewürdigte Haus gilt als eines der schönsten der Arabischen Halbinsel. In landschaftlich hinreißender Gegend, am Fuße der Hajar-Berge, liegt der achtstöckige Oktagon-Bau an einem weißen Sandstrand, eingebettet zwischen Palmen und subtropischen Gärten.

Sultan Qaboos ließ den Palast für das 1985 stattfindende Treffen des Golfkooperationsrates erbauen, als Gästehaus für den König von Saudi-Arabien und die Staatsoberhäupter der Nachbarstaaten. Sie bewohnen seitdem bei ihren GCC-Treffen in Muscat die Suiten im obersten Stockwerk. Das alte Dorf, an dessen Stelle der Bau errichtet wurde, liegt jetzt weiter nördlich und ist vom Hotel aus zu sehen. Das Al Bustan ist das Flaggschiff der omanischen Hotellerie und seit seiner ›Multi-Million-Dollar-Renovierung‹ erstrahlt es seit November 2008 in noch prächtigeren Dimensionen als zuvor.

Das Innere des Al Bustan erinnert an eine Kultstätte: In der Mitte der 40 m hohen Eingangshalle plätschert ein Brunnen, von der Decke hängt ein tonnenschwerer traumhafter Swarovski-Kristallleuchter. Im ganzen Hotel wurden erlesene Materialien eingesetzt, um eine neoislamische Architektur von ungewöhnlichem Design zu schaffen. Die Gartenanlage des Hauses wurde 2008 vollkommen neu gestaltet.

Das Prunkhaus ist jedoch mehr als ein Hotel: Wohlhabende Omani nutzen die Räumlichkeiten für Familienfeste, arabische Würdenträger ordern Besprechungszimmer und stets wird der 9. Stock für den Sultan freigehalten. Außerdem dient das Al Bustan bei Staatsbesuchen als Gästehaus der omanischen Regierung.

Das Hotel **Shangri-La** [4] befindet sich ca. 10 km östlich des Al Bustan und gehört zu den jüngsten Highlights der omanischen Luxushotellerie. Die Anlage liegt auf einer felsigen Halbinsel inmitten einer traumhaften Bucht.

Sie ist über eine neue Panoramastraße gut zu erreichen und umfasst genau genommen drei Hotels, jedes unterschiedlich in Komfort, Zimmergröße und Preis: Al Waha (4 Sterne, sportlich-modern für Familien mit Kindern), Al Bandar (4,5 Sterne, ruhig, gehoben großzügige Zimmer) und Al Husn (5 Sterne, großartig, prächtig und elegant, mit herrlicher Aussichtsterrasse, eigener Bibliothek und eigenem Strand). Alle drei bilden zusammen ein Ensemble vor einer wunderschönen Kulisse: In allen drei Hotels besitzen die Zimmer einen Balkon oder einen Patio mit Meerblick, die Gäste haben Zugang zu allen Einrichtungen der Anlage, z. B. zum 500 m langen Sandstrand oder zu den 20 Restaurants und Bars. Ebenso können alle Gäste die Fitnesscenter, die Tennisplätze, die großen Schwimmbäder und die weitläufigen Liegewiesen benutzen, ebenso wie eines der besten Wellness-Center von Muscat, das **Chi Spa Village**. Attraktion der Hotelanlage ist ein 500 m langer Lazy River, ein Wasserkanal im Stile eines omanischen *falaj,* auf dem sich Kinder auf Gummireifen vom Al Waha zum Al Bandar und zurück treiben lassen können. Zum Sportangebot des Hotels gehören ein Bootshafen für Bootsausflüge, Segelboote und Windsurfen.

Das hoteleigene **Heritage Village** besteht aus Nachbauten eines altarabischen Souq mit Demonstrationen von (Kunst-)Handwerk (Töpfern, Schneidern, Brotbacken, Schmuckherstellung, Weben, Hennamalerei) und Verkauf, außerdem beduinische Wohnhütten mit Kamel- und Ziegenstall, eine archäologische Stätte (3000 v. Chr.) mit Museum sowie ein Amphitheater für Theater, Musik und Folklore. Das Shangri-La gehört zu den schönsten Strandhotels des Oman.

Adressen

tan Qaboos Rd. (gegenüber der neuen Großen Moschee), Tel. 24 81 72 38, Sa–Mi 8–13 Uhr, Auskunft erbitten, werden sie freundlich empfangen und bedient.
Monatlich erscheint die Broschüre **Oman 2day** (1 OR) mit landeskundlichen Beiträgen und touristischen Hinweisen.

Übernachten

Zu den Hotelpreisen werden 17 % Steuern und Service addiert.

Stadtgespräch ▶ **The Chedi 1:** North Ghubra 232, Way 3215, St. 46, Tel. 24 52 44 00, Fax 24 49 34 85, www.chedimuscat.com. Die Bezeichnung *chedi* hat ihre Wurzeln in der Sprache Buddhas ((Pali) und verweist in Thailand auf eine buddhistische Tempelanlage als Ort der Ruhe und der Ausgeglichenheit. Beides findet man im The Chedi mit seinen klaren architektonischen Linien und einer Farbgestaltung in Weiß mit warmen Brauntönen. Die nach geometrischen Mustern gepflanzten Palmen, die fernöstlich inspirierten Wassergärten und die beiden großen Pools erstrecken sich auf einem 85 000 m² großen Gelände, zu dem auch ein 400 m langer Privatstrand gehört. Das 2005 eröffnete Hotel wurde mehrfach ausgezeichnet und gehört zu den Leading Hotels of the World. 115 Zimmer und 36 Suiten, DZ ab 210 OR.

Orientalische Klassik ▶ **Grand Hyatt Muscat 2:** Shatti al Qurum, Tel. 24 64 12 34, Fax 24 60 52 82, www.muscat.grand.hyatt.com. Das im Jahr 1999 eröffnete vierstöckige Luxus-Hotel liegt am Strand von Shatti al Qurum und vereint modernes Design mit orientalischem Dekor. Es besitzt eine edel designte Poolanlage. 280 Zimmer, DZ ab 180 OR.

Bewährte Gastlichkeit ▶ **Intercontinental 3:** Al Qurum (Zufahrt von der Qaboos St. ab Fort-Roundabout zwischen Ruwi und Al Qurum), Tel. 24 68 00 00, Fax 24 60 00 12, www.intercontinental.com. Luxus inmitten großer Palmengärten, viele Restaurants, Zugang zum Strand. 265 Zimmer, 15 Suiten auf 6 Etagen. DZ auf dem Club Floor ab 180 OR.

Luxus hoch drei ▶ **Shangri-La 4:** Barr al Jissah, Tel. 24 77 66 66, Fax 24 77 66 77, www.shangri-la.com, s. S. 246. Drei Hotels in einer Anlage: Al Waha (4 Sterne, 302 Zimmer, für Familien mit Kindern, viel Betrieb), Al Bandar (5 Sterne, 198 Zimmer, gediegener und ruhiger) und Al Husn (6 Sterne, 180 Zimmer, großartige Aussichtsterrasse. Attraktion ist der *lazy river*, ein Wasserkanal im Stil des omanischen *falaj*, auf dem Kinder mit Gummireifen vom Al Waha zum Al Husn gleiten. Bootshafen (Ausflüge) und Tauchzentrum, Tennis, Fitnesscenter, Spa, Segeln, Windsurfen. Kostenloser Shuttlebus nach Mutrah und zu den Shoppingkomplexen von Ruwi. DZ ab 160 OR.

Urlaub und Business ▶ **Radisson Blu 5:** Stadtteil Al Kuwair, Al Khuleiah St. (ab Baushar R/A), Tel. 24 48 77 77, Fax 24 48 77 78, www.radissonblu.com. Sehr gutes Mittelklassehaus mit gehobenem Komfort, Health Club mit Fitnessraum, Pool und Sauna. 156 Zimmer und Suiten, DZ ab 130 OR.

Hoch überm Strand ▶ **Crowne Plaza 6:** Al Qurum St. Nr. 1730, im Stadtteil Qurum, Tel. 24 66 06 60, Fax 24 56 06 60, www.cpmuscat.com. Traditionsreiches Haus auf den Klippen Qurum Heights, umgeben von weitläufigen Gärten, Zugang zum Strand, gepflegt und ruhig, moderne Disco. 217 Zimmer und Suiten, DZ ab 125 OR.

Königlich ▶ **Al Bustan Palace Intercontinental 7:** im Südosten der Capital Area, Tel. 24 79 96 66, Fax 24 79 96 00, www.al-bustan.intercontinental.com. 240 Balkonzimmer und 40 Suiten auf 8 Etagen. DZ 120 OR.

Privates Feeling ▶ **Al Qurum Resort 8:** Shatti al Qurum, Tel. 24 60 59 45, Fax 24 60 59 68. Nur 7 Zimmer (teilweise mit Balkon) inmitten eines Wohnviertels mit Botschaften. Vom Hotelgarten geht es an den Strand, mit Pool und Sporthalle. DZ ab 100 OR.

Weithin sichtbar ▶ **Sheraton Muscat 9:** Bait al Falaj St./Al Jami St., MBD am Nordrand von Ruwi, Tel. 24 79 98 99, Fax 24 79 57 91, www.starwood.com/sheraton. Prächtiger Blick auf das Hajar-Gebirge, günstige Lage, mehrere Restaurants, 2001 komplett renoviert (Ende 2010 neu eröffnet). 227 Zimmer und 32 Suiten, DZ ab 80 OR.

Ohne Strand ▶ **The Beach Hotel 10:** Shatti al Qurum, Tel. 24 69 66 01, www.omanbeach

Muscat und die Capital Area

hotel.com. In ansprechender Architektur gestaltete Suiten und Apartments mit Balkon um einen schattigen Patio in einer ruhigen Straße in Strandnähe (200 m) und mit Pool; omanisches Personal. Je 20 Suiten und Zimmer, DZ 53 OR, Suite ab 85 OR inkl. Frühstücksbuffet.

Direkt am Hafen ▶ Marina [11]: Mutrah Corniche, Tel. 24 71 31 00, Fax 24 71 46 66. Sechsstöckiges modernes Haus am Souq mit Balkonzimmern zum Hafen, Internetcafé, Restaurant mit arabischer Küche und Fischspezialitäten. 20 Zimmer, EZ 15, DZ 35 OR.

Mitten in Mutrah ▶ Corniche Hotel [12]: Mutrah Corniche, Tel. 24 71 47 07, Fax 24 71 47 70, corniche_hotel@mjsoman.com. Preiswert und zentral nahe Souq und Busstation, mit schönem Blick über Hafen und Corniche – auch vom Restaurant aus, mit indischer und chinesischer Küche. 54 Zimmer, davon 5 Suiten, DZ ab 30 OR.

Preiswerte Aussicht ▶ Mina [13]: Mutrah Corniche (Al Mina St.), Tel. 24 71 18 28, Fax 24 71 49 81. Kleines, einfaches Haus am Hafen von Mutrah. DZ 25 OR.

Zentral ▶ Naseem [14]: Mutrah Corniche, Tel. 24 71 24 18, Fax 24 71 17 28. Einfach, doch recht komfortabel, Nähe Souq, am Hafen. 40 Zimmer, DZ 20 OR inkl. Frühstück.

Essen & Trinken

Neptun lässt grüßen ▶ Blue Marlin [1]: Marina Bander al Rowdha, Tel. 24 73 79 40, www.marinaoman.com, tgl. 10–23 Uhr. Elegantes Restaurant im Jachthafen mit Blick von den Terrassen auf Hafen und Meer. Serviert werden gefüllte Kartoffeln als Vorspeise, diverse Fischspezialitäten und Schalentiere, als Dessert ein leichter Dattelpudding mit Ingwer (Menü 10 OR); auch Snacks.

Viva Italia ▶ Tomato [3]: im Intercontinental (s.S. 246),Tel. 24 68 00 00, tgl. 8–22 Uhr. Am Rand der riesigen Garten- und Poollandschaft des Hotels liegt auf einer erhöhten Außenterrasse das angenehm winddurchwehte Freiluft-Restaurant mit schicken Korbsesseln. Man blickt auf Palmen und den Pool, hört das Meeresrauschen vom nahen Strand. Der Service ist sehr freundlich und aufmerksam. Die überschaubare Karte bietet neben Ambitioniertem auch die klassische Pizza und knackig frische Salate mit sehr guter Vinaigrette. Empfehlenswert ist auch die Tomatensuppe. Pizza Cappriciosa 5 OR, Insalata Mediterraneo 3 OR, Hauptgerichte 10 OR.

Indische Gastlichkeit ▶ Copper Chimney [2]: Fairtrade House, CBD Ruwi (gegenüber Central Bank of Oman), Tel. 24 56 56 53, tgl. 12–15 und 19–24 Uhr. Indische Küche unter Holzbalken und einer Gewölbedecke, z. B. *gosht badami,* Lamm mit Mandeln in köstlicher Soße, 8 OR.

Ghaneshs Tempel ▶ Mumtaz Mahal [3]: Al Qurum Natural Park, mit Blick auf den Golf von Oman, Tel. 24 60 59 07, tgl. 12–24 Uhr. Elegantes Haus mit Gerichten aus Indiens Norden, Spezialität sind Fischgerichte und Meeresfrüchte, Do und So mit indischer Livemusik. Menü ab 7 OR.

Bester Italiener ▶ Tuscany [2]: im Hotel Grand Hyatt, Tel. 24 64 12 34, So–Do 12–15.30 und 19–23.30, Fr 19–23.30 Uhr. Der beste Italiener der Stadt, mit zahlreichen Auszeichnungen belohnt, hat seinen Preis, aber er ist es wert. Die gesamte Atmosphäre ist toskanisch heiter, sonnig und freundlich. Mit hellem Marmor und Wandmalereien. Die Außenterrasse im zweiten Stock bietet einen schönen Blick über Garten- und Poolanlage des Hotels. Pasta ab 5, Fisch- und Fleischgerichte ab 7 OR, 5-Gänge-Menü ab 15 OR.

Fernöstliches Erlebnis ▶ Khana Khazana [4]: MBD South, hinter Pizza Hut, Ruwi, Tel. 24 81 34 66, tgl. 12–15 und 19.30–24 Uhr. Indische, chinesische und *tandoori*-Gerichte mit Schnellservice, preiswert und gut. *Tandoori chicken & fish* 4 OR.

Beste Hühnchen ▶ Woodlands [5]: Europcar Building, MBD Area zwischen Markaz Mutrah At Tuari St. und Al Bank al Markazi St. (neben Swiss Air), Tel. 24 70 01 92, tgl. 10–23 Uhr. Feine südindische Küche mit Alkoholausschank, Außenterrasse. *Chicken biryani,* mariniertes Huhn mit Reis, 4 OR.

Hongkong en miniature ▶ Jade Garden [8]: im Hotel Al Qurum Resort, Tel. 24 60 59 45, tgl. 9–23 Uhr. Internationale Küche in fernöstlichem Ambiente mit einladender Garten-

Adressen

Arabisches Leben pur: im Mutrah Souq, dem größten und schönsten von Oman

terasse, lobenswertes Preis-Leistungs-Verhältnis. Hungrige kommen am Mittwoch besonders auf ihre Kosten: Dann gibt es ein köstliches »All you can eat seafood buffet«. Menü ab 6 OR

Stadtcafé ▶ **Second Cup** 6: Al Qurum Al Shatti, Sa–Do 7.30–24, Fr. 7.30–12 und 13–24 Uhr, www.secondcup.com. Freundliches Café in Strandnähe, Niederlassung des größten kanadischen Kaffeerösters. Schwarzwälderkirschtorte 1,6 OR, Kanne Tee 1200, Kanne Kaffee 13 OR.

Einkaufen

Im Labyrinth ▶ **Mutrah Souq** 10: Mutrah Corniche, s. S. 242.

Einkaufskomplex ▶ **Al Harthy** 1 (Ruwi, mit Kunsthandwerksladen) und **Sabco** 2 (Qurum, Sultan Qaboos Rd., mit staatlichem Kunsthandwerksgeschäft).

Neu, alt und frisch ▶ **Friday Market** 3: Al Fursan St., Wadi al Kabir, Freitags ab 7 Uhr. Flohmarkt sowie Gebraucht- und Neuwaren.

Kunstgalerie ▶ **Bayt Munza Gallery** 4: Altstadt, gegenüber dem Bayt Al Zubair.

www.baytmunzagallery.com, Sa–Do 9.30–13.30 und 16.30–20 Uhr. Eine der schönsten Galerien Muscats mit wechselnden Ausstellungen omanischer Künstler.

Abends & Nachts

Theater/Konzerte ▶ **Oman Auditorium** 7: im Al Bustan Hotel, Karten beim Concierge oder unter Tel. 24 79 96 66.

Aktiv

Tauchen ▶ **Oman Dive Centre** 1: Madinat Sultan Qaboos, Tel. 24 82 42 40, www.omandivecenter.com. Tauchzentrum mit Übungsbecken, Shop und Verleih am Strand Bandar Jissah südöstlich des Al Bustan Hotels gelegen. Außer Tauch- und Schnorcheltouren (auch Nachttauchen) bietet das Tauchzentrum Bootsausflüge entlang der Küste mit Delfinbeobachtung.

Ins kühle Nass ▶ **Badestrand in Qantab** 2: Wenige Kilometer vor dem Hotel Al Bustan zweigt von der Straße eine steile Passstraße nach rechts ab und den Berg hinauf zur 4 km südlich von Al Bustan gelegenen

Muscat und die Capital Area

kleinen Ortschaft. Hier findet man einen außer am Wochenende (donnerstags/freitags) wenig besuchten Badestrand. Örtliche Bootsbesitzer bieten mehrstündige **Ausflüge zu den Nachbarstränden.**
Heiß auf Eis ▶ **Ice Skating Rink** 3: Al Khuwair St., Tel. 24 48 94 92, Al Khuwair, tgl. 9–22 Uhr, Eintritt 2,5 OR.

Termine

Muscat Festival: Vier Wochen lang im Januar locken Folklore, Tänze, Jahrmarkt, Ausstellungen und Konzerte Besucher der gesamten Arabischen Halbinsel sowie aus Indien zur größten Kulturveranstaltung des Sultanats. Teil des Festivals ist eine Classic Car Show mit Oldtimern, die auch aus Dubai, Qatar, Bahrain und selbst Kuwait nach Muscat rollen.

Verkehr

Internationaler Flughafen: Muscat International Airport, bei Seeb, 45 km westlich von Muscat, Auskunft Tel. 24 51 92 23.
Fluggesellschaften: Air Arabia, Tel. 24 70 08 28; **Emirates,** Bin Halm House (gegenüber Chamber of Commerce and Industry), Markaz Mutrah At Tuari St., MBD, Tel. 24 79 22 22; **Gulf Air,** Musandam Bldg., An Nur St., Ruwi, Tel. 24 70 32 22; **Kuwait Airways,** Bahwan Travel, MBD, Tel. 24 70 12 62; **Lufthansa,** Al Burj St., Ruwi, Tel. 24 79 66 92; **Oman Air,** Markaz Mutrah At Tuari St., MBD, Tel. 24 70 72 22 od. 24 77 19 00; **Qatar Airways,** Haffa House Hotel, Ruwi, Tel. 24 78 70 70; **Swiss,** Markaz Mutrah At Tuari St., MBD, Tel. 24 78 74 16.

Oman National Transport Company (ONTC): Busse nach Sohar/Buraimi, Dubai und Salalah: ab Ruwi Bus Terminal, Al Jami St. nahe Ruwi R/A. Auskunft: Tel. 24 70 85 22, www.ontcoman.com. **Comfort Line:** nach Dubai, Tel. 24 70 21 91.
Taxi vom Flughafen bis zum Al Bustan Hotel 18 OR, bis Ruwi/Qurum 10 OR.
Alle internationalen **Mietwagenfirmen** sind am Flughafen vertreten. Für einen a/c-Zweitürer inkl. Versicherung muss man mit 30–40 € pro Tag rechnen.

Ausflüge in die nähere Umgebung von Muscat

Baushar (Bowshar) ▶ 1, Q 7

25 km südlich von Muscat (Abzweig in Al Khuwair) gelangt man in das kleine Dorf Baushar (1000 Einw.). Es ist zum beträchtlichen Teil in traditionellem Stil erhalten. Im Dorf und seiner Umgebung liegen mehrere archäologische Grabungsstätten, die belegen, dass die Gegend schon vor 3000 Jahren besiedelt war. Am Rande des Dorfes stößt man auf ein völlig zerfallenes Fort, an dem die ursprüngliche Bauweise, die Verbindung von Holzstämmen und Lehmmauern, gut zu erkennen ist. Am anderen Ende steht Bayt Maqham, eine komplett restaurierte festungsähnliche Wohnanlage aus dem Jahre 1740, über eine enge Straße mit alten Lehmhäusern zu erreichen. Es ist heute ein Museum und steht Besuchern offen. Besonders reizvoll ist der Blick vom Dach des mächtigen Rundturms auf die Dattelplantagen mit ihrem Bewässerungssystem und eine kleine Moschee (Sa–Mi 8–14 Uhr, Eintritt 0,500 OR).

Seeb ▶ 1, Q 7

Der Fischerort Seeb, 45 km westlich von Muscat, hat sich dank des Flughafens im letzten Jahrzehnt zu einer modernen Stadt und einem Markt für landwirtschaftliche Produkte entwickelt. Der Souq quillt über vor Obst und Gemüse, auf dem Fisch Souq wird bereits bei Sonnenaufgang um die Preise gefeilscht. Der Ort hat sich auch als Reiterzentrum einen Namen gemacht. In der Nähe liegen die Royal Stables, eine Pferderennbahn wurde gebaut, und die Reitervereinigung des Oman wählte Seeb zu ihrem Hauptquartier. Im Winter finden an vielen Wochenenden verschiedene Reitveranstaltungen statt.

Aktiv

Ausreiten ▶ **Seeb Horse Centre:** Madinat al Adiyat, Tel. 24 60 35 01.

Verkehr

Internationaler Flughafen: s. links.

Recht der Frauen

Frauen in Oman — Thema

Oman zählt seit 1996 zu den arabischen Staaten, in denen Frauen Männern nach der Verfassung gleichgestellt sind. Sie besitzen Wahlrecht und werden regierungsamtlich ermutigt, aktiv am Aufbau des Landes teilzunehmen. Noch unter dem Vater des jetzigen Sultans wäre dies schlimmster Häresie gleichgekommen.

Bei der Polizei, den Streitkräften, in Ministerien und Behörden gibt es weibliche Angestellte. Mit zunehmendem Ausbau des Bildungswesens – heute gehen alle Mädchen zur Schule und die Mehrheit aller Studierenden sind Frauen – steigt ihre Zahl relativ schnell. Arbeitende Frauen erhalten den gleichen Lohn wie ihre männlichen Kollegen. Viele sind als Geschäftsleute oder private Händlerinnen tätig.

Auf den Straßen der Capital Area sieht man kaum noch verschleierte Frauen, eher in den Dörfern, und hier verhüllen meist auch nur ältere Frauen ihr Gesicht. Mädchen in Jeans und *abaya* sind zum Symbol für den schrittweisen Wandel geworden. Nach wie vor arrangiert die Familie die Heirat, meist schon in jungen Jahren und gegen einen Brautpreis (von der Regierung auf maximal 2000 OR festgesetzt). Diesen bewahrt der Vater der Braut auf, falls seine Tochter nach einer Scheidung zu ihrer Familie zurückkehren muss; keine Omanin lebt in ihrer Heimat allein.

Ausländische Frauen unterliegen in Oman keinen Beschränkungen. Sie können als Touristinnen ohne Begleitung sicher reisen. In ihrer Kleidung sollten sie selbstverständlich auf die Tradition Rücksicht nehmen.

Gestärkte Position: Die Frauen von Oman sollen aktiv am Aufbau teilnehmen

Von Muscat nach Südosten

Die Fahrt Richtung Süden zur Hafenstadt Sur erschließt einige der schönsten Landschaften von Oman: das grüne und wasserreiche Wadi Bani Khalid mit ursprünglichen Dörfern, die seit Wilfred Thesiger berühmte Wüste Wahiba Sands sowie das Naturschutzgebiet Ras al Hadd.

Auf dem Weg nach Süden, Richtung Sur, lässt sich zwischen der Landstraße und einer Piste in Meeresnähe wählen. Am besten, man unternimmt die Tour mit dem Geländewagen, dann können Abstecher zu kleinen Wadis und versteckt gelegenen Dörfern eingeplant werden. Entlang der Straße liegen orientalisch anmutende Geschäfte und einfache, saubere Restaurants, die beste indisch-omanische Küche offerieren.

Inmitten der Kalksteinfelsen des **Wadi Bani Khalid** (▶ 1, S 9, 205 km von Muscat) öffnen sich natürliche Becken mit schimmerndem blau-grünem Wasser, umgeben von Palmenhainen. Die von den Einheimischen *pools* genannten Becken beziehen ihr Wasser von unterirdischen Quellen und Bächen, die im Laufe der Zeit Höhlen und Kanalsysteme in den Felsen eingruben. Im Oasendorf **Moqal** (▶ 1, S 9) lässt sich Einblick in dieses Höhlensystem gewinnen: Der Spazierweg führt zunächst durch die Plantage. Bananen, Limonen, Mangos und Datteln werden mit modernen *falaj* bewässert. Im Schatten sitzende Frauen besticken Kleider und Tücher mit glitzernden Garnen. Kinder tollen umher und machen sich einen Spaß daraus, die Fremden zu necken. Man folgt dem *falaj* über ansteigendes, steiniges Gelände, bis in der Höhe eine Metallleiter und der Höhleneingang auftauchen. Mit einer Taschenlampe kann der Eingangsbereich erkundet werden. Je weiter man vordringt, desto heißer und schwüler wird die Luft. Das Gluckern stammt von einem der Bäche, die durch die Höhle mäandrieren.

Mudairib ▶ 1, R 7

18 km südlich von Ibra (170 km von Muscat) liegt 1 km abseits der Straße die Oase **Mudairib**. Sie gehört zu den schönsten Dörfern im Landesinneren. Auf den umliegenden Hügeln verfallen alte Wachtürme. Ein **Fort** (Al Kanajirah), um 1800 erbaut, dominiert die Siedlung, ebenfalls strategisch auf einem Hügel (östlich des Souqs) platziert. Am Nordrand des Dorfes ist das historische, aus Holz geschnitzte Stadttor erhalten. Vor dem Tor liegt der alte Brunnen, der immer noch Wasser führt. Im Tal, in der Nähe des lebhaften Marktplatzes, finden sich noch alte Häuser, einige davon mit herrlichen Holztüren. Die auffälligsten stammen aus Sansibar. Sie wurden einst auf Dhaus nach Sur verschifft und von dort mit Lasttieren in die Oase gebracht. Ein Wasserkanal *(falaj)* verläuft durch das gesamte Dorf.

Mintarib und Wahiba Sands ▶ 1, R 10

26 km südlich von Mudairib trifft man (2 km abseits der Straße) auf das traditionelle **Mintarib** am Rand der Wahiba Sands. Sehenswert sind das am Ortseingang liegende restaurierte Fort inmitten von Dattelpalmen (So–Do 8.30–14.30 Uhr, Eintritt 500 Barsa), und der Freitagsmarkt (8–13 Uhr), der auch von Beduinen beschickt wird.

Ein Besuch der Oase verführt zu einem Ausflug in die Randgebiete der **Wahiba**

Sands. Bereits neben den Dattelplantagen erheben sich mächtige Sanddünen, besonders schön in den frühen Morgen- und späten Abendstunden. Die Wahiba Wüste ist etwa 10 000 km^2 groß und erstreckt sich ca. 200 km in Nordsüd- und etwa 100 km in Ostwest-Richtung. Im Osten reichen die Dünen bis an den Indischen Ozean heran. Die umgrenzte und von den anderen Wüsten isolierte Wahiba, die in drei Tagen umfahren werden kann, zeigt darüber hinaus eine große Vielzahl unterschiedlicher Dünenformen und wird als wissenschaftliches Untersuchungsobjekt geschätzt.

Aktiv

Wüstentour ▶ Nomadic Aventures & Tours: Bidiyah, Tel. 99 33 62 73, Fax 25 58 62 41, www.nomadicdesertcamp.com. Eintägige Tour von Al Wasil ins 20 km südöstlich gelegene Desert Camp mit Geländewagen und Kamel inkl. Übernachtung und Verpflegung 60 € pro Person; viertägige Tour ab Muscat 735 € pro Person (bei 2 Teilnehmern). Nomadic Adventures and Tours kooperieren in Deutschland mit dem Veranstalter **Profi Team Reisen,** Sonnenstraße 3, 85609 Ascheim, Tel. 089 90 45 51, Fax: 089 903 39 80, www.profiteam.de

Sur und Umgebung
▶ 1, T 9

Etwa 310 km südöstlich von Muscat liegt die Hafenstadt **Sur** (55 000 Einw.), über eine geteerte Straße durch das Landesinnere (Nationalstraße 23) oder auf einer Piste entlang der Küste oder auf einer ganz neuen (oberhalb, aber dennoch parallel zum Meer verlaufenden) Autobahn zu erreichen. Schon in vorislamischer Zeit wurde über Sur der Warenverkehr mit ostafrikanischen Städten abgewickelt. Reichtum brachte jedoch erst der Sklavenhandel, der im 19. Jh. von den Briten unterbunden wurde. Einige der alten Häuser im zentralen Stadtteil Sur as Sahil demonstrieren mit ihren reich verzierten Türen die Einflüsse anderer orientalischer Länder. Doch der seit einigen Jahren anhaltende Bauboom, verschonte nur wenig von der alten Bausubstanz.

Nähert man sich Sur vom Landesinneren auf der Nationalstraße 23, dann liegt außerhalb der Ortschaft linker Hand das Fort Bilad Sur, bald darauf rechts das Sur Plaza Hotel. Auf dem weiteren Weg zum Zentrum passiert man den Al Urubah Sports Club, hinter dem sich das Marine Museum versteckt (Sa–Do 9–16 Uhr, Eintritt frei). Anschließend gelangt man zum Fishing Harbour, der an der Meerseite liegt. Über die folgende Landenge erreicht man die Altstadt.

Das Zentrum von Sur liegt auf einer Halbinsel, die in die Lagune von Sur (Khor Sur) ragt. Die Stadt hat sich erheblich nach Nordwesten (vor der Halbinsel) ausgedehnt. Malerisch ist es in der Altstadt am Ufer der Lagune, einem natürlichen Hafen, wo man die Bootswerften findet und wo die Fischer mit ihrem Fang eintreffen. Der Bootsbau ist immer noch von großer Bedeutung und zieht viele Besucher an. Zahlreiche Boote liegen in unterschiedlich fortgeschrittener Konstruktion am Ufer, umgeben von Hölzern und Baumstämmen. Eine 70 Jahre alte Dhau, Fatah al Khair, 20 m lang und mit fast 300 t Verdrängung, wurde restauriert und ist jetzt an Land zu besichtigen.

Jahrhundertelang beschützte das Fort Bilad Sur die Ortschaft von der Landseite her. Es liegt am Ortseingang von Dattelpalmen umgeben und besitzt einen ungewöhnlichen doppelten Verteidigungsturm. Im Hof liegen Ruinen von Wohngebäuden (So–Do 8.30–14.30 Uhr, Eintritt frei). Doch die bedeutendste Festungsanlage Surs ist Fort Sunaysila.

Tipp: Badefreuden

Der **Strand von Sur** erstreckt sich vom Eingang in die Lagune mehrere Kilometer in westlicher Richtung. Er ist unterschiedlich breit und besteht teilweise aus Kies. Man kann den Strand von der Stadt zu Fuß erreichen. Außer Sonnenschirmen gibt es keine Infrastruktur. Im Bereich der Corniche findet man jedoch Cafés.

Von Muscat nach Südosten

Es thront unübersehbar auf einem Plateau am Westrand der Stadt (So–Do 8.30–17 Uhr, Eintritt 0,5 OR).

Die östlichste Ortschaft des Landes liegt östlich von Sur an einer Bucht. **Ras al Hadd** besitzt ein 450 Jahre altes Fort. Das relativ kleine Bauwerk mit weitem Hof hat drei Türme und wurde restauriert (So–Do 8.30–14.30 Uhr, Eintritt frei). Am Rande des Forts liegen Ruinen alter Wohnhäuser mit dekorierten Steinen und geschnitzten Türen. Der Ort lebt im Wesentlichen vom Fischfang, am Strand sieht man große Mengen von Sardinen, die dort in der Sonne getrocknet und dann als Viehfutter verkauft werden. Bekannt ist das benachbarte **Ras al Jinz** als Naturschutzgebiet für Meeresschildkröten, die an den weiten Stränden ihre Eier ablegen. Individualtouristen ist das Betreten der geschützten Strandabschnitte nur mit einer Genehmigung erlaubt, die man im Scientific and Visitors Centre (Tel. 96 55 06 06, Fax 99 85 15 94) am besten mit einer Voranmeldung erhält. Der Besuch erfolgt in kleinen Gruppen mit lizenzierten omanischen Reiseleitern.

Übernachten
Strandhotel ▶ **Sur Beach Resort Hotel:** am nordwestlichen Stadteingang (Küstenstraße), Tel. 25 54 00 90, Fax 25 54 22 28. Älteres Strand-Hotel, Pool, gutes Restaurant, 40 Zimmer. DZ 55 OR.

Bestes Haus der Stadt ▶ **Sur Plaza (ehemals Mercure):** Muscat Rd. (Stadteinfahrt), Tel. 25 44 37 77, Fax 25 44 26 26, www.omanhotels.com. Funktionaler Neubau der ordentlichen Mittelklasse, zwischen August und Oktober Ausflüge nach Ras al Hadd. DZ 50 OR.

Einkaufen
Schnäppchen ▶ **Friday Market:** westliches Ende der Ash Sabkhah Rd., Altstadt. Freitagmorgens ein buntes Sammelsurium aus Neu- und Gebrauchtwaren sowie Souvenirs.

Aktiv
Ausflüge ▶ **in das Schutzgebiet für Meeresschildkröten:** buchbar in Sur in Hotels und Reisebüros. Man kann sich aber auch direkt in Ras Al Jinz einer Besuchergruppe nach Erwerb einer Genehmigung im Visitors Centre (1 OR) anschließen. Die nächtlichen Führungen beginnen dort tgl. um 21 Uhr.

Verkehr
Busbahnhof: Commercial Complex, nähe Sur Hotel, Tel. 25 44 04 32. 3 x tgl. nach Muscat (6, 12, 14 Uhr), Fahrtzeit 5 Std., 5 OR.

Fischer am Strand von Sur: Der Ort lebt vom Sardinenfang

Von Muscat nach Sohar – die Batinah-Ebene

Westlich der Hauptstadt Muscat breitet sich entlang des Meeres die Batinah-Ebene aus. Dank einer gut ausgebauten Schnellstraße durchquert man sie in knapp zwei Stunden und erreicht Sohar, einst die bedeutendste Hafenstadt Omans. Landeinwärts liegen auf der Strecke kleine Oasen und teilweise hervorragend restaurierte Festungen.

Fluchtburgen säumen den Weg durch die Batinah-Ebene. Schon immer verstanden es die Omani, sich vor möglichen Angriffen zu schützen und diese Verteidigungsbauten auch noch in architektonisch aufwendiger Weise zu errichten. Dutzende von Festungen, zerfallen, im Wiederaufbau begriffen oder mit Millionenaufwand kunstvoll restauriert, erinnern an eine vergangene Epoche omanischer Wehrarchitektur. Die kunstvoll verzierten, schweren Holztore, die Balkendecken und Nischen im Inneren der Festungsräume sind ebenso charakteristisch wie die umlaufenden Zinnen und schmalen Fensteröffnungen.

In Sohar ist man in einer Stadt, die noch heute von ihrer großartigen Vergangenheit zehrt. Die weitläufige Gartenstadt gehörte im 10. Jh. zu den bedeutendsten Häfen der gesamten Arabischen Halbinsel, ein Stützpunkt des Handels mit Indien, Ostafrika und Fernost. Das weiße, weithin sichtbare Fort ist heute Wahrzeichen der Stadt, die die Heimat des legendären Seefahrers Sindbad gewesen sein soll.

Barka ▶ 1, P 6

Am Beginn der sich nach Norden erstreckenden Küstenebene Batinah liegt 40 km nordwestlich von Seeb am Meer die Kleinstadt **Barka**, berühmt für seine omanischen Stierkämpfe, den Strand und Webarbeiten. Hergestellt werden heute im Wesentlichen kleine Teppiche in Naturfarben, mit Mustern in Weiß, Orange, Schwarz und Rot. Mit staatlichen Projekten (Webschulen) und Abnahmegarantien versucht man, die darniederliegende Kleinindustrie zu beleben. Das imposante **Fort** mit einem ungewöhnlichen achteckigen Turm, nur wenige Hundert Meter vom Meer entfernt, spielte bei der Vertreibung der persischen Besatzung 1747 eine bedeutende Rolle und ist mit Lehmziegeln in traditioneller Weise restauriert worden. An seiner Rückseite stehen zwei Wachtürme, die einst Teil der Stadtmauer waren (So–Do 8.30–14.30 Uhr, Eintritt 0,300 OR). Muschelliebhaber kommen am **Strand** auf ihre Kosten.

Der **Stierkampf** in Oman hat nichts mit dem blutigen spanischen Spektakel gemein. Jeweils zwei Bullen kämpfen in einem freien Rund gegeneinander, wer zuerst wegläuft hat verloren. Die Zuschauer bilden in gebührendem Abstand sitzend einen Kreis.

Aktiv

Olé ▶ **Stierkampf:** Arena 3 km nördl. von Barka. Zwischen Nov. und April immer freitagnachmittags.

Nakhal ▶ 1, P 8

Die in Barka nach Süden abzweigende Landstraße führt in die Oase Nakhal (2500 Einw.) am Rande des Gebirges (30 km). Eine seit langem sprudelnde mineralhaltige **Quelle** (Al Thowara) sorgt für Schatten, Besucher, Land-

Von Muscat nach Sohar – die Batinah-Ebene

wirtschaft und Wohlstand. Man wandert am Bach entlang durch Dattelpalmenhaine, Granatapfelplantagen und Gemüsefelder. Um die Quelle herum wurde ein kleines Bad mit schattigem Picknickplatz gebaut.

Ein hohes, mächtiges **Fort** aus dem 9. Jh., im 16. Jh. erweitert, wurde vollkommen restauriert und mit Waffen, Geräten, Utensilien, Möbeln und Teppichen aus mehreren Jahrhunderten ausgestattet. Die Räume mit ihrer jeweiligen Funktion sind (auch in englischer Sprache) beschriftet. Besonders eindrucksvoll ist die Küche, in der traditionelle Gerätschaften wie Wasserbehälter aus Tierhaut gezeigt werden. Gelegentlich baute man zwei Schlafräume übereinander: der obere, warme für den Winter und der untere, kühle für den Sommer. Das auf und an einem Felsen erbaute Fort erstreckt sich in die Höhe: Weiter oben liegt das ehemalige Gefängnis, der heißeste Raum. Vom Dach der weitläufigen Anlage hat man einen herrlichen Rundblick über die Oase und das Gebirge (Sa–Do 9–17, Fr 8–11 Uhr, Eintritt 0,500 OR).

Rustaq ▶ 1, O 8

50 km von Nakhal entfernt liegt am Fuße des Jebel Akhdar, eine weitläufige Stadt mit etwa 12 000 Einwohnern. Der Ort war im 17. Jh. zeitweise Hauptsitz der Yaruba-Imame. Deshalb ließ Sultan Saif bin Sultan 1650 große Palmenhaine anpflanzen und begann, auf den Ruinen einer persischen Festung aus dem 7. Jh. das **Fort Qalat al Qasr** zu bauen. Dies wurde jedoch erst 100 Jahre später, als Rustaq unter Sultan Ahmad bin Said Hauptstadt von Oman war, mit der Errichtung von Wachtürmen fertig gestellt. Es liegt hoch über der Altstadt und ist nach Restaurierungsarbeiten heute wieder zugänglich. Innerhalb des Forts steht eine Moschee (Sa–Do 9–16, Fr 8–11 Uhr, Eintritt 0,500 OR).

Gegenüber dem Fort befindet sich der alte **Souq**. Mehrere Eingänge führen in das Gewirr enger Gassen, in das sich fremde Besucher jedoch selten verirren: eine Fundgrube für Antiquitäten, Silberarbeiten, alte Waffen und Kunsthandwerk. Am Ortseingang liegt eine **heiße schwefelhaltige Quelle** (Ain al Qasr), neben der eine Moschee und eine Badeanlage mit individuellen Waschplätzen errichtet wurden. Als Heimatstadt von Imam Ahmed bin Said, einem Vorfahren des heute regierenden Sultans, genießt Rustaq ein besonderes Ansehen, und so schenkte der Sultan der Stadt eine neue große Moschee, die sich über einem Park an der Straße zur Küste erhebt.

Al Hazm ▶ 1, O 7

Das 15 km (Richtung Küste/Sohar) entfernte Dorf **Al Hazm** erstreckt sich neben einem Palmenhain. Es besteht aus zerfallenen Lehmhäusern, die fast alle leer stehen. Restauriert ist das 1708 von Sultan bin Saif al Yaruba erbaute **Fort.** Es besitzt einen quadratischen Grundriss mit zwei starken Verteidigungstürmen; Bögen und Gewölbe sind bestimmende Elemente der Konstruktion von Wachen-, Waffen- und Pulverkammern. Das Fort enthält heute eine Sammlung von Waffen. Zwei innen liegende Brunnen und ein forteigenes *falaj*-System gewährten die Versorgung mit Wasser für die Baderäume des Imams und bei Belagerung. Eindrucksvoll ist auch das gewaltige Eingangstor. Sultan bin Saif residierte hier bis 1711, nach seinem Tod

---

Tipp: Stierkampf auf Arabisch

Die südliche **Batinah-Ebene** ist Schauplatz eines Spektakels, das es außer in Fujairah (VAE) nirgendwo sonst in der arabischen Welt gibt. Anders als im fernen Spanien handelt es sich um ein gänzlich unblutiges Kräftemessen zwischen zwei Bullen. Schnauben, Stoßen und Wegrennen, viel mehr passiert nicht bei der omanischen Variante des Stierkampfes. Die einheimischen Männer sind begeisterte Zuschauer des Geschehens. Lautstark werden die Bullen angefeuert, die Sieger gefeiert – nämlich die Besitzer des Tieres, das sich nicht aus dem Staube macht.

Kein blutiges Spektakel: der arabische Stierkampf in Barka

1718 wurde er im Fort begraben (Sa–Do 9–16, Fr 8–11 Uhr, Eintritt 0,500 OR).

Sohar ▶ 1, M 6

Die historische Hafenstadt **Sohar** präsentiert sich dem Besucher heute als weitläufige, großzügig gestaltete Ortschaft (50 000 Einw.). Bougainvillea und Hibiskus säumen die Straßen, Kokospalmen wurden über drei Kilometer entlang der Corniche gepflanzt, meterhohe Skulpturen von Kaffeekannen, Dhaus und *khanjars* aus Beton an den Verkehrskreiseln aufgestellt. Breite Straßen, von Grün gesäumt, verbinden die einzelnen Stadtteile. **Sohar**, die Weiße Stadt soll im 9. Jh. Geburtsort des legendären Kaufmanns und Seefahrers Sindbad gewesen sein. Zwei Kanonen flankieren den Eingang zum Gelände des **Forts.** Grabungen ergaben, dass die Festung über Ruinen eines älteren Bauwerks Ende des 13. Jh. erbaut wurde. Das 1981 restaurierte Fort thront mit sechs Wachtürmen im Stadtzentrum an der Bucht. In seinem Inneren erhebt sich ein vierstöckiges Bauwerk aus dem 17. Jh., das heute als **Museum** dient und sich der Seefahrtstradition der Stadt widmet. Dokumentiert wird die Geschichte der Stadt, von der Handelsblüte im Mittelalter über die portugiesische Eroberung bis zur Neuzeit. Die Kopie eines Briefes des Propheten Mohammed an die seinerzeit herrschende Familie erinnert daran, dass Sohar die erste omanische Stadt war, in der der neue Glaube Fuß fasste. Ein Spaziergang auf dem Festungsgelände führt zu Ausgrabungen einer vorislamischen Besiedlung und erlaubt von den Festungszinnen einen Blick auf die Bucht, prächtige Häuser und die Große Moschee (Sa–Do 9–16.30, Fr 14–16 Uhr, Eintritt 0,500 OR).

Anziehungspunkt ist auch der **Fischmarkt** (vormittags), den man vom Fort über die neue – mehrere Kilometer lange – Uferpromenade erreicht.

Übernachten

Strandfestung ▶ **Sohar Beach Hotel:** Sallan Beach, Stadtteil Al Tareef, Tel. 26 84 11

Von Muscat nach Sohar – die Batinah-Ebene

11, Fax 26 84 37 66, www.soharbeach.com. Im Stil eines Forts erbaute Anlage mit 41 Zimmern. Von dem Hotel führt eine 4 km lange Promenade zum Fischmarkt und dann (3 km) weiter zum Fort. DZ ab 50 OR.

Verkehr
Busstation: Al Nahdha St. (gegenüber der Post). Ein Bus verbindet Sohar mit Ruwi in der Capital Area, Buraimi und Dubai.

Buraimi ▶ 1, K 6

Wasserkanäle, Palmenhaine und Souqs im traditionellen Stil: Die Oase Buraimi liegt am nordöstlichen Stadtrand von Al Ain (150 km nördlich von Ibri und 100 km westlich von Sohar), das zu Abu Dhabi gehört.

Während der britischen Protektoratszeit waren Buraimi, Al Ain und einige weitere Siedlungen freie Oasen, auf die Abu Dhabi, Oman und Saudi-Arabien gleichermaßen Anspruch erhoben, ohne dass dieser von einem der Länder durchgesetzt wurde. Erst 1949 rückte Saudi-Arabien in die Oasen ein. Großbritannien als Schutzmacht der Emirate und Omans bewog Saudi-Arabien, sich fünf Jahre später wieder zurückzuziehen. Der heutige Grenzverlauf zwischen Al Ain (Abu Dhabi, VAE) und Buraimi (Oman) ist das Ergebnis britischer Einflussnahme und wurde erst 1974 von Saudi-Arabien akzeptiert.

Das historische **Fort Qasr al Khandaq** an der Hauptstraße (unweit der Grenze zu Al Ain und gegenüber des Souqs) ist mit seinen gewaltigen runden Ecktürmen nicht zu übersehen. Es wurde umfassend restauriert; im großen Innenhof liegen mehrere Wohn- und Lagergebäude. Sehenswert ist auch der *majlis,* der Versammlungsraum (Sa–Do 8–18, Fr 8–12 u. 16–18 Uhr, Eintritt frei).

Die **Sultan Qaboos-Moschee,** ebenfalls an der Main Road nach Al Ain, wird von zwei schlanken Minaretten flankiert. Ihre grüne Kuppel ist ein Meisterwerk moderner islamischer Dekorationskunst.

Der alte **Souq** (neben dem Fort Khandaq) hat sich teilweise seine arabische Atmosphäre bewahrt. Angeboten werden neben Waren des täglichen Gebrauchs auch Gewürze, Antiquarisches und Silber. An den Souq schließt sich die historische Oase mit Dattelpalmenhainen und Gemüsefeldern. Schmale Wege führen hindurch, man spaziert meist im Schatten, Lehmmauern säumen die Wege.

Das **Husn al Hillah** liegt hinter dem Khandaq-Fort und dem Souq in der Oase, es ist besonders aufwendig dekoriert (Sa–Do 8–1 Uhr, Eintritt frei). Unmittelbar hinter dem *castle* erstrecken sich Gärten mit Mango- und Zitronenbäumen sowie Dattelpalmen.

Die Regierung treibt die Modernisierung der Oase kräftig voran: Die Stadt wächst, Wirtschaftsunternehmen siedeln sich an, Schulen werden eröffnet, Krankenhäuser erweitert. Nur noch wenige Frauen tragen die *burka,* die Gesichtsmaske, und der Anteil von Mädchen, die die höhere Schule besuchen, steigt.

Übernachten
Oase in der Oase ▶ **Al Buraimi:** Al Sour R/A, Sohar Rd., Al Dahirah, Tel. 25 65 20 10, Fax 25 65 20 11. Komfort-Hotel mit Pool und 62 Zimmern. DZ ab 50 OR.
Preiswert und ordentlich ▶ **Al Dahra Hotel:** Main Rd. (unweit der Al Ain-Grenze), Tel. 25 65 04 92, Fax 25 65 08 81. Einfaches Haus mit ordentlichen Zimmern. DZ 20 OR.

Essen & Trinken
Orientalische Küche ▶ **Al Hamasa:** im Hotel Al Buraimi, Tel. 25 65 20 10, tgl. 7.30–24 Uhr. Suppe, Salat, *houmus* und Fleischspieß 1,500 OR.

Abends & Nachts
After Dinner ▶ **Nachtclub Tropicana:** Einziges abendliches Unterhaltungsangebot im omanischen Teil der Oase.

Verkehr
ONTC: Busstation an der Main Road nach Al Ain, 700 m südlich des Forts Al Khandaq gegenüber dem Hotel Al Dahra, Tel. 25 65 22 55. 3 x tgl. Bus von Ruwi über Sohar nach Buraimi, Fahrzeit 6 Std.

Musandam

Eine bizarre Landschaft aus fjordähnlichen Buchten und bis zu 2000 Meter steil aufragende Felsmassive prägen die Musandam-Halbinsel, die weit in die Straße von Hormuz hineinragt. Bisher wenig Tourismus und eine faszinierende Landschaft kennzeichnen die Region.

An der Nordspitze der in die Straße von Hormuz hineinragenden Halbinsel liegt die 3000 km^2 große Exklave, durch die VAE vom Rest Omans getrennt. Viele Öltanker und Handelsschiffe ziehen auf dem Meer an **Musandam** vorbei, denn die Straße von Hormuz ist die wohl meistbefahrene Schifffahrtsstraße der Welt. Nur mit dem Boot lässt sich die Schönheit der vielen Fjorde kennenlernen.

Entlang der Westküste nach Khasab ▶ 1, L 1–2

Entlang der malerischen Straße an der Westküste erreicht man 14 km nach der Grenze **Bukha,** eine grüne Kleinstadt am Meer mit einem alten Fort. Während Fort Khasab die Verteidigung auf der nördlichen Seite der Halbinsel übernahm, sicherte dies 28 km südlich gelegene Fort Bukha die westliche Flanke (Sa–Do 9–16, Fr 8–11 Uhr, Eintritt 0,300 OR). Näher am Wasser liegen zerfallene und verlassene Gebäude, weiter zurück die neuen Häuser der Bewohner.

2 km weiter passiert man **Al Jadi** mit einem Friedhof am Ortseingang, erkennbar nur an den vielen aufgerichteten Steinen. Immer wieder durchquert man Wadis, die aus den Bergen kommen und bis ans Meer reichen.

Nach **Al Jerry** geht es hinauf in die Berge, an der Auffahrt liegt ein Café mit fantastischem Blick, der Pass ist bei **Al Harf** erreicht, dann führt die Fahrt hinunter nach **Hana,** einer Fischerbucht mit vielen Booten und aufgespannten Netzen. 5 km vor Khasab liegt das Fischerdorf **Mukhi** mit einigen Booten am Strand, 2 km vor der Stadt links das Golden Tulip Hotel.

Khasab ▶ 1, L 1

Heute ist auch in die abgelegene Hafenstadt **Khasab** (18 000 Einw.) der Fortschritt eingezogen, dank des Verschönerungs- und Modernisierungsprogramms der fernen Regierung. Klimaanlagen und Beton haben Windtürme und Lehm ersetzt. Ein Spaziergang führt an alten, ummauerten Palmenhainen sowie Gemüse- und Obstgärten entlang zur weit geschwungenen Hafenbucht, in deren Mitte sich **Qalat al Khasab,** eine schon im 15. Jh. bekannte Festung erhebt, die im 17. Jh. nach der Vertreibung der Portugiesen ausgebaut wurde. Zwischen den kahlen, stei-

Tipp: Schöne Aussichten

Wer die Anreise über den Grenzübergang bei Tibat wählt, ist nicht nur schneller in Khasab, sondern fährt auch auf einer 40 km langen, zwischen Felswand und Meer gelegenen Panoramastraße (mit Leitplanken, Laternen, Parkplätzen, Abfalleimern und vielen Ziegen) vorbei an Sand- und Fischerbuchten. Am Horizont sieht man die endlose Schlange von Öltankern und Handelsschiffen auf dem Weg von und nach Qatar, Bahrain, Saudi-Arabien, Kuwait, Iran und Irak, die die Straße von Hormuz passieren wollen.

Musandam

Khasab: die Festung vor der kargen Bergkulisse des Jebel Harim

len Gebirgszügen und dem Meer, umgeben von üppigen Dattelpalmen, findet man dieses Bauwerk mit quadratischem Grundriss und Ecktürmen, in dessen Innenhof sich ein Rundturm erhebt und einige Boote ausgestellt sind. Vor dem Fort liegen auf der Meerseite zwei Boote. Drei Kanonen bewachen den Eingang, die noch bis vor wenigen Jahren mit lautem Donnerschlag die erste Mondbeobachtung am Ende des Ramadan und damit den Beginn der Id-Festtage anzeigten (Sa–Do 9–16, Fr 8–11 Uhr, Eintritt 0,500 OR). Vor dem Fort erstreckte sich einst eine breite Lagune, heute dank groß angelegter Aufschüttung ein weiter, unbebauter Platz. Östlich schließen sich an das Fort Dattelplantagen an. Überall laufen Ziegen herum.

Am Ortseingang befindet sich linkerhand (nach der Al Maha-Tankstelle) der große **Hafen** mit mehreren Piers (am Ende eines weiten Schotterplatzes) für Fischerboote und die Schnellboote der iranischen Händler. Die Stille wird zerschnitten von aufheulenden Bootsmotoren: Mit dem Schnellboot sind es nur ein bis eineinhalb Stunden zur iranischen Küste, sodass ein reger – aus omanischer Sicht legaler, aus iranischer Sicht illegaler – Handel über das Wasser betrieben wird. Früh am Morgen treffen Fischerboote mit ihrem Fang ein, anschließend iranische Händler mit Ziegen.

Auf der gegenüberliegenden Seite, am Ende der Bucht, dümpeln Dhaus für Touristenausflüge in die Fjords der Halbinsel. Man erreicht sie ebenfalls über ein langes Schotterfeld. Nach Passieren des Hafens liegt rechts der Stadtteil A'Souq, der alte Markt mit vielen iranischen Waren.

Infos

Dolphin Tourism: Main Rd., Tel. 26 73 06 59, Fax 26 73 16 76, www.dolphintourism.net. Gute Adresse für Auskünfte und preiswerte Adresse für Ausflüge (s. S. 261).

Übernachten

Hoch über dem Meer ▶ **Golden Tulip Resort:** 2 km vor der Stadteinfahrt, Tel. 26 73 07 77, Fax 26 73 08 88, www.goldentulipkhasab.com. Bestes Haus am Platz, mit Tauchzentrum und eine Niederlassung von Khasab Travel (s. S. 261). DZ ab 80 OR.

Stadthotel ▶ **Khasab Hotel:** Stadtteil Al Shaabiya Richtung Flughafen, Tel. 26 73 02

67, Fax 26 73 09 89, www.dolphintourism.net. Mittelklassehaus mit Pool, Restaurant und 15 Zimmern am Stadtrand. Ein neuer Komplex mit 40 Zimmern und 6 Apartments (2 Schlafzimmer und Küche) wurde daneben errichtet. DZ 35 OR.

Schlafstätte ▶ **Qada Tourist Hotel:** Main Rd., neben Dolphin Tourism, Tel. 26 73 16 67, Fax 26 73 16 76, qdahotel@omantel.net.om. Haus der einfachen Mittelklasse, an das ein arabisches Restaurant angeschlossen ist. 22 Zimmern. DZ 20, Familien (bis 4 Pers.) 35, Apartment 40 OR.

Essen & Trinken

Neben den drei Hotelrestaurants empfiehlt sich ganz besonders:

Indisch ▶ **Bashaer:** Main Rd./1st R/A, Tel. 26 83 11 64, tgl. 11–2 Uhr. Indisches Restaurant mit reicher Speisekarte. Serviert werden auch arabische Spezialitäten, große Auswahl an frischen Fruchtsäften. Tellergericht (Huhn, Lamm, Rind, Fisch) ab 2 OR, Menü mit Salat, *houmus,* Brot ab 1,5 OR.

Aktiv

Schön gestrandet ▶ **Qida (Qadah) Beach:** In der Nähe des Golden Tulip Hotels gibt es eine große Strandbucht, in der man es unter Sonnenschirmen gut aushalten kann.

Ausflüge ▶ **Dhaufahrten:** Von örtlichen Reiseveranstaltern werden Fahrten in die Khor Ash Sham angeboten, mit 17 km der längste Fjord Musandams. Delfine begleiten das Boot, und unterwegs wird an der Jazirah al Maqlab ein Stopp zum Schnorcheln am Korallenriff eingelegt. Zu sehen sind auch Ruinen einer britischen Telegrafenstation aus dem 19. Jh. Das Wasser ist hier glasklar und schimmert in Blau- und Türkistönen, – in Verbindung mit den kahlen Felswänden ein reizvolles Fotomotiv. Gegen Mittag wird ein Lunchbuffet aufgebaut. Teppiche und Kissen laden zum stillen Genießen der langsam vorbeiziehenden Landschaft ein. **Khasab Travel & Tours:** Main Rd., New Souq (New Commercial Complex), Tel. 26 73 04 64, Fax 26 73 03 64, www.khasabtours.com. **Musandam Sea Adventure Travel:** Tel. 26 73 04 24, Fax 26 73 00 69, www.msaoman.com. Die Agentur unterhält mehrere Dhaus, darunter die Mona Lisa, ein Segelschiff mit vier Kajüten für vier bis acht Personen. Deutschsprachige Reiseleiter, preisgünstig, sehr empfehlenswert.

Verkehr

Flugzeug: Die Hauptstadt der Exklave Khasab wird tgl. von Oman Air ab Muscat angeflogen. Der Flughafen liegt in der Ebene von Khasab, Tel. 26 73 15 92. **Taxi** ins Zentrum 1,500 OR.

Auto: Ab Muscat fährt man den Golf von Oman entlang über Sohar und die Grenzübergänge von **Khatmat** (Oman/Fujairah, ab Muscat 350 km) und **Dibba** (Fujairah/Oman), denn zwischen Oman und Musandam durchquert man (90 km) einen Teil der Vereinigten Arabischen Emirate. Von Dibba sind es 150 km bis Khasab, wenn man die Autobahn über **Ras al Khaimah** zum Grenzübergang **Tibat** an der Westküste wählt. Dies ist der einfachere, schnellere Weg, weil die Straße asphaltiert ist und die Grenzübergänge professionell gehandhabt werden. Fährt man von **Dibba** durch das Inlandgebirge nach Khasab, benötigt man außerdem ab **Rawdah Checkpoint** (35 km nach Dibba) ein Fahrzeug mit Vierradantrieb und eine Genehmigung der örtlichen Polizei.

Mietwagen: Khasab Travel & Tours 25–30 OR pro Tag.

In die Berge ▶ 1, L 2

Ein Besuch Musandams wäre unvollkommen ohne einen Ausflug in die fantastische Bergwelt: Beispielsweise auf den **Jebel Harim,** einen 2087 m hohen Berg südlich von Khasab. Die Strecke geht über eine Piste, die einen Geländewagen erfordert. Sie führt vorbei an der Siedlung Sayh mit alten, vom Verfall bedrohten Steinhütten. Unterhalb des Gipfels verläuft die Piste um den Berg und gibt ein atemraubendes Panorama preis: fjordartig eingeschnittene Berglandschaften, türkisblau schimmerndes Meer.

Nizwa und das Landesinnere

Innerer Oman (Dakhiliyah) ist die amtliche Bezeichnung der Region um Nizwa mit den Festungen Bahla und Jabrin, traditionellen Orten wie Al Hamra und Al Misfah oder dem Jebel Shams, höchsten Berg Omans. Die landschaftliche Schönheit wird nur noch übertroffen von der einfachen Ursprünglichkeit der Bergdörfer.

Was Besucher in der Region Dakhiliyah erwartet, ist Oman wie aus dem Bilderbuch: Grüner Berg, nämlich Jebel Akhdar nennen die Omani das karge Gebirge wegen seiner vielen Wadis, Quellen und Oasen, das Muscat von Nizwa und Bahla trennt. Eine überaus reizvolle Region, im Licht der Sonne wie unter einem sternenfunkelnden Nachthimmel. Höchste Erhebung ist der 3009 m hohe Jebel Shams, auf den vom Wadi Ghul aus eine Schotterpiste führt. Am Rande des Berges liegen beeindruckende, bis zu 1000 m senkrecht abfallende Schluchten, die omanische Version des Grand Canyon.

Die Region ist die traditionelle Heimat der ibaditischen Imame, die von hier aus Oman regierten. Sie errichteten imposante Festungsanlagen, in denen sie sich verschanzten und teilweise auch gegen den Sultan Stellung bezogen. In Nizwa, dem religiösen Zentrum des Landes, wurde im 8. Jh. der erste Imam der Ibaditen gewählt, und es wird berichtet,

Sehr begehrt: Dattelpalmensamen auf dem Souq von Nizwa

dass sich die neue Lehre des Islam von hier aus in Oman verbreitete. Über Jahrhunderte lebten die Stämme des Inneren Oman im Widerstand gegen die Küstenregion und gegen den Führungsanspruch der dort residierenden Sultane. In touristischer Hinsicht gehört diese Region zur beliebtesten des Landes.

Nizwa ▶ 1, O 9

Die alte Hauptstadt Omans (55 000 Einw.), im Landesinneren am Fuße des Jebel Akhdar, ist von Muscat über eine 150 km lange und gute, aber viel befahrene Straße zu erreichen. Von **Nizwa** aus, das sich früh zu einem Zentrum des Islam entwickelte, gelang im 17. Jh. den Imamen der Yaruba-Dynastie die Einigung Omans und die Vertreibung der Portugiesen. Die rund 8 km lange Oase zieht sich an einem breiten Wadi entlang und zeigt ein zumeist modernes Gesicht. Im Zentrum dominiert ein mächtiges **Fort,** im 17. Jh. nach zwölfjähriger Bauzeit von Sultan bin Saif errichtet und heute perfekt restauriert. Ein Brunnen im Inneren sorgte bei Belagerung für Wasser. Der gewaltige runde Festungsturm misst 35 m im Durchmesser und ragt 25 m in die Höhe. Durch sieben enge Türen mit darüberliegenden Verteidigungsschächten gelangt man nach oben. Von den Zinnen des 9 m hohen Wehrgangs und durch die Schießscharten des Turms ergeben sich fantastische Blicke auf die blauen Kuppeln der Großen Moschee mit ihren Minaretten, den Souq und die Überbleibsel der Altstadt (Sa–Do 9–16, Fr 8–11 Uhr, Eintritt 0,500 OR).

Der **Souq** am Fuße der Festung wurde modernisiert. Rund 200 Läden bieten Datteln und Obst, Gemüse, Fisch und Haushaltswaren, in einigen Geschäften entdeckt man auch Kunsthandwerk wie Silberarbeiten, Töpferwaren und Webarbeiten. Besonders schön ist ein Besuch in den Abendstunden, wenn die Gassen stimmungsvoll beleuchtet sind und es nach Weihrauch duftet. Der alte Souq (am Rande des neuen) ist stark geschrumpft, besitzt aber noch viel Atmosphäre. Eine der Attraktionen der Stadt ist der

Tipp: Hotel in den Bergen

Schon der britische Forschungsreisende Sir Wilfred Thesiger war von dem 3018 m hohen Gebirgsmassiv **Jebel al Akhdar** beeindruckt. Nur wenige Hotels des Landes erfreuen sich einer solch ungewöhnlichen Lage: Die gleichnamige Herberge am Rande des Grünen Gebirges erlaubt faszinierende Ausflüge in die Bergwelt sowie zu alten, traditionellen Dörfern. Da das Klima ausgeglichen ist und die Temperaturen niedriger als im Landesdurchschnitt liegen, ist das Haus beliebter Ausgangspunkt für Wanderungen (s. unten).

Viehmarkt am hinteren Ende des Souq, auf dem Freitagmorgen Beduinen aus den umliegenden Dörfern Ziegen, Schafe, Hühner und Kälber zum Verkauf anbieten. Die Verkäufer preisen ihre Tiere solange an, bis schließlich ein Kauf zustandekommt.

Übernachten

Orientalisches Quadrat ▶ **Golden Tulip Nizwa:** 15 km südöstlich der Stadt, Tel. 25 43 16 16, Fax 25 43 16 19, www.goldentulipnizwa.com. Im omanischen Festungsstil erbautes Haus der oberen Mittelklasse, abseits der Stadt und ihrer Schönheiten, jedoch bestes Haus am Ort. 60 Zimmer, DZ ab 60 OR.

Berghotel ▶ **Al Jabal al Akhdar Hotel:** an der Auffahrt zum Saiq Plateau am südöstlichen Ende des Jebel Akhdar, Tel. 25 42 90 09, Fax 25 42 91 19, jakhotel@omantel.net.om. Von Nizwa Richtung Izki, in Birkat al Mouz nach Norden und Richtung Gipfel, in 2100 m Höhe gelegen, mit gutem Restaurant, 24 Zimmer. (Auffahrt nur mit Vierrad-Antrieb möglich, Polizeikontrolle!) DZ 45 OR.

Beste Tradition ▶ **Falaj Daris:** 4 km östlich der Stadt, Tel. 25 41 05 00, Fax 25 41 05 37, www.falajdarishotel.com. 52 Zimmer um zwei romantische Innenhöfe mit Schwimmbad, abends stimmungsvoll beleuchtet, gutes Restaurant mit Tischen auch am Pool, bei Reisegruppen sehr beliebt. DZ 45 OR.

Für jedermann ▶ **Majan Guesthouse:** Muscat Rd. (vor Firq R/A auf der linken Seite

aktiv unterwegs

Bahla – Rundgang durch Oase und Festung

Tour-Infos
Start: am Fuße der Festung
Länge: ca. 6 km
Dauer: 3 Std. mit Besichtigung der Oase
Wichtige Hinweise: festes Schuhwerk nicht vergessen

35 km hinter Nizwa in Richtung Ibri erreicht man die Oase von **Bahla** (▶ 1, O 9). Die neue Landstraße durchschneidet die alte, teilweise bis zu 4 m hohe Stadtmauer aus Lehmziegeln, welche sich einst mit 15 Toren und 130 Wachtürmen rund 11 km um die Oase zog. Oberhalb des Dorfes am Rande des Palmenhains liegt die Ruine der Festung von Bahla (arab. Name: Hisn Tamah), die von der UNESCO in die Liste des Weltkulturerbes aufgenommen wurde.

Bahla war das Zentrum des Stammes der Banu Nebhan, die diese Region Omans vom 12. bis 16. Jh. beherrschten. Seine größte Blüte erlebte Bahla unter Imam Makhzum bin al Fallah, der den Ort 1406 zur Hauptstadt Omans machte. Er ließ auch den westlichen Teil der Festung erbauen. Unter seiner Herrschaft trieben die Omani einen ausgedehnten Seehandel, der bis nach Ostafrika und Indien reichte. Gehandelt wurde mit edlen und teuren Produkten, wie Weihrauch und Gewürze, Elfenbein und Silber, Seidenstoffen und Porzellan.

Seit einigen Jahren wird die größte aller omanischen Festungen restauriert. Die Ar-

Trutzig trotz Restaurierung: Bahla erhebt sich aus der palmenbestandenen Oase

beiten schreiten voran, aber große Teile des eindrucksvollen Gebäudes sind noch eingerüstet. Solange die Arbeiten andauern, kann man die Festung deshalb nur von außen besichtigen. Um die Ausmaße zu erfassen, empfiehlt sich ein Rundgang um die Festung entlang ihrer Außenmauern. An der Südseite führt ein Arbeitsweg hinauf zu der noch eingerüsteten Mauerseite. Hier kann man marokkanischen und tunesischen *expatriates* bei den mühseligen Restaurierungsarbeiten zusehen. Denn in Bahla wurden alle Mauern und Gebäude innerhalb und außerhalb des Festungsbereichs aus Lehmziegeln errichtet. Das macht die originalgetreuen Restaurierungsarbeiten so schwierig.

Das alte **historische Bahla** mit seinen unbewohnten, verfallenen braunen Lehmhäusern erstreckt sich rechter Hand zu Füßen der Festung. Zwischen seinen Lehmruinen kann man umhergehen. Von der alten Moschee ist nur wenig erhalten. Nur sie wird zur Zeit restauriert und ihr Vorplatz heute als Andachtsplatz benutzt. Eine neue Große Moschee wurde bereits im Ort erbaut.

Das **neue Bahla** mit seinen neuen weißen Wohnhäusern hat sich hinter der Festung ausgebreitet und dehnt sich auch auf der anderen Seite der Straße zwischen großflächigen Palmengärten aus. Hier befinden sich Geschäfte und Restaurants sowie die **Werkstätte der Töpfer,** in denen unbemalte und unlasierte Keramikwaren im traditionellen Stil hergestellt werden. Denn in Bahla haben mehrere große Töpferwerkstätten überlebt, die die in der Oase reichlich vorhandene Tonerde verarbeiten. Die fußbetriebene Töpferscheibe wurde zwar weitgehend durch die elektrische ersetzt, der holzbefeuerte Brennofen durch den elektrischen, doch die alten Formen der Krüge, Vasen, Schalen und Weihrauchbrenner *(bakhoor)* sind unverändert geblieben.

an der Straße nach Süden), Tel. 25 43 19 10, Fax 25 43 19 11, www.majangh.com. Modernes, komfortables Gästehaus mit erstklassigem Service. DZ ab 25 OR.

Essen & Trinken
Orientalische Qualität ▶ **Birkat Al Mawz:** im Golden Tulip Hotel, Tel. 25 43 16 16, tgl. 12–15 und 19–24 Uhr. Elegantes Hotelrestaurant mit internationaler Küche, Spezialität *tandoori*-Gerichte, Menü ab 8,500 OR.

Typisch omanisch ▶ **Bin Ateeq:** Nizwa Souq, Main Rd., Tel. 25 41 04 66, tgl. 12–24 Uhr. Traditionelle Küche in arabischem Dekor und Ambiente, abgeteilte Bereiche mit Sitzkissen für 2–6 Pers. Dinner 4 OR.

Scharfe Küche ▶ **Spicy Village:** Muscat Rd., Tel. 25 43 16 94, tgl. 11.30–23 Uhr. An der nördlichen Stadteinfahrt vor dem Souq. Arabische, asiatische Gerichte ab 1,700 OR.

Einkaufen
Neuer Souq ▶ am Fuße des Forts. Im traditionellen Stil errichtet, Freitag ist der Haupttag für den sehenswerten Tiermarkt südlich der Gemüsehalle.

Verkehr
Busstation: Commercial Complex, Bahla Rd., nördl. des Forts, Tel. 25 59 00 46. Verbindungen nach Ruwi in der Capital Area 6–8 x tgl. Bus von Ruwi nach Salalah hält in Nizwa.

8 Festung Jabrin ▶ 1, O 9

Westlich von Bahla führt ein Abzweig ins 8 km entfernte **Jabrin** (1200 Einw.), dessen Palast die vermutlich schönste Festung des Landes darstellt. Schon von weitem ragt das große Gebäude aus den umgebenden Palmen und omanischen Neubauten hervor. 1670 von dem schöngeistigen Yaruba-Imam Bilarub bin Sultan errichtet, bewohnte er es bis zu seinem Tod 1692. Zwischen 1715 und 1728 wurde das Bauwerk vermutlich von Imam Mohammad bin Nasir erweitert, bevor es dem Verfall preisgegeben wurde. In den 1980er-Jahren restaurierte ein italienisches

Nizwa und das Landesinnere

Omanische Festungen — Thema

Die Unesco-Liste des Welterbes verzeichnet die in jedem Land der Erde als besonders wertvoll und schützenswert erachteten Baudenkmäler. In Oman gehören die Burgen von Bahla und Jabrin dazu, Lehmfestungen und einzigartige Zeugnisse der omanischen Fortarchitektur.

Tatsächlich ist Oman das Land der Burgen und Festungen. Sie bewachen die Dörfer und Oasen, schauen von Anhöhen und Bergen auf das Meer und die Wüste. Von einigen stehen nur noch die äußeren Lehmmauern, andere wurden perfekt restauriert und beherbergen historische Museen.

Während der Yaruba-Dynastie (ab 1624) entstanden zahlreiche Forts im Landesinneren, Wehranlagen von viereckigem Grundriss, gesichert mit Wachtürmen an Ecken oder Seiten. Einige der größten, küstennahen Festungen stammen aus der Zeit der Portugiesen.

»Das Qasr Al Khandaq wurde restauriert und sieht jetzt vollkommen neu aus«, heißt es in einer Verlautbarung nach Abschluss der mehrjährigen Arbeiten in Buraimi. Tatsächlich: Nur noch die äußere Struktur erinnert an das alte, erodierte Lehmgebäude. Die Replik eines Forts ist entstanden: mit geraden Wänden und rechten Winkeln, glattem Putz, neuen Fenstercharten und Zinnen. Das omanische Ministry of National Heritage and Culture ist sich durchaus der Problematik bewusst, weiß, dass beim Neuaufbau die jahrhundertealte Ausstrahlung verloren geht. Doch: Bei vielen Gebäuden verzichteten die frühen Baumeister auf Lehmziegel, auf stabilisierende Steine. Lehmburgen aber, die über Jahrzehnte, gar Jahrhunderte vernachlässigt, durch Wind und Wasser fast aufgelöst wurden, sind schwer zu restaurieren.

Gefragt sind deshalb Fachleute, architektonisch versierte Restauratoren. Die holt sich Oman aus dem Ausland und bietet für junge Omani Ausbildungsprogramme in vergessen geglaubten Bautechniken an. So unterrichten z. B. in Bahla aus Marokko stammende Experten omanische Handwerker in der Kunst des Restaurierens alter Lehmbauten.

Expertenteam den Palast mit Perfektion. Das rechteckige Gebäude mit zwei (diagonal versetzten) Rundtürmen ist außergewöhnlich reich dekoriert. Neben verzierten Holzbalkendecken im Erdgeschoss findet man in den darüber liegenden Räumen bemalte Stuckdecken. Vor den Fenstern gibt es teils Steingitter, die die heiße Sonne abhalten, teils hölzerne Gitter, die sich öffnen lassen. Holzbalkone, Nischen, aufwendige Treppen, maurische Bögen und zahlreiche Wandmalereien zeugen von dem hohen handwerklichen Können der damaligen Baumeister. Man bemühte sich, die Räume mit alten Möbelstücken aus der Epoche einzurichten (Sa–Do 9–16, Fr 8–11 Uhr, Eintritt 0,500 OR).

Al Hamra ▶ 1, O 9

Etwa 50 km (über Bahla) von Nizwa entfernt liegt **Al Hamra**, die Rote, die ihren Namen von dem rötlich schimmernden Lehm der Umgebung erhielt. Der ältere Teil der Ortschaft erstreckt sich über einen Berghang und besteht überwiegend aus Lehmziegelhäusern in außerordentlich gutem Zustand. Sie ragen bis zu drei Stockwerke auf und besitzen kleine Fensteröffnungen ohne Glas. Gut erhalten sind auch die großen hölzernen Eingangstüren – oft mit kunstvollem Schnitzwerk. Ein traditioneller Souq hat die Modernisierung überlebt, sodass Al Hamra ohne Zweifel als eines der schönsten Dörfer im inneren Oman bezeichnet werden kann.

Al Hotta Cave ▶ 1, O 9

Am Fuße des Jebel Shams liegt (20 Autominuten von Nizwa) auf dem Al-Hotta-Plateau bei Al Hamra ein fünf Kilometer langes Karstsystem, das von einem unterirdischen Fluss durchzogen wird. Der Eingang zur Höhle liegt bei dem Dorf **Al Hotta** in 1040 m Höhe. In Seen im Höhleninneren leben Fische und Krustentiere, die mittels Digitalkameras auf Bildschirmen gezeigt werden. Kalksteinformationen, Kristalle, Stalagmiten und Stalaktiten, ein unterirdischer See, Bögen und Buchten kennzeichnen das Innere (Sa–Do 9–13 und 14–17, Fr 9–12 und 14–17 Uhr, Mo geschl., Eintritt 2 OR).

Infos
Visitor Center: vor dem Eingang zur Höhle. Mit zwei Restaurants, Toiletten, einem kleinen Naturkundemuseum, Kinderspielbereich, Läden mit Kunsthandwerk, Ticketschalter. Infos unter Tel. 24 49 00 60, www.alhottacave.com.

Al Misfah ▶ 1, O 9

In **Al Misfah**, oberhalb von Al Hamra, sind einige der prächtigsten Lehmhäuser von Oman zu bewundern. Umgeben von einer hohen Mauer, durch die einst sieben Tore führten, stehen noch etwa ein Dutzend der jahrhundertealten zwei- bis dreistöckigen Gebäude aus Stein und Lehm dicht an- und übereinandererbaut: nach islamischer Tradition mit Bogengängen und Erkern verziert, mit weitläufigen, üppig geschmückten Wohnzimmern, Esssälen, großen, mit Vorrats- und Kühlräumen versehenen Küchen. Eine Inschrift am Bait As Door verweist als Entstehung auf das Hedschra-Jahr 128 (entspricht dem Jahr 746 unserer Zeitrechnung).

Der Name des Dorfes – Al Misfah – bedeutet Wasser aus einer Quelle ziehen und nimmt Bezug auf zahlreiche Quellen, denn ursprünglich war jedes der alten Häuser mit einer eigenen ausgestattet, teilweise sogar mit mehreren. Noch heute besitzt das Dorf ein beeindruckendes *falaj*-System, das man am besten am Waschplatz unterhalb des Dorfzentrums bestaunen kann. Al Misfah erregte landesweites Interesse, als bekannt wurde, dass es zu einem der Lieblingsdörfer des Sultans gehört und dieser auf jeder seiner *meet the people*-Touren darum bittet, Al Misfah einen Besuch abzustatten. In die Medien geriet das Dorf auch 1992, als Bewohner in einem der Häuser einen wertvollen Fund machten: Im Dach des Bait As Door waren Kupfertöpfe mit Hunderten von Silbermünzen jahrhundertelang versteckt.

Jebel Shams ▶ 1, O 8

Das Dach des Jebel Akhdar bildet der **Jebel Shams**, mit 3009 m der höchste Berg Omans. Über Tanuf (mit zerfallener Altstadt, jedoch gut erhaltenem *falaj*-System) und Al Hamra sowie das Wadi Ghul (Staudamm) führt eine Schotterpiste zum Plateau (40 km).

Man passiert Bergdörfer, deren Bewohner Textilien anbieten. Die Schaf- und Ziegenwolle wird selbst gesponnen, an den Webstühlen sitzen hier die Männer. Vorherrschend sind die Farben Weiß und Schwarz, aber auch Orange und Rot, die durch moderne Färbungsmittel entstehen. An den Straßenrändern werden Teppiche angeboten.

Bis auf 2000 m kann man auf den Jebel Shams hinauffahren. Hier hat man einen grandiosen Ausblick in die omanische Bergwelt. Die Felsen fallen teilweise rund 1000 m steil ab, der Blick schweift über Bergdörfer und Wadi-Oasen. Manch einer schlägt sein Zelt auf und bleibt über Nacht. Das oberste Plateau ist gesperrt, denn die letzten sieben Kilometer bis zum Gipfelplateau sind eine schwierige Schotterpiste.

Salalah und der Süden

Die über 1000 km lange Strecke von Muscat nach Salalah ist monoton. Meist verläuft die zweispurige Straße schnurgerade, und unterwegs gibt es kaum Sehenswertes. Übernachten kann man entlang der Strecke in einfachen Hotels in Ghaba, Al Ghaftain und Qibit. Alternative: Fliegen. Der Flug mit Oman Air dauert nur eine Stunde.

Kokospalmenhaine stehen am Straßenrand und an Ständen werden Papayas, Mangos sowie frisch gepresste Säfte verkauft. Die Haut der Menschen hier im Süden ist viel dunkler ist als im übrigen Oman. Die Provinz Dhofar unterscheidet sich auffallend vom Rest des Landes. 1000 km südlich der Hauptstadt sorgt der Südwestmonsun, genannt Kharif, für Abkühlung. Wenn das Thermometer im Norden selbst im Schatten auf 50 °C steigt, fällt im Dhofar der Regen wie aus Kübeln, lässt die Ebenen ergrünen und verwandelt die Wüstenregion in ein tropisches Refugium.

Dennoch ist nicht die Kokospalme das Wahrzeichen des Dhofar, sondern ein knorriger, kleiner Baum: *Boswellia sacra,* aus dessen Rinde das bereits während der Antike geschätzte Weihrauchharz tropft. Das flüssige Gold verhalf der Provinz zu Wohlstand und Ansehen und zum Beinamen *Arabia Felix,* nämlich Glückliches Arabien. Zahlreiche historisch bedeutsame Städte erinnern an jene Epoche. Da ist zunächst das ehemals von einer fast drei Meter dicken Mauer umgebene und auf einem Hügel gelegene Sumhuram, im 2. Jh. an einer heute versandeten Lagune gegründet. Einst war es ein berühmter Hafen für den Weihrauchexport. In Mirbat, einem historischen Hafen, wurde noch bis zum 18. Jh. das Weihrauch auf Schiffe geladen. Alte Handelshäuser erinnern an jene Epoche.

Salalah, die Hauptstadt des Dhofar, heute eine moderne und lebhafte Metropole, besitzt ein großes Ruinenfeld, das Relikte der Vergangenheit als fast 1000-jährige Handels- und Kaufmannsstadt zeigt. Und schließlich: Ubar, das sagenumwobenen Atlantis der Wüste, Ruinen der vermutlich fast 4000 Jahre alten Siedlung in der Wüste, Zentrum der Karawanenstraßen und des Weihrauchhandels.

Salalah ▶ 5, D 5

Cityplan: S. 270/271

Wem nach tropischem Ambiente ist, der fährt nach **Salalah** (120 000 Einw.), in die traditionelle Sommerfrische der omanischen Mittelschicht. Kokospalmen- und Bananenhaine – im üppig grünenden Salalah reichen sie bis an den Strand. Die breite, von Palmen umgebene Al Quaf Street führt in die Stadt, vorbei am **Borj al Nadha,** einem Verkehrskreisel mit dem Nachbau eines omanischen Wachturms. Auf der Fahrt werden Ministerien und Villen passiert, ebenso wie lebhafte Souqs, indisch geprägte Straßenviertel. Zwischen Stadt und Meer erstrecken sich Plantagen. An Palmen gedeckten Ständen in der Sultan Qaboos Street verkaufen aus Indien und Sri Lanka stammende Händler frisch geerntete tropische Früchte: diverse Bananenarten, Mangos und Papayas, Kokosnüsse. Wohl-

**Dach des Akhdar-Gebirges:
Jebel Shams**

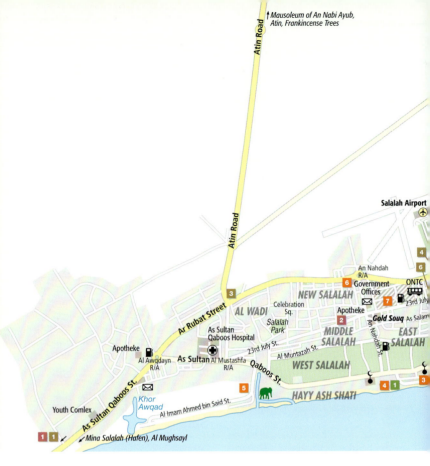

schmeckend ist der Saft der grünen Königskokosnuss, die an Ort und Stelle mit der Machete geöffnet wird, idealer Durstlöscher und heilsam bei Magen-Darm-Problemen. Der erste Eindruck von Salalah ist der einer weitläufigen, wohlhabenden Gartenstadt mit angenehmem Klima. Bei der Fahrt vom Flughafen zum Zentrum passiert man am Airport Roundabout den Haffa House-Komplex mit dem gleichnamigen Hotel, einem Einkaufszentrum und dem Büro von Oman Air.

Das erste Hotel am Ort ist aufgrund seiner stadtnahen Lage und seines schönen Strandes das **Crowne Plaza Resort** 2. Es liegt am östlichen Stadtrand in einem Palmenhain gegenüber den königlichen Stallungen (nicht zu besichtigen). Das in den 1960er-Jahren erbaute, aber immer wieder erweiterte Anwesen ist Treffpunkt von Reisegruppen und europäischen *expatriates* sowie von Omani, die westlich orientierte Erholung und Entspannung bevorzugen.

Eine Spazierfahrt durch Salalah führt vom Crowne Plaza Resort in westlicher Richtung zunächst am Meer entlang. Über die Sultan Qaboos Street gelangt man zu den Ruinen einer untergegangenen Hafenstadt aus dem 10. bis 13. Jh.: **Al Baleed** 1. Es ist heute Teil des neuen Museum of the Frankincense Land und liegt inmitten der Dünen- und Lagunenlandschaft unter Sandbergen, welche die Mauern und Moschee-Überreste der schon vom großen arabischen Entdeckungsreisenden Ibn Battuta beschriebenen Stätte bede-

Salalah

Sehenswert
1. Al Baleed
2. Museum of the Frankincense Land
3. Altstadtviertel
4. Al-Husn-Palast
5. Khor Salalah
6. Cultural Centre
7. Commercial Center

Übernachten
1. Hilton Salalah
2. Crowne Plaza Resort
3. Hamilton Plaza
4. Haffa House (Bait al Hafah)
5. Beach Villas
6. Redan

Essen & Trinken
1. Palm Grove
2. Bin Ateeq

Einkaufen
1. Al Husn Souq

cken. Die mittelalterlichen Ruinen wurden 2000 von dem Aachener Archäologen Michael Jansen freigelegt; entdeckt wurde unter anderem chinesisches Porzellan sowie islamische Münzen und Töpferarbeiten. Sie werden heute in dem 2008 eröffneten **Museum of the Frankincense Land** 2 ausgestellt. Dieses Museum des Weihrauchlandes im Archäologischen Park Al Baleed festigt den Blick für die Geschichte Omans und präsentiert das Sultanat als historische Seefahrer- und Handelsnation. Dies gelingt mit Hilfe wertvoller Fotografien, alter Zeichnungen, historischer Dokumente, beeindruckender Ausgrabungsfunde und sehr anschaulicher Modelle. Das Museum ist in zwei Haupträume untergliedert: In eine »History Hall« für die Allgemeine Landesgeschichte und eine »Maritime Hall« für die Geschichte der omanischen Seefahrer (Sa–Mi 8–14 und 16–20, Do und Fr 16–20 Uhr, Eintritt 1 OR).

Von der archäologischen Stätte führt die Al Bahri Road zum **Altstadtviertel** 3. Ein Besuch in den staubigen Gassen, gerahmt von traditionellen Bauwerken ist wie eine Zeitreise in die Vergangenheit. Einige der schönen Häuser aus Korallenkalk sind noch immer bewohnt. Auffällig ist die architektonische Gestaltung von Fenstern und Türen, die sehr an den jemenitischen Hadramaut erinnern. Wer die Häuser von der Seeseite bewundern möchte, muss die Corniche entlangfahren.

An das alte Viertel schließt sich der **Al-Husn-Palast** 4 (Sultanspalast) an. Alle

Salalah und der Süden

Wege in der Stadt führen hierher, er ist der Stolz der Bewohner: Regelmäßig im Sommer ist Sultan Qaboos zu Gast im restaurierten Palast, seiner Geburtsstätte, heute umgeben von vielen neuen Verwaltungsgebäuden. Dann stehen die Tore offen und erlauben einen Blick in die weitläufige Hofanlage mit des Sultans eigener Moschee. Schräg gegenüber dem Palast liegt der alte Al Husn Souq, dessen neugeordnete Verkaufsstände in den schachbrettartig verlaufenden Gassen viele Besucher anziehen. Hier findet man das größte Weihrauch-Angebot des Landes – und das riecht man auch.

Über die Sultan Qaboos Street gelangt man zur Lagune **Khor Salalah** 5, die verführerisch durch einen Gitterzaun scheint. Seitdem die Lagune umzäunt und als Vogelschutzgebiet ausgewiesen ist, werden die Tiere nicht mehr aufgeschreckt. Heute brüten dort sogar seltene Wasservögel. Das Gebiet kann nicht betreten werden.

Im **Cultural Centre** 6 an der Robat Street findet man vergilbte Vergrößerungen von Fotos des britischen Entdeckungsreisenden Sir Wilfred Thesiger, die dieser in den 1940er- und 50er-Jahren in der Wüste von Oman machte – endloser Sand und seine Bezwinger, asketische Menschen, die Durst und Einsamkeit trotzten, und die laut Thesiger »einen Schlüssel zum wahren Leben zu besitzen schienen« (Sa–Mi 8–14 Uhr, Eintritt frei).

Breite Straßen, gepflegte Grünanlagen, moderne, auf Repräsentation abzielende Verwaltungsgebäude herrschen vor. Neugeschaffen wurde auch das für Touristen gedachte **Commercial Center** 7, ein weißes Gebäude, das unter einer Lichtkuppel viele kleine Boutiquen für Kunsthandwerk, Weihrauch und Duftharze vereint. Anders als im Norden des Landes beteiligen sich Frauen am Geschäftsleben, selbstbewusst, gekleidet in bunte, afrikanisch wirkende Tücher, geschmückt mit Armreifen und Nasenringen. Gleich gegenüber liegt der *local market*, bei dem in den Vormittagsstunden ein kleiner Viehmarkt abgehalten wird: Häufig im Angebot sind Ziegen, manchmal auch ein Kamel auf dem Pick-up.

Infos

Museum of the Frankincense Land: Informationsmaterialien und Stadtpläne erhält man im Museum und in der Ankunftshalle des Flughafen.

Übernachten

Vertrauter Komfort ▶ Hilton Salalah 1: Raysut Rd., westlicher Stadtrand an der Küstenstraße nach Raysut, Tel. 23 21 12 34, Fax 23 21 00 84, www.salalah.hilton.com. Komfortables Strand-Hotel mit großem Pool, Tennis, Health Club, 147 Zimmer und Suiten, viele mit Balkon. DZ 80 OR.

Bestes Stadthotel ▶ Crowne Plaza Resort 2: Al Kandaq St./Dahariz St., Tel. 23 23 53 33, Fax 23 23 51 37, www.crowneplaza.com/salalah. 4 km östlich des Zentrums am Meer, mit 9-Loch-Golfplatz, beliebter Treffpunkt, viele Reisegruppen, 134 Zimmer und Suiten, 19 Villen mit drei Schlafräumen. DZ ab 70 OR.

Groß & prachtvoll ▶ Hamilton Plaza 3: Ar-Robat St. (nahe Atin Rd.), Tel. 23 21 10 25, Fax 23 21 11 87, trade@omantel.net.om. Mit Marmor und italienischen Möbeln ausgestattetes Firstclass-Haus. Pool und Fitnesscenter, 185 Zimmer, ein *family room* besteht aus zwei Schlafzimmern mit zwei Bädern, Lounge und Küche. DZ ab 45 OR.

Funktionell ▶ Haffa House (Bait al Hafah) 4: Ar-Robat St. (am Burj an Nahdha R/A), Tel. 23 29 54 44, Fax 23 29 48 73, house@omantel.net.om. Stadtnahes Hochhaus-Hotel ohne Charme. 71 Zimmer, DZ ab 35 OR.

Privates Wohnen ▶ Beach Villas 5: Stadtbezirk Dahariz South, Tel. 23 23 59 99, Fax 23 23 55 99, www.beach-villas-salalah.com. Mehrere Villen mit Anbauten und Apartments am Strand (300 m vom Crowne Plaza), ohne Restaurant, aber sehr empfehlenswert. 23 Zimmer, DZ 30 OR inkl. Frühstück.

Stadthotel ▶ Redan 6: As Salam St., Tel. 23 29 22 66, Fax 23 29 04 91, redan@omantel.net.om. Zentral, viele einheimische Gäste. 27 Zimmer, DZ ab 24 OR.

Essen & Trinken

Unter Palmen ▶ Palm Grove 1: am Strand des Hotels Hilton, Tel. 23 21 12 34, tgl. 12–24

Uhr. Internationale und arabische Küche bei einer leichten Seebrise auf dem von Palmen umgebenen schön gestalteten Deck des Hilton ist eine einmaliger Blick auf den Indischen Ozean. Menü ab 8 OR.
Omanisch à la carte ▶ **Bin Ateeq 2**: 23 July St., Tel. 23 29 23 80, tgl. 11.30–23 Uhr. Omanische Küche in einem schönen traditionellen Haus, mehrere Speiseräume, auch mit Sitzkissen. Menü ab 2,500 OR.

Einkaufen
Wie früher ▶ **Al Husn Souq 1**: Ein herrlicher orientalischer Bazar mit einem großen Angebot an Weihrauch und Weihrauchgefäßen, tgl. 8–12 und 16–22 Uhr.

Aktiv
Wassersport & Tennis ▶ in den Hotels **Hilton 1** und **Crowne Plaza 2**.

Termine
Khareef Festival: Mitte Juli–Ende Aug. Das größte Fest der Region bietet Shopping, Spiele, Jahrmarkt, Konzerte, Tänze, Folklore, Theater, Zirkus, Feuerwerk.

Verkehr
Flughafen: 6 km nordöstl. des Zentrums, Tel. 23 29 02 93. **Oman Air,** Bait al Hafah, Ar-Robat St., Tel. 23 29 27 77, tgl. von Muscat, 5 x wöchentl. von Dubai.
ONTC Busstation: As Souq St. (beim Central Souq & Fish Market), Tel. 23 29 27 73. Von und nach Muscat (Ruwi) 3 x tgl., Fahrzeit 13 Std., einfach 10 OR.

Ausflüge von Salalah

Karte s. S. 276

Östlich von Salalah
Salalah ist Ausgangspunkt für Ausflüge in die Umgebung. Eine Tour führt östlich entlang der Küste, landschaftlich reizvoll zwischen Strand und Gebirge, vorbei an der Sandbank von Khor Rori, Naturschutzgebiet und Lebensraum für viele Vogelarten und Fischen.

Tipp: Beim Omaner

Zum Italiener kann man in Oman auch essen gehen, aber in Salalah empfiehlt sich das Restaurant **Bin Ateeq 2**: Die landestypischen Spezialitäten, nach traditioneller Art gereicht, sind auch bei den Einheimischen sehr beliebt. Man nimmt Platz auf orientalischen Teppichen und Sitzkissen in eigenen Separees. Auf einem Tablett stehen bereits eine Kanne Tee und Wasser. Dann bestellt man knuspriges Fladenbrot aus dem Holzkohlenofen und die Spezialitäten des Dhofar (s. links).

Erstes Ziel ist (30 km von Salalah) die Festung von **Taqah 1**, in der Ortsmitte gelegen, umgeben von mehreren alten Dhofar-Häusern. Die restaurierte Anlage mit vier Ecktürmen beherbergt eine schön arrangierte kulturhistorische Sammlung: Alltagsgegenstände aus Dhofar, Teppiche, chinesisches Porzellan (Sa–Do 9–16, Fr 8–11 Uhr, Eintritt 0,500 OR). Taqah war einst ein wohlhabender Handelshafen. Am Strand sieht man hölzerne Boote, die mit Kokosfasern zusammengehalten werden. Sardinen liegen zum Trocknen aus und werden zur Düngung verwendet.

Wenige Kilometer nach Taqah zweigt eine Piste rechts ab zur Ruinenstätte **Sumhuram 2**, die in herrlicher Lage oberhalb der weiten Bucht von Khor Rori thront. In der umzäunten Anlage, einer von einer Mauer umgebenen rechteckigen Siedlung, die von Archäologen der Universität Pisa ausgegraben wurde, vermuten Archäologen die Überreste eines antiken Weihrauchhafens aus dem 2. Jh. Fünf in die Mauern eingelassene, mit Inschriften versehene Steinplatten wurden entschlüsselt und geben Hinweise auf die Gründung durch den jemenitischen König Asadum Talan und auf Weihrauchhandel. Denn bereits im 1. Jh. verfügte der Regent des damaligen jemenitischen Königreiches Hadramaut, zu dem die Region Dhofar gehörte, die Gründung eines befestigten Handelsstadt und Hafens zum Export von Weihrauch. In Sumhuram wurden neben Weih-

Salalah und der Süden

Weihrauch

Weihrauchschwaden empfangen den Besucher im Atrium des Al Bustan-Palasthotels – omanische Begrüßung einst wie heute. Denn wenn auch der materielle Wert des Harzes seit den biblischen Zeiten stark gefallen ist, schätzen die Omani Weihrauch nach wie vor.

Weihrauch sicherte Südarabien in der Antike eine ähnliche Bedeutung, wie sie die arabischen Länder heute durch Erdöl erlangen. Bereits die ägyptischen Pharaonen schätzten das aromatische Harz für ihre Tempel-Rituale, ebenso wie die Herrscher im alten Rom. Herodot berichtet, dass im Baal-Tempel zu Babylon jedes Jahr zwei Tonnen Weihrauch aus dem Dhofar verbrannt wurden.

Das klassische Weihrauchland ist die Provinz Dhofar, wo die knorrigen Weihrauchbäume *(Boswellia sacra* oder *carteri)* zwei bis drei Meter hoch wachsen. Stark vom besonderen örtlichen Klima abhängig, gedeihen die silbrig schimmernden Bäume bevorzugt im Wadi Adwanib bei Salalah und an den nördlichen Hängen der Qara-Berge, die vom Sommer-Monsun, dem Kharif, erreicht werden. Weihrauch ist eine zähe Harzflüssigkeit, die der Baum ausscheidet. Durch bestimmte Einschnitte – die in der Antike als Geheimnis gehütet wurden – mit einem speziellen Messer kann die Harzmenge erhöht werden. ›Geerntet‹ wird das Weihrauchharz vor dem Monsun im März und April. Es wird dann im Landesinneren getrocknet und von September an als begehrter Duftstoff gehandelt. Je reiner und damit weißer das Harz schimmert, desto besser und teurer ist es. Braune bis rötliche Färbung deutet auf geringe Reinheit und einen niedrigen Preis. Ein Weihrauchbaum verspricht eine Ernte zwischen 5 und 10 kg pro Jahr – noch heute werden im Dhofar jährlich rund 7000 t Weihrauch produziert. Nur der kleinste Teil wird exportiert, mit maximalem Gewinn im Parfum Amouage. Dieses wurde vor etwa 20 Jahren von dem Franzosen Guy Robert kreiert, einem angesehenen Parfumier, der bereits für Chanel, Dior, Hermès und Gucci Düfte geschaffen hatte. Nur die kostbarsten Extrakte fanden Verwendung, u. a. Felsenrosen aus Damaskus, chinesisches Patchouli, Ylang Ylang aus Indonesien und Weihrauch aus dem Dhofar.

Seit dem 3. Jt. v. Chr. war Ubar im südlichen Oman, Kreuzungspunkt der Karawanenwege. Von dort aus fand das Harz über die Weihrauchstraße seinen Weg durch Jemen parallel zur Küste des Roten Meeres vorbei an Mekka und Petra bis Gaza und Europa. Verschifft wurde es von dem Hafen Sumhuram, dem heutigen Khor Rori bei Taqah.

Neben dem Weihrauch (engl. *frankincense*) schätzen die Omani auch Duftharze *(incense)* von exotischen Bäumen und Sträuchern. Auf kleinen Holzkohleschalen aus Ton (die mit ihrer Form gelegentlich an ein omanisches Fort erinnern) werden die Kristalle abgebrannt. Der dabei entstehende süß-schwere Rauch besitzt eine milde Rauschwirkung und soll entsprechend der Mischung anregen oder entspannen. Mit Duftharzen parfümieren die Omani ihre Zimmer und ihre Kleidung.

Weihrauch wird in allen Souqs im Oman verkauft. Am größten ist die Auswahl in Salalah. Der Preis: 7–25 Riyal.

**Erinnern an Tausendundeine Nacht:
Weihrauch und Schleier**

Aromatische Düfte

Thema

Salalah und der Süden

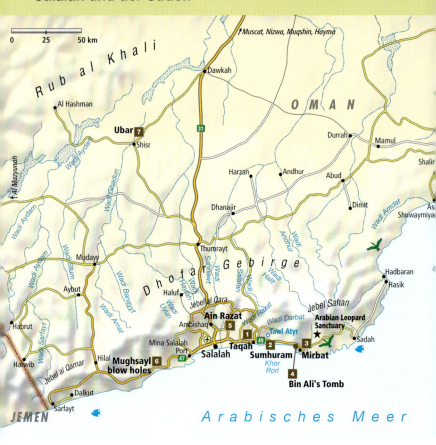

rauch auch Waren aus Fernost auf Kamele verladen und über Ubar zum Mittelmeer transportiert.

Bei den Einheimischen ist die Stätte als der Palast der Königin von Saba bekannt, da oberhalb der Anlage (westlich vom Eingang) Mauerreste eines Tempels aus dem 2. Jh. gefunden wurden. Er war dem jemenitischen Mondgott Sin geweiht (Sa–Do 8–14 Uhr, Eintritt 0,500 OR).

70 km östlich von Salalah erreicht man die einstige Hauptstadt des Südens: **Mirbat**, heute eine beschauliche Fischersiedlung. Seit dem 9. Jh. bekannt als Handelsplatz für Weihrauch und Pferde, wurde das Weiße Gold hier auf Kamele geladen und quer über die Arabische Halbinsel bis zum Mittelmeer transportiert. An große Zeiten erinnern auch Handelshäuser, gewaltige, mehrstöckige Gebäude, versehen mit eindrucksvoll beschnitzten Türen und Fenstern, allesamt vom Verfall bedroht. Ziegen grasen im Innenhof, Kinder spielen im Sand vor alten Lehmhäusern. Repräsentativ restauriert wurde das zweistöckige Fort (Mirbat Castle), von dessen Dach man auf den Sandstrand und die Promenade blickt. Kanonen zeigen aufs Meer, Sitzbänke laden zum Verweilen ein (So–Do 8.30–14.30 Uhr, Eintritt 0,500 OR).

Kurz vor Mirbat zeigen Wegweiser zu **Bin Ali's Tomb**, einem heiligen Grabfeld, das nur von Muslimen betreten werden darf. Am

Ausflüge von Salalah

aktiv unterwegs

Ein Ausflug ins sagenumwobene Ubar

Tour-Infos
Start: Salalah – in den Hotels
Länge: ca. 350 km (hin und zurück)
Dauer: Tagesexkursion (ca. 8 Std.)
Wichtige Hinweise: Alle Hotels in Salalah bieten Tagestouren nach Ubar an. Die ca. 9-stündige Exkursion wird in Komfort-Jeeps mit Allradantrieb (3–4 Passagiere, 150 US-$/Pers.) durchgeführt, da die Zufahrt ab Thumrayt (76 km vor Shisr) nur eine Piste und deshalb teilweise beschwerlich ist. Die Fahrten starten frühmorgens um 6 Uhr, die archäologische Stätte ist 9–16 Uhr geöffnet.

Sagenumwoben sind die zahlreichen Beschreibungen der antiken Stadt Ubar, die auch Lawrence von Arabien vergeblich suchte und der ihr deshalb den Namen ›Atlantis der Wüste‹ gab. Heute erreicht man **Ubar** [7] auf einer abenteuerlichen off road-Tour zur Oase Shisr (Shusr).

Man nimmt zunächst die N 31 Richtung Muscat und zweigt ca. 15 km nach Thumrayt auf eine Piste in nordwestlicher Richtung ab. Erst Anfang der 1990er-Jahre grub der Archäologe Yuris Zarins mitten in der Wüste das versunkene Ubar aus, die gesuchte Stätte, die in der Bibel und in der 89. Sure des Koran erwähnt wird. Ubar war einst Kreuzungspunkt historischer Karawanenwege für Gewürze, Kupfer und Weihrauch, wahrscheinlich auch für Araberpferde. Die Königin von Saba selbst soll in Ubar gewesen sein, um Weihrauch einzukaufen. Der Legende nach wurden Ubars Bewohner mit zunehmendem Reichtum immer gieriger, bis schließlich die Stätte unterging. Tatsächlich liegt ein Teil der ausgegrabenen Ruinen inmitten eines über 10 m tiefen Kraters. Vermutlich ist dieser durch eine eingebrochene Kalksteinplatte entstanden. Diese Naturkatastrophe mag zu Beschreibungen geführt haben, die den Untergang der Stadt mit Allahs Zorn in Verbindung brachten. Lange Zeit konnte der Ort trotz aufwendiger Suche nicht lokalisiert werden.

Über den 150 km südlich von Ubar gelegenen Weihrauchhafen Sumhuram gelangte das kostbare Baumharz von Ubar nach Indien oder auf dem Landweg durch das Wadi Hadramaut und entlang der Weihrauchstraße über Mekka, Medina und Petra nach Norden bis nach Gaza an der Mittelmeerküste. Erst 1991 machten Satelliten-Infrarotaufnahmen die jahrtausendealten und von Sand verwehten Handelswege sichtbar. An einer 25 m unter der Erde liegenden Quelle, am Rande der Rub al Khali, wurden die Wissenschaftler fündig. 1992 begannen dann die ersten Grabungen.

Heute spendet die Quelle ihr Wasser der Oase Shisr, ein Ort, der eine von staatlicher Seite gebaute Siedlung für Beduinen beherbergt. Aus ihren Zelten zogen ca. 100 von ihnen, die zum Teil auch an den Ausgrabungen teilnahmen, in diese Reihenhäuser modernen Stils um, allesamt umgeben von einer Mauer, daneben Dattelpalmen und Gemüsefelder.

Gleich oberhalb des Palmenhains liegt die eingezäunte historische Stätte: Um 2800 v. Chr. – wie die Funde belegen –, vermutlich sogar zwei Jahrtausende früher, gab es hier eine blühende Siedlung. Antike Wege erstrecken sich zwischen Grundmauern von Häusern und Tempeln. Die Stätte wurde offenbar viele Jahrhunderte lang bewohnt und immer wieder neu bebaut: Keramiken aus dem alten Rom und Ägypten, Steingutscherben aus China, Steintafeln mit frühsemitischen Inschriftzeichen werden als Beweis im kleinen örtlichen Museum ausgestellt. Allerdings sieht man vom antiken Ubar relativ wenig. Ein Ausstellungsraum dokumentiert anhand von Fotos die Ausgrabungen.

Salalah und der Süden

Wo die Götter Weihrauch weinen: Grabmoschee des Bin Ali in der Region Dhofar

Rande des Friedhofes leuchtet eine kleine weiße Moschee mit goldener Doppelkuppel, davor ein Brunnenhaus für die rituelle Körperreinigung: Mausoleum eines Nachfahren von Mohammeds Schwiegersohn Ali, der vermutlich 1135 in Mirbat starb.

Auf dem Rückweg lohnt ein Abstecher zur Quelle **Ain Razat** 5, Abzweig etwa 7 km vor Salalah (ausgeschildert). Ain bedeutet Quelle, und Ain Razat verfügt gleich über mehrere davon, die über ein *falaj*-System die gesamte Umgebung mit Wasser versorgen, auch die Grünanlagen des Mamurah Palace mit der Farm des Sultans. An Wochenenden treffen sich im Wäldchen gerne omanische Familien zum Picknick. Steinerne Stufen führen zu einem Grillplatz, der sich bei Amerikanern und Europäern Beliebtheit erfreut. Der Wasserkanal führt einige Kilometer weiter zu einem zweiten Picknickplatz, in der Nähe gibt es eine Moschee und Überreste des antiken *falaj*-Systems.

Westlich von Salalah

40 km westlich von Salalah liegt an der Küstenstraße **Mughsayl** 6, ein kleiner Fischerort, dessen Bewohner vom Sardinenfang leben. Zwischen den einfachen Häusern grasen Kamele. An der dem Meer gegenüberliegenden Seite der Straße erstreckt sich die Lagune Khor Mughsayl, in der man meist ein paar Flamingos sieht. Die reiche Vogelwelt

Ausflüge von Salalah

wenn das Meer das Wasser mit großer Kraft in die Gänge und Höhlen unter dem Felsen drückt – ein faszinierender Anblick. Einige der Felslöcher sind aus Sicherheitsgründen von Schutzgittern umgeben.

In engen Serpentinen, eine hinter der anderen, gewinnt die Straße in Haarnadelkurven langsam an Höhe. Deshalb wird dieser Abschnitt der Nationalstraße 47 am Jebel Al Qamar von den Einheimischen »Zigzag Road« genannt. Dann verläuft die Straße eine Zeitlang in ca. 500 m Höhe an Abhängen vorbei, die den Blick zum Meer freigeben, um dann abermals kurvenreich aufzusteigen. In über 1000 m Höhe erreicht sie das karge Bergplateau des Jebel Al Qamar. Hier oben erlebt man eine Bergwelt von grandiosen Dimensionen. Man sieht das Meer im Süden und hohe Bergketten im Norden. Nach einer ausreichenden Pause tritt man von hier auf dem gleichen Weg die Rückfahrt – die Serpentinen hinab – an.

Essen & Trinken, Aktiv

Essen und Sport ▶ Mughsayl Beach Tourist Restaurant: am Abzweig zu den Fontänen, Tel. 23 92 16 58, tgl. 9–23 Uhr. Hier werden internationale Küche für die Touristen der *blowholes* und diverse Wassersportarten angeboten. Menü um 5 OR.

Tipp: Wasserfälle des Wadi Darbat

Während der Monsunzeit im Sommer erlebt man nördlich von Taqah und Sumhuram ein recht spektakuläres Schauspiel: die aus 100 m Höhe herabstürzenden Wasserfälle des Wadi Darbat, das in die Bucht Khor Rori mündet. Das Wadi besitzt Bäche, Seen, Höhlen und eine reiche Tierwelt. Über die Kalksteinklippen eines Steilabhangs ergießen sich bis zu drei Wasserfälle, deren Größe mit der Menge der Niederschläge variiert. Das von den Einheimischen auch Wadi der großen Bäume genannte Tal zeigt eine Vielfalt vom Bäumen mit zahlreichen heimischen Vogelarten und ist auch Ziel vieler Zugvögel.

des Brackwasserareals zieht immer wieder Ornithologen an.

Am Wochenende (Do/Fr) ist der 4 km lange Strand des Ortes, ausgestattet mit Sonnenschirmen, Pavillons, Picknick- und Grillplätzen sowie Waschräumen, beliebtes Ausflugsziel für viele Einheimische. Die Bucht bezaubert zudem durch Ursprünglichkeit, breite Sandstrände, türkisblaues Wasser und die Sicht auf steil aufragende Berge.

Touristen suchen Mughsayl vor allem wegen seiner bekannten Wasserfontänen auf; unter einem überhängenden Felsen des bis ans Meer reichenden Jebel Qamar finden sich zahlreiche Löcher im Felsboden, aus denen Wasser bis zu 20 m in die Höhe spritzt,

Die Perle des Landes: Qatars Hauptstadt Doha

Kapitel 5
Qatar

Doha bietet herausragende Museen, futuristische Bauwerke, viele Grünanlagen und den Souq al Waqif – einen Bazar, wie er in alten orientalischen Erzählungen beschrieben wird. Die meisten Sehenswürdigkeiten Qatars, alle großen Hotels und Shoppingmalls stehen in Doha.

Schon morgens versorgen Dutzende von Wasserwagen die akkurat angelegten Grünanlagen, in denen exotische Bäume und Büsche blühen, gießen indische Gastarbeiter die Palmen entlang der langen Uferstraße Corniche und plätschern die Springbrunnen in den Verkehrskreiseln. Die Corniche folgt der Küstenlinie rund um die Doha Bay.

Am Rand der Stadt erheben sich neue Luxus-Hotels; vom Dach des Ritz Carlton blickt man auf The Pearl, ein im offenen Meer geplantes Luxusneubau-Projekt für ca. 30 000 Menschen. Überall wird gebaut, erweitert, abgerissen, trotzdem ist Doha nicht zubetoniert, sondern besitzt viel Atmosphäre. Qatar ist stolz auf seine Traditionen. Noch immer werden Kamele gezüchtet und mit Falken gejagt. Das Land im Nordosten der Arabischen Halbinsel war bereits im dritten vorchristlichen Jahrtausend ein Stützpunkt im Handelsverkehr zwischen Mesopotamien und den Kulturen am Indus.

Außerhalb der begrünten Hauptstadt dominiert Sand, der sich an einzelnen Stellen zu Dünen formt und aus dem im Norden und Westen auch Kalksteinformationen hervorragen. Alle größeren Orte der Halbinsel sind durch sehr gute, meist schnurgerade Straßen verbunden, die sich durch die flache, sandige Wüste ziehen. Da die Entfernungen in Qatar relativ kurz sind, kann man alle Punkte der Halbinsel mühelos innerhalb eines Tages erreichen und abends wieder in Doha sein.

Das edle Morgenland

Der Fernsehsender Al Jazeera ist vermutlich bekannter als das Land, in dem er gegründet wurde: das Emirat Qatar. Jetzt will auch der kleine und reiche Wüstenstaat im Arabischen Golf nicht länger die touristischen Besucherströme an sich vorbeiziehen lassen. Qatar hat sich gut vorbereitet: eine eigene Fluglinie, wunderschöne Hotels sowie eine perfekte touristische Infrastruktur und vor allem Sand und Sonne warten auf Gäste.

Qatar ist nur halb so groß wie das deutsche Bundesland Hessen und ragt als flache Halbinsel in den Arabischen Golf. Klein, aber fein, ist die Devise: Der Staat ist noch keine 40 Jahre alt, aber reich – steinreich. Die ca. 250 000 Qatari der insgesamt 1 Mio. Einwohner besitzen Öl und vor allem Gas, das ihnen heute mit ca. 55 000 US-$ eines der welthöchsten BIP pro Kopf sichert – und das noch viele Generationen lang. Seine Herrscher, die Sheiks der Familie Al Thani und an ihrer Spitze derzeit Hamad bin Khalifa Al Thani, verhelfen mit den Einnahmen aus dem Energiesektor allen Bürgern zu wohlfahrtsstaatlichen Privilegien und dem Land zu einer hervorragenden Infrastruktur, von der heute auch die touristischen Besucher profitieren.

Eindrucksvolle, ehrgeizige Gebäude von international bekannten Architekten, traumhafte Hotels, herrliche Sandstrände, große Sportangebote und weite, unberührte Wüste, das bietet das Emirat seinen Gästen. Und ein zweiter unschätzbarer Vorteil: Dank des Reichtums geht man bei den Entwicklungsprojekten behutsam vor und achtet akribisch auf die Bewahrung des arabisch-beduinischen Erbes.

Die Mischung aus moderner Entwicklung und überlieferter Tradition spürt der Besucher besonders in Doha, der Hauptstadt. Hier sieht man die großen Anstrengungen, alle älteren Bauwerke zu restaurieren und gleichzeitig westliche Architekten, wie z. B. I. M. Pei mit dem Bau eines Museums für Islamische Kunst, zu beauftragen.

Seine Haushaltsüberschüsse setzt Qatar auch dazu ein, das Land international bekannt zu machen. Große Sportereignisse sind dazu das geeignete Mittel. Turniere mit Spitzensportlern der Tennis- und Golfszene gehören ebenso dazu wie die Verpflichtung von alternden Fußballstars, die sich durch hohe Gagen an den Golf locken lassen. Im Dezember 2006 hat Qatar die Asien-Spiele ausgerichtet, nach den Olympischen Spielen und der Fußballweltmeisterschaft das drittgrößte Sportereignis weltweit. Noch nie hat eine dieser Veranstaltungen im arabischen Raum stattgefunden.

Auch für Aktivsportler ist das Emirat Qatar attraktiv. Im Doha Golf Club, 15 km von der City entfernt an der West Bay Lagoon, werden jedes Jahr Ende Februar die Qatar Masters ausgerichtet. Mehr als 50 km Bewässerungsleitungen verhindern, dass die Greens und Fairways auf dem 18-Loch-Championship-Course vertrocknen, auf denen 50 Wochen im Jahr auch Gäste spielen können; auf dem 9-Loch-Platz daneben kann man sogar ohne Handicap antreten. Kamel- und Pferderennen sind weitere Attraktionen. Auch Kulturbeflissene kommen nicht zu kurz: Das Nationalmuseum im ehemaligen Palast des

Emirs und das neue Museum für Islamische Kunst bieten Einblicke in die Geschichte des Wüstenstaates.

Einmalig in der Region am Golf ist der Khor al Udaid (Inland Sea), ein großer hellblauer Salzwassersee mit vegetationslosem Ufer, umgeben von hohen Sanddünen inmitten der Wüste. Die meisten Besucher sind von der zweistündigen Abenteuerfahrt von Doha bis zum Khor al Udaid hellauf begeistert. Denn stark ist der Kontrast zwischen der endlosen Wüste und der modernen Hauptstadt des Emirats Doha. Sie hat innerhalb weniger Jahre eine rasante Entwicklung erlebt: An der Palmen gesäumten Bucht von Doha reihen sich heute entlang der Corniche futuristische Hochhäuser und arabische Palastgebäude aneinander, und immer stößt man dabei auf die Namen international renommierter Architekten. Qatar kann sich das leisten.

Politisch gesehen liegt das Emirat in einer gefahrvollen Zone, umgeben von Saudi-Arabien, Irak und Iran. Nur ein einziger Raketeneinschlag hätte große Folgen für das Vertrauen in die wirtschaftliche Stabilität und das günstige Investitionsklima im Land. Der Emir weiß das. Und er weiß auch, dass die USA noch lange in der Region bleiben werden. Deshalb ist eine Kooperation unvermeidlich. Dennoch hat Qatar nach den Anschlägen vom 11. September 2001 öffentlich dafür plädiert, dass im Krieg gegen den Terrorismus auch dessen Ursachen zu bedenken sind, vor allem der ungelöste israelisch-palästinensische Konflikt. Besucher, deren Pass israelische Stempel tragen, dürfen daher nicht nach Qatar einreisen.

Qatar ist stolz auf seine Tradition: Der Reichtum schützt das arabisch-beduinische Erbe

Steckbrief Qatar

Daten und Fakten
Name: Emirat Qatar, Dawlat al Qatar
Fläche: 1437 km^2
Hauptstadt: Doha
Amtssprache: Arabisch
Einwohner: ca. 1 Mio., davon 50 % in der Hauptstadt Doha
Bevölkerungswachstum: 2,9 %
Lebenserwartung: Männer 74 Jahre, Frauen 76 Jahre
Alphabetisierung: Männer 89 %, Frauen 88 %
Währung: Qatar Riyal (QR)
Zeitzone: MEZ + 2 Std., im Sommer + 1 Std.
Landesvorwahl: 00 974
Internetkennung: .qa
Landesflagge: Die Staatsflagge besteht aus

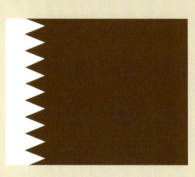

einem senkrechten weißen und einem senkrechten kastanienbraunen (ursprünglich rot) Streifen, getrennt durch eine Zickzacklinie. Weiß symbolisiert den Frieden, Rot das in den Wirren des 19. Jh. vergossene Blut.

Geografie

Als 160 km lange und bis zu 85 km breite Halbinsel ragt Qatar ca. 40 km südlich von Bahrain in den Arabischen Golf und engt ihn damit genau in seiner Mitte um die Hälfte seiner Breite ein. Bis zum iranischen Festland auf der gegenüberliegenden Seite sind es nur ca. 180 km. Die Halbinsel Qatar ist ausgesprochen karg und vegetationslos. Die Aneinanderreihung von Salzsümpfen *(sabkhas)* auf Meereshöhe entlang der südlichen Festlandsgrenze (von Salwa nach Khor al Udaid) deutet darauf hin, dass die heutige Halbinsel ursprünglich eine Insel war. Die höchste Erhebung Qatars ist mit 104 m der Jebel Dukhan (Hügel des Rauchs).

Festlandsgrenzen hat Qatar im Süden nur mit Saudi-Arabien, nachdem Abu Dhabi einen breiten Streifen seines Territoriums entlang der qatarischen Südgrenze an Saudi-Arabien abgetreten hat. 2001 entschied der UN-Gerichtshof die Grenzstreitigkeiten mit Bahrain über Besitzrechte an Inseln zwischen den beiden Staaten.

Geschichte

Die jüngere Geschichte Qatars beginnt 1867 mit einer Erhebung gegen die Al Khalifa-Dynastie aus Bahrain, die die Halbinsel seit 1783 beherrschte. 1868 gewährte Großbritannien die Unabhängigkeit Qatars als Herrschaftsbereich des Al Thani-Stammes. Geschickt gelang es den nachfolgenden Herrschern dieses Beduinenstammes, sich mit den jeweils die Region beherrschenden Ordnungsmächten zu arrangieren, bis sich Qatar 1971 als unabhängiger Staat proklamieren konnte. Im Ersten Golfkrieg zwischen Iran und Irak (1980–88) blieb Qatar offiziell neutral, unterstützte aber realiter Iran, im Zweiten Golfkrieg zwischen Irak und Kuwait (1990–91) nahm es offen Partei für Kuwait. Sheikh Khalifa bin Hamad stürzte 1972 seinen Cousin, um an die Macht zu gelangen. 1995 ereilte ihn das gleiche Schicksal; er wurde von seinem Sohn Hamad bin Khalifa entmachtet. 2003 ernannte Hamad seinen Sohn Tamim bin Hamad zum Thronfolger.

Staat und Politik

Qatar ist ein islamischer, arabischer, unabhängiger Staat, dessen Regierungsform des erblichen Emirats einer absoluten Monarchie gleicht. Staatsoberhaupt ist seit 1995 Emir Hamad bin Khalifa al Thani, der siebte Regent der Al Thani. Der Emir ernennt die Minister, die nur ihm persönlich verantwortlich sind. Die Thronfolge ist nach der Verfassung erblich innerhalb der Familiendynastie der Al Thani. Eine Beratende Versammlung *(Majlis ash Shura),* deren 30 Mitglieder der Emir ernennt (meist handelt es sich um die Oberhäupter einflussreicher Familien), unterstützt Herrscher und Ministerrat. Qatar trat 1971 als 130. Staat der UNO bei, ist Mitglied der Arabischen Liga, der OPEC und der Blockfreien Staaten, 1981 war es Gründungsmitglied der GCC-Staaten (s. S. 20), seit 1994 zählt Qatar zu den Mitgliedern des GATT und der WTO.

Verfassungspolitisch beschreibt Qatar seit 2005 neue Wege. Das Staatsoberhaupt erließ eine neue Verfassung *(New Permanent Constitution),* die Grundrechte wie z. B. die Gleichheit vor dem Gesetz, Verbot der Folter, Presse- und Religionsfreiheit und die Würde des Menschen garantiert und setzte ein Wahlkomitee für eine beratende Versammlung *(Majilis ash Shura)* ein, von deren 45 Mitgliedern 30 vom Volk gewählt werden sollen. Frauen erhalten bei diesen Wahlen das volle Wahlrecht und sind wählbar.

Qatar gestattet dem ersten unabhängigen arabischen TV-Sender Al Jazeera freie Ausstrahlung und den USA seit 2003 – mit Beginn des Dritten Golfkrieges – die Errichtung ihres Hauptquartiers auf qatarischem Gebiet.

Wirtschaft und Tourismus

Qatar besitzt weder Flüsse noch Seen, und seine Grundwasserreserven sind nahezu erschöpft. Aber es produziert etwa ein Viertel der Nahrungsmittel mit Hilfe der Meerwasser-Entsalzungsanlagen in Ras Abu Fontas. Seit 1949 exportiert Qatar Erdöl, und seine nachgewiesenen Erdölreserven reichen bei gleichbleibender Förderung noch ca. 30 Jahre. Das Land besitzt darüber hinaus das größte erdölunabhängige Erdgasvorkommen der Welt. Fabriken, z. B. für Zement, Dünger, Petrochemie und Stahl tragen heute bereits 10 % zum Bruttoinlandsprodukt bei. Ca. 10 % aller qatarischen Importe kommen aus Deutschland.

Obwohl das Land heute bereits eines der reichsten Länder der Welt ist, diversifiziert es seine Wirtschaft in Richtung Tourismus. 2002 gründete es die Qatar Tourism Authority (QTA) mit dem Ziel, den Tourismus als Wirtschaftsfaktor auszubauen. Insgesamt sehen die Ausbaupläne vor, 15 Mrd. US-$ für touristische Projekte auszugeben.

Bevölkerung und Religion

Nach offiziellen Angaben leben in Qatar ca. 1 Mio. Menschen, davon ca. 500 000 in Doha und Vororten. Nur ca. 250 000 Menschen von ihnen sind qatarische Staatsbürger (Qatari), mehr als viermal so viele sind *expatriates,* ausländische Gastarbeiter vor allem aus Asien. Qatarische Frauen bewegen sich zwar in der Öffentlichkeit meist schwarz verschleiert, aber der Alltag ist nicht so vom Islam geprägt wie in Saudi-Arabien.

Staatsreligion in Qatar ist der sunnitische Wahabismus, jene in Saudi-Arabien entwickelte, puritanische Form des Islam (s. S. 340).

Auf einen Blick
Qatar

Sehenswert

Qatar National Museum: Im Feriq-al-Salata-Palast in Doha ist bereits seit 1975 das schönste, mehrfach preisgekrönte Museum des Landes zu Hause (s. S. 295)

Museum of Islamic Art: Der von I. M. Pei entworfene Bau auf einer eigens aufgeschütteten Halbinsel in Doha birgt unschätzbare, auf Auktionen in aller Welt zusammengetragene Objekte und ist selbst ein Kultobjekt (s. S. 296).

9 Khor al Udaid: Mitten in den Dünen der Wüste erstreckt sich ein hellblauer, ca. 150 km² großer Salzwassersee von faszinierender Schönheit (S. 307).

Schöne Route

Bummel über den Souq al Waqif in Doha: Der schönste und älteste Souq des Landes wurde rundum erneuert und mit Restaurants und Cafés ergänzt. Ein Bummel über den Souq gehört zu einem der schönsten Erlebnisse in Doha (s. S. 295).

Unsere Tipps

The Ritz Carlton Doha: Das schönste und eleganteste Hotel des Landes liegt abseits des städtischen Trubels und doch erstaunlich stadtnah, unweit des Doha Golf Club in beeindruckender Landschaftsarchitektur auf einer Insel direkt an der Küste (s. S. 298).

Kamelrennen in Qatar: Von Oktober bis Mai rennen in Al Shahaniya die Kamele. Auch rund um die Rennbahn gibt es viel zu sehen (s. S. 312).

Oryx beobachten: Einmal sollte man eine Oryx-Antilope mit ihren imposanten Hörnern, das Wahrzeichen Qatars, sehen. Entweder im **Zoo** von Doha (s. S. 305) oder im Naturschutzgebiet **Al Maha Sanctuary** (s. S. 315).

aktiv unterwegs

Die Corniche erleben: Bei einem Abendspaziergang oder auf einer Busfahrt über die Corniche in Doha kommt man aus dem Staunen nicht mehr heraus: Entlang dieser Uferstraße konzentrieren sich bedeutende Architekturdenkmäler (s. S. 289).

In der Wüste unterwegs: Im Grenzbereich zu Saudi-Arabien besitzt Qatar faszinierende Wüstenlandschaften und Sanddünen, die zig Meter in den Himmel ragen. Besonders reizvoll ist der Kontrast dort, wo die Wüste fast bis direkt ans Meer grenzt. Auf einer Offroad-Tour mit einem geländegängigen, vierradbetriebenen Auto lässt sich die Schönheit dieser Landschaft ermessen (s. S. 314).

Doha ▶3, F4

Glücklich die Städte, die in ihrem Zentrum eine lange, eindrucksvolle Uferstraße entlang der Meeresküste besitzen. Doha gehört dazu. Und überall in der Welt tragen die schönen Uferstraßen den Namen ihres Vorbilds an der französischen Riviera: Corniche. Doha ist das touristische Zentrum Qatars; entlang der Corniche stehen die eindrucksvollsten Bauwerke des Landes.

Eine Skyline, die zunehmend an Dubai erinnert – Qatar ist auf bestem Weg, aus seiner Hauptstadt eine Metropole zu machen. Doha, die Perle des Landes, verdankt seine Entstehung einer ca. 7 km breiten Einbuchtung der Küste, in die nur eine einzige Fahrrinne durch die östlich vorgelagerten Korallenriffe führt. Bis vor etwa 50 Jahren gab es an dieser Stelle in der geschützten Bucht nur den staubigen Marktort Al Bidda, in dessen niedrigen Lehmhäusern vor allem Fischer wohnten. In den engen Gassen hatten gerade Eselskarren Platz.

Nach den alten Lehmhäusern von Al Bidda sucht man im heutigen Doha vergebens: Klimatisierte Büro- und Wohnhochhäuser und moderne Regierungsgebäude sowie breite, vierspurige Boulevards mit begrünten Mittelstreifen dominieren das Stadtbild. Al Bidda heißt noch ein Stadtteil im Norden der heutigen Hauptstadt. Doha (übersetzt: der Schatten spendende Baum) ist heutzutage eine ausgesprochen grüne Stadt.

Tipp: Zeitreise

Besuchen Sie zuerst das **Qatar National Museum** (s. S. 295) und fahren Sie dann an einem der nächsten Tage nach **Al Zubara** an der Nordwestspitze der Halbinsel (s. S. 313). Die geschichtsträchtige Vergangenheit des kleinen Emirats lässt Sie erstaunen.

Orientierung

Dohas Hauptstraßen verlaufen in konzentrischen Halbkreisen als Ring Roads um die Doha Bay, in deren Mitte Palm Tree Island liegt und deren nordwestlicher Teil West Bay genannt wird. Diese Ring Roads – nach Buchstaben von A bis E benannt – wurden entsprechend der ständigen Ausdehnung der Stadt gebaut und verlaufen vom Zentrum bis in die Vorstädte.

Entlang des Ufers der Doha Bay umläuft quasi als erste Ring Road der Prachtboulevard Corniche die Bucht. Die Ring Roads werden von breiten Straßen, die alle ihren Anfang an der die Doha Bay umlaufenden Corniche nehmen, radial gekreuzt, wobei Kreuzungen in Doha meist als aufwendige Verkehrskreisel (Roundabouts, R/A) gestaltet sind. Die für Besucher wichtigste dieser Radial-Straßen ist die Grand Hamad Street, an der zwischen Corniche und A-Ring Road die Souqs liegen.

Zentrum

Cityplan: S. 290/291

Corniche 1

In Doha beginnt die **Corniche** im Süden am Ras Abu Abboud R/A, verläuft als breite, mehrspurige, an ihren Rändern und auf ihrem Mittelstreifen begrünte Alleenstraße rund um die Doha Bucht und endet nach 13 Kilome-

Zentrum

aktiv unterwegs

Die Corniche erleben

Tour-Infos
Start: im Süden der Doha Bay beim Nationalmuseum
Länge: 8 km
Dauer: 2–4 Std., je nach Länge der Stopps

Seit 2006 gibt es die Linie 76, türkisblaue, neue, geräumige, klimatisierte Busse, die die ganze Corniche von Süd nach Nord entlangfahren. Die Linie beginnt am zentralen Busbahnhof Al Ghanim hinter dem **Souq**, passiert das **Nationalmuseum**, den **Perfume Roundabout**, das **Mövenpick** und das neue **Museum der Islamischen Kunst**, den **Fischereihafen** mit Hunderten von Dhaus, den eindrucksvollen weißen **Emirpalast** mit seiner überdimensional großen Fahne, fährt vorbei an **Palm Island** in der Doha Bay, dem **Al Bidda Park** und der neuen Post.

Die Linie erreicht am nördlichen Ende der **Corniche** das neue Doha mit seinen Dutzenden, dicht nebeneinander stehenden Hochhaustürmen aus Glas, Stahl und Beton und den Logos ihrer Besitzer. Jeder der Türme übertrifft den anderen an ausgefallenen Architekturelementen. Die Fahrt führt außerdem vorbei an der **Sheraton Pyramide** und dem **Four Seasons Hotel** und endet vor der Shoppingmall City Centre. Dauer der Fahrt: 20 Minuten, Preis 2 QR, keine *family section,* aber die ersten drei Sitzreihen werden stillschweigend für Frauen reserviert.

Wer den Blick auf die Corniche vom Meer aus genießen möchte, hat die Gelegenheit dazu: Hinter dem **Balhambar Restaurant** in Höhe der neuen Hauptpost (General Post Office) kann man eine Schifffahrt in der **Doha Bay** an Bord einer traditionellen arabischen Dhau buchen (keine festen Abfahrtszeiten, Preis 15 QR).

Vom Wasser aus genießt man die ganze Schönheit der hufeisenförmig geschwungenen Bucht und erlebt einen faszinierenden Blick auf die architektonisch anspruchsvollen Hochhäuser und Wolkenkratzer Dohas. Highlight ist das an der Corniche liegende **Museum of Islamic Art.** Prominenten und VIPs aus aller Welt offerierte man zur Eröffnung des Museums eine Bootsfahrt, um die kubistischen Formen des weißen Palastes gebührend zur Kenntnis nehmen zu können.

tern an der weithin sichtbaren Pyramide des Sheraton Hotels. Immer gleiten die Blicke hinüber aufs Meer, das je nach Tageszeit seine Farbe zwischen tiefblau und türkis verändert. Viele Blumenbeete zu beiden Seiten, die sofort nach dem Verblühen einzelner Pflanzen von neuem bestückt werden, verschönern die Prachtstraße, auf der man dank hoher Palmen und anderer exotischer Bäume den ganzen Tag sogar teilweise im Schatten promenieren kann. Am späten Nachmittag und am frühen Abend versammeln sich Familien auf den großen Grünanlagen zu beiden Seiten der Corniche. Sie nutzen die kühle Brise vom Meer her bis in den späten Abend für Picknicks, zum Musikmachen und für Ballspiele.

Entlang der Corniche und in ihrer unmittelbaren Nähe stehen bedeutende *landmarks* der Architektur (s. oben). Am nördlichen Ende, kurz vor dem Sheraton Hotel, befindet sich die Anlegestelle der Dhau Jetty, die die Passagiere zu Palm Tree Island in der Mitte der Doha Bay hinüberfährt (s. S. 292).

In der Regel sind es Jogger und Skater, die die Corniche in ihrer ganzen Länge zurücklegen. Für Besucher empfehlen sich Spaziergänge in der Nähe von vier Ausgangspunkten, um von dort zu weiteren Unternehmungen zu starten: da wäre im südwestlichen Teil der

Doha

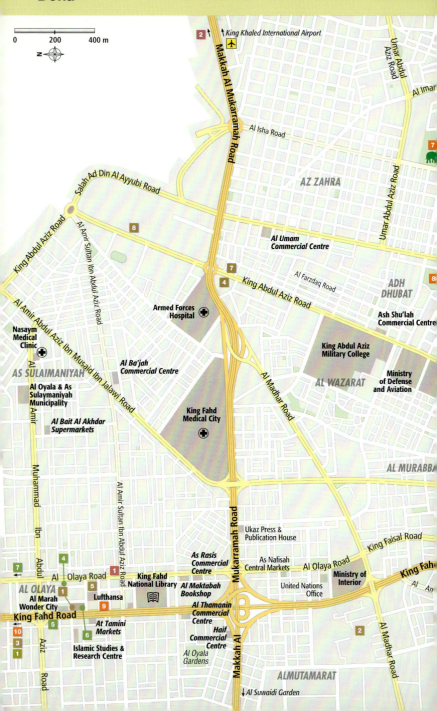

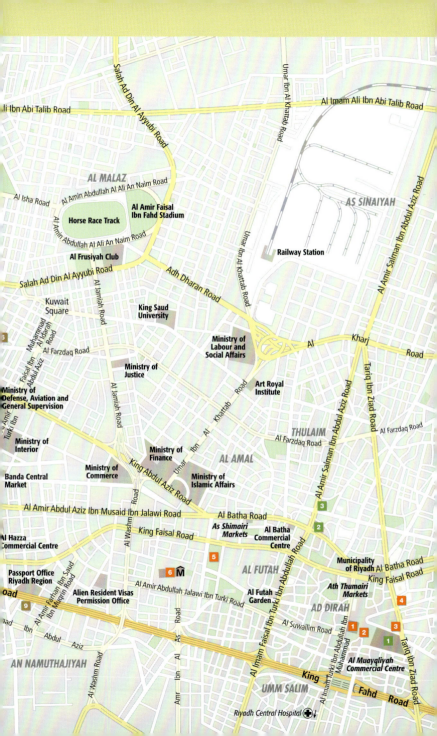

Doha

Sehenswert
1. Corniche
2. Palm Tree Island
3. Al Bidda Park
4. Fishing Harbour
5. Clock Tower Square
6. Al Koot Fort
7. Wind Tower House
8. Souq al Waqif
9. Qatar National Museum
10. Qatar National Library
11. Museum of Islamic Art
12. Qatar Photography Museum
13. Weaponry Museum

Übernachten
1. Sharq Village & Spa
2. Marriott Doha
3. Mövenpick Tower & Suites Doha
4. The Ritz Carlton
5. Intercontinental
6. Sheraton Doha
7. Mövenpick
8. Oasis Hotel & Beach Club
9. Mercure Grand Hotel
10. Ramada Hotel Doha
11. New Capital Hotel

Essen und Trinken
1. Souq al Waqif
2. Balhambar
3. Seasons Tea Lounge

Einkaufen
1. Souq al Ahmad
2. Gold Souq
3. Fischmarkt
4. Obst- und Gemüsemarkt
5. Omani Souq
6. Livestock Market
7. Thursday & Friday Market
8. Souq al Haraj
9. City Centre Doha
10. Landmark Shopping Mall
11. Cottage Craft
12. Jarir Bookstore
13. Familiy Book Shop

Aktiv
1. Doha Golf Club
2. Mesaieed Golf Club
3. Racing and Equestrian Club (REC)
4. Winter Wonderland
5. Regatta Sailing Company
6. Kitesurfen
7. Khalifa Tennis & Squash Centre
8. Wellness im Four Seasons Doha
9. Zoo

Fishing Harbour (s. S. 293, günstig für den Besuch des Museum of Islamic Art, des Clock Tower und des Al Koot Fort und des Zentrums entlang der Grand Hamad St. mit den Souqs). Im mittleren Teil bietet sich das **Balhambar Restaurant** (s. S. 300) als Ausgangspunkt an. In der Nähe liegen die neuen Architekturikonen Nationalbibliothek und Hauptpost. Im nördlichen Teil zeigt sich die **Ablegestelle der Fähre** nach Palm Tree Island günstig für den Besuch der Shoppingmall City Centre und des Sheraton Hotels.

Palm Tree Island 2

Mitten in der Doha Bay, von jedem Punkt der Corniche sichtbar, liegt eine kleine tropische Insel voller Palmen, die als beliebtes Ausflugsziel gerne angesteuert wird und den Namen **Palm Tree Island** (Jazirat al Nakheel) trägt. Die Insel, die man mit einer kleinen Fähre erreichen kann (s. S. 305), ist auf Besucher vorbereitet: Es gibt dort Snacks, Sandwiches und Burgers im Bayview Café und schmackhafte Fischgerichte im Restaurant Fischmarket. Mitnehmen muss man nur ein Badehandtuch und Sonnencreme, um hier einen schönen Sonnentag am Sandstrand zu verbringen. Auf Palm Tree Island werden auch Wassersportgeräte angeboten.

Sehr eindrucksvoll ist auch ein Besuch auf Palm Tree Island am Abend. Die Corniche gleicht dann einem Lichtermeer, das sich wie eine leuchtende Perlenkette um die Doha Bay legt.

Al Bidda Park 3

In der Mitte der Corniche erstreckt sich südlich der Nationalbibliothek der schönste öffentliche Park der Stadt: **Al Bidda**. Er ist das ideale Familienausflugsziel, weil er allen Mitgliedern etwas bietet: Für Kinder eine Kleineisenbahn und einen Teich mit Bootsverleih, für Skateboarder eine Halfpipe, für Rollerskater perfekte Wegstrecken und für Erwachsenen ein Café zum Entspannen sowie eine Kunstgalerie.

Fishing Harbour 4

Vor dem Öl und dem Gas gehörte die Fischerei zu den beständigen Einkommens-

Zentrum

Blick frei auf Luxus pur: vom Dach des Sheraton an der nördlichen Doha Bay

quellen der Qatari. In Doha liegt der große **Fishing Harbour** seit altersher dort in der Doha Bay, wo sich stadteinwärts das alte Zentrum befindet. Dank eines Denkmals mit einer Perlenmuschel kann man den Eingang zum Fischereihafen nicht verfehlen. Dutzende alter Dhaus liegen hier tagsüber nebeneinander vertäut und warten auf ihre Ausfahrt am frühen Abend.

Clock Tower Square 5

Das alte Zentrum der Stadt bildete bis vor wenigen Jahren ein kleiner Hügel mit Namen **Clock Tower Square**. Hier stehen drei wichtige Gebäude: der Uhrturm, die Große Moschee sowie der Diwan, der Regierungspalast des Emirs. Der Clock Tower Square ist heute eine grüne Gartenanlage, in der duftende Bäume und Büsche angepflanzt sind. Der pastellfarbene **Uhrturm** am Platz war einst das Wahrzeichen Dohas. Sein indisch-sarazenischer Baustil und der rosa- und beigefarbige Anstrich sind eine recht freie Adaption arabischer Architektur. Der neue **Emir-Palast** (Diwan al Amir) mit einer Vielzahl von Bögen und einer breiten Kolonnaden-Auffahrt präsentiert sich in strahlendem Weiß. Die **Große Moschee** ist überwiegend in Grün gehalten und wohl das schönste Gebäude des ganzen Platzes. Ihr über 50 m hohes Minarett bietet abends eine eindrucksvolle Silhouette.

Die Hauptstadt Doha

Das Farbenspiel des Orients: Teppichausstellung in Qatars Museum

Al Koot Fort [6]

In unmittelbarer Nähe, zwischen Clock Tower Square und Dhau R/A, an der Ecke von Jassim bin Mohammed und Al Qalaa Street, steht das alte Doha Fort, eine der wenigen erhaltenen Befestigungsanlagen der Stadt. Das **Al Koot Fort** wurde 1880 auf einem kleinen Hügel oberhalb der Siedlung Al Bidda errichtet und 1917 vom damaligen Herrscher Sheikh Abdallah bin Jassim al Thani erweitert. Das mächtige Fort mit seinen drei hoch ragenden Türmen lag damals außerhalb von Al Bidda und wurde wegen seiner dicken Mauern niemals eingenommen. Der eindrucksvolle Bau in maurischer Architektur wird zurzeit gründlich renoviert und kann nur zu bestimmten Zeiten und nach telefonischer Anmeldung (Tel. 442 41 43) besichtigt werden.

Wind Tower House [7]

Unweit des Dhow R/A steht das letzte erhaltene **Wind Tower House** Dohas. Es wurde 1935 als privates Wohnhaus auf einem Platz im Souq gebaut und nach seiner Restaurierung für öffentliche Zwecke genutzt. Zuerst als Ethnografic Museum, heute als Gulf Architectural Heritage Center. Es ist nicht mehr

Tipp: Qatar National Museum

Vom Clock Tower Square zur Corniche und den Ufern der Doha Bay sind es ca. 150 m. Über die Corniche kommt man zum alten Hafen, in dem viele alte und neue Dhaus ankern. Am östlichen Ende der Corniche, vorbei am neuen Hafen, liegt das **Qatar National Museum** 9, untergebracht im alten Feriq al Salata-Palast, in dem der Großvater des heutigen Herrschers bis 1923 wohnte. Der Palast wurde von dem ortsansässigen Architekten Abdullah al Mail 1901 als Wohnhaus für die Familie des damaligen Herrschers Sheikh Abdullah bin Jassim al Thani gebaut, der das Emirat von 1913 bis 1949 regierte. Auch sein Sohn und Nachfolger Ali bin Abdullah, der von 1949 bis 1960 Staatsoberhaupt von Qatar war, wohnte noch im Feriq al Salata-Palast. 1975 wurde das Haus dann neue Heimstätte für das Nationalmuseum.

Das Museum, eines der schönsten in der Region und 1980 mit dem Aga Khan-Preis für Architektur ausgezeichnet, umfasst drei Ausstellungsbereiche: den **Emir-Palast,** das **Nationalmuseum** und das **Seefahrtsmuseum.** Die ehemaligen Wohnbereiche der Familie des Emirs im Feriq al Salata-Palast sind teilweise noch mit den historischen Möbeln ausgestattet.

Im neuen Museumstrakt befindet sich eine Ausstellung prähistorischer archäologischer Funde, die dänische (1958–64) und britische Forscher (1973–74) auf der Halbinsel ausgruben. Eine eigene Abteilung des Museums informiert ausführlich über jene Beduinen, die als Vorfahren der heutigen Qatari durch das Land zogen.

Hinter dem Emir-Palast wurde zur offenen See hin ein künstlicher, in Form einer Lagune angelegter Hafen gebaut, in dem mehrere alte Dhaus dümpeln. Man versucht, die wenigen erhaltenen Objekte der Vergangenheit vor dem Verfall zu bewahren. Im angrenzenden Seefahrtsmuseum kann man sich über die Seefahrer- und Perlenfischertradition der Qatari und über die heimische Meeresfauna informieren.

Schräg gegenüber sind in einer Garage die beiden alten Cadillacs und der Jeep des verstorbenen Emirs Ali bin Abdullah abgestellt. Das Museum soll von dem französischen Architekten Jean Nouvel vergrößert und neu gestaltet werden (Tel. 44 44 21 91, So–Do 9–12, 16–19, Fr 16–19 Uhr; Eintritt frei).

---

der Öffentlichkeit zugänglich, aber während der Öffnungszeiten des Büros kann man es betreten (Grand Hamad St., Ecke Ali bin Abdullah St.).

Souq al Waqif 8

Das Gassengewirr der traditionellen Souqs befindet sich in arabischen Städten immer im alten Zentrum einer Stadt. Für Doha heißt das: In der Nähe des Fischereihafens im südlichen Teil der Doha Bay, östlich und westlich der Grand Hamad Street, zwischen Abdullah bin Jassim- und Ali bin Abdullah Street. Auf der westlichen Seite der Grand Hamad Street liegt der bedeutendste, schönste und älteste Souq der Stadt, der **Souq al Waqif.** Er entstand als Wochenendmarkt der Beduinen, auf dem sie ihre agrarischen Produkte verkauften bzw. gegen andere Waren tauschten. Heute ist er eine Einkaufsattraktion. Das liegt auch an der Atmosphäre des Souqs. Dazu beigetragen hat aber vor allem seine liebevolle Restaurierung mit örtlichem Kalkstein, Lehm und Holz. Der historische Souq wurde originalgetreu wiederhergestellt.

Dort, wo es nicht mehr möglich war, das alte Mauerwerk zu retten und man zu Beton greifen musste, hat man die Rekonstruktionen anschließend dem alten Material angepasst. Zwischen den zweistöckigen, weiß getünchten, eng aneinander gebauten Häusern dienen kunstvoll aus Palmenzweigen geflochtene Matten als Sonnenschutz. Zur Inszenierung der Tradition tragen auch mehrere kleine Cafés und Antiquitätengeschäfte bei.

Doha

In seinen engen Gassen scheint die Zeit stehen geblieben zu sein.

Im Souq al Waqif herrscht bei der riesigen Vielfalt des Angebots dennoch Ordnung: Waren und Produkte ein und derselben Branche konzentrieren sich jeweils in ganz bestimmten Gassen.

Inzwischen wurde der Begriff Souq in diesem Stadtteil Dohas auch als Namensteil von klimatisierten Kaufhäusern (z. B. Souq al Ahmad) oder von Ansammlungen von Spezialgeschäften übernommen (z. B. Souq Faleh, ein großes Geschäft, das nur Artikel bis zu 10 QR anbietet, oder der Souq al Asieri, eine zweistöckige Ladenpassage mit Rolltreppen für Stoffe und Bekleidung).

National Library, Museum of Islamic Art, Photography Museum

In den nächsten Jahren wird die bisher eher beschauliche Skyline von Doha entlang der Corniche um drei Bauwerke bereichert, deren Architektur internationale Aufmerksamkeit auf sich ziehen wird. Das ist die futuristische **Qatar National Library** 10, deren Gebäude einer Ölplattform auf zwei Säulen gleicht und eine Höhe von 120 m erreichen soll. Auf einer Fläche von 45 000 m² dreht sich hier alles um Bücher. Entworfen hat sie der japanische Architekt Arata Isozaki, der sich in Qatar bereits durch Bauten wie der neuen Educational City einen Namen gemacht hat. Die Bibliothek entsteht zwischen Hauptpost und dem Nationaltheater, jedoch sind die Arbeiten gegenwärtig unterbrochen, die Fertigstellung ist für 2012 geplant.

Auch das neue **Museum of Islamic Art** 11, unweit des Fishing Harbour, gehört dazu. Es wurde von dem Amerikaner chinesischer Abstammung Jong Ming Pei, dem Architekten der gläsernen Pyramide des Louvre in Paris, erbaut. Pei gestaltete auch den Erweiterungsbau des Historischen Museums in Berlin. Als der Pritzker-Preisträger Pei die Anfrage aus Qatar erhielt, soll er zunächst abgelehnt haben mit der Bemerkung, er sei zu alt und unerfahren in orientalischer Baukunst. Um Inspirationen zu gewinnen, reiste der 1917 geborene Architekt zum Taj Mahal nach Indien, zu den Pyramiden von Ägypten und nach Cordoba in Spanien.

Ende 2008 wurde das Museum unter weltweiter Aufmerksamkeit eröffnet. Eine Palmenallee führt auf den auf einer Halbinsel thronenden fünfstöckigen pyramidenförmigen Bau zu, der als moderne Skulptur wie eine Luftspiegelung in den Himmel ragt. Im Inneren offenbart sich eine Fülle an orientalischen Architekturelementen. Die ausgestellten Schätze erwecken 13 Jahrhunderte islamischen Kunstschaffens zum Leben und wurden von Saud Al-Thani, einem Cousin des Emirs, für über zwei Mrd. US-Dollar in der ganzen Welt aufgekauft und nach Qatar gebracht (Sa–Mo, Mi/Do 10.30–17.30, Fr 14–20 Uhr, Eintritt frei, www.qma.com.qa/eng).

Das neue **Qatar Photography Museum (Museum der Fotografie)** 12, dessen Architekt der Spanier Santiago Calatrava ist und das 2011 seine Tore öffnet, wird ein architektonisches Juwel von mehr als 100 m Höhe. Gebaut wird es am Al Bidda Park neben dem Amiri Diwan. Bereits jetzt ist Qatar im Besitz bedeutender Fotosammlungen (z. B. die von Werner Bokelberg und der Spira Collections).

Dass in diesen großartigen Gebäuden auch Sehenswertes ausgestellt wird, ist der Verdienst von Sheikh Saud al Thani, der seit Jahren auf vielen Kunstauktionen rund um den Globus als Käufer auftritt und die bereits ersteigerten Kostbarkeiten bis zur Fertigstellung der Museen in klimatisierten Lagerhallen

---

Tipp: Café im City Centre

Auch wenn Rolltreppen das Flanieren in den langen Passagen der fünf Stockwerke erleichtern, eine Rast sollte man zwischen den Einkäufen im **City Centre** (s. S. 297) einlegen – allein schon wegen der schönen Aussicht: **Eli France Café:** 2. Stock, tgl. 10–22 Uhr. Der *family section* ist die schönere Frontseite des Cafés an den hohen Glasfenstern vorbehalten; aber auch die männlichen Besucher genießen eine schöne Aussicht. Suppe 20, Hamburger 35, Kaffee 10 QR.

in Al Wabra – 30 Autominuten von Doha entfernt – lagert. Qatar – so seine Vorstellung – soll nach Eröffnung der Nationalbibliothek und der neuen Museen in der Golfregion eine Spitzenposition in Sachen Kunst und Architektur übernehmen. Dazu haben dann auch die Architekten Pei, Isozaki und Calatrava beigetragen.

Beschreibungen aller drei neuen Museen mit Bildern findet man auf der Website des National Council for Culture, Arts and Heritage www.nccah.com.

Außerhalb des Zentrums

Cityplan: S. 290/291

Weaponry Museum 13

Auch das gibt es in Qatar: Ein reicher Adliger stiftet seine akribisch zusammengetragene Sammlung dem Staat. Das tat 1994 Sheikh Hassan bin Mohammed bin Ali al Thani mit seiner wertvollen Waffensammlung mit über 2300 Exponaten aus der Golfregion. Heute wird sie vom Department of Museums and Antiquities verwaltet und die schönen Stücke – darunter z. B. das goldene Schwert von König Faisal bin Abdul Aziz aus Saudi-Arabien und ein Khanjar, der einst Lawrence von Arabien gehörte, werden im Al Luqta House, einer alten qatarischen Villa außerhalb der Innenstadt ausgestellt. Der Wert der Sammlung ist unschätzbar, deshalb kann das **Weaponry Museum** nur mit Auflagen besucht werden (D-Ring Road, Al Maha St., nahe der US-Botschaft; man erkennt das Haus an der kleinen Kanone vor der Tür, Tel. 44 86 74 36, So–Do 7.30–12 Uhr, Eintritt frei; nur mit einem Tour Operator oder nach persönlicher telefonischer Anmeldung. Hinweise zu den Tour Operators s. S. 86).

City Centre Doha und Livestock Market

Zu den beliebten Treffs im Westen der Stadt gehört die größte und attraktivste unter den Shoppingmalls, das **City Centre Doha** 9. Das gläserne Superkaufhaus an der West Bay in der Nähe der Sheraton Pyramide ist eine Art neues Zentrum der Stadt geworden. An einem Besuch kommt man deshalb nicht vorbei: Dutzende von teuren Brands der Modebranche verteilen sich neben edlen Parfümerien in den fünf Etagen; dazwischen die US-Kette Deppenhouse und der französische Lebensmittelriese Carrefour und auf jeder Etage ein Starbucks sowie in Parterre eine große Eisbahn.

Außerhalb des Zentrums liegen die großen Märkte der Stadt (s. S. 301). Besonders sehenswert unter ihnen ist der Tiermarkt. Hinter dem Central Market in der Salwa Road werden im sogenannten Animal Market oder **Livestock Market** 6 lebende Tiere für sehr unterschiedliche Bedürfnisse verkauft. Besonders in den Wintermonaten macht das große Angebot sprachlos: Kamele, Schafe, Enten, Hasen und Ziegen zum Verzehr und Kleintiere, Vögel und Zierfische als Haustiere für Kinder. Ein Teil des Tiermarktes ist der Vogelmarkt (Bird Souq), auf dem Singvögel und Papageien am laufenden Band den Besitzer wechseln, auch Falken werden im Oktober vor dem Beginn der Jagdsaison angeboten.

Der Tiermarkt ist wegen seiner Atmosphäre auf jeden Fall einen Besuch wert. Auch dann, wenn man kein Tier kaufen möchte. Man sollte sich auch nicht zu einem Kauf hinreißen lassen (Einfuhrbestimmungen der EU). Nichts für Empfindliche: Der Geruch der Tiere und ihrer Futtermittel, die zum Teil noch auf Trailern aus Saudi-Arabien stapeln, ist eine olfaktorische Herausforderung (tgl. 6–18 Uhr, Bird Souq tgl. 7–12 und 15–18.30 Uhr).

Infos

Qatar Tourism Authority (QTA): Lusail Street, Tel. 499 74 99, Fax 44 99 19 19, So–Mi 8–14 Uhr, www.qatartourism.gov.qa.

Übernachten

Ein qatarisches Dorf ▶ **Sharq Village & Spa** 1: zwischen Oasis Hotel und Doha Club in einer Bucht an der Corniche, flughafennah, Tel. 44 25 66 66, Fax 44 25 66 60, www.ritzcarlton.com. Ein ›qatarisches Dorf‹ am

Doha

Tipp: The Ritz Carlton Doha

Ein Hotelturm auf einem eigenen, künstlich geschafffenen Eiland gehört zu den außergewöhnlichen Bauwerken Dohas. Abseits des städtischen Trubels und doch stadtnah eröffnete 2001 an der Westküste nördlich von Doha das Flaggschiff der Hotellerie Qatars – **The Ritz Carlton Doha** 4. Der 23 Stockwerke hohe, dunkelblau-weiße Hotelturm liegt auf einer Insel umgeben von Kanälen mit einem eigenen Jachthafen. Beim Betreten der weiträumigen Lobby ist man beeindruckt von dem überdimensionalen Kristallleuchter und dem Meer frischer Blumen. Alle Zimmer besitzen einen Balkon, sind elegant möbliert und verfügen über perfekte IT-Ausstattung. Der Service des Hauses ist nicht nur hervorragend, sondern auch ideenreich (z. B. zwei Kleidungsstücke werden kostenlos aufgebügelt, am Pool wird den Badegästen eisgekühlte Wassermelone gereicht). Mehrere Restaurants, ein großer Sport- und Spabereich, zwei Schwimmbäder (innen und außen) und Angebote für Kinder kommen Geschäftsleuten und Feriengästen gleichermaßen entgegen. Wer Prominenz sucht, ist am richtigen Platz. Bill Clinton verbrachte im Ritz 2005 mehrere Tage. Und das Hotel bietet noch mehr: Das Restaurant La Mer im 23. Stock oder die Dachterrasse des Hotels sind der ideale Beobachtungspunkt für die spannende Entstehung von The Pearl, eine Neulandgewinnung für aufwendige Hotel- und Wohnbauprojekte.

Betörende Düfte empfangen den Besucher: in der Lobby des Ritz Carlton Doha

Adressen

Strand, am Rande der Wüste und doch zentral. 2006 errichtet, um Erholung auf höchstem Niveau in einer authentisch rekonstruierten beduinischen Umgebung zu garantieren. Architektur und Gestaltung dieser Ritz Carlton-Anlage versetzen in die Zeiten zurück, als das Leben am Golf noch von Perlenfischern und beduinischen Händlern bestimmt wurde. Doch zugleich bietet sie traumhaften Luxus in den Zimmern, Restaurants, kleinen Läden des Bazaars und vor allem im Six Senses Spa. 149 DZ, 24 Suiten, DZ 1440 QR, Suite 1800 QR (Nov.–Feb.), DZ 1220 QR, Suite 1550 QR (März–Okt.).

Strandhotel mit Jachthafen ▶ Marriott Doha 2: Ras Abu Abboud St., am südlichen Rand der Doha Bay, nur 10 Min. vom Flughafen, Tel. 44 29 88 88, Fax 44 41 87 84, www.marriott.de. Das Haus gehört zu den Pionieren der qatarischen Hotellerie: 1972 war es (als Sheraton Gulf) das erste Fünf-Sterne-Hotel in Doha, wurde in der Zwischenzeit mehrfach renoviert, 2002 vollkommen neu gestaltet und um einen kubischen Glasanbau erweitert. Schöner Strand, hohe Palmen, eigene Marina, Schwimmbad und Tennisplätze. 350 Zimmer in zwei Flügeln (große im älteren Flügel). DZ ab 1250 QR, Suite ab 2100 QR.

Schwimmbad im Dach ▶ Mövenpick Tower & Suites Doha 3: West Bay Area, Tel. 44 96 66 00, Fax 44 96 66 10, www.moevenpick-hotels.com. Topmoderner gläserner Hotelturm mitten in Dohas bester Lage (eröffnet Dezember 2006). Große Zimmer mit allem IT-Komfort und Kitchenette. Einmalig in Qatar: Schwimmbad und Fitness-center im 26. Stock, d. h. Schwimmen und Trainieren mit Blick über Doha. Eigener Kinderbereich. Schweizer Management. 350 Zimmer, 40 Suiten, DZ 1200 QR, Suite 1800 QR je nach Saison.

Turm der Superlative ▶ The Ritz Carlton 4: West Bay Lagoon, Tel. 44 84 80 00, Fax 44 84 84 84, www.ritzcarlton.com, s. S. 298. 315 Zimmer, 61 Suiten, DZ ab 1200 QR, Suite ab 1500 QR.

Stilvolles Strandhotel ▶ Intercontinental 5: West Bay Lagoon, Al Istiqlal Rd., Tel. 44 84 44 44, Fax 44 84 40 33, www.intercontinental.com/doha. Achtstöckiges Hotel an eigenem Strand zwischen Doha Bay und West Bay Lagoon, ausgezeichnete Restaurants, Disco, insgesamt stilvolles Anwesen mit hervorragendem Service. 209 Zimmer, 36 Suiten, DZ ab 1100 QR, Suite ab 1900 QR.

Pyramide ▶ Sheraton Doha 6: Corniche, am nördlichen Ende der Doha Bay, Tel. 44 85 44 44, Fax 44 83 23 23, www.sheraton.com. Das 1978 erbaute Hotel gehört zu den traditionsreichen und besten Luxus-Hotels der Stadt. Sein aufregender, weithin sichtbarer Pyramidenbau wird ergänzt von einer faszinierenden Innenarchitektur. Die Zimmer sind sehr geräumig und von allen blickt man aufs Meer. Prächtige Außenanlage mit eigenem Sandstrand und Wassersportangeboten, großem Fitnesscenter, hoteleigenem Jachthafen und mehreren Restaurants. 319 Zimmer und 59 Suiten, DZ ab 1050 QR, Suite ab 1750 QR.

Prächtige Aussicht ▶ Mövenpick 7: Corniche, 10 Min. vom Flughafen, Tel. 44 29 11 11, Fax 44 29 11 00, www.moevenpick-hotels.com. Das Haus, sieben Stockwerke hoch mit Blick auf Corniche und Doha Bay, besitzt eine großzügige Lobby, große Zimmer mit einladendem Bad, Pool, Fitnesscenter, ein vorzügliches Restaurant und eine stilvolle

Tipp:
Freitag ist Brunch-Tag

Die großen Hotels bieten am Freitag zur Mittagszeit in ihrem jeweils schönsten Restaurant üppige Büffets an, die zu den kulinarischen Highlights der Stadt zählen. Besucher erfahren die Angebote aus der Zeitung. Meist sind die unterschiedlichen Spelseschwerpunkte nur den Ortsansässigen bekannt, weil sie sich jeden Freitag wiederholen. Besonders hervorzuheben ist das *family brunch* im **Seasons** 7 (s. S. 301) des Hotel Mövenpick: üppiges Angebot, hervorragende Schweizer Küche, erlesene Süßspeisen. Kinder, die noch keine 100 cm groß sind, essen kostenlos. Fr 12–15.30 Uhr, 85 QR.

Doha

Piano Bar. Perfekter Service gepaart mit Schweizer Gastlichkeit – ein Stück Heimat in der Ferne! 154 Zimmer, DZ ab 950 QR.

Großer Sportbereich ▶ Oasis Hotel & Beach Club 8: Ras Abboud Rd., zwischen Marriott und Doha Club, 10 Min. vom Flughafen, Tel. 44 42 44 24, Fax 44 32 70 69, www.oasishotel-doha.com. Achtstöckiges Hotel der Airline Crews, weiter Blick über die ganze Bucht, schöner Hotelstrand, zwei Schwimmbäder, Tennis- und Squashplätze, mehrere Restaurants. 160 geräumige, funktional eingerichtete Zimmer. Das Haus mit dem besten Preis-Leistungs-Verhältnis. DZ ab 700 QR, Suite ab 850 QR.

In der Nähe der Souqs ▶ Mercure Grand Hotel 9: Wadi Musheireb St., Tel. 44 46 22 22, Fax 44 43 91 86, www.mercure.com. Schmaler Hotelturm (ehemals Sofitel) im Herzen der Stadt, Schwimmbad, Fitnesscenter, mehrere Restaurants, 174 große Zimmer mit europäischem Mobiliar, freundliche Bedienung. DZ ab 650 QR.

20 Restaurants ▶ Ramada Plaza Doha 10: Salwa Rd., Ecke C-Ring Rd., Tel. 44 28 14 28, Fax 44 41 09 41, www.ramadaplazadoha.com. Zwölfstöckiger Glas- und Betonbau mit prächtigem Interieur, gebaut 1980, mehrfach renoviert, Schwimmbad, Tennisplätze, Restaurants, beliebter Treff, sehr bekannt. 320 Zimmer, DZ ab 500 QR.

Gut & günstig ▶ New Capital Hotel 11: Musheireb St., Tel. 44 44 54 45, Fax 44 44 22 33. Älteres Haus in günstiger Innenstadtlage mit Schwimmbad auf dem Dach im 10. Stock. 84 Zimmer, DZ ab 260 QR.

Essen & Trinken

Inmitten des Souq ▶ Souq al Waqif 1: Fußgängerzone, Tel. 44 31 18 18, www.albandarrestaurant.com, tgl. ab 10 Uhr. Drei Restaurants unter einem modernen Dach: unten der elegante Fish Market, darüber syrisch-libanesische Küche (auch Terrasse mit Freisitz), auf dem Dach ein Café mit Blick in den Souq; gebackene Shrimps 30 QR.

Wunderbare Lage ▶ Balhambar 2: in der Mitte der Corniche, am Ufer der Doha Bay, Tel. 44 83 44 23, tgl. 12–24 Uhr. Das wohl bekannteste Restaurant der Stadt liegt fantastisch. Es ist zudem das einzige Restaurant mit qatarischer Küche. Deshalb trifft man hier sehr viele *locals*. Ein Markenzeichen des Hauses ist sein *shisha*-Angebot. Auf der Terrasse ist es wegen der Brise klimatisch sehr angenehm. *Mezze* 20 QR, Softdrinks 8 QR, *kebab* 22 QR, Burger mit Pommes frites 20 QR.

Blick auf die Greens ▶ Spikes Lounge 1: im Doha Golf Club, Tel. 44 96 07 77, www.dohagolfclub.com, tgl. 10–24 Uhr. Elegantes Restaurant mit schwerem Mobilar im ersten Stock des Clubhauses. Ausblick auf die neun *fairways* des Academy Course, abends Kerzenlicht, internationale Küche. Menü (3 Gänge) ab 155 QR, *business lunch* 100 QR.

Elegant ▶ Maxim 10: im Ramada Hotel, Tel. 44 28 14 28, tgl. 18–22 Uhr. Hervorragende französische Küche und dezente Atmosphäre, Live-Klaviermusik. Zwiebelsuppe 22, Salat ab 18, *fondue bourguinonne* für 2 Pers. 140 QR.

23 Etagen über dem Golf ▶ La Mer 4: im Ritz Carlton, Tel. 44 84 80 00, tgl. 18–24, Fr auch 12–14.30 Uhr (Gourmet-Lunch mit Champagner). Perfekte französische Küche in sehr stilvoller Umgebung. Den Ausblick vom 23. Stock über den Arabischen Golf gibt es als *amuse-gueule*. Menü ab 180, Flasche Wein ab 120 QR.

Südfranzösische Spezialitäten ▶ La Villa 9: im Mercure Grand Hotel, Tel. 44 46 22 22,

---

Tipp: Speisen über der Doha Bay

Die Restaurants in den Fünf-Sterne-Hotels, die sich um die Bucht von Doha gruppieren, haben eines gemeinsam: Man speist sehr gut und wird zuvorkommend bedient. Doch zwei dieser Restaurants können das mit einer traumhaften, schönen Aussicht über das Meer und die Bucht von Doha überbieten:

La Mer, im 23. Stock des Ritz Carlton Hotels, Tel. 44 84 80 00 (s. rechts) und

Al Shaheen, im 16. Stock der Pyramide des Sheraton Doha, Tel. 44 85 44 44 (s. S. 299).

tgl. 19–22.30 Uhr. Mediterrane Gerichte im 12. Stock mit Blick über die Stadt. Mittwochs 6-Gänge-Menü (95 QR), Fleischgerichte ab 55, Spaghetti 28 QR.
Themenabende ▶ **Seasons** 7: im Mövenpick Hotel, Tel. 44 29 11 11. Schweizer Küche vom Feinsten: vom Frühstücksbuffet mit Müsli bis zum Dinner mit Zürcher Geschnetzeltem. Zudem abends üppige Themenbuffets (z. B. Mo italienischer Abend, Mi asiatische Küche, Do Meeresfrüchte, Fr Familien-Brunch. Frühstück 75, Suppe ab 20, Buffet 85 QR.
Am Pool ▶ **The Italian Job** 10: im Ramada Hotel, Tel. 44 28 14 28, tgl. ab 18 Uhr. Bester und einer der ältesten Italiener Dohas, hervorragende *antipasti, pesce* und *carani à la Toscana.* Vorspeisen ab 24, Fischgerichte ab 68, Glas Chianti 22 QR.

Cafés:
Die Briten haben für die Zeit zwischen 16.30 und 18 Uhr den Begriff der *tea time* eingeführt. Einige Hotels in Qatar haben diese Tradition übernommen und laden zum Tee ein. Besonders empfehlenswert:
Bei Harfenklängen ▶ **Lobby Lounge** 4: im Ritz Carlton, s. S. 299, Tel. 44 84 80 00, tgl. 16.30–18.30 Uhr (reservieren!). Elegante Atmosphäre, vorzügliche Kuchen- und Teeauswahl, klassische Klavier- und Harfenmusik. Gedeck 40 QR.
English style ▶ **Seasons Tea Lounge** 3: im Four Seasons Hotel, Nordende der Corniche, neben dem Sheraton Hotel, Tel. 44 94 88 88, tgl. 15–18.30 Uhr. Die großen Fenster ermöglichen einen herrlichen Blick auf den Golf. *Traditional afternoon tea,* Gedeck 36 QR.

Einkaufen

Die **Souqs** von Doha konzentrieren sich in dem Rechteck, das durch die Straßen Jaber bin Mohammed Street (im Osten), Abdullah bin Jassim Street, (parallel zur Corniche; Norden), Ali bin Abdullah Street (Süden) und die Jassim bin Mohammed Street (Westen) gebildet wird. Mitten durch dieses Rechteck verläuft von der Corniche kommend von

Adressen

> **Tipp: Arabisches Leben im Eshairiq Coffee**
>
> Am Eingang des **Souq al Waqif** (s. S. 295), hinter dem grauen Marmorgebäude des Souq al Ahmad, Tel. 55 37 99 97, tgl. 8–23 Uhr findet sich ein arabisches **Kaffeehaus** wie aus dem Bilderbuch, direkt im Souq. Kleine Tische, bequeme Liegen, auch vor der Tür und auf dem Terrassendach; viele Einheimische treffen sich hier. Ideal zum Schnuppern traditioneller Atmosphäre. *Shisha* 8–12, Orangensaft 8, Kaffee 6 QR.

Nord nach Süd die Grand Hamad Street und unterteilt die vielen unterschiedlichen Märkte. Die Souqs haben Sa–Do 8.30–12.30 und 16–20, Fr 16–20 Uhr geöffnet. Dohas **Gemüse-, Fisch- und Tiermärkte** liegen weit außerhalb des Zentrums in südwestlicher Richtung hinter der D-Ring Road zwischen Salwa und Haloul Streets. Der *Shopping Hype* hat auch Qatar erreicht. Die **Shoppingmalls** gehören zu den *landmarks* der Stadt, weil jeder Einheimische, insbesondere die Taxifahrer, ihre Standorte kennen.

Beeindruckend ▶ **Souq al Waqif** 8: westliche Seite der Grand Hamad Street, gegenüber dem Parkplatz des Al Koot. Zu den eindrucksvollsten Souqs gehört der überdachte, alte Zentralmarkt, denn er bietet die meiste Atmosphäre. Jede Ecke dieses riesigen Souqs ist einem bestimmten Warensortiment vorbehalten. Das sind heute: Gewürze, Räucherwerk und Duftstoffe, bestickte Kleidung, Decken und Töpfe, aber auch Nüsse und Datteln und vor allem einfache, preiswerte Gebrauchsgegenstände für den Alltag und die Küche. Besonders beliebt bei Besuchern ist jene Ecke des Zentralmarktes, der im Volksmund **Omani Market** (Omani Souq) genannt wird und auf dem vor allem Gewürze, Essenzen, Öle und getrocknete Früchte angeboten werden (südliches Ende des Souq al Waqif gegenüber Ali bin Abdallah St., nicht zu verwechseln mit dem Omani Market beim Gemüsemarkt, s. S. 302).

Doha

Tipp: Qatar im Sommer

Die Tourismusbehörde des Landes QTA (s. S. 307) veranstaltet seit 2002 die **Qatar Summer Wonders** (QSW), die jeweils im Monat Juli in Doha mit einem umfangreichen Kulturprogramm verbunden sind. In den großen klimatisierten Shoppingmalls und den Empfangshallen der Hotels treten bekannte europäische und asiatische Künstler und Musikgruppen auf und die Tourismusbehörde selbst nutzt die Gelegenheit für folkloristische Darbietungen. Die QSW kreisen immer um ein Motto.

Parallel zur Kultur finden Verlosungen und Wettbewerbsspiele unter großer Anteilnahme der einheimischen Bevölkerung statt. Alle, die auf Shoppingtour in Doha unterwegs sind, aufgepasst: Viele Geschäfte reduzieren ihre Preise als QSW-Discount.

Kleider & Töpfe ▶ Souq al Ahmad 1: östlich des Souq al Waqif, direkt an der Grand Hamad Street. Zweistöckiges Gebäude aus weißem und grauem Marmor, eine Art Warenhaus, in dem man Kleider, Anzüge, aber auch Parfums und Haushaltsgegenstände erstehen kann, und das bei angenehm kühlen Temperaturen. Wer sich etwas Maßgeschneidertes anfertigen lassen möchte, findet im zweiten Stock Dutzende von Schneidern, die perfekte Kopien erstellen. Im Parterre saubere Toiletten.

Schmuck & Gold ▶ Gold Souq 2: Wer in Doha nach Gold sucht, muss die Gässchen hinter der Al Ahmed Street oder – nur ein paar Schritte entfernt – die Al Ashat Street, eine Seitenstraße der Grand Hamad Street, hinter dem Alfardan Centre aufsuchen. Hier gibt es Dutzende von Läden, in denen feinster Goldschmuck die Auslagen schmückt. Obwohl die Läden nicht groß sind, ist das Angebot riesig. Goldschmuck wird hier nach Gewicht verkauft – also unbedingt vorher über den Weltmarkt-Goldpreis informieren!

Frisch aus dem Wasser ▶ Fischmarkt 3: Haloul St., tgl. 5–11 Uhr. Großes Angebot frischer Fische und Krustentiere. Die Fischstände gehören Qataris, Verkäufer sind meist Inder. Manchmal gerät auch ein Hai ins Netz und wird zum Verkauf angeboten.

Frisch vom Feld ▶ Gemüse- und Obstmarkt 4: Al Rehab St., zwischen Salwa und Haloul Sts., tgl. 6–22 Uhr. Eigenprodukte und Importe aus Syrien, Jordanien, Oman und Saudi-Arabien sowie Körbe und Tonwaren sind hier zu erstehen.

Gewürze ▶ Omani Souq 5: Teil des Gemüsemarkts, spezialisiert auf Gewürze und Düfte und deren natürliche Rohmaterialien (z. B. Weihrauchharz) in klimatisiertem Gebäude. Hier verbinden sich alle Gerüche der Welt; ideal zum Souvenir-Erwerb.

Frisch aus dem Stall ▶ Livestock Market 6: Wholesale Market St., südlich abbiegende Seitenstraße der Salwa St., hinter dem Omani Market, tgl. 6–18 Uhr, s. S. 297. In erster Linie lebende Tiere, die vom Käufer zuhause selbst geschlachtet und verzehrt werden (Ziegen, Schafe, Kamele, Hühner), aber auch *pets,* Haustiere (Hamster, Affen und – in großer Auswahl – Vögel).

Wochenmarkt ▶ Thursday and Friday Market 7: Wholesale Market St., tgl. 7–12 und 16–22 Uhr. Großes Angebot an Billigwaren für Haushalt und tägliches Leben (auch Kleidung, sehr günstig). Zwischen Oktober und März werden hier in zwei Geschäften auch Falken und Ausrüstungsartikel für die Falknerei angeboten. Wer mehr über Falken wissen möchte: Etwas weiter südlich an der Salwa St. liegt das Qatar Falcon Centre, ein Krankenhaus‹ für die edlen Tiere.

Flohmarkt am Freitag ▶ Souq al Haraj 8: Al Mansoura St., zwischen B- und C-Ring Rd. im Osten, nur Fr 9–14 Uhr. Obwohl es mehrere feste Kiosks und Läden sind, ist der Souq al Haraj eine Art Flohmarkt, auf dem Gebrauchtes aller Art von Kleidern bis Autos angeboten wird; manchmal ist auch Neuware darunter. Die Preise werden grundsätzlich ausgehandelt. In unmittelbarer Nähe haben sich die Metallhandwerker und Schreiner niedergelassen, die auch Ausgefallenes auf Bestellung anfertigen.

Shoppingmalls ▶ City Centre Doha 9: am nördlichen Ende der Corniche, Tel. 44 93 33

Adressen

Stau in Downtown Doha: Erst nachts erwacht hier das Leben

55, tgl. 10–22 Uhr. Im Carrefour Supermarkt des City Centre gibt es ein Book Department, Tel. 44 84 62 65, Sa–Do 8–22 Uhr. Aktuelle britische Tageszeitungen. **Landmark Shopping Mall** 10: im nördlichen Teil der D-Ring Rd., Tel. 44 87 52 22, www.landmarkdoha.com, Sa–Do 9–22, Fr 15–22 Uhr. Neu, aufregend, edel – jedoch weit draußen gelegen. In diesem Einkaufszentrum gibt es wirklich alles – außer Autos.

Kunsthandwerk ▶ Cottage Craft 11: Salwa Rd., Tel. 44 68 52 29, Antiquitäten und Reproduktionen werden hier verkauft, sehr schöner Silberschmuck.

Bücher ▶ Jarir Bookstore 12: Ramada Junction, Tel. 44 44 02 12, Sa–Do 9–13 und 16–22, Fr 16–22 Uhr. Landkarten, Reisebücher, Bildbände. **Family Book Shop** 13: Al Merqab St., Tel. 44 42 41 48, Sa–Do 8–12 und 16–20 Uhr. Hier gibt es ebenfalls Landkarten, Reisebücher, Bildbände.

Abends & Nachts

Qatar ist ein wahabitisch-muslimisches Land. Das öffentliche Unterhaltungsgeschehen am Abend beschränkt sich auf die Angebote innerhalb der großen Hotels.

Bar & Club ▶ Pearl Lounge Club 2: im Marriott Doha, Tel. 44 29 88 88, tgl. 19–2, Mi–Fr Disco ab 22.30 Uhr. Eine der ältesten und beliebtesten Cocktailbars Dohas.

Live mit Cocktails ▶ Piano Bar 7: im Mövenpick, Fr–Di 17–1, Mi/Do 17–2 Uhr, Mi–Fr Live-Jazzmusik. Cocktailbar mit privater Atmosphäre, viele europäische Gäste.

Cocktails im 11. Stock ▶ The Library 10: auf dem Dach des Ramada Hotels, tgl. 22–3 Uhr. Einer der traditionsreichsten *meeting points* westlich orientierter Qatari, auch viele *expatriates* treffen sich hier. Stimmungsvoll, hauseigener DJ.

Am Wasser ▶ Admirals Club 4: im Ritz Carlton, So–Fr 22–3 Uhr. Eigene Clubanlage

Doha

an einem Pier neben dem Hotel, neueste Hits aus den westlichen und libanesischen Charts.

Aktiv

In Doha findet man wegen der vielen *expatriates* und der Sportbegeisterung der Qataris für nahezu jede Sportart geeignete Sportstätten, von B wie **Bowling** (Qatar Bowling Center, Tel. 444 33 55, 11–23 Uhr, 32 Bahnen, 5 QR für ein Spiel) bis Y wie **Yoga** (International Yoga Centre, Tel. 467 13 54). In Doha können Wellness-Gäste ihren Körper verwöhnen lassen, desgleichen in Deutschland zu diesen Preisen nicht geboten wird. Informationen über das gesamte Angebot: Marhaba, s. S. 84. Hervorzuheben sind:

Golf ▶ Doha Golf Club 1: West Bay Lagoon, gegenüber dem Ritz Carlton Hotel, Tel. 483 23 38, www.dohagolfclub.com. *Green fee* 80 QR. Der Club ermöglicht Gästen das Spielen, sowohl auf dem 18-Loch-Championship Course als auch auf dem 9-Loch-Academy Course, der sogar Flutlicht besitzt. Der Championship Course, auf dem die Qatar Masters ausgetragen werden (s. S. 280) wurde von Peter Harradine 1998 angelegt und ist mit über 1300 Palmen und ca. 10 000 Bäumen eine kunstvolle Oase am Rande der Stadt mit Blick auf die West Bay-Lagune. PGA Pros bieten Unterricht an (Doha Golf Club's Teaching Academy, *individual coaching:* 5 x 30 Min. 650 QR, in der Guppe: Erwachsene 6 x 1 Std. 450, Kinder pro Std. 40 QR). Auf Browns kann man im **Mesaieed Golf Club** 2 spielen, einem eindrucksvollen *desert course* mit schönem Clubhaus, Tel. 477 17 40.

Auf dem Rücken der Pferde ▶ Racing and Equestrian Club (REC) 3: Stadtteil Al Rayyan, Tel. 480 30 98, 585 81 11, www.qrec.gov.qa. Ausreiten und Reitenlernen, auch für Kinder. **Pferderennen** von Oktober bis Mai Do 16–19.30 Uhr. Wetten ist streng verboten.

Auf Eis ▶ Winter Wonderland 4: im City Centre, Tel. 483 91 63, Sa–Di 10–22, Do 10–23.30, Fr 13–22.45 Uhr (alle 2 Std. 15 Min. Pause zum Aufarbeiten des Eises), Eintritt 2 Std. inkl. Schlittschuhe 35 QR, 1 Std. Unterricht 50 QR. Schlittschuhlaufen bei Wüstentemperaturen. Ein echtes Erlebnis.

Mit Wind in den Segeln ▶ Regatta Sailing Company 5: Sheraton Lagoon, Tel. 550 78 46, Fax 442 45 77. Vermietet *dinghies* und größere Boote – mit oder ohne Segellehrer. **Surfen/Kiteboarding:** Die großen Strandhotels, allen voran das Sheraton (Tel. 485 46 00), verleihen **Surfbretter.** Auch **Kitesurfen** kann man in Qatar. Organisiert sind die *kiters* im **Qatar Kiteboarding Club** 6 (Tel. 535 03 36), gesurft wird am öffentlichen Strand hinter dem Intercontinental.

Übers Netz ▶ Khalifa Tennis & Squash Centre 7: Khalifa Sports City, Al Waab St., Tel. 440 96 66. Anlage mit 13 Tennisplätzen. In mehrere Hotels können auch Nicht-Hotelgästen spielen, z. B. **Ritz Carlton** 4 (Halle mit AC), **Sheraton Doha** 6, **Intercontinental** 5 und **Ramada** 10.

Wellness & Spa ▶ Four Seasons Doha 8: am Nordende der Corniche, neben dem Sheraton Hotel, tgl. 7–23 Uhr, Tel. 494 88 88, www.fourseasons.com/doha. Im großen lichtdurchfluteten Spa- und Wellness- Center werden mehr als ein Dutzend unterschiedliche Behandlungen (u. a. Thalasso, Water Shiatsu und Kneipp) angeboten. **The Ritz Carlton** 4: s. S. 299, Tel. 484 80 00. Dem Sport- und Wellnessbereich steht ein ganzer Flügel des Hotels zur Verfügung. Mit großem Innen-

> ## Tipp: Fußball live
>
> Qatars Nationalmannschaft gehört zu den besten des Mittleren Ostens. In den nationalen Clubs spielen bedeutende Fußballspieler aus vielen Ländern, darunter auch eine Zeit lang die bundesdeutschen Mario Basler und Stefan Effenberg. Zu den Mannschaften Qatars zählen Al Sadd, Al Arabi, Al Rayyan und Al Gharrafa, alle in Doha beheimatet. Gespielt wird zwischen Oktober und Juni, immer abends am Do und Fr. im Al Sadd Football Stadium (Al Sadd Sportsclub, Al Waab Street). Bedeutendste Ereignisse sind die National League Play-Offs (April) und das Turnier um den Cup des Herrschers (Mai).

schwimmbad, klimatisierten Tennisplätzen und einem Fitnessraum (mehr als ein Dutzend Geräte). Der Spabereich ist eine Oase der Ruhe und vieler anregender Düfte mit herausragendem Service in sehr stimmungsvollen Behandlungsräumen. Benutzt werden ausschließlich die französischen Natura-Bisse-Produkte. **Sharq Village & Spa** 1: s. S. 297, Tel. 431 21 66. Ort der Ruhe inmitten exotischer Pflanzen. Aus allen Behandlungsräumen Blick in den Garten und über den Golf. Bevorzugt werden bei der Behandlung orientalische Kräuter.

Afrika in Qatar ▶ Zoo 9: 20 km außerhalb an der Salwa Road, Tel. 468 2610, So–Do 8– 12 und 14.30–19.30 Uhr, Eintritt frei. In einem großen Freigehege leben 1500 Tierarten, darunter fast alle afrikanischen Großtiere.

Touren ▶ **Ausflüge mit dem Tour Operator:** s. S. 86.

Termine

Die großen **Sportereignisse** finden in den Monaten Oktober bis Mai statt.

Qatar Masters: Jedes Jahr im Januar organisiert die Qatar Golf Association das Tunier, bei dem die besten Golfer der Welt im Doha Golf Club an der West Bay um ein Preisgeld von 1,5 Mio. US-$ spielen. Die Anlage des Doha Golf Clubs zählt zu den schönsten im Mittleren Osten. Informationen Tel. 483 78 09, www.qga.com.qa, www.dohagolfclub.com.

Emir's Sword Trophäe: bedeutendstes Rennen der reinrassigen Araber-Pferde über 2400 m . Eintritt frei (Infos: REC, Tel. 480 59 01).

The Emir's Camel Race für GCC Countries: April, großes Kamelrennen. Vgl. auch S. 312.

ATP Qatar Open: größtes öffentliches Tennisereignis, alljährlich im Januar unter Beteiligung von weltbekannten Tennisprofis. Preisgeld: 1 Mio. US-$.

TP Qatar Open for Women: im Februar, nach dem Herrenturnier, bei dem die Weltelite um ein Preisgeld von 600 000 US-$ spielt. Khalifa Tennis & Squash Complex in Doha

Doha Cultural Festival: März. Jedes Jahr im Frühjahr findet auf der Plaza an der Corniche in Höhe des Balhambar Restaurants das Cultural Festival mit vielen kulturellen Darbietungen und einer Dhau-Regatta in der Doha Bay statt.

Verkehr

Flughafen: am südlichen Rand der Stadt, 4 km vom Zentrum entfernt. Tel. 465 66 66, Auskunft: Tel. 4 62 29 99, 465 63 91. Flugverbindungen mehrmals tgl. in alle Länder der Arabischen Halbinsel, sehr gute Verbindungen auch nach Europa. Transfer zur Innenstadt nur mit dem Taxi.

Fluggesellschaften: Die Stadtbüros der Fluggesellschaften in Doha sind Sa–Do 7.30– 12 und 16–19 Uhr geöffnet. **British Airways,** Tel. 432 14 34; **Emirates,** Tel. 438 44 77; **Gulf Air,** Tel. 45 54 44; **Kuwait Airways,** Tel. 442 23 92; **Lufthansa,** Al Rayyan Complex, Al Rayyan Rd., Tel. 441 86 66; **Qatar Airways,** Tel. 449 66 66; **Saudia,** Tel. 432 29 91.

Leihwagen: National Car Rental, Tel. 487 80 68; **Avis,** Daihatsu Complex, C-Ring Rd., Tel. 444 77 66, Fax 465 76 26; **Al Muftah,** Wadi Musheireb St., gegenüber Mercure Grand Hotel, Tel. 432 81 00, Fax 441 43 39, www.racqatar.com.

Innerstädtischer Verkehr:

Busse: In Doha gibt es drei innerstädtische Buslinien der staatlichen Busgesellschaft Mowasalat. Die Linien führen von der zentralen Busstation Al Ghanim (Grand Hamad St.) zur Shoppingmall City Centre (Linie 76), ins Industriegebiet (Linie 33) und nach Rayyan (Linie 43). Der Preis beträgt 2 QR, die türkisfarbenen, großen Busse sind klimatisiert, sauber und verkehren zwischen 6 und 24 Uhr alle 15 Min.; es gibt keine *family section* (s. S. 286).

Taxi: Taxifahren ist in Doha billig. Seit 2005 gibt es die türkisfarbenen, staatlich kontrollierten Mowasalat-Komfort-Taxis (Karwa, Tel. 44 58 88 88). Grundgebühr 3 QR (bei telefonischer Bestellung 4 QR), 1 km inkl., jeder weitere km 1 QR.

Fähre: Ableger nach Palm Tree Island im nördlichen Teil der Corniche. Sa–Do 10–22, Fr 8–11 und 14–22 Uhr, ca. alle 30 Minuten, Infos: Tel. 44 86 91 51, Fahrpreis hin und zurück 20 QR, Kinder 15 QR.

Rund um Doha

Um die ganze Faszination Qatars zu erleben, muss man die Hauptstadt Doha verlassen. Lange Sandstrände, mächtige Dünen inmitten der Wüsten und historische Befestigungsanlagen im Landesinneren sind bequem zu erreichen.

Ganz Qatar ist flach. Außerhalb der begrünten Hauptstadt dominiert Sand, der sich an einzelnen Stellen zu Dünen formt. Hier lernt man die kargen Wüstenlandschaften kennen, die einen daran erinnern, wie beschwerlich das Leben in der Zeit vor dem Erdöl war. Alle größeren Orte der Halbinsel sind durch sehr gute, meist schnurgerade Straßen verbunden. Man kann sie mühelos innerhalb eines Tages erreichen und abends wieder in Doha sein. Tankstellen sind außerhalb der Hauptstadt relativ dünn gesät und nicht immer geöffnet.

Von Doha in den Süden der Halbinsel

Die Unverwechselbarkeit des Golfstaates Qatar zeigt sich am deutlichsten ganz im Süden der Halbinsel. Zwar finden sich auch hier – wie anderswo an den Küsten des Arabischen Golfes – lange Sandstrände mit Wassersport- und Schnorchelmöglichkeiten. Aber Qatars touristisches Kapital ist seine schöne Wüste und auf die trifft man besonders im Süden.

Al Wakrah ▶ 3, F 4

Auf einer vierspurigen Schnellstraße erreicht man 18 km südlich von Doha den am Meer gelegenen ehemaligen Fischerei- und Perlenhandelshafen **Al Wakrah.** Bis heute hat sich in dieser Stadt das traditionelle Schiffsbauhandwerk erhalten: Entlang der alten Hafenanlagen kann man an mehreren Stellen unter freiem Himmel Schreinern und Schiffsbauern bei der Arbeit zusehen. Etwa sechs Monate benötigt eine Gruppe in Wakrah, bis sie in mühsamer Handarbeit eine mittelgroße Dhau angefertigt hat. Im Hafen von Al Wakrah liegen tagsüber nebeneinander jene Dhaus, mit denen die Fischer nachts ihrer Arbeit nachgehen.

Heute leben in Al Wakrah ca. 30 000 Einwohner. Eines der wenigen erhaltenen alten Häuser beherbergt das **Museum,** in dem alte Türen und viele andere traditionelle Exponate ausgestellt werden, die die enge Verbundenheit der Stadt und ihrer Bewohner mit dem Meer dokumentieren (am Hafen, Tel. 464 32 01, So–Fr 8–12 und 15–18 Uhr, Eintritt frei).

Sehenswert sind in Al Wakrah außerdem Teile der alten **Stadtmauer** und zwei alte **Moscheen,** die sich durch ihre für den Wahabismus typische Kargheit auszeichnen. Die weiß gekalkten einfachen Türme der Moscheen sind nicht zu übersehen (nur von außen zu besichtigen).

Aktiv

Baden ▶ Südlich von Al Wakrah gibt es lange **Sandstrände,** die zum Baden einladen. Dazwischen findet man kleine Mangrovenwälder, in denen viele Vogelarten leben.

Mesaieed ▶ 3, F 5

Mesaieed, die nächstgrößere Stadt im Süden, liegt 40 km von Doha entfernt. Sie ist ein einziges Industriezentrum und umfasst heute Raffinerien, Düngemittelfabriken und eine Gasverflüssigungsanlage. Vor der Einweihung des ersten Erdölterminals im Jahre

Von Doha in den Süden

1949 gab es hier – damals hieß die Stadt noch Umm Said – nicht einmal eine Siedlung. Die meisten der rund 6000 in Mesaieed Beschäftigten pendeln täglich aus Doha und Al Wakrah hierher.

Südlich des Industriegebietes liegen schöne Badestrände, die überwiegend nur mit dünentauglichen, vierradgetriebenen Geländewagen zu erreichen sind. Hier befindet sich seit 1994 die große Freizeitanlage des **Sealine Beach Resort.**

Hier im Süden beginnen auch die Pisten, auf denen man tief in die Wüste vordringen kann, wobei gleich zwei besonders eindrucksvolle Erscheinungsformen in der Wüste aufgesucht werden können: Der sogenannte Inland-See (The Inland Sea; Khor al Udaid) und die Singenden Dünen.

Übernachten, Aktiv

Für die ganze Familie ▶ **Sealine Beach Resort:** Strand südlich von Mesaieed, Tel. 476 52 99, Fax 476 52 35, www.qnhc.com. Mit einem Hotelkomplex, einer Anlegestelle für Boote, einem Jachthafen und vielen Sport- und Spielplätzen für Kinder. Man kann Pferde ausleihen, Reitunterricht nehmen und sich Reitausflügen anschließen. Landeinwärts tragen bis zu 20 m hohe Dünen zum hohen Freizeitwert dieses Strand-Hotels außerhalb der Hauptstadt bei. 40 DZ im zweistöckigen Hauptgebäude, 20 Villen und 20 Chalets, alle mit Meerblick. Das große Schwimmbad besitzt olympische Ausmaße. Villa ab 1200 QR, DZ ab 680 QR.

Wer nicht übernachtet, aber die Freizeitanlagen nutzen möchte: Do–So 50 QR, So–Mi 30 QR.

9 Khor al Udaid   ▶ 3, F 6

▼ The Inland Sea gleicht einem Naturwunder. Obwohl er aussieht wie ein Binnensee, ist er ein Khor *(creek)*, ein Meeresarm, der in die Wüste hineinführt. Vom Sealine Beach Resort sind es ca. 50 km in südlicher Richtung über Sandpisten und flache Sabkhas, die nur mit einem vierradgetriebenen Fahrzeug und einem erfahrenen Fahrer zu bewältigen sind (s. S. 314).

Tipp: Ab in die Wüste

Wer in der Wüste übernachten möchte, aber kein eigenes Zelt zu den Ufern des Khor al Udaid mitbringen kann, dem bleibt ein **Beduinencamp** in Küstennähe südlich des Sealine Beach Resort mit bescheidenem Zivilisationskomfort, d. h. einfache Feldbetten, Wasser zum Waschen aus dem Tank, Petroleumlampen (inkl. Abendessen 120 QR, Buchung über Sealine Beach Resort, s. links).

Zur Sicherheit sollte man mit mehreren Fahrzeugen und gut ausgerüstet die Exkursion antreten. Ansonsten ist es besser, man bucht den Ausflug bei einem Tour Operator.

In den Dünen um **Kohr al Udaid** leben Wüstenfüchse und Echsen, aber auch Igel und Skorpione, und im Wasser trifft man vereinzelt die einheimischen Dugongs, eine Art Seekühe. Aber an Wochenenden sieht man entlang der Ufer nur die neuen Spezies der Nissans, Toyotas und Land-Rovers. Dann sind die Ufer dieses Binnenmeeres von Khor al Udaid beliebte Campingplätze für jene Geländewagen-Besitzer, die auf eine Süßwasserdusche nach einem Bad im Salzwasser verzichten können. Die hohen weißen Dünen an den Ufern der Inland Sea lassen vergessen, dass man nicht an einer Meeresküste weilt. Wenn man es einrichten kann, sollte man den Besuch wegen des Licht- und Farbenspiels auf den Nachmittag legen.

Für die einheimischen Qatari ist diese Wüstenregion im Umkreis von Khor al Udaid mehr als nur ein Ausflugsziel am Wochenende. Zwischen November und April sieht man überall schwarzbraune Familienzelte in der Wüste stehen. Einige Tage in einem Zelt in der Wüste zu leben, scheint für viele Qatari auch der Versuch zu sein, sich der beduinischen Lebensform ihrer Vorfahren nicht ganz zu entfremden. Auch wenn sie in klimatisierten Luxuslimousinen ins Büro zurückkehren – eine mystische Sehnsucht wird sie am nächsten Wochenende wieder ergreifen.

Wegen der Einmaligkeit des Khor al Udaid bemüht sich die Regierung von Qatar, ihn in

Von Doha in den Norden

die Unesco-Liste der Natural World Heritage Sites aufnehmen zu lassen.

The Singing Sand Dunes
▶ 3, F 4

Die **Singenden Dünen** haben ihren Namen von jenem Singsang, von denen in Legenden und Geschichten Reisende, die Wüsten durchquerten, immer wieder berichten. Nicht die Stille beunruhigte sie, sondern ein liebliches Summen, das sie in bis zu 10 km Entfernung vernahmen.

Es gibt wenige Wüsten in der Welt, deren Dünenformen und Silikatanteile im Sand so beschaffen sind, dass der Wind sie zum ›Singen‹ bringt. 30 km südwestlich von Doha gibt es solche Singing-Dunes-Formationen. Man erreicht sie über eine Abzweigung nach Westen von der Straße Doha–Mesaieed in Höhe der Abzweigung nach Al Wukair.

Für GPS-Freaks: Die Koordinaten der Singing Dunes sind: N 25° 02. 446' und E 51° 24. 540'.

Von Doha in den Norden der Halbinsel

Die Ausfallstraßen Dohas sind zweisprachig ausgeschildert und nummeriert; die Nationalstraße 1 führt in den Norden Qatars. Bereits wenige Kilometer hinter der Stadtgrenze beginnt die karge Wüstenlandschaft, von der sich künstlich bewässerte Gemüsefelder wie grüne Inseln abheben.

Umm Salal Mohammed
▶ 3, F 4

25 km nördlich von Doha stehen in **Umm Salal Mohammed** abseits der Straße zwei mächtige und beeindruckende Bauwerke aus Lehm: der **Barzan Tower** und das **Fort Umm Salal Mohammed,** die beide im 19. Jh. erbaut wurden. Der rechteckige Barzan-Wehrturm besteht aus drei Stockwerken und

Vor der gewaltigen Kulisse der singenden Sanddünen

wurde aufwendig restauriert. Er fällt durch seine Außentreppe auf.

In der Mitte des Dorfes, in der Mohammed bin Jassim Street, steht die nach Sheikh Mohammed benannte mächtige Festung, in der er wohnte; auch sie wurde aus Lehm gebaut und renoviert. Im Nachbardorf Umm Salal Ali versammeln sich noch ein halbes Dutzend zerfallener Lehmhäuser, die an die Architektur der Zeit vor dem Öl erinnern. An der nördlichen Dorfgrenze befinden sich zudem Grabhügel aus dem 3. Jt. v. Chr.

Al Khor ▶ 3, F 3

Folgt man der Nationalstraße weiter nach Norden, muss man nach Kilometer 40 nach Nordosten abbiegen, um **Al Khor** zu erreichen. Das Küstenstädtchen ist der größte an der nördlichen Ostküste gelegene Ort und zugleich das beliebteste Ausflugsziel der Hauptstadtbewohner. Die Stadt besitzt eine sehr schöne Corniche, die um die Bucht läuft. Im hellblauen Wasser der Al Khor Bay dümpeln heute noch mehrere alte Dhaus. An das einstige Fischerdorf, das früher Al Shaqiq hieß und wegen seiner Fischerei und seines florierenden Perlenhandels lange Zeit genauso bedeutend war wie Al Bidda, erinnern nur noch der alte Hafen, die alte Moschee und die renovierten Festungstürme. Unmittelbar am Hafen wurde in einer ehemaligen Polizeistation das neue **Al Khor Museum** eröffnet. In diesem Museum werden Funde ausgestellt, die

Tipp: Zu Gast bei Beduinen

Einige der Beduinen-Familien von Madinat al Shamal sind in die Ausflugsprogramme der Tour Operators aus Doha integriert: Man wird herzlich aufgenommen und ins Haus geführt. Weiblichen Teilnehmern werden die Frauengemächer gezeigt, Männern der traditionelle Umgang mit Jagdfalken vorgeführt und ein paar Züge aus der Wasserpfeife angeboten – Erlebnisse, die westlichen Besuchern ohne arabische Begleitung nicht so schnell zuteil werden (s. S. 313 und 86).

Rund um Doha

Tipp: Qatars Strände

Insgesamt verfügt die Halbinsel Qatar über mehr als 700 km Küste, aber als Badestrände ist nur etwa ein Viertel geeignet und nur ca. 50 km erschlossen.

Baden an Sandstränden bieten einige der Hotels in Doha und z. B. das Sealine Beach Resort in Mesaieed (s. S. 307), kilometerlange flache, weiße, einsame Sandstrände findet man jedoch nur außerhalb der Stadt. Sie sind über Pisten erreichbar (am besten mit einem 4WD-Wagen). Diese Strände verfügen über keinerlei Infrastruktur und man muss alles mitbringen, was man so alles zu einem entspannten Bade-Picknick benötigt. Solche Ausflüge erfreuen sich großer Beliebtheit unter z. B. europäischen *expatriates* an Wochenenden. Hier einige Beispiele:

Sheikh's Palace Beach (▶ 3, E 4), zwischen Umm Bab und Dukhan; 7 km hinter Dukhan Richtung Umm Bab endet die Teerstraße, von hier 2 km nach Westen zur Küste;

Umm Bab Beach (▶ 3, E 4), hinter der Zementfabrik, von Umm Bab bis zur 4 km entfernten Küste nach Westen;

›**42 km Beach**‹ (▶ 3, F 3) liegt genau 42 km nördlich von Al Khor, Hinweisschild Maroona, dann noch 6 km parallel zu den Telefonleitungsmasten bis zu zwei (z. Zt. unbewohnten) Palästen;

Al Ghariya Beach (▶ 3, F 2), ca. 5 km nördlich von Fuwairat, ca. 1,5 km hinter dem neu eröffneten Al Ghariya Beach Resort.

die Geschichte Al Khors bis ins 2. Jt. v. Chr. dokumentieren. Damals bestand ein reger Handel mit Babylon, denn an den Küsten von Al Khor lebte die Purpurschnecke, und im Ort wurde aus den Tieren das begehrte Purpur gewonnen. Im 19. Jh. erlebte Al Khor dank der Perlenfischerei eine zweite Blüte, doch der Niedergang der Hafenstadt wurde durch die japanische Zuchtperle in den 1930er-Jahren endgültig besiegelt. Auch aus diesem Abschnitt der Geschichte werden im Museum viele Funde ausgestellt (So–Do 8–12 und 15–18, Fr 8–12, Sa nur 15–18 Uhr, Eintritt frei). In den letzten Jahren wurde Al Khor für die Touristen entdeckt und einem ›Face-Lifting‹ durch die Qatar Tourism Authority unterzogen. Überall wurde renoviert und die Strände für Besucher (einschließlich Baywatch-Service) vorbereitet.

Heute führt eine moderne, vierspurige Corniche im Zentrum der Stadt entlang der Küste, der lange schöne Stadtstrand ist durch eine neu angelegte Mauer ›gesichert‹. Abseits der Corniche ist Al Khor aber recht ursprünglich geblieben.

Nördlich von Al Khor erstrecken sich in **Al Dhakira** entlang der Küste viele Mangroven. Mit einem vierradgetriebenen Fahrzeug kann man von Al Khor aus die Küste entlang nach Norden über Al Dhakira und vorbei an den in den Golf hineinragenden Landvorsprüngen **Ras Laffan** und **Ras Qirtas** nach **Al Huwailah** fahren.

Von Doha in den Norden

Beliebte Freizeitbeschäftigung bei *expatriates*: Familienpicknick am Strand

Al Huwailah ▶ 3, F 2

Im 18. Jh. dehnte sich der Ort, 19 km nördlich von Al Khor, über zwei Kilometer entlang der Küste aus, war stark befestigt und besaß dank seiner tiefen Bucht einen hervorragenden Naturhafen. Aus Funden weiß man, dass von **Al Huwailah** Handelsschiffe nach Mesopotamien, Persien und Indien unterwegs waren. Al Huwailah erlebte seine Blüte vor der Gründung von Al Zubara und Doha. Die Festung besitzt Grundmauern, die noch aus vorislamischer Zeit stammen. Später war hier auch Perlenfischerei angesiedelt. 1835 wurde die Stadt im Zuge einer Stammesauseinandersetzung innerhalb der Al Khalid vollkommen zerstört.

Von dem Fischerort sind es 3 km bis zur geteerten Straßenverbindung Doha–Ruwais. Faszinierend ist bei dieser Fahrt abseits der Straße die Begegnung mit der absoluten Kargheit der flachen Wüstenlandschaft: Wer über keinen sicheren Geländewagen verfügt, wählt die direkte Straßenverbindung zur Nordspitze über die Nationalstraße 1.

Jebel Jassasiya ▶ 3, F 2

Zwischen Al Huwailah und dem weiter nördlichen gelegenen Fuwairat erhebt sich der nur wenige Meter hohe Felsrücken des **Jebel Jassasiya**, eine Kalksteinkante, an der 1974 über 900 Felszeichnungen und Gravuren aus vorislamischer Zeit entdeckt wurden. Zu sehen sind Fische, Spielszenen und Symbole von hoher künstlerischer Qualität. Der Besuch des Jebel Jassasiya erfordert ein vierradgetriebenes Fahrzeug.

Nördlich des Jebel Jassasiya liegt **Fuwairat,** einst der Stammessitz der Al Thani, bevor sie 1847 nach Al Bidda (das heutige Doha) übersiedelten.

Rund um Doha

Tipp: Kamelrennen in Qatar

Von Oktober bis Mai rennen in Qatar die Kamele. Die Rennen gehen über Distanzen zwischen 6 und 10 km. Höhepunkt der Kamelrennen ist das seit 1973 ausgetragene The Emir's Camel Race for GCC Countries, an dem bis zu 200 Kamele aus den Golf Cooperation Countries teilnehmen. Bei diesem großen Rennen um den Preis des Emirs treten die schnellsten Tiere der Arabischen Halbinsel und aus dem Sudan gegeneinander an und laufen um den Titel Champion of Champions. Das Rennen wird auf der Bahn in Al Shahaniya ausgetragen. Wer nicht an diesem Tag draußen in Al Shahaniya sein kann, braucht aber auf spektakuläre Fotos nicht zu verzichten. In den Wochen davor wird viel trainiert und zwar täglich morgens zwischen 7 und 9 Uhr und nachmittags von 15.30–17 Uhr. Beiderseits der Straße vor dem Grand Stand (Haupttribüne) befinden sich die Zeltlager der Kamelbesitzer und ihrer Tiere, auch große Versorgungseinrichtungen sind hier eingerichtet.

In den Rennwochen entsteht rund um die Rennbahn eine kleine Camel City, deren Atmosphäre durch die bunte Mode der Jockeys, die farbenprächtigen Decken der Kamele und die abendlichen *shisha*-Partys der vielen Helfer bestimmt wird.

Ein weiterer Höhepunkt ist der Cup des Thronfolgers, der Heir Apparent's Race Cup. In Qatar sind bei Kamelrennen Kinder als Jockeys nicht mehr erlaubt. Deshalb werden seit 2006 computergesteuerte *robot jockeys* erprobt. Wie auch in anderen Golfstaaten werden diese Roboter zunehmend bei Rennen eingesetzt. Infos über die Rennen: Tel. 487 20 28.

Die neuen Reiter: Roboter statt Kinderjockeys für Kamelrennen

Von Doha in den Norden

Al Ruwais ▶ 3, F 2

An der Nordspitze Qatars, ca. 180 km Luftlinie von Iran entfernt, liegt **Al Ruwais.** Der Ort, von dem regelmäßig Dhaus nach Bahrain und nach Iran übersetzen, verdankt seine Entstehung einer natürlichen Fahrrinne durch die vorgelagerten Korallenbänke. Das Meer ist hier türkisblau und lädt die wenigen Besucher des alten Hafenstädtchens entlang der langen Sandküste zum Baden ein.

In unmittelbarer Nachbarschaft von Al Ruwais wurde landeinwärts die gesichtslose Stadt **Madinat al Shamal** (ohne jede touristische Bedeutung) neugegründet, um die wenigen nomadisierenden Beduinen sesshaft zu machen. Heute reihen sich hier prächtige, weniger prächtige und einfache einstöckige Häuser entlang der schachbrettartig angelegten Straßen aneinander. Sie alle sind von hohen Mauern bzw. dichten Heckenzäunen umgeben.

Al Zubara ▶ 3, E 2

In Madinat al Shamal bzw. bei Al Ruwais endet die Nationalstraße 1. Zuvor biegt die Nationalstraße 19, die parallel zur Westküste der Halbinsel verläuft, nach Südwesten ab. Auf ihr erreicht man nach 25 km **Al Zubara,** den geschichtsträchtigsten Ort der Halbinsel. Um 1780 ließen sich hier an der Nordwestspitze von Qatar die Vorfahren der heute Bahrain beherrschenden Familie Al Khalifa nieder, weil sie – ursprünglich aus dem Gebiet des heutigen Kuwait kommend – als Teil der Stammesformation der Al Khalid – damals als eigener Stamm ihre Perlenfischereigründe entlang der Golfküste sichern wollten. Vorangegangen war der Angriff Persiens auf Basra zwischen 1775 und 1780, der viele Kaufleute bewog, den Süden des heutigen Irak und das Gebiet des heutigen Kuwait zu verlassen. Eine dieser Neuansiedlungen war Al Zubara, das damals von den neuen Bewohnern sofort stark befestigt wurde. Daran erinnert das restaurierte **Fort Zubara** mit seinen dicken Lehmmauern, den starken Befestigungstürmen und den alten Kanonen; heute beherbergen die Räume des Fort ein Museum. Außer diesem Fort ist vom Ort nichts mehr erhalten; deshalb erkennt man die Festung schon kilometerweit während der Anreise.

Im quadratischen Innenhof des Forts führen Eingänge zu den einzelnen Räumen bzw. Treppen hinauf zum Wehrgang. Von den Zinnen der Festung hat man einen schönen Blick auf die Küste. 1878 wurde das Fort zerstört. Ihre heutige Form erhielt die Festung 1938 unter der Regierung von Sheikh Abdallah bin Jassim al Thani, sie wurde bis 1978 für militärische Zwecke genutzt und 1980 nach gründlicher Renovierung als Regionalmuseum der Öffentlichkeit zugänglich gemacht (Tel. 470 12 52, tgl. 6.30–18 Uhr, Eintritt frei).

Wenn man Al Zubara heute besucht, kann man sich nur schwer vorstellen, daß sich hier vor 250 Jahren die blühendste Stadt Qatars ausdehnte und Al Zubara eine Kolonie der Bani al Khalid aus Kuwait war.

Al Thughb und Al Rakiyat Fort
▶ 3, E 2

Bereits bei der Anreise nach Zubara passiert man zwei östlich der Nationalstraße 19 gelegene alte Festungen: Al Thughb und Al Rakiyat. Auch sie sind mächtige rechteckige Forts, die aus Kalkstein errichtet wurden und dicke Befestigungstürme besitzen. Die Festung **Al Thughb** *(khalet althakb)* wurde eindrucksvoll renoviert und ist für Besucher zugänglich. Errichtet wurde diese küstennahe Befestigung im 18. Jh., erhielt aber ihre heutigen Ausmaße erst im frühen 20. Jh. Al Thughb kann man von der Nationalstraße 19 aus nicht sehen. Man erreicht es über eine Piste, die vor der Al Areesh Radio Station nach Osten abbiegt; diese Piste ist auch ohne Vierradantrieb zu bewältigen (Eintritt frei).

Zwei Kilometer von Al Thughb liegt das in der gleichen Epoche errichtete **Al Rakiyat Fort** *(khalet alrkiat).* Die Festung fällt durch ihren großen Innenhof und ihre drei runden Befestigungstürme auf. Auch hier wurde renoviert, doch das Fort wurde der Öffentlichkeit nicht zugänglich gemacht.

Westlich von Zubara, direkt an der Landspitze einer Meereseinbuchtung, liegt **Ras Ushairy,** ein Naturreservat mit einem neuen

Rund um Doha

aktiv unterwegs

In der Wüste unterwegs

Tour-Infos
Start: Doha
Länge: 180 km
Dauer: ein halber bis ganzer Tag
Anfahrt: von Doha über Mesaieed zum Sealine Beach Resort, dann Wüstenpiste
Schwierigkeitsgrad: 90 km mit Vierradantrieb durch die Wüste

Erst in der Wüste enden die Straßen und Ansiedlungen, die sich immer weiter ausdehnen, und Qatar zeigt ein anderes, ein traditionelles Gesicht. Mit schweren Geländewagen preschen die Qataris heute durch diesen gigantischen Spielplatz. Ziel ist der an der Grenze zu Saudi-Arabien liegende Inland Sea, von den Einheimischen **Khor al Udaid** (s. S. 307) genannt – eine Laune der Natur, nämlich ein erweiterter Meeresarm inmitten hoher Sanddünen. Eine illusionsgleiche, nahezu surreal wirkende Landschaft mit tiefblauem Wasser, hell leuchtenden Sanddünen und ockerfarbenen Salzpfannen – Farbkontraste, die durch die untergehende Sonne noch einmal dramatisch gesteigert werden.

Auch wer nur wenige Tage in Qatar verbringt, sollte die Gelegenheit ergreifen und bei einem der zahlreichen Veranstalter eine Wüstentour buchen. Allerdings ist Kondition wichtig, wenn man sich für eine Fahrt entscheidet, bei der es in hohem Tempo über die Dünenkämme geht und die Fahrer mitunter wildes Fahrverhalten zeigen. Das, was zum Teil halsbrecherisch aussieht, ist in der Regel jedoch harmlos, da die Fahrer der renommierten Veranstalter über eine entsprechende Fahrschulung verfügen und genau wissen, welche Risiken sie eingehen können.

Bucht man eine Tour, wird man gewöhnlich im Hotel abgeholt. Dann geht es weiter über die Autobahn bis in das 18 km südlich am Meer gelegene **Al Wakrah**. Kulturell Interessierte besuchen dort die sogenannte **Dhow Building Site,** eine der seltenen Gelegenheiten, sich auf der Arabischen Halbinsel anzusehen, wie das im Aussterben begriffene Handwerk der traditionsreichen Schiffsbaukunst hier nach wie vor ausgeübt wird. Im restaurierten alten Dorf von Al Wakrah wurde auch einer der historischen Windtower wieder aufgebaut.

Über die Autobahn (22 km) und vorbei an **Mesaieed** (40 km südlich von Doha), das geprägt ist durch moderne Industrie, gelangt man zum **Sealine Beach Resort,** wenige Kilometer südlich von Mesaieed. Das große Strandhotel besitzt eine kleine Marina, die auch Nicht-Hotelgästen offensteht. Vor dem Resort ergibt sich die Gelegenheit, einen kurzen Ritt auf einem Kamel zu versuchen. Vom Sealine Beach Resort geht es dann endlich in die Wüste – das Abenteuer beginnt. Erste Handlung jedes besonnenen Fahrers ist es, den Luftdruck der Reifen für die Fahrt auf sandigem Untergrund zu vermindern.

Faszinierend ist es, mit eigenen Augen zu sehen, wie sich der in allen Braun-, Ocker- und Rotschattierungen leuchtende Sand zu immer neuen Dünenformationen zusammenfügt. Nach 50 km Piste ist der Höhepunkt der Tour die Ankunft beim **Khor al Udaid,** der berühmte Meeresarm inmitten der Sandwüste, der sich zu einem Binnensee erweitert und umgeben ist von hellen Sanddünen. Wüste und Meer – nirgendwo in der Region sonst findet man diese so perfekt vereint. Man erklimmt barfuß die Sanddünen oder prescht mit dem Auto über die flachen Salzmarsche, Sabhkas genannt, und genießt die Natur.

Ein zuverlässiger Tour Operator für die Fahrt zum Inland Sea ist **Gulf Adventures Tourism,** Aspire Zone, Al Rayyan City, Tel. 44 22 18 17, Fax 44 22 18 99, www.gulf-adventures.com, dessen Touren auch im Internet gebucht werden können.

Von Doha in den Westen

Palast am Meer. Südlich von Ras Ushairy sind die Sandpisten entlang der Westküste selbst für Geländewagen nur schwer passierbar und die Wagen unversehens im Untergrund einsacken können. Deshalb sollte man das nur 40 km Luftlinie südlich von Al Zubara liegende Dukhan lieber auf dem Umweg über asphaltierte Straßen ansteuern, z. B. von Al Zubara quer durch die Halbinsel auf der Nationalstraße 19 über Raudat al Faras zur Nationalstraße 1, dann Richtung Doha und kurz vor Doha auf die Nationalstraße 3 nach Al Rayyan und Dukhan nach Westen einbiegen.

Von Doha in den Westen der Halbinsel

Auf der Nationalstraße 3 verlässt man Doha in Richtung Westen, um Dukhan, die größte Stadt an der Westküste und Zentrum der Erdölverarbeitung, zu erreichen.

Al Wajbah und Al Shahaniya ▶ 3, F 4

Bereits nach 15 km, etwas abseits der Straße in südlicher Richtung, liegt hinter Al Rayyan das Städtchen **Al Wajbah,** dessen zwei berühmtesten Bauwerke – der von dem Italiener Massimo dalla Torre entworfene **Palast** der Herrscherfamilie und die älteste Festung des Landes, das **Al Wajbah Fort** – heute auf der 500 QR-Banknote abgebildet sind. Die Festung wurde 1882 erbaut und zehn Jahre später mit mächtigen Türmen verstärkt. Zur Füßen der Festung besiegte Sheikh Jassim bin Mohammed al Thani eine Armee der Türken; er gilt daher als der Gründer des neuen Qatar.

Folgt man der Nationalstraße 3 weiter in Richtung Dukhan, kann man in der landwirtschaftlichen Siedlung Al Samariyah das ungewöhnliche **Privatmuseum** von Sheikh Faisal bin Jassim al Thani besuchen. Seine Hoheit präsentiert auf der Farm **Al Samariyah** die von ihm über ein halbes Jahrhundert lang gesammelten 3000 Exponate aller Art – Waffen, Fossilien, Autos etc. – in einem eigens dafür erbauten Ausstellungsgebäude (nach vorheriger Anmeldung, Tel. 522 05 30).

Kurz hinter Al Samariyah liegt das kleine Städtchen **Al Shahaniya,** das Besucher wegen zwei Attraktionen anzieht: der Kamelrennbahn und des Al Maha Naturparks.

Der **Al Shahaniya Camel Racetrack** liegt ca. 4 km nördlich der Nationalstraße 3. Auf der Rennbahn ist lediglich zwischen Oktober und Mai und dann nur frühmorgens und am späten Nachmittag sehr viel los. Ein besonderer Höhepunkt ist das Rennen der Kamele um den Pokal des Emirs für die GCC-Staaten (s. S. 20).

Unweit der Rennstrecke liegt das **Al Maha Sanctuary,** ein Naturschutzgebiet für die vom Aussterben bedrohte arabische Großantilope Oryx. *Al Maha* ist der arabische Name dieses Tieres, das durch seine weiße Decke und seine langen, geraden, dunklen Hörner auffällt. Um als Einzelbesucher in diesen Wildpark zu gelangen, benötigt man eine Genehmigung des Ministry of Municipal Affairs and Agriculture oder man schließt sich dem organisierten Besuch eines Tour Operators (s. S. 86) an.

Aktiv

Auf der Rennbahn ▶ Kamelrennen: Al Shahaniya Camel Racetrack, Shahaniya, 30 Autominuten westlich von Doha, Richtung Dukhan, 4 km nördlich der Doha-Dukhan-Straße. Saison ist zwischen Oktober und Mai (s. S. 312).

Dukhan ▶ 3, E 4

Touristisch hat der Ort selbst nichts zu bieten. Für Besucher von Bedeutung ist **Dukhan** vor allem wegen der Ausgrabungen, die Forscher der dänischen Universität Århus 1964 in seiner Umgebung vornahmen. Prähistorische Artefaktenfunde in **Umm Bab** (25 km südlich), **Ras Uwainat** (10 km nordöstlich, direkt an der Küste) und **Zekrit** (10 km nördlich) beweisen die frühe Besiedlung der Halbinsel. Die besten Stücke werden im National Museum in Doha ausgestellt. Prähistorisch Interessierte können durchaus bei einem Besuch der Grabungsorte in diesen Gebieten ›fündig‹ werden. Ansonsten hat Dukhan den Charme einer Industrieansiedlung.

Über den Dächern von Riyadh: Im Kingdom Tower trifft man sich zum Smalltalk

Kapitel 6
Saudi-Arabien

Saudi-Arabien ist ein riesiges Land und der größte Teil seiner Fläche sind Stein- und Sandwüsten. Zentrum ist die Provinz Nedsch, das Hochland im Landesinneren mit der Hauptstadt Riyadh. Südlich des Nedsch liegt die Rub al Khali, die größte Sandwüste der Welt. Vom Nedsch aus begann vor ca. 200 Jahren die Eroberung des Landes durch die Beduinenfamilie der Al Sauds.

Historisch bedeutsamer und wegen ihrer Sehenswürdigkeiten attraktiver ist die westliche Küsten- und Gebirgsregion des Hedschas mit den Städten Medina und Mekka. Durch sie führten bereits die alten Handelswege von Südarabien zum Mittelmeer, unter ihnen die bekannte Weihrauchstraße. Zentrum dieser Region ist die Hafenstadt Jeddah. Im Süden erreicht das Asir-Gebirge, die Fortsetzung des Hedschas, bis zur Grenze zu Jemen Höhen von über 2300 m.

Die Küste am Arabischen Golf, die Eastern Province, ist heute für Saudi-Arabien die wichtigste Region. Hier liegt das Erdöl, dessen Entdeckung vor wenigen Jahrzehnten die Städte Dammam, Dharan und Al Khobar entstehen ließ.

In Riyadh, Jeddah sowie im Städtedreieck Dammam, Dharan und Al Khobar leben und arbeiten mehr als die Hälfte aller Einwohner des Landes. In einem dieser drei Zentren betreten auch fast alle Besucher zum ersten Mal saudischen Boden und sie sind der Ausgangspunkt für Reisen im Land.

Ausländische Touristen sind zur Zeit nur in Form von Gruppenreisen willkommen. Für Einzelreisende sind ein maximal drei Tage langer Aufenthalte in Riyadh und Jeddah als Transit bei ungünstigen Flugverbindungen möglich. Besuche in Mekka und Medina sind Muslimen vorbehalten.

Ein Staat in Familienbesitz

Nach Saudi-Arabien fahren die wenigsten Besucher wegen der Sehenswürdigkeiten oder seiner schönen Landschaften. Bisher noch nicht auf Touristen eingestellt, muss sich das reiche islamische Königreich aber dennoch mit der Moderne auseinandersetzen. So gehen von seinen ungeheuren Veränderungspotenzialen und seinem gegenwärtigen gesellschaftlichen Alltag eine eigentümliche Faszination aus.

Auf der Arabischen Halbinsel ist Saudi-Arabien das konservativste Land. Es besitzt keine geschriebene Verfassung, kein Parlament, keine Parteien, keine Gewerkschaften. Das Volk ist von der politischen Willensbildung so gut wie ausgeschlossen, Wahlen finden nicht statt, die Presse hat nur ›stabilisierende Funktion‹. Frauen unterliegen zusätzlichen Einschränkungen. Der König fungiert als absoluter Herrscher, oberster Richter und geistliches Oberhaupt. Die dynastische Nachfolge ist erblich an die Familie Al Saud gebunden.

Saudi-Arabien gehört zu den wenigen Ländern der Welt, in denen die Religion und die religiösen Funktionäre die gesellschaftlichen Rahmenbedingungen, den Alltag und alle politischen Entscheidungen wesentlich mitbestimmen. Im Land werden gleichzeitig – bei aller Präsenz von Religion – auffallend geschickt die Errungenschaften der westlichen Moderne genutzt bzw. man kann sich ihrer dank der neuen globalen Kommunikationsmöglichkeiten auch nicht verschließen.

Dass Religion in Saudi-Arabien bis heute Macht hat, verdankt sie den Al Saud, und dass diese Herrscherfamilie die uneingeschränkte Macht besitzt, verdankt sie wiederum der allgegenwärtigen Präsenz der Religion. An keinem anderen Ort ist es möglich, eine solche Symbiose von Staat und Religion vor dem Hintergrund immensen Reichtums zu erleben.

Politische und militärische Macht im Königreich Saudi-Arabien liegen fest in den Händen der Söhne des Staatsgründers Abdul Aziz ibn Rahman. Er hatte 19 legale Ehefrauen, mit ihnen 36 legitime männliche Nachkommen, von denen ca. ein Drittel noch am Leben und der jüngste, Prinz Hamud, unter 60 Jahre alt ist. Die Töchter der legalen Ehefrauen sowie die Söhne und Töchter der nicht legalisierten Kurzzeitehen werden in der offiziellen Genealogie nicht erwähnt.

Der aus einem knappen Dutzend Männern bestehende Familienrat der Al Saud, einer Familie, der heute ca. 20 000 Prinzen und Prinzessinnen angehören, bestimmt nach intensiven Beratungen mit der *Ulema,* dem Rat der Imame, jeweils ein älteres, angesehenes, männliches Familienmitglied zum Thronfolger. Bisher waren dies stets Söhne des Staatsgründers Abdul Aziz.

Dieser Rat der Älteren Prinzen, über dessen Mitglieder Stillschweigen bewahrt wird, bestimmt bei Thronübernahme sofort auch den nächsten Thronfolger und kurze Zeit später auch den Nachfolger des Thronfolgers, um Machtkämpfe innerhalb der Familie, die 1892 zum Ende des zweiten wahabitischen Reiches führten, zu vermeiden.

Polygamie hat im arabischen Raum eine lange Tradition. Der Koran erlaubt bis zu vier Ehefrauen, wobei besonders die Mitglieder der königlichen Familie diese Zahl durch Scheidung, Neuheirat und Nebenfrauen nach oben ausdehnten; aber mehr als vier Frauen nebeneinander zur gleichen Zeit hatte auch keiner der Könige. Unter den Söhnen sind die Bindungen zur Mutter stark: Deshalb unterstützen sich Brüder untereinander im Allgemeinen mehr als Halbbrüder.

Von den 36 Söhnen des Abdul Aziz entstammen sieben der Ehe mit Hassa Bint Achmed al Sudairi; sie nehmen heute eine besondere Stellung ein. Denn Hassa war die Tochter (bint) des Scheichs Achmed al Sudairi, der Abdul Aziz bei seinen Eroberungen half und dessen Familie bereits im 19. Jh. für die Sache der Saud gekämpft hatte. Da Loyalität sich auszahlt, steht die Familie der Al Sudairi innerhalb der Aristokratie des Landes ganz oben. Abdul Aziz heiratete Hassa 1920. Zu diesem Zeitpunkt hatte er bereits neun Söhne. Hassas sieben Söhne – *The Sudairi's Seven* – sind ein typisches Beispiel familiärer Seilschaften innerhalb der großen Saud-Familie. Fahd, der älteste Sohn Hassas, war von 1982 bis 2005 König. Sultan, der zweite Sohn, leitete ab 1962 das Verteidigungsministerium, seit 1982 war er zweiter Thronerbe Fahds und ist heute König Abdallahs Thronfolger. Auch die anderen Söhne Hassas bekleiden hohe Staatsämter: Abdul Rahman ist stellvertretender Verteidigungsinister, Naif ist Innenminister, Salman Gouverneur von Riyadh, Turki leitete bis 2001 den Geheimdienst, und Achmed, der 1940 geborene jüngste, ist stellvertretender Innenminister. Auch haben die Söhne der *Sudairi's Seven* heute bereits hohe staatliche Ämter inne.

Selbst für die vielen Prinzen und Prinzessinnen der königlichen Familie, die nicht an der politischen Macht beteiligt sind – allein im Telefonbuch von Riyadh findet man unter dem Namen Abdul Aziz seitenlang männliche Sauds mit der Berufsbezeichnung Prinz –, zahlt sich die Zugehörigkeit zur Sippe der Saud in barer Münze aus. Über die Höhe der Apanagen an die einzelnen Mitglieder und über das Gesamtvolumen des königlichen Familieneinkommens wird Stillschweigen bewahrt. So gesehen ist Saudi-Arabien ein Staat in Familienbesitz der Al Sauds, deren Namen er sogar trägt.

Zum besseren Verständnis seiner Herrschaftsstrukturen muss man eine grundlegende arabische Wertorientierung kennen: Blut ist stärker als Wasser. Sie verweist auf die unbedingte Priorität der verwandtschaftlichen Bindungen innerhalb der saudischen Familien. Unabhängig von persönlichen, kulturellen oder politischen Divergenzen war und ist die Familie die einzige Institution, an die Identität, Erfolg und Perspektiven jedes einzelnen gebunden sind. Das trifft für alle Familien, aber besonders für die königliche Familie zu.

Saudi-Arabien besitzt viele attraktive Sehenswürdigkeiten. Aber erst im Jahr 2000 hat das Land eine staatliche Tourismusbehörde gegründet. An ihrer Spitze steht Prinz Sultan bin Salman bin Abdul Aziz, ein Sudairi-Enkel des Staatsgründers. Sein Ministerium kümmert sich bis heute in erster Linie um die inländischen Touristen. Ausländische touristische Besucher sind, wenn überhaupt, nur als Gruppen willkommen. Bisher gibt es nur für den Pilgertourismus zu den Heiligen Stätten Mekka und Medina, der pro Jahr mehr als 2 Mio. Menschen (darunter 2010 ca. 15 000 Deutsche) nach Saudi-Arabien bringt, eine Infrastruktur.

Die neue Entdeckung des Tourismus fußt auf ökonomischen Interessen. Denn der Tourismus, der im Vergleich zum Energiesektor arbeitsintensiv ist, soll dringend benötigte Arbeitsplätze schaffen. Offiziell nämlich liegt die Arbeitslosenrate bei 9 %, inoffiziell wird sie auf das Doppelte geschätzt. Außerdem ist das beliebteste Freizeitvergnügen der Saudis Einkaufen in den Shoppingmalls, oder sie reisen ins Ausland und geben dort ihre Riyals aus. Dieses Geld will man mit Hilfe des nationalen Tourismus im Land halten.

Eines der ersten Plakate, die im Land für den Tourismus warben, zeigte eine schwarz verschleierte Frau am Strand mit ihrer Tochter, während der Ehemann im Hintergrund Jetski fährt. »Komm Deinen Kindern näher«, steht auf dem Plakat, das für Familienurlaub an einheimischen Küsten wirbt. So gesehen könnte der Ausbau des Tourismussektors ein Beispiel dafür werden, wie ökonomische Notwendigkeiten langfristig die strengen Tugenden lockern.

Steckbrief Saudi-Arabien

Daten und Fakten

Name: Saudi-Arabien, Kingdom of Saudi Arabia, Al Mamlaka al Arabiyya as Saudiyya
Fläche: ca. 2,15 Mio. km^2
Hauptstadt: Riyadh (deutsch: Riad)
Amtssprache: Arabisch
Einwohner: ca. 27 Mio.
Bevölkerungszuwachs: ca. 3 %
Lebenserwartung: Männer 70, Frauen 74 Jahre
Alphabetisierung: Männer 84 %, Frauen 69 %
Währung: Saudi Riyal (SR)
Zeitzone: MEZ + 2 Std., im Sommer + 1 Std.
Ländervorwahl: 00966
Internet-Kennung: .sa

Landesflagge: Eine grüne Fahne, auf der in Weiß das muslimische Glaubensbekenntnis »Es gibt keinen Gott außer Gott und Mohammed ist der Prophet Gottes« steht. Deshalb wird die Flagge nie auf Halbmast gesenkt.

Geografie

Saudi-Arabien ist der größte Staat der Arabischen Halbinsel und ca. sechsmal so groß wie Deutschland (357 000 km^2). Es erstreckt sich zwischen dem Roten Meer im Westen und dem Arabischen (Persischen) Golf im Osten. Nach Süden wird Saudi-Arabien durch Jemen und Oman vom Indischen Ozean getrennt. Der Staat bedeckt drei Viertel der Halbinsel und ist im Kerngebiet ein Hochplateau aus Stein- und Sandwüste, das im Westen von den Gebirgszügen Hedschas und Asir begrenzt wird und sich im Osten in Stufen bis auf Meeresspiegelniveau zur Golfregion absenkt. Am Fuße der sich von Nord nach Süd hinziehenden Schichtstufen, in die sich steilwandige Trockentäler (Wadis) eingegraben haben, sind Oasen entstanden. Flüsse, die ganzjährig Wasser führen, gibt es in Saudi-Arabien nicht. Die westliche Küsten- und Gebirgsregion zwischen dem Golf von Aqaba und den 1000 km südlich gelegenen Städten Mekka und Jeddah wird seit alters her Hedschas (Sperre, Barriere) genannt. Das Asir-Gebirge (von *assarad* = schwierig) ist die südliche Fortsetzung des Hedschas-Gebirges. Das geschlossene Gebirgsmassiv, vor dem sich der schmale Küstenstreifen der Tihama erstreckt, steigt nach Süden in Richtung Jemen an. Herzstück Saudi-Arabiens ist die Zentralprovinz Nedsch (Hochland) mit der Landeshauptstadt Riyadh. Die Region nimmt ungefähr ein Viertel des gesamten Staatsgebietes ein. Begrenzt wird der Nedsch von der 100 000 km^2 großen Sandwüste Nefud im Norden und der Rub al Khali (750 000 km^2) im Süden. Die flache Sandküste des Arabischen Golfes, die wegen zahlreicher Salzsümpfe in Küstennähe relativ unzugänglich war, trägt den ursprünglichen Namen ihrer größten Oase, Al Hasa (heute Hofuf). Die Entdeckung des Erdöls veränderte das Bild der im Grunde armen Region schlagartig. Großstädte wie Dammam, Al Khobar, Jubail und Ras Tanura entstanden.

Geschichte

1745 überzeugte der fromme Mohammed ibn Abdul Wahab den Emir der Oase Diriyyah, Mohammed ibn Saud, gemeinsam der »moralischen Verwahrlosung des Islam« entgegenzutreten und dem »wahren Islam« zum Durchbruch zu verhelfen. Als Abdul Wahab 1792 in Diriyyah starb, war Zentralarabien im Besitz der Familie Al Saud und wahabitisch. Den missionarisch-politischen Ausdehnungsversuchen der Al Sauds boten zum ersten Male 1818 die Türken mit der Zerstörung Diriyyahs Einhalt und bei einem zweiten Versuch 1891 die Rashids aus Hail. 1902 gelang es dann dem jungen Abdul Aziz, Riyadh für die Familie Al Saud zurückzuerobern und in den nächsten Jahrzehnten die ganze Halbinsel durch Kriege und Heirat in Familienbesitz zu bringen. 1953 starb er nach 51 Jahren Regierungszeit. Seine 19 Ehefrauen hatten 36 Söhne zur Welt gebracht, von denen bisher fünf seine Nachfolge antraten: Saud (1953–65), Faisal (1965–75), Khaled (1975–82) und Fahd (1982–2005) und seit 2005 Abdallah. Als Nachfolger von König Abdallah ist Kronprinz Sultan bereits nominiert, ebenfalls ein Sohn des Staatsgründers Abdul Aziz.

Staat und Politik

Im Königreich Saudi-Arabien ist seit seiner Gründung im Jahre 1932 der sunnitische Islam wahabitischer Ausrichtung das Fundament der Verfassungs-, Rechts- und Gesellschaftsordnung. Der König vereinigt die höchste legislative, exekutive und judikative Gewalt in seiner Person, seine Macht wird nur durch den Koran begrenzt. Er trägt den Titel Hüter der Heiligen Stätten Mekka und Medina. Nach dem Zweiten Golfkrieg verkündete König Fahd 1992 eine Verfassung der Herrschaft (Basic Law of Government), die zwar den Schutz individueller Freiheits- und Eigentumsrechte garantiert, den Bürgern aber keinerlei politische Rechte einräumt. Parteien und Gewerkschaften bleiben verboten. Ein Konsultativrat (Majlis al Shura) aus 120 Persönlichkeiten berät den König; er ernennt die Mitglieder dieses Konsultativrates. Großen Einfluss haben seit jeher die streng fundamentalistischen Rechtsgelehrten (Ulema). Seit 2005 gibt es zaghafte Ansätze von Gemeindewahlen.

Wirtschaft und Tourismus

Erdöl ist die alles umfassende Grundlage der Wirtschaft (ein Viertel der Welterdölreserven ruht unter saudischem Sand). Hauptpfeiler der einheimischen Industrie ist die Petrochemie. Die hoch subventionierte Landwirtschaft deckt bisher nur den Verbrauch von Weizen, Geflügel und wenigen Gemüsearten, alles andere wird importiert. Seit 2002 kennt das Land auch Arbeitslosigkeit.

Geschäftsreisende, vertraglich gebundene Arbeitskräfte und islamische Pilger sind in Saudi-Arabien willkommen; nichtmuslimische Touristen zur Zeit nur in Form von Gruppenreisen. Kurze – maximal drei Tage lange – Aufenthalte in Riyadh und Jeddah als Transit bei ungünstigen Flugverbindungen sind für Einzelreisende ohne weiteres möglich.

Bevölkerung und Religion

In Saudi-Arabien leben ca. 27 Mio. Menschen. Einbezogen sind die meist ohne Familien im Land lebenden ca. 7 Mio. ausländischen Gastarbeiter; sie werden seit 2004 im Rahmen der landesweit propagierten ›Saudiasation‹ systematisch (z. B. 2006 alle ausländischen Grundschullehrer) reduziert.

Staatsreligion ist der Islam, vorwiegend sunnitisch-wahabitischer Ausrichtung.

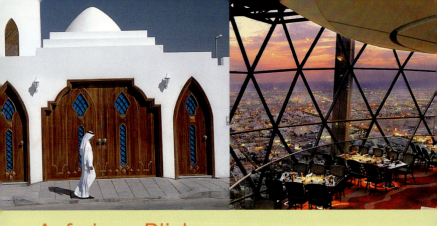

Auf einen Blick
Saudi-Arabien

Sehenswert

10 Diriyyah: Einst eine mächtige Oasensiedlung mit mehrstöckigen Lehmhäusern und eindrucksvollen Lehmpalästen war Diriyyah die erste Hauptstadt des Beduinenstammes der Al Saud und wurde 1822 von osmanischen Truppen zerstört. Teile der restaurierten Stadt stehen heute auf der Unesco-Weltkulturerbenliste (s. S. 338).

11 Jeddah: Die Hafenstadt am Roten Meer, besitzt eine Altstadt voller arabischer Architektur aus dem 19. Jh. (s. S. 342).

12 Madain Saleh: Die Nabatäer-Nekropole Madain Saleh ist die bedeutendste archäologische Stätte und das aufregendste Unesco-Welterbe Saudi-Arabiens; sie liegt ca. 800 km nördlich von Jeddah an der Trasse der ehemaligen Hedschas-Bahn (s. S. 352).

Schöne Route

Von Jeddah nach Taif: Ein Tagesausflug auf kurvenreicher Strecke von 0 auf 1700 m Höhe. Die kurvenreiche Straße von der Hafenstadt Jeddah hinauf über Al Hada in die Bergwelt von Taif ist nicht nur eine Meisterleistung der Ingenieurskunst, sondern auch über weite Strecken eine kilometerlange Aussichtsplattform (s. S. 358)

Unsere Tipps

The Globe: Sir Norman Foster hat den Al-Faisaliah-Turm aus Stahl und Glas entworfen. Im Restaurant in 250 m Höhe machen die atemraubende Aussicht und hervorragende Speisen, serviert in geschmackvollem, edlem Ambiente, ein Lunch oder Dinner zu einem ganz besonderen Erlebnis (s. S. 334).

Janadriyah-Festival: Falls man sich im Januar/Februar in Saudi-Arabien aufhält, sollte man unbedingt in Riyadh das National Heritage and Folk Culture Festival Village of Janadriyah besuchen. Hier gibt's Tiermärkte, Kulinarisches und Schwerttänze (s. S. 336).

Riyadh und Umgebung

Heute ist die Hauptstadt des Königreiches Saudi-Arabien eine Metropole in der Wüste mit ca. 7 Mio. Einwohnern und damit die größte Stadt der Arabischen Halbinsel. Der Name der Stadt bedeutet Garten: Vor etwa 200 Jahren ist Riyadh aus einer Oase entstanden. Im nahen Diriyyah fand das Königreich der Al Sauds seinen Anfang.

Inmitten des kargen Wüstenlandes in 611 m Höhe gelegen, dehnt sich Riyadh (auf Straßenschildern auch Arriyadh, deutsch: Riad) heute auf mehr als 2000 km² aus. Erst nach dem Zweiten Weltkrieg veränderte sich das Stadtbild erheblich: 1950 wurde die alte Stadtmauer geschleift, 1951 entstanden die ersten geteerten Straßen und die Eisenbahnlinie zum Golf, 1953 landete das erste Flugzeug auf dem alten, heute mitten in der Stadt gelegenen Flughafen. Je mehr das Königreich durch seine Erdölvorkommen an Bedeutung gewann, desto größer und schöner, prunkvoller und gigantischer wurden die Bauwerke. Im Nordwesten liegt das sogenannte Königsviertel mit gut bewachten Anwesen, deren Pracht man nur erahnen kann. Daran schließt sich das am Reißbrett geplante Diplomatic Quarter mit schönen Grünanlagen an. Hier haben Botschaften aus aller Welt ihren Sitz. Wenige Kilometer hinter der King Saud University zweigt die Straße ins nördlich gelegene Diriyyah (auf Straßenschildern auch ausgeschildert als Diraiyah bzw. Addir'iyyah) ab. Der 1818 im Auftrag der Türken völlig zerstörte Familiensitz der Al Saud ist die bedeutendste historische Sehenswürdigkeit in der näheren Umgebung von Riyadh.

Tipp: Orientierung in Riyadh

Die grüne und blaue Beschilderung der großen Durchgangsstraßen – z. B. von Nord nach Süd die King Fahd Road oder von Ost nach West die Al Makkah Road – erfolgt in Riyadh fast ausschließlich auf Arabisch; bei den Seitenstraßen sowieso. Nur ganz wenige Straßen werden auch in Englisch ausgewiesen. Gleiches gilt für die braunen Hinweisschilder der Sehenswürdigkeiten. Aber dank des Al Faisaliah- und des Kingdom Tower, die man wegen ihrer Höhe im relativ flach bebauten Riyadh von überall sieht, kann man seinen Standort relativ schnell ermitteln: Die beiden Türme stehen in einer Nordsüd-Achse, der Kingdom Tower im Norden und der Al Faisaliah Tower im Süden.

Riyadh ▶ 6, D 3

Cityplan: S. 326/327

Keine andere Stadt des Landes hat in den beiden letzten Jahrzehnten derart ihr Gesicht verändert wie **Riyadh.** Nur sehr vereinzelt trifft man noch auf alte Lehmarchitektur. Moderne glasverkleidete Hochhäuser und prächtige Marmorgebäude, neue ausgedehnte Wohnbezirke, Hunderte von öffentlichen Institutionen, Dutzende von gigantischen Einkaufszentren, die teilweise 24 Stunden am Tag geöffnet sind, bestimmen heute das Stadtbild. Trotz kreuzungsfreier, sechs- bis zwölfspuriger Express-Highways, die die Stadt durchschneiden, – von Nord nach Süd (King Fahd Rd., die im Norden Qassim Rd. heißt) und von Ost nach West (Al Maakah Rd. – benannt

Riyadh

nach der Stadt Mekka. Die Straße setzt sich im Westen weiter als Jeddah Rd. und im Osten als Khorais Rd. fort) –, braucht man mehr als eine Stunde zügigen Fahrens, um mit dem Auto von einem Stadtrand zum anderen zu gelangen. In den Außenbezirken verläuft die Entwicklung nicht minder rasant: 1984 wurde 40 km nördlich des Zentrums der King Khaled International Airport eröffnet. Ein Jahr später zogen alle Botschaften aus Jeddah ins Diplomatic Quarter um, eine eigens in den nordwestlichen Außenbezirken erbaute Stadt. 1988 wurde das King Fahd International Stadium für 65 000 Zuschauer im Nordosten von Riyadh eingeweiht, dessen schneeweiße Zeltdachkonstruktion sich weithin sichtbar vom braunroten Wüstensand abhebt. Und die Stadt wächst weiter ohne Unterlass!

Die neuen *landmarks* sind zwei eindrucksvolle Hochhäuser im nordwestlichen Stadtteil Olaya: Der Al Faisaliah Tower (s. S. 331), eine schlanke Pyramide aus Stahl und Glas mit einer mächtigen Kuppel an der Spitze, geplant vom Stararchitekten Sir Norman Foster, und nicht weit davon entfernt der Kingdom Tower (s. S. 328), der durch seine Form, die an eine riesige Nähnadel erinnert, besticht.

Stadtgeschichte

Vor 200 Jahren hätte keiner die rasante Entwicklung von Riyadh vorhergesagt. 1735 befestigte die Familie des Dahham ibn Dawwas die Palmenhaine zwischen dem Wadi Hanifa (früher Wadi ar Arda) und dem Wadi Batha (früher Wadi al Watr) mit einer Lehmmauer, 1746 verstärkte sie diese und baute ein Fort, das wegen seiner relativ üppigen Vegetation den Namen ›die Gärten‹, arabisch ›Ar Riyadh‹, erhielt. Der Befestigungsbau richtete sich gegen Überfälle der Familie Al Saud aus dem 20 km weiter nördlich gelegenen Diriyyah. 1773 gab die Dahham-Familie das von ihr gegründete Dorf auf und siedelte in die 100 km weiter östlich gelegene Oase Al Kharj über. Allein 35 Schlachten hatten sich bis zu diesem Zeitpunkt die Familie Al Saud mit den Bewohnern der Oase Riyadh geliefert, in denen beide Seiten mehr als 4000 Mann verloren.

Tipp:
Besuch im Dira Souq

Der älteste und schönste Souq im historischen Zentrum Riyadhs, der **Dira Souq**, wurde vollkommen restauriert, hat aber von seiner Atmosphäre nichts eingebüßt. Da es hier die meisten Antiquitätenläden gibt, man von den Händlern sehr freundlich zum Tee eingeladen wird und der Gold Souq sich direkt daneben befindet, erlebt man das Arabien, wie man es sich vorstellt. Besonders stimmungsvoll am frühen Abend (s. S. 329)!

Nachdem die Türken den Eroberungen der Al Sauds auf der Arabischen Halbinsel Einhalt geboten und 1818 Diriyyah völlig zerstört hatten, wurde Riyadh Garnisonsstadt der türkischen Besatzungstruppen. Im Oktober 1824 eroberte Turki ibn Abdullah aus dem Hause der Al Saud den Ort, machte ihn zum Stammsitz seiner Familie und versuchte ein zweites Mal, diesmal nicht von Diriyyah sondern von Riyadh aus, die Arabische Halbinsel im Namen des Wahabismus zu erobern. Riyadh erlebte zwar unter Faisal I. von 1843 bis 1865 eine kurze Blüte, aber Faisals Sohn und Nachfolger, Abdullah II., bat 1887 die in Hail residierenden Rashid aus der Provinz Shammar gegen interne Rivalen aus der Familie Al Saud um militärische Hilfe. Diesen Streit unter den Al Saud nutzten die Al Rashid und setzten sich nach geleisteter militärischer Hilfe in Riyadh fest. Die Herrschaft über den Familienbesitz der Al Saud lag nun in den Händen der Rashid. 1891 konnte Abdul Rahman al Saud, der Nachfolger von Abdullah II., gerade noch mit seiner Familie nach Kuwait fliehen. Da dem Emir von Kuwait an einem Machtzuwachs der Rashid nicht gelegen war, unterstützte er die Al Sauds. 1902 bewaffnete er den Sohn des geflohenen Abdul Rahman, den damals 20 Jahre alten Abdul Aziz II., dem es am 15. Januar 1902 tatsächlich gelang, den Gouverneur der Rashid in der Riyadher Festung Masmak zu überwältigen (s. S. 329). Die Familie der Al Sauds kehrte aus Kuwait nach Riyadh zurück.

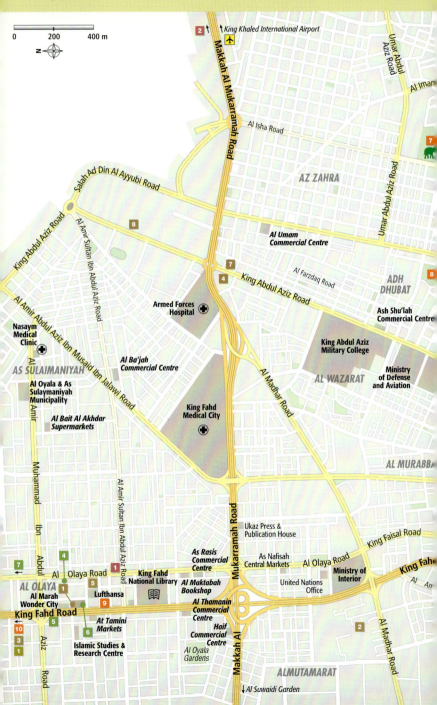

Riyadh

Sehenswert
1. Große Moschee
2. Dira Clock Tower
3. Qasr al Masmak
4. Al-Thumairi-Tor
5. Wasserturm
6. King Abdulaziz Historical and National Museum
7. Zoo
8. Abu Makhrouq
9. Al Faisaliah Tower
10. Kingdom Tower

Übernachten
1. Al Faisaliah
2. Riyadh Intercontinental
3. Sheraton Riyadh Hotel & Towers
4. Marriott Riyadh Hotel
5. Al Khozama
6. Radisson Blu
7. Minhal Holiday Inn
8. Al Mutlaq Novotel
9. Riyadh Youth Hostel

Essen und Trinken
1. Sheikh al Mandy
2. Al Rimal

Einkaufen
1. Dira Souq
2. Batha Souq
3. Gold Souq
4. Aziza Mall
5. Sahara Mall
6. Faisaliah Mall
7. Al Jarir Book Shop

Aktiv
1. Dirab Golf Course

Mit den siegreichen Eroberungszügen wuchs die Bedeutung des Familiensitzes. Bis 1930 wohnte die königliche Familie im Fort Masmak, dann errichtete sie im Norden außerhalb der alten Stadtmauer den Murabba-Palast. Damals baute man in Riyadh noch alle Häuser im traditionellen Nedsch-Stil aus luftgetrockneten und strohverstärkten Lehmziegeln. Die Straßen der Stadt waren eng und unbefestigt sowie ohne Beleuchtung und Kanalisation.

Mit dem Öl hat sich alles verändert. Über die Bewohner Riyadhs ergoss sich in den letzten Jahrzehnten eine neue städteplanerische Infrastruktur von ungeheurem Ausmaß: Das Schachbrett diente als Vorlage – mit Ausnahme des alten Stadtkerns, der liebevoll restauriert wurde. Straßen, Kanalisation, Elektrizität, Telefon und Neubauten über Neubauten – und alles in rasantem Tempo. Inzwischen ist die Stadt, deren neues Zentrum der nordwestliche Stadtbezirk Olaya ist, etwas zur Ruhe gekommen.

Das historische Zentrum

Das historische Zentrum von Riyadh (auf den Durchgangsstraßen ausgeschildert als City Centre) ist der völlig restaurierte, neu gestaltete Bereich um die Große Moschee. Eine eigens gegründete Behörde (Arriyadh Development Authority) hat seit 1983 diesen Teil der Stadt, der bis heute den beduinischen Namen Al Dira (Heimat) trägt, stadtplanerisch verändert: Die öffentlichen Gebäude mit zentralen Funktionen (z. B. Sitz des Gouverneurs und der Justiz) und die privaten Wohn- und Geschäftshäuser einschließlich der Souqs wurden im klassischen, schmucklosen Stil der Nedsch-Architektur wiederaufgebaut bzw. bestehende Gebäude neu verkleidet. Aus dem dicht gedrängten, chaotischen Nebeneinander von Läden und Geschäften um den alten Dira Square ist heute eine geordnete, weiträumige, mit Marmorplatten ausgelegte Fußgängerzone mit Tiefgaragen und vielen Palmen geworden.

Begrenzt wird dieses Zentrum von den großen Straßen der Al Imam Turki ibn Abdullah Street im Norden und der Tariq ibn Ziyad Street im Süden, der Al Malek Fahd Road im Westen und der Al Malek Faisal Road im Osten. Gouverneurspalast (Qasr al Hokm) und Justizgebäude (Al Adl) stehen heute an der Stelle, an der der Gründer des zweiten wahabitischen Königreiches, Imam Turki ibn Abdullah, 1824 den ersten befestigten Stammsitz der Familie in Riyadh errichtet hatte; von diesem Palast ist heute nichts mehr erhalten. Direkt gegenüber steht die **Große Moschee** 1 (Al Masjed al Jamea al Kabir), in der sich

Riyadh

Tipp: Besuch im Qasr al Masmak

Qasr al Masmak 3 spielte eine entscheidende Rolle in der Geschichte Saudi-Arabiens. Mohammed ibn Rashid, der in Hail residierte, baute 1895 die Festung und beherrschte um die Jahrhundertwende Zentralarabien. In die mächtige viereckige Lehmburg mit runden Ecktürmen, 16 m hohen und 2 m dicken Mauern gelangte man nur durch ein schweres Holztor, in dem sich wiederum eine kleine Holztür befindet; diese reicht in ihrer Höhe gerade von den Knien bis zur Schulter. Dadurch wurde jeder Eindringling gezwungen, sich nach vorne zu beugen und so seinen Kopf den innen wartenden Wächtern schutzlos darzubieten.

Das Jahr 1902 brachte die Wende in der Geschichte der Stadt Riyadh und der ganzen Arabischen Halbinsel. Mit 30 Anhängern gewann der 20-jährige Sohn von Abdul Rahman al Saud, der spätere Staatsgründer Abdul Aziz ibn Rahman, den man im Westen nur Ibn Saud nannte, Riyadh für die Sauds zurück (s. S. 334 f.). Diese Eroberung wird in den Schulbüchern des Landes heute als Bravourleistung ohnegleichen dargestellt. Wochenlang sei die Gruppe von Kuwait durch die Arabische Halbinsel geritten, habe kurz vor Riyadh ihre Kamele zurückgelassen; nur zehn Mann seien zu Fuß weitergegangen, im Schutze der Nacht und mit Hilfe eines Palmenstammes über die hohe Stadtmauer gelangt und zum Haus des rashidischen Gouverneurs Adjlan geschlichen. Dieser jedoch verbrachte die Nacht im gesicherten Qasr al Masmak. Am nächsten Morgen tötete die Gruppe im Kampf Mann gegen Mann den Gouverneur, als dieser das Fort Masmak verließ. Die Bevölkerung Riyadhs unterwarf sich sofort wieder den Al Saud, die aus dem kuwaitischen Exil zurückkehrten. Von Riyadh aus eroberte Abdul Aziz ibn Rahman im Laufe der Jahre das heutige Staatsgebiet, dem er am 22. September 1932 den Namen seiner Familie gab: Arabien der Sauds – Saudi-Arabien.

Qasr al Masmak steht heute als erster Wohnsitz der königlichen Familie im rückeroberten Riyadh unter Denkmalschutz. In den originalgetreu wiederhergestellten Räumen der zweistöckigen Befestigungsanlage werden sowohl die Geschichte der siegreichen Eroberung im Jahre 1902 in Bildtafeln und einem Videofilm anschaulich dargestellt als auch die späteren Eroberungsfeldzüge des Königs Abdul Azizs bis zur Gründung des Staates Saudi-Arabiens im Jahre 1934 mit Karten und Fotos dokumentiert. In einigen Räumen kann man darüber hinaus die Etappen der Entwicklung der Stadt Riyadh während der Regierungszeit von Abdul Aziz (1902–1953) anschaulich mit Hilfe alter Fotografien nacherleben. (Sa-Mi 8–12, 16–21, Do 9–12 Uhr; Familien nur So, Di und Do).

17 000 Gläubige versammeln können und die ihre heutige Form nach mehreren Umbauten 1953 erhielt; ihre Fassade wurde 1981 mit Naturstein verkleidet. Sie ersetzte die alte Lehmmoschee von 1824, in der Imam Turki 1834 ermordet wurde. Freitags ist die Große Moschee mit ihrem weiträumigen Vorhof der Ort des vorgeschriebenen mittäglichen Gemeinschaftsgebetes, zu dem der Muezzin von den beiden 50 m hohen Minaretts unüberhörbar einlädt. Wenn Verurteilte nach dem *sharia*-Recht der Todesstrafe unterzogen werden, geschieht das nach dem Freitagsgebet in aller Öffentlichkeit.

Im südlichen Teil des Platzes steht auf einer ca. 20 m hohen Steinsäule eine ›Sprechende Uhr‹, die alle 15 Minuten in arabischer Sprache die Zeit ansagt. Hinter diesem **Dira Clock Tower** 2 beginnt der älteste Souq der Stadt, der **Dira Souq** 1. Er liegt hinter dem Qasr al Masmak im Schatten der Großen Moschee. Hier gibt es auch mehrere Antiquitätenläden mit Kupfer- und Messingartikeln. Angeboten werden auch die typischen alten Holztüren und -fenster, die aus den abgetragenen Lehmhäusern der Umgebung stammen, und viele alte beduinische, handgefertigte Gebrauchsgegenstände, ebenso Ton-

Riyadh und Umgebung

Schatten spendende Palmen: Im Sommer wird es in Riyadh bis zu 50 °C heiß

gefäße zum Verbrennen von Weihrauch oder alte Kamelsättel. Hier können Frauen preiswert eine *abaya*, den langen, schwarzen Umhang, (z. B. bei Ibrahim al Ghadir, Shop 16/4) erwerben. Bevor man kauft, unbedingt handeln (s. S. 35)!

Vor Jahren wurden im Bereich des Dira Souq zwischen Januar und Februar auch Jagdfalken verkauft. Jeden Morgen boten auf dem Platz zwischen Moschee und dem Sitz des Emirs Beduinen abgerichtete Raubvögel – meist Falken und Bussarde – zum Kauf an. Der Preis für einen guten Jagdfalken lag bei 60 000 SR. Viele ältere Fotos zur Geschichte Riyadhs, die im Nationalmuseum gezeigt werden, dokumentieren diese ehemalige ›Abteilung‹ des Dira Souq.

Das einzige wirklich alte, wenn auch vollkommen restaurierte Gebäude im Zentrum ist **Qasr al Masmak** 3, das 1895 als wichtigste Befestigungsanlage der Stadt errichtete Fort (s. S 325).

An das alte, lehmmauerbefestigte Riyadh dieser Jahre soll auch das neu errichtete **Al-Thumairi-Tor** 4 erinnern. Es wurde an jener Stelle wiederaufgebaut (Al Malek Faisal St., Ecke Al Thumairi St.), an der es als wichtigstes Stadttor einst den Zugang zur Stadt d. h. von der Arabischen Golfküste her ermöglichte. John Philby, der Archäologe und Arabienforscher, musste 1918 mehrere Tage vor diesem Tor warten, bis Abdul Aziz ihm Audienz gewährte.

Wasserturm und National Museum

Nördlich des Zentrums erstreckt sich der **Park der Hundert Palmen,** der mit seinen Schatten spendenden Bäumen zu den attraktivsten Erholungsgebieten in der Innen-

Riyadh

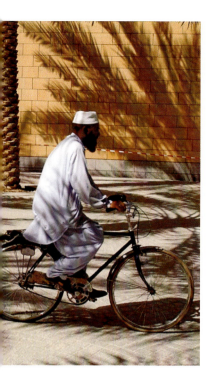

den King Abdulaziz Memorial Hall wird ergänzend die Rolle des Staatsgründers dokumentiert. Von hier führt ein Übergang zum **Qasr al Murabba,** von 1930 bis 1953 Residenz des Königs Abdul Aziz. Der rötliche Palast wurde 1983 vollständig renoviert. Er ist Teil des Nationalmuseums und eine der schönsten Sehenswürdigkeiten der Stadt. (So–Do 9–12, 16.30–21.30, Fr 16.30–21.30 Uhr; Familien: So/Mo, Mi/Do und Fr nachmittags, Männer: Sa, Mo, Mi, Do vormittags und Di nachmittags, Frauen: So und Di vormittags, Eintritt 10 SR).

Sehenswürdigkeiten außerhalb des historischen Zentrums

Riyadh besitzt auch einen **Zoo** 7. Er liegt in der Al Ahsa Street im Stadtteil Malaz (tgl. außer Sa von 9 Uhr bis Einbruch der Dunkelheit, Fr ab 13 Uhr; Männer Mo, Mi, Fr, Familien So, Di, Do, Eintritt 5 SR, Kinder 3 SR).

Ebenfalls im Stadtteil Malaz befindet sich der Park **Abu Makhrouq** 8 (Salah ab Din al Ayubi Rd., Siteen Rd.). Um die markante, 50 m hohe Felsformation mit einem großen natürlichen Durchgang sind heute Terrassen und Stufenwege mit vielen Palmen, Blumen und Wasserspielen angelegt. König Abdul Aziz hat 1902 hier die Nacht vor dem Angriff auf Riyadh verbracht und später sehr gern im Schatten dieses Berges außerhalb der Stadt gesessen (Eintritt frei).

stadt zählt. Er wurde 2002 zum 100-jährigen Gedenktag der Eroberung des Qasr al Masmak eröffnet. Nordöstlich dieses Parks steht inmitten einer anderen Grünanlage das ehemalige Wahrzeichen Riyadhs, der 72 m hohe **Wasserturm** 5. Er wurde 1975 fertig gestellt und war jahrelang das höchste Gebäude der Stadt.

In unmittelbarer Nähe eröffnete 1998 die mit 360 000 m^2 Fläche größte Museumsanlage der gesamten Arabischen Halbinsel: das **King Abdulaziz Historical and National Museum** 6. In beeindruckender Architektur werden hier Artefakte und Ausgrabungsfunde aus prähistorischer Zeit ausgestellt, ebenso Modelle der Nabatäerstadt Madain Saleh (s. S. 352) sowie der Moscheen von Mekka und Medina. Der gesamte zweite Stock widmet sich der Geschichte der Sauds, und in der angrenzen-

Das neue Riyadh

Die jüngsten Wahrzeichen der Stadt Riyadh sind zwei Hochhäuser: der im Mai 2000 eröffnete und knapp 270 m hohe Al Faisaliah Tower und der im Oktober des Folgejahres eröffnete Kingdom Tower, der es auf eine Höhe von 302 m bringt.

Der **Al Faisaliah Tower** 9 ermöglicht seinen Besuchern in 240 m Höhe The Globe Experience. Denn an die Spitze der hohen und schlanken Stahl- und Glaspyramide ›hängt‹ The Globe, eine gläserne Kugel gigantischen Ausmaßes. In ihr sind ein Restaurant und ein Café sowie eine Aussichtsplattform untergebracht. Von dort hat man einen 360° Panoramablick über Riyadh. An den Wänden be-

Riyadh und Umgebung

richtet eine Fotoserie über die Stationen der nur vier Jahre (1996–2000) dauernden Bauarbeiten der saudischen Firma Bin Laden, die wegen des Sohnes der Familie Osama weltweit bekannt wurde (tgl. 8–23 Uhr; wer im Restaurant The Globe speisen möchte: s. S. 334).

Zu Füßen des Turms befinden sich als integrierte Bestandteile die **Al Faisaliah Mall** 6, die eleganteste Shoppingmall der Stadt (s. S. 335), und das **Al Faisaliah Hotel** 1, das zu den Leading Hotels of the World zählt (s. unten).

Auch der benachbarte **Kingdom Tower** 10 beherbergt eine Shoppingmall, das **Kingdom Centre** (s. S. 335), und ein Hotel, das **Four Seasons.** Darüber hinaus bietet er noch etwas Einmaliges im Einkaufsviertel Olaya. Im Kingdom Centre, zu Füßen des Kingdom Tower, gibt es einen eigenen Gebäudeflügel für *women only,* der von Frauen geleitet wird, in dem Frauen als Verkäuferinnen ihre Kundinnen beraten und zu dem nur Frauen Zutritt haben. So gesehen – wenn auch nur für das weibliche Geschlecht – auch eine Sehenswürdigkeit.

Der Kingdom Tower wurde als weltbestes Hochhaus des Jahres von der World Skyscraper Commission ausgezeichnet.

Infos

Vorwahl Riyadh: 01
Arriyadh Development Authority: Tel. 488 33 31, Fax 482 93 31, Sa–Mi 9–12 Uhr. Infos und Materialien über städteplanerische Entwicklungen einschließlich der Restaurierungsvorhaben in Riyadh.

Übernachten

Riyadh verfügt über ca. 200 Hotels aller Kategorien.
Königlich ▶ **Al Faisaliah** 1: King Fahd Rd./Olaya St., Tel. 273 20 00, Fax 273 20 01, www.rosewoodhotels.com. Luxus-Hotel im Faisal Foundation Headquarter. Ein Traum von Hotel im Eiffelturm von Riyadh, das erste Haus am Platz. 224 große Zimmer, alle mit Butler, perfekter Service, Hallenbad. Vom Hotel führt ein Übergang zum Einkaufen in die Al Faisaliah Mall. DZ ab 1400 SR, Suite ab 1200 SR.

Qualität und Tradition ▶ **Riyadh Intercontinental** 2: Mathar St., neben der King Faisal Hall, Tel. 465 50 00, Fax 465 78 33, www.intercontinental.com. Eines der ältesten und schönsten Hotels der Stadt, sechsstöckiger Winkelbau, eigener 9-Loch-Golfplatz, zwei Schwimmbäder, bester Service. 275 Zimmer, 61 Suiten und 18 Villen, DZ ab 1200 SR.

Für Geschäftsreisende ▶ **Sheraton Riyadh Hotel & Towers** 3: King Abdullah St./King Fahd Highway, Tel. 454 33 00, Fax 454 18 89, www.sheraton.com/riyadh. Zwischen Zentrum und Diplomatic Quarter, 184 Zimmer in sechs Stockwerken, italienischer Marmor außen, modernes Design innen, Schwimmbad. DZ ab 1000 SR.

Business as usual ▶ **Marriott Riyadh Hotel** 4: Mathar St., nahe Military Hospital, Tel. 477 93 00, Fax 477 90 89, www.marriotthotels.com. Großzügig, arabische Atmosphäre, mit 403 Zimmer, DZ ab 900 SR.

Schweizer Gemütlichkeit ▶ **Al Khozama** 5: Olaya Rd., Tel. 465 46 50, Fax 464 85 76, www.rosewoodhotels.com. Das Haus ist ein Eckpfeiler der Hotelgeschichte Riyadhs: Es bietet seit über 25 Jahren höchsten Komfort und exzellenten Service. Große Zimmer, viele Aufmerksamkeiten, neueste Technologie. 200 Zimmer, DZ 720 SR, Suiten ab 1200 SR.

Bewährt und zentral ▶ **Radisson Blu (früher Hyatt Regency)** 6: King Abdullah Aziz St., gegenüber den Ministerien, Tel. 479 12 34, Fax 477 53 73, www.radissonblu.com. 302 Zimmer. Beliebt bei Geschäftsreisenden, hoher technischer Komfort. DZ ab 700 SR.

Orientalisches Flair ▶ **Minhal Holiday Inn** 7: King Abdul Aziz Rd., Tel. 478 25 00, Fax 477 28 19, www.holiday-inn.com/riyadh. Freundlich, nicht neu, aber aufwendig restauriert. 244 große Zimmer, 18 Suiten, DZ ab 300 SR, Suite ab 400 SR.

Stadtbekannt ▶ **Al Mutlaq Novotel** 8: Old Airport Rd., Tel. 476 00 00, Fax 478 06 09, res@hotelalmutlaq.com. Zweistöckige Anlage am alten Flughafen. 185 freundlich eingerichtete Zimmer, 10 Suiten. DZ ab 250 SR, Suite ab 500 SR.

Adressen

Nicht nur für die Jugend ▶ Riyadh Youth Hostel [9]: West King Fahd Rd., gegenüber Passport Building, Tel. 405 55 52, Fax 405 13 76. Mit Schwimmbad. 270 Betten, pro Person 18 SR.

Essen & Trinken

Neben den Hotelrestaurants gibt es inzwischen auch ein paar kleinere Restaurants, die sich auf nationale (z. B. italienische, französische, chinesische) Küchen spezialisiert haben. Über die ganze Stadt verteilt sind auch die einschlägigen Fast-Food-Ketten US-amerikanischer Herkunft. Als Alternative: frisches *shawarma* an der Straßengarküche ist sehr schmackhaft und kostet nur 4 SR.

Zu empfehlen sind auch die Restaurants der Hotels, die jeden Abend ein Büffet anbieten (z. B. Minhal Holiday Inn, Intercontinental und Radisson Blu) sowie das Schweizer Restaurant im Al Khozama Hotel. Hier speist man ›heimatlich‹; zudem gibt es sehr gutes Eis und den besten Kuchen von ganz Riyadh.

Am arbeitsfreien Freitag nutzen Familien die Gelegenheit, gemeinsam ausgiebig zu Mittag zu essen. Darauf haben sich besonders die Restaurants der großen Hotels eingestellt. Üppige Büffets zwischen 12 und 15.30 Uhr, oft auch Kinderspielangebote gehören dazu. Sehr zu empfehlen: **Marriott,** Tel. 477 93 00, internationale Küche. Ein Clown spielt mit den Kindern. **Al Khozama,** Tel. 966 12 73, im Windrose Restaurant; Ausgefallenes aus aller Welt mit Schweizer Akzent.

Weithin sichtbar ▶ The Globe [9]: im Al Faisaliah Tower (s. S. 334).

Dining al Fresco ▶ The Verandah [2]: im Intercontinental Hotel, Tel. 465 50 00, tgl. 19–24 Uhr. Internationale Küche von hoher Qualität mit vielen mediterranen Akzenten. Luxusrestaurant mit Blick auf den erleuchteten Pool. Menü (3 Gänge) ab 150 SR, Flasche Wasser 20 SR.

US-Dependance ▶ Planet Hollywood [10]: im Parterre des Kingdom Centre, Tel. 211 11 12, tgl. 12–24 Uhr. US-amerikanisch wie alle PHs weltweit; Demi-Moore-Rolls mit sieben Salaten, für Fischliebhaber das Menü Titanic (mehrere Fische mit Krabben). Gerichte ab 40 SR, Softdrinks 8 SR.

Alles Arabisch ▶ Sheikh al Mandy [1]: Olaya St., Ecke Prince Sultan St. (Thalatheen St.), Tel. 464 40 99. Hier speist man saudisch, d. h. in kleinen Gruppen und nach Wahl auch ohne Besteck, z. B. *hanith hadhrami,* junges Lamm, im Gewürzsud über offenem Holzfeuer gekocht, auch als Einzelgericht erhältlich. *Hanith hadhrami* für 4 Pers. 150 SR, Softdrinks 8 SR.

Italienisch ▶ La Piazza [3]: im Sheraton Riyadh Hotel and Towers, Tel. 454 33 00, Sa–Do 16–24, Fr.13–22 Uhr. Beste italienische Küche in dörflichem Ambiente mit Glockenturm und viel Terracotta, Menü ab 60 SR, Latte Macchiato 8 SR

Wie zu Hause ▶ Windrose [5]: im Hotel Al Khozama, Tel. 465 46 50, tgl. 12–15, 18–24 Uhr. Beste Schweizer Küche: Zürcher Geschnetzeltes 48 SR, Schweizer Rübli-Torte 12 SR.

Europa lässt grüßen ▶ Café Vienna [6]: im Radisson Blu Hotel, Tel. 479 12 34, tgl. 8–23 Uhr. Keine Plüsch- und Sacher-Atmosphäre, sondern modernes Interieur, lichtdurchflutet. Das Café bietet hervorragende österreichische Küche. Snacks ab 30 SR, Kaffee 6 SR.

Ahland wa sahlan ▶ Al Rimal [2]: Thumamah Rd., am Stadtrand, Wasserpfeifen-Coffeeshop nur für Männer, im Freien, viel Atmosphäre. *Shisha* ab 12 SR.

Einkaufen

Die bevorzugten, neuen **Einkaufsstraßen** liegen in den Stadtteilen Olaya (Olaya St.), Sulaimaniya (Thalateen St.) und Malaz (Siteen Rd.); hier reihen sich Supermärkte und Luxusläden aneinander. Besonders im Stadtteil Olaya expandierte in den letzten Jahren die Shoppingszene, und die Olaya Street, die westlich parallel zur King Fahd Road verläuft, ist die bedeutendste und prächtigste Einkaufsstraße der Stadt. Kilometerlang reihen sich Spezialläden, kleine Warenhäuser und große Shoppingmalls aneinander.

Souqs ▶ Der eindrucksvollste Souq von Riyadh ist der **Dira Souq** [1] (s. S. 329). Un-

Riyadh und Umgebung

Tipp: The Globe

Sir Norman Foster, der britische Stararchitekt der Berliner Reichstagskuppel, hat in Riyadh den 267 m hohen, schlanken **Al-Faisaliah-Turm** aus Glas und Stahl errichtet, in dessen Spitze **The Globe** ›hängt‹, eine gläserne Kugel mit einem traumhaft schönen Restaurant gleichen Namens. Hier stimmt einfach alles: das elegante Design, die nicht zu übertreffende Aussicht über die Stadt, die Tischdekoration mit Blumen sowie Christofle-Silberbesteck, die Gerichte mit knackfrischen Salaten und zartem Fleisch und einer verlockenden Auswahl an Desserts. The Globe und sein deutscher Chefkoch haben seit der Eröffnung im Jahre 2004 bereits drei Auszeichnungen gewonnen. Unbedingt reservieren: Tel. 273 20 00. Tgl. 12–15 Uhr Lunch (5 Gänge-Menü 180 SR), 16–18 Uhr Sunset Experience (Tee, Kaffee und Kuchen: 120 SR), 20–0.30 Uhr Dinner (5 Gänge-Menü 200 SR). Einen Stock tiefer in der Kugel befindet sich die **Cigar Lounge,** tgl. 12–2 Uhr. Havannas: 35–200 SR, Cocktails 35 SR, Flasche alkoholfreier Wein ab 110 SR.

›The Globe‹-Experience: 360°-Panoramablick über Riyadh

Adressen

weit davon liegt der **Batha Souq** 2, das Zentrum für alle Waren des alltäglichen Gebrauchs. In den engen, überdachten Ladengassen wird alles nur Erdenkliche für den Haushalt, aber auch Kleidungsstücke und Koffer, Elektroartikel und sogar Möbel angeboten. Batha ist fest in pakistanischen und indischen Händen, der überaus größte Teil der Käufer und Verkäufer sind hier *expatriates,* die ebenfalls aus diesen beiden Ländern stammen.

Südlich des Qasr al Masmak befindet sich heute der **Gold Souq** 3, der vor Jahren noch ein Zuhause im Batha Souq hatte. Die neuen klimatisierten Ladengalerien passen jetzt zum Wert des Schmuckangebots.

Shoppingmalls ▶ Zwischen den traditionellen Souqs von Dira und Batha und den neuen Shoppingmalls in der Olaya Street liegen Welten. Deshalb empfiehlt sich zuerst ein Besuch im Souq, um das Entwicklungstempo der letzten Jahrzehnte zu würdigen. Alle großen Malls befinden sich im Stadtteil Olaya im Umkreis der King Fahd Road, z. B. die **Aziza Mall** 4, die **Sahara Mall** 5 und das **Kingdom Centre** 10. Einen detaillierten Überblick über die Geschäfte in Olaya, genau aufgeteilt nach Warenangebot und Lage, bietet die örtliche Informationsbroschüre »Riyadh Today«, die jährlich aktualisiert erscheint und in den Buchläden erhältlich ist (s. S. 93).

Unter den neuen Malls ist besonders hervorzuheben die **Faisaliah Mall** 6: zwischen Olaya St. und King Fahd Rd., Ecke Prince Sultan St., Tel. 273 44 44, Sa–Di 9.30–23, Mi/Do 10–23, Fr 16–23 Uhr. In dem mehrstöckigen Shoppingcenter am Fuße des gleichnamigen Turms findet man den luxuriösen Harvey Nichols Department Store und nahezu alle Niederlassungen der edlen globalen *brands* aus Mode, Kosmetik, Uhren und Elektronik.

Für Leseratten ▶ Buchhandlung: **Al Jarir Book Shop** 7, Olaya St., Sa–Do 9–14, 16–23, Fr nur 16–23 Uhr. Sehr gut sortiert, große Auswahl an englischsprachiger Literatur, aber auch Bildbände, Landkarten, Reiseführer (engl.), Papierwaren, Zeitungen und »Riyadh Today«.

Abends & Nachts

Das Nachtleben beschränkt sich auf Restaurantbesuche und Unterhaltungsangebote der Hotels.

Aktiv

Sportliche Aktivitäten werden in Riyadh sehr begrenzt angeboten, weil Geschlechtertrennung und strenge Bekleidungsvorschriften zu beachten sind. In erster Linie kann man nur in den Fitnesscenters, Schwimmbädern und Tennis- bzw. Squashhallen der Hotels Sport treiben. Diese gewähren auch Nichtgästen Einlass. Ausweichmöglichkeit: Kontakt zu Bewohnern einer *expatriates*-Wohnanlage aufnehmen.

Golf ▶ **The Intercon** 2: Tel. 465 50 00, Do/Fr überfüllt! Fee: 9 Löcher 95 SR, 18 Löcher 135 SR, Caddy-Wagen 40 SR. Auf dem Gelände des Intercontinental Hotels kann man auf einer 9-Loch-Anlage spielen (doppelte Nutzung als 18-Loch-Anlage: rote *tees* für die Hin- und weiße für die Rückrunde). **Dirab Golf Course** 1: ca. 40 km in südlicher Richtung, zu erreichen über die King Fahd Road, Tel. 498 00 18. Zurzeit noch 9-, nach Ausbau 18-Loch-Anlage.

Termine

Große öffentliche Veranstaltungen in Riyadh bleiben Sport- oder Folkloreereignissen vorbehalten.

Janadriyah: alljährlich im März findet das zweiwöchige Kulturfestival statt, s. S. 336.

Fußball: Nationale und internationale Fußballspiele werden im King Fahd International Stadium ausgetragen. Eintrittskarten gibt es drei Tage vorher an den Stadionkassen (nur Männer zugelassen!).

Pferderennen: Spannende und hochprämierte Pferderennen auf der Rennbahn im Stadtteil Malaz (altes Fußballstadion); Saison: Okt.–Mai jeweils Mo, Beginn 15.30 Uhr, Karten am Eingang für 20 SR Einheitspreis.

Kamelrennen: Das königliche Kamelrennen findet alljährlich im 8. Monat *(shaban)* des islamischen Kalenders 25 km vor den Toren Riyadhs auf einer eigens dafür präparierten Rennstrecke an der Straße nach Majmaha

Riyadh und Umgebung

Tipp: Janadriyah-Festival

Außerhalb Riyadhs, ca. 40 km in nordöstlicher Richtung, liegt das **National Heritage and Folk Culture Festival Village of Janadriyah** 3 (Karte rechts). Es wurde 1985 von König Fahd gegründet, um einmal im Jahr für zwei Wochen im März den Besuchern das kulturelle Erbe des Landes in ganzer Breite vorzustellen. Als Rahmen für das Festival werden unterschiedliche **Souqs** aufgebaut, auf **Tiermärkten** Kamele, Ziegen und Schafe vorgestellt und es gibt im Rahmen des Janadriyah-Festivals ein großes Angebot an örtlicher Küche. Der Morgen des letzten Donnerstags ist speziell den *expatriates* vorbehalten.

Im Zentrum stehen **kulturelle Darbietungen** wie Lieder, Tänze, Theater und Dichterlesungen auf verschiedenen Bühnen. Einzelne Aufführungen sind auch für ein nichtarabisch sprechendes Publikum interessant, z. B. der traditionelle Schwerttanz der Beduinen aus dem Nedsch, der *ardha,* an dem auch Mitglieder der königlichen Familie aus dem Publikum auf die Bühne kommen und spontan mittanzen (tgl. ab 15 Uhr, Eintritt frei, genaue Daten in der Tagespresse). Wer sich einer geführten Tour nach Janadriyah anschließen möchte: Saudi Tourist & Travel Bureau, King Fahd Road, Olaya, Al Nazar Building, Tel. 463 33 65.

---

statt (z. Zt. Nov./Dez., genauer Termin s. Tageszeitung).

Verkehr

Flughafen: Der neue King Khaled International Airport liegt 45 km vom Zentrum entfernt im Nordosten der Stadt, Auskunft Tel. 222 17 00. Flugverbindungen zu allen Flughäfen Saudi-Arabiens und zu diversen europäischen Flughäfen. Verbindungen zur Innenstadt nur mit dem Taxi.
Fluglinien: Lufthansa, Olaya-Makkah-Rd., King Faisal Foundation Bldg., Stadtbüro Tel. 463 20 04, Flughafen Tel. 220 26 86; **Saudia,** Tel. 920 02 22 22, www.saudiairlines.com; **Nas Air,** Tel. 920 01 23 47, www.flynas.com.
Züge: Der Bahnhof liegt im Süden des Stadtteils Malaz, östlich des historischen Stadtzentrums. Das Hauptgebäude wurde aufwendig im Stile der alten Hedschas-Bahnhöfe und mit einer großzügigen Wartehalle renoviert; Englisch sprechendes Personal, großer Parkplatz. Züge nach Dammam direkt oder via Al Hofuf und Abqaiq 4 x tgl., einfache Strecke 60 SR (2. Kl.), 75 SR (1. Kl.), 150 SR (VIP-Lounge). Fahrzeit 4 Std. Reservierung und Auskunft Tel. 448 01 31, 448 08 11.
Linienbusse der SAPTCO tgl. von 6.30–22 Uhr, aber nur für Männer! Informationen (24-Std.-Service) Tel. 800 124 99 99, www.saptco.com.sa. Linie 9 vom Zentrum (Batha Souq) nach Olaya, Preis 2 SR. Frauen müssen **Taxi-Limousinen** der Firma Hala (Tel. 482 42 16) oder Al Falah & Al Masem (Tel. 232 12 68) nutzen.
Leihwagen: Die Flughafen-Agenturen befinden sich im Domestic Terminal – sehr bedauerlich für alle, die am internationalen Terminal ankommen und abfliegen (ca. 1 km Fußweg).
Avis-Hala, Zentralverwaltung, Tel. 488 48 87, c/o Sheraton, Tel. 454 33 00; **Abu Diyab,** King Abdul Aziz Rd., Tel. 476 25 75, www.abudiyab.com; **Hanco,** Olaya St., Tel. 462 18 89; **Budget,** Olaya St., Tel. 464 71 16.

Ausflüge in den Norden von Riyadh ▶ 6, D 3

Karte: rechts

Das prächtige **Nasiriyah-Tor,** das heute inmitten eines Parks am King Saud Square steht, ließ König Saud 1953 errichten. Hier beginnt das im Nordwesten Riyadhs liegende **Königsviertel** mit den Palästen der Herrscherfamilien und vieler Prinzen. Durch die Straßen des Stadtteils **Nasiriyah** kann man unbehelligt mit dem Auto fahren und sich von den Marmorbauten beeindrucken lassen, die

Großraum Riyadh

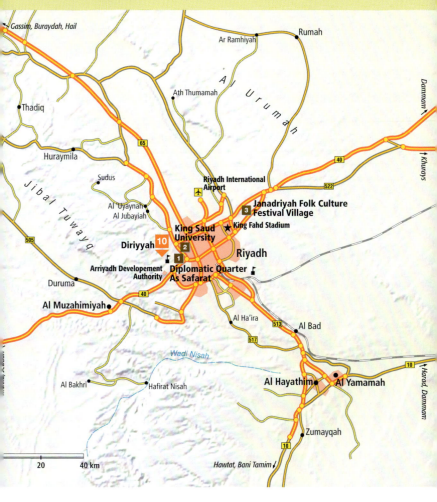

alle von hohen Mauern umgeben sind und deren Tore bewacht werden. Das, was über die Mauern ragt, lässt die Pracht dahinter erahnen. Namensschilder sind unbekannt; man weiß, wer von der Verwandtschaft wo wohnt!

Durch Nasiriyah führt die King Khaled Road, an der 5 km weiter nördlich seit 1985 das **Diplomatic Quarter** 1 (As Safarat) liegt. Das DQ, wie es kurz genannt wird, ist eine auf dem Reißbrett geplante Welt für sich. 120 Botschaften haben hier ihre Vertretungen errichtet; eindrucksvoll sind die Begrünung, die Brunnen, die Architektur der ganzen Anlage und die vielen Fahnen auf den Gebäuden. Um das DQ herum, entlang der steil abfallenden Kalksteinabbrüche des Wadi Hanifah, wurde ein kilometerlanger Fußweg angelegt, dessen Umgebung durch viele Brunnen, Schatten spendende Sonnenpalisaden und gepflegte Blumenbeete zu Spaziergängen vor Sonnenuntergang geradezu einlädt. Zu diesem Erholungsgebiet gehört auch der Garten des **Tuwaiq-Palastes,** des Gästehauses der

Riyadh und Umgebung

Regierung, das Diplomaten vorbehalten ist. In diesem Garten, dessen Blumen- und Pflanzenpracht in der Stadt nirgendwo überboten wird, steht ein großes ›Zelt‹, dessen Dach aus Stahlträgern und dunkel gefärbten Glasscheiben besteht (Diplomatic Quarter: werktags für jeden zugänglich; Frauen können allein spazieren gehen. Für den Besuch des Tuwaiq-Palastes benötigt man eine Erlaubnis der Riyadh Development Authority, die auch ein Büro im DQ unterhält, Tel. 488 33 31).

Folgt man der King Khaled Road weiter in Richtung Norden, erreicht man rechter Hand die **King Saud University** 2. 1984 bezog sie hier ihren neuen Campus, nachdem die in der Innenstadt verstreut gelegenen Gebäude der Bildungsexpansion im Königreich nicht mehr gewachsen waren. Sie wurde ausschließlich für männliche Studenten angelegt – für Studentinnen gibt es eine eigene Universität – und gehört zu den prachtvollsten Campusuniversitäten der Welt.

Auf dem Gelände der Universität (Gebäude 16, Faculty of Arts) befindet sich ein kleines Museum, das **King Saud University Archaeology Museum,** das in den Lehrbetrieb integriert ist. Ausgrabungen des Department of Archaeology der Universität Riyadh legten den Ort Al Fau, eine vorislamische Handelsstadt am Rande der Rub al Khali, frei. Die Funde sind in einem **Museum** neben dem Folkloremuseum ausgestellt; sie werden ständig durch neue Funde ergänzt. Alle Museen auf dem Campus sind der Öffentlichkeit zugänglich, (Sa–Do 8–12 Uhr, englischsprachige Führung).

Aktiv

Nur 9 Loch ▶ The Arizona Golf Resort: Airport Hwy. gegenüber der Al Imam University, Tel. 248 44 44. Ebenfalls eine schöne 9-Loch-Anlage ggf. zur doppelten Nutzung.

Wüstenresort ▶ Reef Golf & Country Club: im Norden Riyadhs, Northern Ring Rd. westlich Diriyyah (Ausfahrt Al Ammariyah, dann 6 km bis zu einer Moschee und weitere 5 km nach Norden), Tel. 489 02 26. Neue 9-Loch-Anlage, Do/Fr günstige Tarife, Schwimmbad und Clubhaus.

10 Diriyyah ▶ 6, D 3

Karte: rechts

Fast ein halbes Jahr lang, von März bis September 1818 belagerten die osmanischen Armeen unter Führung des ägyptischen Generals Mohammed Ali und später unter Ibrahim Pascha die von einer hohen Lehmmauer und mächtigen Befestigungstürmen umgebene Stadt **Diriyyah** im Wadi Hanifah. Sie beendeten damit den ersten Versuch der Al Sauds, die Arabische Halbinsel zu unterwerfen.

Seit 1726 residierte hier die Familie Al Saud. 1745 kam es in dieser Stadt zu dem für die Geschichte Arabiens wichtigen Bündnis zwischen dem Stammesführer Mohammed ibn Saud und dem Religionsreformer Mohammed ibn Abdul Wahab, auf dem bis heute der Legitimationsanspruch der Al Sauds und des Staates Saudi-Arabien gründet.

Denn das Königreich Saudi-Arabien geht auf zwei ineinandergreifende Entwicklungen zurück: Auf die Herrschaftsausdehnung der Familiendynastie der Al Sauds und die religiöse Erneuerungsbewegung des Mohammed ibn Abdul Wahab. Abdul Wahab nahm vor allem Anstoß an der »moralischen Verwahrlosung des islamischen Glaubens«, insbesondere an der Heiligenverehrung und dem Kult der Grabdenkmäler. Seine Predigten mit dem Ziel der religiösen Rückbesinnung fanden aber weder im türkisch besetzten Basra noch in den Oasen seiner Heimat Gehör. In dieser Situation nahm ihn 1746 der Sheikh der Oase Diriyyah, Mohammed ibn Saud, auf und beide schlossen ein Bündnis (s. S. 340).

Mohammed ibn Saud regierte von 1726 bis 1765. In dieser Zeit schuf er eine straffe Armee und errichtete in Diriyyah prächtige Lehmbauten. Der religiösen Reformbewegung gelang es unter seiner militärischen Führung relativ schnell, den ganzen Nedsch zu erobern. Sein Sohn Abdul Aziz bin Mohammed (Abdul Aziz I.) setzte seit 1766 die Eroberungs- und Bekehrungsfeldzüge erfolgreich fort. Von Diriyyah aus kontrollierte er zuerst 1773 Riyadh, ab 1785 die ganze Provinz Nedsch. Zwischen 1785 und 1795 stieß er zur Ostküste bis Kuwait und Qatar vor und

Diriyyah

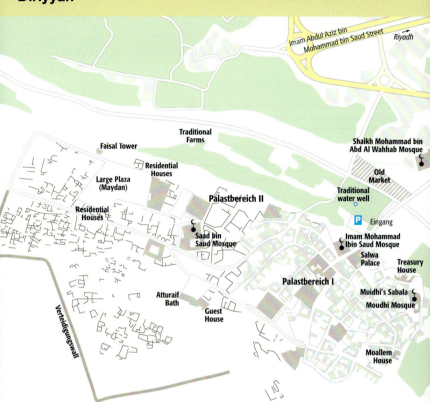

geriet in den Einflussbereich der British East India Company und der Osmanen. Als Abdul Wahab 1792 in Diriyyah starb, war Zentralarabien bereits wahabitisch. 1802 eroberten die saudischen Wahabiten die Stadt Kerbela in Mesopotamien und zerstörten das Grabmal des Schiitenmärtyrers Hussein. Ein Jahr später nahmen sie Mekka ein. 1803, auf dem Höhepunkt der Macht, wurde Abdul Aziz I. ermordet. Sein Sohn, Saud II. dehnte das Herrschaftsgebiet der Saud auf den Oman und den nördlichen Jemen aus, doch jetzt stießen die Sauds endgültig auf türkischen Widerstand. Die Osmanen organisierten eine Armee, die von Ägypten aus über Jeddah bis in den Nedsch vordrang und Diriyyah, die Hauptstadt der Al Sauds, belagerte. Die Lehmstadt war trotz erbitterten Widerstands der türkischen Artillerie nicht gewachsen. Am 9. September 1818 ergab sich Abdallah, der nach dem Tod von Saud II. seit 1814 regierte. Die Türken brachten ihn nach Konstantinopel und richteten ihn öffentlich hin. Das erste wahabitische Reich der Al Sauds endete blutig. Im August 1919 verließen die Osmanen das zentrale Hochland wieder. Diriyyah blieb als zerstörte Geisterstadt zurück. 1824 kehrten die Al Sauds aus dem Exil nicht mehr nach Diriyyah, sondern in das benachbarte Riyadh zurück.

In den verfallenen Bauten der Oase wohnten in den nächsten 150 Jahren etwa 100 Familien, die die Regierung in ein neu gegründetes Dorf gleichen Namens am Rande der Oase umsiedelte. 1981 wurde mit der Restaurierung des alten Diriyyah begonnen.

Riyadh und Umgebung

Der wahabitische Islam — Thema

In der Mitte des 18. Jh. wandte sich auf der Arabischen Halbinsel der Prediger Abdul Wahab gegen die »Verwahrlosung des islamischen Glaubens«. Ziel seiner Reform war es, den Islam wieder zur ursprünglichen Einfachheit und Strenge zurückzuführen.

Dazu gehörten nach seiner Interpretation der Verzicht auf alles Schmückende in und an der Moschee, ursprünglich sogar der Verzicht auf Minarette, die schlichte Bestattung der Toten ohne jede Totenverehrung und jeglichen Totenkult sowie Grabinschriften, die strikte und präzise Einhaltung der fünf Grundpflichten des Islam, die Zurückdrängung der Frau aus dem öffentlichen Leben unter Verzicht auf ihre Erziehung und Ausbildung sowie mit dem Gebot der Verschleierung außerhalb des Hauses, die Verdammung aller bildlichen Gottesdarstellungen.

Mit der Familie Al Saud schloss Abdul Wahab ein Bündnis: Mohammed ibn Saud wollte den Kampf für den ›wahren Islam‹ aufnehmen und alle ›Abweichler‹ den Lehren des Abdul Wahab unterwerfen. Dieser erkannte dafür den Emir von Diriyyah als den Imam und Herrscher der so bekehrten Gebiete an. Diese puritanische Variante des Islam breitete sich in der Folge auf der Arabischen Halbinsel aus, und bis heute ist die Identität von Religion und weltlicher Herrschaft gemäß dem wahabitischen Grundgedanken die Staatsidee in Saudi-Arabien. In keinem anderen islamischen Land werden die Regeln des Koran so streng – d. h. wortwörtlich – befolgt wie hier. Zu diesen Geboten gehören z. B. die schwere Körperstrafe und der öffentliche Vollzug der Todesstrafe, ein absolutes Alkohol- und Schweinefleischverbot, das Verbot aller nichtislamischen Religions- und Glaubensäußerungen, strenge Kleidervorschriften und genaues Einhalten der Gebetszeiten, beides von Religionspolizisten *(Mutawah)* überwacht, das Verschleierungsgebot für saudische Frauen in der Öffentlichkeit, ihre vollkommene Trennung von Männern, die nicht zur engsten Familie gehören, die Regelung, dass kein Nicht-Muslim saudischer Staatsbürger werden kann und nur Muslime auf saudischem Boden begraben werden dürfen.

Abdul Wahab – nach dem die islamisch sunnitische Strömung des Wahabismus benannt wurde – verfasste seine strengen Ideen in dem Buch »Al Tawhid«, das bis heute als wichtige Grundlage der religiösen Unterweisung im Königreich eingesetzt wird.

Saudi-Arabien versteht sich als Hüter der Haramain, der beiden Heiligen Städte Mekka und Medina. Der König trägt diesen Titel (Wächter der beiden heiligen Moscheen) im königlichen Wappen. Gehörte die obligatorische Pilgerfahrt vor der Erdölzeit zu den wenigen Staatseinnahmen des Königshauses, so gibt das Land heute große Summen für die organisatorische Bewältigung des jährlichen millionenstarken Pilgerstroms aus. Ein eigenes Ministerium für Wallfahrtsangelegenheiten, der größte Flughafen der Welt mit einem eigenen *Hadsch*-Terminal in Jeddah, ein kostenloser Gesundheitsdienst für erkrankte Pilger und vieles mehr sind der öffentliche Beweis für die Religiosität und die religionsbezogene Großzügigkeit des Staates, wohl wissend, dass jedes Jahr mehr als 100 000 Pilger der Regierung große Schwierigkeiten bereiten, weil sie nach der Pilgerfahrt illegal als Arbeitskräfte im Land bleiben.

Diriyyah

1818 hielten die Mauern von Diriyyah dem ersten Eroberungsversuch durch die osmanische Armee stand

Nirgendwo in der Umgebung der Hauptstadt Riyadh findet man eine vergleichbare Ansammlung alter Lehmbauten wie im historischen Diriyyah. Vollkommen zerfallene Gebäude stehen neben bereits vollständig restaurierten. Am weitesten fortgeschritten sind die Arbeiten am Al Turaif-Palast, der mächtigen Zitadellenanlage des alten Dirayyah und ihrem Seitenflügel Salwa. 2010 wurden der Al Turaif Palast und Teile von Dirrayyah als Weltkulturerbe von der UNESCO anerkannt (tgl. bis zur Dunkelheit geöffnet, Eintritt frei, Fotografieren ist erlaubt!).

Infos, Verkehr

Das historische Diriyyah liegt, aus Riyadh kommend, hinter dem neuen Ort. Man überquert eine Brücke und erreicht das Tor am Eingang Diriyyahs. Hier befindet sich eine Tafel mit Vorschlägen für Rundgänge und das **Informationsgebäude,** in dem Bildtafeln die Geschichte der Stadt veranschaulichen.

Jeddah und die Zentren am Roten Meer

Jeddah, die Hafen- und Handelsmetropole am Roten Meer besitzt eine schöne historische Altstadt, aufregende Souqs und beeindruckende Shoppingmalls. Dank des Roten Meeres bietet die Stadt beste Tauchmöglichkeiten und ist zudem Ausgangspunkt für spannende Ausflüge ins Hedschas-Gebirge.

Jeddah ist die liberalste Stadt in Saudi-Arabien. Es läge, sagen die Bewohner Jeddahs zu Recht und voller Selbstbewusstsein, an ihrem Hafen. Denn größere Bedeutung gewann die Stadt erst mit einer Entscheidung des dritten Kalifen Othman, der Jeddah 646 zur offiziellen Hafenstadt für die Pilgerströme nach Mekka erklärte. Fortan kamen nicht nur Pilger, die Durchgangsstadt zog auch viele Handwerker und Kaufleute aus anderen islamischen Ländern an. So breiteten sich fremde Einflüsse und Offenheit gegenüber Neuem in Jeddah schneller aus als in anderen Städten des Wahabitenstaates. Seeluft macht frei.

Und noch etwas ganz besonderes zeichnet Jeddah aus: Die Stadt verfügt als eine der ganz wenigen in Saudi-Arabien über eine erhaltene historische Altstadt mit Häusern aus dem 18. und 19. Jh. Al Bilad – so immer noch der Name dieses Stadtteils im heutigen Jeddah – darf man sich nicht entgehen lassen.

Jeddah ist nicht nur für Pilger der Ausgangsort für die Heiligen Stätten in Mekka in Medina. Von Jeddah aus erreichen Besucher in Richtung Norden die bedeutendste archäologische Stätte Saudi-Arabiens, Madain Saleh, und in ihrer Nähe erstaunliche Funde der alten Trasse der Hedschas-Bahn, die deutsche Ingenieure im Auftrag des türkischen Sultans zu Beginn des 20. Jh. bauten. Im Süden Jeddahs erstreckt sich das Asir-Gebirge mit seinen ›Luftkurorten‹, z. B. Taif, nur eine Stunde von Jeddah entfernt, und Abha an der jemenitischen Grenze.

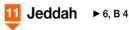 Jeddah ▶ 6, B 4

Cityplan: S. 344/345

Man kann es sich heute nur schwer vorstellen, aber in der Stadtchronik ist es nachzulesen: 1947 war **Jeddah** von einer Mauer umgeben und nicht einmal einen Quadratkilometer groß. Nur 30 000 Einwohner lebten damals in der Stadt, in der allerdings bereits westliche Staaten Konsulate unterhielten. Inzwischen dehnt sich die Hafenstadt am Roten Meer auf ca. 1000 km² aus und ist mit ca. 4 Mio. Einwohnern die zweitgrößte Stadt Saudi-Arabiens. Die Stadt veränderte sich nach dem Zweiten Weltkrieg, als die Ölquellen auf der anderen Seite der Halbinsel dem Staat Saudi-Arabien zu großen Einnahmen verhalfen. Mauer und Stadttore wurden abgerissen. Heute ist die Millionenstadt der wichtigste Überseehafen, das größte Industrie- und das bedeutendste Handelszentrum Saudi-Arabiens. Entlang der Küste benötigt man auf den kreuzungsfreien Schnellstraßen mit dem Auto eine Stunde von einem Ende der Stadt zum anderen. Bis zum Jahre 1985 war Jeddah – nicht die Hauptstadt Riyadh – Sitz aller Botschaften und des Außenministeriums.

Die Stadt trägt den arabischen Beinamen Arus al Bahr (Braut des Meeres) und ist tatsächlich ganz aufs Meer ausgerichtet. Die Al Saud, Beduinen aus dem zentralarabischen Nedsch, kamen 1924 als fremde Eroberer in den weltoffenen Handelshafen. Bis heute ist der Gegensatz zu Riyadh noch immer zu spü-

Jeddah

ren: Nach dem Abendgebet verwandelt sich die Corniche zwischen dem ›Islamischen Hafen‹ südlich des Zentrums und dem Obhur Creek im Norden in einen Tummelplatz für Luxuslimousinen, und am Strand wimmelt es von Picknickausflüglern. Wenn im Winter das Thermometer tagsüber auf frühlingshafte 25 °C sinkt (im Sommer ist es 33–35 °C feucht-heiß), bevölkern Familien den Strand entlang der Corniche; an Donnerstagen ist er dann vom frühen Morgen an geradezu überlaufen. In keiner anderen Stadt Saudi-Arabiens wäre dies denkbar, weil es den strengen wahabitischen Vorstellungen widerspricht. Aber die Lebensart von Jeddah ist älter als die Herrschaft der Al Saud.

Dank der guten innersaudischen Verkehrsverbindungen erfreut sich die Stadt am Roten Meer auch des nationalen Tourismus. Viele Saudis verbringen hier wegen der modernen Hotels, der z. T. hervorragenden Lokale und Freizeiteinrichtungen gerne die Wochenenden und die Ferien.

Geschichte

Die Gründung Jeddahs fällt weit in die vorislamische Zeit. Der Legende nach soll Eva, die Mutter der Menschheit, die Stadt gegründet haben und später auch hier begraben worden sein. Sicher überliefert ist, dass Nomaden des Stammes der Qadaa um 500 v. Chr. den Ort wegen seiner natürlichen Bucht hinter einem Korallenriff als sicheren Fischereihafen nutzten. 1000 Jahre später wurde Jeddah Pilgeranlaufstation für Mekka und wichtigster Hafen am Roten Meer. Jahrhundertelang war die Stadt unbefestigt. Zu Beginn des 16. Jh. bauten die tscherkessischen Mamelucken zum Schutz der Stadt gegen die Portugiesen eine mächtige Stadtmauer aus Korallenblöcken und Lehm mit drei Haupttoren: Bab Medina im Norden, Bab Sharif im Süden und Bab Makkah im Osten in Richtung der Heiligen Stadt. Jeddah war seit dem Sieg der Osmanen über die Mamelucken im Jahre 1556 Sitz des türkischen Gouverneurs und die bedeutendste osmanische Festung am Roten Meer. Damals hatte die Stadt schon den Beinamen Bilad al Kanasil (Stadt der Konsulate), weil zahlreich auftretende Schwierigkeiten mit den Pilgern offizielle Vertretungen mit ständigen Gesandten erforderten. Viele westliche Arabienforscher setzten in Jeddah zum ersten Mal ihren Fuß auf die Arabische Halbinsel und beschrieben die Stadt begeistert (z. B. Niebuhr 1778, Burckhardt 1830, Rathjens und Wissmann 1930). Am 9. Juni 1916 eroberte die englische Marine die Stadt. Kurze Zeit später wurde das Bab Jadeed (das Neue Tor) nahe dem Bab Medina in die Stadtmauer geschlagen, um Autos die Durchfahrt zu ermöglichen.

Stadtbesichtigung

Das Gebiet innerhalb der ehemaligen Stadtmauern – Al Bilad – mit seinen Souqs bildet das historische Zentrum der Stadt. Statten Sie unbedingt **Al Bilad,** der Altstadt Jeddahs, einen Besuch ab: am frühen Morgen, wenn das Licht besonders schön auf die hölzernen Fensterbalkone fällt, und am frühen Abend, dann sind die Gassen, Geschäfte und Cafés voller Leben. Vor dem Eingang befindet sich das Queen's Building, 1975 als erstes neues Kauf(hoch)haus der Stadt erbaut. Seit 1950 wächst die Stadt rasant entlang der radialen Ausfallstraßen, besonders entlang der Medina Road nach Norden. Dort, am nördlichen Ende des Obhur Creek, wurde 1982 der King Abdul Aziz International Airport eröffnet.

Parallel zur Küste verläuft die **Corniche,** eine Uferstraße, wie man sie von der französischen Riviera kennt; sie ist über 50 km lang und mit ca. 400 ausgefallenen Skulpturen, die meisten inmitten von Verkehrskreiseln (Roundabouts), dekoriert. Zur Meerseite hin liegt in Höhe des Zentrums die ›Lagune‹, einst eine Meeresbucht, heute ein See mit Promenade. Wahrzeichen der Stadt ist heute die 200 m hohe Fontäne mitten im Meer gegenüber dem Al Salam-Königspalast. **King Fahd Fountain** 1 – das Vorbild: der Jet d'Eau in Genf – wird nachts auch beleuchtet, und je nach Windstärke und Windrichtung neigt sich die riesige Wassersäule mal in die eine, mal in die andere Richtung.

Dank eines 1990 vom damaligen Bürgermeister Mohammed Said Farsi eingesetzten

Jeddah

Sehenswert
1. King Fahd Fountain
2. Altstadt
3. Abdul Raouf Khalil Museum

Übernachten
1. Sheraton Jeddah
2. Jeddah Hilton
3. Intercontinental
4. Jeddah Marriott Hotel
5. Mövenpick Resort Al Nawras
6. Mövenpick Hotel
7. Radisson Blu
8. Albilad
9. Sofitel al Hamra
10. Golden Tulip Jeddah
11. Jeddah Youth Hostel

Essen & Trinken
1. Il Castello
2. Al Danah
3. Al Alawi

Einkaufen
1. Al Bilad Souq
2. Canvas Souq
3. Afghan Souq
4. Filippino Souq
5. Old Airport Souq
6. Jamjoom Centre
7. Le Mall
8. The Oasis Mall
9. Red Sea Mall
10. Al Khazindar
11. Jarir Bookstore
12. Fitaihi Antiquitäten
13. Gazzaz
14. Zahrani

Aktiv
1. Führungen
2. Al Nakheel
3. Dive Village
4. Jet Ski und Baden
5. Jeddah Aqua Park
6. Attallah Amusement Centre

Jeddah und die Zentren am Roten Meer

Historical Area Preservation Department wurde der Abriss der noch verbliebenen Häuser gestoppt und mit der Restaurierung der **Altstadt** 2 begonnen. Das Ergebnis dieser Entscheidung ist heute in den engen Gassen deutlich sichtbar: Ca. 30 alte Häuser wurden bereits renoviert und sind wieder bewohnt. Die meisten dieser Häuser stehen in der Sharia al Alawi (unmittelbar hinter der Al Zahab-Fußgängerunterführung).

Diese weißen, bis zu sechs Stockwerke hohen Kalksteingebäude mit schweren Teakholztüren und den meist aus indischem Redwood geschnitzten, kostbar gefertigten Fensterbalkonen – *roshan* (Plural: *rowasheen*) oder *mashrabiya* genannt – zählen zu den besten Beispielen der Hedschas-Architektur.

Mit ihren von außen blickdichten hölzernen Jalousien sind die wunderschönen Holzbalkone eine geniale Verbindung zwischen religiösen Vorgaben und architektonischem Auftrag. Balkone sichern frische Luft in städtischen Wohnungen und gewähren Teilhabe am öffentlichen Leben auf der Straße. Weil aber die eigenen Frauen nicht den Blicken anderer Männer ausgesetzt werden dürfen, sie aber aus der eigenen Wohnung, in der sie sich unverschleiert bewegen, auf die Straßen schauen durften, schufen Handwerker die Balkonfenster. Es gibt auf der Arabischen Halbinsel nur wenige Beispiele für ein erhaltenes Ensemble jener Häuser, die durch ihre kostbaren Fensterbalkone auffallen.

Besondere Beachtung verdienen das **Noorwali-Haus,** das heute noch der bekannten Hedschas-Familie gehört, und das **Nasseef-Haus** (Bait Nasseef) mit vorn vier und im hinteren Teil sieben Stockwerken. In diesem Gebäude wohnte Abdul Aziz im Jahr 1925 bis zur Fertigstellung seines neuen Palastes und unterzeichnete hier 1933 den ersten Vertrag mit der Standard Oil. Einst zählte es zu den höchsten Gebäuden der Altstadt, heute beherbergt es ein Museum, das allerdings sehr unregelmäßig geöffnet ist. Sehenswert ist auch das Gebäude der **früheren Britischen Botschaft,** in der heute ein nicht öffentlich zugängliches Museum unterge-

Jeddah: Millionenstadt und bedeutendstes Handelszentrum Saudi-Arabiens

Jeddah

bracht ist (neben dem Hochhaus der National Commercial Bank).

Unter den Moscheen Jeddahs ist die **Ash Shafi-Moschee** in der Altstadt die älteste und bedeutendste. Benannt nach dem Begründer einer der vier sunnitischen Rechtsschulen wurde sie während des Kalifats von Omar (634–44) errichtet, also noch bevor Jeddah offiziell zum Hafen Mekkas avancierte. Zu den neuen historisch bedeutenden Ausgrabungen in der Altstadt zählt eine 1994 schräg gegenüber dem Nassif-Haus unter der Erdoberfläche entdeckte, 200 Jahre alte **Wasserstelle.** Anhand der Mauerreste kann man sich ein gutes Bild von der mühsamen alltäglichen Wasserbeschaffung im 18. Jh. in dieser Stadt machen.

Jeddah besitzt heute mehrere Museen, darunter ein besonders skurriles. Es ist das **Abdul Raouf Khalil Museum** 3 in der Thalia Street, hinter der Al Bayan School. In drei Gebäuden auf einem großen Grundstück werden die Privatsammlungen eines kunstinteressierten Saudi (z. B. Münzen, antikes Glas, chinesisches Porzellan, Waffen) ausgestellt (tgl. nach telefonischer Vereinbarung, Tel. 665 84 87, Eintritt frei).

Infos
Vorwahl Jeddah: 02
Touristinformation: www.jeddah.gov.sa
Jeddah Chamber of Commerce and Industry: Tel. 651 51 11, Fax 651 73 73

Übernachten
Unübersehbar ▶ Sheraton Jeddah Hotel & Resort 1 **:** North Corniche, Tel. 699 22 12, Fax 699 26 60, www.sheraton.com. Eindrucksvolles Hotelhochhaus mit 202 geräumigen Zimmern, alle mit Eisschrank und perfekter IT-Ausstattung. Umfangreiches Sportangebot, mit Schwimmbad. DZ ab 840 SR.

Urlaub und Business ▶ Jeddah Hilton 2 **:** North Corniche, Hera'a St., Tel. 659 00 00, Fax 659 11 11, www.hilton.com. Weißes, dreieckiges Hochhaus mit 417 Zimmern, alle mit Balkon, modern möbliert, perfekte IT-Ausstattung. Teil des Hotels ist der Hiltonia Sports & Health Club mit zwei Schwimmbädern, Tennis- und Squashplätzen, Fitnesscenter sowie Privatstrand am Obhur Creek. DZ ab 800 SR.

> **Tipp: King Fahd Fountain**
>
> Wer den Jet d'Eau in Genf nicht kennt, sollte sich die 200 m hohe Wasserfontäne in einer Lagune des Roten Meeres ansehen, z. B. von der Terrasse des Intercontinental Hotels in Jeddah beim Nachmittagstee.

Die bekannteste Adresse ▶ Intercontinental 3 **:** Corniche St., Tel. 661 18 00, Fax 681 11 45, www.intercontinental.com. Der Blick auf das Rote Meer und die königliche Fontäne ist seit zehn Jahren Teil der Luxusausstattung dieses Hotels, das mit arabischen Akzenten den gleichen hohen Komfort wie alle Intercontis weltweit bietet. 350 große Zimmer, freundliche Einrichtung, guter Service. DZ ab 750 SR.

Wohnen im Turm ▶ Jeddah Marriott Hotel 4 **:** Palestine St., Tel. 671 40 00, Fax 671 59 90, www.marriott.com. Zwei Hoteltürme mit schöner Eingangshalle, ca. 18 km südlich des Flughafens, mitten im Geschäftsviertel, US-amerikanisches Ambiente, alle Zimmer mit hohem technischen Komfort. Zum Hotel gehören ein Health Club mit Schwimmbad, Sauna und Fitnesscenter. 210 Zimmer, DZ ab 700 SR.

Tor zum Meer ▶ Mövenpick Resort Al Nawras 5 **:** am nördlichen Ende der Corniche, Tel. 655 55 50, Fax 607 68 33, www.moevenpick-jeddah.com. Resortanlage auf einer Halbinsel mit 91 Ein- und Zweibett-Komfortapartments mit Kitchenette. Eindrucksvoller Zentralbau, mehrere Restaurants, Schwimmbad, Fitnesscenter, eine Kombination aus Tagungs- und Urlaubs-Hotel mit bestem Schweizer Service. DZ ab 690 SR, EZ ab 600 SR.

Vertraute Gastlichkeit ▶ Mövenpick Hotel 6 **:** Madinah Rd., gegenüber Mossadia Plaza, Tel. 667 66 55, Fax 667 66 44, www.moevenpick-jeddah.com. Quadratischer, fünfstöckiger Hotelkomplex, aber innen eine Welt des Luxus. Dekorative Lobby, 140 große Zim-

Jeddah und die Zentren am Roten Meer

Tipp: Freitagsbrunch in Jeddah

Viele Hotels bieten in ihren Restaurants am Freitag große Büffets an. Zwischen 11 und 16 Uhr gibt es Köstlichkeiten für jeden Geschmack. Besonders zu empfehlen:
Al Ferdaus im Intercontinental Hotel **3** (s. S. 347), Tel. 661 18 00, für Kinder eigenes Programm im Kids Castle, 140 SR; **Al Diwan 5** (s. rechts) im Radisson Blu, Tel. 652 12 34, 140 SR; **Al Waha** im Sheraton **1** (s. S. 347), auf der Terrasse und im Garten rund um den Pool, ab 140 SR; **Mediterranean Terrace** im Albilad **8** (s. unten), Tel. 694 47 77, 120 SR.

mer, modern möbliert mit schönen Bädern, Restaurants, Schwimmbad, Fitnesscenter, Schweizer Gastlichkeit. DZ ab 680 SR.
Nahe der Altstadt ▶ Radisson Blu 7: Al Madinah Rd., Tel. 652 12 34, Fax 651 62 60, www.radissonblu.com. Die Lage der siebenstöckigen, großzügigen Anlage (früher Hyatt Hotel) ist neben der eindrucksvollen Lobby und den geräumigen Zimmern ein unschätzbarer Vorteil: zentral im Schatten der King Saud-Moschee, nur 5 Min. bis zum historischen Zentrum und neben dem International Exhibition Centre und dem Chamber of Commerce. Schwimmbad und Shuttle zum hoteleigenen Beach Club am Roten Meer. 292 Zimmer, DZ 550–650 SR.
Oldie but Goodie ▶ Albilad Hotel 8: Corniche, zwischen Flughafen und Stadtmitte, Tel. 694 47 77, Fax 694 37 37, www.albiladhotel.net. Traditionsreiches Haus, Schwimmbad, 2004 renoviert. 153 Zimmer, 39 Bungalows, DZ ab 550 SR, EZ ab 420 SR, Bungalow ab 660 SR.
Business Centre ▶ Sofitel al Hamra 9: Palestine St., Tel. 660 20 00, Fax 660 41 45, www.accorhotels.com. Ein Hotelhochhaus mit südeuropäischem Ambiente mitten im Geschäftsviertel in der Nähe des Sahari-Centres. Das Haus wird von Geschäftsleuten bevorzugt. Die großen Zimmer sind mit modernen Möbeln ausgestattet, schönes Schwimmbad. 292 Zimmer, DZ 490 SR, Suiten ab 580 SR.
Praktische Bleibe ▶ Golden Tulip Jeddah 10: King Fahd St. (Siteen St.)/Old Airport Rd., Tel. 631 22 01, Fax 631 13 50, www.goldentulipjeddah.com. Eines der traditionsreichsten Hotels der Stadt (ehemals Kaki), ein wuchtiger Bau im Zentrum, große Zimmer, mehrfach renoviert und neu möbliert, Schwimmbad und Business Center. 250 Zimmer, DZ 390–450 SR.
Für Jung und Alt ▶ Jeddah Governorate Youth Hostel 11: Mekka Rd. K7, West Stadium, Tel. 601 02 32, Fax 601 02 12. Ältere Anlage, großes Schwimmbad, pro Person 18 SR.

Essen & Trinken

Reise um die Welt ▶ Amway 2: im Jeddah Hilton, Tel. 659 00 00. Internationale Küche auf dem Hoteldach mit Blick über die Stadt und das Rote Meer, vorzügliche Fleischgerichte, aber auch indisches *tandoori chicken*. Menü ab 160 SR, Kaffee 18 SR.
Europa in Arabien ▶ La Terrasse 3: im Intercontinental, Tel. 661 18 00, Fr–Di 20–1, Mi/Do 20–3 Uhr. Grillbüffet rund um den Swimmingpool, frische Salate, arabische Beilagen, orientalische Musik, *shisha*-Stimmung. Büffet 120 SR, *shisha* 20 SR.
Bester Italiener ▶ Il Castello 1: zwischen Medina und Khalid ibn Waled St., Tel. 665 22 81, tgl. 11.30–15, 19–24 Uhr. Ansprechendes italienisches Gartenrestaurant, seit 25 Jahren beste mediterrane Küche. Sehr gute *antipasti* (ab 28 SR), Spezialität *pesce e crostacei*, köstliche *dolci*. Menü ab 100 SR.
Meeresgarten ▶ Al Danah – The Green Island 2: Corniche, gegenüber Sheraton Hotel, Tel. 694 09 99. Fischrestaurant der Oberoi Hotelgruppe, 15 separate oktagone Pavillons, sehr schön auf einem Steg über dem Meer gelegen. Exzellente internationale Küche mit indischem Akzent. Tellergerichte ab 50 SR, Wasser 8 SR.
Perfekt orientalisch ▶ Al Diwan 7: im Radisson Blu, Tel. 652 12 34, tgl. 11.30–23 Uhr. Libanesische und internationale Küche, köstliche Süßigkeiten. *Mezze* ab 25 SR, Fleischgerichte ab 36 SR.

Adressen

Hauch von Orient ▶ **Al Alawi** 3: mitten in der Altstadt, Tel. 644 74 23, tgl. 12–23 Uhr. Marokkanisches Gartenrestaurant hinter dem Nassif-Haus. *Kebab* 22 SR, Tee 4 SR.

Einkaufen

Jeddah ist das traditionelle Einkaufszentrum im Königreich, die Stadt der vielen Souqs und Shoppingmalls – keine andere Stadt in Saudi-Arabien besitzt ein vergleichbares Angebot.

Souqs ▶ Der größte, schönste und aufregendste Souq ist der von **Al Bilad** 1, der Altstadt, den man durch die alten (restaurierten) Stadttore betritt und zu dem auch der Gold Souq mit seinen vielen Goldschmuckgeschäften gehört. Die wohlriechenden Gewürzläden befinden sich in der Nähe des Bab Makkah; die Teppichhändler am Bab Sharif. Die anderen Souqs verteilen sich über das ganze Stadtgebiet, z. B. der **Canvas Souq** 2 (inoffiziell: Tent Souq) in der Tahleyah St., der seinen Namen von der Dachkonstruktion hat, die für Schatten über der Vielzahl von Läden sorgen soll. Angeboten werden Zelte, aber auch Möbel, Teppiche, Kleidung.

Der **Afghan Souq** 3 in der Seitenstraße der Siteen St., im Distrikt Al Hindaweyah ist das Zentrum des Teppichhandels. Hier gibt es auch Kamelsättel und -decken. Der **Filippino Souq** 4, der offiziell Khalidiya Souq heißt, in der Prince Abdullah St. nördlich der Saudia City ist berühmt für sein fernöstliches Angebot. Am alten innerstädtischen Flughafen an der King Khalid St. hat sich in den letzen Jahren der **Old Airport Souq** 5 mit viel Atmosphäre etabliert. Schwerpunkte des Souq: Unnützes, Billiges, aber auch Antiquitäten, Teppiche.

Shoppingmalls ▶ Die Infobroschüre »Jeddah Today« 2006 stellt insgesamt 48 Shoppingmalls vor, eine größer und schöner als die andere. Eine Auswahl zu treffen, fällt schwer. Wir empfehlen: **Jamjoom Centre** 6: Palestina St./Ecke Corniche. Es ist zwar die ältere, aber flächenmäßig die größte Mall der Arabischen Halbinsel, 550 Läden verbunden mit 35 Aufzügen und Dutzenden von Rolltreppen unter einem Dach, in drei Flügeln, die zusammen wie ein Raumschiff aus Star Wars aussehen. Mark's & Spencer und alle großen Labels sind vertreten. Es gibt eine große Musikabteilung und einen riesigen Supermarkt. **Le Mall** 7: Tahihiya St. Französische Prestige-Mall, die betont edel ist. *Sophisticated* ist die am meisten benutzte Werbeformulierung, besonders ansprechende Auslagen. **The Oasis Mall** 8: Siteen St./ Ecke Waby al Ahd St. Ein architektonisches Paradies voller Palmen, blauem Dekor und sogar einem Fluss. Dutzende großer Marken wie DKNY, Esprit, Boss; auch Porzellan. **Red Sea Mall** 9: King Rd. Riesige, bekannte Mall mit 450 Läden, Eisbahn, drei Kinos und großer Restaurantabteilung.

Buchläden ▶ Die bestsortierten Buchläden der Stadt sind **Al Khazindar** 10: Medina Rd., gegenüber dem Indischen Konsulat, Tel. 651 15 61, und **Jarir Bookstore** 11: Palestine St., Bani Malek, Tel. 673 27 27.

Antiquitäten ▶ **Fitaihi** 12: Madinah Rd., im Fitaihi Centre, Tel. 651 75 05, www.ahmed-fitaihi.com. **Gazzaz** 13: King Abdulaziz St., Al Balad, neben dem Mahmal Centre, Tel. 647 97 99, www.gazzaz.com.sa. Mehrere Antiquitätengeschäfte findet man in einer Ladenstraße am ehemaligen Flughafen, z. B. **Zahrani** 14: King Khalid St., Old Airport, Shop 35, Tel. 632 10 72.

Abends & Nachts

Auch die liberalste Stadt Saudi-Arabiens vermag an abendlicher Unterhaltung nur Restaurantbesuche oder Spaziergänge entlang des Roten Meeres zu bieten.

Aktiv

Führungen ▶ **Büro des Historical Area Preservation Department** 1: hinter dem Nasseef-Haus, Tel. 647 22 80, Fax 644 54 47. Das Büro organisiert gegen Vorlage einer Passkopie und eines Fotos Touren durch Jeddah.

Unter Tauchern ▶ Eine der Attraktionen Jeddahs ist das Rote Meer, ein ganzjähriges Tauchparadies mit Wassertemperaturen zwischen 24 °C (Feb./März) und 30 °C (Juli-Sept.). Deshalb benötigt man nur einen drei Millimeter dicken Neoprenanzug. Die Riffe

Jeddah und die Zentren am Roten Meer

Tipp: Jeddah mit Kindern

Jeddah bietet für Familien mehrere sogenannte Amusement Centers, die mit unseren Vergnügungsparks zu vergleichen sind, aber relativ wenig Eintritt kosten.
Jeddah Aqua Park 5: Medinah Rd., Al Rahealy District, Tel. 238 11 11, Sa–Do 9–20, Fr 14–20 Uhr, Familientageskarte (bis 2 Kinder) 80 SR.
Attallah Amusement Centre 6: Corniche, neben dem Sheraton, Tel. 699 157, www.attalahpark.com. Viele Großspielgeräte, u. a. Riesenrad, Familientageskarte 75 SR.
Für alle etwas bietet ein riesiges **Freizeitgelände** in Durrat al Arous, 60 km nördlich an der Straße nach Medina, mit Sandstränden, Pferderennbahn und Rasengolfplatz, Tel. 656 10 29.

sind unberührt, die exotische Unterwasserfauna und -flora in nahezu vollkommener Ursprünglichkeit. Entlang der Küste gibt es seit 1999 einige Tauch- und Wassersportanlagen, die sehr auf die Umwelt achten, z. B. **Al Nakheel** 2: 8 km im Norden am Strand; organisiert von Tauchlehrern der Red Sea Divers, Tel. 656 11 77. **Dive Village** 3: am nördlichen Obhur Creek, gegenüber Rose Village, getaucht wird vom Boot aus, www.desertseadivers.com, Tel. 656 18 07. Weitere Unternehmen für Tauchexkursionen und Tauchausrüstungen konzentrieren sich am North Obhur Creek.

Am North Obhur Creek ▶ Jet Ski, Schwimmen 4: Am North Obhur Creek ist der Spaß am Jet Ski größer als das Umweltgewissen, aber es steckt an. Es gibt ein Dutzend Verleiher und viele Kunden: **Dive Village** s. o.; **Al Sanbouk**, Tel. 699 92 94. Einige Hotels unterhalten Privatstrände am Obhur Creek: **Red Sea Resort Sheraton**, Tel. 656 21 99 und **Albilad Beach**, Tel. 694 47 77; Tageseintritt 10 SR, Tauchen und Schnorcheln möglich.

Termine

Jedes Jahr im Sommer findet das **Jeddah Summer Festival** statt, bei dem ein Sponsor – seit 2006 die Telefongesellschaft Mobily – ein Dutzend großer Sportereignisse in der Stadt organisiert, an denen man als Zuschauer teilnehmen kann, z. B. Fußballfreundschaftsspiele der saudischen Nationalmannschaft gegen ein anderes nationales Team, Go-Kart-Rennen oder ein Segelwettbewerb an der Küste. Auch Musicalshows und Kindertheater gehören dazu; das Festival beginnt und endet mit einem großen Feuerwerk. Näheres: siehe Tageszeitung (S. S. 103).

Verkehr

Flughafen: Der King Abdul Aziz International Airport, 18 km nördlich der Stadt in Richtung Medina, hat zwei weit voneinander entfernt gelegene Terminals, einen für nationale und internationale Flüge der Saudia (South Terminal, Tel. 685 55 27) und einen für die internationalen Flüge aller ausländischen Airlines (North Terminal, Tel. 685 43 41). Zwischen beiden kostenloser Pendelbus (ca. 10 Min.). Von Jeddah wird jede größere Stadt in Saudi-Arabien ein- oder mehrmals tgl. angeflogen.

Fluggesellschaften: Austrian Airlines, Madinah Rd. 401, Skab Centre, Tel. 664 42 22; **NAS Air**, Madinah Rd., City Centre, Tel. 660 45 00; **Gulf Air**, Medina Rd., International Market, Tel. 669 16 03; **Lufthansa**, Medina Rd., City Centre Bldg., 4. Stock, Tel. 65 14 00 00, 800 124 55 50 (gebührenfrei); **Oman Air**, Madinah Rd., Ashoor Centre, Tel. 657 73 33; **Saudia**, King Abdul Aziz St., Alhiggi Center, Tel. 632 33 33 bzw. Zentrale 920 02 22 22.

Komfortbusse der SAPTCO fahren vom Flughafen aus in die Innenstadt (Linie 18, 10 SR), nach Mekka (20 SR), nach Taif (30 SR) und nach Medina (40 SR), kostenlose Auskunft Tel. 80 01 24 99 99, www.saptco.com.sa.

Leihwagen am King Abdul Aziz International Airport: Abu Diyab, Tel. 685 55 46, 68 55 38; **Budget**, Tel. 685 06 15; **Hanco**, Tel. 685 06 17; **Saudi Limousine**, Tel. 671 51 06.

Leihwagen in der Stadt: Abu Diyab, c/o Hotel Interconti, Tel. 661 18 00; **Avis**, Mosadia Plaza Mustafa Alweladah St., Tel. 6 69 26 92; **Budget Rent-a-Car**, c/o Hotel Hilton, Tel.

607 73 50; **Hanco,** Madinah Rd., El Khayat Tower, Tel. 668 46 66.
Linienbusse der SAPTCO: tgl. 5–23 Uhr, Fahrpreis 2 SR; Fahrpläne und Streckennetz: Central Busstation, Tel. 647 85 00, www.saptco.com.sa (Frauen haben ein separates Abteil).
Taxi: bevorzugtes innerstädtisches Verkehrsmittel. Es gibt ca. 5000 Taxis, alle sind mit Taxometer ausgestattet, Grundgebühr 2,50 SR, 1 km 1 SR.

Von Jeddah entlang der Küste in den Norden

Yanbu al Bahr ▶ 6, B 3

350 km nördlich von Jeddah am Westrand des Hedschas-Gebirges liegt an der Küste des Roten Meeres die historisch bedeutende Stadt **Yanbu al Bahr.** Als Hafen von Medina verdankt sie ihre blühende Vergangenheit dem Handel entlang der Weihrauchstraße und später den hier landenden Pilgern aus Ägypten. Nach der Eröffnung der Hedschas-Bahn, aber vor allem nach der Entdeckung des Erdöls auf der entgegengesetzten Seite der Halbinsel verlor die Stadt vollkommen an Bedeutung.

Per königlichem Dekret wurde 1975 die Royal Commission for Jubail and Yanbu ins Leben gerufen, der die Planung, Ausführung und Verantwortung für das größte Industrialisierungsprojekt in Saudi-Arabien untersteht. 20 km südlich des alten Stadtkerns entstand das neue Yanbu, Madinat Yanbu al Sinaiyah (abgekürzt: MYAS), dessen Ausdehnung bereits heute die alte Stadtgrenze erreicht. Riesige petrochemische Industrieanlagen und ein neuer Flughafen sowie mehrere Wohnbezirke, mit allem Komfort, sind entstanden.

Es war eine strategische Überlegung der Saudis, am Roten Meer einen Ersatz-Erdölhafen zu gründen, um auch für den Fall einer Schließung der Straße von Hormuz den Erdölexport sicherzustellen.

Infos
Vorwahl Yanbu: 04

Royal Commission Headquarter: Tel. 321 61 16, Fax 396 80 01.

Übernachten
Wohlfühl-Hotel ▶ **Holiday Inn Yanbu:** zwischen Zentrum und Royal Commission Headquarter, Tel. 322 37 67, Fax 322 72 81, www.holiday-inn.com/yanbu. Flacher, heller Hotelbau mit Atriumanlage unweit vom Meer, alle Zimmer gruppieren sich um das Schwimmbad, Wassersportaktivitäten im Roten Meer (z. B. Angeln, Schnorcheln, Tauchen), bevorzugt von *expatriates* und Geschäftsleuten. 187 Zimmer, 11 Suiten, DZ ab 405 SR, Suite ab 450 SR.

Solides Haus ▶ **Blu Radisson Yanbu:** Abdullah ibn Abdulaziz St., Tel. 322 38 88, Fax 322 70 21. Schönes Mittelklasse-Hotel, zwei Flutlicht-Tennisplätze, großer Garten, Schwimmbad, Airportshuttle. 167 Zimmer, DZ ab 260 SR, Suite ab 320 SR.

Einfach und gut ▶ **Al Higgi:** King Abdul Aziz St., 15 km vom Flughafen, Tel. 322 88 42, Fax 322 86 45. Älteres, fünfstöckiges Stadt-Hotel im Zentrum. 100 Zimmer, DZ ab 160 SR.

Essen & Trinken
Indischer Orient ▶ **Al Nouri:** in Harat al Ageeg West, Tel. 321 25 26. Große Auswahl an Hühnchen. *Chicken marsala* 12 SR.

Lokale Gerichte ▶ **Saudi Dish:** in Markaz al Nawa, Tel. 396 04 38. Traditionelle arabische Gerichte. 20 SR für zwei Personen.

Verkehr
Fluggesellschaft Saudia: Malik Abdul Aziz St., Tel. 322 66 66, am Flughafen Tel. 322 44 38. 4 x tgl. nach Jeddah, 2 x tgl. nach Riyadh.
Autoverleih: Alle Firmen unterhalten Büros in der King Abdul Aziz St. und Zweigstellen am Flughafen: **Avis,** 391 09 58; **Budget,** Tel. 322 76 24, Fax 391 31 07; **Hanco,** c/o Holiday Inn, Tel. 391 12 54, Fax 322 15 59.
Busse: innerstädtische Verbindungen vom Zentrum in die Außenbezirke tgl. 6.30–22 Uhr (Auskunft Tel. 800 124 99 99). Nach Jeddah: SAPTCO-Busse tgl. 6–22 Uhr zur vollen Stunde.

Jeddah und die Zentren am Roten Meer

Tipp: Hedschas-Bahn (Hijaz Railway)

Die **Hedschas-Bahn,** eine der großen Ingenieurleistungen zu Beginn des 20. Jh., steht im engen Zusammenhang mit dem Bau der Bagdad-Bahn. Sie wurde zwischen 1900 und 1908 im Auftrag des türkischen Sultans von deutschen Ingenieuren gebaut. Die einspurige Linie verband das syrische Damaskus mit der Heiligen Stadt Medina und galt damals als die bestgebaute Eisenbahn der Welt.

Ihre Trasse folgte der alten Pilgerroute durch den Hedschas und sollte die Anreise der Pilger nach Mekka erleichtern; viele Muslime aus aller Welt spendeten deshalb Geld für den Bau. Doch für die Türkei hatte die Bahnlinie zuallererst militärstrategische Bedeutung. Sie versorgte die türkischen Truppen an der Westküste der Arabischen Halbinsel und in der Stadt Medina. Während des Ersten Weltkrieges war sie deshalb das Angriffsziel des Engländers T. E. Lawrence (Lawrence von Arabien), dem es mit kleinen Gruppen von Beduinen mehrmals gelang, Gleise zu sprengen und Bahnstationen anzugreifen. 1917, nur neun Jahre nach der Einweihung und kurz vor dem Ende des Ersten Weltkrieges, blieb die Hedschas-Bahn für immer stehen. Heute kann man sie nur noch als touristisches Event auf der Teilstrecke zwischen Amman und Damaskus benutzen.

Madain Saleh, 20 km hinter Al Ula, war eine besondere Station: Sie war außergewöhnlich groß, und noch heute stehen hier entlang des Damms viele der Steinhäuser des Bahnpersonals. Zur Station gehört ein Lokomotivschuppen mit einem ziegelgedeckten Dach; seine Blechschornsteine, die im Laufe der Jahre abknickten, sind schon von ferne zu erkennen. Im Schuppen steht eine Lokomotive, vor dem Schuppen der dazugehörige Kohlenwagen, auf verschiedenen Nebengleisen viele zerstörte Waggons. Tausende von eisernen Eisenbahnschwellen findet man in der näheren Umgebung der alten Trasse zweckentfremdet als Zaunpfähle wieder.

12 Madain Saleh ▶ 6, B 2

Die nabatäischen Felsengräber von **Madain Saleh** (Stätte des Saleh) sind die eindrucksvollsten vorislamischen Kulturdenkmäler in Saudi-Arabien. Die arabischen Nabatäer, die seit dem 5. Jh. v. Chr. von ihrer Hauptstadt Petra (im heutigen Jordanien gelegen) aus den Norden der Arabischen Halbinsel beherrschten und damit die Handelswege zwischen Indien und dem Mittelmeer kontrollierten, dehnten sich um 100 v. Chr. entlang der Westküste der Halbinsel nach Süden aus und gründeten als Zentrum ihrer Südprovinz zum Schutz des strategisch wichtigen Wadi al Ula die Stadt Hegra (das spätere Madain Saleh). Erst im Jahr 106 besiegten die Römer das Nabatäerreich endgültig. Die Gräberstadt ist etwas kleiner als Petra, die Landschaft hingegen präsentiert sich in Madain Saleh dagegen abwechslungsreicher.

Über die Nabatäerstadt Madain Saleh lastet der Fluch einer *fatwa* des Propheten. Eine *fatwa* ist ein islamisches Rechtsgutachten, das von einem Mufti herausgegeben wird. Im Koran (Sure 11, Hud) wird Madain Saleh als Stadt der Tamud und ihres Anführers Saleh genannt, die sich weigerten, Allah zu dienen. Weil man einst meinte, in den Grabbauten die Häuser der Tamud erkannt zu haben, blieb die Stätte mitten in der Wüste für Muslime tabu und für Europäer nicht zugänglich. Zum ersten Male beschrieben 1902 zwei französische Dominikaner im Zuge des Baus der Hedschas-Bahn Madain Saleh. Erst seit 1997 erlaubt Saudi-Arabien die Erforschung der antiken Wüstenstadt, die heute zum Welterbe der Unesco zählt.

Von den ca. 80 Grabstätten in dem ca 10 km² großen Gebiet sind die meisten sehr gut erhalten. Besonders eindrucksvoll wirken ihre Fassaden, an deren Gestaltung sich der Wohlstand des jeweiligen Stifters ablesen lässt. An einzelnen unvollendeten Gräbern kann man gut erkennen, dass die Arbeiten von oben nach unten und zugleich immer

Von Jeddah entlang der Küste in den Norden

auch nach rechts und links durchgeführt wurden. Mit Gerüsten zu arbeiten war damals mangels Holzstämmen an diesem Ort nicht möglich. Die Portale sind einander sehr ähnlich: rechts und links je eine Säule, darüber ein hellenistisch beeinflusster Giebel, dazwischen der Eingang, den sechsblättrige Rosetten oder Masken mit Darstellungen aus Mythen zieren. Über dem Giebel thronen gelegentlich Adler, denen allerdings meist schon der Kopf abgeschlagen wurde. Zwei amphorenähnliche Vasen zu beiden Seiten des Giebels runden oft den Portalschmuck ab. Im ausgemeißelten, schmucklosen Innenraum sind in den Boden und/oder horizontal in die Seitenwände Grabnischen geschlagen, Ruhestätten für Familien, über deren Identität die aramäische Inschrift über dem Eingang Auskunft gibt. Die Inschriften sind gut erhalten. Daher weiß man, dass auch Frauen eigene Gräber besaßen, und manchmal werden auch die Namen der Steinmetze erwähnt.

Die Monumentalgräber mit den prunkvollen Fassaden waren den noblen Familien von Hegra vorbehalten. In ihren Kammern findet man bis zu 30 Nischen. In einfachen Nischen, die in die nackten Felswände außerhalb der Monumentalgräber geschlagen wurden, beerdigten diejenigen Bewohner von Hegra ihre Toten, die sich keine großen Gräber leisten konnten. Alle Gräber wurden bereits in der Antike geplündert. Geblieben sind nur die Dekorationen und Inschriften.

Der größte in den Fels gemeißelte Innenraum in Madain Saleh ist die **Majlis as Sultan,** eine ehemalige Kultstätte mit 8 m Deckenhöhe und ca. 100 m^2 Grundfläche, die sehr an Vorbilder in Petra erinnert.

Oft liegen mehrere Grabstätten dicht beieinander. Der größte zusammenhängende Komplex mit 23 Gräbern wird **Qasr al Bint** (Schloss des Mädchens) genannt. Aber es gibt auch Einzelgrabstätten in isoliert gelegenen Findlingsfelsen. Bei einigen Gräbern, besonders an dem gen Westen gerichteten Komplex Hreba mit 13 Grabstätten, liegen die Eingänge mittlerweile bis zu 3 m über der Erde, weil der Wind den Sandboden am Fuße der Grabstätten im Laufe der letzten 2000 Jahre abgetragen hat.

Bleibt die Frage, wie konnte sich das Beduinenvolk der Nabatäer, von dem der römische Historiker Strabon berichtet, dass es bei Angriffen in die Wüste floh, derartigen Luxus leisten. Dazu gibt es viele Deutungen und Interpretationen, darunter eine sehr wahrscheinliche. In der Antike war die Oase Hegra ein Stützpunkt für Kamelkarawanen in der Mitte ihres Weges vom heutigen Jemen zu den Häfen des Mittelmeerraums. Die Karawanen waren überwiegend mit Luxusgütern beladen. Gewürze und Seide aus Indien, Elfenbein aus Afrika, Weihrauch aus dem Süden Arabiens. Die Handelswege der Karawanen verbanden Ägypten mit Syrien und Süd-Arabien mit dem Mittelmeer. Die Nabatäer strichen hier für Zwischenhandel und Zölle hohe Gewinne ein und stiegen so zu einer bedeutenden Handelsmacht auf. Eine weitere lukrative Einnahmequelle der Nabatäer war der Handel mit Teer, das in Ägypten zur Einbalsamierung verwendet wurde.

Infos

Vorwahl Madain Saleh: 04
www.al-ola.com: Website der nahe gelegenen Stadt Al Ula mit Informationen über Madain Saleh.
Vorbereitung des Ausflugs: Das ca. 400 km von Jeddah entfernte **Medina** ist als Ausgangspunkt oder als Zwischenstation für den Besuch von Madain Saleh sehr gut geeignet. Als Nicht-Muslim muss man dort außerhalb der Stadt und des Heiligen Bezirks wohnen. Christliche Europäer bevorzugen deshalb das Sheraton Medinah, das diese Bedingungen erfüllt.

Madain Saleh kann man nur per Pkw besuchen. Außerdem muss man eine **schriftliche Erlaubnis** für den Besuch besitzen. Sie wird vom Director General des Department of Antiquities and Museums in Riyadh (Tel. 01-411 57 77, Nebenstelle 233) erteilt. Vom Genehmigungsschreiben unbedingt eine Durchschrift geben lassen und viele Kopien anfertigen, von denen man jeweils eine bei den Kontrollposten hinterlassen kann! Weniger

Jeddah und die Zentren am Roten Meer

zeitraubend ist es, sich einer **organisierten Tour** – z. B. des Sheraton Hotel in Medina oder des Arac Hotels in Al Ula – anzuschließen. Sie besorgen die Unterlagen bei Übernachtungsbuchungen kostenlos.

Übernachten

Angenehmes Rasthaus ▶ **Arac Hotel Al Ula:** an der Kreuzung Al Madain St., Ecke Medina Rd., Tel. 884 44 44, Fax 884 00 00, www.arac.com.sa. Großzügige Motelanlage 22 km von der Nabatäerstätte Madain Saleh entfernt, mit Garten und zwei Restaurants. 42 Zimmer, DZ ab 200 SR.

Verkehr

Von **Medina** aus fährt man in Richtung Tabuk auf der neuen Autobahn (Freeway). Nach 200 km stößt man auf den Abzweig nach Al Ula. Die asphaltierte Straße folgt jetzt mehr oder weniger der alten Hedschas-Bahn, stellenweise verläuft sie genau parallel zum Bahndamm. Dass es sich um einen Bahndamm handelt, sieht jedoch nur derjenige, der die Gegend kennt. 357 km nach Medina erreicht man eine Gabelung: Rechts führt eine asphaltierte Straße nach Al Ula, geradeaus die Straße nach Wedj am Roten Meer (ca. 200 km).

Vorbei an Palmenhainen erreicht man nach ca. 10 km **Al Ula,** ein lang gezogenes Straßendorf (am Ortsende eine **Polizeikontrolle**). Jetzt sind noch 19 km befestigte Piste bis zu den Grabstätten von Madain Saleh zurückzulegen. Vierradgetriebene Wagen sind von Vorteil, aber nicht unbedingt notwendig, da unter der Piste oft fester Untergrund ist. Die Gräber befinden sich in den Felswänden zu beiden Seiten des stellenweise bis zu 3 km breiten Tals, durch das die Trasse der Hedschas-Bahn führte. Auf der rechten Seite des Bahndamms, ca. 500 m vor der Eisenbahnstation, muss man zur **Polizeistation** *(Markas ash shurta)* abbiegen, in der wieder eine langwierige Kontrolle erfolgt. In dem Polizeizelt bekommt man einen Führer zugewiesen, der nur arabisch spricht, aber die Zufahrtswege zu den Sehenswürdigkeiten genau kennt. Die Rundfahrt, die man mit dem eigenen Wagen durchführen muss, dauert mindestens 3 Stunden.

Die Heiligen Stätten Mekka und Medina

In Saudi-Arabien liegen die beiden wichtigsten Stätten des Islam: Mekka, der Wallfahrtsort mit der Kaaba, und Medina, die Stadt des Propheten, in deren Grüner Moschee er begraben wurde. Deshalb trägt der saudische König auch den Titel: Hüter der Heiligen Stätten. Um den drittheiligsten Ort des Islam, Jerusalem, mit Felsendom und Al Aqsa-Moschee, streiten sich heute Israelis und Palästinenser.

Waren die Pilger früher die Haupteinnahmequelle des Staates, so gibt das saudische Königreich heute jedes Jahr mehrere 100 Mio. Riyal für die Organisation der Pilgerreisen im Monat **Hadsch** aus. Jedes Jahr reisen über 2 Mio. Pilger nach Mekka. Tausenden von muslimischen Brüdern aus armen Staaten bezahle der König dabei die Reise aus eigener Tasche, so verkündet sein Pressesprecher.

Mekka ▶ 6, B 4

Makkah al Mukaramah – das heilige **Mekka,** unter Muslimen auch Umm al Qura (Mutter aller Orte) genannt – liegt 70 km östlich von Jeddah 260 m hoch im schmalen Wadi Ibrahim, von zwei hohen Bergketten eingeschlossen. Es ist die Geburtsstadt des Propheten Mohammed, obligatorischer Wallfahrtsort aller Muslime und deshalb Zentrum der islamischen Welt. In der ganzen Welt neigen sich Muslime beim Gebet fünfmal am Tag gen Mekka; die Gebetsnische in jeder Moschee weist ihnen die entsprechende Himmelsrichtung.

Nicht-Muslime dürfen die Stadt nicht betreten; sie werden an einem 15 km außerhalb gelegenen Kontrollpunkt abgewiesen. Alle Straßen in der Umgebung sind so angelegt, dass ›Ungläubige‹ das Zentrum der Heiligen Stadt nicht einmal sehen können. Flugzeuge dürfen sie nicht überfliegen.

Die Heiligen Stätten Mekka und Medina

Mittelpunkt der Stadt ist der Heilige Bezirk *(Haram)* um die Große Moschee mit ihren sieben Minaretten, in deren Innenhof die Kaaba mit dem heiligen Schwarzen Stein steht. Die Kaaba, ein leeres, quadratisches Haus, wurde der Legende zufolge von Abraham im Auftrag Gottes errichtet. Sie wird mit einem großen schwarzen Tuch bedeckt, in das die Namen Gottes eingewebt sind. 24 Stunden am Tag umlaufen Pilger die Kaaba und berühren und küssen an der sogenannten Yamani-Ecke den schwarzen Meteoriten. Von ihm wird überliefert, dass er weiß vom Himmel gefallen sei, sich aber durch die Sünden der Millionen von Pilgern schwarz gefärbt habe.

Die Stadt Mekka lebt von den Pilgern, deren Zahl seit 1989 quotiert wird, weil das Land nur bis ca. 2 Mio. pro Jahr organisatorisch verkraften kann. Deshalb wird pro Jahr nur eine bestimmte Zahl an Pilgern pro muslimischen Einwohner eines Landes die Einreise gestattet. Viele der ca. 500 000 Mekkaner verlassen zu Beginn des Pilgermonats ihre Stadt.

Infos
Vorwahl Mekka: 02

Übernachten
Heiliger Luxus ▶ **Makkah Intercontinental:** Al Khalil Rd., 10 km bis zur Kaaba, an der Straße von Jeddah, Tel. 5 60 10 00, Fax 560 20 00, www.interconti.com/makkah. Nur für Muslime! 2005 vollkommen restauriert, große geräumige Zimmer, großzügige Anlage, 166 Zimmer und 25 Suiten. Während der Pilgerzeit 100 % Aufschlag und 15 Tage Mindestbuchung. DZ 1200 SR.

Nicht für jeden ▶ **Youth Hostel:** Al Sharaie Taif Rd., King Abdul Aziz Sporting City, Tel. 524 04 14, Fax 524 09 66. Nur Muslime! Schwimmbad, 135 Betten, pro Person 18 SR.

Medina ▶ 6, B 3

Medinat al Nabi – die Stadt des Propheten, wie der vollständige Name lautet – liegt 180 km landeinwärts vom Roten Meer in 650 m Höhe, 425 km von Jeddah und 447 km von Mekka entfernt. **Medina,** als Yathrib schon in vorislamischer Zeit ein bedeutender Karawanenhandelspunkt, ist die zweitheiligste Stadt des Islam, denn ab 622 wirkte und predigte hier der Prophet Mohammed.

Das bedeutendste Bauwerk Medinas und eines der frühesten Beispiele des ›klassischen‹ islamischen Sakralbaus ist die Moschee des Propheten, deren Errichtung Mohammed 623 selbst in die Wege leitete und in der er seit 632 begraben liegt. In der Moschee befinden sich auch die Ruhestätten seiner beiden ersten Nachfolger, der Kalifen Abu Bakr und Omar. Über dem Grab des Propheten im Innenhof erhebt sich eine grüne Kuppel, nach der der Bau auch als Grüne Moschee bezeichnet wird. Die ursprüngliche Gestalt der Moschee – rechteckiger Grundriss mit vier Eckminaretten, großer, freier Innenhof mit mosaikverzierten Arkadengängen – hat sich trotz vieler späterer Ausschmückungen (vor allem unter der türkischen Herrschaft) und trotz mehrmaliger kostspieliger Erweiterungen (zuletzt 1978 für 50 Mio. SR) nicht verändert. Die herausragende Bedeutung der Medina-Moschee für Muslime aus aller Welt wird aus den überlieferten Worten Mohammeds deutlich: »Ein Gebet in meiner Moschee ist besser als 1000 Gebete in anderen Moscheen mit Ausnahme eines Gebets in der Moschee von Mekka; ein solches ersetzt 100 Gebete in meiner Moschee.«

Wie für Mekka gilt auch für Medina: Nicht-Muslimen ist der Zutritt verboten; unübersehbar markieren Straßenschilder den Heiligen Bezirk. Flughafen und Sheraton Hotel liegen deshalb außerhalb des *Haram.*

Infos
Vorwahl Medina: 04

Übernachten
Großes Haus für jedermann ▶ **Medina Sheraton:** Khalid ibn El Waleed Rd., Tel. 846 07 77, Fax 846 03 85. Nähe Flughafen, am Stadtrand außerhalb des Heiligen Bezirks. Dieses Hotel steht auch Nicht-Muslimen zum Übernachten offen. Für Gäste werden Reisen nach Madain Saleh organisiert, einschließlich Genehmigung. 189 Zimmer, DZ ab 580 SR.

Jeddah und die Zentren am Roten Meer

Die Pilgerfahrt nach Mekka

Jedes Jahr ist Saudi-Arabien für einige Wochen Gastgeber von mehr als zwei Millionen gläubiger Muslime aus aller Welt. Sure 3, Vers 97 des Koran verpflichtet nämlich alle Muslime, mindestens einmal im Leben nach Mekka zu pilgern, sofern es wirtschaftliche Situation und Gesundheit zulassen.

Die Pilgerfahrt, der *Hadsch,* muss im letzten Monat des islamischen Jahres durchgeführt werden; wer sie absolviert hat, fügt seinem Namen den Beinamen *hadschi* hinzu. Die in Mekka zu verrichtenden Zeremonien finden alljährlich zwischen dem 8. und dem 13. Tag des Dhul Hijra statt. Für Saudi-Arabien bedeutet diese Zeit den Höhepunkt des Jahres, und auch die nichtmuslimischen Besucher, die während des Pilgermonats die Arabische Halbinsel bereisen, geraten in den Sog dieses herausragenden Ereignisses.

Schon während der Fahrt nach Mekka, spätestens aber an der Grenze zum Heiligen Bezirk, der etwa 15 km vor Mekka beginnt und die Stadt in einem weiten Kreis umfasst, legt der Pilger nach gründlichem Waschen oder Baden das traditionelle Pilgergewand, das *ihram*, an. Es besteht aus zwei ungesäumten weißen Wolltüchern. Ein Tuch wird als Rock um die Hüfte getragen, das andere über die linke Schulter des Oberkörpers geschwungen; die rechte Schulter bleibt unbedeckt. Die einheitliche Kleidung aller Pilger hebt äußerlich alle Rang- und Standesunterschiede auf und symbolisiert ihre Gleichheit vor Gott. Für Frauen gibt es kein besonderes Gewand; ihre Kleidung muss aber unbedingt den Körper vollständig von Kopf bis Fuß bedecken.

Nach der Ankunft in Mekka besucht der Pilger zuerst die Große Moschee zum Begrüßungs-*Tawaf*. Im Innenhof umschreitet er betend siebenmal die Kaaba, danach versucht er, den heiligen Stein, den in der Südostecke der Kaaba in Silber gefassten Meteoriten, zu küssen und zu berühren. Anschließend begibt er sich zur Zemzem-Quelle, um sich zu erfrischen. Danach vollzieht jeder Pilger den *Say,* das siebenmalige Hin- und Herlaufen zwischen den Felsen Safa und Marwa. Die 450 m lange Strecke muss er zu Fuß zurücklegen, und zwar so schnell wie möglich. Heute verbindet eine überdachte Galerie beide Felsen. Der *Say* geschieht in Erinnerung an die verzweifelte Wassersuche Hagars, der Mutter Ismaels, die – von Abraham hier mit ihrem Kind ausgesetzt – dem Verdursten nahe war. Von Luftspiegelungen getäuscht, lief sie siebenmal erfolglos zwischen dem Safa- und dem Marwa-Felsen hin und her. Als sie sich verzweifelt wieder ihrem Kind zuwandte, das sie an der Stelle der Kaaba zurückgelassen hatte, öffnete sich der Boden, und eine Quelle – die Zemzem-Quelle – spendete das ersehnte Wasser. Abraham kümmerte sich schließlich doch wieder um Frau und Kind, richtete das alte hier befindliche Heiligtum wieder her und baute zum Schutze ein würfelförmiges Gebäude: die Kaaba.

Am achten Tag des Pilgermonats fahren die Gläubigen ca. 30 km gen Osten zur großen Ebene am Fuße des Berges Arafat und übernachten in einer riesigen Zeltstadt. Von dort ziehen sie am frühen Morgen des neunten Tages weiter zum Arafat. Hier treffen sie bis zum Mittag ein und verbringen den Rest des Tages bis zum Sonnenuntergang im Freien am Fuße

Der Hadsch

Thema

des Berges, dem Ort der letzten Predigt des Propheten. Dieser Predigt Mohammeds am Berg Arafat kommt ähnliche Bedeutung zu wie der christlichen Bergpredigt. »Auf Dein Geheiß, Herr, erscheine ich hier« sprechend, stehen die Gläubigen dicht an dicht. Dieses ›Verharren im Angesicht Gottes‹ und das Abendgebet am Berg Arafat bilden den Höhepunkt jedes *Hadsch*.

Auf dem Rückweg vom Berg Arafat nach Mekka machen die Pilger Station in Muzdalifa, einem Ort der Besinnung, und verbringen hier in der Ebene des nahe gelegenen Mina drei Nächte wiederum in einer Zeltstadt. Auf dem Weg nach Mina haben sie zuvor 49 kleine Steine aufgesammelt. Diese werfen die Pilger an den folgenden drei Tagen auf drei in runden Vertiefungen errichtete Steinsäulen, die den großen, den mittleren und den kleinen Teufel symbolisieren. Sie bekämpfen damit das Böse, genau wie Abraham, der den Teufel mit Steinwürfen verjagte, als dieser ihn in Versuchung führen wollte. Für viele Pilger wird der Satan hier Realität, und sie rächen sich für all die Versuchungen und Peinigungen, denen sie bisher erlegen sind. Manche werfen daher mehr als 49 Steine, darunter nicht nur kleine, andere schleudern sogar ihre Sandalen gegen die Steinsäulen. Die Menschen drängen sich bei den ›Teufeln‹ so sehr, dass die Stadtverwaltung große Fußgängerbrücken als zweite Ebene zum Steinewerfen errichtet hat. In der Nacht karren dann städtische Lastwagen aus Mekka die Steine wieder weg.

In Mina bringt der Pilger auch sein Schlachtopfer: Je nach Geldbeutel wird eine Ziege, ein Schaf oder ein Rind gekauft. Manche Pilger tun sich zusammen und opfern gemeinsam ein größeres Tier, z. B. ein Kamel. Mit dieser Opferung – das Tier wird eigens geschächtet – stellt der Pilger seine Bereitschaft unter Beweis, Gott alles zu geben. Das Fleisch der ca. eine Million geopferten Tiere wird nur zum Teil selbst gegessen; der Rest lagert in den Kühlhäusern der Stadt bzw. wird per Luftfracht an Muslime in afrikanischen Hungergebieten verteilt.

Nach dem Schlachtopfer führt der Weg nach Mekka zur Großen Moschee, und ein letztes Mal vollziehen die Pilger den *Tawaf*, d. h. sie umrunden wieder siebenmal betend die Kaaba und laufen siebenmal zwischen Safa und Marwa hin und her. Mit dem *Hadsch-Tawaf* ist der vorgeschriebene Teil der Pilgerfahrt abgeschlossen. Während dieser Zeit darf der Pilger sich nicht waschen (außer mit dem Wasser der Zemzem-Quelle), um die rituelle Reinheit nicht zu stören. Danach kehrt er ins normale Leben zurück, legt das *ihram* ab, säubert sich vom Schweiß der vergangenen Anstrengungen und lässt sich Bart und Haare schneiden. Obwohl der rituelle Haarschnitt nur das Schneiden dreier Haare verlangt, lassen sich viele *hadschis* den Kopf kahl scheren.

Auch außerhalb des Monats Dhul al Hijra kann man viele Leute im *ihram* sehen. Diese Pilger kommen, um die kleine Pilgerfahrt – die *Umra* – zu absolvieren. Diese, ursprünglich nur für die Gläubigen gedacht, die nahe bei Mekka wohnen und oft dorthin reisen können, besteht im wesentlichen aus dem *Tawaf* um die Große Moschee und kann an einem Tag erledigt werden. Die *Umra* ersetzt allerdings nicht die große Pilgerfahrt. Das Land Saudi-Arabien beschränkt den Aufenthalt für die *hadschis* per Visum auf sechs Wochen; zu groß ist nämlich die Zahl derjenigen unter ihnen, die nach der Pilgerfahrt im Lande bleiben und eine Arbeit aufnehmen möchten.

Jeddah und die Zentren am Roten Meer

Wallfahrt nach Mekka: für Muslime ›Mutter aller Orte‹ und Geburtsstadt des Propheten Mohammed

Standard ▶ **Al Atlas:** Al Annabia St., Tel. 826 11 44, Fax 822 01 85, schräg gegenüber dem Sheraton. 64 Zimmer, DZ 220 SR. Mittelklassehotel, große freundliche Lobby mit plätscherndem Brunnen.

Von Jeddah durchs Gebirge nach Abha

1980 wurde eine neue Küstenstraße entlang des Roten Meeres eröffnet, die die Fahrzeit zwischen der Hafenstadt Jeddah und der knapp 700 km südlich im Asir-Gebirge liegenden Stadt Abha um mehrere Stunden verkürzt. Nur Lastwagen und diejenigen, die es sehr eilig haben, benutzen diese Route. Die weitaus schönere ist die alte Verbindung auf den Höhen der südlichen Verlängerung Hedschas, die hier den Namen Asir trägt.

Es gehört zu den eindrucksvollsten Reiseerlebnissen auf der Arabischen Halbinsel, mit dem Auto aus der flachen **Tihama,** der Küstenebene entlang des Roten Meeres, auf kurvenreichen, in Serpentinen sich windenden Straßen hinauf in den **Hedschas** zu fahren. Dieser Gebirgszug erstreckt sich immer parallel zur Küste über Tausende von Kilometern hinweg und heißt im südlichen Teil Asir. Das Erlebnis einer solchen Fahrt hat man beispielsweise, wenn man von der Hafenstadt Yanbu hinauf nach Medina oder von Gizan am Roten Meer hinauf nach Abha reist. Besonders eindrucksvoll ist aber die Fahrt von Jeddah unter Umgehung der Heiligen Stadt Mekka hinauf nach Taif.

Von Jeddah durchs Gebirge nach Abha

Die Fahrt von Jeddah nach Taif dauert mit dem Pkw ca. 2 Stunden, wobei die letzte halbe Stunde den aufregendsten Blick hinunter zur Küste bietet. Die Straße ist neu und in bestem Zustand. Teile der alten Route sind noch zwischen den Kurven erkennbar. An der obersten Stelle, kurz vor dem Ort Al Hada, ca. 20 km vor Taif, bewohnt eine große Affenherde das Felsplateau. Sie grüßen besonders herzlich, wenn Bananen mitgebracht werden. Aber Vorsicht: Affen können beißen.

Wer von Jeddah nach Taif möchte, muss unbedingt darauf achten, dass er nicht auf der Makkah Road, sondern auf dem südlichen Makkah Bypass (for) all non-Muslims fährt, der um Mekka herumführt und so angelegt ist, dass ›Ungläubige‹ die Heilige Stadt nicht zu Gesicht bekommen. Man sollte auf dieser Route unbedingt einen Reisepass mitführen, falls man aus Versehen auf der Makkah Road landet. Dort kommt es häufig zu Polizeikontrollen!

Taif ▶ 6, B 4

160 km östlich von Jeddah und 90 km östlich von Mekka, 1700 m hoch in den Bergen des Hedschas, liegt **Taif** (Al Taif), seit alters her traditionelles Sommerresort für reiche Bürger dieser beiden Städte. Heute ist Taif offizieller Sommerregierungssitz des Königs. Seit dem Abriss der alten Stadtmauer im Jahre 1955 wuchs die Stadt rasant; heute leben ca. 1 Mio. Einwohner ständig in Taif, im Sommer sind es 100 000 mehr.

Die Bewohner von Taif bekehrten sich noch zu Lebzeiten des Propheten 631 zum Islam, und die Stadt stand seit dieser Zeit in loser Abhängigkeit der Sherifen von Mekka. Da diese seit dem 16. Jh. die Herrschaft der osmanischen Sultane anerkannten, überlebte Taif auch die Zeit der türkischen Besatzung. 1916 wurde es von haschemitischen Truppen erobert, 1924 erstürmten die Ikhwan-Truppen des Abdul Aziz die Stadt. Beide Male fielen Gebäude der Altstadt der Zerstörung anheim. 1930 siedelten sich ca. 2000 muslimische Chinesen in Taif an, die nach ihrer Pilgerfahrt nicht in das Reich der Mitte zurückkehren wollten; ihre Nachkommen tragen *thoub* und *gutra,* sprechen aber auch chinesisch. Mitten durch Taif führt das Wadi Wajj. Zu Taif zählen noch die Orte Ash Shafa (im Süden, im Gebirge am Rande des Escarpments) und Al Hada (im Nordwesten, an der Straße nach Mekka); hier liegen große Rosenfelder.

Das angenehme Klima (im Sommer zwischen 22 und 27 °C, im Winter zwischen 15 und 22 °C) und die umgebenden bis 2500 m hohen Berge machen die eigentliche Attraktion Taifs aus. Dank aufwendiger Restaurierungsarbeiten stehen wieder einige wenige Häuser und Sommerresidenzen mit gut erhaltenen Holzfenstern und -balkonen, wie sie für den Hedschas-Baustil typisch sind. Besondere Beachtung verdienen der **Shobra-Palast,** die frühere Sommerresidenz von König Abdul Aziz, und das **Al Baikawat-Haus**

Jeddah und die Zentren am Roten Meer

der Sherifen-Familie. Sehenswert und voll herrlicher Waren ist der alte Souq, ein überdachter Markt aus türkischer Zeit. In Taif sind in den letzten Jahren viele neue, z. T. durchaus architektonisch beeindruckende Bauten entstanden, z. B. das Ministerratsgebäude, das Kongresszentrum sowie die Moschee neben dem Royal Diwan.

Infos
Vorwahl Taif: 02

Übernachten
Der Klassiker ▶ Intercontinental: Airport-Hawiyah St., 18 km nördlich von Taif, Tel. 750 50 50, Fax 750 50 40, www.ichotelsgroup.com. Älteres Hotel, zweistöckig, großer Innenhof, wuchtiger Plüsch, feudal. 179 Zimmer, 35 Suiten, 24 Villen, DZ ab 380 SR Dez./Jan. (s. auch u.).

Glas und Beton ▶ Al Hada Sheraton: Al Hadda Ring Rd., Tel. 754 14 00, Fax 754 48 31. 1800 m hoch an der Straße nach Jeddah, neben dem Königspalast. Siebenstöckiger Dreiecksbau mit Schwimmbad. 250 Zimmer, DZ ab 360 SR.
Beide Hotels sind im Sommer (Juli/Aug.) teuer (DZ ab 1000 SR), bieten aber im Dez./Jan. preiswerte Package Tours an (2 Tage VP, Stadtrundfahrt, Transfer etc. für 600 SR).

Gediegen ▶ Al Taif Safari: Shobra St., Stadtmitte, Tel./Fax 736 78 00. Große Zimmer. DZ ab 64 SR.

Fast immer was frei ▶ Al Taif Governorate Youth Hostel: King Fahd Sportring City, Tel. 725 20 00, Fax 725 34 00, www.sayha.org. Älterer Bau mit drei Flügeln, 2002 renoviert, Schwimmbad. 160 Betten, pro Person 18 SR.

Aktiv
Disney in Arabien ▶ Al Roddaf-Vergnügungspark: im Süden der Stadt, www.alhokair.com. Zu den neuen Attraktionen der Stadt gehört eine Art arabisches Disneyland.

Ausflüge von Taif ▶ 6, B 4
Eine halbe Autostunde nordöstlich von Taif (33 km) in Richtung Riyadh (8 km hinter dem Flughafen) verläuft im rechten Winkel zur Straße eine Felsenkette, auf der in östlicher Richtung noch die z. T. restaurierten Anlagen einer türkischen Befestigung zu sehen sind. Diese Felsenkette trennt Taif von der Wüste. Wenn man vor der Felsenkette links in eine ausgefahrene Piste einbiegt, stößt man nach 2 km auf **Felszeichnungen** (Tiere, Jäger, Werkzeuge), die ca. 2000 Jahre alt sind.

Von der Straße nach Riyadh gibt es nach ca. 120 km einen Abzweig nach Norden, nach **Al Rawdan** und **Al Hofr** (Haffar), zwei sehenswerten kleinen arabischen Wüstendörfern mitten in den vulkanischen Hedschas-Bergen. 5 km hinter Al Hofr liegt nordöstlich der große **Wahbah-Krater,** ein 250 m tiefer, runder Trichter von 3 km Durchmesser, an dessen Rändern sich große Lavabrocken befinden.

Baha, Baljurashi, Halaba und An Nawas ▶ 6, B 4–C 5
Am südlichen Stadtrand von Taif beginnt die **Taif–Abha Road,** die sich mehr als 500 km kurvenreich durch das Gebirge windet. Zudem liegt sie oft in Wolken, sodass man sich auf eine langsame Reisegeschwindigkeit einstellen muss.

Die Asphaltstraße führt entlang dem Höhenzug des Gebirges, schlängelt sich in Haarnadelkurven bergauf und bergab, durchquert mehrere Hochebenen und erreicht 220 km hinter Taif die Stadt Baha. Entlang der Strecke stehen auf den höheren Erhebungen noch die alten Wachttürme, die früher eindringende Feinde rechtzeitig erkennen ließen.

Die kleine Stadt **Baha** (Al Baha) hat sich selbst zu Recht den Beinamen ›Gateway to the Asir‹ zugelegt. Denn hier in 2000 m Höhe bewegt man sich inmitten hoher, duftender Wälder aus Wacholder, trifft auf viele Nadelbäume und spürt die Frische der von ausreichendem Regen tiefgrünen Vegetation. Der Ausblick über die Berge und Schluchten ist atemraubend. Auf gleicher Höhe wie Baha liegt 40 km weiter südlich **Baljurashi,** ein wegen des Gemüseanbaus bekannter Marktflecken. Ab jetzt führt die Straße durch eine Terrassenlandschaft immer entlang des Felsabbruches, der herrliche Ausblicke ermöglicht.

Besonders eindrucksvoll erlebt man das in **Halaba** ca. 40 km vor An Nawas: Die Straße schlängelt sich an Felskanten entlang, an den abfallenden Hängen arbeiten Bauern auf ihren Terrassenfeldern, und tief unten erstreckt sich das breite Wadi mit seinen Seitentälern. Auch die Farben der Felsformationen wechseln jetzt häufiger zwischen Sandsteinrot, Granitgrau und Ockergelb.

Wer jetzt nicht länger auf der Taif–Abha Road durch das Asir-Gebirge fahren möchte, kann in **An Nawas** nach Westen auf einer neuen asphaltierten Straße hinunter in die Tihama abbiegen. Wer sich für die Gebirgsroute entscheidet, erreicht **Tanumah,** einen kleinen Ort, dessen Souq noch heute die umliegenden Dörfer mit dem Notwendigsten versorgt. Hinweisschilder hinter dem Ortskern zeigen den Weg zu den Wasserfällen von Al Jarrah. Es geht vorbei an den Dörfern Al Abaid, Al Asak, Al Kamel und Al Amir, von denen man eine wunderschöne Aussicht bis hinunter in die Tihama genießen kann. Von den Früchten der hier intensiv betriebenen Landwirtschaft kann man sich auf den örtlichen Märkten ein gutes Bild machen. 80 km hinter Al Amir erreicht man Abha.

Übernachten

Bergblick ▶ **Baha Palace Hotel:** King Khaled Rd., Stadtzentrum Baha, Tel. 07-725 20 00, Fax 07-725 47 24. Dreistöckiges Haus. Man hat eine schöne Aussicht auf die Gebirgsstraße. 86 Zimmer, Schwimmbad, DZ ab 150 SR.

Preisgünstig ▶ **Al Baha Youth Hostel:** Al Aqeeq Rd., King Saud Bin Abdul Aziz Sporting City, Tel. 02-725 07 32, Fax 02-725 19 88. Mit Schwimmbad. 120 Betten, pro Person 18 SR.

Abha ▶ 6, C 5

Verwaltungshauptstadt der Provinz Asir ist heute das 675 km südlich von Jeddah am Westrand des Asir-Gebirges in 2300 m Höhe gelegene **Abha.** In den Sommermonaten ist Abha ein beliebter Ferienort vieler Saudis. Der Einfluss des benachbarten Jemen ist in der Architektur der Häuser und in der offenen, weit weniger traditionellen Art der ca. 200 000 Einwohner zu spüren.

Der Ort eignet sich dank seiner Lage im landschaftlich schönsten Teil Saudi-Arabiens klimatisch hervorragend als Ausgangspunkt für Touren im 455 ha großen **Asir National Park.** Dieses Landschaftsschutzgebiet, nach dem Vorbild amerikanischer Nationalparks angelegt, erstreckt sich von der Küste des Roten Meeres bis zum Bergplateau des Asir-Gebirges und bietet der unterschiedlichsten Fauna und Flora einen idealen Lebensraum. Für Rundfahrten durch den Asir National Park, der aus mehreren abgegrenzten Einzelparks besteht (die beiden größten heißen Al Qarah und Al Soudah), braucht man einen Pkw. Die Anlage verfügt über ein ausgezeichnetes Informationszentrum, zwei Campingplätze (Al Soudah und Al Dalaghan), mehrere Aussichtspunkte (z. B. Al Qarah und Al Hadbah) und eine Badebucht (Al Shuqaya). Bereits 25 km hinter Abha hat man vom Al Soudah, auf den eine Straße hinaufführt, einen herrlichen Blick über den ganzen südlichen Asir. Der Al Soudah ist mit 3015 m der höchste Berg des Königreiches.

Um Abha herum führt eine Ringstraße. An ihr liegen ein großer Stausee, dessen Mauern 350 m lang und 30 m hoch sind und – untergebracht in einem ehemaligen türkischen Fort – ein **Naturkundliches Museum** mit einer Reliefdarstellung der Region und vielen Artefakten aus dem Asir (Museum: Ring Rd., Shada Palace, Tel. 225 09 08, Sa–Mi 10–12 Uhr).

Den schönsten Blick über die Stadt und den Stausee hat man vom ›**Grünen Berg**‹, den man mit dem Pkw leicht erreicht. Der Name des Berges rührt daher, dass er nachts grün angestrahlt wird.

Infos

Vorwahl Abha: 07
Information über den Asir National Park: www.saudiinf.com und National Commission of Wildlife Conservation and Development, www.ncwcd.gov.sa.

Jeddah und die Zentren am Roten Meer

Übernachten

Traumhafte Aussicht ▶ Abha Intercontinental: in Al Soudah (20 km bis Abha), Tel. 224 77 77, Fax 224 41 13, www.intercontinental.com. Unübertrefflich schöne Lage auf der höchsten Erhebung des Landes am Rande des Naturschutzgebietes, ursprünglich als Palast eines Al Saud-Prinzen gebaut. Hallenbad, Fitnesscenter. 130 Zimmer, 20 Suiten, DZ ab 300 SR, Suite ab 400 SR.

Bürgerlicher Palast ▶ Abha Palace: Nahran Rd., an einem See, ca. 1,5 km zum Zentrum, Tel. 229 44 44, Fax 229 55 55, www.abhapalace.com.sa. Zentrale Lage, geschmackvolle Eleganz, großer Spabereich. 136 große Zimmer, DZ ab 280 SR.

Seeblick ▶ Al Bouhaira: Soudah Rd., 12 km vom Flughafen, 3 km vom Zentrum, am Rande des Abha Lake, Tel. 224 64 58, Fax 224 75 15. Herrlicher Blick über den See, Autovermietung, Schweizer Management. 100 Zimmer, DZ ab 180 SR.

Motel-Charakter ▶ Al Sarawat: in der Nähe des Al Bouhaira Hotels, an der Südseite des Abha Staudamms, Tel. 224 21 15, 224 13 28. Flachbau, großer Innenhof. Busverbindung zum Flughafen. 55 Zimmer, DZ 90 SR.

Zentral ▶ Abha Hotel: King Abdul Aziz St., im Zentrum gegenüber der Post, Tel. 230 55 58, Fax 230 55 59. Sechsstöckiges Haus, 18 große Zimmer. DZ ab 60 SR.

Wanderherberge ▶ Abha Youth Hostel: Prince Sultan ibn Abdulaziz Sport City, Tel. 227 71 27, Fax 227 72 82. Älterer, zweistöckiger Flügelbau, renoviert, mit Schwimmbad, 150 Betten, pro Person 18 SR.

Einkaufen

Korb und Tuch ▶ Abha ist berühmt für seine **Korbprodukte.** Jeden Dienstag am Markttag und an anderen Wochentagen verkaufen unverschleierte Frauen herrliche Korbwaren großteils aus eigener Fertigung (z. T. aber auch *made in India*), ebenso **Wickeltuchröcke,** die die Mode in der Tihama bestimmen.

Verkehr

Flughafen: an der Abha-Khamis Mushayt Rd. **Saudia,** Tel. 224 60 21, Main St. Flugverbindungen nach Jeddah (3 x tgl.) und Riyadh (4 x tgl.).

Transfer zur Innenstadt: mit dem Taxi (ca. 60 €); keine Busverbindung.

Ausflüge von Abha ins Landesinnere

Khamis Mushayt   ▶ 6, C 5

Auf der Schnellstraße Abha–Khamis Mushayt liegt nach ca. 15 km auf der rechten Seite unübersehbar der große SPF (South Precast Factory) Compound, in dem Fertigbeton hergestellt wird. Von hier sind es noch 10 km bis nach **Khamis Mushayt.**

Die Stadt liegt nordöstlich von Abha am Rande eines Bergplateaus. Wegen ihrer strategisch günstigen Lage befinden sich hier große Armee- und Luftwaffenstützpunkte mit Niederlassungen amerikanischer Militärausrüstungs- und Wartungsfirmen. Im 1800 m hoch gelegenen Khamis Mushayt leben heute 100 000 Einwohner. Das Zentrum der Stadt ist der Verkehrskreisel mit dem Uhrturm an der Großen Moschee.

Der Name der Stadt bedeutet Donnerstags-(Markt) der Mushayt, eines im Asir heimischen Stammes. Der Souq, bekannt für seinen wunderbaren jemenitischen Silberschmuck, ist noch immer (nicht nur am Donnerstag) die Attraktion der Stadt und ihrer Umgebung.

Infos
Vorwahl Khamis Mushayt: 07

Übernachten

Angenehmes Ambiente ▶ Khamis Mushayt Trident: Al Hizram Ring Rd., 20 Min. vom Flughafen Abha auf einem Hügel im Zentrum, Tel. 223 34 66, Fax 222 08 28. Siebenstöckiges Hochhaus, Hallenbad, vom AAA als gut bewertet. 175 große Zimmer, freundliche Einrichtung. DZ ab 280 SR.

Praktisch und gut ▶ Al Wessam Hotel: im Zentrum, Tel. 221 92 29, Fax 223 16 92. Arabisch geführtes Hotel, sehr einfach, aber sauber. 40 Zimmer, DZ ab 80 SR.

Einkaufen

Silber-Souq ▶ im Zentrum neben dem Rado Tower.

Najran ▶ 6, C 5

Von Khamis Mushayt sind es ca. 240 km bis zur nahe der jemenitischen Grenze liegenden, alten **Oase Najran**. Die neue Gebirgsstraße führt in südöstlicher Richtung über mehrere Pässe, alle zwischen 2000 und 2600 m Höhe. Ca. 50 km vor Najran verlässt die Straße das Gebirge und führt 800 Höhenmeter ›hinunter‹ in die 1200 m hoch liegende historische Oasenstadt am Rande der Rub al Khali.

Najran gehörte bis 1934 zu Jemen; entsprechend ist der jemenitische Einfluss in Architektur und Kleidung. Der architektonisch reizvolle Teil der Stadt liegt hinter dem Zentrum. Dazu gehören die **Festung Qasr Aba al Saud**, eine Bravourleistung jemenitischer Lehmarchitektur, und die vielen, schönen, alten, bis zu vier (!) Stockwerke hohen Lehmhäuser entlang des von Dattelpalmen gesäumten Wadis.

In vorislamischer Zeit war Najran eine der bedeutendsten Städte der Halbinsel. Am Rande des großen, fruchtbaren Wadis gleichen Namens gelegen, schützte die Stadt die nördliche Grenze des Sabäerreiches und zog 24 v. Chr. ein römisches Expeditionscorps unter Leitung des Aelius Gallus an, das *Arabia Felix* unterwerfen wollte. Der Engländer Philby, im Auftrag von König Abdul Aziz 1934 in die Abtretungsverhandlungen mit Jemen einbezogen, entdeckte das südlich der heutigen Stadt liegende, alte, von Aelius Gallus als Negrana überlieferte Najran. Ausgrabungen bestätigten, dass es sich um das im Koran beschriebene Al Ukhdad handelt, dessen christliche Bewohner 522 von dem einfallenden jüdischen König Dhu Nawas verbrannt wurden (Sure 85). Das **Najraner Museum of Archaeology and Ethnology** in der Anlage von Al Ukhdad vermittelt einen guten Überblick über die lange Geschichte dieser Oasenstadt (So–Mi 9–12 Uhr, Eintritt frei).

Infos

Vorwahl Narjan: 07

Übernachten

Familienfreundlich ▶ **Holiday Inn Hotel:** Airport Rd., 7 km bis zum Zentrum, Tel. 52 22 52 22, Fax 522 12 77, www.holiday-inn.com/najran. Fünfstöckiger Hochbau, 2005 vollkommen renoviert, arabisch geführt. Großer Pool, alle Zimmer mit Kitchenette. 86 Zimmer, 12 Suiten, DZ ab 220 SR.

Stadtwohnungen ▶ **Najran Hotel:** King Abdul Aziz St., Tel. 522 17 50, Fax 522 14 18. Neues modernes Haus in zentraler Lage. 35 Zimmer, DZ ab 120 SR.

Gediegen ▶ **Youth Hostel:** King Saud Rd., gegenüber der Najran Secondary School, Tel. 523 60 40, Fax 523 59 00. Großzügiges, älteres Gebäude. 60 Betten, pro Person 18 SR.

Verkehr

Flughafen: 35 km außerhalb, nur Taxi-Anbindung, Flugverbindungen 2 x tgl. nach Jeddah, 1 x tgl. nach Riyadh. **Saudia:** Main St., Tel. 224 60 21.

Ausflüge von Abha ans Rote Meer

Al Birq, Al Qunfidhah, Gizan
▶ 6, B/C 5

Die erste Straßenverbindung von Abha (2200 m) hinunter ans Rote Meer wurde 1981 nach heftigen Regenfällen im unteren Verlauf des Wadi Dila samt mehreren Brücken einfach weggespült. Die neue, aufwendig gesicherte Straße von 1999 blieb bisher von größeren Schäden verschont.

Wer nach 80 Straßenkilometern südlich von Abha den Ort **Al Darb** erreicht (Luftlinie zwischen beiden Orten 48 km), hat eine der größten ingenieurtechnischen Leistungen im Asir-Gebirge kennen gelernt. Beladen dürfen Lastwagen nur bergauf die Strecke benutzen, bergab müssen sie leer und mit Sondergenehmigung fahren. Entlang der neuen Strecke mit zwei Tunneln und kräftigen Stahlbrücken sieht man immer wieder Autowracks und Teile der alten Brücken liegen. An den Hängen der Parkbuchten warten kurz hinter Abha Pavianhorden auf die Gaben der Reisenden.

Jeddah und die Zentren am Roten Meer

In Al Darb gabelt sich die Straße. In nördlicher Richtung erreicht man nach 20 km **Ash Shuqaiq** und von hier aus die zum Baden und Schnorcheln einladenden Strände am Roten Meer. 10 km nördlich der Stadt biegt am Haus der Coast Guard eine Piste nach Süden ab, auf der man einen herrlich weißen Sandstrand mit Palmen erreicht. Da an diesen Stränden in der Tihama keinerlei Infrastruktur existiert, muss alles mitgebracht werden. Folgt man der Küstenstraße weiter in Richtung Norden, stößt man auf viele kleine, alte Hafenstädtchen, z. B. **Al Birq** (20 km nördlich von Al Birq schöner Strand mit faszinierendem Korallenriff) und **Al Qunfidhah** mit der unter Naturschutz gestellten Vogelinsel Unn al Gammari. Nach ca. 700 km erreicht man schließlich Jeddah.

Will man von Al Darb nach **Gizan** (Jizan) fahren, muss man an der Gabelung die Südwestroute wählen. Über Al Sabya gelangt man nach 20 km zur südlichsten Hafenstadt Saudi-Arabiens. Gizan am Roten Meer nahe der Grenze zu Jemen ist heute Verwaltungssitz der Provinz. Das schwülheiße Klima trägt wesentlich zum morbiden Flair des heruntergekommenen Ortes bei. Wegen des salzigen Untergrunds sinkt Gizan pro Jahr um mehrere Zentimeter, viele Häuser sind zusammengefallen bzw. zeigen tiefe Risse. Die Architektur der Wohnhäuser ist geprägt von jemenitischen und türkischen Einflüssen. Erhalten ist das Kastell des türkischen Statthalters Dosariyah im Zentrum. Sehenswert ist auch der Idarisah-Palast mit wertvollen Ornamenten an der Außenfassade. Die Idarisah hatten um die Wende zum 20. Jh. Gizan und den südlichen Asir von ihrer nördlich gelegenen Hauptstadt Al Sabya aus in Besitz genommen. Fährt man in Richtung Abu Arish, hat man von einem befestigten Hügel einen schönen Blick über die Stadt.

Infos
Vorwahl Gizan: 07

Übernachten
Schön und sauber ▶ **Sahari Palace**: Gizan, Zentrum, an der Corniche Rd., 6 km vom Flughafen, Tel. 317 07 72. Sauberes Mittelklasse-Hotel. 53 Zimmer, DZ ab 110 SR.
Vor dem Frühstück schwimmen ▶ **Gizan Youth Hostel:** Gizan, Prince Abdullah St., Sporting City, Tel. 321 75 29, Fax 321 75 27. Mit Schwimmbad. 64 Betten, pro Person 18 SR.

Aktiv
Strände ▶ Schöne Strände gibt es bei **Ash Shuqaiq** und **Al Birq**.

Verkehr
Fluggesellschaft Saudia: Büro, Airport St., Al Rowda Quarter, Tel. 322 12 20.
Fähren: zu den Farasan-Inseln tgl. außer So, Abfahrt Gizan 7 Uhr, Abfahrt Farasan 15 Uhr, Fahrtdauer: 3,5 Std.; Reservierung sind notwendig (über Sahari Palace oder Tel. 317 18 57).

Ausflüge von Abha ans Rote Meer

Farasan-Inseln ▶ 6, B/C 5
Früher hatten die **Farasan-Inseln** große Bedeutung für den Handel am Roten Meer. Viele Bauwerke mit Ornamenten und eine 750 Jahre alte Moschee sind Zeugen ihres ehemaligen Ansehens. Qamah, eine der Farasan-Inseln, wird von der einheimischen Bevölkerung Bait al Alalman (Haus der Deutschen) genannt, weil hier die Türken vor dem Ersten Weltkrieg ein Fort für ihre deutschen Verbündeten errichtet hatten (zu sehen sind noch acht unfertige Befestigungsbauten aus Kalkstein). Die Farasan-Inseln waren damals eine wichtige Station für deutsche Kriegsschiffe, die hier auf dem Weg zu den damals ostafrikanischen deutschen Kolonien Kohle bunkern konnten.

Von den insgesamt 84 Inseln der Farasan-Gruppe sind nur zwei bewohnt. Die Fähre von Gizan transportiert nicht nur Personen, sondern auch Pkw. Von der größeren Insel (Great Farasan) kann man heute über eine Brücke zur nördlich gelegenen, kleineren (Little Farasan) fahren.

Infos
www.farasan.org: Infos zu Flora, Fauna und Geschichte der Inseln.

Übernachten
Inseltreff ▶ **Hotel Farasan:** am Hafen, Tel. 316 11 66, Fax 316 00 89 (Reservierung auch über Sahari Palace, Gizan). Dreistöckiges Haus, das liebevoll restauriert wurde. Es wird bevorzugt von Sporttauchern besucht, die auf der Insel ihren Sport betreiben. 20 DZ ab 250 SR.

Verkehr
Fähren: siehe Gizan.

Farbenprächtig: die Unterwasserwelt des Roten Meeres

Eastern Province

Am Golf entlang der saudi-arabischen Küste gegenüber von Bahrain entstanden auf engstem Raum drei neue Städte, die sich bis heute die Arbeits- und Entwicklungsaufgaben um das schwarze Gold teilen. An den historisch bedeutenden Orten der Eastern Province, in Qatif und Tarut und in der Oasenstadt Hofuf ist die Zeit dagegen stehen geblieben; hier ist man nur begrenzt auf Besucher vorbereitet.

In die Region am Arabischen Golf kam mit dem Erdöl über Nacht der Aufschwung. Hier, in der Eastern Province, liegen an Land und vor der Küste die großen Erdölvorkommen Saudi-Arabiens. Sie sind der Quell allen Reichtums und zugleich der verwundbarste Punkt des Königreiches.

Dort, wo sich heute die Hafenstadt **Dammam** ausdehnt, gab es vor 50 Jahren nur Wüste, wo **Dahran** mit seinem internationalen Flughafen liegt, standen vor dem Zweiten Weltkrieg mitten im Sand gerade ein paar mobile Wohncontainer für die US-amerikanischen Erdölbohrtrupps, und dort, wo sich heute die ›Wohnstadt‹ **Al Khobar** befindet, hatten wenige Fischer seit Jahrzehnten ihre provisorischen Hütten eingerichtet. Heute leben und arbeiten in dem größten industriellen Ballungsraum Saudi-Arabiens mehr als 4 Mio. Menschen.

Die drei Städte Dhahran, Dammam und Al Khobar sind durch gute Straßen und Autobahnen miteinander verbunden; Taxis und Busse verkehren regelmäßig in und zwischen den Städten. 1987 wurde südlich von Al Khobar der King Fahd Causeway als Brückenverbindung auf die Insel Bahrain eröffnet. Ihn überqueren pro Jahr mehr als 1 Mio. Besucher. Die meisten von ihnen sind Saudis und *expatriates,* die sich für ein Wochenende ins liberale Bahrain ›absetzen‹.

Das Gebiet um das Städtedreieck heißt regierungsamtlich **Eastern Province** (Ash Sharqiyya) und besitzt eine Küstenlänge von ca. 700 km. Die Küste spielte vor der Entdeckung des Erdöls nur eine geringe Rolle, auch wenn hier eine der alten Ost-West-Handelsrouten vor der Eröffnung des Suezkanals entlang lief und kleinen Handelsstationen wie z. B. Jubail und Tarut zu bescheidenem Wohlstand verhalf. Aber damals schon besaß die fruchtbare Oase von Al Hasa – das heutige Hofuf – große Bedeutung wegen der landwirtschaftlichen Produkte. Bis heute ist die Oase Hofuf die größte Dattelpalmenoase der Welt. Entlang der saudi-arabischen Golfküste hinterließen viele Kulturen, von den Großreichen Mesopotamiens über die Griechen und Römer bis zu den Türken und Briten eher bescheidene Spuren, bis das Gebiet unter König Abdul Aziz zu Beginn des 20. Jh. für die Al Sauds erobert wurde und heute das wichtigste territoriale Gebiet Saudi-Arabiens ist. Mit der Entdeckung des Erdöls und der nachfolgenden Industrialisierung erlangte das auch 120 km nördlich des Städtedreiecks liegende Jubail große Bedeutung.

Obwohl die drei Städte heute ineinander übergehen und im Grunde zu einer Großstadt zusammengewachsen sind, hat doch jede ihren eigenen Charakter bewahrt. Entlang der ca. 30 km langen Küste der drei Städte zwischen der Halfmoon Bay im Süden mit Al Khobar und der Insel Tarut nordöstlich von Dammam kann man auf schönen Straßen am Meer entlang fahren, die durchgängig als Corniche bezeichnet werden. Entlang dieser

Küstenstraße gibt es an der zu Al Khobar gehörenden Halfmoon Bay mehrere Ferien-Hotels (s. S. 370), in Damman den Al Hokair Happy Land and Fun Lake, größter Vergnügungspark der Eastern Province, und einen Dolphin Park.

Städtedreieck am Golf

So gesehen bietet das Städtedreieck das größte öffentliche Freizeit- und Unterhaltungsangebot für Familien in Saudi-Arabien. Ein Grund für diese Entwicklung einschließlich der hohen Subventionen für die Unterhaltungsparks, in denen immer auch in einem abgelegenen, sehr schön begrünten Teil eine Moschee steht, ist die Nähe Bahrains und das dortige Angebot an Amusement.

Das 1935 als Siedlung um das ARAMCO-Bohrloch 7 gegründete Dhahran gleicht heute einer amerikanischen Kleinstadt; hier leben insbesondere US-amerikanische und europäische Angestellte der großen Erdölgesellschaft. Das gesamte Gelände ist mit einem Zaun umgeben, an den Zufahrtsstraßen finden Kontrollen statt, Ausländerinnen fahren innerhalb der Umzäunung Auto. Angrenzend an das ARAMCO-Gelände entstand in Dhahran der King Fahd International Airport, heute die Drehscheibe der Region. Einen Steinwurf entfernt in nordöstlicher Richtung wurde 1946 der Tiefseehafen Damman auf dem Reißbrett entworfen. Heute ist Damman die bedeutendste Hafen- und Industriestadt am Golf, seit 1953 ist es Hauptstadt der Ostprovinz und Ausgangspunkt der Eisenbahnlinie nach Riyadh. Während in Damman 40 % aller ins Königreich importieren Waren in modernen Containerterminals an Land gebracht werden, erfolgt die Verladung des Erdöls 60 km weiter nördlich in Ras Tanura. Dort befindet sich der größte Erdölhafen am gesamten Golf. Die Hafenanlagen und Piers in Ras Tanura sind Besuchern verschlossen.

Wer in Damman oder Dhahran arbeitet, wohnt am liebsten in Al Khobar. Die schachbrettartig angelegte Neugründung liegt 18 km südöstlich von Damman an der Küste, und die Entfernung zum Flughafen Dhahran beträgt nur 10 Autominuten. In der gepflegten, ›grünen‹ Stadt kann man durchaus auch zu Fuß gehen. Der beliebteste Wohnort an der Golfküste hat heute als Sitz vieler Dienstleistungsfirmen und dank bester Einkaufsmöglichkeiten im Städtedreieck mehr als 400 000 Einwohner. Auch die schönsten Hotels der Region liegen hier.

Dammam ▶ 3, C 1

Die Erlöse der erfolgreichen Bohrungen am Bohrloch 7 im nahen Dhahran kamen seit den 1940er-Jahren zuerst der königlichen Familie, dann auch der seit 1963 neuen Hauptstadt der Region, **Dammam,** zugute. Innerhalb weniger Jahre wuchs die Stadt und hat heute ca. 800 000 Einwohner. Dazu trug auch der King Abdul Aziz Port, der zweitgrößte saudische Hafen (nach Jeddah) bei.

1952 wurde die von ARAMCO-Ingenieuren gebaute, 565 km lange Eisenbahntrasse über Haradh nach Riyadh fertig gestellt, 1985 eine zweite, direkte, nur 449 km lange ausschließlich für den Personenverkehr eröffnet. In Ergänzung mit den zwei mehrspurigen Schnellstraßen sind damit die Hauptstadt und das Städtedreieck sehr eng verbunden. Die Golfküste ist beliebtes Ausflugsziel der Hauptstädter.

Die naturhistorische und kulturbezogene Geschichte der Region der Eastern Province hat spektakuläre Spuren in Qatif und Tarut (s. S. 373) hinterlassen. Diese archäologischen Ausgrabungen stehen unter der Verantwortung des **Dammam Museums.** Es befindet sich im ersten Stock der Dammam Library gegenüber dem Stadion und stellt diese archäologischen Exponate aus (Sa–Do 9–13 Uhr, Eintritt frei).

Eine der touristischen Attraktionen Dammams für die einheimische Bevölkerung sind die Freizeitparks, allen voran der **Dolphin Park** und das **Al Hokair Happy Land and Fun Lake.**

Infos
Vorwahl Dammam: 03
www.dammam.gov.sa: Infos über Dammam.

Eastern Province

Chamber of Commerce and Industry: Dammam-Al Khobar Hwy., 3142 Dammam, Tel. 857 11 11, Fax 857 06 07, www.chamber.org.sa.

Übernachten

Bestes Haus am Platz ▶ Sheraton Dammam Hotel & Towers: First St., 15 Min. vom Flughafen, Tel. 834 55 55, Fax 834 98 72, www.sheraton.com. Hotelturm in zentraler Lage, einziges 5-Sterne-Hotel in Dammam. 265 Zimmer, alle mit Meerblick, Kinder bis 10 Jahre übernachten frei, DZ ab 480 SR.

Für Geschäftsabschlüsse ▶ Golden Tulip al Hamra: Zentrum, King Khaled St., Tel. 833 34 44, Fax 833 09 44, www.goldentulipalhamra.com. Mittelklasse-Hotel im Geschäftszentrum, 160 große Zimmer, zwei gute Restaurants. DZ ab 120 SR.

Orientalische Siedlung ▶ Dammam Hotel: First St., Tel. 83 29 00 00, Fax 833 74 75. Einfache Bungalows und komfortable Wohncontainer mit 60 Zimmern neben dem Sheraton, am Meer. DZ ab 60 SR.

Beliebt ▶ Youth Hostel: Al Khobar Rd., Tel. 857 53 58, Fax 857 95 24. Mit Schwimmbad. 200 Betten, pro Person 18 SR.

Weitere Hotels s. Al Khobar und Dhahran.

Essen & Trinken

Allahs Garten ▶ Al Kamal: First St., in der Nähe des Stadions, Tel. 829 00 16, So–Fr 12–15, 19–23 Uhr. Libanesisches Restaurant mit feiner arabischer Küche und gehobener Atmosphäre; mehrere Zwischengänge auf Kosten des Hauses. 5-Gänge-Menü ab 120 SR, Dattel-Champagner 80 SR.

Perfekt orientalisch ▶ Fayrouz: im Sheraton Hotel (s. oben), Tel. 834 55 55, tgl. 19–24 Uhr. Internationale Küche, jeden Do abend libanesisches Büfett. Fleischgerichte ab 24 SR, Büfett 140 SR.

Weitere Restaurants s. Al Khobar.

Einkaufen

Shoppingmalls ▶ s. Al Khobar S. 369.
Bettlektüre ▶ Jarilar Bookstore: First St., gegenüber Sheraton, Tel. 809 04 41.
Arabisches im Trend ▶ Al Waha: am Dammam Stadion, Tel. 826 68 02. Al Waha bietet ein großes Angebot an Mode und Möbeln für arabischen Geschmack, sehr große Parfumauswahl.

Aktiv

Vergnügungspark ▶ Al Hokair Happy Land and Fun Lake: Al Khalis Rd., am Meer, Tel. 809 12 15, www.alhokair.com. 20 000 m² großer Park, mit ca. 20 großen Fahranlagen (Achterbahn, Roller Coaster, Geisterbahn etc.) und vielen kleinen Unterhaltungsangeboten. So–Mi frei, Do/Fr pro Fahrt 5 SR.

Von Delfinen lernen ▶ Dolphin Park: Corniche, Tel. 809 48 23, Delfin-Vorführungen, Schwimmen mit Delfinen, Sa–Mi Eintritt frei, Sa nur für Männer.

Verkehr

Fluggesellschaft Saudia, Al Khobar, Gulf Center, Tel. 88 44 44.
Züge: Tel. 871 34 56, 871 22 22. 5 x tgl. nach Riyadh (über Hofuf und Abqaiq), Fahrzeit ca. 4 Std., Fahrpreis 60 SR (2. Kl.), 75 SR (1. Kl.), 150 SR (VIP-Lounge).
Busse: Fahrzeiten und Linien c/o SAPTCO, neben Govenor House, Tel. 834 25 45.
Taxis: Richtpreis innerhalb der Stadt je nach Entfernung 10–15 SR.
Leihwagen: Budget, First St., Tel. 832 55 33;
Avis (Zentrale), Dammam-Al Khober-Highway, Raka, Tel. 859 30 30.

Dhahran und die Erdöluniversität ▶ 3, C 2

Einst als Arbeitersiedlung der ARAMCO (Arabian American Oil Company) gegründet, wuchs die Stadt im gleichen Tempo wie die hier stationierten US-Bohrtrupps in der

---

Tipp: Tauchen am Golf

Auch wenn sie mit der felsigen Korallenküste des Roten Meeres nicht zu vergleichen ist, so besitzt die sandige Golfküste doch ihre Reize. Deshalb gibt es entlang den Ufern der **Halfmoon Bay** mehrere Sportstätten und Hotels mit Tauchschulen und Ausrüstungsverleih. Infos: www.arabiandivers.com.

Städtedreieck am Golf

Wüste fündig wurden. Der arabische Name **Dhahran** bedeutet soviel wie Zwei Hügel und trägt der Tatsache Rechnung, dass es in der Stadtmitte des flachen Dhahran heute noch zwei ca. 50 m hohe Anhöhen gibt.

Außerhalb der Enklave liegt in Dhahran auf einer Anhöhe inmitten der flachen Küstenebene die **King Fahd University of Petroleum and Minerals** (UPM). Sie nimmt eine fast ebenso große Fläche wie Flughafen und ARAMCO ein. Schon von weitem sichtbar ist der universitätseigene Wasserturm als Wahrzeichen einer der modernsten naturwissenschaftlichen Lehranstalten im ganzen Mittleren Osten. Gemäß königlichem Dekret soll diese 1964 eröffnete Spezialhochschule »… saudische Technologen hervorbringen, die – erstklassig ausgebildet – den Erdöl- und Mineralienreichtum des Königreiches zum Wohle des Volkes fördern und einsetzen« können. Ursprünglich als College gegründet, wurde sie 1975 zur Universität umgewandelt, erhielt 1984 ihren heutigen Namen und wurde um weitere naturwissenschaftliche Studiengänge bereichert. Heute lernen hier über 10 000 Studenten, darunter auch Nicht-Saudis. Der Lehrkörper besteht zu 80 % aus ausländischen Professoren und die Unterrichtssprache ist Englisch. Wie begehrt ein Studienplatz an der UPM ist, zeigen die Bewerberzahlen: Jedes Jahr melden sich über 10 000 Schulabgänger. Nach harten Auswahlverfahren werden für ein Vorbereitungsjahr 1000 Bewerber aufgenommen, von denen dann 500 pro Jahr die Zulassung für ein vierjähriges Studium der Erdölwissenschaften erhalten (www.kfupm.edu.sa); Führungen durch die Gebäude, die Bibliothek und über den weitläumigen Campus nach Vereinbarung).

Auf dem Gelände der UPM befindet sich das Dhahran Museum, das die Geschichte des Erdöls, Dokumentationen der Erdölförderung in der Rub al Khali sowie Filme über die Besonderheiten der Erdölgewinnung in Saudi-Arabien zeigt (Besuch nach vorheriger Vereinbarung, Tel. 874 74 00, Sa–Mi 7–18.30, Do 9–12, 15–18.30, Fr 15.30–18.30 Uhr, Eintritt frei, Besuch anmelden).

Infos
Vorwahl Dhahran: 03

Übernachten
Ruhig und international ▶ **Dhahran International Hotel:** am Flughafen, Tel. 330 50 00, Fax 330 55 50, www.srs-worldhotels.dha.hotel.com.sa. Weiträumiges Foyer, trotz Flughafennähe geräuscharm. Während des Golfkrieges das beliebteste Hotel westlicher Journalisten. 190 Zimmer, DZ ab 200 SR.
Weitere Hotels s. Al Khobar und Dammam.

Essen & Trinken
s. Al Khobar.

Verkehr
Flughafen: Tel. 894 55 55. Der King Fahd International Airport liegt zwischen Dammam und Dhahran. Die Abfertigungshallen für nationale und internationale Flüge liegen ca. 1 km auseinander. Im International Terminal befinden sich Geldwechsel, Telefon- und Faxeinrichtungen. Tgl. 10 x nach Riyadh und Jeddah, www.saudiairlines.com.
Fluggesellschaften: Saudia, Gulf Center, Prince Turki St., Al Khobar, Tel. 894 33 33, Zentrale 920 02 22 22.
Leihwagen: Die Agenturen am King Fahd International Airport haben 24-Stunden-Dienst: **Avis,** Tel. 883 87 91; **Hanco,** Tel. 883 87 62; **Budget,** Tel. 883 87 44.
Es gibt **keine öffentlichen Verkehrsmittel** am Flughafen, ausschließlich Taxis (Richtpreis nach Dammam oder Al Khobar ca. 30 SR).

Al Khobar ▶ 3, C 2

Das kleine Fischerdorf verlor endgültig seine Bedeutungslosigkeit im Jahre 1361 des islamischen Kalenders. Denn 1942 wurde 10 km östlich vom ARAMCO-Zentrum eine am Schachbrett orientierte Stadtplanung über die flache Küstenebene gestülpt und ein Jahrzehnt später leben hier bereits ca. 10 000 Menschen – fast ausschließlich ausländisches Erdölpersonal – in schönen Bungalows und freundlichen Apartmenthäusern. Die touristischen Attraktionen **Al Khobars** sind heute die Nähe zur **Halfmoon Bay** und

Eastern Province

der am südlichen Ende der Stadt liegende Strand um das Resort Sunset Beach mit seinen Wassersportattraktionen (z. B. Tauchen, s. S. 372). Zu der Attraktivität Al Khobars tragen auch seine vielen Hotels, deren Unterhaltungsangebote und seine Shoppingmalls bei. Die bedeutendste unter ihnen ist die **Al Rashid Mall,** die von außen einer Festung mit Toren und Türmen gleicht und innen alles bietet, was es in Ost und West zu kaufen gibt (tgl. 9–22 Uhr, www.alrashidmall.com).

Infos
Vorwahl Al Khobar: 03

Übernachten
Französische Kolonie ▶ **Le Meridien:** Corniche, Tel. 896 90 00, Fax 898 16 51, www.le meridien.com. Beliebtes Hotel am Meer, 2004 aufwendig renoviert, üppige Gartenanlagen, viele Freizeiteinrichtungen, 350 große Zimmer, schwere Möbel. DZ ab 780 SR.
Urlaub und Business ▶ **Al Gosaibi:** Talal Ave., Tel. 882 28 82, Fax 882 23 21, www.al gosaibi-hotel.com. Traditionsreiches Haus, ursprünglich ein Strand-Hotel, aber durch Landgewinnung heute einige hundert Meter zurückgesetzt. Das Haus bietet viele Annehmlichkeiten, großer Pool und Bowlingbahn. 301 Zimmer und 32 Suiten, DZ ab 520 SR, Suite ab 750 SR.
Business People ▶ **Carlton al Moaibed Hotel:** Tel. 857 54 55, Fax 857 54 43, www.carltonalmoaibedhotel.com. Älteres Mittelklasse-Hotel zwischen Al Khobar und Dhahran mit kostenlosem Shuttleservice im Städtedreieck. 153 Zimmer, 81 Suiten, 9 Villen, DZ ab 200 SR.

...in der Halfmoon Bay (in Reihenfolge ihrer Lage an der Al Khobar Corniche):
Badeurlaub ▶ **Holiday Inn Resort Half Moon Bay:** Azizia Area, Tel. 896 33 33, Fax 896 30 80, www.ichotelsgroup.com. 2002 eröffnetes StrandHotel mit vielen Wassersportangeboten. Große Zimmer, alle mit Kitchenette, DZ ab 300 SR.

Eastern Province, Dhahran: Sitz der saudi-arabischen Erdöluniversität

Städtedreieck am Golf

Eastern Province

Tipp: Frauen unter sich

Ein Tag im Pearl Spa, der luxuriösen Wellnessanlage des **Sunset Beach Resorts in Al Khobar** nur für Frauen, bedeutet grenzenlose Verwöhnung in märchenhafter Umgebung. Zum Pearl Center gehören auch ein Tea Room und eine Boutique mit Dessous-Abteilung mit ausschließlich weiblichem Personal (s. rechts).

Meer und Palmen ▶ Palm Beach Resort: Tel. 896 66 33, www.palmbeach-resort.com. Neue Bungalowanlage unter Palmen an der Westküste der Halfmoon Bay, schöner Strand. 165 DZ-Bungalows, 100 Apartments, alle mit Kitchenette ausgestattet, DZ Fr–Di ab 350 SR, Mi/Do 500 SR, an den Id-Feiertagen 800 SR.

Urlaub pur ▶ Al Khaleej Makarim Village: Tel. 896 36 66, Fax 896 37 00, www.alkhaleegvillage.com. Gepflegte Hotel-Bungalow-Anlage am Strand der Halfmoon Bay, Haus ab 700 SR.

Weitere Hotels s. auch unter Dammam und Dhahran.

Essen & Trinken

Bella Italia ▶ Mediterraneo: im Carlton al Moaibed Hotel (s. S. 370), Tel. 857 54 55, tgl. 12–15 und 19–23 Uhr. Bester Italiener im Städtedreieck, immer frische Zutaten. Tellergerichte ab 48 SR.

Europäer-Treff ▶ Flamingo: Dhahran Rd., im Stadtzentrum nahe SACO-Hochhaus, Tel. 897 51 78. Internationale Küche, sehr gute US-Steaks, aber auch belgische Waffeln. Dreigängiges Tagesmenü ab 38 SR.

Bollywood-Dorf ▶ Little India: am nördlichen Ende der Dhahran Rd., bei dem *landmark* Al Dewan Suites, tgl. 11–24 Uhr. Zwei Dutzend indische Restaurants und genau so viele Garküchen nebeneinander – die ganze kulinarische Breite des Subkontinents. Suppe ab 1 SR, Tellergericht 8 SR.

Born in the USA ▶ Steak House: Prince Faisal ibn Fahd St., Tel. 893 88 83, www.steakhousesa.com, tgl. 12–15, 19–23 Uhr. Steaks, wie man sie haben möchte – Fleischsorte und Gewicht bestimmt der Gast. 200 gr. Tenderloin 60 SR.

Einkaufen

Wo das Einkaufsleben pulsiert ▶ Haupteinkaufsstraße ist die King Khaled Street.

Shoppingmalls ▶ Al Rashid Mall: Dhahran Rd., Tel. 899 44 65, die größte Mall Saudi-Arabiens (s. S. 370); **Fouad Centre:** Corniche, Tel. 865 19 99, überschaubares Angebot, freundlicher Service, große Toy Town im Parterre.

Bücher ▶ Jareer Bookstore: Corniche, Tel. 894 33 21; **New National Bookstore:** c/o Al Rashid Mall, Tel. 899 33 63.

Aktiv

Wenn man Al Khobar in Richtung Süden auf der Corniche verlässt, führt die Straße im großen Bogen zur Halfmoon Bay und um die Bucht herum. Entlang diesem Abschnitt der Corniche liegen mehrere sehr schöne Freizeitparks mit Wassersportmöglichkeiten und neue Ferien-Hotels.

Wellness vom Feinsten ▶ Sunset Beach Resort & Spa: King Fahd Abdul Aziz St., Tel. 890 20 00, www.sunset-beach.com.sa. Am südlichen Ende Al Khobars. Edle Clubanlage an der Spitze einer Halbinsel, mit Marina, Sport- und Fitnessdepartment, Pool. Im Fantasy Park des Clubs steht eine sehr große und liebevoll gestaltete Anlage für Kinder mit Sportprogrammen (Englisch und Französisch). Tageskarten (für Nichtmitglieder nur auf Anfrage) 30 SR.

Sport ist hier angesagt ▶ King Fahd Coastal City: Erholungsstätte mit vielen Wassersportmöglichkeiten, Marina, Sporthallen für Basketball etc., Restaurants, schöner Strand. Tageskarte 20 SR.

Verkehr

Fluggesellschaft Gulf Air: King Abdul Aziz St., Tel. 896 84 93.

Tour Operator Zahid Travel Agencies: King Abdul Aziz St., gegenüber Holland Bank, Tel. 864 44 16, www.zahidtravel.com, Niederlassung der Lufthansa.

Leihwagen: Avis, King Abdul Aziz St., Tel. 895 50 53; **Budget,** King Abdul Aziz St., Tel. 887 84 47.
Motorrad-Verleih: Harley Davidson, Dammam-Khobar Hwy., gegenüber Dallah, Tel. 859 14 80.

Ausflüge in die Umgebung

Qatif, Tarut und Darin ▶ 3, C 1

Hinter der nördlichen Stadtgrenze von Dammam beginnt die alte Oase Qatif, in der nach wie vor Obst und Gemüse angebaut werden. **Qatif** zählte zwischen dem 15. und 16. Jh. zu den wichtigsten Hafenstädten am Golf, – in einer alten arabischen Karte wird der Golf als Meer von Qatif bezeichnet – aber der starken Versandung des Hafens und der aufkommenden Bedeutung Bahrains folgte der Niedergang des Ortes. 1913 war Qatif der einzige Ort, den Abdul Aziz erobern musste, um die damals fast unbewohnte Eastern Province seinem Reich einzuverleiben. Heute besitzt Qatif einen kleinen Souq mit einer großen Wasserpfeifenabteilung und jeden Donnerstag werden auf dem Gemüsemarkt unter alten Arkaden die Produkte der Oase angeboten. Qatif vorgelagert liegt die Insel Tarut.

Nach **Tarut** muss man heute nicht mehr übersetzen, die Insel ist durch einen breiten Causeway mit dem Festland verbunden. In Tarut wurde die älteste bekannte Stadtsiedlung Saudi-Arabiens ausgegraben. Scherbenfunde belegen, dass Tarut als zentraler Ort der sogenannten Dilmun-Kultur bereits 3000 v. Chr. eine Handelsstation beherbergte, die ihre Blüte zur Zeit der Sumerer um 2000 v. Chr. erreichte. In der Mitte der Insel steht eine Zitadelle (Qalaat Tarut), die im 16. Jh. von Portugiesen errichtet und später von den Türken als Garnisonsfestung genutzt wurde. An der Südspitze von Tarut liegt Darin, einst bekannter Anlegeplatz der Perlenfischer.

Den ökonomischen Höhepunkt erlebte der Ort **Darin** im 19. Jh., aber an diese Zeit erinnert nur noch das eindrucksvolle Lehmhaus des reichen Perlenfischers Mohammed al Abdul Wahab Pasha aus dem Jahre 1870. Im Hafen liegen mehrere alte Dhaus, die auf ihre Instandsetzung warten.

Die Geschichte hat in Tarut und Darin nur sehr wenige Spuren hinterlassen. Heute ist Tarut ein beliebtes Picknickausflugsziel und nach jedem Wochenende hinterlassen die Strandbesucher weit mehr Spuren.

Jubail – der moderne Industriehafen ▶ 6, E 2

Noch vor 30 Jahren war das verschlafene Fischerdorf **Jubail**, ca. 120 km nördlich von Dammam, auf keiner Karte zu finden. 1977 unterzeichnete der damals regierende König Khaled ein Dekret, das einer Royal Commission den Ausbau von Jubail und Yanbu (auf der anderen Seite der Halbinsel, s. S. 351) zu großen Hafen- und Industriestädten auferlegte und den Bau einer Öl-Pipeline quer durch die Arabische Halbinsel zum Roten Meer einschloss.

Heute leben und arbeiten ca. 350 000 Menschen in dieser durchgeplanten Stadt mit ihren 25 petrochemischen Großanlagen. Bis zum Jahr 2000 sind allein Investitionen von über 30 Mrd. US-$ in diesem neuen saudischen Industriezentrum am Golf mit einem neuen Flughafen getätigt worden. Die Gesamtausführung dieses Projektes untersteht dem US-amerikanischen Unternehmen Bechtel Corporation. 15 km vor Jubail erstrecken sich heute die größten Meerwasserentsalzungsanlagen der ganzen Welt. Während des Zweiten Golfkrieges 1990/91 war Jubail Angriffsziel irakischer Scud-Raketen. Zwar trafen sie die Industrieanlagen nicht, aber diese ansonsten unberührte Küstenregion Saudi-Arabiens wurde von den Millionen Tonnen Erdöl, die während des Krieges in den Golf flossen, massiv geschädigt. Im Oktober 1991 erklärte die saudische National Commission for Wildlife einen 2000 km^2 großen Küstenabschnitt nördlich von Jubail zwischen den vorgeschobenen Landzungen von Abu Ali im Süden und Was al Bukhara im Norden mit den fünf vorgelagerten Inseln Harqus, Karan, Kurayn, Jana

Eastern Province

und Jurayd zum Naturschutzgebiet. Mit Hilfe von Experten der Europäischen Union wurden hier sowohl das ökologisch verheerende Absterben als auch die natürliche Regenerationsfähigkeit des küstennahen Tier- und Pflanzenlebens beobachtet. Erstaunlich war, dass bereits 1995 wieder über weitere Strecken Mangrovenhaine die Küste säumten, Seevögel auf die Koralleninseln zum Brüten kamen und Meeresschildkröten zur Eiablage auf die Insel Jana zurückkehrten.

Zwischen dem alten Jubail und dem neuen Industriegebiet führt entlang der Küste eine neue Uferstraße, die Jubail Corniche. Sie gleicht denen in Dammam und Al Khobar, denn sie wurde von dem gleichen Unternehmen gebaut. An dieser Corniche gibt es mehrere schöne Sandstrände und dort liegt auch der Beach Club des Intercontinental Hotels. Im Industriegebiet ist die Corniche besonders prächtig gestaltet.

Infos
Vorwahl Jubail: 03

Übernachten
Geschäft & Urlaub ▶ **Jubail Intercontinental:** Tarreg 101 Machinat, Tel. 341 70 00, Fax 341 22 12, www.intercontinental.com. Vierstöckiges Strand-Hotel mit relativ kleinen Zimmern, Schwimmbad in einer großer Gartenanlage, neuer großer Spabereich, 300 Zimmer und 25 Suiten, eingerichtet mit wuchtigem Mobiliar. DZ 280 SR.

Aktiv
Nature reborn ▶ **Jubail Marine Wildlife Sanctuary for the Gulf Region:** P. O. B. 11071, Tel. 341 17 00, Fax 341 24 15. Angeboten werden wissenschaftliche Führung durch einen Küstenabschnitt, der besonders unter der Verschmutzung durch den Golfkrieg gelitten hat, aber sich nun langsam wieder erholt.

Verkehr
Leihwagen: Avis, Royal Commission Camp 2, Tel. 341 23 50; **Hanco,** Royal Commission Camp 2, Tel. 341 64 55.

Ausflug ins Landesinnere

Verlässt man Dhahran im Südwesten in Richtung Riyadh, gelangt man in das zentrale Erdölfördergebiet der Ostprovinz. Rund um die alte Kleinstadt Abqaiq, vor deren Toren seit 3000 Jahren Salz abgebaut wird, erheben sich 60 km südlich von Dhahran im Landesinneren die Symbole des neuen Reichtums: riesige Bohrtürme und gewaltige Erdölbehälter. Nachts erhellt die Gasabfackelung die flache, vegetationslose Wüste. Dutzende von Pipelines verlaufen parallel zur Autobahn und entlang der Eisenbahn durch die Dünen.

Hofuf ▶ 3, B 4
Nach ca. 160 km erreicht man **Hofuf,** das traditionsreiche Zentrum der Al Ahsa Oase mit den größten Dattelpalmenhainen auf der Arabischen Halbinsel.

Bis 1953 war Hofuf Hauptstadt der Eastern Provinz. Heute leben in der Stadt, die auch als Al Ahsa (Al Hasa) ausgeschildert wird und an der Eisenbahnlinie Riyadh–Dammam liegt, ca. 1,2 Mio. Einwohner. Die beiden alten Oasen der Eastern Province, Qatif und Al Ahsa, waren bereits lange vor der Islamisierung der Arabischen Halbinsel bevölkert. In beiden Städten finden sich Spuren aus dem Neolithikum (5000 v. Chr.), aber im Gegensatz zu Qatif blieb die Oase Al Ahsa ununterbrochen bewohnt und ständig umkämpft.

Die Bevölkerung von Al Ahsa gehörte zu den ersten der Arabischen Halbinsel, die der Prophet zum Islam bekehren konnte. Im 9. und 10. Jh. geriet die Al Ahsa Oase unter die Herrschaft der Karmaten (s. S. 26), deren Jabrid-Dynastie die Region bis 1549 regierte. Dann eroberten die Türken Al Ahsa und die Oase blieb bis 1680 Sitz des türkischen Gouverneurs. Vertrieben wurden die Türken von den Beduinen des Stammes Bani Khalid, die die Oase 1790 an die Al Sauds verloren. 1818, nach dem Sieg der Türken über die Al Sauds in Diriyyah, blieb es nur bis 1843 türkisch. Dann kehrten die Al Saud zurück. Doch Al Ahsa wurde 1871 von den Türken zurückerobert. Sie leisteten 1913 erbitterten Wider-

Ausflug ins Landesinnere

stand, als Abdul Aziz die Stadt endgültig für die Al Saud einnahm.

Intensive Palmen-Aufforstungsprogramme verhinderten nach dem Zweiten Weltkrieg die drohende Versandung der Oase. 1967 bis 1972 wurde ein 3000 km langes Netz von Kanälen und Verdunstungsbecken von der deutschen Firma Holzmann angelegt.

Hofuf ist eine gewachsene Stadt, die ihre ländliche Atmosphäre bewahren konnte. Dazu tragen die herrliche Oasenlandschaft mit über 3 Mio. Palmen und der alte, überdachte Souq bei.

Um einen Einblick in die Umgebung der Oase, ihre Entstehung und die Erhebungen des Jebel Qarah zu bekommen und dabei zugleich viel über die Geschichte Hofufs zu erfahren, empfiehlt sich vor einem Stadtrundgang ein Besuch des **Hofuf Museums.** Es liegt im Süden der Stadt in der Nähe des Stadions und bietet sehr eindrucksvolle Führungen in Englisch an. Besonders informativ sind die Darstellungen über die geologischen Abläufe in der Golfregion. So gab es z. B. vor 50 000 Jahren noch keinen Golf; der Euphrat mündete nicht am Schatt al Arab bei Kuwait, sondern an der heutigen Straße von Hormuz in den Indischen Ozean (So–Mi 9–12, 16–18 Uhr, Eintritt frei, Do/Fr nur nach tel. Voranmeldung, Tel. 580 39 42).

Bedeutendste Sehenswürdigkeit der Stadt ist das **Qasr Ibrahim,** das 1551 von den Türken errichtete Fort im Zentrum der Stadt gegenüber dem Souq; früher trug es den Namen Qasr Qut. Seine meterdicken Lehmmauern mit hohen Befestigungstürmen heben sich eindrucksvoll von den Steinbauten der Umgebung ab. Im Qasr Ibrahim haben alle Eroberer und Herrscher von Al Ahsa residiert. Eine grundlegende Erweiterung und damit seine heutige Form erhielt die Festung 1871 unter Madlat Pasha, dem türkischen Statthalter. Er baute Offizierswohnungen, ein türkisches Bad *(hammam)* sowie einen Fluchttunnel und verbesserte den Verbindungsweg entlang der Mauer zu den acht Wachtürmen. Die Erstürmung des Forts durch Abdul Aziz wird im Innenhof durch Bildtafeln veranschaulicht. Zum völlig restaurierten Qasr Ibrahim gehört die **Al Quba-Moschee,** deren Bau Ali Pasha, der türkische Statthalter um 1560, veranlasste. Sie ist die älteste Moschee der Stadt (Besuch des Qasr Ibrahim durch Vermittlung des Hofuf Museum bzw. Tel. 580 39 42, 05 05 92 17 49 (mobil).

Hofuf besitzt die größte Dattelpalmenoase der Welt. Eine Oasenbesichtigung lohnt sich in jedem Fall. Sie wird vom Hotel oder den örtlichen Reisebüros organisiert. Den besten Blick über die Oase hat man vom Jebel Qarah, einer durch Erosion stark verformten felsigen Erhebung mitten in den Palmenwäldern der Oase mit labyrinthischen Grotten und Gängen. Die größte Grotte trägt den Namen Abraham's Grave, weil hier der Überlieferung nach Abraham begraben sein soll. Das Gebiet um den Jebel Qarah wurde als eine Art Nationalpark gestaltet, um es für touristische Besucher zugänglich zu machen.

Infos
Vorwahl Hofuf: 03

Übernachten
Luxus in der Oase ▶ Intercontinental Al Ahsa: Al Malik Khalid St., Tel. 584 00 00, Fax 584 04 00, www.intercontinental.com. Eindrucksvoller, neunstöckiger Hochbau mit feudaler Eingangshalle, schweres Mobiliar. 166 mittelgroße Zimmer, 18 Suiten, DZ ab 650 SR.

Zentral und bekannt ▶ Hofuf Hotel: Hamairah, Zentrum, Tel. 585 55 55, Fax 586 13 49. Sechsstöckiges Hotel der Mittelklasse mit 76 freundlich eingerichteten Zimmern. DZ ab 120 SR.

Einkaufen
Aus Ton ▶ Hofuf ist seit alters her bekannt für seine **Töpferwaren.** Mehrere Töpfereien mit Straßenverkauf befinden sich in Erosionshöhlen östlich der Stadt an der Umgehungsstraße.

Verkehr
Bahnsstation an der Strecke Dammam–Riyadh, tgl. 2 Verbindungen.
Leihwagen: Al Wadi, Train St., Tel. 586 36 00.

Sharjah: Vom Dhauhafen aus genießt man einen bezaubernden Blick auf das liebevoll restaurierte historisch-kulturelle Erbe des Emirats.

Kapitel 7

Vereinigte Arabische Emirate

Die arabische Golfküste ist dank der Emirate Dubai und Abu Dhabi eine vielbesuchte Urlaubsdestination. Dazu hat die kluge Vermarktung der Emirate wesentlich beigetragen. Mit immer neuen Bauprojekten, eines ausgefallener als das andere, das nächste größer und höher als das vorige, sorgten sie für Schlagzeilen und Aufmerksamkeit. Besonders in Dubai wurde Architekturgeschichte geschrieben. Keine Stadt der Welt änderte so schnell ihr Gesicht. Zu den visionären Bauvorhaben zählen auch drei künstliche Inseln in Form von Palmen. Sie sind jeweils über eine lange Landbrücke – den Stamm der Palme – mit dem Festland verbunden. Die erste der drei – The Palm Jumeirah – wurde 2008 eröffnet. Und seit 2010 steht in Dubai das höchste Gebäude der Welt, der 828 m hohe Burj Khalifa.

Die Herrscher von Abu Dhabi setzen seit 2004 wie ihre Vettern aus dem Nachbaremirat trotz großer Erdölreserven auf Tourismus. Mit der eigenen Fluglinie Etihad Airways und der Eröffnung des Kempinski Emirates Palace Hotel begann dort die touristische Zukunft.

Sharjah, eines der fünf kleinen Emirate möchte auch vom Tourismus profitieren. Sein Vorteil: traditionelle Gebäude, die liebevoll restauriert wurden. Die Unesco erklärte deshalb Sharjah 1998 zur Kulturhauptstadt der Arabischen Welt.

Die vier anderen Emirate bieten als Attraktionen jeweils ihre Landschaften. Unberührt, ursprünglich – so heißt es in ihren Werbebroschüren. Und das sind diese Regionen auch.

In den VAE herrscht subtropisch arides Klima, d. h. es ist das ganze Jahr über warm und trocken. Zwischen Mai und September steigen die Temperaturen auf 40 °C, im Juli sogar bis zu 50 °C.

Luxusurlaub am Golf

Die sieben Emirate, die sich zum Staatenbund der VAE zusammengeschlossen haben, sind von unterschiedlichem Reiz. Orientiert man sich an den Besucherzahlen, ist Dubai absolute Spitze: 300 000 Deutsche reisen pro Jahr hierher. Auch Abu Dhabi wird gerne von Deutschen besucht. Die übrigen Emirate sind landschaftlich nicht minder eindrucksvoll, aber touristisch (noch) nicht auf Urlauberscharen eingestellt.

Immer wenn der Winter in Europa Einzug hält, werben die Emirate Dubai und Abu Dhabi mit Sonne, Sandstränden, Meer, schönen Hotels und einer märchenhaften Welt des Luxus. Hochglänzende Werbebroschüren, TV-Berichte und bunte Illustrierte unterstützen dieses Image und wecken unsere Sehnsüchte. Wer die Eingangshallen des Burj Al Arab in Dubai oder des Kempinski Emirates Palace in Abu Dhabi betritt und den Blick hinauf in die glitzernden Kuppeln aus Marmor, Gold und Kristall schweifen lässt, erlebt sie wirklich: die Welt der Scheherazade in »Tausend und eine Nacht« – versetzt ins 21. Jh.

Reisende aus Europa kommen in der Regel nicht wegen der Sehenswürdigkeiten oder aus kulturellen Interessen an den Golf. Ziel ist vielmehr entspannter Erholungsurlaub mit Sonnenscheingarantie, verbunden mit etwas Shopping und ein bisschen arabischem Ambiente. Und in der Tat: Urlaub in den VAE und besonders in den Emiraten Dubai und Abu Dhabi bedeutet ca. 340 Tage Sonne im Jahr, lange saubere Sandstrände, karibische Temperaturen, Luxus und Wüste, aufregende Hotels und futuristische Bauwerke, Einkaufsmöglichkeiten bis zum Abwinken, arabisches Flair, aber auch Skifahren und Schlittschuhlaufen bei 40 °C im Schatten. Die tolerante Atmosphäre, Freundlichkeit und sehr hohe Sicherheit machen dieses Reiseziel zusätzlich attraktiv, das zudem nur wenige Flugstunden von zu Hause entfernt liegt.

Im Jahre 2011 feiern die VAE ihr 40-jähriges Bestehen. Ein Staat, so alt wie eineinhalb Generationen, über Nacht aus ärmlicher Beduinenvergangenheit eingetreten in eine Gegenwart höchster Technologisierung und finanziellen Überflusses. Nichts ist mehr so, wie es vor vier Jahrzehnten noch war. Die Kinder wissen nicht, unter welchen Bedingungen ihre Väter und erst recht nicht wie ihre Großväter gewohnt, gelebt und gearbeitet haben. Dafür gibt es historisch keine Beispiele, nur parallele Entwicklungen in anderen Golfstaaten. »Kann das wohl gut gehen?«, hört man immer wieder westliche Skeptiker fragen. In den Augen derjenigen, die in Dubai oder in Abu Dhabi leben, löst diese Frage nur Erstaunen aus. Dhabi'in und Dubai'in – so werden die Bewohner der beiden Emirate benannt – demonstrieren nämlich im Rahmen beduinischer, islamischer Tradition, was sich mit Geld alles machen lässt. Und sie machen es erstaunlich gut: Sie alle partizipieren aktiv als Geschäftsleute oder *sponsors* an der Wirtschaft, es gibt ein perfektes Gesundheitssystem, der nachrückenden Generation werden ein differenziertes Bildungssystem und Auslandsstipendien geboten, und die ganze Gesellschaft lebt in einem Wohlfahrtsstaat von ungeheurer Generosität – auch nach der weltweiten Finanzkrise des Jahres 2009.

Urlaub in edlem Ambiente zu bezahlbaren Preisen ist in der VAE nur dank der über

3 Mio. Gastarbeiter möglich. Sie tragen dazu bei, dass in Dubai und Abu Dhabi rasant gebaut wird, die Dienstleistungen und der Service in den Hotels und Restaurants perfekt, die Straßen und Parks sauber sind. Solange das Lohnniveau in Ländern der Dritten Welt so niedrig bleibt, wird es in den Ölstaaten mit ihrer geringen nationalen Bevölkerung immer genügend Gastarbeiter aus Indien, Pakistan und Bangladesch geben. Und davon profitieren natürlich auch die Touristen.

Was diese arabischen Emirate am Golf darüber hinaus noch so außergewöhnlich macht, sind die Gegensätze einer Welt, die europäische Besucher immer wieder verwirrt. Zu fremd ist dieses Nebeneinander von Beduinen und High-Tech-Freaks, arabischer Tradition und westlicher Moderne, von Pferderennen unter Flutlicht und Schlittschuhlaufen in der Wüste, Gewürze, Souq und Haute Couture, von Bauchtanz und Moschee, Rolls Royce und Falkenjagd, von Schleier und Bikini – auch gerade deshalb ist die VAE eine Reise wert.

Unter den sieben Emiraten, die sich 1971 zum Staatenbund der VAE zusammengeschlossen haben, besitzen Abu Dhabi und Dubai das meiste Erdöl. Abu Dhabi besonders viel. Mehr als 90 % aller Erdöl- und Gasreserven in der VAE und Dreiviertel des Territoriums gehören ihm. Die anderen fünf Emirate spielen ökonomisch keine Rolle, sind aber deshalb für Besucher nicht uninteressant. Jedes dieser Emirate hat seinen eigenen Reiz und eine eigene Geschichte, die entsprechende architektonische Spuren hinterlassen hat. Ihre Landschaften werden immer gebirgiger, je mehr man sich dem Oman nähert.

Tradition trotz Fortschritt: im ›Historischen Beduinendorf‹ von Dubai

Steckbrief
Vereinigte Arabische Emirate

Daten und Fakten
Name: Vereinigte Arabische Emirate (VAE), United Arab Emirates (UAE), Al Imarat al Arabiya al Mutahida
Fläche: 77 700 km² (nach eigenen Angaben: 83 600 km²)
Hauptstadt: Abu Dhabi
Amtssprache: Arabisch
Einwohner: ca. 4,3 Mio., davon nur ca. 800 000 Emirati
Bevölkerungswachstum: ca. 6,9 %
Lebenserwartung: 78 Jahre
Alphabetisierung: 90 %
Währung: Dirham (Dh oder AED)
Zeitzone: MEZ + 3 Std., im Sommer + 2 Std.
Ländervorwahl: 00 971 plus Vorwahl für das jeweilige Emirat

Internetkennung: .ae
Landesflagge: Drei waagerechte Streifen in den Farben Grün, Weiß und Schwarz treffen auf einen roten senkrechten Streifen, der parallel zum Mast verläuft.

Geografie

Die Vereinigten Arabischen Emirate sind der Zusammenschluss der sieben Emirate Abu Dhabi, Dubai, Sharjah, Fujairah, Ras al Khaimah, Ajman und Umm al Qaiwain. Sie erstrecken sich auf der Arabischen Halbinsel entlang der südöstlichen Küste des Arabischen Golfes zwischen den Staaten Saudi Arabien und Oman. Jenseits des Golfes liegt der Iran an der Straße von Hormuz, nur 40 km entfernt. Die sieben Hauptstädte der sieben Emirate liegen alle an der Golfküste mit Ausnahme von Fujairah, das jenseits der Straße von Hormuz am Indischen Ozean liegt. Größtes Emirat unter den sieben ist Abu Dhabi mit ca. 67 000 km², d. h. knapp 90 % des gesamten Territoriums. Abu Dhabi besitzt auch die größten Erdölvorkommen und seine gleichnamige Hauptstadt ist zugleich Hauptstadt der VAE.

Das Hinterland ist vorwiegend flach, zeigt nur gelegentliche Anhöhen und zur Rub al Khali hin erreichen die Sandberge teilweise Höhen bis zu 150 m. Unter den wenigen Oasen der VAE ist Al Ain die größte. Lediglich die ca. 5 km breite Batinah-Ebene östlich des Hajar-Gebirges im Emirat Fujairah bietet üppige Vegetation. Die westliche Küste der VAE besteht zumeist aus Salzsümpfen *(sabkhas)*; vorgelagert sind Sandbänke, kleinere Inseln aus Schwemmsand und Korallenriffe.

Geschichte

Archäologische Funde auf der Insel Umm al Nar (bei Abu Dhabi) lassen auf eine Besiedlung schon im 4. Jt. v. Chr. schließen. Ausgrabungen in Hili (bei Al Ain) zeigen, dass um 2500 v. Chr. eine hoch entwickelte Kultur bestand. Aus der Zeit zwischen deren Niedergang und der Präsenz der Portugiesen am Golf im 17. Jh. sind keine bedeutsamen Ereignisse überliefert, sieht man von einer frühen Islamisierung ab. Als ›Piratenküste‹ machte das Gebiet zwischen Qatar und der

Straße von Hormuz im 18. und 19. Jh. von sich reden, aber nach eigener Darstellung dienten die Angriffe überwiegend der Abwehr von Eroberungsversuchen der Briten. Nach der Zerstörung der ›Piratenhochburg‹ Ras al Khaimah 1820 schloss Großbritannien mit den Scheichtümern Verträge, durch die es die Außen- und Verteidigungspolitik in den Gebieten entlang der Golfküste übernahm. In allen sieben Emiraten herrschte damals bittere Armut, die durch Perlenfischerei etwas gemildert wurde. Erst mit dem Erdöl begann Anfang der 1960er-Jahre der Aufstieg. Als Großbritannien 1968 seinen Rückzug aus allen Besitztümern östlich von Suez ankündigte, begannen Verhandlungen über eine Föderation der Scheichtümer, die 1971 zur Gründung der VAE führten. Präsident der VAE war über 30 Jahre lang Sheikh Zayed bin Sultan al Nahyan. Sein Nachfolger wurde 2004 sein ältester Sohn Khalifa bin Zayed al Nahyan.

Staat und Politik

Die Regierung der VAE besteht aus dem Rat der Herrscher *(Supreme Council)* der sieben Emirate; Präsident ist der Emir von Abu Dhabi, sein Stellvertreter und Ministerpräsident der Emir von Dubai. Beide haben im *Supreme Council* Vetorecht. Der Rat bestimmt die Richtlinien der Politik und ernennt das Kabinett (2009: 24 Minister) sowie die Hälfte der 40 Mitglieder der beratenden Nationalversammlung; nur 20 werden gewählt. Die Gesetzgebung geht formell vom Kabinett aus, de facto wird die Macht von den sieben Emiren ausgeübt. Gewerkschaften und Parteien sind verboten. Die Verwaltung der einzelnen Emirate erfolgt autonom, nur die Außen- und Verteidigungspolitik wird vom Rat gemeinsam in Abu Dhabi entschieden.

Das Budget der VAE wird von Abu Dhabi (75 %) und Dubai (21 %) aufgebracht. Außenpolitisch vertreten die VAE gemäßigte Positionen.

Wirtschaft und Tourismus

Die VAE gehören heute dank ihrer Erdölvorkommen bei relativ geringer einheimischer Bevölkerung zu den reichsten Staaten der Welt. Abu Dhabi steht an erster Stelle. Die steigende Nachfrage nach Erdöl hat den Preis pro Barrel seit 1990 verdreifacht. Die letzten Jahre brachten aber auch eine erhebliche Ausweitung der ölunabhängigen industriellen Produktion. Dubai gilt heute schon als Tourismus-, Handels- und Bankenzentrum der Emirate. Von den restlichen Emiraten fördern Ras al Khaimah und Sharjah bislang eher wenig Erdöl, die anderen besitzen bisher keine Ölquellen und sind wirtschaftlich unbedeutend.

Ende der 1970er-Jahre öffnete sich Sharjah als erstes Emirat dem Tourismus. Nach einem Alkoholverbot Mitte der 1980er-Jahre blieben die Besucher aus. Umso mehr Gäste zog Dubai an, das sich schnell zur bedeutendsten Tourismusdestination am Golf entwickelte. Mehr als 7 Mio. Ausländer (darunter 300 000 Deutsche) besuchen heute das Emirat pro Jahr. Auch Abu Dhabi entwickelt seit 2003 rasant seine touristische Infrastruktur.

Bevölkerung und Religion

Von den 4,3 Mio. Einwohnern der VAE sind mehr als 80 % Ausländer, d. h. Gastarbeiter *(expatriates),* z. B. aus Pakistan, Indien oder Sri Lanka. In den beiden Emiraten Abu Dhabi und Dubai leben zwei Drittel der Bevölkerung.

Der Islam ist Staatsreligion; andere Religionen können ihre Riten in eigenen Gotteshäusern praktizieren.

Auf einen Blick

Vereinigte Arabische Emirate

Sehenswert

13 Abu Dhabi Stadt: In der Hauptstadt der Emirate steht die Sheikh Zayed Mosque, die größte und schönste Moschee des Landes, und das Kempinski Emirates Palace, das eindrucksvollste Hotel der Emirate (s. S. 384).

Sir Bani Yas: Eine Insel mit christlichen Spuren auf der Arabischen Halbinsel vor deren Islamisierung und das schönste und größte Naturschutzgebiet der VAE (s. S. 399).

14 Dubai Stadt: Über 400 Läden drängen sich in den Gassen des Gold Souq nebeneinander und bilden die weltweit größte Ansammlung von Geschäften, die sich ausschließlich dem Verkauf von Goldschmuck widmen (s. S. 400).

15 Sharjah Stadt: In der Heritage Area gewährt ein restauriertes Ensemble historischer Bauwerke Einblicke in vergangene Zeiten (s. S. 414).

Schöne Routen

Durch die Wüste: Wer die Emirate besucht, will auch die Wüste und ihre hohen Sanddünen kennenlernen. Das kann man, wenn man von Dubai über Qarn Nizwa nach Hatta am Fuße des Hajjar-Gebirges fährt (s. S. 413).

Nach Musandam: Die Bergwelt und ›Fjorde‹ der omanischen Halbinsel Musandam sind wegen ihrer Nähe und ihrer leichten Erreichbarkeit ein beliebtes Ausflugsziel aus den Emiraten. Bereits die Anreise entlang der Küstenstraße über Ras Al Khaimah ist ein Abenteuer (s. S. 424).

Unsere Tipps

Kamelmarkt in Al Ain: Den einzigen großen Tiermarkt auf der Arabischen Halbinsel, auf dem an jedem Tag Dutzende von Kamelen ihren Besitzer wechseln, sollte man sich nicht entgehen lassen (s. S. 395).

360° Dubai: Abschied von Dubai nimmt man am besten aus der Höhe – aus dem rotierenden Restaurant Al Dawaar im 25. Stock des Hyatt Regency Hotels an der Creekmündung (s. S. 409).

aktiv unterwegs

Von Al Ain auf den Jebel Hafeet: Ausschließlich in Serpentinen steigt die nur 13 km lange Strecke auf den mit 1340 m höchsten Berg der VAE an. Nach jeder Kurve hat man eine spektakuläre Sicht (s. S. 398).

The Dubai Creek – entlang der historischen Lebensader des Emirats: Der schmale Meeresarm, der sehr eng mit der Geschichte des Emirates Dubai verbunden ist und an dem Hunderte von hölzernen Dhaus in Fünferreihen dicht gedrängt an den Kaimauern liegen und beladen werden, lädt zu einem Spaziergang ein (s. S. 403).

Abu Dhabi

Das Emirat Abu Dhabi ist mit mehr als vier Fünfteln der Gesamtfläche das größte der VAE und, da es die meisten Erdölvorkommen der Föderation besitzt, auf absehbare Zeit auch das reichste. Seine Herrscher aus der Familiendynastie der Al Nahyan amtieren seit der Staatsgründung 1971 als Präsidenten der Vereinigten Arabischen Emirate.

Abu Dhabi bedeutet Vater der Gazelle. 1761, als die Nahyan-Familie als Teil des Beduinenstammes der Bani Yas in der Liwa-Oase siedelte, entdeckten umherwandernde Angehörige des Stammes auf einer Sandinsel vor der Küste des Arabischen Golfs Gazellen an einem Wasserloch. Süßwasser, das Wichtigste in dieser Region, war gefunden und ein Name auch. Man errichtete eine kleine Siedlung und nannte sie Abu Dhabi. Ab 1793 verlegte der Scheich seinen Sitz von Liwa dorthin. Noch 150 Jahre später, in den 1960er-Jahren, lebten in der Stadt Abu Dhabi nur ca. 5000 Menschen.

Die 400 km lange Golfküste des Emirats besteht im wesentlichen aus flachen Sandstränden und Salzsümpfen mit zwei künstlichen Häfen (Mina Zayed auf der Insel Abu Dhabi und Jebel Dhanna). Die riesigen Flächen des Landesinneren sind Wüste, ihre Sanddünen nehmen nach Al Ain hin einen rötlichen Ton an. Neben der Hauptstadt Abu Dhabi sind für Besucher nur die Stadt Al Ain, mit Einschränkung die Liwa-Oasen im Landesinneren und die Inselwelt entlang der Westküste von Interesse.

Abu Dhabi hat sich in jüngster Zeit auch dem Tourismus geöffnet. Viele erstklassige Business-Hotels, die in den Boomjahren entstanden sind, bilden den Grundstock. An den schönsten Strandabschnitten entstehen neue Ferien-Hotels. Abu Dhabi Stadt und besonders Al Ain sind Ausflugsziele von Besuchern aus anderen Emiraten.

13 Abu Dhabi Stadt ▶ 1, G 6

Cityplan: S. 386/387

Die westlich geprägte Stadt **Abu Dhabi** erstreckt sich auf einer Insel unmittelbar vor dem Festland und ist mit diesem durch zwei (ab 2011 durch drei) Brücken verbunden; sie hat seit 1960 einen ungeheuren Bauboom erlebt und wurde entlang der Corniche abermals vollständig umgebaut. Die Stadt besitzt mehr als 20 Parks und viele Moscheen, darunter die Sheikh Zayed Moschee, die auch Nicht-Muslime betreten dürfen. Man meint in Abu Dhabi zu wissen, wem man das Erdöl und den Reichtum zu verdanken hat, und dankt es wiederum auf seine Weise. Prachtvolle Hochhäuser, spiegelnde Glaspaläste, edle Hotels, großzügige Shoppingkomplexe – die Verbindung moderner mit traditioneller islamischer Architektur kennt keine Grenzen.

Corniche

Palmengesäumte Boulevards gliedern die Stadt, in der unablässig Ströme von Autos fließen. Unter ihnen erstreckt sich entlang der nördlichen Küstenlinie die aufwendig ausgebaute, 6 km lange Prachtstraße **Corniche**. Zwischen Straße und Meer liegen eine Promenade mit Springbrunnen, Parks und Spazierwege.

Kempinski Emirates Palace 1

Wo immer man sich auf der Corniche aufhält, immer gleitet der Blick hinüber zur prächtigen

Abu Dhabi Stadt

Silhouette des **Kempinski Emirates Palace Hotel**. Dem lang gestreckten, in den Farben rötlichen Sandes gestalteten Bauwerk mit seinen vielen großen und kleinen Kuppeln kann man sich einfach nicht entziehen. Das Emirates Palace ist mehr als ein Hotel. Es ist auch das Gästehaus der Regierung der Vereinigten Arabischen Emirate. Und weil in der Region für jede Regierung das Repräsentieren sehr wichtig ist, besitzt der Palast die doppelte Länge des Schlosses von Versailles, und alles, was in seinem Inneren golden glänzt, ist auch Gold. Über dem Mittelpunkt des Palastes erhebt sich mit 42 m Höhe eine der mächtigsten Kuppeln der Welt, vergleichbar der des Petersdoms. Durch ihre acht großen Dachfenster dringt die Sonne ins Atrium, um das sich die Eingangshallen sowie die Staatsgastsuiten gruppieren und von dem die beiden Hotelflügel abzweigen. Im Mittelteil befinden sich die sechs Royal Suites, die den Emiren der anderen Emirate der VAE vorbehalten sind, wenn sich die Hoheiten zu Regierungsgeschäften in ihrer Hauptstadt treffen. Jede dieser Royal Suites ist eine 1200 m² große, persönliche Wohnung und wird nicht vermietet. Zugleich dient Emirates Palace als Gästehaus für ausländische Staatsbesucher, allen voran die Oberhäupter der Staaten des Gulf Cooperation Council (GCC). Für Nicht-Hotelgäste, die mehr als nur durch das Hotel flanieren möchten (s. S. 385), lohnt ein Besuch zweier ständiger Ausstellungen. Entlang den Gängen der beiden Hotelflügel stellt die **Baraklat Gallery** in mehr als 60 Vitrinen seltene antike Kunstgegenstände der großen Weltzivilisationen aus, und in einem eigenen Ausstellungsraum präsentieren sich die eindrucksvollen Modelle der drei geplanten Museen auf der stadtnahen Insel Saadiyat, die Abu Dhabi ab 2014 zu einer der großen Kunstmetropolen am Golf machen werden (s. S. 397).

Qasr al Hosn und Cultural Foundation

Von der Mitte der Corniche erreicht man das historische **Quasr al Hosn** 1, seit der Gründung Abu Dhabis Sitz der Nahyan-Familie.

Die Festung (auch Qasr al Hosn, White Fort, Old Fort genannt) wurde von Sheikh Shakbout al Nahyan im Jahre 1793 an jener Stelle errichtet, an der der Legende nach die Gazelle an der Wasserquelle gesichtet wurde. Es gilt als das älteste Gebäude der Stadt. Im 19. Jh. wurde das Fort erweitert und seit 2009 aufwendig restauriert. Einen Überblick von oben über die gesamte Anlage gewährt eines der umliegenden Hochhäuser.

Ein Spaziergang im Park des Forts führt zur nebenan liegenden **Cultural Foundation** 2, mit der Nationalbibliothek. Entlang den Wänden dieses Kulturinstituts befinden sich viele informative Schaukästen mit schönen historischen Ausstellungsstücken. Wechselnde Gemäldeausstellungen, Konzerte und Folkloreveranstaltungen stehen ebenfalls auf dem Programm der Cultural Foundation.

Heritage Village 3

Vom Emirates Palace am westlichen Ende der Corniche sind es 2 km bis zum **Heritage Village** an einem der Corniche zugewandten Küstenabschnitt am östlichen Ende der Breakwater Halbinsel. An vielen Orten der VAE wurden in den 1990er-Jahren historische Dörfer aufgebaut, die einheimischen und ausländischen Besuchern den Alltag am Golf vor der Entdeckung des Erdöls nahebringen bzw. wieder in Erinnerung rufen sollen. Dass von Seiten der einheimischen Bevölkerung großes Interesse an dieser Art Freiluftmuseum besteht, zeigt der tagtägliche Besucherandrang, besonders an den Nachmittagen der Wintermonate und mehr noch an Feiertagen, wenn im Heritage Village auch historische Darbietungen (z. B. Tänze) aufgeführt werden. Abu Dhabi besitzt ein besonders schönes Heritage Village. Es ist relativ jung.

Man betritt das Heritage Village durch ein schweres Holztor. Die runden Festungstürme zu beiden Seiten des Tores erinnern an die Notwendigkeit, sich damals schützen zu müssen.

Das ganze Dorf ist deshalb auch von einer Lehmmauer umgeben. In der Anlage findet man sich dank befestigter Wege und Hinweisschilder auch in englischer Sprache sehr

Abu Dhabi

Sehenswert
1. Qasr al Hosn
2. Cultural Foundation
3. Heritage Village
4. Sheikh-Zayed-Moschee
5. Yas Island

Übernachten
1. Kempinski Emirates Palace
2. Shangri-La
3. Sheraton Abu Dhabi Resort & Towers
4. Hilton Abu Dhabi
5. Beach Rotana Hotel & Towers
6. Al Raha Beach Hotel
7. Traders
8. Novotel

Essen & Trinken
1. Layali Zaman
2. Shamyat
3. Shuja

Einkaufen
1. Abu Dhabi Mall
2. Marina Mall
3. Mina Centre

Aktiv
1. Abu Dhabi Golf Club
2. Abu Dhabi Golf and Equestrian Club
3. Al Ghazal Golf Club
4. Ice Rink
5. Net Tours

Abu Dhabi

Tausend-Meter-Märchenschloss: Kempinski Emirates Palace

leicht zurecht. Man sieht Barastihütten und Beduinenzelte, Holzwerksabteilungen, Küchen und einen Souq mit Gewürzen, eine landschaftliche Gartenanlage mit einem *falaj*-Bewässerungssystem sowie ein sehr informatives Museum (Okt.–Mai tgl. 9–17, Juni–Sept. 8–13, 16–20 Uhr, Eintritt frei).

Sheikh-Zayed-Moschee [4]

Es war der letzte Wunsch von Sheikh Zayed bin Sultan Al Nahyan, dass in der Hauptstadt seines Emirats eine wirklich große Moschee gebaut würde. Er hinterließ zu diesem Zweck aus seiner Privatschatulle die Summe von 350 Mio. €. Im Herbst 2007 wurde der Bau fertig gestellt. Für jeden, der vom Flughafen Abu Dhabi in die Innenstadt fährt, erheben sich die Minarette und Kuppeln am Eingang der Stadt gleich nach der Überquerung der Al Maqta- bzw. der Al Mussafah-Brücke unübersehbar. Die Architektur der Moschee folgt sehr traditionellen Formstrukturen. Aber durch ihre Verkleidung mit edlem weißem Marmor und ihre sehr kostbare Innenausstattung ist sie eine der wertvollsten und größten der Welt. 10 000 Betende finden in ihrem Inneren und weitere 40 000 im Hof Platz. Die Moschee darf auch von Nicht-Mulimen betreten werden (Sa–Do 8–11 Uhr, Eintritt frei)

Yas Island [5]

Vor den Toren Abu Dhabis im Südwesten an der E 10 in Richtung Dubai liegt die **Insel Yas.** Seit Ende 2009 kann man sie aus Abu Dhabi auf einer neuen Straße erreichen, die direkt von der Corniche über die Insel Saadiyat zur Insel Yas führt. Yas Island liegt nur 10 Minuten vom großen internatonalen Flughafen Abu Dhabi entfernt.

Auf der 32 m² großen Insel werden bis zum Jahr 2016 zwei Dutzend Hotels, mehrere große Shoppingmalls, vier Golfplätze, eine Poloanlage, gepflegte Strände, mehrere Jachthäfen und elegante Apartmenthäuser entstehen. Vor allem aber wird die Insel ein Zentrum des Motorsports. Bereits 2009 wurde auf Yas Island die erste Formel-1-Rennstrecke in der VAE eröffnet und Abu Dhabi zum Austragungsort des ersten Formula 1 Etihad-Airways Abu Dhabi Grand Prix. Die neue Rennstrecke des Yas Marina Circuit gehört heute zu den neuen Sehenswürdigkeiten des Emirats. Von nun an kann sich Abu

Adressen

Dhabi rühmen, fester Bestandteil des Formel-1-Zirkus zu sein.

Auch an den 350 Tagen des Jahres, an denen keine Formel-1-Rennen stattfinden, lohnt ein Besuch auf Yas Island und des Yas Marina Circuit. Ferrari unterhält dort einen gigantischen, 200 000 m² großen Themenpark, der allein schon durch seine architektonische Form, seine aufregende Dachkonstruktion – natürlich knallrot mit überdimensional großem Ferrari-Logo – sehenswert ist. Jeder, der Abu Dhabi anfliegt, kann sich einem Blick auf das Dach nicht entziehen. Der Ferrari-Themenpark beherbergt ein Museum des Rennsports, ein Kino, in dem alle Formel-1-Rennen in voller Länge gezeigt werden und natürlich einen Fanartikel-Shop.

Infos

Vorwahl Abu Dhabi: 02
Abu Dhabi Tourism Authority: An der Al Maqta-Bridge im Fort Al Maqta. Tel. 558 85 17, So–Do 8–16 Uhr

Es gibt zwei monatlich erscheinende **Veranstaltungsmagazine,** in denen alle Veranstaltungen im Emirat Abu Dhabi topaktuell angekündigt und kommentiert werden: »What's on« und »Time out Abu Dhabi«.

Übernachten

Wer in Abu Dhabi übernachtet, sollte sich für ein Strand-Hotel entscheiden. Allgemeine Informationen gibt www.abudhabi-hotelguide.com.

Tausendundeine Nacht ▶ **Kempinski Emirates Palace** 1: Corniche, Tel. 69 09 00 00 (Reservierung 690 88 88), Fax 69 09 99 99, www.emiratespalace.com. Von außen wirkt das Hotel wie ein Palast aus einem orientalischen Märchen. Die luxuriösen und komfortablen Zimmer sind mit modernster Technologie ausgestattet, der zimmereigene Laptop ist auch am Strand zu bedienen. Das 3 m breite Doppelbett wird abends nicht nur aufgedeckt, der weiße Bettvorleger wird auch mit Rosenblättern bestreut. Alles an und in diesem Hotel ist einfach *king size* – auch das Frühstück am nächsten Morgen für 175 Dh. 320 Zimmer und 92 Suiten, DZ 3100–3700, Suiten 8000–42 000 Dh zzgl. 20 % für Bedienung.

Voller Glanz ▶ **Shangri-La Qaryat Al Beri** 2: Between the Bridges (auf der Festlandseite Abu Dhabis am Khor Al Maqta'a zwischen der Al Mussaffah- und der Al Maqta'a-Brücke), Tel. 509 88 88, Fax 558 59 99, 214 Zi., DZ ab 2400 Dh, www.shangri-la.com. James Hilton hat in seinem Roman »Lost Horizon« einen Ort im Himalaya beschrieben, an dem sich Frieden, Glück und Ruhe vereinten. Diesen Ort nannte er Shangri-La. Das Shangri-La Qaryat Al Beri in Abu Dhabi kommt diesem imaginären Ort sehr nahe. Luxuriöse Materialien verbinden sich mit moderner Funktionalität und liebevollen Details: Hinter der Lobby hängt z. B. ein Wandkunstwerk aus Gesichtsmasken (*burkas* beduinischer Frauen). Die Zimmer gehören zu den größten der Stadt, alle haben Balkon oder Gartenterrasse. Bei der Einrichtung dominieren dunkle Töne, auf den Teak-Sideboards stehen frische Blumen in venezianischem Glas. Die Badezimmer bieten höchsten Komfort. Für Hotelgäste fährt 5 x tgl. ein Shuttle-Bus zu den Shoppingmalls der Stadt. Wer hier wohnt, wird wiederkommen.

Gut und bekannt ▶ **Sheraton Abu Dhabi Resort & Towers** 3: Corniche, Tel. 677 33 33, Fax 672 51 49, www.sheraton.com/abudhabi. Für Dhabi'in eines der ältesten *landmarks* der Stadt. Das Hotel wurde schon vor 30 Jahren errichtet, aber immer wieder (zuletzt 2008) renoviert, umgebaut, erweitert und dabei immer größer und schöner. 255 Zimmer und Suiten, DZ ab 2220 Dh.

Luxus am Strand ▶ **Hilton Abu Dhabi** 4: Corniche, Tel. 681 19 00, Fax 681 16 96, www.hilton.com. Von der Architektur her ein klassischer Zweckhochbau, aber schon beim Betreten der Lobby spürt man, dass die ganze Aufmerksamkeit dem Gast gilt. Alle Zimmer sind sehr geräumig, die Badezimmer ebenfalls. 388 Zimmer, DZ ab 2100 Dh (1. Juni–15. Sept. 420 Dh).

Very sophisticated ▶ **Beach Rotana Hotel & Towers** 5: im östlichen Zentrum, am Strand, Tel. 644 30 00, Fax 644 21 11, www.rotana.com. Das Hotel grenzt an die bekann-

Abu Dhabi

teste und exklusivste Shoppingmall der Stadt, die Abu Dhabi Mall, und ist durch einen eigenen Übergang mit dieser verbunden. Erholung am Strand, Einkaufen und Wohnen unter einem Dach, das gibt es in dieser Form kein zweites Mal in Abu Dhabi. Geräumige und luxuriöse Zimmer, ausgezeichneter Service. Das Haus gehört zu den Leading Hotels of the World. 559 Zimmer und Suiten, DZ ab 2100 Dh (1. Juni–30. Sept. ab 660 Dh), Suiten ab 2200 Dh.

Neo-Barock ▶ **Al Raha Beach Hotel** 6: nahe dem Flughafen, an der Küstenstraße parallel zur Nationalstraße E11, etwa 30 Min. von Abu Dhabi in östlicher Richtung, Tel. 508 05 55, Fax 508 04 44, www.ncth.com. Wer Ruhe und Entspannung sucht, ist hier richtig. Bereits in der Lobby beeindruckt das spanisch-orientalische Dekor, das dem Haus unnachahmliches Flair verleiht. 110 Zimmer und 14 Villen, DZ ab 1980 Dh (1. Juni–15. Sept. ab 685 Dh).

Designer-Urlaub ▶ **Traders Hotel** 7: Qaryat Al Beri, direkt am Khor Al Maqta'a, Tel. 510 88 88, Fax: 510 89 99, www.tradershotels.com. Jung, modern und lindgrün – farbenfrohe moderne Kunst an allen Wänden und Naturplastiken in den Nischen. Zielgruppe: Young global business travellers. Entsprechend sind die großen Zimmer eingerichtet: warme Brauntöne, bequemes Bett, effiziente Einrichtung, Laptop-Anschluss, TV-Großbildschirm, Obstschale und Blumen, Designerarmaturen im Bad. Leisten Sie sich ein Zimmer im 8. oder 9. Stock, nicht nur der schönen Aussicht wegen, sondern auch wegen der damit verbundenen Nutzung der Club Lounge im 9. Stock. Einziges 4-Sterne-Hotel mit einem eigenen Strand; darüber hinaus direkter Zugang zu allen Einrichtungen des Shangri-La (s. S. 389). DZ ab 1600 Dh.

Mitten in der Stadt ▶ **Novotel** 8: Sheikh Hamdan St., Tel. 633 35 55, Fax 634 36 33, www.novotel.com. Dank grundlegender Renovierung präsentiert sich das in den 1980er-Jahren gebaute Hochhaus-Hotel einladend mit 208 geräumigen, neu eingerichteten Zimmern, mehreren Restaurants, DZ ab 1080 Dh (1. Juni–30. Sept. ab 480 Dh).

Essen & Trinken

Arabischer Garten ▶ **Layali Zaman** 1: Corniche, Tel. 627 45 55, Fax 627 28 43, tgl. 18–2 Uhr. Großer Rundbau inmitten einer Parkanlage mit unverbautem Blick auf die Corniche. Libanesisch-arabische Küche, herrlicher *shisha*-Duft. Wählen Sie einen Tisch auf dem Balkon im 1. Stock. *Houmus* 15 Dh, gegrillter Fisch 55 Dh, Hummer 90 Dh.

Ahlan wa sahlan ▶ **Shamyat** 2: Al Salam St., Tel. 671 26 00, tgl. 11–1 Uhr. Sehr gute orientalische Küche, freundliche Bedienung. Vom 1. Stock hat man eine herrliche Aussicht auf die Corniche. Gegrillter Fisch 38 Dh, *sharwarma* mit Pommes Frites 30 Dh.

Adressen

Picknick auf Breakwater mit Blick auf die Skyline von Abu Dhabi: Die künstlich geschaffene Halbinsel ist sowohl Deich als auch Aussichtspunkt

Deutsche Gemütlichkeit ▶ **Brauhaus** 5: Beach Rotana Hotel & Towers, Tel. 644 30 00, www.rotana.com, Mi–Sa 12–2, So–Di 16–2 Uhr. Wer auf Dirndl, a bayrische Moaß, Sauerkraut, Weißwürste und Semmelknödel nur schwer verzichten kann, ist hier richtig. Rustikale Einrichtung aus dunklem Holz. Kotelett mit Bratkartoffeln 52 Dh, Salatteller 38 Dh, Deutsche Platte für 2 Pers. 290 Dh.

Captain's Dinner ▶ **Shuja** 3: Reservierung Tel. 695 05 83-539, So–Fr Sunset Cruise 17.30–19 (Boarding 17), Dinner Cruise 20.30–23 (Boarding 20) Uhr. Abfahrt vom Dhauhafen und vom Royal Meridien. Die Shuja, eine schnittige, weiße Luxusjacht, kreuzt im Auftrag des Hotels Le Royal Meridien vor Abu Dhabi. Beim fangfrischen Fisch lässt sich die vorübergleitende Skyline besonders genießen, auf drei Decks finden bis zu 100 Gäste Platz. Sunset Cruise 80 Dh mit Snacks, 200 Dh für das Dinner Cruise Fisch-Büffet, beide inkl. Begrüßungsdrink.

Einkaufen

Die Traditionsreichste ▶ **Abu Dhabi Mall** 1: neben dem Beach Rotana Hotel, Tel. 645 48 58, www.abudhabimall.com, Sa–Mi 10–22, Do 10–23, Fr 15.30–22 Uhr. Im Jahre 2001 eröffnete die damals größte Shoppingmall Abu Dhabis. Auf einer Fläche von 200 000 m²

Abu Dhabi

bietet sie auf vier Ebenen vom riesigen Supermarkt (hier heißt er Hypermarket) über Kino, *food court* bis zur *toy town* eine riesige Bandbreite an Konsumgütern an.

Die Aufregendste ▶ **Marina Mall 2:** Breakwater, Tel. 681 83 00, www.marinamall.ae, Sa–Mi 10–22, Do/Fr 10–23 Uhr. Die Mall nahe dem Breakwater Jachthafen bietet gute Aussichten auf Abu Dhabis Corniche und das Emirates Palace Hotel.

Die Kleinste ▶ **Mina Centre 3:** am Hafen Mina Zayed, Tel. 673 48 48, tgl. 9–13, 16–22 Uhr. Neue, überschaubare Shoppingmall im Nordosten.

Abends & Nachts

Beste Disko ▶ **Zenith 3:** im Sheraton Abu Dhabi Resort & Towers, Tel. 697 03 58, So–Mi 21–2.30, Do/Fr 21–3.30 Uhr. Seit Jahren die *in*-Disko der Stadt. Zwei Tanzflächen.

Raucherrefugium ▶ **Havana Club 1:** Emirates Palace, Tel. 690 90 00, tgl. 17–2 Uhr. Hier sind die *aficionados* kubanischer Zigarren unter sich. Aber das Sortiment des Humidors macht keineswegs an den Grenzen Kubas Halt.

Aktiv

Traumhafte Greens ▶ **Abu Dhabi Golf Club 1:** außerhalb, Richtung Flughafen im Stadtteil Sas al Nakhl, Tel. 558 89 90, www.adgolfsheraton.com. Der Golfclub verfügt über ein Gelände mit zwei Plätzen: den etwa 7000 m langen National Course und den ca. 6500 m langen Garden Course, beides Par-72-Plätze. Green Fee (18-Loch): National Course 420 Dh, Garden Course 380 Dh (UGA-Mitglieder jeweils 10 % Ermäßigung).

Golfen und Reiten ▶ **Abu Dhabi Golf and Equestrian Club 2:** Al Mushrif, Tel. 445 96 00, www.adec-web.com. 9-Loch-Rasenanlage auf dem Innenraum der Pferderennbahn des gleichnamigen Clubs. Bunker und Wasserhindernisse, gepflegte Driving Range und schönes Clubhaus mit Pool. Green Fee: 180 Dh (UGA Mitglieder 160 Dh).

Golfen im Sand ▶ **Al Ghazal Golf Club 3:** außerhalb, in Nähe des Flughafens, Tel. 575 80 40, www.alghazalgolfclub.ae. Brown Fee (18-Loch-Sandplatz, Par 71): 120 Dh, 9-Loch: 100 Dh; an den Wochenenden je 30 Dh Zuschlag. Golfkart: 40 Dh.

Pirouetten in der Wüste ▶ **Abu Dhabi Ice Rink 4:** außerhalb Airport Rd., hinter Carrefour, Tel. 444 84 58, tgl. 8–11, 16–22 Uhr. Eine Kuriosität, mit Schlittschuhverleih, Eintritt für jeweils einen der Öffnungsblöcke 30 Dh.

Wüstentouren ▶ **Net Tours & Travel 5:** Khalifa Rd. (gegenüber Sheraton Hotel), Tel. 679 46 56, Fax 671 12 32, www.nettoursdubai.com. Mehrfach preisgekrönt, mehrsprachige Reiseleiter und eigene Beduinenzelte für abendliche Wüstenaufenthalte.

Termine

Kulturveranstaltungen wie **Konzerte, Folkloretänze** und **Gemäldeausstellungen** finden das ganze Jahr über regelmäßig in der Cultural Foundation statt (Sheikh Zayed I St., Tel. 621 53 00, www.cultural.org.ae).

Verkehr

Flughafen: ca. 30 km vor der Stadt, Tel. 575 75 00. Tgl. Flugverbindungen zu fast allen Hauptstädten Europas und der Arabischen Halbinsel. www.abudhabiairport.ae.

Taxi: mit ca. 5000 zugelassenen Fahrzeugen das am weitesten verbreitete Transportmittel in Abu Dhabi. Die fünfsitzigen Limousinen haben ein Taxameter, Kosten pro Kilometer: 0,50 Dh (zzgl. Grundgebühr 3 Dh bzw. 22–6 Uhr 4,50 Dh). Fahrt Flughafen–Stadtmitte ca. 65 Dh.

Leihwagen: zwischen 100 Dh und 150 Dh pro Tag, mit Vierradantrieb ab 500 Dh.

Thrifty: Al Nasr St. (gegenüber dem Fischmarkt), Tel. 634 56 63.

Al Ghazal: Downtown Office, c/o Sheraton Hotel, s. S. 389, Tel. 634 22 00, Fax 634 23 45.

Ausflüge von Abu Dhabi

Das größte Emirat der VAE bietet neben seiner Hauptstadt Abu Dhabi weitere Orte, die einen Besuch lohnen. Beliebtestes Ausflugsziel der Hauptstädter und Besucher ist die

Ausflüge von Abu Dhabi

Oasenstadt Al Ain und die Inselwelt entlang der Westküste bis zum Jebel Dhanna mit der vorgelagerten Insel Sir Banis Yas.

Al Ain ▶ 1, K 6
Cityplan: S. 394

Eine 150 km lange, beleuchtete, vierspurige Landstraße führt von Abu Dhabi nach **Al Ain,** der Geburtsstätte des 2004 verstorbenen Staatsgründers Sheikh Zayed bin Sultan al Nahyan. Die Universitäts- und Oasenstadt (500 000 Einwohner), östlich von Abu Dhabi in der Sandwüste gelegen, gehört zu den ursprünglich Buraimi-Oasen genannten neun Dörfern, von denen heute sechs im Staatsgebiet der VAE (Abu Dhabi) und drei in Oman liegen. Dieses Oasengebiet erstreckt sich am Fuße des Jebel Hafeet (1340 m) mit einem Durchmesser von 30 km. Auf den Berg gelangt man von Al Ain über eine ausgeschilderte Serpentinenstraße, die atemraubende Aussichten bietet.

Al Ain, ursprünglich der Name eines der sechs Oasendörfer, heute der Stadtname für alle, wird jedes Jahr größer und grüner. Die Stadt besitzt mittlerweile mehr als drei Dutzend Parks und Gärten und ist das landwirtschaftliche Zentrum von Abu Dhabi.

Heute ist die Stadt dank sanfter städtebaulicher Planung und klarer Straßenführung eine der schönsten der Emirate: ohne die Hochhäuser des Erdölbooms und mit vielen prächtigen Parkanlagen sowie imposanten Roundabouts, in denen sich Kunst und Natur in der spielerischen Weise des neuzeitlichen arabischen Geschmacks begegnen.

In Al Ain findet man sich leicht zurecht. Aus Abu Dhabi kommend, wird man am Stadtrand von einer überdimensionalen Kaffeekanne in einem Verkehrskreisel begrüßt. Hier beginnt die breite, begrünte **Emirates Street,** die ins Zentrum Al Ains führt. Unübersehbar passiert man rechts den fünfstöckigen Großbau der Universität und das Sheikh-Tahnounbin-Mohammed-Fußballstadion, das größte der Emirate.

Das Zentrum der Stadt erstreckt sich entlang der **Zayed ibn Sultan Street,** die Al Ain von West nach Ost durchquert. Hier und in den von ihr abzweigenden Seitenstraßen befinden sich die wichtigen Behörden, auf ihr erreicht man an einem Kreisverkehr den neuen **Clock Tower** 1, der gar kein Uhrturm im klassischen Sinne ist, sondern nur ein schräg stehendes, riesiges, blaues Zifferblatt inmitten einer Grünanlage. Gegenüber erstrecken sich die **Public Gardens** 2, eine der schönsten Parkanlagen der Stadt mit eindrucksvollen Springbrunnen (tgl. ab 16 Uhr geöffnet).

Zentrum des alten Al Ain war die **Oase Al Ain** 3, die als wunderschöner riesiger Palmenpark erhalten ist. Durch sie führen gepflasterte schmale Gässchen mit Begrenzungsmauern, hinter denen man sehr schön die alten Bewässerungsgräben des *falaj*-Systems sehen kann. Mitten in der Oase befindet sich die **Ali-bin-Hamad-al-Mutawa-Moschee** 4, ein einstöckiger Lehmbau. Die Oase wird von zwei sehr sehenswerten Bauwerken begrenzt.

Im Osten an der Ecke Al Falahi/Main Street schützt das **Al Hosn Fort** 5, das auch Eastern Fort genannt wird, die Oase. Es wurde 1910 gebaut und diente Sheikh Sultan bin Zayed, dem Vater des Staatsgründers, der Abu Dhabi von 1922 bis 1926 regierte, als Wohnsitz. 2002 wurde das Fort mit seinen hohen, zinnenbesetzten Lehmmauern und den vier gewaltigen Rundtürmen vollständig restauriert.

Auf dem Gelände, direkt neben dem Fort, liegt das **Al Ain National Museum** 6. Es ist in sieben Abteilungen gegliedert. Neben ethnologischen und archäologischen Exponaten gibt es einen Raum mit ausgesuchten Geschenken an Sheikh Zayed *(Gifts to the President)*. Zu den wertvollsten Stücken des Museums gehören die Funde aus den Ausgrabungsstätten Umm al Nar, Jebel Hafeet und Hili, darunter 5000 Jahre alte Steinwerkzeuge. Fotografien, traditionelle Beduinen-Bekleidung und antikes Silber verweisen auf die Jahre vor dem Ölboom (Sa–Do 9–19.30, Fr 15–19.30 Uhr, Eintritt 3 Dh, www.aam.gov.ae).

Im Zuge des Restaurierungsprogramms des Forts von Al Ain wurde auch jenes An-

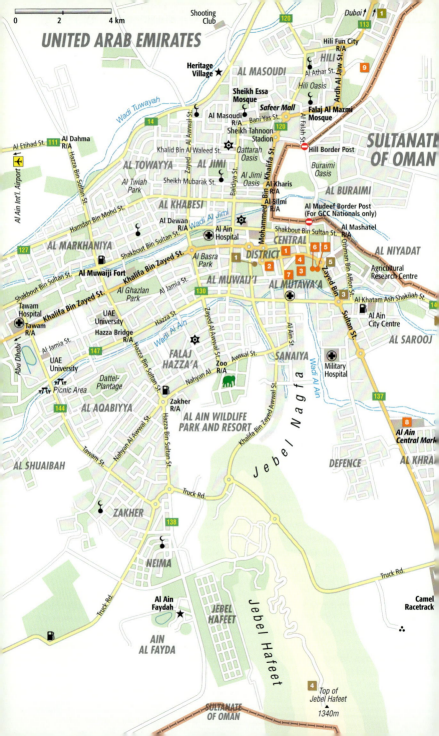

Al Ain

Sehenswert
1. Clock Tower
2. Public Gardens
3. Oase Al Ain
4. Ali-bin-Hamad-al-Mutawa-Moschee
5. Al Hosn Fort
6. Al Ain National Museum
7. Al Ain Palace Museum
8. Kamelmarkt
9. Hill National Archeological Park

Übernachten
1. Al Ain Rotana
2. Intercontinental Al Ain
3. Al Ain Hilton
4. Mercure Grand Jebel Hafeet
5. Al Khayal

Aktiv
1. Hill Fun City

wesen am westlichen Rande der Oase wieder vollständig instand gesetzt, das Sheikh Zayed bin Sultan bis 1966 bewohnte. Der Öffentlichkeit wurde es 2003 als **Al Ain Palace Museum** 7 zugänglich gemacht. Dass bei der Restaurierung sehr großer Wert auf Authentizität gelegt wurde, beweist die ausschließliche Verwendung von Materialien, die man um 1900 in Al Ain kannte, d. h. nur Lehm, Steine, Palmstämme sowie importiertes Teakholz. Man betritt das Palastwesen durch ein mächtiges Holztor, dessen Eingang zu beiden Seiten von zwei mehrstöckigen Rundtürmen gesichert wird. Besonders eindrucksvoll ist innerhalb der Palastanlagen der Old Residential Complex, der 1937 erbaut wurde und sowohl Wohnbereiche als auch den großen Empfangsraum beherbergt. Nicht zu übersehen ist auf dem großen Innenhof ein alter britischer Landrover – die erste Staatskarosse von Sheikh Zayed (Tel. 751 77 55, So–Do 9–19.30, Fr 15–19.30 Uhr, Eintritt frei).

Der **Kamelmarkt** 8 ist heute Teil des neuen **Central Market** im Süden der Stadt an der Straße Richtung Oman. Er ist der einzige in den Vereinigten Emiraten, auf dem Kamele öffentlich zum Kauf angeboten werden. Auf dem unübersehbar großen Areal gibt es mehr als 100 numerierte und durch Drahtzäune voneinander abgegrenzte Pferche, in denen die Tiere Tag und Nacht im Freien stehen und auf Käufer warten. Gerne erklären die freundlichen, meist pakistanischen Pfleger, um was für Kamele es sich handelt: z. B. männliche Tiere, die als Fleischlieferanten für ca. 1000 Dh den Besitzer wechseln oder Kamelstuten, die wegen ihrer Milch mindestens das Zehnfache bringen. Immer sind auch viele Jungtiere darunter und gerade erst geborene Kamele in der Gruppe (tgl. 9 Uhr bis bis zum Einbruch der Dunkelheit, mittags zwischen 13 und 16 Uhr ruht der Betrieb, kein Eintritt).

Im nördlichen Stadtteil Hili liegt im **Hili National Archeological Park** 9 die historisch bedeutendste Sehenswürdigkeit von Al Ain. Inmitten gepflegter Parkanlagen steht ein (restauriertes) Rundgrab von 2700 v. Chr. Besonders schön wirkt der Park in den Stunden der Dämmerung, wenn die ersten Lichter angehen und blühende, exotische Bäume aus dem Himalaya, China und Japan zu duften beginnen. Neben den Gärten liegt ein umzäuntes Gebiet mit einem Radius von 1,5 km, in dem sich eine Vielzahl antiker Gräber befindet.

Infos
Vorwahl Al Ain: 03
Kleine **Touristeninformationsstände** in den Hotels Hilton und Intercontinental.

Übernachten

Ein Glaspalast ▶ **Al Ain Rotana** 1: Zayed ibn Sultan St., Tel. 754 51 11, Fax 754 54 44, www.rotana.com. Einziges 5-Sterne-Haus im Stadtzentrum; lichtdurchfluteter Glasbau mit viel Grün. 100 große, ruhige und sehr komfortable Zimmer, DZ ab 600 Dh.

Zu Gast im Grünen ▶ **Intercontinental Al Ain** 2: Khalid ibn Sultan St. (Südostrand der Stadt), Tel. 768 66 86, Fax 768 67 66, www.intercontinental.com. Zwei Schwimmbäder, Reiten, Sporthalle, gutes Fischrestaurant. 220 Zimmer und 22 Villen, DZ ab 500 Dh.

Der Klassiker ▶ **Al Ain Hilton** 3: Zayed bin Sultan Rd./Khalid bin Sultan Rd., Tel. 768 66

Abu Dhabi

Unbekannte Schönheiten: die Inseln entlang der Westküste von Abu Dhabi

66, Fax 768 68 88, www.hilton.com. Großer Komplex mit Gärten, Sportplätzen, Golfplatz. 219 Zimmer, DZ ab 450 Dh.
Traumhafte Aussicht ▶ **Mercure Grand Jebel Hafeet** [4]: auf dem Gipfel des Jebel Hafeet, oberhalb von Al Ain, Tel. 783 88 88, Fax 783 90 00, www.mercure.com. Allein die Lage mit Blick auf das 900 m tiefer gelegene Al Ain, über die Dünen und Wadis der Wüste und das angrenzende Hajar-Gebirge sind es wert, hier zu übernachten. DZ ab 310 Dh.
Ohne Schnickschnack ▶ **Al Khayal** [5]: Omar bin Al Khatab Rd. (Nähe Lulu Centre), Tel. 766 57 77, Fax 766 66 98. Einfaches Haus. DZ ab 90 Dh.

Essen & Trinken

Fernöstliches ▶ **The Wok** [2]: im Hotel Intercontinental, Tel. 768 66 86, Di geschl. Thailändische Gerichte, nach Wunsch zubereitet. Menü ab 90 Dh.
Voller Erinnerungen ▶ **Once upon a Time** [1]: im Al Ain Rotana, Tel. 754 51 11, tgl. 12–15, 19–23 Uhr. Üppige Dekorationen an den Wänden mit arabischen Themen. Büffet 105 Dh, abends 130 Dh.

Aktiv

Für die Kleinen ▶ **Hili Fun City** [1]: Mohammed ibn Khalifa St., Mo–Do 16–22, Fr 9–22 Uhr. Freizeitpark amerikanischer Prägung mit einer Eisbahn, der von den Kindern der Einheimischen wie der der ausländischen Besucher begeistert angenommen wird. 10 Dh.

Verkehr

Anreise nach Al Ain: Mit dem **Taxi** von Abu Dhabi (und zurück): 300 Dh. Mit dem **Bus** ab

Ausflüge von Abu Dhabi

Central Bus Station in Abu Dhabi, Abfahrt zwischen 5 und 20 Uhr jeweils zur vollen Stunde, 20 Dh hin und zurück.

Inseln entlang der Westküste
▶ 1, C 7–G 5

Zum Emirat Abu Dhabi gehören etwa 200 Inseln, die sich entlang seiner Westküste erstrecken. Einige stehen unter Naturschutz, viele befinden sich in Privatbesitz, aber der größte Teil ist ein traumhaft schönes touristisches Potenzial.

Bereits in der Hauptstadt kann man einen ersten Eindruck von diesen vorgelagerten Inseln gewinnen. Dazu zählen z. B. **Saadiyat** im Nordosten Abu Dhabis gegenüber dem Hafen Mina Zayed. Auf Saadiyat entstehen in den nächsten Jahren mehrere luxuriöse Ferienresorts und eine ›City of Cultural Excellence‹ mit mehreren Museen. Dort wird der US-Amerikaner Frank Gehry nach Bilbao eine weitere spektakuläre Filiale des New Yorker Guggenheim Museum für zeitgenössische Kunst entstehen lassen. Der Franzose Jean Nouvel wird unweit davon eine Dépendance des Pariser Louvre errichten. Das Louvre Abu Dhabi eröffnet als erstes von vier Museum im Jahr 2013. Der Bau wird von einer gigantischen, lichtdurchlässige Kuppel überwölbt.

Zu den stadtnahen Inseln gehört auch die historisch bedeutende Insel **Umm al Nar.** Hier entdeckten 1959 dänische Archäologen 50 große, aus Stein gebaute Kollektivgräber und eine Siedlung, von der aus geschmolzenes Kupfer nach Mesopotamien exportiert wurde. Zeugnisse der Umm al Nar-Kultur (2700–2000 v. Chr.) wurden später in allen Emiraten und im nördlichen Oman gefunden. Auf der Insel selbst gibt es archäologische Funde, die eine Besiedlung in der späteren islamischen Periode belegen.

Die für Strand- und Badebesucher küstennahe Inselwelt liegt Richtung Westen bis zur Grenze Qatars. Entlang dieser Westküste führt die vierspurige Nationalstraße E 11, die die Grenze zu Saudi-Arabien nach ca. 350 km bei der Siedlung Al Sila'a erreicht.

Von der Nationalstraße E 11 kann man viele der Inseln erreichen, z. B. nach ca. 50 km die Insel **Al Ruflaiq** oder nach ca. 100 km die größte unter ihnen, die Insel **Abu al Adyadh.**

Bei Tarif zweigt von der Nationalstraße E 11 in Richtung Süden die E 12 zur Oase Liwa ab. **Liwa** (▶ 1, E–G 9/10) ist die zweitgrößte Oase Abu Dhabis. Aus ihr wanderte die Herrscherfamilie Al Nahyan vor ca. 200 Jahren zur Küste und gründete Abu Dhabi.

Die flache, fast hügellose Landschaft entlang der Westküste geht über in ebenso flach abfallende Sandstrände. An einem dieser Sandstrände liegt am Jebel Dhanna der ehemalige Fischerort **Dhafra** mit dem schönen Strand-Hotel Danat Resort Jebel Dhanna.

Übernachten

Luxus pur ▶ **Danat Resort Jebel Dhanna:** Dhafra, Tel. 801 22 22, Fax 801 23 33, www.ncth.com. Es gehört zu den ausnehmend

Abu Dhabi

aktiv unterwegs

Von Al Ain auf den Jebel Hafeet

Tour-Infos
Start: im Süden Al Ains (Khalifah bin Zayed Al Awwal St.,)
Länge: hin und zurück ca. 30 km vom Stadtzentrum
Dauer: etwa einen halben Tag (mit Besuch des Hotels Mercure), Eintritt frei

Die Straße ist im Emirat Abu Dhabi einmalig: Sie ist 12 km lang und führt in 60 Haarnadelkurven von der Oasenstadt **Al Ain** auf den 1342 m hohen **Jebel Hafeet** (▶ 1, K 7), den höchsten Berg des Emirats. Für alle, die die Oasenstadt Al Ain von oben kennenlernen möchten, ist der Jebel Hafeet ein Muss.

In dem flachen Emirat Abu Dhabi erhebt sich der Jebel Hafeet und wirkt wie ein Wunder, die Straße zu seinem Gipfel gilt ebenfalls als ›Wunderwerk‹. Sheikh Zayed Bin Sultan hat sie anlegen lassen. Er wurde in Al Ain geboren, suchte öfter den Jebel Hafeet bei Jagdausflügen auf und hat ihn auch mehrmals bestiegen. In den Sommermonaten verbrachte Zayed hier oben oft längere Zeit in einem stattlichen Zelt, weil es auf dem Gipfel des Jebel Hafeet zehn Grad kühler war als in seinem Palast von Al Ain. Später ließ Zayed auf dem Gipfel einen Palast errichten.

Lange Zeit war die Straße hinauf eine Piste für die Baufahrzeuge. Aber als der Palast fertig war, ordnete der Sheikh an, die Piste als dreispurige Straße auszubauen und oben auf dem Gipfel ein riesiges Plateau anzulegen, damit die Bevölkerung – genau wie er – Kühle und Aussicht genießen konnte. Wenig später wurde dann unterhalb des Gipfels das Hotel Mercure eröffnet (s. S. 396).

Heute ist die Straße vollständig zu beiden Seiten mit einer Betonbegrenzung eingefasst, damit rasende Autofahrer nicht die Böschung hinunterstürzen können. Außerdem ist sie durchgängig nachts beleuchtet. Eine solche Straße lockt natürlich Autofahrer, sich zu messen. Mehrmals im Jahr wird sie deshalb als Teststrecke genutzt und danach von Journalisten der Automagazine als ›größte Herausforderung‹ beschrieben. 2005 benötigte der britische Rallye-Fahrer Alistair Weaver in einem Minicooper 8 Minuten und 5 Sekunden für den ›Aufstieg‹. Das ist bis heute Rekord.

Wer so schnell fährt, hat wenig von der Aussicht, die beim Hinauffahren nach jeder Kurve schöner und aufregender wird. Und er hat keinen Blick für die Gebirgsformationen und die Greifvögel, die in den thermischen Aufwinden um den Gipfel kreisen.

Die Straße windet sich in Serpentinen hinauf zum Gipfel, überholen ist nur an ganz wenigen Stellen möglich. Nach vielen Kurven biegt unterhalb des Gipfelplateaus rechter Hand die Einfahrt zum Hotel Mercure ab. Von hier führt die Straße noch ca. 1 km bis hinauf zum Gipfel. Hier stehen an der schönsten Stelle hinter hohen Mauern drei Paläste der Familie Al Nahyan; zu ihnen haben Besucher keinen Zugang.

Der Gipfel des Jebel Hafeet ist heute ein großes rechteckiges, asphaltiertes Areal, das von Bergwänden und zur Al-Ain-Seite hin mit einem hohen Eisengitter eingerahmt wird. An Wochenenden gilt dieser Platz als Parkplatz für Besucher, die sich am Blick hinab ins Tal erfreuen und sich gegenseitig fotografieren. In regelmäßigen Abständen kommt tagsüber auch eine Motorrad-Patrouille der Polizei hinauf. Sie umrunden mehrmals das Plateau und sind nach einer Minute wieder verschwunden.

Abends wird es auf dem Plateau leer. Dann wandelt es sich zum Spielplatz junger Emirati, die mit ihren Autos hier halsbrecherische Runden drehen und sich Verfolgungsjagden liefern. Die schwarzen Reifenspuren auf dem Asphalt des Plateaus sind am nächsten Morgen die stummen Zeugen ihres Treibens.

Ausflüge von Abu Dhabi

schönen Strand-Hotels des Emirats außerhalb der Hauptstadt und bietet Luxus und einen 800 m weißen Sandstrand. 109 Zimmer (mit Meerblick), DZ ab 800 Dh inkl. Frühstück.

Sir Bani Yas ▶ 1, C 6

Die Insel wurde zum ersten Mal 1580 von dem Venezianer Gasparo Balbi erwähnt. Sie erstreckt sich 8 km in Ost-West- und 11 km in Nord-Süd-Richtung. Sie ist oval geformt, ihre höchste Erhebung misst 148 m.

Sir Bani Yas hat eine bewegte Geschichte. Bereits um 2000 v. Chr. war die Insel besiedelt. Dass sie auch nach der Islamisierung der Region bewohnt gewesen sein muss, belegen viele freigelegte Mauerreste von Moscheen und Siedlungen sowie Wachtürmen. Zwischen 1993 und 1996 stießen Archäologen bei Ausgrabungen auf eine Sensation: Sie entdeckten auf Sir Bani Yas eine **christliche Kirche** und ein **Kloster der Nestorianer** aus dem 6. Jh. und sie fanden Nestorianer-Kreuze und -Devotionalien. Nachforschungen ergaben, dass einst die Mönche des Klosters kulturelle Beziehungen zu arabischen Christen an der Mittelmeerküste Syriens unterhielten, u. a. auch wegen der Perlen, die sie aus dem Golf zu Tage förderten, lange bevor der Islam die Region erreichte. Bisher ist Sir Bani Yas der einzige Beleg für die Anwesenheit von Christen in vorislamischer Zeit in den VAE. Ihre heutige Form erhielt die Insel vermutlich am Ende der letzten Eiszeit (vor 10 000 Jahren), denn vor Beginn der Begrünungsaktion durch Sheikh Zayed im Jahr 1970 bestand sie nur aus steiniger Erde. Heute ist sie der größte Naturpark der Vereinigten Arabischen Emirate.

Der 2004 verstorbene Sheikh Zayed hatte Sir Bani Yas käuflich erworben, ein Umwelt- und Wildlife-Management Department gegründet, das bis heute für Sir Bani Yas verantwortlich ist, und ihm die Aufgabe des Erhalts der arabischen Tier- und Pflanzenwelt übertragen. Sir Bani Yas wird deshalb auch in Anlehnung an das Gleichnis vom biblischen Noah als Arabische Arche bezeichnet. Zu den Naturschutzmaßnahmen gehören Aufzuchtprogramme für die arabische Oryx-Gazelle, für die Sand- und Berggazelle, für Strauße und andere fast verschwundene arabische Tierarten.

Auf Sir Bani Yas leben heute ca. 60 000 Tiere (23 verschiedene Arten, von denen einige als stark gefährdet gelten). Sie finden hier ideale natürliche Bedingungen: Grasland, Waldland, Schlammflächen, die von Ebbe und Flut gestaltet werden, Felshügel und Süßwasserseen. Alle Tiere leben entweder in freier Wildbahn oder werden in großen Einfriedungen gehalten, um unerwünschte Kreuzungen von verschiedenen Arten zu verhindern. Außerdem leben inzwischen über 175 unterschiedliche Vogelarten zeitweise oder ganzjährig auf der Insel. Von November bis März ist auf Sir Bani Yas die beste Zeit zur Vogelbeobachtung.

Sheikh Zayed leitete auf Sir Bani Yas auch ein Begrünungsprogramm in die Wege. 15 000 ha wurden mit 3,5 Mio. Bäumen bepflanzt, darunter befinden sich auch mehr als 350 000 Obstbäume. Auf Sir Bani Yas kann man deshalb die exotischsten Arten wachsen, blühen und Früchte (ausschließlich als Nahrung für die Tiere) tragen sehen.

Infos, Verkehr

Für Besucher besteht bewusst nur eine bescheidene Infrastruktur, und immer muss ein Tour Guide dabei sein. Man erreicht die Insel am besten vom Hafen in Jebel Dhanna.

Sir Bani Yas im Internet: www.arabianwildlife.com. Wer sich über die weiteren Pläne der Tourismus Development & Investment Company (TDIC) für Sir Bani Yas (und andere Inseln) informieren möchte: www.tedic.ae.

Übernachten

Luxus in der Wildnis ▶ **Anantara Desert Islands Resort & Spa:** Tel. 801 54 00, Fax 801 54 04, www.desertislands.anantara.com, 64 DZ (inkl. 4 Villen mit eigener Küche), DZ ab 1800 Dh. Anantara ist ein junges thailändisches Hotelunternehmen, zu dem weltweit 30 der schönsten Luxusresorts gehören. Das Hotel ist den Small Luxury Hotels (www.flh.com) angeschlossen und ein Besuchermagnet.

Dubai

Dubai ist das kosmopolitischste unter den sieben Emiraten: Ziel für Geschäftsreisende aus aller Welt, Zwischenstopp für Reisende nach Fernost, aufregendes Urlaubsziel für Europäer und inzwischen auch spannende Adresse für ausländische Immobilienanleger.

Das Emirat ist mit ca. 4000 km² viel kleiner als Abu Dhabi, aber dennoch das zweitgrößte der VAE. Es besitzt nur ca. 70 km Küste und davon eignen sich gerade einmal 20 km als Badestrand. Sein Hinterland reicht ca. 60 km weit ins Landesinnere und besteht zum größten Teil aus steiniger Wüste. Dort allerdings, wo der Sand hohe Dünen bildet, gewinnt die Wüste jene Faszination, die man sich nicht entgehen lassen sollte: die Wüste als der eigentliche Garten Allahs.

Zu Dubai gehören auch noch drei Exklaven jenseits seiner Emiratsgrenzen; unter diesen ist Hatta am Fuße des Hajar-Gebirges ein beliebtes Ausflugsziel.

14 Dubai Stadt ▶ 1, J 4

Citypläne: S. 404/405, 408/409

Dubai ist trotz der globalen Finanzkrise der Jahre 2008/2009 unangefochten die Nummer eins am Golf. Nirgendwo kauft man dank fehlender Steuern und Zölle so billig ein, ist das Angebot so groß und sind die Shoppingmalls so prachtvoll und vielfältig. Wo sonst noch gibt es über 60 Luxus-Hotels an einem Ort und jagt ein Bauprojekt das nächste. Dubai macht ständig Schlagzeilen und das zieht Menschen an.

Im Jahre 2000 überraschte **Dubai** die Hotellerie der Welt mit dem Burj al Arab, dem einzigen 7-Sterne-Haus, vor der Küste auf einer künstlichen Insel gelegen und über eine 280 m lange Brücke erreichbar. Der Arabische Turm ragt wie ein gewaltiges Segel in den Himmel und gehört mit 321 m Höhe zu den höchsten Hotels der Welt. Seit 2001 macht Dubai aber jedes Jahr durch noch gigantischere Projekte von sich reden: Es treibt drei künstliche Halbinseln – jede in Form einer Palme – ins Meer, die so groß sind, dass ca. 400 km neuer Strand gewonnen wird, es lässt aus 300 künstlichen Inseln, die als Ensemble die Weltkarte abbilden, das Millionär-Eldorado ›The World‹ entstehen, und 2010 wurde das höchste Gebäude der Welt, der Burj Khalifa, in Dubai eröffnet.

Angefangen hat alles vor weniger als 200 Jahren am Creek. Als die Beduinenfamilie Al Maktoum aus Abu Dhabi auswanderte und sich hier niederließ. Aber Schwung kam erst mit dem Erdöl ins Emirat. Das ältere Dubai konzentriert sich am Creek, das neue, futuristische im westlich gelegenen Jumeirah.

Im historischen Zentrum Bastakiya

Bur Dubai ist der älteste Stadtteil. Er liegt auf der westlichen Seite des Creek, und **Bastakiya** heißt sein historisches Zentrum. Die um 1900 aus der südiranischen Stadt Bastak eingewanderten Händler bauten hier die ersten Wohnhäuser mit Windtürmen und versetzten die seit Generationen in Barastihütten lebenden Dubai'in ins Staunen.

Dieses historische Zentrum Dubais wurde in den letzten Jahren liebevoll und aufwendig restauriert und gewährt stimmungsvolle Einblicke in vergangene Zeiten. Die weitläufigen, zweigeschossigen Häuser mit Dachterrassen wurden so geplant, dass sie den Anforde-

Dubai Stadt

rungen einer Großfamilie entsprachen und den Frauen des Hauses – entsprechend den Verhaltensregeln des Koran – eine abgeschlossene und doch großzügige Welt innerhalb der Mauern boten. Die von außen so streng und abweisend wirkenden Mauern machen im Innern Platz für Bögen, Nischen und verzierte Wände, für ein Spiel aus Licht und Schatten. Alle Räume gruppieren sich um einen Innenhof, bepflanzt mit blühenden Bäumen.

Zentrum des Bastakiya-Viertels ist das **Fahidi Fort** 1, einst Wohnsitz der Emir-Familie Al Maktoum. Diese Festung ist einen Besuch wert, denn heute beherbergt sie das **Dubai Museum.** Man sieht in den Ausstellungsräumen eine Fotodokumentation des alten Dubai, Haushaltsutensilien der Beduinen, Werkzeuge aus der Zeit vor dem Erdöl. Neben zahlreichen Exponaten zur Perlenfischerei werden auch Ausgrabungsfunde aus Dubais bronzezeitlichen Stätten ausgestellt. In einer unterirdischen Abteilung schuf man dreidimensionale Schauräume, die das Leben im alten Dubai imitieren (Sa–Do 8–22, Fr 16–22 Uhr, Eintritt 3 Dh).

Der Großvater des jetzigen Emirs residierte in einem Palast in der Nähe der Creekmündung im heutigen Stadtteil Shindagha. Das Lehmgebäude aus dem Jahre 1896 wurde wiederaufgebaut. Es ist der Öffentlichkeit als **Sheikh Saeed House** 2 zugänglich und als ein weiteres Museum der Stadt durchaus sehenswert (Sa–Do 8–20.30, Fr 15.30–21.30 Uhr, Eintritt 2 Dh).

Vor dem Sheikh Saeed Haus erstreckt sich eine breite Promenade mit Bänken und Straßenrestaurants, von der man hinüber zum Stadtteil Deira blicken kann. Um nach Deira zu gelangen, benutzt man eine *abra*. Die Boote von der Bur Dubai Abra Station liegen am Eingang zum Gewürz Souq an.

Gewürz Souq 3

Im **Gewürz Souq** *(spice souq),* dessen Eingang an der Baniyas Road liegt, duftet es nach Kardamom, Zimt und Nelken. Die prall gefüllten, offenen Jutesäcke stehen in den engen Gassen vor den noch engeren Verkaufsnischen, in deren hinterster Ecke der Händler Tee trinkend auf Kundschaft wartet. Fein sortiert reihen sich in den Regalen abgepackte Safransorten neben Säckchen mit gemahlenem und ungemahlenem Pfeffer.

Auf dem Boden stehen Körbe voller Nüsse, Pistazien, Mandeln, Kisten mit getrockneten Zitronen und orientalischen Blüten. Auch Milchpulver, Kaffeebohnen und Tee finden sich hier. Hindi, Farsi oder Urdu sind die Sprachen der Händler, auf Englisch kennen sie aber die Namen ihrer Gewürze und die Zahlen, um die Preise auszuhandeln.

Gold Souq 4

City of Gold steht in Neonschrift am Eingang des **Gold Souq.** Als müsse Dubai auch den Beweis für dieses Prädikat antreten, bieten hier etwa 400 Geschäfte nebeneinander Goldschmuck an. Hier wechselt im Jahr mehr Gold den Besitzer als in ganz Europa.

Die übervollen Schaufenster lassen keinen Zweifel aufkommen: Hier ist wirklich alles Gold, was glänzt. Allerdings von unterschiedlicher Feinheit, die weltweit in Karat angegeben wird: 24 Karat sind 100 % Gold, 18 Karat nur 75 %, 14 Karat 58 % und 10 Karat 42 %. Goldschmuck wird in Dubai nach Gewicht ver- und gekauft. Weil der Wert des Metalls nahezu ausschließlich und die Arbeit der indischen Goldschmiede nur minimal den Preis der Stücke bestimmen, ist der Goldschmuck hier preiswerter als in Europa.

Von den Deira Souqs geht es am Creek entlang die Baniyas Road hinunter, man schaut dem Beladen der Dhaus zu und gelangt nun zum schönsten Golfclub der Emirate. Mitten in dem großen grünen Gelände des Dubai Creek Golf and Yacht Club steht seit 2005 eines der schönsten Hotels des Emirats, das **Park Hyatt Dubai** 5 (s. S. 407).

Burj Khalifa und Burj al Arab

Inzwischen sind es nicht mehr nur die drei Palmen-Projekte (The Palm Jumeirah, The Palm Jebel Ali und The Palm Deira) oder die künstliche Inselgruppe The World, über die man weltweit spricht. Das Emirat Dubai steht für Weltrekorde. Seit der offiziellen Eröffnung

Dubai

Dubai Creek: Hier verbinden sich Tradition und modernes Know-how

des **Burj Khalifa** 5 im Januar 2010 besitzt Dubai das mit Abstand höchste Gebäude der Welt. Der silbergraue gigantische Turm an der Sheikh Zayed Road ist 814 m hoch (zum Vergleich: Das Empire State Building in New York ist 381 m hoch). Auf einer Grundfläche von 7000 m² hat er die Form einer Wüstenblume mit sechs Blättern, die sich spiralförmig nach oben verjüngt. Außen ist er von einer silbern leuchtenden Glasfassade ummantelt und bereits aus 20 km Entfernung zu sehen. Zu seinen Füßen liegt die Dubai Mall, die größte Shoppingmall des Emirats. Umgeben ist der Burj Khalifa von einem großen künstlichen See. Regelmäßig am Abend steigen aus ihm beleuchtete bunte Fontänen zu bekannten Melodien auf und ab.

In Jumeirah stehen bereits der **Burj al Arab** 6 und die schönen luxuriösen Strand-Hotels entlang des Jumeirah Beach, unter

Dubai Stadt

aktiv unterwegs

The Dubai Creek – entlang der historischen Lebensader des Emirats

Tour-Infos
Start: auf der Bur Dubai-Seite des Creek an der Anlegestelle Bur Dubai Old Souq
Länge: ca. 3–4 km zwischen Floating Bridge und Shindagah-Tunnel
Dauer: je nach Anmietung der Abra und Verweildauer bei den ankernden Dhaus ca. 1–2 Std. Alternative: Als Kurztrip eine der ›Linien‹-Überfahrten mit einer Abra über den Creek

Der **Creek** ist ein schmaler Meeresarm, der durch eine Laune der Natur 12 km weit in das flache Hinterland hineinreicht und einem Fluss gleichend die Stadt Dubai in die Stadtteile Deira und Bur Dubai teilt.

Von Anfang an war die Überquerung des Creek für die Bewohner von Dubai Teil ihres Alltags, und es waren kleine Holzboote (abra, Plural: abrat), die die Bewohner von einer Seite des Creek zur anderen brachten. Daran hat sich bis heute wenig geändert. Obwohl es mehrere große Brücken und den Shindagha-Tunnel gibt, sind die Abrat meist voll besetzt. Waren es früher kleine Ruderboote, so sind es heute dieselmotorgetriebene, schmale Wassertaxis mit Sitzpritschen, die zwischen sechs ausgewiesenen Anlegestellen verkehren. Wurden früher die Bewohner aus Deira am Freitag zum Mittagsgebet in der Großen Moschee kostenlos übergesetzt, müssen heutzutage alle Fahrgäste einen Dirham für eine Überfahrt auf eine der beiden ›Linien‹ bezahlen.

Al Khor – in der Sprache der mit der Geschichte Dubais eng verbundenen Briten: The Creek – ist auf der Deira–Seite der Stadt heute noch Anlaufhafen für Hunderte von hölzernen Dhaus, die in Fünferreihen dicht gedrängt an den Kaimauern festmachen. Auch die Zielhäfen der Dhaus in Persien, Indien und entlang der afrikanischen Küste sind dieselben wie vor 100 Jahren, nur die zu transportierenden Güter sind andere. Heute mit Computern, Levis Jeans, Elektronik, Autoreifen und Dosenobst beladen, steuern sie z. B. Häfen in Iran an, um mit Kaviar und Teppichen an Bord wieder zurückzukehren.

Aber damit kein falscher Eindruck entsteht: Die Dhaus und ihre Fracht sind nur der spektakulärste Beitrag zur Handelsbilanz des Emirats, gemessen in Bruttoregistertonnen bewegt sich ihr Anteil lediglich im Promillebereich. Die schweren Frachten und den eigentlichen Handel haben längst die riesigen künstlichen Häfen Port Rashid und Jebel Ali außerhalb der Stadt übernommen. Doch die Fahrt vor der Skyline Dubais entlang der ankernden Dhaus am Ufer des Creek ist ein Weg zurück in die hundertjährige Geschichte des Seehandels am Golf.

Wer dem emsigen Treiben beim Beladen an der Uferpromenade zusieht, fragt sich, wie die einfachen Holzschiffe mit ihren Frachtmengen überhaupt auf offener See die Bestimmungshäfen erreichen. Und wer die Namen dieser Häfen liest, die vor Bergen gestapelter Kisten auf Pappschildern angekündigt werden, stellt sich diese Frage erst recht: Lingeh in Iran, Pasni in Pakistan, Mukalla in Jemen, Mandvi in Indien, Mogadishu in Ostafrika oder Muscat in Oman.

Die Möglichkeit der Beladung der historischen hölzernen Frachtschiffe an den Quaimauern vor modernen Hochhäusern aus Chrom und Glas von einer Abra aus beizuwohnen, Tradition und Moderne in Dubai auf engstem Raum zu erleben, diese Chance bietet der Creek als Erlebnis für Einheimische und Besucher gleichermaßen. Die Steigerung: Bei einer Fahrt am Nachmittag reflektieren die gläsernen Fassaden der Hochhäuser auf der Deira-Seite des Creek die Strahlen der untergehenden Sonne.

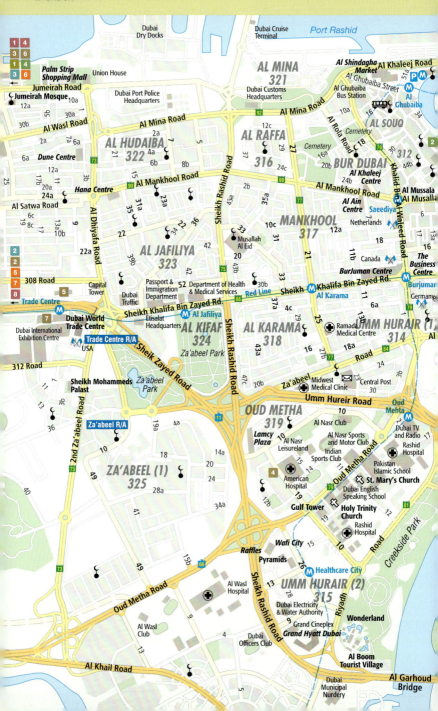

Dubai

Sehenswert
1. Fahidi Fort
2. Sheikh Saeed House
3. Gewürz Souq
4. Gold Souq
5. –7. s. S. 408

Übernachten
1. Hilton Dubai Creek
2. –3. s. S. 408
4. Mövenpick Bur Dubai
5. The Fairmont Dubai
6. s. S. 408
7. Ibis World Trade Center
8. Dubai Youth Hostel

Essen und Trinken
1. s. S. 408
2. Bateaux Dubai
3. Bastakiya Nights
4. s. S. 408
5. Al Dawaar
6. Hofbräuhaus
7. Danial
8. s. S. 408
9. Local House

Einkaufen
1. Dubai Old Souq
2. Deira Old Souq
3. Deira City Centre
4. s. S. 408

Abends & Nachts
1. The Bar
2. –3. s. S. 408

Aktiv
1. s. S. 408
2. Dubai Creek Golf and Yacht Club
3. s. S. 408
4. Badia Golf Club
5. –9. s. S. 408

---

denen dem **Ritz Carlton** 3 (s. S. 407) eine besondere Rolle zukommt. Denn es ist kein Hotelturm und es ist von der Anzahl der Zimmer und Suiten her das kleinste, das heißt aus der Sicht der Gäste das persönlichste Hotel Dubais.

Mall of the Emirates 7

Draußen in Al Sufouh erlebt man nur Superlative. Die 2005 eröffnete **Mall of the Emirates** schlägt alles bisher Dagewesene in der Kategorie Einkaufstempel. Im ersten halben Jahr zählte sie über 10 Mio. Besucher. Sie ist eine der attraktivsten Malls der gesamten Arabischen Halbinsel und beherbergt als Highlight auch einen Skidom und ein ultraschickes Kempinski Hotel, aber in erster Linie mehr als 400 Läden, die so ziemlich alles aufbieten, was Shopping-Junkies glänzende Augen bereitet. Kinder finden in der Bear Factory lebensgroße Plüschtiere, Kinofans kommen in einem Cinestar mit 14 Sälen auf ihre Kosten, Anglophile werden sich über die Flagship Stores von Debenhaus und Harvey Nichols freuen. Mehr als 70 Cafés, Snackbars und Restaurants, darunter das Sezzam mit Blick auf die Skipiste stellen die Besucher vor die Qual der Wahl. Deshalb wirbt die Mall mit einem Augenzwinkern mit dem Slogan »Ihre Schwierigkeit wird darin bestehen, einen Grund zum Gehen zu finden« (Sheikh Zayed Road, Interchange 4, tgl. 10–24 Uhr, www.malloftheemirates.com).

Infos

Vorwahl Dubai: 04
T.DTCM: in National Bank of Dubai, 12. Stock, Bani Yas Rd. neben dem Sheraton Creek Hotel, Tel. 04-223 00 00, Fax 04-223 00 22, www.dubaitourism.ae.

Übernachten

Keine andere Stadt der Welt bietet ein derartiges Angebot an Hotels im 4- und 5-Sterne-Bereich – sowohl quantitativ als auch qualitativ. Zudem werden Hotelarchitekten in Dubai so gut wie keine Grenzen gesetzt. Sogar ein 5-Sterne-Hotel unter Wasser ist geplant. Hotelübersicht und Online-Reservierungen: www.dubaitourism.co.ae.

Zentrale Lage ▶ **Hilton Dubai Creek** 1: Baniyas Rd., im Zentrum Deiras, Tel. 227 11 11, Fax 227 11 31, www.hilton.com. Boutique-Hotel für Designliebhaber, gebaut von Carlos Ott, der z. B. die Opéra La Bastille in Paris entworfen hat. 154 Zimmer, DZ ab 2800 Dh.

Wohnen als Erlebnis ▶ **Kempinski Hotel Mall of the Emirates** 2: Sheikh Zayed Rd., Interchange 4, Tel. 340 33 92, 341 00 00, Fax 341 45 00, www.kempinski-dubai.com. Woh-

Dubai Stadt

nen in einem luxuriösen Hotel mit allem nur erdenklichen Komfort und Service, Einkaufen in der größten und aufregendsten Shoppingmall Dubais (vgl. S. 406) und Skifahren mitten in der Wüste – alles unter einem Dach. 393 Zimmer und Suiten, 15 Ski-Chalets, DZ ab 2800, Suite ab 3200 Dh.

Grand Hotel ▶ The Ritz Carlton 3: Al Sufouh Rd., Jumeirah Beach, Tel. 399 40 00, Fax 399 30 31, www.ritzcarlton.com. Flair und Eleganz an weißem Sandstrand. Die Inneneinrichtung ist eine Hommage an das Reich der Schehezerade, wobei sich orientalische und mediterrane Stilrichtungen vermischen: italienischer Marmor sowie Terrakottafliesen und maurische Ornamente, prunkvolle Stoffe sowie edles traditionelles Mobiliar. Herausragender Spa- und Wellness-Bereich, prächtige Gartenanlage und sehr gute Restaurants. Exklusives, sehr persönliches Hotel. 138 geräumige Zimmer und Suiten mit Balkon oder Patio und Meerblick, DZ ab 2200 Dh.

Dem Himmel ganz nah ▶ Mövenpick Bur Dubai 4: Al Quta'eyat Rd., gegenüber American Hospital, Tel. 336 60 00, Fax 336 66 26, www.moevenpick-burdubai.com. Großer Innenhof und Dachschwimmbad. Schweizer Qualität auf höchstem Niveau. 232 Zimmer und Suiten, DZ ab 2200 Dh.

Oase der Ruhe ▶ Park Hyatt Dubai 5: im Dubai Creek Golf & Yacht Club, Baniyas Rd., Tel. 602 12 34, Fax 602 12 35, www.dubai.park.hyatt.com. Oase der Eleganz und der Ruhe am Creek auf dem Gelände des schönen Dubai Creek Golf & Yacht Club, der einst mit seinem prächtigen Clubhaus Aufsehen erregte. Das Park Hyatt liegt in unmittelbarer Nähe des Zentrums, hat einen großen Pool, ein Spa erfüllt höchste Ansprüche. 225 Zimmer und Suiten, DZ ab 2080, Suiten ab 2600 Dh.

Las Vegas in Dubai ▶ The Fairmont Dubai 5: Sheikh Zayed Rd., Tel. 332 55 55, Fax 332 45 55, www.fairmont.com. Beeindruckender Hotel-Hochbau mit markanten Ecktürmen gegenüber dem World Trade Center gelegen. Nachts ist das Farbspiele an den Fassaden weithin in der Stadt sichtbar. 398 Zimmer, DZ ab 1800 Dh.

Erholung und Sport ▶ Jebel Ali Golf Resort & Spa 6: 50 km südwestlich von Dubai City, Sheikh Zayed Rd. (Nationalstraße 11), Tel. 883 60 00, Fax 883 55 43, www.jebelali-international.com. Inmitten der ältesten und schönsten Gartenanlage Dubais, mit eigenem Golfplatz und Jachthafen, gehört zu den Leading Hotels of the World, 260 Zimmer und 134 Suiten, DZ ab 1800, Suite ab 2500 Dh.

Guter Preis ▶ Ibis World Trade Center 7: Sheikh Zayed Rd., Tel. 332 44 44, Fax 331 12 20, www.ibishotel.com. Sechs Stockwerke im Dubai International Exhibition & Convention Centre. Geräumige Zimmer, funktionale Ausstattung. 210 Zimmer, DZ ab 780 Dh.

Wo die Jugend schläft ▶ Dubai Youth Hostel 8: Al Nahda Rd. 39, Al Ahli Sport Club, Tel. 298 81 61, Fax 298 81 41, www.uaeyha.com. 102 Betten, davon viele in Zweibett-Zimmern. Dz 220 Dh, inkl. Frühstück.

Essen & Trinken

Hoch über den Wolken ▶ Al Muntaha 1: im Hotel Burj al Arab, Tel. 301 77 77, tgl. 12.30–15, 19.30–24, Freitagsbrunch 11–15 Uhr, nur mit Reservierung. In 200 m Höhe schwebt das Restaurant in der Form eines Zigarettenetuis unterhalb der Turmspitze. Innen fühlt man sich in ein Raumschiff versetzt. Der Blick aus den Fenstern gehört zu den einmaligen Erlebnissen im Emirat. Die mediterrane Küche ist von höchster Qualität. Hauptgerichte ab 420 Dh, Freitagsbrunch 450 Dh.

Mit Sternen ausgezeichnet ▶ Verre 1: im Hilton Dubai Creek Hotel, Tel. 227 11 11, Mo–Sa 19–24 Uhr, Reservierung empfehlenswert. Der mit drei Michelinsternen ausgezeichnete Starkoch Gordon Ramsey zelebriert hier sein Konzept des *Contemporary Fine Dining*. In Dubai zahlt man bei Gordon Ramsey für ein 7-Gänge-Menü ab 300 Dh, in London das Dreifache.

Auf dem Creek ▶ Bateaux Dubai 2: Tel. 337 19 19, 399 49 94, www.bateauxdubai.com. Ablegestelle: Bur Dubai, am Creek Ecke World Trade Center Rd. Keine Dhau, sondern ein vollklimatisiertes, gläsernes Speiselokal. Von allen Plätzen genießt man einen 360°-Panoramablick während der dreistündigen Fahrt

Großraum Dubai

Sehenswert
- 1–4 s. S. 406
- 5 Burj Khalifa
- 6 Burj al Arab
- 7 Mall of the Emirates

Übernachten
- 1, 4–5, 7–8 s. S. 406
- 2 Kempinski Hotel
- 3 The Ritz Carlton
- 6 Jebel Ali Golf Resort & Spa

Essen & Trinken
- 1 Al Muntaha
- 2–3 s. S. 406
- 4 Der Keller
- 5–7 s. S. 406
- 8 Al Nafoorah
- 9 s. S. 406

Einkaufen
- 1–3 s. S. 406
- 4 Ibn Battutah Mall

Abends & Nachts
- 1 s. S. 406
- 2 Vu's
- 3 Kasbar

Aktiv
- 1 EKC Go Kart
- 2 s. S. 406
- 3 Emirates Golf Club
- 4 s. S. 406
- 5 Desert Course
- 6 Montgomery Golf Club
- 7 Givenchy Spa
- 8 Talise
- 9 Wild Wadi

zwischen Garhoud-Brücke und der Creek-Mündung. Das Schiff fährt im Dienste des Luxus-Hotels Jebel Ali Golf Resort & Spa. 4-Gänge-Captains Dinner vom Feinsten 280 Dh (ohne Getränke).

Orient pur ▶ Bastakiya Nights 3: am Eingang des Bastakiya-Viertels, Tel. 353 77 72, tgl. 11–24 Uhr. Libanesisch-iranische Küche in altem, eindrucksvoll restauriertem Haus. Traumhafter Blick über den Creek. Tagsüber: Sandwich 30 Dh, Kaffee 15 Dh, abends nur 4-Gänge-Menü, 140 Dh.

Urdeutsche Küche ▶ Der Keller 4: im Jumeirah Beach Hotel, Tel. 348 00 00, tgl. 18–24 Uhr. Weißbier, Bratwurst und Sauerkraut. Menü ab 120 Dh.

360° Panorama ▶ Al Dawaar 5: Deira Corniche, im Hyatt Regency Hotel, Tel. 9714 317 22 22, tgl. 12–15, 19–23 Uhr. Im 25. Stock dreht sich das elegante Restaurant in 2 Std. um 360°. Herrlicher Ausblick, sehr gutes Büfett. Mittags 165 Dh, abends 195 Dh.

Dirndl und Lederhosen ▶ Hofbräuhaus 6: Abu Baker al Siddique Rd., im JW Marriott, Tel. 262 44 44, tgl. 13–15 und 19.30–23.30 Uhr, Mi abends Büffet. Authentische Kopie des Münchner Originals unter deutscher Leitung, Münchner Bier vom Fass, alle erdenklichen bayerischen Spezialitäten. Büffet 140 Dh, ansonsten moderate Preise.

Unter Fischen ▶ Aquarium 2: im Dubai Creek Golf & Yacht Club, Clubhaus des

Dubai

Burj al Arab: Wo Architektur, Design und …

Jachtclubs, Tel. 295 60 00, tgl. 12–15, 19–24 Uhr. Großes, rundes Aquarium in der Mitte des Restaurants und der Panoramablick auf den Creek bestimmen das Ambiente. Suppen 45 Dh, Hauptgerichte ab 85 Dh, ein Glas Wein 30–50 Dh.

Preisgünstige Aussicht ▶ Danial 7: im dritten Stock der Twin Towers, Baniyas Rd., Tel. 227 76 69, tgl. 12.30–16, 19.30–24 Uhr. Gute orientalische Küche, viele iranische Spezialitäten. Blick auf den Creek und hinüber nach Bur Dubai. Büffet 50 Dh.

Edel arabisch ▶ Al Nafoorah 8: im Hotel Jumeirah Emirates Towers, Sheikh Zayed Rd. Tel. 319 87 60, tgl. 12.30–15, 20–23 Uhr. Authentisch-libanesische Edelgastronomie mit Plätzen im Freien und freundlichem Personal. Bester *houmus* in Dubai! Suppe 30 Dh, *shawarma* (sehr empfehlenswert!) 40 Dh, Lammkotelett 60 Dh.

Garantiert Dubai ▶ Local House 9: Bur Dubai, Stadtteil Bastakiya, Al Fahidi R/A, gegenüber dem Al Mussallah-Postgebäude, Tel. 353 22 88, www.localhouse.net, tgl. 10.30–23, Fr 12–23 Uhr. Das Local House hat sich den Traditionen des Emirats verschrieben, und so präsentiert die Speisekarte nur Gerichte, deren frische Zutaten aus Dubai kommen. Salate ab 20 Dh, Fleischgerichte ab 30 Dh, *shawarma* 12Dh, Cola 10 Dh.

Küche an Bord ▶ The Boardwalk 2: im Dubai Creek Golf & Yacht Club, Clubhaus, Tel. 295 60 00, tgl. 8–24 Uhr. Von der großen, weit in den Creek hineingebauten Holzterrasse hat man eine wundervolle Aussicht. Internationale Küche. Suppe 35 Dh, Sandwich 40 Dh, Fischmenü 55 Dh.

Einkaufen

Souqs ▶ Dubai hat zwei große Souqs zu beiden Seiten des Creek, den **Bur Dubai Old Souq 1** auf der Bur Dubai-Seite und den größeren **Deira Old Souq 2**, zu dem der Gewürz Souq und der Gold Souq auf der Deira-Seite gehören.

Shoppingmalls ▶ Deira City Centre 3: gegenüber dem Dubai Creek Golf & Yacht Club, Tel. 295 10 10, www.deiracitycentre.com, Sa–Do 10–22, Fr 14–22 Uhr. Unter den stadtnahen das größte Einkaufszentrum mit über 3000 Parkplätzen. **Ibn Battuta Mall 4:** Sheikh Zayed Rd., zwischen Interchange 5

Adressen

... Service neue Maßstäbe setzen

und 6, www.ibnbattutamall.com, Sa–Di 10–22, Mi–Fr 10–24 Uhr. Als Reminiszenz an den arabischen Forschungsreisenden des Mittelalters ist diese Mall in sechs *courts* unterteilt, die die Namen der wichtigsten Aufenthaltsorte Ibn Battutas tragen und unterschiedliche Waren anbieten – ein Erlebnis, auch ohne zu kaufen. **Mall of the Emirates** 7 **:** Sheikh Zayed Rd., Interchange 4, www.mallofthe emirates.com, tgl. 10–24 Uhr, s. S. 406.

Abends & Nachts

Diskothekenbesuch ist in Dubai erst ab 21 Jahren erlaubt; strenge Kontrollen!

Nach Dienstschluss ▶ **Cin Cin** 5 **:** im Hotel The Fairmont Dubai, Tel. 311 80 00, tgl. 18–2 Uhr. Wein und Snacks bei dezenter Musik. Die Weinbar – es gibt auch Bier und Softdrinks – ist immer voll, sehr unterhaltsames Publikum. Glas Wein ab 24 Dh.

Cocktails mit Meerblick ▶ **The Bar** 1 **:** im Hotel Hyatt Regency, Deira Corniche, tgl. 22–3 Uhr. Wegen der riesigen Glasfront und dem einmaligen Blick aufs Meer heißt der Hauscocktail dann auch ›Ocean View‹. Auf der Karte stehen weitere 140 Mixturen, davon allein 72 Martini-Cocktails. Internationales Publikum.

Am Horizont ▶ **Vu's** 2 **:** Sheikh Zayed Rd., im Hotel Jumeirah Emirates Towers, 51. Stock, Tel. 330 00 00, tgl. 17–2 Uhr. Höchste Bar am Golf mit einmaligem Blick aus 298 m Höhe, max. 90 Gäste. CD-Musik.

Tanzen ▶ **Kasbar** 3 **:** Al Sufouh Rd., im One & Only Royal Mirage Dubai, Tel. 399 99 99, Mo–Sa 21–3 Uhr, reservieren! Große Tanzfläche, seit Jahren einer der besten *in-places* in Dubai.

Aktiv

Go-Kart ▶ **EKC Jebel Ali** 1 **:** an der Westseite des Jebel Ali Golf Resort & Spa, Tel. 282 71 11, Mobil 05 05 59 21 31, Okt.–Mai tgl. 11–18 Uhr. Die Non-Profit-Government-Organisation Emirates Karting Centre (EKC) verfügt über eine hervorragende Outdoor-Anlage und gepflegte 11 PS-Karts. Kimmy Raikönnen trainiert hier regelmäßig auf seinen Zwischenstopps zu den Formel-1-Rennen in Australien. 30 Min. 120 Dh.

Golfen ▶ Mit sechs Weltklasse-Plätzen, von denen auf vieren regelmäßig internationale

Dubai

Meisterschaftsturniere ausgetragen werden, ist Dubai aus dem weltumspannenden *golf circuit* nicht mehr wegzudenken. Gäste sind in allen Clubs willkommen, Ausrüstung wird verliehen, angemessene Kleidung erwartet. Preise 18-Loch: So–Mi 425 Dh, Do–Sa 525 Dh. Offizielles Handicap auf allen Plätzen: Männer 28, Frauen 45. Für die zwei erstgenannten Plätze Infos unter: www.dubaigolf.com. **Dubai Creek Golf & Yacht Club 2:** Baniyas Rd., Tel. 295 60 00, Fax 295 60 44. **Emirates Golf Club 3:** Sheikh Zayed Rd., Tel. 380 22 22, Fax 380 15 55. **Al Badia Golf Club 4:** Festival City, Tel. 601 01 01, 285 57 72, www.albadiagolfresort.com. **Jebel Ali Golf Course 6:** auf dem Gelände des Hotels Jebel Ali Golf Resort & Spa, Tel. 883 60 00, Fax 883 55 43, www.jebelali-international.com. **The Desert Course 5:** Arabian Ranches, Tel. 884 67 77, www.thedesertcourse.com. **The Montgomerie 6:** Sheikh Zayed Rd., Wohnanlage Emirates Hills, Tel. 390 56 00, Fax 390 57 00, www.themontgomerie.com.

Wassersport ▶ Die langen Küsten, die vorherbestimmbaren Windverhältnisse (vormittags wenig Wind, nachmittags Brisen vom Meer), das Klima und Wasser bieten ideale Voraussetzungen für die unterschiedlichsten Wassersportarten, zu denen die Strand-Hotels ein großes Angebot bereithalten.

Wellness ▶ **Amara 2:** im Hotel Park Hyatt Dubai (s. S. 407), Tel. 602 12 34. Das neue superluxuriöse Spa-Erlebnis in Dubai: acht edel designte Einzelbehandlungszimmer mit eigener, uneinsehbarer Außenterrasse und großer Regendusche, individuelle Hintergrundmusik. **Assawan Spa Health Club 6:** Jumeirah Beach Rd., im Burj al Arab, Tel. 301 73 38, www.burj-al-arab.com, tgl. 8–22 Uhr. Im 18. Stock des Burj al Arab wird der Gast von einem persönlichen Butler empfangen, ihn durch das Wellnessparadies begleitet, sei es zu exklusiven Anwendungen, den Fitnessräumen oder den Pools. **The Givenchy Spa 7:** Al Sufouh Rd., im One & Only Royal Mirage Dubai, Tel. 399 99 99, www.oneandonlyroyalmirage.ae. Inmitten der großzügigen Gartenanlage des Hotelanwesens, gehören zu dieser Wellnessoase zwei Einrichtungen, die auch von Nicht-Hotelgästen aufgesucht werden können: *Oriental Hammam:* tgl. für Frauen 9.30–13, für Paare 14.30–18.30, für Männer 19–21 Uhr. *Givenchy Spa:* tgl. Frauen 9.30–13, Paare 14.30–20 Uhr. Einziges Givenchy Spa der Arabischen Halbinsel mit zwölf individuellen Therapieräumen und exklusiver Boutique. **Talise 8:** Al Sufouh Rd., im Madinat Jumeirah, Tel. 366 88 88, tgl. 9–22 Uhr. Mehrfach preisgekröntes Luxus-Spa, die Pavillon-Anlage steht in einem wunderschönem Garten. **Willow Stream 5:** im Hotel The Fairmont Dubai (s. S. 407), Tel. 332 55 55, tgl. 8–20 Uhr. Im Ambiente römischer Badekultur wird die gesamte Palette von Gesichts- und Körperbehandlung, Massage, Maniküre und Pediküre angeboten.

Skifahren ▶ **Ski Dubai 7:** Mall of the Emirates, Sheikh Zayed Rd., Jumeirah, Tel. 409 40 00, www.skidxb.com, tgl. 10–24 Uhr. Im Skipass ist alles inbegriffen: Ski oder Snowboard, Schuhe und Skianzug. Skipass 2 Std. 150 Dh, 1 Std. Verlängerung 30 Dh, Tageskarte 270 Dh. Ski/Snowboard-Schule: Anfänger 1 Std. 90 Dh, Fortgeschrittene 90 Min. 155 Dh.

Wasserpark ▶ **Wild Wadi 9:** Jumeirah Beach Rd., tgl. Jan./Feb., Nov./Dez. 11–18, März–Mai, Sept./Okt. 11–19, Juni–Aug. 11–21 Uhr, Tel. 348 44 44, www.jumeirah.com. Neben dem Burj al Arab, mit Turborutschen, Wasserachterbahnen und Surfwalls. Ein Tag kostet für die ganze Familie weniger als die Hälfte eines Besuchs in einem deutschen Freizeitpark und macht doppelt so viel Spaß, Tageskarte Erw. 180 Dh, Kinder 145 Dh.

Termine

Dubai Shopping Festival: Jan.–Feb., www.mydsf.com.
Dubai Tennis Championships: Anfang März. www.dubaitennischampionships.com.
Dubai Desert Classics Golf and Tournement: Mitte März, www.dubaiclassics.com.
Dubai World Cup: Ende März, www.dubaiworldcup.com. Das teuerste Pferderennen der Welt.
UAE Desert Challenge Offroad-Ralley-Meisterschaft: Nov., www.uaedesertchallenge.com.

Verkehr

Flughafen: Der Dubai International Airport, liegt mitten in der Stadt, ca. 5 km südlich des Zentrums, er ist der meistangeflogene Flughafen der Arabischen Halbinsel (allein 50 Flüge pro Woche aus Deutschland). Infos: www.dubaiairport.com.

Busse: Die Dubai Municipality Transport Section (DMTS) unterhält ein gut funktionierendes Bussystem. 20 Linien fahren täglich 6–23 Uhr. Sehr günstiger Fahrpreis (1–3 Dh pro Linienstrecke).

Taxis: sind das am weitesten verbreitete Transportmittel in Dubai. Die fünfsitzigen Limousinen haben alle ein Taxameter, pro Kilometer zahlt man 1,17 Dh (zzgl. Grundgebühr 3 bzw. 22–6 Uhr 3,50 Dh). Die Fahrt vom **Flughafen zur Stadtmitte** kostet etwa 30 Dh (inkl. erhöhte Grundgebühr 20 Dh), Fahrten von der einen auf die andere Seite des Creek 10–15 Dh, nach Madinat Jumeirah ca. 50 Dh. Für 500 Dh kann man ein Taxi für 12 Std. mieten. **Zentraler Taxi-Ruf:** Tel. 331 31 31 oder 208 08 08. Sollten Sie etwas im Taxi vergessen haben, wählen Sie die 264 00 00.

Mietwagen: Ein Leihwagen kostet zwischen 100 Dh (z. B. Thrifty) und 150 Dh (z. B. Hertz) pro Tag, mit Vierradantrieb ab 400 Dh. Anbieter mit Filialen im Flughafen und in der Stadt: **Budget,** Tel. 295 66 67, Fax 295 72 04, mail@budget-ae.com, 24-Std.-Service; **FAST,** Tel. 332 89 88, Fax 332 87 42, rentacar@emirates.net.ae, Flughafen: Tel. 224 50 40, Fax 224 42 82, 24-Std.-Service; **Hertz,** Tel. 282 44 22, Fax 282 48 44, hertz@alfuttaim.ae, **Thrifty,** Tel. 337 07 44, Fax 334 53 64, thrifty@emirates.net.ae, zu empfehlen!

Ausflug nach Hatta
▶ 1, L 5

Die Enklave Dubais auf omanischem Gebiet liegt rund 100 km östlich von Dubai Stadt entfernt. Die Farben der Sanddünen links und rechts der Straße wechseln von hellem Beige zu einem warmen Rotbraun, vereinzelte Vegetation bringt dabei grüne Tupfer ins Bild. Kurz hinter **Qarn Nizwa** werden die Dünen immer gewaltiger, bis sie kurz vor Hatta abrupt enden, um in eine Ebene vor der gewaltigen Kulisse des Hajar-Gebirges einzumünden. In dieser Ebene liegt Hatta, am Ortseingang die mit dieser Landschaft kontrastierende Oase des Hatta Fort Hotels. Hatta selbst erstreckt sich weit auseinandergezogen in der Ebene, wobei einzelne Ansiedlungen die Hänge des Hajar bevorzugen.

Auf einer Anhöhe, in einem Dattelpalmenhain, liegt das alte Dorf Hatta. Es wird überragt von einem Fort mit zwei mächtigen Wachtürmen aus dem Jahr 1800, der 1780 erbauten Juma-Moschee, die als ältestes Gebäude von Hatta gilt, sowie ca. 30 Lehmhäusern. Alle Gebäude des historischen Hatta, die teilweise stark verfallen waren, wurden als Heritage Village rekonstruiert, sogar die traditionelle Wasserversorgung (*falaj*-System) wurde wiederhergestellt. In den alten Gebäuden wurden Geschäfte, Restaurants, traditionelle Kunsthandwerkateliers und Ausstellungsräume eingerichtet. Von den Wachtürmen hat man eine eindrucksvolle Aussicht.

Übernachten

Für gehobene Ansprüche ▶ Hatta Fort Hotel: am ersten Verkehrskreisel (aus Richtung Dubai) am Ortseingang von Hatta links abbiegen. Tel. 852 32 11, Fax 852 35 61, www.jebelali-international.com. Schöne Gartenanlage, einladendes Schwimmbad mit Freiluftrestaurant. 50 schöne, großräumige Chalets. DZ ab 900 Dh.

Tipp: Dubai Summer Surprises

Im Sommer organisiert das DTCM (s. S. 54) Veranstaltungen mit günstigen Angeboten in Shoppingmalls und Hotels. Dazu gehört auch das Programm **Dubai loves Kids.** In den meisten Luxus-Hotels können Kinder unter 12 Jahren im Zimmer der Eltern ohne Kosten übernachten und frühstücken und wahlweise ein kostenloses Mittag- oder Abendessen erhalten. Infos: www.mydsf.ae.

Sharjah

In Sharjah verbinden sich Alt und Neu. Es liegt nur 15 km östlich von Dubai, ist stolz auf sein historisches Erbe, erlaubt keinen Alkohol und besitzt viele Museen, Strand-Hotels sowie Shoppingmalls. 1998 wurde Sharjah von der Unesco als Kulturhauptstadt der Arabischen Welt ausgezeichnet.

Das Emirat Sharjah ist 2600 km² groß und zählt ca. 700 000 Einwohner, d. h. es ist etwa halb so groß wie Dubai. Zum Emirat Sharjah gehören noch die am Golf von Oman liegenden Enklaven Khor Fakkan, Dibba und Kalba.

Von allen Emiraten war Sharjah das erste, das Touristen die Tore öffnete. In den 1970er-Jahren gewährte der Emir die Errichtung von Strand-Hotels und sorgte so für Deviseneinnahmen. Denn die Hoffnungen auf Öl hatten sich zunächst nicht erfüllt. Nachdem die befreundeten Saudis großzügige Finanzhilfe gewährten, fühlte sich Sheikh Sultan bin Mohammed al Qasimi verpflichtet, Verkauf und Konsum von Alkohol in der Öffentlichkeit zu untersagen. Seit 1985 ist Sharjah *dry,* d. h. es herrscht Alkoholverbot. Wer öffentlich ein Bier trinken will, muss sich ins 15 km entfernte Dubai begeben; privat darf aber jeder in seinem Hotelzimmer Alkohol konsumieren.

Trotzdem ist Sharjah ein tolerantes Emirat. Sheikh Sultan schenkte der christlichen Gemeinde Land, damit sie eine Kirche errichten konnte, seit 1970 gibt es eine Oberschule für Mädchen. Dank großer Anstrengungen der Herrscherfamilie um das historisch-kulturelle Erbe des Emirats wurde Sharjah 1998 von der Unesco zur Kulturhauptstadt der Arabischen Welt ernannt. Viele liebevoll restaurierte Bauten, die Museen beherbergen, führten zu dieser Auszeichnung.

Das Emirat Sharjah ist das Dienstleistungszentrum der VAE. Es hat den Hafen Khor Fakkan an der omanischen Golfküste ausgebaut, um von dort Güter auf dem Landweg in die Emirate Dubai und Abu Dhabi zu transportieren; das erspart Frachtschiffen den Weg durch die Straße von Hormuz und damit bis zu zwei Tage Fahrtzeit und erhebliche Gebühren.

15 Sharjah Stadt ▶ 1, J 3

Cityplan: S. 416

Aufwendige Restaurierungen, schöne Museen und viele Kunstgalerien sind Sharjahs Beitrag zur kulturellen Attraktivität der VAE. Lange Zeit waren die modernen Souqs der Stadt die beliebten Großkaufhäuser der VAE. Die 1978 errichteten lang gestreckten, blaugrün-gekachelten Tonnengewölbe des **Souq al Markazi** 1 sind bis heute das Wahrzeichen des Emirates. Aber dieses Einkaufszentrum hat mittlerweile große Konkurrenz durch die neuen Shoppingmalls im nahen Dubai bekommen.

Sharjah liegt an drei Creeks. Deren Windungen verleihen der Stadt eine besondere Note. Von Dubai auf der Al Itihad Road kommend, biegt man am Stadteingang am Al Wahda–Flyover nach links in die Al Khan Road Richtung Küste ein.

Al Khan

Diese Straße führt zwischen den Lagunen, der Khor al Khan im Westen und der Khor Khalid im Osten, hindurch und erreicht nach ca. 4 km im ehemaligen Fischerdorf **Al Khan** das Meer. Hier, im ältesten Teil Sharjahs, findet man

Sharjah Stadt

heute keine Lehmhäuser mehr. Dafür eröffneten 2008 zwei neue Museen, das Sharjah Meeresmuseum und das Aquarium Museum. Entlang der Küstenstraße von Al Khan, der Mina Road, stehen mehrere Strandhotels und hier befinden sich auch die schönsten Badestrände der Stadt (s. S. 418).

Die Museumsstadt Sharjah

Der historisch bedeutende Teil Sharjahs liegt am nordöstlichen Ufer der Khaleed Lagoon. Die Straße entlang dem Lagunenufer heißt in Anlehnung an ihre französischen Vorbilder Corniche Road. Auf dieser Straße erreicht man hinter dem Al Merralija-Square die Heritage Area.

Sharjah besitzt insgesamt 30 Museen und damit mehr als alle anderen Emirate zusammen. Sie verteilen sich auf zwei ca. 4 km voneinander entfernte Stadtbezirke. Um unnötige Wege zu vermeiden, sollte man seine Besuchsinteressen bündeln: Die Ausstellungshäuser für neuzeitliche Geschichte und Kunst befinden sich in der küstennahen Heritage Area (s. u.), diejenigen, die sich der Archäologie und den neuen Wissenschaften widmen, im Südosten der Stadt (s. S. 416).

Direkt an der Corniche außerhalb der Art and Heritage Area, steht unübersehbar das **Museum of Islamic Civilization** 2. Von außen gleicht das Gebäude mit seiner goldenen Kuppel dem Jerusalemer Felsendom. Bis 2008 beherbergte es den ehemaligen Souq Al Majara. Im Museum of Islamic Civilization werden herausragende Exponate der islamischen Geschichte und ein Stück jenes bestickten Tuchs ausgestellt, das die Kaba in Mekka bedeckte.

Heritage Area

Die historische Altstadt des Emirats ist ein Freiluftmuseum, genannt **Heritage Area.** Diese verkehrsberuhigte Zone beginnt an der Corniche und erstreckt sich zwischen der Merraija Road im Westen und der Golf Road im Osten sowie der Al Arouba Road im Süden. Geteilt wird diese Heritage Area durch die Al Hisn (oder Bourj) Avenue. Mehrere restaurierte, zum Teil auch nach alten Plänen neu errichtete Gebäude bestimmen die Atmosphäre. Unter ihnen fällt am Eingang das **Bait al Naboodah** 3 besonders ins Auge. In dem Stadthaus wird der Lebensstil einer reichen Kaufmannsfamilie mit 20 Zimmern und eindrucksvollem Innenhof dokumentiert.

Vom Naboodah-Haus überquert man den Platz zum **Souq al Arsah** 4, dem ältesten, vollkommen restaurierten Souq der Stadt mit engen Gassen, mehr als 100 kleinen Läden, schönen Holztüren und einladender Geschäftigkeit. Hier ist das Antiquitätenangebot am größten. An den Al Arsah Souq grenzen ein arabisches Kaffeehaus Al Qahwa al Shabiah und die **Majlis al Midfaa** 5, das restaurierte Haus einer alteingesessenen arabischen Händlerfamilie, an. Die Al Midfa kühlten ihr Haus durch einen eindrucksvollen runden Windturm, den man sonst nirgendwo im Emirat antrifft. Ibrahim Mohammed al Midfaa gab 1927 die erste Zeitung in den Emiraten heraus und war bis zu seinem Tode 1983 Sekretär der Herrscherfamilie.

Auf der anderen Seite des Bait al Naboodah erhebt sich das festungsähnliche Haus von Saeed bin Mohammed al Shamsi (Al Taweel). Daran grenzt der sogenannte **Literature Square** 6 an, ein offener Platz mit einem großen Zelthaus, in dem eine umfangreiche Bibliothek arabischer Literatur untergebracht ist.

Bedeutendstes Bauwerk der Heritage Area ist die Festung **Al Husn** 7 (oft auch Al Hisn transkribiert), die volkstümlich auch Sharjah Fort genannt wird. In der 1822 erbauten eindrucksvollen Lehmfestung, die mehr als ein Jahrhundert das Zentrum Sharjahs bildete, lebte einst die Herrscherfamilie der Qasimi.

In mühevoller Rekonstruktion gelang es Sheikh Sultan al Qasimi nach seinem Regie-

Tipp: Öffnungszeiten der Museen

Fast alle Museen und Häuser sind Sa–Do 8–20 und Fr 16–20 Uhr geöffnet. Der Eintrittspreis liegt zwischen 2 und 10 Dh, Kinder haben freien Eintritt, www.sharjahart.ae.

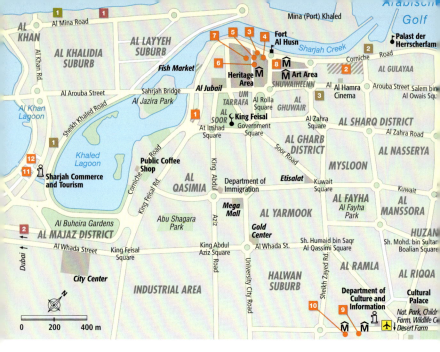

rungsantritt (1972), die Festung wieder aufzubauen. Da die Arbeiten schwierig waren und auf originalgetreue Details geachtet werden sollte, dauerte es 25 Jahre, bis Fort Husn 1997 wieder eröffnet wurde. Heute wirkt es wegen der neben der Festung stehenden Hochhäuser wie eine weiße Liliputanerburg.

Im Innern der Festung faszinieren eine Fotoausstellung über die Geschichte Sharjahs, alte Dokumente, Waffen und eine Dokumentation der Restaurierungsarbeiten. Eindrucksvoll ist das Gefängnis im alten Al Mahalwasa–Turm, der als einziger Teil der Festung aus dem 19. Jh. erhalten geblieben ist.

Art Area

Neben der Heritage Area schuf Sheikh Sultan al Qasimi östlich der Burj Avenue entlang einer verkehrsberuhigten Art Area, einen weiträumigen Platz, der von restaurierten Bauwerken umgeben ist, die sich alle der Kunst verschrieben haben. Zentrum der **Art Area** ist das 1997 eröffnete **Sharjah Art Museum** 8 im Obaid al Shamsi Haus, ein gewaltiger Bau in traditionell arabischer Architektur, dessen äußere Schmucklosigkeit in krassem Gegensatz zu Ausstattung und Wert der Exponate im Inneren steht. Auf zwei Stockwerken werden Bilder arabischer Maler und die Privatsammlung der Herrscherfamilie gezeigt (Tel. 556 82 22, tgl. 16.30–20.30, Di–Do, Sa/So auch 9–13 Uhr, Eintritt 5 Dh). In dem anderen renovierten Gebäude kann man Kunstgegenstände und Bücher kaufen.

Am Culture Square

Zwei Museen liegen außerhalb des Zentrums am **Culture Square.** In der Mitte dieses Verkehrskreisels steht ein Denkmal in überdimensional großes Buch aus Marmor. Unmittelbar am Verkehrskreisel befindet sich der Cultural Palace, dessen Treppenaufgang von außen beeindruckt und in dem Theater- und Kulturdarbietungen aufgeführt werden. Rechter Hand des Cultural Square wurde 1996 in der Rashid bin Saqr Road neben der Fernsehstation das **Sharjah Science Museum** 9 eröffnet. Es ist ein Museum mit vielen naturwissenschaftlichen Abteilungen und erfreut sich wegen seines herausragenden Planeta-

Sharjah

Sehenswert
1. Souq al Markazi
2. Museum of Islamic Civilization
3. Bait al Naboodah
4. Souq al Arsah
5. Marjlis Ibrahim Mohammed al Midfaa
6. Literature Square
7. Qasr al Husn
8. Sharjah Art Museum
9. Sharjah Science Museum
10. Sharjah Archeology Museum
11. Al-Qasba-Kanal
12. Eye of the Emirates

Übernachten
1. Millenium Hotel
2. Radisson Blu Resort
3. Sharjah Rotana Hotel

Essen & Trinken
1. Al Khaimah Beach Restaurant
2. Chilis

Aktiv
1. Strände

---

riums vieler Besucher (Tel. 566 87 77, So–Do 8–14, Fr, Sa 16–20 Uhr, Eintritt 10 Dh).

Neben dem Science Museum öffnete 1997 das **Sharjah Archaeology Museum** 10, das den Besuchern mit modernsten audiovisuellen Mitteln und in Modellen die Vorgeschichte des Emirats näherbringt. Besonders eindrucksvoll wurde das 2500 Jahre alte Pferdegrab rekonstruiert, in dem ein Mann zusammen mit Pferd und goldenen Schmuckgegenständen beerdigt wurde (Tel. 566 54 66, Sa, Mo–Do 9–13 und 17–20, Fr 17–20 Uhr, So geschl., Eintritt 5 Dh).

Al-Qasba-Kanal 11

Unweit des Stadtzentrums, ca. 5 Minuten von der Corniche entfernt, verfügt Sharjah seit 2005 über einen neuen Unterhaltungsmittelpunkt, den **Al-Qasba-Kanal**. Er ist ein künstlich angelegter, fließender Kanal von ca. 1 km Länge, dessen Uferpromenade zum Spazieren einlädt. Entlang des Kanals befinden sich Terrassen, Plätze und Restaurants und Bauwerke islamisch-andalusischer Architektur, in denen kleine Geschäfte ihre Waren anbieten. Die klimatisierte Gondel eines Riesenrads, genannt The Eye of the Emirates, hebt Besucher in eine Höhe von 60 m. Oben hat man eine herrliche Aussicht.

An der Ostküste

Zu Sharjah gehören große Gebiete an der Ostküste der VAE am Golf von Oman. Für Besucher sind die Palmenoase **Dibba**, der 35 km südlich davon gelegene Bade- und Tauchort **Khor Fakkan** mit dem Oceanic-Hotel (s. S. 418) vor einem Korallenriff und das abermals 15 km weiter südlich gelegene landwirtschaftliche Zentrum um **Kalba** interessant (s. S. 424). Zwischen Khor Fakkan und Kalba erreicht das östlichste der Emirate der VAE, das Emirat Fujairah (s. S. 424), den Golf von Oman. Khor Fakkan ist ein Zentrum des Freizeitsports, nicht nur für Badeurlauber und Taucher, sondern auch für Wanderer, die die Hajar-Berge erkunden wollen.

Infos

Vorwahl Sharjah: 06
Sharjah Commerce & Tourism Development Authority: Crescent Tower, 9. Stock, Tel. 556 67 77, Fax 556 30 00, www.sharjahtourism.ae.

Übernachten

Edel ▶ **Millennium Hotel** 1: Corniche Rd., Tel. 556 66 66, Fax 556 09 99, www.millenniumhotels.com. 23-stöckiger dunkelblauer Hotelturm an der Khalid Lagune. 259 nüchtern eingerichtete Zimmer, drei Schwimmbäder, mehrere Restaurants, DZ ab 1200 Dh.

Bekannter Treff ▶ **Radisson Blu Resort** 2: Corniche Rd., Tel. 565 77 77, Fax 565 77 77, www.sharjah.radissonblu.com. Strand-Hotel neben dem Hafen, mit großem Pool und Sportangeboten am Sandstrand. Großzügige Zimmer mit Meerblick, familienfreundlich, kostenloser Shuttle nach Dubai. 300 Zimmer, DZ ab 900 Dh.

Neu und schön ▶ **Sharjah Rotana Hotel** 3: Al Aruba Rd., Tel. 563 77 77, Fax 563 50 00, www.rotana.com. Luxuriöses Stadt-Ho-

Sharjah

tel mit 205 Zimmern und Suiten, Shuttle-Service zum Strand, Fitnesscenter und zum Schwimmbad, DZ ab 750 Dh.

… in der Enklave Khor Fakkan am Golf von Oman:

Sport und Luxus ▶ **Oceanic Hotel:** Tel. 238 51 11, Fax 238 77 16, www.oceanichotel.com. Sternförmige zwölfstöckige Anlage am Meer, Zentrum des Tauch- und Wassersports, hoteleigene Tauchschule. 166 kleine, einfache Zimmer, DZ ab 900 Dh.

Essen & Trinken

Grün und frisch ▶ **Citrus** 1 : im Millennium Hotel, Tel. 556 66 66, tgl. 19–24 Uhr. Bestes Fischrestaurant der Stadt. Abendmenü ab 120 Dh.

Meerblick ▶ **Al Khaimah Beach Restaurant** 1 : Al Mina Rd., im Lou' Lou' A Resort, Tel. 528 50 00, tgl. 11.30–14, 19–23 Uhr. Internationale Küche mit Meerblick. Suppen ab 16 Dh, Menü ab 60 Dh.

Food Court ▶ **Chilis** 2 : Al Nahada Rd., Sahara Mall, Tel. 531 88 90, www.saharacentre.com, Sa–Do 9–23, Fr 14–23 Uhr. Scharfe Gerichte im obersten Stockwerk der Einkaufzentren. Sehr gutes Preis-Leistungs-Verhältnis, Tellergerichte ab 25 Dh.

Aktiv

In luftigen Höhen ▶ **Eye of the Emirates** 12 : am Qarnat al Qasba, dem Kanal, Tel. 25 56 07 77, Sa–Do 17 –19 (nur nach Bedarf), 19–23 Uhr alle 15 Min., Fr 15–23 Uhr alle 15 Min., pro Fahrt 10 Dh. Wenn man am Al Qasba-Kanal spazieren geht, kommt man zum Riesenrad. Aus dessen Gondel hat man aus 60 m Höhe den besten Blick über die Stadt.

Am Wasser ▶ **Strände** 1 : In Al Khan beginnt die **Mina Road,** eine breite Straße, an der die älteren Strand-Hotels (z. B. das Sharjah Carlton, das Sharjah Grand Hotel, das Lou' Lou'a Beach Resort) liegen. Dieser Strandabschnitt gehört zu den schönsten des Emirats Sharjah, ist aber mit denen in Dubai und Abu Dhabi weder in seiner Gestaltung noch in der Hotelqualität zu vergleichen. Wer nach Sharjah des Badens wegen fährt, sollte auch seine **Strände in Khor Fakkan** an der omanischen Seite aufsuchen (s. S. 417).

Verkehr

Taxi: In Sharjah gibt es keinen öffentlichen Personennahverkehr, deshalb ist Taxifahren noch billiger als in Dubai (Grundgebühr: 3 Dh, 1 km 1 Dh).

Ausruhen vom *big business:* Sharjah ist Dienstleistungszentrum der VAE

Die Wüste lebt — Thema

Trotz des relativ salzhaltigen Bodens, des heißen, im Sommer luftfeuchten Klimas, häufiger Sandstürme und der begrenzten Wasservorkommen hat die landwirtschaftliche Produktion in den Emiraten stark zugenommen. Zu den fruchtbarsten Gebieten zählen Ras al Khaimah und Fujairah sowie einige Oasen (z. B. Al Ain, Liwa).

In Abu Dhabi schuf man 20 grüne Stadtparks auf dem salzigen Sand. Autobahnen und Straßen sind ebenso wie die vielen Verkehrskreisel von Grün gesäumt. Immer häufiger werden ausländische Gärtner, die für ständige Bewässerung sorgen, durch Technik ersetzt. Dünne Schläuche laufen von Pflanze zu Pflanze, geben permanent Tropfen ab oder berieseln computergesteuert, abhängig von Tageszeit und Temperatur, die Vegetation.

In den letzten 40 Jahren wurden in der Föderation 10 Mrd. Dollar in Anpflanzungen investiert. Dies ist nicht einfach, da die ohnehin nur spärlich vorhandene, dünne Humusdecke leicht der Erosion anheim fällt und arm an Nitraten und Phosphor ist. Hinzu kommt der Wassermangel: ein stark abgesunkener Grundwasserspiegel, fehlende Seen und Flüsse, seltener Regen, zudem kaum vorhersagbar. Um von Lebensmittelimporten unabhängig und für die Zeit nach dem Erdöl gerüstet zu sein, wurde ein beträchtlicher Teil der Einnahmen aus dem Erdöl im wahren Sinne des Wortes in den Sand gesetzt. Mit Erfolg: Die Agrarflächen weiteten sich aus, die Importe gingen zurück. Seit 1972 ist die landwirtschaftlich nutzbare Fläche von 20 000 ha auf mehr als 350 000 ha gewachsen. Dazu wurden fünf Staudämme gebaut und 1300 Brunnen gebohrt; weitere Dämme sind in Bau oder Planung. 100 Mio. Bäume wurden gepflanzt, dazu 40 Mio. Dattelpalmen, die heute ein Zehntel der Weltproduktion liefern. Olivenbäume wurden importiert und versorgen die Emirate mit den bei Arabern beliebten Früchten. Motor dieser Bewegung war Sheikh Zayed bin Sultan al Nahyan.

Auf der Abu Dhabi vorgelagerten flachen Sandbank Sadiyat schuf man eine Baumschule, die das Emirat mit Setzlingen versorgt, sowie Treibhäuser und Gemüsefelder, deren Produkte täglich die Insel verlassen. Nachdem die starke Zunahme der Tomatenproduktion die Preise drückte, errichtete man vier Fabriken, die heute Tomaten in Dosen abfüllen, Saft, Ketchup und Püree herstellen und diese Produkte in die übrigen Golfstaaten liefern. Sehr erfolgreich ist in der VAE auch die Anpflanzung von Erdbeeren in Treibhäusern. Die Agrarproduktion erwirtschaftet jährlich mehr als 2 Mrd. Dirham.

Insgesamt bieten 50 landwirtschaftliche Zentren den Bauern Geld- und Sachleistungen sowie finanzielle Hilfen an. Wer Landwirt werden will, erhält den notwendigen Boden kostenlos sowie weitere Hilfen wie Kredit, Maschinen, Dünger, Saatgut. Damit erhöhte sich die Zahl der Farmen in den letzten 20 Jahren von 5000 auf 20 000 und der Anteil der Selbstversorgung steigt. Auch wurden in den Emiraten bisher unbekannte Gemüse- und Fruchtarten erfolgreich angebaut. Man pflanzt im vor allem Orangen, Bananen, Datteln, Feigen, Zitronen, Tomaten, Mangos, Auberginen, Zwiebeln, Kohl, Gurken und Kürbisse sowie Futterpflanzen an. Einige Versuchsfarmen erproben neue Bewässerungs-, Anbau- und Düngemethoden.

Ajman, Umm al Qaiwain, Ras al Khaimah und Fujairah

Die vier östlich gelegenen Emirate der VAE haben eines gemeinsam: Sie besitzen eine faszinierende Landschaft und schöne Sandstrände, sind flächenmäßig klein und verfügen über wenig eigene Ressourcen, d. h. im Vergleich zu Dubai und Abu Dhabi sind sie ›arm‹. Ihre relative Ursprünglichkeit macht aber ihren touristischen Reiz aus.

Emirat Ajman ▶ 1, J 3

Das flächenmäßig kleinste Emirat der VAE umfasst 250 km^2, die meisten seiner 260 000 Einwohner leben in der gleichnamigen, am Arabischen Golf gelegenen Hauptstadt, die nur 8 km vom Zentrum Sharjahs entfernt liegt. Das Emirat, das komplett vom Territorium Sharjahs umgeben ist, verfügt über zwei entfernt gelegene Exklaven: die landwirtschaftliche Siedlung **Manama** (▶ 1, K 3, 60 km östlich) und die **Oase Masfut** am Hajar-Gebirges (160 km südöstlich). Dort werden größere Mengen Marmor abgebaut und täglich 10 000 Flaschen Mineralwasser abgefüllt.

Ajman gehört zu den vom Erdöl nicht begünstigten Emiraten. Bis in die Mitte des 20. Jh. fanden einige der Bewohner ihr Auskommen durch die Perlentaucherei. Andere traditionelle Bereiche wie Fischfang und Bootsbau haben bis heute überlebt. Gegenwärtig besitzt die Stadt eine Schiffswerft (bis 80 000 t), eine bescheidene Leichtindustrie. Die meisten Bewohner leben von Dienstleistungen. Da Mieten und Lebenshaltungskosten in Ajman deutlich niedriger sind als in den reicheren Emiraten, entwickelt sich Ajman zunehmend zu einer ›Schlafstadt‹ für Arbeitskräfte aus Sharjah und Dubai. Ajman besitzt sehr schöne Sandstrände.

Besichtigungen

Sehenswert ist die alte und immer noch bestehende **Dhau-Werft**. Sie wurde auf die gegenüberliegende Seite des Hafens verlegt und ist eine der großen Werften für Holzschiffe in der Golfregion; Besucher werden stets freundlich empfangen.

Das alte **Naim Fort,** der historische Sitz des Herrschers von Ajman, liegt an der Al Mualla Street gegenüber dem Clocktower und wurde restauriert. Naim Fort wurde architektonisch anspruchsvoll errichtet und besitzt noch gut erhaltene Windtürme. Dem Wunsch von Sheikh Humaid bin Rashid al Nuaimi entsprechend beherbergt es heute ein kleines Museum zur Geschichte des Emirats. Im Inneren zeigen einige Exponate und Schwarz-Weiß-Fotos, wie es in Ajman vor den Erdölfunden der Nachbaremirate aussah. Zwei historische Kanonen weisen den Weg zum Eingangstor, das den ganzen Tag, mit Ausnahme der Mittagszeit, offensteht (Sa–Do 8–13, 16.30–19 Uhr, Eintritt 5 Dh).

Infos
Vorwahl Ajman: 06
Ajman Chamber of Commerce & Industry: am Verkehrskreisel hinter dem Ajman Beach Hotel, Tel. 742 21 77, Fax 742 75 91, www.ajcci.gov.ae.

Übernachten
Vom Feinsten ▶ **Ajman Kempinski Hotel & Resort:** Corniche, Tel. 745 15 55, Fax 745 12 22. Seit Jahren erstes Hotel am Platz. Direkt am Sandstrand. Beeindruckender Hochbau, große Gartenanlage mit Minigolf und Sportgeräten. Mehrere Restaurants, u. a. Cafe Kranzler. DZ ab 980 Dh.

Für die Durchreise ▶ **Al Waha:** Sheikh Rashid St., Tel. 742 43 33, Fax 742 62 72, alwaha@pust.com. Moderner Bau im Zentrum, Zimmer mit Küche. 233 Zimmer, DZ ab 280 Dh.
Sportlich einfach ▶ **Ajman Beach Hotel:** Corniche, Tel. 742 33 33, Fax 742 33 63. Hotel in schöner Lage mit bescheidenem Komfort. 84 Zimmer, DZ ab 250 Dh.

Einkaufen
Haupteinkaufsstraße ist die Hamid bin Abdulaziz Street, der **neue Souq** befindet sich an der Straße nach Umm al Qaiwain.

Verkehr
Keine öffentlichen Verkehrsmittel außer **Taxis**.

Emirat Umm al Qaiwain
▶ 1, J 3

Die nächsten 20 km der Küste des Arabischen Golfes hinter der östlichen Grenze des Emirats Ajman gehört wieder zum Emirat Sharjah. Erst danach, zwischen den Gebieten der Emirate Sharjah und Ras al Khaimah, liegt auf einer langen, schmalen Landzunge mit zahlreichen Buchten und Sandbänken das kleine **Emirat Umm al Qaiwain,** ca. 25 km von Ajman entfernt. Es umfasst 750 km², zählt ca. 70 000 Einwohner und ist bevölkerungsmäßig das kleinste Emirat. Dreiviertel seiner Bewohner sind Emiratis, Fischfang ist ihre traditionelle Haupteinnahmequelle. Die meisten leben auf der Landzunge, deren nördlichen Teil die alte Stadt von Umm al Qaiwain einnimmt.

Doch das Emirat erstreckt sich bis zu 40 km ins Hinterland und verfügt über die **Oase Falaj al Mualla** (▶ 1, K 3, etwa 50 km entfernt), eine landwirtschaftliche Siedlung mit einer Hühnerfarm und Milchkuhzucht. Umm Al Quwain wird von Saud bin Rashid Al Mualla regiert.

Besichtigungen
Besuchern bietet Umm al Qaiwain den Eindruck eines Emirates in den Jahren vor dem Ölboom. Die Gebäude sind überwiegend älterer Bauweise, Hochhäuser gibt es kaum. In der Altstadt mit altem Hafen und Fischmarkt, steht auch das ehemalige **Fort,** das seit Jahren restauriert wird (Tel. 765 08 88, So–Do 9–13, 17–20, Fr 17–21 Uhr, Di nur für Frauen, Eintritt 4 Dh). Zwei Wachtürme auf der verlassenen Insel Siniyah erinnern an vergangene, unruhige Zeiten.

An der von Süden in das Stadtzentrum führenden King Faisal Road liegen Geschäfte, Restaurants und Reparaturwerkstätten, ein kleiner Souq befindet sich in der Altstadt.

Südlich der Landzunge an der Straße nach Ajman und 3 km vom Meer entfernt befindet sich die **Ausgrabungsstätte Ad Dhour.** Auf einer Fläche von 1 x 3 km wurden 2000 Jahre alte Mauerreste eines hellenischen Hafens gefunden. Die Ausgrabungen sind nicht weit gediehen (nicht zugänglich, aber gut einsehbar).

Infos
Vorwahl Umm al Qaiwain: 06

Übernachten
Strandnähe ▶ **Flamingo Beach Resort:** am Horsehead R/A, Tel. 765 00 00, Fax 765 00 01, www.flamingoresort.ae. Wohnblocks in Gartenanlage, einfache Einrichtung in Strandnähe mit Wassersportangebot. DZ ab 600 Dh.

Verkehr
Keine öffentlichen Verkehrsmittel außer **Taxis**.

Emirat Ras al Khaimah
▶ 1, K 2

Das nördlichste Emirat der VAE hat eine bewegte Geschichte. Es verfügt über 70 km Küste am Arabischen Golf und ist bis auf einen 10 km breiten Küstenstreifen gebirgig. Dieser schmale Küstenstreifen ist aber das fruchtbarste Ackerland der VAE. Das Emirat umfasst eine Fläche von 1700 km² und erstreckt sich teilweise bis zu 170 km landeinwärts. Die Gebirgslage sorgt für Regen, und

Die kleinen Emirate

größere Flächen des Emirates können deshalb landwirtschaftlich genutzt werden. Milch und Käse, Orangen und Datteln werden in die anderen Emirate geliefert. Ein Fünftel der rund 250 000 Menschen zählenden Bevölkerung lebt von Fischerei und Landwirtschaft. Kühe grasen in den Ebenen, und stolz ist man auch auf die große landwirtschaftliche Versuchsstation in der **Oase Digdagga** (▶ 1, K 3, 15 km landeinwärts). Seit 1984 fördert Ras al Khaimah auch in sehr bescheidenem Umfang Erdöl. Das Emirat besitzt einen eigenen kleinen Flughafen und hat sich innerhalb der Emirate nach Dubai und Abu Dhabi zur dritten attraktiven Strandurlaubsdestination entwickelt.

Die Stadt gliedert sich in den touristisch interessanten alten Stadtteil **Ras al Khaimah** und das neue **Nakheel;** beide sind durch die **Al Khor** genannte Lagune voneinander getrennt, werden jedoch durch zwei Brücken miteinander verbunden.

Besichtigungen

Die Besichtigung konzentriert sich auf die **Altstadt.** Wer aufmerksam durch die Straßen geht, entdeckt hier und da alte Gebäude, verziert mit den traditionellen Holzfenstern, oftmals freilich in beklagenswertem Zustand. Im Norden der Halbinsel liegt das **Old Fort,** eine Lehmfestung, erbaut um 1720 und bis 1960 Stammsitz der Familie von Sheikh Saqr bin Mohammed Al Qasimi. Das sich um einen Innenhof gruppierende Bauwerk mit aufgesetzten Windtürmen kann besichtigt werden. Seine restaurierten Räume beherbergen heute das **National Museum of Ras al Khaimah,** eines der bedeutendsten Museen der Emirate. Ausgrabungsfunde dokumentieren die Geschichte der Region, durch die vermutlich schon 2000 Jahre vor der Zeitwende Handels- und Karawanenrouten nach China und Persien führten. Für die Fachwelt bedeutsame Funde stammen aus Shimal: Dort, 5 km nördlich von Ras al Khaimah, entdeck-

Ras al Kaimah: jenseits der Hektik von Abu Dhabi und Dubai

Emirat Ras al Khaimah

ten Wissenschaftler zahlreiche bronzezeitliche Relikte, u. a. ein Rundgrab.

Weitere Exponate im Museum stammen aus dem sagenumwobenen, bereits im Koran erwähnten Julfar. Seit Jahren wurde an der kleinen Bucht, am nördlichen Stadtrand von Ras al Khaimah, von Archäologenteams aus aller Welt gegraben. Als die ersten Mauern – Überreste von Häusern – zutage traten, galt dies in der Fachwelt als lang erhoffte Sensation. Kulturgeschichtlich Interessierte können die restaurierten Funde auch an Ort und Stelle besichtigen. Andere Exponate erinnern an die unruhigen Zeiten der Piraterie und die Zerstörung Ras al Khaimahs durch die Briten 1820 (Tel. 233 34 11, www.rakmuseum.gov.ae, tgl. außer Di 10–17, im Sommer 8–12, 16–19 Uhr, Eintritt 2 Dh).

Ziegen, Hühner, manchmal auch ein Dromedar, wechseln ihren Besitzer auf dem **Animal Market**, der auf der Ostseite des Creek abgehalten wird. Käufer und Verkäufer nähern sich mit kleinen Motorbooten, und auch Schafe und Ziegen werden nach dem Kauf gerne über den kürzesten Weg zu Wasser abtransportiert. In den Vormittagsstunden lohnt ein Besuch des lebhaften **Fischmarktes,** der sich am Westufer des Creek befindet. Wenn man Glück hat, laden die Fischer gerade einen kapitalen Hai aus, der von mehreren Männern auf den Schultern transportiert wird.

Viele der Fischer stammen aus dem nördlich der Hauptstadt gelegenen Dorf **Dhayah.** Dies kann nicht nur mit einer prächtigen Lage – zwischen Gebirge und Meer – und einem üppigen Palmenhain aufwarten, sondern auch mit archäologischen Funden und Überresten einer historisch bedeutsamen Festung. Das Dhayah-Fort war im Jahre 1819 Austragungsort einer Schlacht zwischen Briten und wehrbereiten Einwohnern von Ras al Khaimah. Vorausgegangen war die nahezu vollständige Zerstörung von Dhayah, in deren Folge die Dorfbevölkerung sich in der Festung verschanzte. Das Bauwerk liegt auf einem Hügel, von dem man einen atemraubenden Blick über den Palmenhain und die Küste hat.

Infos
Vorwahl Ras al Khaimah: 07
Government of Ras Al Khaimah RAK Tourism Office: Tel. 20 244 51 25, Fax 244 74 63, www.raktourism.ae.

Übernachten
Ein Palast ▶ Al Hamra Fort Hotel & Beach Resort: Al Jazeera Dist (20 km südlich außerhalb der Stadt), Tel. 244 66 66, Fax 244 66 77, www.alhamrafort.com. Inmitten weitläufiger Grünanalgen traumhaft schöne Anlage im Stil eines Forts mit Windtürmen, herrlichem Strand, breitem Sportangebot (Tennis, Squash, Sauna). Es gehört der Herrscherfamilie Sheikh Saqr bin Mohammed al Qasimi und deshalb mangelt es an nichts. 312 Zimmer, DZ 1200 Dh.

Komfort-Erholung ▶ Hilton Ras Al Khaimah: Tel. 228 88 88, Fax 228 88 89, www.hilton.com. Luxus im Zentrum der Stadt, 218 Zi. in großzügiger Gartenanlage. Nur 7 Min. entfernt liegt der zum Hotel gehörende Beach Club in einer traumhaften Bucht, großes Wassersportangebot. DZ ab 1200 Dh.

Sand & Sport ▶ Bin Majid Beach Hotel: Beach Rd. (Corniche), Tel. 235 22 33, Fax 235 32 25, www.binmajid.com. Am südlichen Stadteingang auf einem Hügel oberhalb des Strands. 140 Zimmer, DZ 700 Dh. Direkt am Strand liegt das zugehörige neuere **Bin Majid Beach Resort** (Tel. 244 66 44, Fax 244 66 33) mit 92 Bungalows und großem Sportangebot, DZ 740 Dh.

Sportmöglichkeiten ▶ Ras al Khaimah Hotel: Al Khouzam Rd., südlich der Lagune Al Khor, Tel. 236 29 99, Fax 236 29 90, www.rakhotel.co.ae. 90 Zimmer, DZ ab 300 Dh.

Essen & Trinken
Fernöstlich ▶ Ying Yang: Al Khouzam Rd., gegenüber Ras al Khaimah Hotel, Tel. 235 34 77. Beste chinesische Küche, Fisch. Gerichte ab 20 Dh.

Basar-Atmosphäre ▶ Traditional Coffee House: Hotel Rd., nördlich der Altstadt auf der gegenüberliegenden Seite des Creek. Kaffeehaus mit Imbiss im Freien, Kunsthandwerk, günstig.

Die kleinen Emirate

Aktiv

Zur Straße von Hormuz ▶ Ausflug nach Musandam: 35 km hinter Ras al Khaimah überquert man bei Tibat die Grenze zu Oman und erreicht nach 40 km auf einer zwischen Felswand und Meer gelegenen Panoramastraße vorbei an Sand- und Fischerbuchten die omanische Stadt Khasab. Der Grenzübergang ist problemlos. Von Khasab bieten sich Ausflüge zur Straße von Hormuz an (s. S. 259).

Verkehr

Es gibt in Ras al Khaimah keine öffentlichen Verkehrsmittel, nur **Taxis,** und sie sind billig. Für **Ausflüge** zum Beispiel nach Musandam am besten an einen Tour Operator wenden, z. B. **Musandam Tours,** Tel. 228 07 77, Fax 228 75 75; **Aryam Tours,** Tel. 22 16 16, Fax 22 16 61.

Emirat Fujairah ▶ 1, L 4

Breite Strände, eine blühende Landwirtschaft und ein bedeutsamer Hafen jenseits der Straße von Hormuz kennzeichnen die Bedeutung des **Emirats Fujairah,** das im Osten der Halbinsel Musandam am Indischen Ozean liegt. Seine 70 km lange Küste wird immer wieder von Exklaven des angrenzenden Oman und des Emirats Sharjah unterbrochen. Aus 50 Dörfern mit zusammen ca. 120 000 Einwohnern besteht das von Sheikh Hamad bin Mohammed al Sharqi regierte Emirat. Es ist nur 1150 km² groß, Haupteinnahmequelle sind der Anbau von Gemüse und Obst, Fischfang und Viehzucht. Um auch am Tourismus zu partizipieren, errichtete man am breiten Strand mehrere Ferienanlagen. Deren Restaurants und Fitnesseinrichtungen, allen voran die des Hilton Hotels, avancierten zum Treffpunkt wohlhabender Emirati.

Besichtigungen

Die wenigen europäischen Besucher, auf die man in der Stadt trifft, interessieren sich zumeist für den **Palast des Emirs,** der in der Al Njaimat Road am westlichen Ende der Stadt liegt, und für die restaurierte Festung **Fijairah Fort** in der Altstadt. Zum Ausruhen wird der **Public Garden** geschätzt, der schattige Picknickplätze und viele Spieleinrichtungen für Kinder aufzuweisen hat; fliegende Händler versorgen seine Besucher mit frisch gepresstem Mangosaft.

Wer das aus Lehmziegeln 1670 errichtete Fujairah Fort mit seinen beeindruckenden Wachttürmen besichtigt (Al Salam Rd., Sa–Do 9–13, Fr 14–18 Uhr, Eintritt 2 Dh), kann das direkt daneben liegende **Fujairah Museum** ebenfalls besuchen. Ausgestellt werden Alltagsgegenstände und Waffen aus dem 19. Jh. sowie prähistorische Keramiken (So–Do 9–13 und 16–18, Fr 14–18 Uhr, Eintritt 3 Dh).

Südlich von Fujairah gelangt man an die zu Sharjah gehörende Bucht **Khor Kalba,** einen Meeresarm, der sich weit in das Land hineingegraben hat. Das von Mangroven bewachsene Gebiet ist ein beliebtes Ausflugsziel, ein Paradies für Muschelsammler und Krebsliebhaber. Von Khor Kalba führt die Al Wadah Road über die Grenze ins benachbarte Oman.

Fährt man von Fujairah auf der südlichen Straße gen Westen nach Masafi, erreicht man 28 km westlich die Stadt **Bithna.** An einem Aussichtsplatz mit Blick hinunter in das Wadi und auf ein Fort stehen meist Autobusse und Fotografen, die das schöne Motiv festhalten.

Infos
Vorwahl Fujairah: 09
Tourist Office Fujairah: Hamad bin Abdullah Rd., Trade Centre 4. Stock, Tel. 223 15 54, Fax 223 10 06, www.fujairah-tourism.ae.

Tipp: Blick ins Grüne

Von einem Aussichtsplatz bei der Stadt Bithna blickt man hinunter in das Wadi, tiefgrün mit einem dichten Dattelpalmenhain. Ein helles Fort, im Jahre 1735 zum Schutz vor Angreifern errichtet, die über Land aus südlicher Richtung (Oman) kamen, ragt aus den Baumspitzen hervor.

Emirat Fujairah

Treffpunkt der Kulturen: auf dem Jahrmarkt von Fujairah

Übernachten

Luxus im Grünen ▶ **Hilton:** Al Fasil St., Tel. 222 24 11, Fax 222 65 41, www.hilton.com. Moderner Flachbau inmitten einer großzügigen Grünanlage am (dunklen) Strand, stadtnah, mit hoteleigenem Tauchclub. 90 Zimmer, alle sehr groß, mit persönlicher Atmosphäre, DZ ab 600 Dh.

Schönes Wohnen ▶ **Le Meridien Al Aqah Beach Resort:** 50 km nördlich von Fujairah City und 15 km südlich von Dibba, Tel. 244 90 00, Fax 244 90 01. Dunkelblaue, luxuriöse Strandpyramide aus Glas und Chrom. Alle Zimmer mit Meerblick, großes Sportangebot, eigene Tauchschule. DZ ab 600 Dh.

Mittelklasse ▶ **Al Diar Siji:** Al Sharqi Rd., Tel. 223 20 00, Fax 223 21 11, www.aldiar hotels.com. Im Zentrum beim Trade Centre, mit Spa, Pool, Sauna, Tennis, Beach Club. 90 Zimmer mit Blick auf das Meer und die Hajar-Berge, DZ ab 280 Dh.

Idealer Strandurlaub ▶ **Sandy Beach Hotel & Resort:** in der Mitte zwischen Dibba und Khor Fakkan, ca. 40 km nördlich von Fujairah, direkt an der Nationalstraße 99, Tel. 244 55 55, Fax 244 52 00, www.sandybm. com. Reihenbungalows am Strand mit einer eigenen Tauchschule. DZ ab 140 Dh.

Nicht weit zum Wasser ▶ **Holiday Beach Motel:** südlich von Dibba, 50 km nördlich von Fujairah City, direkt an der Nationalstraße 99, Tel. 244 55 40, Fax 244 55 80. Neue Bungalow-Anlage am Strand. DZ ab 120 Dh.

Essen & Trinken

Beliebter Treff ▶ **Siji:** im Hilton Hotel, Tel. 222 24 11. Bestes Restaurant der Stadt, internationale Küche, Spezialität: Fischgerichte. Kleine Fischplatte 100 Dh, große 130 Dh, Suppen 18 Dh, Cola 12 Dh.

Orientalische Spitzenklasse ▶ **Arous Al-Bahr:** Fasil St. am Delia R/A (gegenüber Hilton), Tel. 222 78 66. Libanesische und ägyptische Küche mit Fischspezialitäten, Steaks vom Grill und vegetarischen Gerichten. Menü ab 80 Dh, Kaffee 10 Dh.

Register

Aali Burial Mounds (BRN) 133
Abd al Fattah Ismail 191
Abd al Qasim Mohammed ibn Abdallah ibn Abd al Mutalib s. Mohammed
Abdallah ibn Abdul Aziz 30, 320
Abdul Aziz 30, 320, 359, 366
Abdul Aziz bin Mohammed 338
Abdul Aziz ibn Rahman 318, 329
Abdul Latif Jassim Kanoon 121
Abdul Rahman al Saud 319, 325, 329
Abdullah al Mail 295
Abdullah bin Jassim al Thani, Sheikh 295
Abdullah II. 325
Abha 342, 358, **361**
Abraha, König 162
Abraham 23, 355, 375
Abu al Adyadh (UAE) 397
Abu Bakr, Kalif 23, 28, 355
Abu Dhabi 30
Abu Dhabi (UAE) 15, 21, 28, 30, 378, 380, **384**
Abu Dhabi Stadt (UAE) 384
Abu Hanifa 27
Abukarib Asaad 182
Abyan (YAR) 195
Achmed al Sudairi, Sheikh 319
Achmed ash Sheddali, Sheikh 191
Ad Dhour (UAE) 421
Addir'iyyah s. Diriyyah
Aden (YAR) 30, 181, **187**, 194
Aelius Gallus 22, 161, 363
Ahmad bin Said, Sultan 256
Ahmadi (KWT) 228
Ahmed bin Said, Imam 234
Ahmed ibn Hanbal 27
Ahmed ibn Musa 169

Ahwad al Qaiti, Sultan 196
Ain Adhari (BRN) 130
Ain Razat (OM) 278
Aisha (YAR) 175
Ajman (UAE) 380, 420
Al Aali (BRN) 131, 135
Al Ahsa 374
Al Ain (UAE) 15, 258, 380, 384, **393**, 398
Al Areen (BRN) 135
Al Baleed (OM) 270
Al Bidda (Q) 288
Al Birq 364
Al Birq (KSA) 363
Al Bu Said-Dynastie 234, 239
Al Bustan (OM) 239
Al Darb (KSA) 363
Al Dhakira (Q) 310
Al Fau (KSA) 338
Al Hada (KSA) 359
Al Hadi Yahya ibn al Hussain 174, 179
Al Hamra (OM) 266
Al Harf (OM) 259
Al Harith 160
Al Hasa s. Hofuf
Al Hazm (OM) 256
Al Hazm (YAR) 202
Al Hofr (KSA) 360
Al Hotta (OM) 267
Al Huwailah (Q) 311
Al Jadi (OM) 259
Al Jarrah (KSA) 361
Al Jasrah (BRN) 134
Al Jerry (OM) 259
Al Khalifa-Dynastie 284
Al Khan (UAE) 414
Al Khazain (YAR) 180
Al Khiran (KWT) 229
Al Khobar (KSA) 320, **369**
Al Khor (Q) 309
Al Maktoum-Dynastie 400
Al Medinat al Nabi s. Medina

Al Misfah (OM) 267
Al Nahyan-Dynastie 384
Al Qabei (YAR) 175
Al Qourain (KWT) 228
Al Qunfidhah (KSA) 363
Al Rakiyat (Q) 313
Al Rawdan (KSA) 360
Al Ruflaiq (UAE) 397
Al Ruwais (Q) 313
Al Salif (YAR) 169
Al Saud-Dynastie 318, 324
Al Shahaniya (Q) 312, 315
Al Sila'a (UAE) 397
Al Soudah (KSA) 361
Al Taif s. Taif
Al Thughb (Q) 313
Al Ukhdad s. Najran
Al Ula (KSA) 352
Al Wajbah (Q) 315
Al Wakrah (Q) 306
Al Zubara (Q) 313
Ali Abdulemam 115
Ali Abdullah Saleh 142
Ali bin Abdullah, Sheikh 295
Ali ibn Omar, Sheikh 48
Ali, Kalif 24, 28
Alkohol 49, 66, 72, 78, 84, 90, 100, 108
Alltagskultur 32
Almaqah 164
Amran (YAR) 174
Amwaj (BRN) 114
An Nawas (KSA) 360
Anreise 54, 64, 70, 75, 81, 87, 95, 106
Arad (BRN) 129
Araqiya (YAR) 180
Architektur 40
Aristophanes 188
Arriyadh s. Riyadh
Arsh Bilqis (YAR) 164
Arwa bint Ahmed, Königin 181
As Schafi 27

Der Haupteintrag ist **fett** hervorgehoben.

Asadum Talan 273
Ash Shafa (KSA) 359
Ash Sharqiyya (KSA) 366
Ash Shuqaiq (KSA) 364
Asir National Park (KSA) 361
Asir-Gebirge 14, 320, 342
Ausgehen 66, 72, 78, 83, 89, 100, 108
Ausrüstung 56
Auswärtiges Amt 58
Awal (BRN) 116
Awali (BRN) 136
Awam (YAR) 162

Bab al Mandab (YAR) 181
Badr ibn Tufariq 202
Baha (KSA) 360
Bahla (OM) 264
Bahrain 15, 18, 30, 62, **114**
Bahrain International Circuit (BRN) 136, 137
Bajil (YAR) 167
Balbi, Gasparo 399
Baljurashi (KSA) 360
Bani Hamrah (BRN) 135
Barbar (BRN) 131
Barka (OM) 255
Batinah (OM) 234
Batinah-Ebene 15, 232, **255**
Baushar (OM) 250
Bayhan (YAR) 165
Bayt al Faqih (YAR) 169
Belgrave, Charles 120
Bibby, Geoffrey 131
Bilad al Qadim (BRN) 130
Bilarub bin Sultan, Imam 265
Bilqis, Königin 164
Bin Ali's Tomb (OM) 276
Bir Ali (YAR) 195
Bithna (UAE) 424
Bowshar (OM) 250

Broeke, Pieter van 48
Budaiya (BRN) 131
Bukha (OM) 259
Buraimi (OM) 258

Calatrava, Santiago 11, 296
Cocha (YAR) 171
Colonel Dickson 218

Dahham ibn Dawwas 325
Dain-Pass (YAR) 174
Dakhiliyah (OM) 262
Damar (YAR) 181
Dammam (KSA) 320, **367**
Dar al Hajar (YAR) 160
Darin (KSA) 373
Deleesha (YAR) 205
Deresmoiten (YAR) 205
Detwah (YAR) 205
Dhafra (UAE) 397
Dhahran (KSA) 368
Dhayah (UAE) 423
Dhofar (OM) 232, 269
Dhu Nawas, König 363
Dibba (UAE) 414, 417
Digdagga (UAE) 422
Dilmun (BRN) 114
Dilmun-Kultur 115, 121, 373
Diplomatische Vertretungen 62, 68, 74, 79, 85, 93, 104
Diraiyah s. Diriyyah
Diriyyah (KSA) 320, 324, **338**
Djol (YAR) 199
Doha (KWT) 226
Doha (Q) 288
Dosariyah 364
Drogen 55
Dshafar as Shadiq, Imam 27
Dubai (UAE) 30, 43, 378, 380, **400**
Dubai Stadt (UAE) 400
Dukhan (Q) 315
Durrat (BRN) 114

Eastern Province (KSA) 366
Einkaufen 34, 66, 72, 77, 83, 89, 99, 108
Einreise 54, 64, 70, 75, 81, 87, 95, 106
El Gabeih (YAR) 175
Elektrizität 55
Elizabeth II., Königin 43, 191
Entertainment City (KWT) 226
Erdöl 18
Essen 46

Fahaheel (KWT) 227
Fahd 30, 320
Failaka (KWT) s. Falaika
Faisal 30, 320
Faisal bin Abdul Aziz 297
Faisal I. ibn Abdul Aziz Al Saud, König 325
Falaika (KWT) 75, 222
Falaj al Mualla (UAE) 421
Familie 32
Farasan-Inseln (KSA) 365
Fatima 23
Feiertage 38, **39,** 66, 72, 78, 84, 90, 100, 108
Fernsehen 58, 92, 103
Festivals 38
Fort Bahrain (BRN) 130
Foster, Sir Norman 43, 325, 334
Fotografieren 55
Frauen 56, 100, 251
Fujairah (UAE) 380, **424**
Fuwairat (Q) 311

Gabriel 23, 186
Gehry, Frank 44, 397
Geld 66, 72, 78, 84, 90, 101, 108
Geschichte 22
Gesellschaft 32

Register

Gesundheit 57, 67, 73, 78, 84, 91, 102, 109
Gewichte 56
Ghail Bawazir (YAR) 199
Ghalib, Sultan 196
Gizan (KSA) 363
Grass, Günter 200
Gulf Cooperation Council 19, 30

Habban (YAR) 195
Hadibou (YAR) 205
Hadramaut (YAR) 200, 202
Hadramiten 194, 199
Hail (KSA) 320, 325
Hajar-Gebirge 232, 233, 413
Hajjah (YAR) 175
Hajjara (YAR) 166
Halaba (KSA) 360
Hamad bin Isa al Khalifa, Sheikh 116
Hamad bin Khalifa al Thani, Sheikh 30, 282, 284
Hamad bin Mohammed al Sharqi, Sheikh 424
Hamud ibn Abdul Aziz Al Saud 318
Hana (OM) 259
Handicap 64, 70, 75, 81, 86, 95, 106
Harun al Rashid, Kalif 26
Hasan 25
Hassa Bint Achmed al Sudairi 319
Hassan bin Mohammed bin Ali al Thani, Sheikh 297
Hatta (UAE) 413
Hawar-Inseln (BRN) 63, 116
Hedschas-Gebirge 14, 320, 346
Hedschra 37
Heritage Village (UAE) 21, 385
Hidd (BRN) 129

Hili (UAE) 380
Himjaren 146, 160, 182, 188, 200
Hodeida (YAR) 167
Hofuf (KSA) 320, **374**
Hoteip (YAR) 166
Humaid bin Rashid al Nuaimi, Sheikh 420
Huth (YAR) 174

Ibb (YAR) 182
Ibra (OM) 252
Ibrahim Mohammed al Midfaa 415
Imam Yahya 167
Information 54, 62, 68, 74, 79, 85, 93, 104
Internet 54, 62, 67, 68, 73, 74, 78, 79, 84, 85, 92, 93, 103, 104, 109
Isa bin Ali al Khalifa, Sheikh 129
Isa bin Salman al Khalifa, Sheikh 134
Isa Town (BRN) 133
Islam 22
Ismaeliten 142, 166
Isozaki, Arata 44, 296

Jaber al Ahmed al Jaber al Sabah, Emir 210
Jabrin (OM) 265
Jafrus (YAR) 187
Jahra (KWT) 227
Jal al Zor (KWT) 210
Jalad (BRN) 134
Janad (YAR) 186
Janadriyah (KSA) 335
Jansen, Michael 271
Jassim bin Mohammed al Thani, Sheikh 315
Jazayer Beach 63, 66, 135
Jebel Akhdar (OM) 14, 262
Jebel Bardah (OM) 241
Jebel Barrash (YAR) 174

Jebel Dhanna (UAE) 384
Jebel Dukhan (BRN) 116, 136
Jebel Dukhan (Q) 284
Jebel el Qara (YAR) 195
Jebel Hafeet (UAE) **393**, 398
Jebel Haraz (YAR) 39
Jebel Harim (OM) 261
Jebel Jassasiya (Q) 311
Jebel Mafluq (YAR) 174
Jebel Nabi Shueib (YAR) 166
Jebel Qamar (OM) 279
Jebel Qara (OM) 233
Jebel Qarah (KSA) 375
Jebel Sabir (YAR) 183
Jebel Shams (OM) 234, 267
Jebel Shamson (YAR) 190
Jebel Shibam (YAR) 158
Jeddah (KSA) 26, 320, 342
Jemen 15, 18, 30, 68, **140**
Jibla (YAR) 181
Jiddah (BRN) 116
Jislah-Pass (YAR) 158, 181
Jubail (KSA) 320, 373
Julfar (UAE) 423

Kalba (UAE) 414, 417
Kalender 37
Kamaran (YAR) 169
Kamir-Pass (YAR) 174
Karmaten 26, 116, 374
Karten 62, 68, 74, 79, 85, 94, 105
Kathiri-Dynastie 200
Kaukaban (YAR) 158
Khadidsha 23
Khaled ibn Abdul Aziz Al Saud, König 30, 320
Khalifa bin Zayed al Nahyan, Sheikh 380
Khamis Mushayt (KSA) 362
Khasab (OM) 259
Khor al Mukalla (YAR) 196

Der Haupteintrag ist **fett** hervorgehoben.

Khor al Udaid (Q) 85, 283, **307**
Khor Fakkan (UAE) 414, 417
Khor Kalba (UAE) 424
Khor Mughsayl (OM) 278
Khor Rori (OM) 273
Kinder 63, 70, 75, 81, 86, 94, 105, 350
Kleidung 33
Klima 15, 57
Kommunikation 58, 67, 73, 78, 84, 92, 103, 109
Königin von Saba 140, 277
Koran 27, 40
Kuhlan (YAR) 174
Kunst 40
Kunsthandwerk 44
Kuwait 18, 30, 74, **208**
Kuwait Stadt (KWT) 208, **214**

Lawrence von Arabien 297, 352
Lehmbau 41
Lesetipps 54
Liwa (UAE) 397

Madain Saleh (KSA) 22, **352**
Madinat al Zarqa (OM) 241
Madinat Yanbu al Sinaiyah (KSA) 351
Madlat Pasha 375
Mahram Bilqis (YAR) 162
Makkah al Mukaramah s. Mekka
Maktoum bin Rashid al Maktoum, Sheikh 30
Malik ibn Anas 27
Manakha (YAR) 166
Manama (BRN) 114, **120**
Manama (UAE) 420
Marawiya (YAR) 167
Marib (YAR) 161

Marquban (BRN) 134
Marwan II., Kalif 28
Masfut (UAE) 420
Maße 56
Mayfaah (YAR) 195
Medina (KSA) 22, 23, 26, 30, 319, 340, 351, 355
Medinat al Nabi s. Medina
Mekka (KSA) 22, 26, 30, 39, 320, 354
Merkel, Angela 30
Mesaieed (Q) 306
Mina (KSA) 356
Mina Zayed (UAE) 384
Mintarib (OM) 252
Mirbat (OM) 269, **276**
Misrah (YAR) 187
Mocha (YAR) 142, **172**
Mohammad bin Nasir, Imam 265
Mohammed 22, 28, 186, 354
Mohammed Ali 338
Mohammed bin Rashid bin Saeed al Maktoum, Sheikh 30, 32
Mohammed ibn Abdul Wahab 320, 338
Mohammed ibn Rashid 329
Mohammed ibn Saud, Emir 320, 338
Mohammed ibn Ziyad 170
Mohammed Said Farsi 343
Moqal (OM) 252
Moscheebesuch 56
Muadh ibn Dschabal 186
Mubarak al Kabir, Sheikh 217
Mudairib (OM) 252
Mughsayl (OM) 278
Muharraq (BRN) 120, **128**
Muhaza (BRN) 134
Mukalla (YAR) 195
Mukhi (OM) 259
Musandam (OM) 259

Muscat (OM) 28, 232, **238**
Mutrah (OM) 239, **241**

Nabatäer 22, 352
Nabih Salih (BRN) 134
Nahyan 21
Naif ibn Abdul Aziz Al Saud 319
Najran (KSA) 363
Nakhal (OM) 255
Natur 14, 63, 69, 75, 80, 85
Nedsch (KSA) 14, 320
Nefud-Wüste (KSA) 320
Negus Abraha 162
Negus Kaleb 162
Niebuhr, Carsten 181, 210
Nizwa (OM) 263
Nordjemen (Arabische Republik) 18, 27, 30, 142
Nouvel, Jean 295, 397

Öffnungszeiten 67, 73, 77, 82, 89, 99, 100, 109
Oil Well No. 1 (BRN) 136
Oman 15, 18, 30, 79, **232**
Omar bin Awadh al Qaiti 196
Omar, Kalif 23, 28, 355
Osama bin Laden 32, 332
Othman, Kalif 24, 28
Ott, Carlos 406

Pei, Ieoh Ming 44, 296
Perim (YAR) 142
Philby, John 330
Phillips, Wendell 162
Playfair, R. Lambert 190
Plinius d. Ä. 205
Politik 18
Polo, Marco 188, 199
Post 58, 67, 73, 78, 84, 92, 103, 109
Ptolemäus 196

Qaboos bin Taimur, Sultan 234
Qabr Nabi Huth (YAR) 204
Qaiti, Sultanat (YAR) 200
Qalansiyah (YAR) 205
Qalat al Bahrain (BRN) 130
Qalat al Qasr (OM) 256
Qana (YAR) 195
Qarn Nizwa (UAE) 413
Qataban Timna (YAR) 195
Qatar 18, 30, 85, **282**
Qatif (KSA) 373
Qurainiyah (KWT) 222

Ramadan 24, 38
Ras al Ardh (KWT) 222
Ras al Barr (BRN) 137
Ras al Hadd (OM) 254
Ras al Jinz (OM) 254
Ras al Khaimah (UAE) 380, 421
Ras Tanura (KSA) 320, 367
Ras Uwainat (Q) 315
Rashid al Oraifi 129
Rauchen 100
Rawdah (YAR) 157
Reiseplanung 62, 68, 74, 79, 85, 94, 105
Reisezeit 56, 67, 73, 78, 84, 91, 101, 109
Republik Jemen s. Jemen
Reza Pahlevi, Schah 32
Rifa (BRN) 133
Riyadh (KSA) 30, 320, **324**
Robert, Guy 274
Rub al Khali 14, 179, 232, 320
Rustaq (OM) 256
Ruwi (OM) 239

Saad wa Saed (KWT) 222
Saada (YAR) 174, 179
Saadiyat Island (UAE) 44, 388, 397
Saar (BRN) 131
Saar Excavation Site (BRN) 131
Sabah al Ahmed al Jaber al Sabah, Emir 210
Saddam Hussein 210, 219
Sadiyat (UAE) 419
Saeed bin Mohammed al Shamsi 415
Said bin Sultan, Sultan 245
Said bin Taimur, Sultan 234
Saif bin Sultan, Sultan 256
Saijid Abubakr Bin Abdullah al Aidroos 190
Sakhir (BRN) 136
Salalah (OM) 269
Salman ibn Abdul Aziz Al Saud 319
Salmiya (KWT) 222
Sana'a (YAR) 140, **146**
Saqr bin Mohammed Al Qasimi, Sheikh 422
Saud bin Rashid Al Mualla 421
Saud ibn Abdul Aziz Al Saud, König 320
Saudi-Arabien 15, 18, 30, 93, **318**
Sayun (YAR) 199, **202**
Schumacher, Michael 136
Seeb (OM) 239, **250**
Seyyida Salme, Prinzessin 244
Shabwa (YAR) 204
Shakbout al Nahyan, Sheikh 385
Shammar (KSA) 325
Sharjah (UAE) 380, 414
Sharjah Stadt (UAE) 414
Shibam (YAR) 41, **160**, 199
Shihara (YAR) 174, 175
Shihr (YAR) 199
Shimal (UAE) 422
Shisr (OM) 277
Shuqra (YAR) 195
Sicherheit 57, 67, 73, 78, 84, 91, 102, 109
Sindbad 255
Singing Sand Dunes (Q) 309
Sir Bani Yas (UAE) 399
Sirwah (YAR) 163
Sitrah (BRN) 120, 134
Sohar (OM) 255, 257
Sokotra (YAR) 205
Souq al Wadi (YAR) 157
Sport 65, 72, 77, 83, 89, 99, 108
Sprachführer 59
Stark, Freya 200
Subh Beach (BRN) 66, 131
Subiya (KWT) 227
Südjemen (Demokratische Volksrepublik) 18, 30, 140, 142, 194
Sufala (BRN) 134
Sulman bin Ahmed al Fateh, Sheikh 133
Sultan al Qasimi, Sheikh 415
Sultan bin Mohammed al Qasimi, Sheikh 414
Sultan bin Saif al Yaruba, Imam 234, 256, 263
Sultan bin Salman bin Abdul Aziz 319
Sultan bin Zayed, Sheikh 393
Sumarah-Pass (YAR) 181, 182
Sumhuram (OM) 273
Sur (OM) 253

Taif (KSA) 22, 342, 359
Taiz (YAR) 181
Tamim bin Hamad 284
Tanuf (OM) 267
Tanumah (KSA) 361
Taqah (OM) 273
Tareq Rajab 220

Tarif (UAE) 397
Tarim (YAR) 199, 203
Tarut (KSA) 373
Telefonieren 59, 67, 73, 78, 84, 92, 103, 109
The Lost Paradise of Dilmun Water Park (BRN) 135
Thesiger, Sir Wilfred 233
Thula (YAR) 154
Tibat (OM) 259
Tihama (YAR) 14, 168, 187, 358
Tilke, Hermann 136
Timna (YAR) 165
Touristeninformation 62, 68, 74, 79, 85, 104
Tree of Life (BRN) 136
Trinken 46
Trinkgeld 56
Turba (YAR) 187
Turki ibn Abdul Aziz Al Saud 319
Turki ibn Abdullah, Imam 328

Ubar (OM) 274, 277
Umm al Nar (UAE) 380, **397**
Umm al Qaiwain (UAE) 380, 421
Umm al Qura s. Mekka
Umm Bab (Q) 315
Umm Lailah (YAR) 180
Umm Nasan (BRN) 116
Umm Salal Ali (Q) 309
Umm Salal Mohammed (Q) 309
Umwelt 14
Unn al Gammari (KSA) 364
Unterkunft 65, 71, 77, 83, 88, 99, 107

VAE 18, 30, 104, **378**
Vereinigte Arabische Emirate s. VAE
Verkehr 54, 64, 70, 75, 81, 87, 95, 106

Wadi Adhana (YAR) 162
Wadi Adim (YAR) 199
Wadi al Ula (KSA) 352
Wadi Bana (YAR) 195
Wadi Bani Khalid (OM) 252
Wadi Batha (KSA) 325
Wadi Dar (YAR) 157
Wadi Darbat (OM) 279
Wadi Deneghen (YAR) 205
Wadi Dhabab (YAR) 181, 187
Wadi Dila (KSA) 363
Wadi Doan (YAR) 199
Wadi Ghul (OM) 267
Wadi Habban (YAR) 195
Wadi Hadjar (YAR) 195
Wadi Hadramaut (YAR) 140, **194**
Wadi Hanifa (KSA) 325, 338
Wadi Masilah (YAR) 199
Wadi Mayfaah (YAR) 195
Wadi Saila (YAR) 146
Wadi Tiban (YAR) 181
Wadi Wajj (KSA) 359
Wadiyan (BRN) 134
Wahbah-Krater (KSA) 360
Wahiba Sands (OM) 233, 252
Weihrauch 274
Wirtschaft 18

Yahya, Imam 160
Yanbu al Bahr (KSA) 351, 358
Yaruba-Dynastie 266
Yas Island (UAE) 388
Yathrib s. Medina
Yitha'amar Watar 163

Zabid (YAR) 170
Zafar (YAR) 181
Zaid ibn Ali 179
Zallaq (BRN) 135
Zallaq Beach (BRN) 66
Zayed bin Sultan al Nahyan, Sheikh 21, 30, 164, 380, 388, 393
Zeitungen 67, 73, 78, 84, 92, 103, 109
Zekrit (Q) 315
Zinjibar (YAR) 195
Zoll 54, 64, 70, 75, 81, 87, 96, 106

Bildungsnachweis/Impressum

Bildungsnachweis

Arenberg/Avenue Images, Hamburg: S. 322 li., 346 (Grames)

DuMont Bildarchiv, Ostfildern: S. 2 u., 5 u., 13, 45, 76, 92, 112, 118, 126/127, 236 re., 236 li., 244/245, 257, 278/279, 303, 310/311, 379, 402, 422 (Heimbach)

Getty Images, München: Umschlagklappe vorn (Steele/Gallo Images)

Rainer Hackenberg, Köln: S. 3 u., 5 M., 47, 52/53, 238, 254, 262

Gerhard Heck, Mainz: S. 341

Huber, Garmisch-Partenkirchen: Titelbild

Markus Kirchgessner, Frankfurt: S. 4 o., 5 o., 27, 138, 144 re., 186, 206, 212 re., 224, 280, 283

The Leading Hotels of the World (Text & Aktion Frauke Rothschuh): 322 re., 334

laif, Köln: S. 170 (Bindrim); 418 (Engelhorn); 24/25 (Grabke); 6 o., 251, 264, 268, 382 li., 388 (Heeb); S. 1 re., 1 li., 2 o., 10/11, 39, 141, 156, 204, Umschlagrückseite u. (hemis.fr); 33 (Hilger); 7 o., 115, 316, 330/331 (Hill); 178 (Hoa-Qui); 8 o., 209, (Holland Hogte); 1 M., 110/111, 376, 382 re., 390/391, 396/397, 425, Umschlagrückseite o. (Hub); 9 u., 230 (Hughes); 4 u., 6 u., 9 M., 119 li., 134, 153, 201, 212 li., 215, 260, 293, 298 (Kirchgessner); 144 li., 164/165, 191, 192/193 (Krause); 8 u., 233, 275, 286 li., 294 (Le Figaro Magazine); 49 (Linke); 3 o., 9 o., 16, 249 (Piepenburg); 364/365 (Raimer); 3 M., 7 u., 36, 42, 172/173, 370/371, 410, 411 (REA); 7 M., 287 li., 312, 358/359 (Redux Pictures)

Mauritius Images, Mittenwald: S. 286 re., 308 (Weber)

Kartografie

DuMont Reisekartografie, Fürstenfeldbruck
© DuMont Reiseverlag, Ostfildern

Umschlagfotos

Titelbild: Blick auf das mittelalterliche Bergdorf Al Hadjarah, Nordjemen
Umschlagklappe vorn: Sunset-Kulisse in Dubai Stadt, VAE

Über die Autoren: Gerhard Heck ist Historiker und arbeitete mehrere Jahre auf der Arabischen Halbinsel. Manfred Wöbcke, Psychologe, kennt die Region von vielen Studienaufenthalten. Die Arabische Halbinsel, aber auch Mexiko und Zentralamerika sind die reisejournalistischen Schwerpunkte der beiden Globetrotter. Im DuMont Reiseverlag erschienen von beiden die Richtig-Reisen-Bände ›Mexiko‹ und ›Arabische Halbinsel‹, von Gerhard Heck außerdem die Reise-Taschenbücher ›Abu Dhabi‹ und ›Dubai‹.

Lektorat: Simone Nörling, Susanne Schleußer, Nadia Al Kureischi

Hinweis: Autoren und Verlag haben alle Informationen mit größtmöglicher Sorgfalt geprüft. Gleichwohl sind Fehler nicht vollständig auszuschließen. Alle Angaben erfolgen ohne Gewähr. Bitte schreiben Sie uns! Über Ihre Rückmeldung zum Buch und über Verbesserungsvorschläge freuen sich Autoren und Verlag:
DuMont Reiseverlag, Postfach 3151, 73751 Ostfildern, E-Mail: info@dumontreise.de

1. Auflage 2011
© DuMont Reiseverlag, Ostfildern
Alle Rechte vorbehalten
Grafisches Konzept: Groschwitz, Hamburg
Printed in Germany